BIBLIOTHÈQUE
DE L'ÉCOLE
DES HAUTES ÉTUDES

PUBLIÉE SOUS LES AUSPICES

DU MINISTÈRE DE L'INSTRUCTION PUBLIQUE

SCIENCES PHILOLOGIQUES ET HISTORIQUES

CINQUANTE-CINQUIÈME FASCICULE
LES ÉTABLISSEMENTS DE ROUEN

TOME PREMIER

PARIS

F. VIEWEG, LIBRAIRE-ÉDITEUR

67, RUE DE RICHELIEU, 67

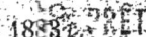

1883

EN VENTE A LA MÊME LIBRAIRIE

BIBLIOTHÈQUE DE L'ÉCOLE PRATIQUE DES HAUTES ÉTUDES, publiée sous les auspices du Ministère de l'instruction publique. Format in-8° raisin.

1er fascicule : La Stratification du langage, par Max Müller, traduit par L. Havet. — La Chronologie dans la formation des langues indo-germaniques, par G. Curtius, traduit par A. Bergaigne. 4 fr.

2e fascicule : Études sur les Pagi de la Gaule, par A. Longnon. 1re part. : l'Astenois, le Boulonnais et le Ternois, avec 2 cartes. Épuisé.

3e fascicule : Notes critiques sur Colluthus, par Ed. Tournier. 1 fr. 50

4e fascicule : Nouvel Essai sur la formation du pluriel brisé en arabe, par Stanislas Guyard. 2 fr.

5e fascicule : Anciens glossaires romans, corrigés et expliqués par F. Diez. Traduit par A. Bauer. 4 fr. 75

6e fascicule : Des formes de la conjugaison en égyptien antique, en démotique et en copte, par G. Maspero. 10 fr.

7e fascicule : La vie de Saint Alexis, textes des XIe, XIIe, XIIIe et XIVe siècles, publiés par G. Paris, membre de l'Institut, et L. Pannier. Épuisé.

8e fascicule : Études critiques sur les sources de l'histoire mérovingienne, par Gabriel Monod, et par les membres de la Conférence d'histoire. 6 fr.

9e fascicule : Le Bhâminî-Vilâsa, texte sanscrit, publié avec une traduction et des notes par Abel Bergaigne. 8 fr.

10e fascicule : Exercices critiques de la Conférence de philologie grecque, recueillis et rédigés par E. Tournier. 10 fr.

11e fascicule : Études sur les Pagi de la Gaule, par A. Longnon. 2e partie : les Pagi du diocèse de Reims, avec 4 cartes. 7 fr. 50

12e fascicule : Du genre épistolaire chez les anciens Égyptiens de l'époque pharaonique, par G. Maspero. 10 fr.

13e fascicule : La Procédure de la Lex Salica. Étude sur le droit Frank (la fidejussio dans la législation Franke ; — les Sacebarons ; — la glosse malbergique), travaux de M. R. Sohm, professeur à l'Université de Strasbourg, traduit par M. Thevenin. 7 fr.

14e fascicule : Itinéraire des Dix mille. Étude topographique par F. Robiou, professeur à la faculté des lettres de Rennes, avec 3 cartes. 6 fr.

15e fascicule : Étude sur Pline le jeune, par Th. Mommsen, traduit par C. Morel. 4 fr.

16e fascicule : du C dans les langues romanes, par Ch. Joret. 12 fr.

17e fascicule : Cicéron. Epistolæ ad Familiares. Notice sur un manuscrit du XIIe siècle par Charles Thurot, membre de l'Institut. 3 fr.

18e fascicule : Étude sur les Comtes et Vicomtes de Limoges antérieurs à l'an 1000, par R. de Lasteyrie. 5 fr.

19e fascicule : De la formation des mots composés en français, par A. Darmesteter. Épuisé.

20e fascicule : Quintilien, institution oratoire, collation d'un manuscrit du Xe siècle, par Émile Châtelain et Jules Le Coultre. 3 fr.

21e fascicule : Hymne à Ammon-Ra des papyrus égyptiens du musée de Boulaq, traduit et commenté par Eugène Grébaut, avocat à la Cour d'appel de Paris. 22 fr.

22e fascicule : Pleurs de Philippe le Solitaire, poème en vers politiques publié dans le texte pour la première fois d'après six mss. de la Bibliothèque nationale par l'abbé Emmanuel Auvray, licencié ès lettres, professeur au petit séminaire du Mont-aux-Malades. 3 fr. 75

23e fascicule : Haurvatât et Ameretât. Essai sur la mythologie de l'Avesta, par James Darmesteter. 4 fr.

24e fascicule : Précis de la Déclinaison latine, par M. F. Bücheler, traduit de l'allemand par L. Havet, enrichi d'additions communiquées par l'auteur, avec une préface du traducteur. 8 fr.

25e fascicule : Anis el-'Ochchâq, traité des termes figurés relatifs à la description de la beauté, par Cheref-eddîn-Râmi, traduit du persan et annoté par Ch. Huart. 5 fr. 50

26e fascicule : Les Tables Eugubines. Texte, traduction et commentaire, avec une grammaire et une introduction historique, par M. Bréal, membre de l'Institut, professeur au Collège de France, accompagné d'un album de 13 planches photogravées. 30 fr.

27e fascicule : Questions homériques, par F. Robiou. 6 fr.

28e fascicule : Matériaux pour servir à l'histoire de la philosophie de l'Inde, par P. Regnaud, 1re partie. 9 fr.

29e fascicule : Ormazd et Ahriman, leurs origines et leur histoire, par J. Darmesteter. 12 fr.

30e fascicule : Les métaux dans les inscriptions égyptiennes, par C. R. Lepsius, traduit par W. Berend, avec des additions de l'auteur et accompagné de 2 pl. 12 fr.

Réf. Postale 1101
78011 VERSAILLES CEDEX

BIBLIOTHÈQUE
DE L'ÉCOLE
DES HAUTES ÉTUDES

PUBLIÉE SOUS LES AUSPICES

DU MINISTÈRE DE L'INSTRUCTION PUBLIQUE

SCIENCES PHILOLOGIQUES ET HISTORIQUES

CINQUANTE-CINQUIÈME FASCICULE
LES ÉTABLISSEMENTS DE ROUEN.

TOME PREMIER

PARIS

F. VIEWEG, LIBRAIRE-ÉDITEUR

67, RUE DE RICHELIEU, 67

1883

LES
ÉTABLISSEMENTS
DE
ROUEN

Chartres. Imp. Durand frères, rue Fulbert.

LES ÉTABLISSEMENTS DE ROUEN

ÉTUDES SUR L'HISTOIRE DES INSTITUTIONS MUNICIPALES

DE ROUEN, FALAISE, PONT-AUDEMER,
VERNEUIL, LA ROCHELLE, SAINTES, OLERON, BAYONNE, TOURS,
NIORT, COGNAC, SAINT-JEAN-D'ANGÉLY, ANGOULÊME,
POITIERS, ETC.

PAR

A. GIRY

TOME PREMIER

PARIS

F. VIEWEG, LIBRAIRE-ÉDITEUR

67, RUE DE RICHELIEU, 67

1883

TABLE DES CHAPITRES

CHAPITRE PREMIER.

DIVERSES RÉDACTIONS DES ÉTABLISSEMENTS. — LES MANUSCRITS ET LES ÉDITIONS.

	Pages.
Villes qui ont adopté au moyen âge les Etablissements de Rouen.	1
Formes sous lesquelles les Etablissements nous sont parvenus. — Texte des registres de la chancellerie royale. — Editions faites d'après ce texte.	2
Texte de Niort.	3
Texte de Poitiers.	6
Texte de Saint-Jean-d'Angély et d'Angoulême.	7
Traduction de Bayonne.	9
Traduction d'Oléron.	9
Date probable de la rédaction des Etablissements.	11

CHAPITRE II.

ANALYSE DES ÉTABLISSEMENTS.

Caractère général des Etablissements.	13
Magistratures municipales; les cent-pairs.	14
Le maire.	15
Les vingt-quatre jurés.	16
Les échevins et les conseillers.	17
Les bourgeois, jurés de commune ou voisins.	18
La juridiction municipale.	19
L'administration municipale; la milice communale.	23

CHAPITRE III.

ROUEN.

Origine de la commune.	24

Privilèges concédés par Henri Ier (1106-1135), par Geoffroi d'Anjou (v. 1144), et par Henri II (v. 1150 et 1174).............. 25
Epoque de l'adoption des Etablissements...................... 28
Confirmation des privilèges par Richard Cœur-de-Lion (1190, 28 juin)... 29
Confirmation de la commune par Jean Sans-Terre (1190, 21 mai). 29
Prise de Rouen par Philippe-Auguste en 1204................... 31
Confirmation des privilèges par Philippe-Auguste en 1207...... 32
Conflit entre la commune et le chapitre. — Charte de Louis VIII (janvier 1223-1224)... 34
Ordonnances de saint Louis. — Finances de la ville............ 35
Charte de Philippe III au sujet de la juridiction du maire (1278, mai).. 36
Embarras financiers; conflits entre les différentes classes d'habitants à la fin du XIIIe siècle; émeutes des classes populaires. 39
Confiscation (1292) et restitution de la commune (1293)....... 43
Réforme des institutions municipales en 1321................. 45

CHAPITRE IV.

LES ÉTABLISSEMENTS DE ROUEN EN NORMANDIE.

Les communes de Normandie.................................... 47
FALAISE. — Concession de la commune par Jean Sans-Terre en 1203 et confirmation par Philippe-Auguste en 1204.......... 48
Privilèges de 1221... 49
PONT-AUDEMER. — Confirmation des Etablissements en 1204... 50
ALENÇON et ANDELY.. 51
VERNEUIL... 52

CHAPITRE V.

LES ÉTABLISSEMENTS DE ROUEN HORS DE NORMANDIE. — LA ROCHELLE.

Villes étrangères à la Normandie qui ont possédé les Etablissements.. 54
LA ROCHELLE. — Documents et livres sur son histoire municipale.. 55
Origine de la ville.. 60
Concession de la commune par Henri II, vers 1174............. 63
Introduction des Etablissements.............................. 67
Confirmation de la commune par Eléonore et par Jean Sans-Terre en 1199... 68
Conquête de La Rochelle par Louis VIII et confirmation des privilèges par les rois de France............................... 70

Condition de la ville à la fin du XIIIe siècle et au début du XIVe.	71
Condition de La Rochelle sous la domination anglaise après le traité de Brétigny, puis sous la domination française après la reprise de la ville jusqu'au siège de 1628.................	75
Institutions municipales de La Rochelle. — La mairie.........	78
Les cent-pairs..	80
Les vingt-quatre jurés ; les échevins et les conseillers.........	81
Juridiction de la commune......................................	82
Les bourgeois jurés de commune................................	83

CHAPITRE VI.

SAINTES. — ILES D'OLÉRON ET DE RÉ.

SAINTES. — Confirmation de la commune en 1199.............	85
Modifications apportées à sa constitution par Louis XI et confirmations successives de ses privilèges par les rois de France .	86
OLÉRON. — Droits de l'abbaye de la Trinité de Vendôme sur une partie de l'île et condition des hommes de l'abbaye.........	87
Privilèges concédés par Othon de Brunswick le 29 décembre 1197 et par Éléonore et Jean Sans-Terre en 1199 et 1205	89
Oléron sous les Lusignan (1214-1227)...........................	90
Domination anglaise (1230-1320)................................	91
Réunie à la France sous Philippe de Valois, cédée aux Anglais par le traité de Brétigny, reconquise en 1372, l'île conserve sa commune..	93
Formes particulières de l'organisation d'Oléron................	94
ILE DE RÉ. — Concession de la commune en 1242 ; ses destinées...	95

CHAPITRE VII.

BAYONNE.

Documents et publications relatifs à l'histoire de Bayonne.....	97
Condition de Bayonne au XIe et au XIIe siècle.................	102
Origine de la commune...	106
Concession des Établissements par Jean Sans-Terre, le 19 avril 1215..	107
Histoire de la commune au XIIIe siècle......................	108
Rédaction des coutumes de Bayonne vers 1273..................	113
Troubles à la fin du XIIIe siècle............................	120
Nomination d'un maire français par Philippe le Bel, octobre 1294.	121
Reprise de Bayonne par les Anglais (novembre 1294). — Privilèges concédés à la fin du XIIIe et au commencement du XIVe siècle..	122

Troubles de 1312 à 1314; la mairie mise en la main du roi..... 124
La commune pendant la guerre de cent ans.................. 128
Bayonne refuse de se soumettre à la suzeraineté de Richard de Lancastre, duc de Guyenne (1390-1401)................. 130
La mairie en la main du roi (1424)......................... 134
Réunion de Bayonne à la France le 21 août 1451. — Réforme de l'organisation municipale par Charles VII. — Persistance de la juridiction municipale jusqu'à la Révolution.............. 135

CHAPITRE VIII.

BAYONNE (suite).

Sources du droit municipal bayonnais....................... 139
Les cent-pairs... 140
Le maire.. 143
Le lieutenant de maire................................... 148
Les vingt-quatre jurés, échevins et conseillers. — Les officiers de la commune.. 149
Les bourgeois, voisins ou jurés de commune................. 153
La juridiction municipale................................. 158
Officiers royaux. — Milice 175

CHAPITRE IX.

TOURS. — BOURGES. — ANGERS.

Tours. — Comment les Etablissements devinrent, en 1462, la constitution municipale de Tours........................ 178
Retour sur l'histoire communale de Tours, la cité et Châteauneuf... 183
Origine de Châteauneuf.................................. 184
Première révolte des bourgeois contre le chapitre de Saint-Martin, en 1122....................................... 187
Actes de Louis VII, de 1141 et de 1143, concernant Châteauneuf. 188
Nouveaux différends entre les bourgeois et le chapitre, en 1164. 192
Insurrection et établissement d'une commune en 1180........ 194
Privilèges concédés par Philippe-Auguste en 1181............ 196
Révolte et rétablissement de la commune en 1184............ 197
Condition des habitants en 1190........................... 200
Nouvelles révoltes en 1212 et en 1231..................... 202
Insurrection de 1305..................................... 205
La cité... 206
Réunion de Châteauneuf et de la cité de Tours dans une même enceinte, en 1356. — Institution et gouvernement des élus... 209

La ville de Tours régie par les Etablissements depuis 1462..... 216
Transaction avec les gens d'Eglise en 1465.................... 221
Modifications de l'organisation municipale en 1553, en 1565 et en 1589... 224
Persistance de l'institution des élus......................... 226
Organisation de la ville au XVIIe siècle et jusqu'en 1724........ 227
BOURGES. — Que l'organisation municipale qui résulte de l'ordonnance de juin 1474 ne rappelle que de très loin celles de La Rochelle et de Tours..................................... 228
ANGERS. — Que l'ordonnance de juillet 1474 établit dans cette ville une organisation municipale sans rapport avec celle des villes régies par les Etablissements........................ 231

CHAPITRE X.

NIORT. — COGNAC.

NIORT. — Origine de la commune, concession des Etablissements par Jean Sans-Terre et Philippe-Auguste................... 238
Niort redevient anglaise en 1205............................. 241
Décadence sous le règne d'Henri III ; troubles du Poitou ; misérable condition des villes. — Rôle de Hugues de Lusignan.. 243
Prise de Niort par Louis VIII, en juillet 1224................ 250
Confirmations des privilèges de Niort par les princes français, en 1224, 1230, 1241, 1243, 1261, 1271, 1285, 1322 et 1341..... 251
Cession de Niort à l'Angleterre par le traité de Brétigny..... 255
Retour de Niort à la France, en 1373. — Condition de la ville sous l'administration du duc de Berry, puis du duc d'Alençon.. 256
Suppression, puis restitution de la mairie par Charles VII..... 259
Confirmation des privilèges par Louis XI. — Histoire de la municipalité jusqu'en 1681..................................... 260
Etude de l'organisation de la ville sous le régime des Etablissements.. 262
COGNAC. — Origine de la ville................................. 269
Concession de la commune par Jean Sans-Terre, le 4 juillet 1215.. 271
Privilèges octroyés par Gui de Lusignan, en 1262.............. 273
Privilèges octroyés par Charles d'Espagne, en 1352............ 276
Cognac sous la domination anglaise et pendant la fin de la guerre de cent ans.. 278
Administration des comtes d'Angoulême de la maison de Valois. — Résurrection de l'organisation municipale sous Louise de Savoie.. 280
Réunion de Cognac à la couronne. — Histoire de la municipalité jusqu'en 1700.. 283

CHAPITRE XI.

SAINT-JEAN-D'ANGÉLY. — ANGOULÊME.

Saint-Jean-d'Angély. — Le bourg de Saint-Jean sous l'administration de l'abbaye.. 288
Octroi de la commune par Jean Sans-Terre (14 juillet 1199); confirmation des priviléges et concession des Etablissements par Philippe-Auguste (octobre 1204)........................ 294
Saint-Jean fait retour à l'Angleterre dès 1206; conquise par Louis VIII, en 1224. — Confirmations successives des privilèges sous la domination française.......................... 295
Décadence de la ville depuis les guerres de religion; elle est complètement ruinée par Louis XIII............................ 302
Fonctionnement de l'organisation municipale; règlement pour l'élection du maire... 305
Le corps de ville; les *mésées*...................................... 309
Electi ad negotia ville; assemblées d'habitants................ 311
La juridiction municipale.. 312
Angoulême. — Privilèges concédés par Jean Sans-Terre en 1203... 319
Concession des libertés et coutumes de Rouen et de La Rochelle en 1204 et 1205; la ville sous les rois d'Angleterre, les comtes de la Marche, les rois de France et les comtes d'Angoulême.. 320
Concession d'une nouvelle charte de commune par Charles V en 1373.. 324
Histoire municipale jusqu'en 1771................................. 325
Examen des institutions municipales depuis le xve siècle. — Le maire... 334
Le corps de ville; la noblesse des échevins et conseillers...... 337
Juridiction de la commune... 342
Les bourgeois... 346

CHAPITRE XII.

POITIERS.

Importance de Poitiers sous les Gaulois et après la conquête... 348
Poitiers sous les Mérovingiens, sous les Carlovingiens et sous les comtes.. 349
Charte de peuplement de Guillaume IX ou de Guillaume X.... 352
Insurrection communale en 1138.................................. 355
Poitiers sous les rois d'Angleterre; concession de la commune en 1199.. 357
Prise de la ville en 1204; privilèges concédés par Philippe-Auguste en 1204, 1214 et 1222..................................... 358

Confirmations successives des privilèges par les rois de France jusqu'au traité de Brétigny.................... 362
La domination anglaise, de 1361 à 1372...................... 365
Privilèges concédés par le duc de Berry et Charles V après la conquête... 368
Poitiers sous Charles VII et Louis XI 369
Confirmations des privilèges par Charles VIII, Louis XII, François Ier et Henri II.. 375
Protestations contre l'édit d'octobre 1547 377
Les guerres de religion et la Ligue à Poitiers............... 379
Confirmation des privilèges par Henri IV; apogée de la puissance municipale 383
Troubles pendant la régence de Marie de Médicis............ 385
Confirmations des privilèges par Louis XIV et par Louis XV... 390
Modification de l'organisation municipale ensuite de l'édit de 1765.. 391

CHAPITRE XIII.

POITIERS (suite).

Etude de l'organisation municipale de Poitiers; le corps de ville; les pairs ou bourgeois...................... 392
Le maire; règlements pour son élection.................... 397
Echevins, conseillers, jurés................................ 402
Officiers de la commune. — Officiers royaux 405
Les habitants, citoyens, jurés ou bourgeois................. 406
La commune... 410
Le sceau de la commune.................................. 412
Les finances de la ville.................................... 413
La justice municipale...................................... 415
Les règlements municipaux................................ 418
Le service militaire; les hommes de la suite du maire et de la commune.. 421
Organisation de la milice au XVIe siècle.................. 424

CHAPITRE XIV.

CONCLUSIONS.

1° Que la rédaction la plus développée des Etablissements est la forme la plus ancienne de ce document que l'on connaisse. 427
2° Que les Etablissements, rédigés après 1169, ont été probablement à l'origine la loi municipale de Rouen.......... 428
3° Que leurs dispositions les rattachent aux plus anciennes institutions judiciaires et administratives de la France....... 429

4° Que les Etablissements n'ont pas dû la vogue dont ils ont joui au moyen âge à l'étendue des privilèges qu'ils attribuaient aux villes 432

5° Qu'ils ne représentent guère que le minimum des droits que pouvait avoir une ville ayant le titre de commune........ 432

6° Que ce sont les rois qui les ont imposés aux villes et non les villes qui les ont sollicités.............................. 433

7° Que les Etablissements n'ont pas été incompatibles avec des privilèges plus étendus..................................... 433

8° Qu'ils ont été interprétés différemment dans les différentes villes qui les ont adoptés..................................... 433

9° Que d'autres villes que celles qui sont indiquées dans cet ouvrage ont peut-être reçu les Etablissements, mais que c'est par suite d'une méprise qu'on a parfois mis au nombre des communes régies par eux Bordeaux et Saint-Emilion..... 434

10° Que l'influence qu'on pourrait être tenté d'attribuer aux Etablissements sur les institutions municipales de certaines villes vient plutôt d'emprunts à des sources communes... 435

11° Que le mode de nomination des maires par le roi sur une liste de trois candidats présentée par le corps de ville, qui est devenu la loi générale sous l'ancien régime, a été emprunté aux Etablissements................................... 436

12° Qu'on ne saurait faire honneur aux Etablissements d'avoir établi l'uniformité dans l'administration des villes de toute une région 437

13° Que les modifications apportées par le temps au régime municipal fondé par les Etablissements ont été considérables, et que ce régime s'est partout altéré de la même manière. 437

14° Que dans les villes qui ont conservé ce régime jusqu'aux temps modernes le cadre seul de l'organisation a subsisté. 437

15° Que les rois d'Angleterre, en établissant les communes du continent, entendaient se créer une clientèle armée...... 439

16° Du sens que l'on doit attribuer à l'expression *commune jurée* dans les chartes des rois d'Angleterre.............. 439

17° Que c'est à tort que l'on a opposé l'esprit communal à l'esprit féodal et que les communes ont été au moyen âge de véritables seigneuries 440

18° Que les rois ont combattu à la fois les communes et la féodalité et que toutes les réactions féodales correspondent dans notre histoire à un retour offensif de l'esprit communal... 441

TABLE CHRONOLOGIQUE

DES

DOCUMENTS PUBLIÉS

N. B. — Les documents publiés dans cet ouvrage ne se trouvent pas tous dans le recueil de pièces justificatives qui en forme le second volume. Un grand nombre, soit à cause de leur peu d'étendue, soit parce qu'ils étaient déjà connus, soit encore parce que nous en avons supprimé quelques passages, ont pris place dans les notes mises au bas des pages. Nous avons pensé qu'il pouvait être utile de les faire figurer dans cette liste chronologique, où nous les avons distingués en faisant précéder leur analyse d'un astérique, tandis que l'indication (P. J.) qui suit l'analyse des autres renvoie aux numéros d'ordre qu'ils portent dans la série de nos pièces justificatives. Bien entendu, nous n'avons fait entrer dans cette table que les documents publiés sinon *in extenso*, du moins pour la plus grande partie, et nous en avons exclu tous ceux qui ne figurent dans nos notes que par des citations ou des extraits.

1. *918, 1er décembre. — Diplôme de Charles le Simple concédant l'immunité au bourg élevé autour du monastère de Saint-Martin de Tours, t. I, p. 186, n. 7.

2. *938, 28 octobre. — Diplôme de Louis IV confirmant l'immunité du bourg de Saint-Martin de Tours, t. I, p. 187, n. 1.

3. *1048 ou 1050. — Notice des privilèges concédés au monastère de Saint-Jean-d'Angély par Agnès, comtesse d'Anjou,
t. I, p. 290, n. 1 et suiv.

4. *S. d., entre 1121 et le 22 avril 1125. — Cession par le vicomte de Bayonne à l'évêque Raimond de Martres du tiers du péage du pont que l'évêque de Bayonne a commencé à construire,
t. I, p. 104, n. 4.

5. S. d., entre 1137 et 1152. — Lettre de Louis VII aux habitants de Châteauneuf (P. J., XIX), t II, p. 100.

6. *1143. — Diplôme de Louis VII en faveur des habitants de Châteauneuf, t. I, p. 190, n. 1.

7. 1146. — Diplôme de Louis VII confirmant, du consentement de sa femme Éléonore, à la Trinité de Vendôme tous les biens situés

dans le Poitou et dans la Saintonge donnés à cette abbaye par Geoffroi, comte d'Anjou, et notamment le quart de l'île d'Oléron, l'église Saint-Georges, les églises Notre-Dame et Saint-Nicolas du château d'Oléron ; il exempte tous les habitants de taille, queste, gîte, procuration, host et chevauchée, réservant seulement au roi ou au sénéchal en personne l'exercice des droits de gîte, procuration, host et chevauchée; il spécifie que la justice de ces domaines appartiendra à l'abbaye et que, dans le cas de rébellion, le sénéchal s'associera aux moines pour la répression (P. j., V), t. II, p. 69.

8. *1146. — Abolition par Louis VII de mauvaises coutumes qui existaient dans l'île d'Oléron au détriment des hommes de l'abbaye de Vendôme, t. II, p. 72, n.

9. S. d., 1146. — Confirmation par Eléonore, reine de France et duchesse d'Aquitaine, de la charte précédente (P. j., VI). t. II, p. 72.

10. *1150. — Privilèges concédés à Rouen par Henri II [1], t. II, p. 56, n.

11. S. d., entre 1169 et 1180. — Texte latin des Etablissements de Rouen (P. j., I), t. II, p. 2.

12. 1199. — Privilèges concédés par la reine Eléonore aux habitants de Poitiers (P. j., XXXII), t. II, p. 143.

13. 1199. — Charte de commune concédée par la reine Eléonore aux habitants de Poitiers (P. j., XXXIII), t. II, p. 145.

14. *1199. — Charte de commune concédée par la reine Eléonore aux habitants de La Rochelle, t. I, p. 68, n.

15. *1199, 21 mai. — Charte de commune concédée à Rouen par Jean Sans-Terre [2], t. II, p. 56, n.

16. *1199, juillet. — Charte de commune concédée par la reine Eléonore aux jurés de l'île d'Oléron, t. I, p. 89.

17. *1199, 8 juillet. — Charte de commune concédée par Jean Sans-Terre aux bourgeois de La Rochelle, t. I, p. 69, n.

18. *1199, 14 juillet. — Charte de commune concédée par Jean Sans-Terre aux bourgeois de Saint-Jean-d'Angély, t. I, p. 294, n. 3.

19. *1199, 31 août. — Charte de commune concédée par Jean Sans-Terre aux bourgeois de Niort, t. I, p. 239, n. 5.

---

[1] Bien que nous n'ayons pas publié cet acte de nouveau, nous le mentionnons ici parce que la plupart de ses dispositions ont été citées textuellement dans les notes que nous avons ajoutées à la Pièce justificative II.

[2] Nous mentionnons ici cet acte pour la même raison que celui qui porte le n° 10.

20. *S. d., fin du XIIe siècle. — Lettre de B. de Saint-Valery à la commune de Rouen pour *requérir sa cour*, t. II, p. 32, n.

21. *1200, 31 août. — Sauvegarde et privilèges accordés par Jean Sans-Terre à Savary, maire de Poitiers, t. I, p. 358, n. 2.

22. *1203. — Charte de commune concédée par la reine Eléonore aux bourgeois de Niort, t. I, p. 240, n. 5.

23. *1203, 7 mai. — Privilèges accordés par Jean Sans-Terre à la ville d'Angoulême, t. I, p. 320, n.

24. *1204, 26 mars. — Mandement de Jean Sans-Terre à la commune de Niort lui ordonnant d'obéir à Guillaume le Queux,
 t. I, p. 240, n. 3.

25. *1204, 18 mai. — Charte de commune concédée par Jean Sans-Terre aux citoyens d'Angoulême, t. I, p. 320, n. 2.

26. *1204, juin. — Charte de commune concédée par Philippe-Auguste aux bourgeois de Pont-Audemer, t. I, p. 50, n. 5.

27. *1204, août. — Charte de commune concédée par Philippe-Auguste aux bourgeois de Niort. t. I, p. 238, n.

28. 1204, août. — Traité entre le roi de Navarre Sanche le Fort et les bourgeois de Bayonne (P. j., VIII), t. II, p. 76.

29. 1204, septembre. — Inféodation des revenus de Niort et concession de la garde du château de cette ville à Guillaume le Queux par Philippe-Auguste (P. j., XXVI), t. II, p. 125.

30. *1204, octobre. — Confirmation par Philippe-Auguste de la charte de commune et des privilèges des jurés de Saint-Jean-d'Angély,
 t. I, p. 294, n. 4.

31. 1204 (novembre). — Confirmation par Philippe-Auguste des privilèges et de la charte de commune de Poitiers (P. j., XXXIV),
 t. II, p. 147.

32. 1204, novembre. — Envoi des Etablissements de Rouen par Philippe-Auguste aux jurés de la commune de Poitiers (P. j., I),
 t. II, p. 4 et 54.

33. *1204, novembre. — Envoi des Etablissements de Rouen par Philippe-Auguste aux jurés de la commune de Saint-Jean-d'Angély,
 t. I, p. 295, n.

34. *1205, 31 avril. — Franchises commerciales dans les possessions anglaises accordées par Jean Sans-Terre aux prud'hommes d'Angoulême, t. I, p. 320, n. 3.

35. *1205, 5 novembre. — Confirmation par Jean Sans-Terre de la charte de commune d'Angoulême, t. I, p. 320, n. 4.

36. 1207 (entre le 22 avril et le 31 octobre). — Confirmation par Philippe-Auguste des privilèges de la commune de Rouen (P. j., II),
 t. II, p. 56.

37. 1208, 31 décembre. — Charte de Jean Sans-Terre autorisant la commune de La Rochelle à sortir pour host et chevauchée et à veiller par elle-même à la garde et à la défense de la ville (P. j., IV), t. II, p. 67.
38. 1212 (entre le 25 mars et le 31 octobre). — Confirmation par Philippe-Auguste d'un accord conclu entre le chapitre de Saint-Martin et les bourgeois de Châteauneuf (P. j., XX), t, II, p. 101.
39. *1212, 10 mai. — Notification du serment de fidélité prêté au prince Henri, fils de Jean Sans-Terre, par le maire d'Angoulême, t. I, p. 321, n.
40. 1214 (entre le 30 mars et le 31 octobre). — Franchises par Philippe-Auguste aux bourgeois de Poitiers (P. j., XXXV), t. II, p. 149.
41. 1215, 19 avril. — Charte de commune donnée à Bayonne par Jean Sans-Terre, et texte provençal des Etablissements (P. j., I.), t. II, p. 2.
42. *1215, 4 juillet. — Concession d'une commune aux prudhommes de Cognac par Jean Sans-Terre, t. I, p. 272, n.
43. *1215, 12 août. — Lettre patente de Jean Sans-Terre, par laquelle il notifie qu'il a confié la garde de Cognac au sénéchal d'Angoulême, t. I, p. 272, n. 2.
44. *1219-1222. — Extraits de lettres et autres documents relatifs aux troubles du Poitou, t. I, p. 246, n.
45. *1219, 24 juillet. — Lettres de Henri III à Hugues de Lusignan, pour l'aviser qu'il a confié toute l'Aquitaine à son dévouement, t. I, p. 244, n. 4.
46. *1219, septembre. — Lettre du sénéchal Geoffroi de Neville à Henri III, pour l'aviser d'un emprunt qu'il a contracté par l'intermédiaire du comte de la Marche, t. I, p. 245, n.
47. *1220 (commencement de l'année). — Lettres des bourgeois de Niort à Henri III, pour l'aviser que le sénéchal leur a confié la garde et la défense du château de leur ville, t. I, p. 224, n.
48. *1220 (juin?). — Lettre des bourgeois de Niort à Henri III, pour se plaindre de violations de la trêve qu'ils ont conclue avec le comte de la Marche, t. I, p. 247, n.
48. 1222, novembre. — Privilèges accordés aux bourgeois de Poitiers par Philippe-Auguste (P. j., XXXVI), t. II, p. 151.
49. *1223, 17 février. — Mandement de Henri III relatif à l'élection du maire de La Rochelle, t. I, p. 70, n. 4.
50. *1224, août. — Confirmation par Louis VIII des franchises et de la commune de Niort, t. I, p. 254, n. 3.
51. 1224, 14 août. — Privilèges concédés aux habitants d'Oléron, par Hugue de Lusignan (P. j., VII.), t. II, p. 74.

52. 1231-1232, janvier. — Confirmation par Louis IX d'une sentence arbitrale rendue par Gautier, archevêque de Sens, et Jean de Beaumont, dans un différend entre le chapitre de Saint-Martin et les bourgeois de Châteauneuf (P. j., XXI), t. II, p. 104.

53. 1232, 12 juillet. — Engagement pris par le chapitre de Saint-Martin et les bourgeois de Châteauneuf de respecter leurs droits réciproques (P. j., XXII), t. II, p. 106.

54. * 1242, 5 août. — Mandement de Henri III ordonnant au prévôt d'Oléron de mettre en la main du roi les terres du comte de la Marche, t. I, p. 92, n. 3.

55. * 1242, 13 août. — Charte de commune accordée à l'île de Ré par Henri III, t. I, p. 95, n.

56. * 1242, 7 octobre. — Lettres de marque accordées par Henri III aux gens d'Oléron pour armer en course contre la France, t. I, p. 92, n. 4.

57. 1242-1243, 14 février. — Jugement de la commune de Poitiers (P. j., XXXVII), t. II, 155.

58. * 1243, 24 mai. — Charte de Henri III par laquelle il établit à Bayonne le gouvernement des cent-pairs, t. I, p. 109, n.

59. 1248, 31 octobre. — Traité entre la commune de Bayonne et Thibaut 1er, roi de Navarre et comte de Champagne (P. j., IX), t. II, p. 78.

60. * 1253, 2 juin. — Nomination de Guillaume Rambaud à la mairie de l'île d'Oléron par Henri II, t. I, p. 94, n. 3.

61. 1253, 20 août. — Traité entre la commune de Bayonne et Marguerite, reine de Navarre, comtesse de Champagne et de Brie (P. j., X), t. II, n. 80.

62. * 1254, septembre. — Interdiction par Henri III de toute confrérie, conspiration, prises d'armes, etc., dans la ville de Bayonne, t. I, p. 111, n.

63. 1262, mai. — Franchises concédées par Gui de Lusignan à la ville de Cognac (P. j., XXVII), t. II, p. 127.

64. * 1263. — Arrêt du Parlement de Paris abolissant une mauvaise coutume qui s'était établie à Verneuil, t. I, p. 53, n. 3.

65. 1266. — Etablissement d'une confrérie entre les pairs de la commune de Poitiers (P. j., XXXVIII), t. II, p. 156.

66. 1267, 23 avril-29 octobre. — Sentence arbitrale rendue dans un différend entre la maison des lépreux et la commune de Poitiers au sujet de la *Foire des Lépreux* (P. j., XXXIX), t. II, p. 158.

67. 1278, mai. — Ordonnance de Philippe III déterminant les conditions de l'administration de la justice dans la ville de Rouen (P. j., III), t. II, p. 64.

68. *1292, 19 septembre. — Délibération de l'échevinage de Poitiers,
t. I, p. 420.
69. 1296. — Etablissement municipal relatif à la juridiction de la cour du maire de Bayonne (P. j., XI), t. II, p. 81.
70. 1298, 6 septembre. — Etablissement municipal fixant au premier samedi d'avril de chaque année les élections des magistrats de Bayonne (P. j., XII), t. II, p. 84.
71. *1298, décembre. — Etablissement de la commune de Bayonne contre les faux témoins et les suborneurs, t. I, p. 171, n. 4.
72. 1299, 20 juin. — Etablissement de la commune de Bayonne fixant quelques attributions du maire (P. j., XIII), t. II, p. 85.
73. * S. d., XIIIe siècle, fin. — Etablissement réglant la police du tribunal de la commune à Bayonne, t. II, p. 14, n.
74. 1304, mars. — Etablissement de la commune de Bayonne enjoignant de porter des armes (P. j., XIV), t. II, p. 87.
75. 1304, 12 décembre. — Etablissement de la commune de Bayonne instituant des gardes champêtres (P. j., XV), t. II, p. 89.
76. 1305, 23 septembre. — Confirmation par Philippe le Bel d'une sentence rendue contre les habitants de Châteauneuf (P. j., XXIII), t. II, p. 107.
77. 1315, 5 juillet. — Etablissement de la commune de Bayonne relatif au guet et contre-guet (P. j., XVI), t. II, p. 90.
78. 1327-1328, 26 mars. — Etablissement de la commune de Bayonne réglant le mode de nomination des officiers municipaux (P. j., XVII), t. II, p. 93.
79. 1331, 24-27 août. — Procès-verbal d'une réunion à Saint-Jean-d'Angély pour s'opposer aux entraves apportées en Flandre au commerce des vins (P. j., XXX), t. II, p. 138.
80. 1332. — Nomination par le corps de ville de Saint-Jean-d'Angély de huit élus pour les affaires de la ville (P. j., XXIX),
t. II, p. 136.
81. *1334. — Etablissement de la commune de Bayonne réglant la garde des clefs des portes de la ville, t. II, p. 44, n. 40.
82. *1335, juillet. — Ordonnance décidant que l'élection du maire de Falaise aura lieu dorénavant le jour de l'Ascension,
t. I, p. 50, n. 3.
83. 1335, 8 juillet. — Règlement pour l'élection du maire de Poitiers (P. j., XL), t. II, p. 161.
84. *1336. — Etablissement de la commune de Bayonne déterminant le serment des membres du corps de ville, t. II, p. 52, n. 53.
85. 1344. — Traduction française des Etablissements faite pour Oléron (P. j., I), t. II, p. 5.

86. 1352, mai.— Franchises accordées à la ville de Cognac par Charles d'Espagne, comte d'Angoulême, connétable de France (P. j., XXVIII), t. II, p. 132.

87. *1369, 17 octobre. — Concession du droit de haute justice à la commune de Poitiers par le prince de Galles, t. I, p. 367, n.

88. *1372-1373, janvier. — Charte de commune concédée à Angoulême par Charles V, t. 1, p. 324, n. 2.

89. *1372-1373, 8 janvier. — Privilèges concédés à la Rochelle par Charles V, t. I, p. 181, n.

90. *1373-1374. — « Forme et maniere de l'election du maire » à Saint-Jean-d'Angély et à Angoulême, t. II, p. 6, n.

91. *Vers 1383. — Etablissement municipal déterminant la forme du serment des cent-pairs de Bayonne, t. II, p. 53, n.

92. *1390, 7 juillet. — Règlement de l'échevinage de Poitiers relatif à l'usage du sceau de la commune, t. I, p. 413, n.

94. 1461-1462, 25 janvier. — 1462, 30 juin. — Extraits des comptes municipaux de la ville de Tours (P. j., XVIII), t. II, p. 96.

95. 1461-1462, février. — Ordonnance de Louis XI relative à l'organisation municipale de Tours (P. j., XXIV.) t. II, p. 110.

93. 1464-1465, 7 janvier. — Transaction entre les bourgeois de Tours et les gens d'église modifiant l'ordonnance précédente (P. j., XXV), t. II, p. 110.

95. 1542-1581. — Extraits des mémoriaux de la ville d'Angoulême (P. j., XXXI), t. II. p. 141.

96. *1579, 22 mars. — Foi, hommage et dénombrement rendus à l'abbaye de la Couronne par le corps de ville pour l'hôtel de ville d'Angoulême, t. I, p. 340, n.

ADDITIONS ET CORRECTIONS

P. 7, l. 4, *au lieu de:* 52, 53, *lisez:* 53, 54.

P. 20, l. 7, *au lieu de:* suspendaient les effets de la justice, *lisez:* suspendaient le cours de la justice.

P. 23, l. 30, *au lieu de:* rester à la ville, *lisez:* rester à la garde de la ville.

P. 26, n. 2. Cette note résulte d'une méprise et doit être supprimée tout entière. Le texte français qui y est cité est la traduction littérale de l'art. 6 de la charte concédée à Rouen en 1199. Cf. tome II, p. 63, n. 27.

P. 32, l. 11, *au lieu de:* 1200, *corrigez:* 1199.

P. 48. FALAISE. — Un document des archives du Calvados intitulé : *Des privilèges de la ville de Falaise* et rédigé au xvi⁰ siècle, nous renseigne sur la date et l'auteur du cartulaire municipal que nous avons cité d'après les copies de la collection des *Monuments de l'histoire du tiers-état*: « *Iste liber compositus fuit anno milesimo trecentesimo quinquagesimo octavo, quem quidem componere fecit Johannes de Moriceria major Falesiae tempore illo, ad registrandum cartas seu alia necessaria intitulandum quae utilitati et commodo ejusdem burgensiae viderunt expedire.* » Ce même document nous apprend que c'était ce cartulaire seul qui avait conservé au xvi⁰ siècle la mémoire des privilèges de cette ville dont les originaux n'existaient plus. Lors des travaux préparatoires de la collection des *Monuments de l'histoire du tiers-état*, un M. Galeron envoya de Falaise à Augustin Thierry la copie d'un certain nombre de documents extraits d'un « cartulaire » du xv⁰ siècle des archives de Falaise, » qui doit être le même que celui dont le titre et deux chartes sont transcrits dans la pièce du xvi⁰ siècle des archives du Calvados. Nous espérions pouvoir retrouver ce cartulaire, mais les recherches que nous avons faites et celles que notre confrère, M. Amédée de Bourmont, a bien voulu faire pour nous à Falaise, dans ce but, sont restées sans résultat. Il y a lieu de croire que tous les titres de ce cartulaire avaient été transcrits pour Augustin Thierry, ce sont ces copies que nous avons utilisées (Bibl. nat., Ms, nouv. acq. fr., 3395).

P. 51, l. 3, *au lieu de:* sont toujours suivis de celui de Pont-Audemer, *lisez:* sont suivis, dans le titre, de celui de Pont-Audemer.

P. 52, VERNEUIL. — Nous aurions dû être plus affirmatif en rangeant Verneuil parmi les villes dotées des Etablissements ; on trouve, en effet, dans les *Scripta de feodis ad regem spectantibus* du règne de Philippe-Auguste, Verneuil placée parmi les communes *ad consuetudines Rothomagi* (*Histor. de France*, t. XXIII, p. 684.

P. 53, n. 1. *Au lieu de :* et fait démolir, *lisez :* de faire démolir.

P 53. Aux villes normandes qui ont certainement possédé les Etablissements, nous aurions dû ajouter Caen qui figure avec les autres sur l'état cité plus haut parmi les *Communiae ad consuetudines Rothomagi*. (*Histor. de Fr.*, t. XXIII, p. 684.)

P. 55. LA ROCHELLE. — On peut compléter les renseignements bibliographiques sur la Rochelle donnés au commencement de ce chapitre à l'aide de la *Bibliographie rochelaise* préparée par Delayant, bibliothécaire de La Rochelle, et récemment publiée par son successeur, M. Georges Musset. On y trouvera surtout l'indication des documents conservés à La Rochelle. Ils sont, du reste, bien moins précieux que ceux qui se trouvent à Paris, et parmi eux, un seul, aurait dû être décrit dans notre chapitre, c'est le ms. 311 de la bibliothèque de La Rochelle dont la première partie contient un « *Inventaire des privilèges..... des maire, eschevins, conseillers, pairs et habitans de ceste ville de La Rochetle, sellon ce qu'ils sont es casses du trezor de lad. ville.* » La deuxième partie du volume contient la copie du livre de la poterne faite en 1610 : « *En ce presant livre sont contenu les noms et surnoms de tous les maires et recteurs de la communité de ceste ville de la Rochelle depuis la fondation et restitution de icelle et lesquels ont esté icy rédigés par escript et extraictz des autres livres et cartulaires de la ville, par noble homme et sage maistre Jehan Merichon, conseillier du roy et baillif d'Aulnis en sa quinte mairie.* » Cf. p. 57. n. 1. Amos Barbot a ajouté des notes marginales à ce ms.

P. 56, l. 6. C'est à tort que sur l'autorité d'une signature, on a orthographié Galland le nom de l'auteur du *Discours au roy* ; ici, et partout ailleurs, il faut lui restituer l'orthographe ordinaire que portent les titres de tous ses ouvrages et corriger : Gallant.

P. 57, n. 1. M. Jourdan possédait une ancienne peinture sur parchemin qui avait formé le premier feuillet de l'original de ce *livre de la poterne*. Une copie coloriée, qui paraît très fidèle, est conservée aujourd'hui à la bibliothèqne de La Rochelle. Cette peinture représenterait, d'après M. Jourdan, une élection de maire ; nous pencherions plutôt à y voir une prestation de serment ; c'est dans tous les cas une séance du corps de ville ou *mésée*, tenue dans le chœur de l'église de Saint-Barthélemy. Voy. sur cette intéressante représentation la 23ᵉ *lettre Rochelaise* de M. Jourdan (*Courrier de la Rochelle* du 8 août 1863).

P. 60, l. 31. Le document de 961 cité ici est d'une authenticité plus que douteuse. (Voy. Faye, *Essai sur les vigueries du Poitou*, p. 399, dans les *Mém. de la Soc. des antiq. de l'Ouest*, année 1845.) On doit, croyons-nous, reporter la plus ancienne mention de La Rochelle à 1023. En cette année, l'abbaye de Saint-Cyprien de Poitiers reçoit un don de marais salants, parmi lesquels : L creas in Rochella. (Coll. Fonteneau, t. VI, p. 557.)

P. 62, l. 7. *Au lieu de* : Louis VII, *corrigez* : Louis VIII.

P. 62, n. 4. Nous avions longtemps espéré retrouver à La Rochelle cette « pancarte » de l'église de Saint-Barthélemy, mais toutes nos recherches sont restées infructueuses.

P. 64, l. 3, 4. *Au lieu de* : archevêque de Rennes, *lisez* · évêque de Rennes.

P. 70, n. 3. Cet acte est publié aux pièces justificatives, IV.

P. 72, n. 3. *Au lieu de* : p. 574, *corrigez* : p. 514.

P. 88, l. 17. *Au lieu de* : Pantagenêt, *corrigez* : Plantagenêt.

P. 88, l. 22. Les recherches faites pour découvrir ce diplôme avaient été insuffisantes. Depuis que ces lignes sont imprimées, notre confrère, M. Bournon, l'a retrouvé dans les archives du département de Loir-et-Cher, et nous avons pu l'utiliser dans notre recueil de documents. Voy. *Pièces justif.*, VI, note.

P. 89, n. 2, l. 4. *Au lieu de* : duc d'Angoulême, *corrigez* : duc d'Aquitaine.

P. 91, n. 6. *Au lieu de* : Pièces justificatives, V, *lisez* : Pièces justificatives, VII.

P. 95. ILE DE RÉ. M. le docteur Kemmerer a mentionné, dans son *Histoire de l'île de Ré* (La Rochelle, 1868, 2 vol. in-8), plusieurs documents intéressants pour l'histoire de la commune et que nous aurions dû utiliser. Malheureusement il a omis d'indiquer où ils se trouvent et, malgré nos démarches et nos recherches, nous n'avons pas été assez heureux pour les découvrir.

P. 103, n. 4, l. 6, p. 104, n. 1. 9, p. 122, l. 3 et 34, p. 123, l. 23, p. 159, l. 13 et 19, *au lieu de :* Seignaux, *lisez :* Seignanx.

P. 108. Nous aurions dû parler ici de graves troubles survenus en 1228. Aucun historien de Bayonne ne les a connus, cependant ils ont cet intérêt d'avoir été fomentés par une *confratria*. (Voy. *Royal letters*, t. I, p. 337-330.)

P. 153, l. 23. *Braymans*, ce mot signifie plutôt simplement journaliers, hommes de peine à gages, mercenaires ; ce sont les brabançons. Voy. Meyer, *Chanson de la croisade contre les Albigeois*, t. II, p. 69, n. et add. et corr.

P. 173, l. 2. *Au lieu de* : procedit, *lisez* : procedir.

P. 173, l. 14. *Corrigez* : ayant droits.

P. 177. Le sceau de la commune de Bayonne, que nous n'avons pas rencontré dans les documents que nous avons compulsés, a été décrit par M. Demay (*Sceaux de Flandre*, n° 3867) d'après un exemplaire suspendu à un acte du 7 décembre 1351. C'est un sceau rond à oreillettes de 91 millimètres. Il représente d'un côté une enceinte fortifiée renfermant la cathédrale ; dans le champ : S C A MARIA ; en légende : SIGILLVM COMVNIE BAION....: au revers : un léopard couronné devant trois chênes; légende : .....NEDICTVS QVI VENIT IN NOMINE DOMINI.

P. 196, l. 6. *Au lieu de :* 1130, *lisez :* 1180.

P. 196, l. 13. *Au lieu de :* Louis VIII, *lisez :* Louis VII.

P. 279, l. 25. *Au lieu de :* par lequel, *lisez :* par lesquels.

P. 289, l. 18. *Au lieu de :* la princesse Agnes, *lisez :* la comtesse Agnes.

P. 306, l. 11. *Au lieu de :* dans toutes les villes, *corrigez :* dans la plupart des villes.

P. 324, n. 2, l. 2. *Au lieu de :* Engolisemensi, *corrigez :* Engolismensi.

P. 334, n. 1. *Corrigez :* nouv. acq., 3378, fol. 549-565.

N. B. — Outre les fautes d'impression que nous avons indiquées ici, nous en avons remarqué un certain nombre d'autres qui ne nous ont pas paru valoir la peine d'être relevées, les corrections à faire devant se présenter d'elles-mêmes à l'esprit des lecteurs.

PRÉFACE

Le sujet de ce livre a fourni, pendant l'année scolaire 1876-1877, la matière des conférences dirigées par l'auteur à l'Ecole pratique des hautes études.

En prenant pour objet de notre enseignement l'histoire et le développement des Institutions municipales de la France, nous avions pensé qu'il ne suffisait pas, pour entreprendre cette étude et la poursuivre méthodiquement, de diviser le territoire en un certain nombre de régions, comme l'avait fait Augustin Thierry en traçant à grands traits son admirable *Tableau de l'ancienne France municipale*. Pour comparer entre elles les institutions des différentes villes, pour en rechercher les origines, en déterminer les caractères, en étudier les rapports, nous avons cherché à établir un classement plus rationnel. Le principe de ce classement, c'est le maître lui-même qui l'a fourni. Les rapports de filiation qui existent entre les institutions des villes n'avaient pas échappé à sa sagacité. Dans divers passages de ces travaux il a montré, à propos d'exemples caractérisques, que les communes ont pris souvent modèle les unes sur les autres, que, lorsqu'elles se formaient, elles empruntaient souvent à des communes plus anciennes ou plus célèbres une constitution toute faite, que certaines de ces constitutions municipales se sont propagées de proche en proche, souvent jusqu'à de très grandes distances, et que, dans certaines régions, des liens ont longtemps subsisté entre les grandes communes et celles qui leur avaient emprunté leur organisation.

C'est en partant de ces observations que nous avons essayé de grouper d'après leurs origines les institutions municipales des différentes villes de la France. Les divers groupes formés par les communes du Nord, les villes qui ont modelé leurs institutions sur celles de la commune de Bordeaux, dont l'influence a rayonné dans toute la Guyenne, celles plus modestes qui ont vécu sous la coutume de Lorris, sous celle de Verneuil ou sous la loi de Beaumont, celles enfin qui ont été régies par les Etablissements de Rouen, ont été successivement et pendant plusieurs années, l'objet d'études et de recherches dans l'une de nos conférences de l'Ecole des hautes études.

C'est l'histoire des institutions municipales d'un de ces groupes de communes qui forme l'objet du travail que nous publions aujourd'hui.

Parmi les chartes municipales du moyen âge, il en est peu d'aussi célèbres que les Etablissements de Rouen. Ils se sont propagés dans toutes les possessions anglaises du continent, depuis Rouen jusqu'à Bayonne; ils ont servi de constitution à la plupart des villes de l'Ouest de la France, et quelques-unes les ont conservés jusqu'au milieu du xviii° siècle.

Le texte de ce document que les historiens ont connu jusqu'ici était incomplet. On possédait bien une ancienne traduction provençale plus étendue que le texte latin, mais ceux-là mêmes qui l'avaient publiée n'étaient pas éloignés de penser qu'elle représentait un développement du texte que l'on connaissait. Il était intéressant de rechercher si, parmi tant de villes autrefois régies par cette loi municipale, il n'en était plus aucune qui recélât encore dans ses archives le texte latin sur lequel avait dû être faite la traduction de Bayonne. C'est par cette enquête que nos recherches ont commencé; elles furent bientôt couronnées de succès. Un érudit de Niort, M. Bardonnet, voulut bien, à notre prière, rechercher si les archives de cette ville contenaient encore un rouleau manuscrit des Etablissements, signalé dans un inventaire du xviie siècle. Il ne tarda pas à l'y retrouver, constata que le texte y était beaucoup plus développé que celui qu'avaient autrefois publié les éditeurs des *Ordonnances* et nous en adressa une copie accompagnée d'un calque de quelques lignes. Peu après, notre confrère M. Richard, auquel nous avions communiqué cette copie, retrouvait à Poitiers deux manuscrits du même document et les collationnait à notre intention.

Telle fut la découverte qui nous détermina à proposer, pour sujet de nos études communes, aux élèves de notre conférence de l'Ecole des hautes études, les Etablissements de Rouen et les institutions municipales des villes qui s'étaient organisées sur ce type.

A part le texte complet des Etablissements retrouvé à Niort et à Poitiers, nous n'avions pu utiliser dans nos conférences que les documents imprimés et ceux qu'avaient pu nous fournir les dépôts publics de Paris.

Pour compléter et contrôler les résultats que nous avions ainsi obtenus, il fallait entreprendre l'exploration des dépôts provinciaux qui pouvaient contenir des documents relatifs à l'objet de nos recherches, et en particulier examiner les archives de toutes les villes régies autrefois par les Etablissements; c'est ce que nous avons fait. De Rouen à Bayonne, nous sommes allé compulser les archives de toutes les villes dont nous avons parlé; on trouvera au cours de notre travail les résultats de ces recherches.

Parmi les défauts que trouveront à ce livre ceux qui entreprendront de le lire, il en est quelques-uns sur lesquels on nous permettra de donner d'avance quelques explications. On ne manquera pas de trouver que l'ouvrage aurait gagné en unité, si, au lieu de traiter notre sujet en une série de monographies, nous avions pris le parti de réduire en un récit unique, puis en un seul tableau d'ensemble, l'histoire d'abord et ensuite l'étude administrative des différentes villes organisées d'après le même modèle. Tel avait été notre plan et nous n'aurions pas manqué de le suivre, si, comme nous le supposions au début de nos recherches, l'histoire de chaque ville avait été suffisamment établie pour fournir à nos études une base solide. Malheureusement il n'en était pas ainsi, l'histoire locale est loin d'être achevée en France ; cette histoire de chaque ville, il nous a fallu presque toujours la faire ou la refaire nous-même, pièces en mains, et pour justifier nos conclusions, nous devions donner les résultats de nos recherches, ce qui n'était possible qu'en écrivant séparément l'histoire de chaque commune.

Au lieu d'accompagner la plupart de ces monographies d'études particulières sur les institutions de chaque ville, on pensera peut-être qu'il eût mieux valu faire de l'organisation de toutes ces communes un tableau d'ensemble, où l'on eût montré quelles avaient été dans chacune les destinées des Etablissements. Mais ceux qui nous liront avec attention jugeront, comme nous, qu'un pareil tableau eût été nécessairement fort confus, tant était grande, en dépit d'une constitution commune, la diversité de régime de toutes ces villes. Il eût certainement fait perdre au sujet en rigueur scientifique et en clarté plus qu'il ne lui eût fait gagner comme vie et comme animation. Ce n'est pas, du reste, sans regret que nous avons renoncé aux tentatives que nous avions faites dans ce sens, mais, nous devons l'avouer sans détour, elles n'avaient aucunement réussi. Nous espérons que la *Table alphabétique* des matières, telle que nous l'avons composée, remédiera avec avantage à la dispersion des renseignements sur l'histoire de chaque institution qui résulte de notre plan, puisque, sous la rubrique de chacune de ces institutions, on trouvera l'indication des diverses villes où elle a existé et des renvois à tous les passages de notre ouvrage où il en est question.

Un autre défaut qu'on reprochera à notre œuvre, c'est le manque de proportions de nos études sur les différentes villes et sur les diverses périodes de leur histoire. Ici nous n'avons qu'une réponse à faire, c'est que de parti pris nous nous sommes laissé guider par les documents. Quand ils ont abondé, nous avons donné des détails et des explications, tandis qu'ailleurs leur rareté nous a condamné à une brièveté excessive, au sujet de villes, d'institutions ou de faits sur lesquels nous aurions voulu, nous aussi, être plus amplement renseigné. Une autre cause encore a contribué à ce défaut de proportions : quand nous avons trouvé certains sujets que nous abordions, traités complètement avant nous, nous n'avons eu garde de refaire ce qui était bien fait, nous avons résumé les résultats obtenus et renvoyé aux travaux antérieurs les lecteurs désireux de plus de détails.

Les sources où nous avons puisé ont été nombreuses, nous les avons soigneusement indiquées dans les notes qui sont au bas des pages ; en tête de quelques chapitres nous avons placé, quand nous l'avons cru nécessaire à l'intelligence de notre travail, une notice critique des sources spéciales que nous y utilisions; en outre, nous avons ajouté à notre second volume une table des ouvrages et des recueils manuscrits et imprimés que nous avons employés ; elle servira surtout à expliquer certaines citations trop brèves pour être toujours facilement comprises.

Notre tentation a été grande de publier dans notre recueil de pièces justificatives bien des documents inédits et importants dont nous nous sommes contenté de donner en note de courts extraits, nous bornant au strict nécessaire pour ne pas augmenter ces volumes déjà bien gros pour les ressources bornées du budget de l'Ecole des hautes études.

Cet ouvrage, nous l'avons dit, a nécessité de nombreuses recherches dans les archives et les bibliothèques de provinces. Nous n'aurions jamais pu les faire si nous n'avions rencontré de toutes parts, auprès des administrations municipales, auprès de tous les savants auxquels nous nous sommes adressés, auprès des archivistes et des bibliothécaires, un empressement à nous aider, à faciliter nos recherches, à nous procurer des renseignements dont nous conservons la plus vive reconnaissance.

M. de Beaurepaire à Rouen, M. Chatel à Caen, M. de Grandmaison à Tours, M. Musset à la Rochelle, M. Flourac à Pau, nous ont communiqué des renseignements ou facilité l'entrée des dépôts dont ils ont la garde. Nous avons déjà cité M. Bardonnet, qui dès le début s'est intéressé à nos recherches et auquel nous devons la copie du premier texte complet des Etablissements que nous ayons connu. Notre confrère M. Alfred Richard ne s'est pas contenté de nous procurer l'accès des archives communales de Poitiers, aucune demande de recherches, de collations, de vérifications ou de renseignements n'a lassé son affectueuse complaisance. A Bayonne, MM. Bernadou, Ducéré et Hiriart nous ont accueilli dans les archives et se sont mis complètement à notre disposition. A Pampelune, le conservateur des archives de la Chambre des comptes de Navarre, Don Hermilio Oloriz, nous a gracieusement reçu dans ce dépôt si riche en documents sur notre histoire. A Blois, notre ami M. Bournon, archiviste de Loir-et-Cher, a fait lui-même les copies des pièces que nous avons empruntées à son dépôt. M. Planat, maire de Cognac, a bien voulu nous introduire dans les archives de la ville et nous permettre d'y travailler pendant une période de vacances. Partout enfin où nous a conduit la poursuite des documents qui pouvaient servir à notre entreprise, nous avons trouvé accueil et empressement.

M. Paul Meyer, auquel nous devons la traduction française des Etablissements, a bien voulu revoir les épreuves des textes en langue vulgaire que nous publions. Notre ami, M. Paul Viollet, nous a communiqué un dossier de précieuses notes sur Tours auquel nous avons fait plus d'un emprunt. Enfin, notre jeune confrère, M. A. de Bourmont, s'est efforcé de retrouver à Falaise un document que ni l'un ni l'autre nous n'avons pu réussir à rencontrer.

C'est un devoir pour nous de ne pas terminer cette préface sans citer les noms de MM. Bémont, Elie Berger, Bournon, Faucon, Flourac, Julien Havet, Kohler, Emile Molinier et Pajot qui étaient élèves de l'Ecole des hautes études en 1877, et qui ont pris, en cette qualité, une part active aux travaux de la conférence. La plupart d'entre eux ont eu une véritable part de collaboration, tous ont contribué aux études préparatoires d'où est sorti le présent ouvrage.

Paris, décembre 1882.

LES ÉTABLISSEMENTS
DE
ROUEN

CHAPITRE PREMIER.

DIVERSES RÉDACTIONS DES ÉTABLISSEMENTS. — LES MANUSCRITS ET LES ÉDITIONS.

La charte municipale, qui est nommée dans les manuscrits qui nous l'ont conservée : « *Stabilimentum* ou *Rescriptum communie Rothomagensis* », et dans une ancienne traduction française les *Établissements de Rouen*, a joui, pendant tout le moyen âge, d'une grande célébrité. Elle fut le statut communal de presque toutes les villes de Normandie. Nous en avons des preuves certaines pour Falaise et Pont-Audemer, et la chose est probable pour Alençon, les Andelys, Caen, Domfront, Bayeux, Évreux, Fécamp, Montivilliers et Verneuil. Hors de Normandie, les villes de La Rochelle, Saintes, Angoulême, Bayonne, Poitiers, Niort, Cognac, Saint-Jean-d'Angely, les îles d'Oléron et de Ré, d'autres encore peut-être, adoptèrent cette constitution ; enfin, au xve siècle, alors que dans la plupart des villes que nous venons de citer elle avait été remplacée par d'autres statuts, Louis XI en dota encore la ville de Tours.

L'importance de ce document n'a pas échappé aux historiens ; beaucoup l'ont signalé, et il a fait l'objet de quelques recherches spéciales dont nous parlerons en leur lieu ; personne cependant n'en a encore fait une étude approfondie, et une grande partie du texte latin est même restée jusqu'à ce jour inédite.

Rechercher les origines de ces *Établissements*, interpréter chacune de leurs dispositions, les comparer à d'autres constitutions analogues, énumérer les villes dont ils ont réglé l'organisation, déterminer à quelle époque et dans quelles circonstances chacune d'elles les a adoptés, étudier comment ils se sont transmis de proche en proche, quelles transformations ils ont subies, les suivre dans les diverses villes depuis l'époque de leur adoption jusqu'à celle de leur disparition ; enfin, faire suivre toutes ces considérations d'un texte complet et critique de ce document, tel a été le but que nous nous sommes proposé en entreprenant l'étude dont les résultats, souvent moins décisifs que nous ne l'espérions, sont consignés dans ce mémoire.

Avant de parler du contenu des Etablissements de Rouen, nous devons dire quelques mots des diverses formes sous lesquelles ils sont parvenus jusqu'à nous.

L'original n'existe plus, et l'on ne sait à quelle époque précise il faut faire remonter leur adoption dans les villes de Rouen et de la Rochelle qui les ont eus avant toutes les autres.

Ils ont été transcrits dans les six registres de Philippe-Auguste [1]. La copie la plus ancienne et la plus correcte se trouve dans le registre désigné par M. Delisle sous la lettre A (biblioth. du Vatican, fonds Ottoboni, n° 2796), au fol. 30, c'est-à-dire dans la partie écrite d'un seul jet vers la fin de l'année 1204 ; elle y fut copiée alors, probablement d'après le registre anciennement perdu dans lequel se trouvait une copie de mai 1204, puisque, à cette date, le roi, confirmant à Falaise, qui venait de capituler, ces Etablissements, déclara formellement qu'ils étaient copiés dans son registre : « *Stabilimentum communie eorum, sicut continetur in rotulo qui coram nobis lectus fuit et in registro nostro transcriptus* [2]. » Ce texte n'a encore servi à aucune des éditions ; nous en devons la collation à M. Elie Berger, membre de l'Ecole française de Rome.

Les cinq autres copies des registres de Philippe-Auguste dérivent de ce texte et n'en diffèrent que par les fautes que les

---

[1] Delisle, *Catal. des actes de Philippe-Auguste*, préf., p. VII, n. 4.
[2] *Ordonnances des rois de France*, t. VI, p. 641.

copistes y ont ajoutées. En voici l'indication : Reg. B (auj. Arch. nation. JJ. 8), fol. 35; Reg. C (JJ. 7), fol. 47; Reg. D (JJ. 23), fol. 58 v°; Reg. E (JJ. 26), fol. 83 v° ; Reg. F (Bibl. nat., fonds français, n° 9852. 3.), fol. 60 v°.

On a tout lieu de croire que c'est le texte du registre E qui a servi à Duchesne pour la publication de ce document (*Historiae Normann. Scriptores*, p. 1066). Les éditeurs du grand recueil des *Ordonnances* paraissent avoir reproduit le texte de Duchesne au t. I, p. 306, où ils l'ont publié sans indication de source. Au contraire, au t. V, p. 671, où ils l'ont donné une seconde fois, ils se sont servis d'une copie encore plus défectueuse qui se trouve dans le registre du Trésor des Chartes, JJ. 105 (fol. 418), insérée dans une concession de ce privilège, en novembre 1204, à la ville de Saint-Jean-d'Angely, concession dont nous parlerons tout à l'heure. Ils l'ont quelque peu corrigé, d'après « le premier » volume du parlement d'Henri II, costé P, fol. 418 v°. » (aujourd'hui Arch. Nation., X^{ia}, 8616), d'après un texte imprimé à Angoulême en 1627, et enfin d'après l'édition du tome Ier. Mais le texte qu'ils ont obtenu ainsi est loin d'être irréprochable. C'est celui qu'a reproduit le dernier éditeur, M. Jourdan, dans son *Mémoire sur le statut constitutionnel de l'ancienne commune de la Rochelle* que nous aurons occasion d'examiner plus loin[1]. L'historien de la commune de Rouen, M. Chéruel, qui n'a publié qu'une analyse de ce document, ne l'a connu également que par les éditions des recueils que nous venons de citer[2].

Les Etablissements de Rouen ne sont pas encadrés dans les formules d'une charte de confirmation, comme il arrive pour la plupart des statuts communaux transcrits dans les registres du Trésor; ils ne sont précédés d'aucun préambule, suivis d'aucune formule finale. Dans le registre A ils portent pour titre : *Hoc est stabilimentum communie Rothomagi et Ffalesie et Pontis Audomari*. Ils contiennent à peu près vingt-huit dispositions différentes, et, pour faciliter leur étude, on peut les diviser en vingt-huit articles, comme l'ont fait les éditeurs des Ordonnances.

---

[1] *Académie de la Rochelle. Section de littérature. Choix de pièces lues aux séances*, n° 91, 1863, p. 65.

[2] *Histoire de Rouen pendant l'époque communale*, 1843, t. I, p. 60 et suiv.

Cette rédaction des *Etablissements* était jusqu'à présent la seule connue.

C'était dans les archives des villes qui ont eu la même organisation qu'on pouvait espérer trouver d'autres textes ; nos recherches à cet égard ont été couronnées de succès. Rouen et la Rochelle, les deux villes où elle fut le plus anciennement en vigueur, ne possèdent plus de copie de cette constitution, non plus que nombre d'autres villes, mais Niort, Poitiers, Saint-Jean-d'Angely en ont conservé d'anciennes copies ; Bayonne en possède une traduction en langue vulgaire qui a déjà été deux fois publiée ; enfin M. Paul Meyer a trouvé dans un manuscrit de la Bibliothèque Bodléienne une traduction française faite pour Oléron qu'il a bien voulu, avec sa bonne grâce habituelle, mettre à notre disposition.

Nous allons passer en revue successivement chacune de ces rédactions.

Niort. — Aussitôt après la conquête de cette ville, Philippe-Auguste, en août 1204, en avait confirmé les privilèges et avait déclaré que la commune serait désormais organisée *ad puncta et consuetudines communie Rotomagensis que continentur in registro nostro*[1]. En 1341, la ville ne possédait plus ce document ; à cette époque, le 18 mai, d'après une charte aujourd'hui perdue, mais dont une analyse subsiste dans un inventaire des archives de la ville, dressé en 1493, inséré en partie dans le *Thrésor... de Niort* de Christophle Augier : « Jehan, duc de Normandie et conte de Poictou » contraignit les « maire et commune dudit Rohan... bailler » coppie en forme deue et autenticque esdicts maire et » jurez dudit Nyort » de leurs « points, coustumez et previ- » leges » qui réglaient l'organisation de Niort et que les magistrats n'avaient « aucunement par escript dont leur dite » commune seust estre gouvernée[2]. »

Il faut remarquer que Rouen, depuis 1321, avait une or-

---

[1] *Ordonn.*, XI, p. 287. — Cf. Delisle, *Catal.*, n° 847.

[2] *Thresor des titres justificatifs des privilèges et immunitez, droits et revenus de la ville de Nyort*, par maître Christophle Augier, sr de la Terraudière, 1675, édit. de 1866, Niort, in 8°, p. 91. — Cette charte que M. Bardonnet a bien voulu rechercher pour moi n'existe plus dans les archives municipales de Niort ; l'analyse de l'inventaire de 1493, qui s'y trouve encore et dont M. Bardonnet m'a obligeamment communiqué la copie, est, sauf des variantes d'orthographe, conforme au texte de la Terraudière que je cite presque en entier.

ganisation toute différente de celle qui répondait aux Etablissements. C'est probablement pour cela qu'au lieu de faire recopier et vidimer ce document qui leur était devenu inutile, les magistrats de Rouen envoyèrent aux Niortais une ancienne expédition, datant du commencement du xiiie siècle, peut-être la seule qu'ils possédassent. Il me semble plus vraisemblable d'attribuer cette origine au rouleau qui se trouve aujourd'hui dans les archives de Niort, que de conjecturer qu'il n'était qu'égaré en 1341 et qu'il s'est retrouvé depuis.

Quoi qu'il en soit, l'inventaire des archives de Niort de 1493 analyse ces statuts[1], le sieur de la Terraudière en a publié une traduction en 1675[2]; et, en 1838, M. Apollin Briquet les a de nouveau signalés dans ses rapports sur les archives de Niort[3]. Enfin, M. Bardonnet a bien voulu nous transmettre avec une bonne description et la reproduction de quelques lignes en fac-simile, une copie très correcte de ce document.

C'est un rouleau composé de quatre peaux de parchemin, long de 270 centimètres et large de 23, contenant 208 lignes, écrit en grande minuscule gothique très soignée, avec de nombreuses initiales rouges, de l'époque de Philippe-Auguste.

Ce qui frappe tout d'abord dans cette rédaction, c'est qu'elle est à peu près du double plus longue que celle qui a été transcrite dans les registres de Philippe-Auguste. On la peut diviser en 54 articles dont les 28 premiers sont absolument semblables, sauf quelques variantes, aux articles du texte des registres de la chancellerie royale. Les 26 derniers articles, encore inédits, n'étaient connus que par une version provençale des archives de Bayonne, et des développements bien postérieurs qui se trouvaient dans un coutumier de la Rochelle dont les annalistes de cette ville ont rapporté des fragments. Cette circonstance avait induit les érudits à penser que la dernière partie de ces statuts (art. 29 à 54) n'avait pas fait partie des Etablissements primitifs de Rouen et était particulière à la Rochelle et aux villes qui, comme Bayonne, avaient reçu les Etablissements par son intermé-

---

[1] Voy. dans le *Thresor... de Niort*, édit. de 1866, p. 98.

[2] *Ibid.*, p. 174-182.

[3] *Archives de Niort. Rapports adressés à M. le Ministre de l'instruction publique et à M. le Maire de Niort*, par Apollin Briquet, archiviste de Niort. Niort, s. d., in-8 de 50 p.

diaire. Le rouleau de Niort, outre qu'il nous fournit le texte latin de ces articles jusqu'à présent inconnu, prouve qu'il n'en était pas ainsi et que Rouen avait eu ce statut au moyen âge dans son intégrité.

POITIERS. — Philippe-Auguste, maître de Poitiers en novembre 1204, confirma les privilèges que cette ville avait reçus pendant la domination anglaise[1], et en même temps lui envoya, sur sa demande, les Etablissements de Rouen.

Dom Fonteneau, dans sa volumineuse collection de copies conservée aujourd'hui dans la bibliothèque de Poitiers, s'était contenté d'indiquer cette pièce (t. XXIII, p. 239) en faisant remarquer que les statuts qui y étaient insérés étaient conformes à ceux de Niort déjà copiés par lui (t. XX, p. 127). Dans un *Rapport sur les archives de Poitiers*, adressé en 1844 au ministre de l'instruction publique, M. Redet, qui fit connaître que la ville possédait encore ce document, se borna à dire que le texte était « un peu différent » de celui des *Ordonnances*[2]. Nous devons à M. Richard, archiviste de la Vienne, des renseignements très précis sur les deux expéditions des Etablissements que possèdent les archives municipales de Poitiers, et la collation de la plus ancienne.

Celle-ci, qui est naturellement la plus importante, débute par le commencement d'un acte du roi de France envoyant à la ville de Poitiers le *Rescriptum communie Rothomagensis*. A la suite viennent les Etablissements de Rouen, mais ils ne sont pas suivis des formules finales de l'acte royal qu'on s'attendrait à y trouver. N'était cette lacune et l'absence de toute trace de sceau, on pourrait prendre cette expédition pour un acte original. Elle a l'aspect d'une lettre patente haute de 45 centimètres sur 35 centimètres de large, contenant 56 lignes d'une minuscule gothique serrée et tracée avec soin, que tous ses caractères contribuent à dater du règne de Philippe-Auguste et d'une époque très voisine de celle à laquelle a été écrit le rouleau de Niort.

Les vingt-huit premiers articles, sauf quelques variantes sans grande importance, sont en tout semblables aux articles correspondants du texte des registres de Philippe-Auguste et du rouleau de Niort. Non plus que la copie de Niort, elle ne

---

[1] Delisle, *Catal. des actes de Philippe-Auguste*, n° 876.
[2] *Documents inédits.* — *Mélanges*, t. III, p. 233.

s'arrête à l'article 28 ; seulement, si on la compare à cette dernière elle présente, à partir de cet article, de nombreuses lacunes. Douze articles, ceux qui portent dans notre édition les n°s 29, 32, 33, 36, 42, 43, 45, 46, 47, 49, 52, 53, ne se trouvent pas dans la charte de Poitiers. En revanche, on y rencontre un article qui ne se trouvait pas dans le rouleau de Niort ; il occupe la place de l'article 52. Le texte de Poitiers présente donc une rédaction en 42 articles des Etablissements de Rouen.

Pendant le dernier tiers du XIII° siècle, on a ajouté, tant dans la partie du parchemin restée en blanc à la fin de la charte qu'au dos, en fine cursive, très chargée d'abréviations, tous les articles dont nous venons de mentionner le déficit. Des renvois de la même main indiquent que, dans l'intention du correcteur, ces additions devaient occuper la place qu'elles occupent dans le texte de Niort. Les privilèges de Poitiers ayant été confirmés en février 1271-72 et en juin 1286[1], il paraît probable que ce fut vers cette époque que cette pièce subit ces modifications.

La seconde expédition des Etablissements qui se trouve aux archives de Poitiers, est incluse dans un vidimus donné le 8 mars 1411-1412 par le garde du scel aux contrats de Poitiers. Elle semble être une copie de la précédente dans laquelle le scribe aurait intercalé toutes les additions postérieures à la place indiquée par les renvois, en corrigeant le latin (par ex. *Scabini* au lieu de *Eschevini*) et en ajoutant de nombreuses fautes. Cependant, au lieu de se terminer brusquement comme la précédente, après le dernier article des statuts, elle contient la formule finale de la charte de Philippe-Auguste, dont la copie ancienne ne donnait que le préambule ; addition importante, puisqu'elle fait connaître la date de l'envoi à Poitiers, par le roi de France, de ces établissements : *Actum Senonis anno Domini millesimo ducentesimo quarto, mense novembris.*

SAINT-JEAN-D'ANGELY ET ANGOULÊME. — Les textes qui viennent de Saint-Jean-d'Angely et d'Angoulême peuvent n'être mentionnés que pour mémoire, car ils dérivent des copies des registres de Philippe-Auguste. Ce fut aussitôt après la conquête que Saint-Jean eut sa commune confirmée, et la

---

[1] *Rapport* de M. Redet, *loc. cit.*, p. 234.

charte d'envoi du *Rescriptum communie Rotomagensis* est du même mois et conçue exactement dans les mêmes termes que celle qui fut adressée à Poitiers, seulement les établissements n'y ont que les vingt-huit articles qu'ils ont dans les registres de Philippe-Auguste. On en a une copie du xiv° siècle insérée dans une concession de ces statuts faite à la ville d'Angoulême en mars 1373-1374 par Charles V, concession qui se trouve dans le registre du Trésor des chartes, JJ. 105, pièce 418 (reproduit dans le Recueil des ordonnances, t. V, p. 671). Ce sont les mêmes lettres qu'on retrouve dans le premier registre du Parlement d'Henri II (Arch. nat., X^{1a} 8616) que nous avons déjà cité.

Enfin il y a encore aux Archives nationales une copie de ces Etablissements, avec les confirmations que nous avons signalées, faite au xviii° siècle dans les archives d'Angoulême, probablement pour la Chambre des comptes. Le texte y est défiguré par d'innombrables fautes de copies, et la seule chose à signaler, c'est que là encore nous retrouvons la rédaction en vingt-huit articles, des registres de Philippe-Auguste [1].

Angoulême, qui avait reçu, le 18 mai 1204, de Jean Sans-Terre, en même temps que sa commune, les libertés et les libres coutumes de Rouen [2], reçut de nouveau de Charles V, en janvier 1372-1373, les privilèges et statuts de Saint-Jean-d'Angely [3], qui étaient eux-mêmes les Etablissements de Rouen. Nous avons vu que ce sont les confirmations faites à Angoulême qui font connaître les statuts de Saint-Jean-d'Angely; en outre, au commencement du xvii° siècle, les magistrats d'Angoulême les insérèrent dans un recueil de leurs privilèges qu'ils publièrent. Cette édition, qui a été utilisée, comme nous l'avons dit, par les éditeurs des Ordonnances, présente toujours la rédaction en vingt-huit articles [4].

---

[1] K. 184, n° 58.

[2] « Liberam communam et easdem libertates et liberas consuetudines » quas cives nostri Rothomagi habent per terram et potestatem nos- » tram. » *(Rotuli chartarum, p. 132).*

[3] Ordonn., V, p. 581.

[4] *Les privilèges, franchises, libertés, immunités et statuts de la ville, faubourgs et banlieue d'Angoulême, confirmés par les rois et vérifiés par les lettres patentes.* Angoulême, 1627, in-4.

BAYONNE. — La charte de commune de Bayonne lui fut concédée par Jean Sans-Terre au moment où, après ses défaites sur le continent, il appelait à son secours les Poitevins et les Gascons pour le soutenir dans sa lutte contre les barons anglais ; elle est datée du jour de Pâques 1215 (19 avril). Cette charte, qui ne nous est parvenue que dans une traduction en langue vulgaire, transcrite dans une espèce de coutumier de Bayonne, écrit en 1336 et conservé dans les archives municipales de cette ville, concède aux habitants une « communie de medisse maneire que an los borges de « la Rochelle. » A la suite de cette charte se trouve la traduction des Etablissements. Ce document a été publié par M. Jourdan dans son *Mémoire sur le statut constitutionnel de la Rochelle,* et plus correctement par MM. Balasque et Dulaurens dans leurs *Etudes historiques sur la ville de Bayonne* (t. I, p. 452).

Cette traduction des Etablissements, très littérale, semble avoir été faite sur un texte latin se rapprochant beaucoup du texte de Niort, il faut noter cependant que l'ordre des articles 37 et 38 est interverti, et qu'entre les articles 51 et 52 a été ajouté un article que nous avons déjà signalé dans le texte de Poitiers.

OLÉRON. — Une commune fut confirmée à Oléron, en juillet 1199, par Eléonore d'Aquitaine[1], mais il semble que Jean Sans-Terre lui attribua le premier les privilèges de la Rochelle, le 28 février 1205[2]. M. Meyer a retrouvé à la bibliothèque Bodléienne, dans un manuscrit composé en 1344[3], une traduction française des Etablissements de Rouen qui fut faite pour Oléron. Ce manuscrit, qui contient aussi les *Rôles d'Oléron,* a été utilisé par M. Pardessus pour son édition[4] ; un article de la traduction des Etablissements a été publié dans le *Monthly magazine*[5], ainsi que l'indique une note de Douce que contient le ms. Le même recueil contient encore

---

[1] Rymer, *Foedera,* Ed. de la Haye, t. I, part. I, p. 35.

[2] *Ibid.,* p. 44.

[3] Ms. Douce, 227. — A la fin du ms. sont ces mots à l'encre rouge : « Deo gratias. Iste liber est magistri Iohannis Ramberti cui detur Paradisus, et fuit completum anno Domini MCCCXL quarto, scilicet decima die mensis februarii. »

[4] *Lois maritimes,* I, p. 305 et p. 336, n. a.

[5] 1801, p. 36. C'est l'art. 16.

d'autres textes coutumiers relatifs à Oléron que M. Meyer nous a également communiqués et dont nous aurons occasion de nous servir.

Le texte latin dont s'est servi le traducteur d'Oléron semble avoir été en certains articles un peu plus développé que ceux que nous connaissons, à moins qu'il ne faille mettre les quelques amplifications que l'on y rencontre sur le compte du traducteur qui était du reste assez peu exact.

La traduction d'Oléron n'est pas encadrée dans les formules d'une charte de confirmation. Elle peut être divisée en trente-huit articles. Si l'on prend pour point de comparaison la rédaction de Niort, on remarque qu'il y manque les articles 6 et 7, que l'article 17 précède les articles 15 et 16, que les articles 29 à 44 manquent, et enfin qu'il y a entre les articles 51 et 52 l'article intercalé aussi à cette place dans les rédactions de Poitiers et de Bayonne.

En résumé, nous possédons des établissements de Rouen quatre rédactions différentes : 1° celle des registres de Philippe-Auguste, de Saint-Jean-d'Angely, d'Angoulême, en vingt-huit articles ; 2° celle de Niort et de Bayonne, en cinquante-quatre ou cinquante-cinq articles ; on peut considérer l'article qui ne se trouve que dans le texte de Bayonne comme omis involontairement dans celui de Niort ; 3° l'ancienne rédaction de Poitiers, en quarante-deux articles ; 4° enfin celle d'Oléron, en trente-huit articles.

Quelles sont les raisons de ces différences de rédactions ?

Il faut tout d'abord observer que les vingt-huit articles qui composent les *Etablissements* dans le registre de Philippe-Auguste, forment dans le même ordre le commencement de toutes les autres rédactions, à Niort, à Bayonne, comme à Poitiers ; il n'y a d'exception que pour la rédaction d'Oléron où ne se retrouvent pas les articles 6 et 7. Cette circonstance a conduit fort naturellement à penser que cette première partie avait constitué un texte primitif auquel seraient venus s'ajouter postérieurement les vingt-six articles de Niort, les quatorze articles de Poitiers, les douze d'Oléron. Il faut se souvenir toutefois, en mentionnant cette conjecture, que, dès 1215, Rouen possédait les Etablissements sous leur forme la plus développée, que, sauf des détails sans importance, aucune disposition ne se trouve dans les autres villes qui ne soit dans le texte en cinquante-quatre articles envoyé de Rouen à Niort ; par conséquent ces additions à un texte primitif ne sauraient être considérées comme des développements particuliers donnés aux institutions de Rouen dans les villes qui les adoptaient, et il faut admettre que, comme la première partie, la seconde a été empruntée par les diverses villes à une source commune.

S'il y a eu développement des statuts primitifs, ces développements, qu'on ne peut guère attribuer qu'à l'intention de compléter, de préciser, d'expliquer l'ancienne constitution reconnue à la longue insuffisante, ces développements, dis-je, ont été bien rapides.

La première partie, sous la forme qui nous est parvenue, ne peut pas être bien antérieure aux dernières années du XIIe siècle. La prévision de voyages des magistrats en Angleterre (5) nous reporte à l'époque de la domination anglaise, la mention de la monnaie d'Anjou (23), à la dynastie des Plantagenets; enfin, les articles qui prévoient la présence à Rouen du roi ou de son fils (17, 21) ne peuvent guère s'appliquer qu'à Henri II et à Richard Cœur-de-Lion. C'est donc des dernières années du règne de Henri II, après l'année 1169, qu'il faut dater la rédaction des Etablissements. Les plus anciennes souscriptions de magistrats rouennais, dont les dénominations indiquent que l'organisation municipale décrite par les Etablissements était alors en vigueur, sont de 1180[1] environ et viennent confirmer notre conjecture. La Rochelle les avait avant l'année 1199, puisque à cette époque ils furent concédés par Eléonore à la ville de Saintes d'après le modèle qui existait à la Rochelle[2].

Ces statuts, rédigés dans la deuxième partie du XIIe siècle, furent donc transcrits, en mai 1204, d'après le rouleau de Rouen, dans le registre de la chancellerie des rois de France, lors de leur concession ou de leur confirmation à Falaise. A ce moment ils semblent n'avoir eu que vingt-huit articles. Concédés à Poitiers au mois de novembre suivant, la copie contemporaine qui nous est parvenue nous présente une rédaction en quarante-deux articles; le rouleau de ces statuts, écrit au commencement du XIIIe siècle et envoyé de Rouen à Niort au XIVe siècle, nous prouve, par la concor-

---

[1] Chéruel, *Histoire de Rouen*, t. I, p. 33.

[2] Teulet, *Layettes du Trésor des chartes*, t. I, p. 208 B. — Cf. Besly. *Histoire des comtes de Poitou*, p. 526.

dance de sa rédaction avec la traduction en langue vulgaire de Bayonne, à laquelle les établissements de la Rochelle furent attribués en 1215, qu'avant cette époque Rouen et la Rochelle possédaient une rédaction encore plus développée que celle de Poitiers, celle que nous appelons le texte de Niort en cinquante-quatre ou cinquante-cinq articles. Ainsi, quatorze articles auraient été ajoutés de mai à novembre 1204, et treize autres de cette époque à 1215. Je ne parle pas de la rédaction d'Oléron, parce que je ne crois pas légitime de faire remonter à 1205, époque de la concession des Etablissements qui lui fut faite, la traduction du xive siècle que nous avons et qu'on peut supposer remaniée. Mais, en ce qui touche les textes de Poitiers et de Niort, il faut encore observer que comme les articles qui ne se trouvent que dans celui de Niort y sont non pas ajoutés à la suite des quarante-deux articles de Poitiers, mais intercalés en différents endroits, il paraît vraisemblable que dans la rédaction en quarante-deux articles de Poitiers on a procédé plutôt par suppression que par addition, et par conséquent que, dès novembre 1204, Rouen devait être en possession de la rédaction en cinquante-cinq articles. Nous arrivons donc à cette conclusion que le développement du texte des Etablissements, s'il y a eu développement, aurait eu lieu tout entier entre mai et novembre 1204. Ne serait-il pas plus légitime de penser que la rédaction en vingt-huit articles, que l'on ne trouve que dans les registres de Philippe-Auguste et dans les copies qui en dérivent, provient plutôt d'une erreur ou d'une négligence du copiste de la chancellerie royale qui, pour une raison quelconque facile à imaginer, n'aurait transcrit que l'une des peaux de parchemin qui devaient former le rouleau des Etablissements de Rouen, et que cette rédaction abrégée, qui devint la constitution de plusieurs villes, n'a d'autre origine qu'une omission. On verra que l'étude des caractères intrinsèques et du contenu de ce document ne dément pas cette explication.

CHAPITRE II.

ANALYSE DES ÉTABLISSEMENTS.

Cette constitution ne créait pas pour les villes qui en jouissaient une situation exceptionnellement favorable. L'indépendance de la commune, notamment en ce qui touche la juridiction, y subissait de nombreuses exceptions au profit de l'autorité royale. Ces statuts étaient loin du reste d'être incompatibles avec les privilèges plus nombreux et plus étendus que ceux qu'ils comportaient, en sorte que les villes qui les avaient adoptés n'étaient point toutes dans la même situation. Il faut ajouter que des différences d'interprétation de ce texte faisaient encore varier l'organisation de ces villes.

Les Etablissements ne sont point une constitution municipale complète; tandis qu'ils descendent sur certains points dans des détails assez minutieux, ils laissent sans réglementation beaucoup de questions importantes, contiennent plusieurs contradictions [1] et leur rédaction, surtout vers la fin, est assez mal ordonnée. Ils déterminent les noms, le nombre, le mode de recrutement et les fonctions des divers magistrats de la ville (art. 1, 2 et 53 à 55), fixent leurs jours de réunion (3), règlent la police de leurs séances et audiences (4 à 8), indiquent quelle était la juridiction de la commune en regard de celle du roi, donnent certaines règles de droit civil et criminel (art. 9 à 19, 21 à 27, 31 et 32, 34 à 37, 39, 44 à 50), établissent la condition et les obligations des bourgeois (art. 20, 30, 38), et en particulier précisent les charges relatives au guet et à la garde et au service militaire (art. 28, 29 et 41), enfin donnent quelques règles relatives à l'administration et spécialement aux finances (art. 33, 42, 43, 51 et 52).

---

[1] Voy. par exemple les art. 17 et 49, 33 et 43.

Les villes qui avaient pour constitution municipale les *Etablissements de Rouen* étaient des communes. Le mot *communia*, souvent employé par notre texte, y a des acceptions différentes ; le plus souvent il y désigne la commune, l'association des bourgeois au sens abstrait du mot (*libertates communie — judicari per communiam — misericordia communie*). On l'y trouve aussi au sens de ville (*communiam relinquere*) ; enfin la *commune*, c'est aussi la milice communale.

Toutes les magistratures municipales émanaient d'un corps de cent pairs, sur le recrutement et la composition duquel notre texte ne nous renseigne pas. L'article 54, qui détermine le serment qu'ils prêtaient ainsi que les autres magistrats à leur entrée en charge *(in principio sui eschevinatus)* semblerait indiquer qu'ils étaient renouvelés chaque année. Cependant cette interprétation se trouve en désaccord avec les renseignements que nous trouvons dans les documents particuliers à chaque ville qui nous les représentent comme une espèce d'aristocratie héréditaire ; il y a donc lieu de croire que cette expression : *in principio sui eschevinatus,* ne s'applique qu'aux autres magistrats désignés dans cet article, explication que justifie du reste l'emploi du terme *eschevinatus*.

Le rôle des cent pairs ne consistait pas seulement à élire dans leur sein les magistrats municipaux, eux-mêmes étaient des magistrats et participaient à ce titre à l'administration et à la juridiction de la commune. Par leur serment, ils s'engageaient à juger selon leur conscience (art. 54), et en effet le collège entier des cent pairs était un corps judiciaire. Il se réunissait tous les quinze jours, le samedi (art. 3), et l'un des objets de ces réunions était de rendre la justice : *pro recto faciendo* (art. 7). Quoique divers articles des Établissements soient relatifs à l'exercice de cette juridiction (art. 36, 37, 42, 44), ils ne sont pas néanmoins suffisamment explicites pour déterminer quelle était exactement la compétence de ce tribunal. Là ne se bornaient pas les fonctions judiciaires des pairs, ils avaient, devant d'autres tribunaux municipaux, la qualité de témoins légaux ou privilégiés, et leurs témoignages, avec ou sans serment, suivant les cas, avait une valeur particulière (art. 13 et 14). Enfin, de ce caractère même de témoins privilégiés, ils tenaient l'exercice de la juridiction gracieuse (art. 22). Deux dispositions des Etablissements indiquent qu'ils avaient des attributions administratives (art. 43

et 51), qu'ils exerçaient sans doute, comme la juridiction, dans leurs assemblées de quinzaine; c'était probablement aussi dans ces réunions plénières qu'ils procédaient à la réception des nouveaux bourgeois et recevaient leurs serments (art. 30, 38).

Chaque année les cent pairs désignaient parmi les notables trois candidats, entre lesquels le roi choisissait le premier magistrat de la ville, le maire (art. 1). Celui-ci était rééligible, mais, entre autres clauses du serment qu'il prêtait à la ville en entrant en charge, il jurait de n'intriguer en aucune façon pour faire prolonger sa mairie au delà de son année (art. 53 et 54). Son rôle dans la commune était plus important que celui de la plupart des magistrats du même nom dans les autres communes. C'était lui qui présidait les réunions et audiences de tous les magistrats de la cité. Outre les réunions ordinaires qui se faisaient à jours fixes sans convocation, il avait le droit d'en convoquer d'extraordinaires, et même de mander auprès de lui n'importe quel magistrat ou citoyen; il dirigeait les débats et avait la police des séances (art. 3, 4, 6, 8, 42); il semble même avoir eu une juridiction personnelle, tout au moins avoir eu le rôle d'un magistrat de conciliation avant qu'un procès fût engagé (art. 44). Dans tous les cas c'était lui qui était saisi des affaires judiciaires par les officiers royaux (art. 45) ou par les particuliers (art. 31). Dans les cas réservés à la justice royale il participait au jugement, sans doute pour y défendre les droits de la ville (art. 34, 35). C'était à lui de faire exécuter les sentences criminelles, sauf en matière de haute justice et lorsqu'il y avait gage de bataille (art. 31). En matière civile il pouvait faire saisir les biens du débiteur et les attribuer au créancier (art. 39). Outre ces attributions judiciaires, il était encore le receveur des revenus de la ville (art. 43), le chef de la milice communale qu'il conduisait à l'armée (art. 29); il surveillait le guet et la garde (art. 41), avait le dépôt des clefs de la ville qu'il ne pouvait confier qu'à des personnes agréées par le conseil des cent pairs (art. 40). A une position aussi élevée correspondait une responsabilité proportionnée. Au cas où il violait les statuts de la commune, la peine dont il était passible était du double plus forte que celle à laquelle aurait été condamné un autre magistrat, parce que, disent les Etablissements, *ab eo debet sumi juris et equitatis exemplum et instituta servandi* (art. 9). Le principe de la proportionnalité des amendes à la fonction et la manière dont il est justifié sont une des choses les plus caractéristiques et les plus remarquables de ce document.

Chaque année, les cent pairs élisaient les vingt-quatre magistrats annuels de la ville qu'ils choisissaient dans leur sein (art. 2). Ces vingt-quatre élus étaient les *jurés*[1] (art. 13, 22, 33, 46, 55). Au commencement de leur échevinage (*eschevinatus*, art. 22), ces magistrats juraient fidélité au roi et à l'église, juraient de juger selon leur conscience et de garder secrètes les choses que le maire leur ordonnerait de céler. Le juré coupable d'une infraction à cette dernière règle était puni de la privation de son office et était en outre à la merci de la commune (art. 2). Ils juraient également de n'accepter deniers ni cadeaux qui pussent les influencer (art. 54). En cas d'infraction à cette partie de son serment, le juré coupable était révoqué, exclu lui et ses héritiers de toute fonction municipale, et sa maison était rasée (art. 55). Il y avait, le samedi de chaque semaine, réunion des vingt-quatre jurés (art. 3). Les attributions de ces magistrats étaient administratives et judiciaires. Leur réunion, présidée par le maire, avait le droit de dépenser les revenus de la ville (art. 33). Comme tous les autres pairs, ils avaient la juridiction gracieuse. En matière de dettes et de contrats, ou de marchés, le témoignage ou le record (*recordatio*) de deux jurés en fonctions terminait l'affaire; les jurés en fonction ne devaient pas alors prêter serment, « *quia juraverunt initio sui eschevinatus;* » mais, lorsque deux jurés sortis de charge déposaient dans une contestation relative à un acte passé par-devant eux pendant l'année de leur échevinage, leur témoignage était reçu sous la foi du serment. Le témoignage sous serment d'un seul juré et d'un ou plusieurs pairs avait la même valeur. Si l'importance du procès n'atteignait pas dix sous, le simple témoignage de pairs sans serment suffisait à le terminer (art. 22). Les jurés étaient de même témoins privi-

---

[1] Ce terme de *jurés* désignait également tous les bourgeois de la ville. En général cependant le terme *juratus communie* désigne le bourgeois, tandis que le juré magistrat est désigné par l'expression *unus de XXIIII juratis*. Voy. les articles cités et les art. 6, 11, 17, 19, 27, 31. Il est cependant quelques passages où le mot *juratus* est employé seul et qui ne laissent pas que de prêter à l'équivoque. Voy. par exemple les art. 20, 42 et 46.

légiés, et le témoignage sans serment de deux jurés suffisait pour convaincre un accusé du crime de sédition devant le tribunal municipal, tandis que celui de deux autres pairs n'avait la même valeur qu'accompagné de serment (art. 13). Toutefois, en matière de délits par paroles contre la commune, les jurés devaient déposer sous serment; l'accusé pouvait même détruire la valeur du témoignage d'un seul juré, en produisant six témoins à décharge et en jurant lui-même (art. 46).

Les vingt-quatre jurés se subdivisaient en deux corps, celui des douze *échevins* (*scabini*) et celui des douze conseillers (*consultores*, art. 2). Les échevins, probablement les douze jurés élus les premiers, étaient les magistrats les plus importants de la cité; leur réunion en échevinage[1], sous la présidence du maire, avait lieu deux fois par semaine (art. 3), et ils ne pouvaient s'absenter pour aller en Angleterre ou ailleurs, sans en demander l'autorisation à leurs collègues dans une séance du samedi; l'absent était aussitôt remplacé par un intérimaire (art. 5). Comme les autres pairs, les échevins juraient, au commencement de leur échevinage, de juger selon leur conscience et de ne se point laisser corrompre (art. 2 et 54). C'étaient eux qui formaient, sous la présidence du maire, la principale cour de justice de la commune. Les séances en étaient publiques (art. 6), et notre texte nous les montre jugeant en matière de séditions, d'injures et en matière civile (art. 13, 14, 23). Ils avaient, comme les autres pairs, qualité de témoins légaux et étaient même plus privilégiés à cet égard, puisque le témoignage sans serment de deux échevins suffisait à convaincre l'accusé d'avoir mal parlé de la commune, alors que, dans le même cas, les conseillers même n'étaient admis à déposer que sous serment (art. 46). Ils partageaient les attributions administratives des autres pairs, et, de concert avec le maire, désignaient les bourgeois qui devaient rester à la garde de la ville quand la milice était convoquée par le roi (art. 28).

Les douze conseillers qui siégeaient chaque samedi avec les échevins, et tous les quinze jours avec les autres pairs, pouvaient en outre être mandés pour donner leur avis aux réunions d'échevins (art. 9). Les Etablissements ne con-

---

[1] Il faut remarquer que les termes *eschevinatus* et *eschevinagium* désignent les fonctions et les réunions aussi bien des pairs, des conseillers et des jurés en général, que celles des échevins (art. 6, 8, 22, 38, 54).

tiennent rien autre qui soit relatif à leurs attributions particulières comme conseillers ; nous avons dit quelles étaient leurs fonctions en tant que jurés et pairs.

En dehors et à côté des magistrats, mentionnons encore les *clercs*, c'est-à-dire les greffiers, secrétaires et commis de l'échevinage et les *sergents* ou officiers de police de la ville. Ces fonctionnaires avaient pour gages une part des amendes payées par les condamnés, part que stipulent en leur faveur les dispositions des établissements qui nous les font connaître (art. 6 et 7).

Les bourgeois de la ville sont les jurés de commune, *jurati communie*, ou simplement les jurés, *jurati*; souvent on les désigne par le terme de voisins, *vicini* (art. 10 et 19) ; c'est ainsi que les a nommés d'ordinaire le traducteur de Bayonne. Cette expression, sans doute fort ancienne, peut indiquer que ce sont les relations de voisinage qui ont créé la communauté des bourgeois. Le mot *amicus*, employé à l'art. 26, et qui montre entre certains bourgeois des relations encore plus étroites, est, pensons-nous, un terme technique qui nous reporte aux coutumes germaniques, de même que les six hommes de l'art. 46 dont l'accusé d'injures contre la commune devait produire le serment et qui paraissent devoir être considérés plutôt comme des conjurateurs que comme des témoins.

Le mot *juré* sous lequel les bourgeois sont le plus habituellement désignés vient du serment de commune (*juramentum communie*) que devaient prêter en plein échevinage ceux qui voulaient être reçus dans la commune et jouir des franchises de la cité. Quiconque avait habité la ville pendant an et jour était tenu de se faire recevoir dans la commune ; ceux qui s'y refusaient étaient arrêtés, enchaînés et emprisonnés jusqu'à ce qu'ils se décidassent à prêter serment (art. 30 et 47). On justifiait de sa qualité de bourgeois, lorsqu'elle était contestée, par le témoignage de deux des vingt-quatre jurés[1] (art. 20). Lorsqu'un bourgeois voulait cesser de faire partie de la commune, il fallait qu'il en fît la déclaration ; il perdait alors la jouissance de toutes les prérogatives des bourgeois, et de plus, était obligé de quitter la ville ; ce n'était qu'après un séjour de plus d'une année hors de son territoire qu'il pouvait être de nouveau réintégré dans la bourgeoisie ; il devait en ce

---

[1] Ou peut-être par le témoignage de deux autres bourgeois. Voy. plus haut la note 1 de la p. 16.

cas prêter un nouveau serment devant l'assemblée des cent pairs (art. 38).

Les privilèges des bourgeois étaient la jouissance des franchises et droits de bourgeoisie qui variaient suivant les villes, la participation à la solidarité qui existait entre les habitants (*communia auxiliabitur jurato suo rectum perquirere*, art. 17), et le droit de n'être soumis sauf en matière de haute justice, qu'à la juridiction du tribunal de la commune. Leurs charges étaient la participation aux dépenses de la ville, l'obligation de faire partie de la milice communale (art. 28), la sujétion à certaines réquisitions, telles que celle des chevaux (art. 52), ou à certaines corvées, telles que celle de voyager pour les affaires de la ville, ou de se rendre auprès du maire sur son ordre (art. 42 et 51).

La commune avait, dans l'étendue de son territoire et de sa banlieue, le droit de juridiction criminelle, civile et gracieuse sur ses bourgeois et l'exerçait, comme nous l'avons dit, par ses magistrats, les pairs, les jurés, les échevins et le maire. Les Etablissements ne concédaient pas toutefois dans toute sa plénitude, aux villes qui les avaient adoptés, l'indépendance de la juridiction, ce privilège essentiel des communes. Tout d'abord, ils consacraient la réserve des cas d'adultère à la juridiction ecclésiastique (art. 32), mais les plus grandes restrictions qu'ils apportaient à la justice municipale étaient au profit de l'autorité royale.

Les officiers de justice du roi, dans la commune *(justicie domini regis*, art. 10 et 11), étaient le bailli (art. 31 et 34), le vicomte (art. 45 et 48), le prévôt (art. 45), et des officiers inférieurs. Ils connaissaient, au nom du roi, de tous les cas de haute justice : le juré de commune coupable de meurtre était livré aux justiciers du roi (art. 11) ; dans le cas de mort d'homme, le vicomte avait le droit d'arrêter un juré (art. 48) et, dans le cas de blessures faites par un juré à son cojuré, la justice appartenait au roi (art. 42). La commune connaissait des cas de vol et de faux, mais si, d'après la coutume, l'accusé avait forfait un membre, il était livré aux justiciers du roi (art. 10). Enfin, dans tous les procès commencés devant le tribunal municipal, lorsqu'il y avait lieu à gage de bataille, c'était au bailli qu'appartenait la direction de la suite de l'affaire (art. 31). Inutile d'ajouter que ces réserves de juridiction comportaient tous les émoluments de justice, et les amendes tout d'abord ; en outre, le roi confisquait les biens meubles des meurtriers, des voleurs et de tous les criminels fugitifs ; il avait pendant an et jour la jouissance et les fruits des terres et ténements des condamnés, après quoi les seigneurs des fiefs, dans lesquels ces biens étaient situés, les pouvaient revendiquer (art. 34, 35, 48). La présence du roi ou de son fils dans la ville, ou encore la tenue d'une assise royale suspendaient les effets de la justice municipale (art. 17).

En dehors des restrictions que nous venons d'énumérer, la commune avait juridiction sur tous ses bourgeois ; citer son cojuré devant une autre juridiction, à moins de déni de justice du maire, était, pour le juré de commune, un délit que punissait le tribunal des pairs (art. 44).

Les étrangers n'échappaient pas complètement à l'action de la justice municipale. L'étranger qui commettait un délit sur la personne d'un bourgeois était, d'après l'article 17, sommé de donner satisfaction, et lorsqu'il refusait, il était atteint néanmoins par une espèce de mise en quarantaine dans la commune ; il était alors défendu à tous les jurés d'avoir avec lui des relations d'aucune sorte. C'était par le même moyen, fréquent du reste dans la législation municipale du moyen âge, que la commune atteignait les chevaliers et les clercs débiteurs des bourgeois qui refusaient de comparaître devant le tribunal des pairs ; cette espèce de mise en interdit durait jusqu'à la tenue d'une assise dans la ville, et alors la commune y prenait en main les intérêts de son bourgeois (art. 17 et 21). D'après l'article 49, qui offre quelque contradiction avec l'article 17, l'étranger coupable d'un délit commis sur la personne d'un bourgeois était arrêté et gardé en prison jusqu'à ce qu'il consentît à donner satisfaction ; lorsqu'il n'avait pu être arrêté, la commune requérait le seigneur du coupable de faire droit, et dans le cas de déni de justice de la part du seigneur, les gens de la commune avaient alors le droit de se saisir du coupable et d'en faire eux-mêmes justice.

Les Etablissements reconnaissent au seigneur, en matière de terre, ainsi qu'au seigneur du débiteur ou du créancier d'un bourgeois, le droit de requérir sa cour, c'est-à-dire d'enlever à la justice municipale, pour les évoquer à son tribunal, les procès relatifs à cette terre ou à cette dette ; mais, dans ce cas, justice devait être faite par le seigneur, en matière de terre, dans un délai de deux quinzaines (art. 24), en matière de dette, dans un délai de deux semaines, et si le créancier demandeur était étranger, dans un délai de trois jours (art. 27), faute de quoi le tribunal municipal reprenait en main la cause, sauf le cas d'excuse légitime du seigneur admise par le maire et les échevins.

Parmi les réserves que souffrait la juridiction municipale, il n'est pas hors de propos de placer les conclusions préalables de paix qui pouvaient lui soustraire des procès entre bourgeois, même dans le cas où l'instruction avait commencé à la requête d'une des parties ; seulement, dans ce cas, le plaignant devait donner gage et caution et promettre sous serment de ne pas se venger de son adversaire (art. 18).

Bien que la haute justice fût exercée par les officiers royaux, cependant la commune conservait même alors une action particulière sur les justiciables. Lorsqu'un crime avait été commis, la commune entière se considérait comme atteinte, et dès lors, à côté de l'action poursuivie par la justice royale, la justice municipale intentait d'autres poursuites dont la sanction était une peine qu'on retrouve appliquée dans le même cas par la plupart des législations municipales, l'*abattis de maison*. C'est ainsi que la maison et le verger du juré coupable de meurtre étaient abandonnés à la commune (*ad faciendam justiciam*) et rasés (art. 11, 35 et 48). On procédait de même contre le juré coupable d'avoir blessé un autre juré (art. 12), contre les réfractaires et les déserteurs (art. 28), contre les voleurs (art. 34), contre les fugitifs (art. 35), contre les diffamateurs (art. 36), contre les violateurs de leur serment (art. 37), enfin contre les magistrats qui s'étaient laissés corrompre (art. 55). Dans la plupart des cas, le condamné pouvait éviter l'exécution et racheter sa maison pour la somme de cent sous.

A côté des articles qui déterminent l'étendue et la compétence de la juridiction de la commune, les Etablissements contiennent encore, en ce qui concerne les règles appliquées par la justice municipale, un certain nombre de dispositions caractéristiques que nous devons énumérer.

Les principaux délits justiciables de la commune, dont il est fait mention dans les Etablissements, sont : la *sedicio in urbe* (art. 13), les contraventions aux statuts (art. 15) et les délits de paroles (art. 14, 15). Les peines qui les punissaient étaient les amendes, la prison et le pilori. Les amendes formaient un des revenus de la commune, et une partie servait de salaire aux sergents et aux clercs. Sauf l'indication si importante que, quand elles frappaient un magistrat municipal, elles étaient d'autant plus élevées que le coupable était plus haut placé (art. 4, 6, 7), nos règlements ne fixent que rarement leur quotité ; dans la plupart des cas, ils abandonnent la fixation de la peine à l'appréciation des juges. La commune avait sa prison ; les dispositions qui la mentionnent ajoutent que les prisonniers y étaient enchaînés *vinculis ferreis*. Elle servait à garantir le paiement d'une amende (art. 26), à forcer les habitants de la ville à prêter le serment de commune (art 47) et elle assurait par une détention préventive la juridiction de la commune sur des étrangers (art. 49), ou même sur un juré (art. 50). Il est fait mention du pilori comme d'une peine appliquée à ceux qui avaient contrevenu aux statuts. Les Etablissements semblent avoir voulu adoucir ce qu'une pareille peine avait d'infamant, en déclarant passibles d'une amende, et, en cas de non-paiement, de cette même peine du pilori, ceux qui injurieraient, en le leur rappelant publiquement, des personnes qui y auraient été condamnées (art. 15 et 36). Une peine à la fois étrange et barbare frappait la femme querelleuse et médisante (*litigiosa et maledica*) ; une corde lui était passée sous les aisselles et elle était plongée trois fois dans l'eau ; si, plus tard, on reprochait à une femme d'avoir été soumise à ce supplice, on était passible d'une amende de dix sous, ou bien, si l'injure venait d'une femme, il lui était appliqué la même peine (art. 16). Une disposition fort intéressante porte que la peine de tout condamné qui fera solliciter les juges sera doublée, sauf le cas d'intervention royale, et le motif qu'en donne l'article qui l'édicte n'est pas moins curieux ; c'est, dit-il, qu'il « n'est pas bon aver la mauvolence « de ses riches voisins, » ce qu'il faut interpréter sans doute par la crainte qu'avait le corps de ville de s'aliéner les citoyens riches en position de l'influencer (art. 19).

En fait de droit privé, les Etablissements ne contiennent que des dispositions relatives aux dettes. Le débiteur insolvable ou de mauvais vouloir avait ses biens saisis et abandonnés au créancier jusqu'à concurrence du montant de sa dette ; si ses biens étaient insuffisants, il était banni et ne pouvait rentrer qu'en s'acquittant ; s'il rentrait auparavant dans la ville, il était emprisonné jusqu'à paiement d'une amende de cent sous et ensuite expulsé jusqu'à paiement intégral (art. 26). D'après l'art. 39, le créancier auquel on a livré en acquit de sa dette les immeubles et les tènements saisis sur son débiteur, a encore droit aux meubles que le débiteur pourra acquérir par la suite et que le maire devra saisir pour les lui livrer.

Les actes de juridiction gracieuse, c'est-à-dire les conventions, contrats, marchés, étaient, nous l'avons déjà dit, conclus en présence de magistrats municipaux (art. 22). Il est à croire qu'il faut chercher l'origine de cette coutume dans ce fait que ces actes ont dû consister longtemps en traditions symboliques dont l'écriture ne conservait aucune trace et dont les assistants seuls pouvaient être appelés à témoigner. Du reste, dans aucun des articles des Etablissements il n'est fait mention de preuves écrites, c'est toujours aux souvenirs des hommes qu'il faut avoir recours, de là le caractère de témoins légaux, privilégiés, dont étaient investis à des degrés divers tous les membres du corps de ville.

Deux articles qui semblent contradictoires ont seuls trait à l'administration de la ville; ils concernent les finances. D'après l'article 33, dont l'interprétation peut du reste prêter à controverse, le maire et les vingt-quatre jurés pouvaient faire emploi des revenus de la ville, c'est du moins ainsi que j'entends l'expression obscure : *quamlibet missionem facere*. D'après l'article 43, au contraire, toute dépense des amendes et de tous les gages perçus par le maire devait être décidée dans l'assemblée des cent pairs.

Il ne nous reste plus pour terminer cette longue analyse qu'à dire quelques mots de la milice communale dont tous les jurés de commune faisaient partie. Elle était convoquée par le roi ou par ses officiers de justice (art. 28). Le maire avait mission de la réunir et de la commander (art. 29). En cas d'expédition, il désignait, d'accord avec les échevins, un certain nombre de jurés qui devaient rester à la ville, et avait le droit d'accorder des exemptions de service. Les réfractaires et les déserteurs étaient livrés à la justice royale et de plus, leur maison était rasée.

CHAPITRE III

ROUEN

L'histoire de la commune de Rouen a été écrite avec talent par M. Chéruel[1]; son livre, qui contient bon nombre de pièces justificatives publiées avec soin, nous permettra de ne pas nous étendre longuement sur les faits historiques proprement dits et de nous attacher spécialement aux circonstances de l'adoption de ses Etablissements, dont l'historien de Rouen a peu parlé et qu'il n'a pas publiés de nouveau parce qu'il ne savait pas de quelle vogue ils avaient joui au moyen âge et qu'il n'en connaissait pas d'autre rédaction que celle du recueil des Ordonnances. Nous insisterons en outre sur les divers privilèges qui complètent les renseignements relatifs à l'organisation municipale fournis par le texte que nous venons d'étudier.

C'est à l'activité de son commerce que Rouen dut son importance au moyen âge et ses premiers privilèges. Dès le commencement du VII° siècle, dans la charte d'institution de la foire de Saint-Denis, Rouen est mentionné deux fois comme un centre de commerce[2]; plus tard, lorsque Dudon de Saint-Quentin, au X° siècle, parle des Rouennais, il les appelle les marchands demeurant à Rouen (*mercatores Rotomo commorantes*[3]). Comme dans beaucoup d'autres villes du moyen âge, la concession de privilèges commerciaux par des souverains étrangers précéda celle de privilèges municipaux. Dès le milieu du XI° siècle, les commerçants de Rouen jouissaient de franchises particulières au port de Dungeness[4]. Enfin l'une de leurs

---

[1] *Histoire de Rouen pendant l'époque communale* (1150-1382), 2 vol. in-8, Rouen, 1843-1844.

[2] *Histor. de France*, t. IV, p. 627.

[3] Ed. Lair, Caen, 1865, in-4, p. 152.

[4] Une charte de Henri Plantagenêt, concédée vers 1150, rapporte au règne d'Edouard le Confesseur (1041-1066) l'octroi de ces privilèges (Chéruel, t. I, p. 245).

corporations industrielles, la Ghilde des cordonniers, existait avec ses privilèges dès l'époque de Henri I[er][1].

Sauf ces indications relatives à la prospérité commerciale de Rouen, nous sommes sans renseignements sur son état intérieur avant le XIIe siècle.

Une conspiration, tramée en 1090 pour déposséder Robert Courte-Heuse et livrer la ville au roi d'Angleterre Guillaume le Roux, et dont Ordéric Vital a raconté les circonstances, a paru à M. Chéruel « la première tentative d'émancipation de la bourgeoisie »[2]. Rien dans le récit d'Ordéric n'autorise cette interprétation.

C'est au règne de Henri Ier (1106-1135) que remontent les plus anciens privilèges concédés à l'ensemble des citoyens; encore n'a-t-on pas de charte de ce prince, mais un acte de Henri Plantagenêt, confirmant aux citoyens (*cives*) de Rouen l'exemption de l'obligation de garder des prisonniers, rappelle que ce privilège leur avait été concédé par Henri Ier (*et id concessit eis rex Henricus*) et déclare réintégrer les sergents de Rouen dans les offices qu'ils possédaient sous ce règne[3]. Ordéric Vital, du reste, mentionne l'action législative de Henri Ier sur Rouen et semble dire qu'il confirma, en 1106, des règlements établis par Guillaume le Conquérant[4].

Selon M. Chéruel (p. CXI), la commune de Rouen se constitua en 1144, pendant la lutte entre Etienne de Blois et Geoffroi Plantagenêt. Je n'ai pu retrouver dans les chroniqueurs qu'il cite ni dans d'autres aucune mention de cet événement; Albéric de Trois-Fontaines indique seulement, d'après le moine Helinand, la prise de Rouen par Geoffroi d'Anjou[5]. Il convient d'ajouter que c'est à ce moment que l'on doit rapporter la concession à Rouen non pas d'une charte de commune, mais d'un certain nombre de privilèges dont nous ne possédons plus

---

[1] Chéruel, t. I, p. CXIV. — Cf. les textes cités par le même, p. 13, n. 1 et 2. — Voy. aussi, pour plus de détails : de Fréville, *Mémoire sur le commerce maritime de Rouen depuis les temps les plus reculés jusqu'au XVIe siècle*, 2 vol. in-8. Rouen, 1857.

[2] Chéruel, t. I, p. LXXXIV. — Cf. Ordéric Vital, éd. de la Société de l'Histoire de France, t. III, p. 354-356.

[3] Chéruel, t. I, p. 242.

[4] Rex siquidem cum duce Rotomagum adiit et a civibus favorabiliter exceptus, paternas leges renovavit pristinasque urbis dignitates restituit. (Ordéric Vital, t. IV, p. 233).

[5] Pertz, *Scriptor.*, t. XXIII, p. 838.

la charte originale, mais seulement la confirmation par Henri Plantagenêt[1]. Les termes de la formule de cette confirmation[2], et plus encore le caractère de la plupart des dispositions de ce privilège, qui s'accordent bien avec les circonstances de la reddition de Rouen en 1144, autorisent cependant à rapporter à ce moment précis la rédaction de cet acte, tel qu'on le trouve dans la confirmation de 1150.

Il est remarquable que ces privilèges, en faveur des citoyens de Rouen, ne leur sont point adressés ; ce sont les dignitaires ecclésiastiques, les seigneurs féodaux et les officiers royaux auxquels est notifiée la concession faite aux citoyens. Ce document comprend vingt-sept dispositions, et il est commode pour l'examiner de le diviser en vingt-sept articles ; il contient des privilèges nombreux, mais aucune garantie d'autonomie pour la ville, aucune liberté politique pour ses habitants. C'est une grave erreur que de le considérer comme une charte de commune, attendu qu'il ne laisse à la ville aucune liberté de justice ni d'administration, ce qui est l'essence même du droit de commune. La justice y est exclusivement attribuée au duc ; le *consilium civium*, qui est mentionné à l'article 14, indique seulement l'avis des citoyens sur les mauvaises coutumes établies à Rouen depuis la mort de Henri Ier et qui, conformément à cet avis, sont abrogées ; la *communio Rothomagi* (art. 7) ne désigne que la communauté des citoyens ; le *marescalus civitatis*, qui avait seul le droit d'autoriser à requérir des logements chez les habitants (art. 9), et les *servientes Rothomagi*, qui avaient été dépouillés de leurs offices (art. 10), semblent avoir été des fonctionnaires du duc[3].

Les dispositions que contient cet acte se peuvent classer

---

[1] Chéruel, t. 1, p. 241.

[2] Omnes autem predictas consuetudines affiduciavit Godofredus dux Normannorum, pater meus, se tenere...

[3] Une ancienne traduction de ce document fait du maréchal de la cité un magistrat municipal élu : « Item, que nul desdits bourgoys soit contrainct, par quelque commandement que ce soit, loger aucun, synon par le mareschal propre de ladicte cité qui seroit esleu et constitué par douze hommes legaulx et dignes de foy de ladicte ville. » (Arch. municip. de Rouen, reg. U. 1, fol. 6.) Mais ce doit être là une paraphrase du XVIe siècle, époque où fut écrit le registre qui contient cette traduction. Il paraît plus naturel de croire qu'il s'agit ici du maréchal royal, comme plus tard dans la charte de Philippe-Auguste de 1207 (Pièces justif., 2, art. 27).

sous quatre chefs différents. Il y a un certain nombre de dispositions de circonstances destinées à rassurer les citoyens sur les intentions du vainqueur, à leur garantir la liberté de leurs personnes et la possession de leurs biens, à rétablir l'état de choses qui existait sous Henri Ier et qui avait été modifié par Etienne de Blois (art. 1, 7, 8, 10, 11, 12 et 14). Cinq articles sont des privilèges de juridiction ou plutôt des garanties pour la juridiction du duc : les citoyens ne pouvaient être cités en justice qu'à Rouen, ou bien en cour ducale à Sainte-Vaubourg et à Oissel ; en particulier, les plaids pour dettes ou marchés ne pouvaient avoir lieu qu'à Rouen ; les bourgeois ne pouvaient être obligés à la garde de la prison, ils ne devaient pas être contraints d'accepter le duel judiciaire contre un champion à gages, reconnu comme tel par le témoignage sous serment de dix citoyens, dont cinq de la cité et cinq du bourg ; enfin, ils étaient dispensés de répondre aux citations en justice émanant de criminels convaincus (art. 2, 3, 4, 6 et 25). Sept articles sont des dispositions fiscales : exemption de toute *modiatio,* sauf pour le vin le jour de son entrée dans la ville, restriction de l'obligation de fournir des logements sur réquisition, exemption de toutes tailles qui ne seront pas consenties par les citoyens, suppression des coutumes imposées depuis la mort de Henri Ier, règlementation du droit de barrière et de l'impôt sur le vin (art. 5, 9, 13, 14, 15, 16 et 17). Les autres articles sont des privilèges commerciaux : concession du monopole du commerce normand avec l'Irlande, du monopole du commerce à Rouen, réglementation du tonlieu, franchises à Londres en faveur de la Ghilde rouennaise, privilèges aux foires anglaises, confirmation de la possession du port de Dungeness et franchises sur la Seine (art. 18, 19, 20, 21, 22, 23, 24, 26 et 27).

Cette charte, dans toutes ses dispositions, fut confirmée par Henri II, très probablement lors de son avènement au duché (1150) et certainement avant son avènement au trône d'Angleterre.

En 1174, Rouen eut à subir un siège de la part du roi de France et du comte de Flandre ; Henri II vint délivrer la ville et ce fut probablement à cette occasion qu'après la levée du siège, vers le milieu d'août, il confirma et augmenta les privilèges de Rouen[1]. Outre des franchises de péages dans

---

[1] Chéruel, t. I, p. 242. La liste des témoins circonscrit la date de cette

tous ses domaines, d'autres exemptions d'impôts, la possession du port de Dungeness et le monopole du commerce avec l'Irlande, il confirma aux citoyens le droit de ne point plaider, en matière d'acquêts, de gages, de dettes et d'héritages, ailleurs qu'à Rouen, mais cette fois il est dit expressément que le tribunal qui devra statuer sur ces matières sera un tribunal municipal : *Super his fiat judicium per legitimos homines civitatis.* C'est la première mention connue de la juridiction de la commune de Rouen.

C'est du reste à la fin du règne de Henri II que nous voyons pour la première fois la ville de Rouen décorée du titre de commune (*communia*), dans un grand nombre de chartes dont les listes de témoins circonscrivent la date entre 1173 et 1189. Dans ces chartes les mentions d'un maire, de pairs, d'un bailli, nous font voir qu'alors déjà la ville jouissait de l'organisation municipale que les Etablissements exposent avec plus de détails; elles nous permettent de croire que cette constitution, à peu près telle qu'elle nous est parvenue, y était alors en vigueur [1].

charte entre les années 1170 et 1179 ; on sait en outre que le connétable Richard de Humez, qui y figure, ne quitta pas le roi en 1173 et 1174.

[1] Voici l'indication de quelques-unes des chartes, malheureusement sans dates, sur lesquelles s'appuie cette démonstration : « Hawida uxor Bernardi Commin et Willelmus primogenitus ejus » vendent à Gautier de Coutances, trésorier de l'église de Rouen, certaines portions de maisons à Rouen. « Actum est hoc publice in plena communia Rothom. coram Bartholomeo Fergant tunc majore Rothom. Testibus : Hugone de Creci, R. abbate Mortui-Maris (1174-1180), etc. » *Liste de vingt-sept témoins dont aucun ne permet d'arriver à dater plus exactement.* (Bibliothèque de Rouen, *Cartulaire de la cathédrale,* Ms. 2534, fol. 69 et 107.) — Vente faite à Gautier de Saint-Valery, archidiacre de Rouen, par Geoffroy Mauclerc, de ses droits sur un masage ayant appartenu à son père. « Actum fuit hoc coram Radulfo de Cotevrat tunc majore Rothom. et coram paribus communie et sigillo communie confirmatum. Testibus his : Henrico de Longo Campo, Hugone Janitore tunc ballivo domini regis, Gaufrido filio vicecomitis, etc. » *Liste de dix-huit témoins dont aucun ne permet d'obtenir une date précise* (*Ibid.,* fol. 108 v°). — « Radulphus Henrici regis cancellarius (1173-1181), Willelmus de Malapalude justiciarius domini regis, Bartholomeus, major communie Rothomagensis, Walterus de Castellione et Hemma ejus uxor, » vendent à Gautier de Coutances, trésorier de l'église de Rouen le douaire de ladite Hemma (*Ibid.*). — « Sciant omnes presentes et futuri quod in presentia Bartholomei Fergant qui tunc erat major communie Rothom. (1177-1189) et parium ipsius civitatis presente et concedente Bernardo de S. Walerico domino feodi, talis facta est conventio inter Walterum de S. Walerico Rothom. archi-

Après la mort de Henri II, Richard Cœur de Lion, environ un an après son avènement, le 28 juin 1190, confirma brièvement les franchises, libertés et coutumes des citoyens de Rouen en visant seulement la charte de son père[1].

L'émeute qui éclata en 1192 et les troubles, qui, à l'occasion de différends entre les chanoines et la ville, durèrent presque sans interruption depuis cette époque jusqu'après la mort du roi Richard, n'eurent pas, sur la constitution de la commune, d'influence appréciable. L'année même de son avènement, Jean Sans-Terre, le 21 mai 1199, confirma aux Rouennais leur commune avec ses franchises et sa justice[2]. Comme les précédentes, cette concession est adressée aux archevêques, évêques, comtes, etc., et non aux Rouennais, mais l'une des dernières dispositions consacre pour la première fois les véritables droits de commune : *Concedimus etiam et confirmamus eisdem civibus Rothomagi communiam suam cum omnibus libertatibus suis et justicia sua, sicut unquam eam melius habuerint.* Cette charte comporte vingt-trois dispositions, dont quatorze reproduisent à peu près textuellement celles du privilège de 1150 ; les neuf autres sont, ou bien plus développées, ou bien complètement nouvelles. Les dispositions de circonstance qui se trouvaient dans la charte de 1150 ont disparu.

En confirmant aux Rouennais le droit de ne pouvoir être

---

diaconum et filios Geroldi Maliclerici, de vadio quod Reinaldus de S. Walerico pater ipsius Walteri archidiaconi habebat super domum de atrio S. Marie... » (*Ibid.*, fol. 111.) Le cartulaire de la cathédrale de Rouen contient beaucoup d'autres documents prouvant l'exercice de la juridiction gracieuse de la commune. M. Chéruel (t. I, p. cxv) cite encore une charte du cartulaire de Saint-Amand, (Arch. de la Seine-Inférieure), du temps de l'archevêque Hugues (1129-1183) donnée « in capitulo Sancti Amandi coram Domino Hugone archiepiscopo et Eudone Martel et Roberto de Wesneval atque Communione Rothomagi, pluribus testibus... (*liste de vingt-quatre témoins*) et communionis maxima parte. » Il s'agit de la vente d'un moulin faite par un bourgeois de Rouen à l'abbaye de Saint-Amand.

[1] Chéruel, t. I, pièces justif., p. 249. — C'est par erreur que cette charte y est datée de 1189, puisque Richard monta sur le trône le 29 juillet 1189 et que la charte porte la date du 28 juin et de la première année du règne.

[2] Chéruel, t. I, pièces justif., p. 250. — C'est à tort qu'il donne à cette pièce la date de 1200, puisque Jean Sans-Terre avait reçu l'épée ducale le dimanche après Pâques, 15 avril 1199, et que la charte est ainsi datée : *XXI die maii, anno ducatus nostri primo.*

cités en justice ailleurs qu'à Rouen, l'article 2 est plus précis que les dispositions analogues des privilèges de 1150 et de 1174; il spécifie d'abord qu'il s'agit de toutes sortes de plaids et spécialement, en matière d'héritages, d'acquêts, de garanties et de dettes; il ajoute que la justice royale prêtera son appui à l'exécution de cette clause, et enfin, comme le privilège de 1174, mais en d'autres termes, il dit que le tribunal qui statuera sera composé de citoyens assistés du bailli: *et ibi inde rectum judicium civium Rothomagi fiat coram baillivo nostro Rothomagensi.*

Les articles 11 et 12 donnent encore d'autres attributions aux bourgeois. Des *legales cives* assermentés ont pour mission de priser le vin acheté pour le service du duc, lorsque ce vin n'est pas acheté en taverne. Quand le vin du duc était acheté en taverne, il devait être payé au cours [1]: Les bourgeois ont en outre le privilège de faire les *records et reconnaissances* [2] en matière d'héritages, de gages, de marchés et de tous contrats et exercent ce droit par un certain nombre de prudhommes (*legales cives*) délégués. Ce n'est pas autre chose que l'institution du jury en matière civile; on sait du reste que ce mode de procéder était ordinaire dans le droit normand. Reconnaître à la commune l'exercice d'un tel droit, c'est constater sa juridiction en matière civile.

Le même article confirme à la commune sa banlieue [3] (*leucatam*), qui devait être soumise à la même juridiction que la cité.

La charte de Jean Sans-Terre contient encore des privilèges pour commercer en Angleterre, plus détaillés, plus précis et plus considérables que ceux octroyés, en 1144, par Geoffroy Plantagenêt (art. 14): l'exemption des droits de pasnage [4] et de pâture dans toutes les forêts et tous les domaines du duc (art. 17), le droit de naviguer librement sur la Seine et

---

[1] C'était, on le sait, un privilège féodal que d'acheter certaines denrées, et le vin en particulier, à crédit et à un tarif très inférieur aux cours ordinaires; c'est à ce droit que Jean Sans-Terre renonce par cet article.

[2] *Recognitiones* et *recordationes*, droit de faire des enquêtes de fait et de jurisprudence.

[3] Les limites de la banlieue avaient été auparavant fixées par le roi Richard, ainsi que le rappelle une disposition des privilèges de Philippe-Auguste de 1207 (*Pièces justificatives*, II, art. 3).

[4] *Pasnagium*, redevance à payer pour le droit de faire paître les porcs.

même d'adapter les ponts et les barrages aux besoins de la navigation (art. 18). Enfin, par la dernière disposition, le roi autorisait la commune à empêcher, en temps de guerre, tout chevalier de séjourner plus d'une nuit dans la ville, sauf en cas d'ordre contraire du roi. Ces privilèges si étendus montrent le développement de la commune et en même temps le prix que mettait Jean Sans-Terre à sa fidélité.

Lorsqu'en 1204, Philippe-Auguste envahit la Normandie et vint mettre le siège devant Rouen, la ville soutint quarante jours de siège ; le 1er juin, à bout de ressources et ne se voyant pas secourue, elle consentit une trêve de trente jours, au bout desquels elle devait être rendue, si dans cet intervalle la paix n'intervenait pas, ou si le roi d'Angleterre ne chassait pas le roi de France ; comme garantie d'exécution, elle donnait des otages et livrait à l'assiégeant des avantages qui lui eussent permis, en cas de rupture, d'emporter la ville de vive force. En retour, le roi promettait aux défenseurs de la ville des saufs-conduits avec la restitution de leurs biens, et aux bourgeois la confirmation de leurs franchises et coutumes [1]. Nous ne savons pas exactement comment le vainqueur exécuta ses promesses ; il est vraisemblable qu'il confirma les Etablissements qu'il avait confirmés à la ville de Falaise dès le mois de mai précédent et qui ne comportaient pas tous les privilèges de la ville. M. Chéruel mentionne une confirmation faite en 1205 de la « charte accordée à la commune, » mais malheureusement il n'a point publié ce document. et il nous paraît même s'être mépris sur son contenu [2].

---

[1] Postquam nos eidem regi reddiderimus civitatem Rothomagi integre cum omnibus forteritiis, ipse nobis creantat pedagiorum libertates et consuetudines ad ipsam pertinentes quales habuimus in Normannia. (Duchesne. *Hist. norm. Scriptor..* p. 1058).

[2] *Histoire de Rouen*, I, p. 98. M. Chéruel cite les Archives municipales de Rouen, Reg. U, fol. 180. Ce registre, du XVIe siècle, contient des traductions et des analyses des chartes de Rouen. A la page indiquée par M. Chéruel, on ne trouve se rapportant à sa citation que l'analyse suivante : « Item une autre lectre, sur double queue en laz de soye et cire verd, de Philippe, roy de France, donnée à Anet, l'an de l'incarnation de Notre Seigneur MCC et V, de son règne le XXVIe, comme ledit sieur fait sçavoir que son ami et feal Regnauld, conte de Boullongne, et Ida, contesse dudit lieu, sa femme, et leurs héritiers, quittèrent à perpétuité par toute leur terre tous les bourgeois de Rouen et leurs héritiers qui sont de la commune de Rouen et sont à Rouen..... de tout *lagan* qui est de

Quoi qu'il en soit, des troubles, dont les raisons et les circonstances nous sont inconnues, motivèrent bientôt une nouvelle intervention de Philippe-Auguste. Au mois de mai 1207, il revint à Rouen à la tête d'une armée, et leva une forte contribution [1] ; néanmoins les griefs qu'il pouvait avoir contre les Rouennais ne l'empêchèrent pas de leur confirmer à ce moment la plupart de leurs privilèges [2]. Cette concession, qui est datée de Paci, doit être de très peu postérieure à sa venue à Rouen ; elle contient vingt-sept articles, parmi lesquels dix-neuf rappellent les dispositions des privilèges de 1200 et de 1150, mais n'en reproduisent pas cependant la teneur exacte ; il semble que le rédacteur ait voulu éclaircir et expliquer ces divers privilèges et empêcher qu'ils pussent prêter à aucune équivoque [3]. Ainsi, c'est explicitement qu'il concède avec la commune, la banlieue et dans toute la banlieue la justice en matière d'héritages, de meubles et de tous contrats, en réservant toutefois les droits des seigneurs qui possèdent des terres dans la ville ou dans la banlieue, et qui peuvent avoir une cour dans la ville et y exercer sur leurs hommes la juridiction jusqu'à la *reconnaissance* (art. 3.)

Au sujet du droit de faire des records et reconnaissances qui avait été confirmé à la commune par le privilège de Jean Sans-Terre, il est spécifié que ce droit n'existe que dans les matières qui appartiennent à la commune, c'est-à-dire au sujet des procès entre bourgeois, et que la haute justice en est exceptée (art. 4). Au sujet de la garde des prisonniers dont sont exemptés les citoyens, il est expliqué que toutefois ils les devront garder après les avoir arrêtés jusqu'à ce que le bailli les ait reçus (art. 8.)

---

toute coutume. » On voit que ce n'est pas autre chose que la confirmation par Philippe-Auguste, de la charte de Renaud, comte de Boulogne, publiée par M. Chéruel lui-même (Tome I, *Pièces justif.*, VII). Cette pièce n'est pas mentionnée dans le *Catalogue des actes de Philippe-Auguste.*

[1] Chéruel, *Ibid.*, p. 101.

[2] Cet acte a été plusieurs fois publié, entre autres dans Duchesne, *Hist. norm. Script.*, 1602, et dans les *Ordonn.*, t. II, p. 411, mais toujours d'une manière très défectueuse, ce qui m'a déterminé à le comprendre parmi les *Pièces justificatives* de ce travail où je le publie d'après le registre A de Philippe-Auguste.

[3] Voy. la comparaison entre les articles des anciens privilèges et ceux de cette charte dans les notes des *Pièces justificatives*. Pièce 2.

Quant aux dispositions nouvelles, c'est la reconnaissance aux bourgeois de Rouen du droit de se marier librement (art. 21), l'assurance qu'aucun bourgeois ne sera poursuivi pour usure, qu'après leur mort, il ne sera fait à ce sujet aucune enquête par jurés, sur eux ni leurs héritiers (art. 22), et enfin l'exemption du droit de fouage (art. 23). En outre, le roi concède formellement à la commune la juridiction à Rouen et dans la banlieue, sous réserve de la haute justice, *(mors vel mehaigneye vel placitum ensis)*, du cas où les procès donneraient lieu à gage de bataille, et des droits des seigneurs spécifiés à l'article 3 (art. 24).

Le même privilège reconnaît au maire le droit de semondre les bourgeois que personne ne peut arrêter sans son intervention ou celle de son sergent, sauf en matière de haute justice, auquel cas, le maire doit prêter assistance au bailli royal pour lui faciliter l'exercice de sa juridiction (art. 26). C'est au maire qu'appartient la garde des biens meubles de ses administrés prisonniers ou fugitifs ; il doit en dresser un inventaire en double expédition, dont une pour le bailli ; les biens meubles du condamné sont confisqués et dévolus au roi (art. 25). La concession royale décide également que les citoyens ne peuvent interdire le séjour de leur ville à un étranger, que par l'intermédiaire du maréchal royal, sauf le cas où il s'agirait d'une personne ayant forfait envers la commune (art. 27). Enfin, elle contient un règlement concernant les plaids relatifs aux créances en matière de prêts contractés à Rouen par des étrangers. Dès que le débiteur est rencontré à Rouen, le maire peut faire saisir provisoirement les meubles dont il est nanti et son harnachement, sauf le cas où il justifierait de sa présence dans la ville par un ordre du roi ou une convocation à l'host. Si le débiteur avoue la dette, il est statué le jour même, *in communia;* si au contraire, il la conteste, c'est devant la cour du bailli que la contestation doit être portée ; le bailli se fait alors donner caution et assigne au débiteur un jour pour comparaître devant lui. Si, au jour fixé, le débiteur ou son créancier n'ont pas comparu, le roi s'engage à les forcer à comparaître s'ils sont en son pouvoir ou en territoire de sa justice (art 5). La dernière partie de ce règlement fut presque dans les mêmes termes confirmée par Louis VIII, en janvier 1223-1224 [1].

---

[1] Voy. *Pièces justificatives*, II, art. 5, n.

L'année même où fut octroyée la charte que nous venons d'analyser, la juridiction de la commune donna lieu à une lutte entre elle et le chapitre. M. Chéruel l'a racontée d'après les documents, ce qui nous dispensera d'y insister. Le chapitre prétendait à la juridiction sur tous ses serviteurs, le maire sur tous les habitants de la ville. Un serviteur d'un chanoine ayant été arrêté et mis dans les prisons de la commune, le chapitre protesta, et comme il ne recevait pas aussitôt satisfaction, lança l'interdit sur la ville. Ce fut vainement que des commissaires royaux furent envoyés pour concilier les parties, le chapitre demanda et obtint la restitution du prisonnier en plein chapitre par le maire en personne, qui dut en outre donner caution au doyen pour l'amende à fixer comme réparation du préjudice causé au chapitre et fournir des garants, qui furent le châtelain d'Arques et deux autres chevaliers [1].

Nous n'avons pas à raconter en détail l'histoire de Rouen au XIIIe siècle. Le développement que reçut la ville à cette époque, l'extension que prit son commerce et les privilèges qu'il obtint, les nombreuses acquisitions de terrains que fit la commune : fossés, quais et partie de l'enceinte du château, les édifices et les fortifications qu'elle éleva, ses luttes avec le chapitre de la cathédrale et avec l'abbaye de Saint-Ouen [2], tout cela n'a d'intérêt pour nous qu'en ce qui touche les transformations et les modifications de son régime municipal. Philippe-Auguste, en janvier 1217-1218, enjoignit aux baillis de Normandie, à la requête de l'archevêque de Rouen et de ses suffragants, de poursuivre les usuriers, ordre qui paraît en contradiction avec la tolérance stipulée par l'article 22 de la charte de 1207 [3]. Nous signalerons encore les luttes de la commune pour supprimer toutes les enclaves soustraites à sa juridiction, et l'acquisition des terrains sur lesquels on éleva l'Hôtel-de-Ville [4].

Peu de temps après son avènement (janvier 1223-1224), Louis VIII confirma aux Rouennais le droit d'obliger leurs débiteurs à venir plaider à Rouen, devant la commune ou devant le bailli suivant le cas, à raison des dettes contractées

---

[1] Chéruel, *Ouv. cit.*, t. I, p. 107-111.
[2] *Ibid.*, p. 125-127.
[3] *Ibid.* t. I, p. 115, n. 1.
[4] *Ibid.*, p. 120 et suiv.

à Rouen [1]. A l'avènement de Louis IX, les chartes et privilèges furent confirmés [2]. En 1255, au retour de la croisade, Saint-Louis traversa la Normandie et séjourna à Rouen. Ce furent sans doute les renseignements qu'il recueillit dans ce voyage qui motivèrent en partie la célèbre ordonnance relative aux communes de Normandie, que Laurière a datée de 1256, et qui est analogue et probablement un peu antérieure à une autre ordonnance qui disposa pour tout le royaume de France [3]. La première disposition, qui établit que le maire sera chaque année choisi par le roi sur une liste de trois candidats, dressée par le maire sortant de charge et les prudhommes de la ville, paraît inspirée de l'article 1er des Etablissements, que le rédacteur de l'ordonnance de 1256 semble avoir jugé à propos de généraliser à toute la Normandie, comme propre à favoriser les premières tentatives d'intervention du pouvoir royal dans les affaires des villes. Les articles suivants ont pour but de rattacher au pouvoir central l'administration financière des communes. Ils les obligent à soumettre chaque année, au mois de novembre, les comptes municipaux, à des « *gentes deputatae,* » à des commissaires délégués par le roi ; ils interdisent aux villes de faire aucun contrat ou don sans la permission royale, et enfin, cherchent à réprimer un certain nombre d'abus qui s'étaient glissés dans leur gestion financière, et qui, dès cette époque, donnaient lieu à des plaintes nombreuses. En dernier lieu, ils prescrivent d'établir le budget en équilibre.

L'un des comptes de Rouen, celui qui fut rendu le 14 septembre 1260, nous est parvenu ; il résume la situation financière de la ville en 1259 [4]. Cette situation était loin d'être

[1] Voy. *Pièces justif.*, II, art. 5, n.

[2] Chéruel, p. 128.

[3] *Ordonnances*, t. I, p. 77 et 83. Le plus ancien texte de cette ordonnance que l'on possède et que Laurière n'a pas connu, est celui d'un registre de la Chambre des comptes de 1335 environ (Bibl. nat., ms. lat. 12,814). Sur ce ms., voy. Boislisle, *Chambre des comptes de Paris. Notic. préliminaire*, p. IX. Ce texte est suivi de la mention « Et primus compo- » tus ipsarum villarum factus, anno Domini Mo CCo LXo IIo, in octabis » Sancti Martini Hiemalis et circa » qui semblerait indiquer que l'ordonnance ne devait pas être de beaucoup antérieure à 1262. Il faut remarquer toutefois que c'est là le premier compte rendu aux *gens des comptes*, mais qu'il en existe de 1260 et de 1261, rendus à des commissaires spéciaux.

[4] Delisle. *Cartul. Normand*, no 547.

brillante. Cette ville qui comptait alors, selon l'estimation de M. Chéruel, basée sur le pouillé d'Eudes Rigaud, environ 40,000 habitants, n'avait pas moins de 6,979 liv. 10 s. tournois de dettes, dont 4,000 liv. au roi et près de 3,000 liv. aux usuriers, aux Lombards ; il lui était dû 1,620 livres. Ses recettes d'une année montaient à 2,699 liv. 4 s. 9 d. dans lesquelles un nouvel emprunt aux Lombards comptait pour 400 livres, et ses dépenses étaient de 2,699 liv., dans lesquelles l'amortissement entrait pour 1,000 livres.

En août 1256, la ville acquit la juridiction sur les boulangers de la ville qui, jusqu'alors, et dès l'époque de la domination anglaise, dépendaient du panetier du roi à Rouen[2]. En 1266, les bourgeois, renonçant au monopole que leur assuraient les articles 15 et 19 de la charte de 1207, interdisant aux étrangers de commercer à Rouen, consentirent, dans un accord confirmé par le roi, à ce que les étrangers fussent autorisés à décharger leurs marchandises dans la ville et à les y vendre en gros[3].

A son avènement, Philippe le Hardi confirma, comme son père, les chartes et privilèges de Rouen[4]. Quelques années après, en mai 1278, il détermina les attributions et les fonctions du maire avec plus de précision qu'on ne l'avait fait jusqu'alors, de manière à mettre fin aux conflits de juridiction qui ne cessaient de se produire entre son bailli et le premier magistrat de la commune. Cet acte, qui avait pour but de préciser les limites de la justice royale et de la justice municipale à Rouen, est en quelque sorte le commentaire de la charte de Philippe-Auguste de 1207[5].

Le motif allégué par le préambule de l'ordonnance de Philippe le Hardi est la connaissance de certains cas de haute justice par le tribunal municipal, — qu'il usurpait, d'après le bailli royal, contrairement au privilège de Philippe-Auguste,

---

[1] Chéruel. *Ouv. cit.*, t. I, p. 165.

[2] *Ibid.*, p. 277.

[3] Voy. *Pièces justif.*, II. art. 15 n. M. Chéruel (p. 158) a indiqué cette charte, mais il s'est trompé en disant que les Rouennais « obtinrent de saint Louis que les marchands étrangers ne pussent vendre en détail à Rouen, » le passage que nous citons établit au contraire qu'il s'agit d'une renonciation à des privilèges.

[4] *Ibid.*, p. 168.

[5] *Pièces justif.*, III.

accordé en 1207, — que ce privilège au contraire autorisait, d'après les magistrats municipaux. Tout en se défendant de porter aucune atteinte aux coutumes, franchises et privilèges concédés à la ville, Philippe le Hardi déclare que le ressort judiciaire, c'est-à-dire l'appel des décisions de la justice communale, la connaissance des défauts de droit, c'est-à-dire des dénis de justice, et celle des excès de justice, lui demeurent réservés, étant par nature inséparables de la dignité royale et leur abandon ne pouvant être sous-entendu dans un privilège général (art. 6).

Il reconnaît à la commune le droit d'exercer la juridiction plénière, tout en ayant soin d'indiquer que c'est là un droit régalien, qui, même exercé par la commune, ne cesse pas d'appartenir à la royauté : *omnimodam juridictionem ad nos pertinentem ;* il stipule que dans cette juridiction est compris aussi bien le plaid de l'épée *(placitum spade)* que toute autre justice et ne se réserve que la connaissance des cas de mort, de *meheignie,* c'est-à-dire de blessure grave, de mutilation, de tous les procès qui auront donné lieu à gages de batailles (art. 1), ainsi que des dettes niées devant le maire de Rouen par ceux qui n'appartiennent pas à la commune (art. 5). Par *plaid de l'épée,* il faut entendre la haute justice, contrairement à l'opinion de Laurière qui voulait que ce fût, dans ce cas, le duel judiciaire en matière civile[1]. Les textes abondent et sont formels à cet égard[2].

Les articles 3, 4, 24 et 26 de la charte de 1207 semblaient avoir réservé toute la haute justice, l'ordonnance de 1278 au contraire n'en retient qu'une partie, la plus importante il est vrai : les mêmes cas *(mort et meheignie)* qui avaient été expressément désignés en 1207 et sans doute les seuls que la

---

[1] *Ordonn.,* t. I, p. 306.

[2] Au Parlement de la Chandeleur 1260, Guillaume de Poissy revendiquait la haute justice *(magnam justiciam)* à Hacqueville, il est débouté parce que, dit l'arrêt : « dominus rex habet communiter in ducatu seu » in Normannia placitum ensis seu altam justiciam… preter in terris » aliquorum qui habent placitum ensis de dono speciali domini regis. » *(Olim.,* éd. Beugnot, t. I, p. 100, II.) — Un arrêt du Parlement, de juin 1280, mentionne la donation par le roi du comté d'Alençon, en mars 1269 : « Cum omnibus juribus et justicia magna que dicitur placitum ensis. » *(Neustria pia,* p. 399.) — En 1296 Philippe le Bel avait concédé à l'évêque d'Evreux sur sa ville « la haute justice que on apele en Normant le plait » de l'espée. » (Boutaric, *Actes du Parlement,* n° 7131.)

justice municipale eût, sans contestation, abandonnés au bailli. La haute justice en effet ne comprenait pas ces seuls cas, et, sans recourir aux définitions des jurisconsultes, on peut trouver dans les textes normands des énumérations plus ou moins complètes qui peuvent indiquer quels crimes restaient justiciables de la commune. Sous le titre : « *De placitis ensis ad ducem pertinentibus* », le *très ancien coutumier* de Normandie, rédigé dans les premières années du XIIIe siècle, mentionne : *quiminorum infractiones et insultus pacis, infractio domus et carruce insultatio, desaisina et omnes recognitiones*[1]. Ailleurs, dans le même coutumier, des jurés énumèrent les plaids de l'épée (*Haec placita ad ensem ducis pertinent.*) ; ce sont : l'homicide ou le meurtre, les blessures graves, le vol, le viol, l'incendie, l' « assaut », l' « assaut de la charrue », l' « assaut le chemin le roi », les trèves rompues, la justice de l'host et celle de la monnaie[2]. Enfin, en 1258, dans une enquête sur la question de savoir si Raoul de Mauvoisin possédait le plaid de l'épée, celui-ci fait prouver qu'il connaissait de tous les crimes, à l'exception des suivants : « *placito mortis, muti-* » *lacionis membrorum, mulieris difforciate et nove dissai-* » *sine,* » c'est-à-dire précisément de ceux qui sont distraits de la haute justice dans l'ordonnance de 1278[3].

Ces exemples suffisent à montrer qu'il n'y a pas de contradiction dans ce document ; il divise la haute justice pour en attribuer une partie à la ville et une partie au roi, ce que les termes du privilège de 1207 n'avaient pas fait avec une suffisante précision. Quant aux procès donnant lieu à duel judiciaire, ils n'étaient point, par ce seul fait, compris dans la haute justice ; c'est là une réserve spéciale de l'ordonnance de 1278, comme celle relative aux dettes contestées.

Les accusés des crimes réservés pouvaient être arrêtés indifféremment par les gens de la commune ou par ceux du roi ; le maire et les citoyens étaient même tenus de prêter main-forte pour les arrestations, et l'on pouvait requérir à cet effet l'assistance de tous ceux qui se trouvaient proches du lieu où étaient les coupables. Toutefois, de quelque manière qu'ait été faite l'arrestation, les prévenus devaient être

---

[1] Warnkoenig, *Französische staats und Rechtsgeschichte*. t. II, Urkundenbuch, p. 20.

[2] *Ibid.*, p. 29.

[3] *Olim.*, édit. Beugnot, t. I, p. 76, xxx.

tout d'abord livrés à la justice municipale et gardés dans la prison de la commune; ce n'était qu'après la constatation qu'il y avait eu mort ou blessure grave qu'ils étaient livrés à la justice royale (art. 2 et 3). Il n'y a pas là, comme on l'a prétendu, un jugement de fait préalable rendu par le maire; la preuve de la qualité de la blessure résultait uniquement du rapport des chirurgiens assermentés qui constataient le décès ou le degré de gravité des blessures des victimes[1]. C'est comme chargé de la police de la ville que le maire avait d'abord la garde des accusés.

Conformément à l'art. 25 de la charte de 1207, l'ordonnance de 1278 stipule que le maire a la garde des biens des détenus, qu'il en doit donner un inventaire au bailli, et que les biens meubles du condamné font échéance au roi, mais elle ajoute qu'en ce qui concerne les immeubles on s'en référera à la coutume du pays (art. 5); il faut entendre par là qu'ils restent à la disposition de la commune qui peut les détruire ou les dévaster pour venger le tort qui lui a été causé[2]. Tout en concédant au maire le droit d'exercer au nom du roi la juridiction en matière de monnaie, qui faisait partie de la haute justice, l'ordonnance réserve au roi le produit des amendes provenant de l'exercice de cette juridiction. De même, tout en reconnaissant à la commune le droit de connaître des contrefaçons ou fausses fabrications, elle réserve au roi la moitié des marchandises forfaites, draps, vins, argent et or faux, etc. (art. 5). Un conflit de juridiction avait eu lieu à ce sujet, en 1269, entre le bailli et le maire; le Parlement de Paris avait attribué au bailli royal la juridiction en cette matière[3], qui cette fois est restituée au maire, sauf les droits du roi sur les émoluments de justice.

L'ordonnance de 1278 est le dernier acte apportant des modifications à l'organisation municipale que décrivent les Etablissements. Nous avons dit que cette ordonnance avait été provoquée par les conflits du bailli et du maire; nous avons parlé aussi des difficultés financières que révèle le

---

[1] C'est ainsi qu'il faut entendre l'art. 48 des *Etablissements*. « Qui de morte hominis attinctus est, in manu domini regis est », ce que le traducteur français a mal à propos rendu par : « Si ne sunt convencu en la « cort au maior de mort d'ome. »

[2] Cf. *Etablissements*, art. 11, 25, 48. Voy. aussi plus haut, p. 20.

[3] *Olim.*, éd. Beugnot, t. I, p. 775, XIV.

compte de 1260. Des conflits analogues avaient lieu, à la fin du xiiiᵉ siècle, dans la plupart des communes, dont l'autorité royale ne supportait qu'avec impatience les immunités. La situation financière de presque toutes ressemblait fort à celle de Rouen, ainsi qu'en témoignent les comptes que nous avons déjà cités.

Beaumanoir, avec un dédain assez naturel de la part d'un bailli royal, a dit quelques mots de cette lutte continuelle d'attributions qui divisait dans chaque ville les magistrats municipaux et le représentant du seigneur [1]. Il a parlé aussi des difficultés financières avec lesquelles presque toutes les communes se trouvaient aux prises et décrit comment, lorsqu'elles faisaient banqueroute, on devait procéder à la liquidation [2]. Les banqueroutes communales étaient en effet alors chose assez fréquente; M. de Boislisle, dans un intéressant mémoire, a mis en lumière les moyens employés en 1279, pour opérer la « délivrance » de la ville de Noyon dont la dette ne s'élevait pas à moins de neuf ou dix millions de notre monnaie [3].

Les conflits entre le bailli royal et les magistrats municipaux ne furent pas plus terminés à Rouen par l'ordonnance de 1278 que les embarras financiers n'avaient été surmontés par les mesures prises sous Louis IX. Un tel état de choses ne pouvait exister dans une ville sans qu'il en résultât des dissensions, des désordres, des violences; le pouvoir royal sut en profiter avec habileté.

Dès 1279, et malgré les termes précis des privilèges, le bailli contestait au maire, devant le Parlement de Paris, le droit de semondre les habitants; le Parlement confirma les droits du maire [4]. Mais qu'on ne croie pas que c'était satisfaire les habitants que d'étendre les attributions ou d'augmenter le pouvoir de leurs magistrats élus. Dans la plupart des communes, à la fin du xiiiᵉ siècle, la classe inférieure, composée des artisans et des journaliers, était violemment irritée contre l'aristocratie bourgeoise, qui seule était admise

---

[1] *Coutumes de Beauvoisis*, éd. Beugnot, t. I, p.
[2] *Ibid.*, t. II, p. 265, 269.
[3] *Une liquidation communale sous Philippe le Hardi.* (Annuaire-bulletin de la Société de l'Histoire de France, 1872.)
[4] *Olim.*, éd. Beugnot, t. II, p. 135. Cf. charte de 1207. *Pièces justif.*, II, art. 26.

à exercer les charges municipales. Beaumanoir s'est fait l'écho des plaintes du bas peuple contre les riches bourgeois. On reprochait à ceux-ci, non sans raison, de se partager l'administration en inféodant en quelque sorte les charges municipales à quelques familles ; on les accusait de malversations, on prétendait enfin qu'ils ne faisaient peser les tailles et autres impôts que sur les pauvres[1].

En 1281, le maire de Rouen fut massacré par le peuple, et, bien que le fait ne soit l'objet que d'une courte mention dans la chronique qui le rapporte[2], il est plus que probable que ce meurtre fut la conséquence de dissensions de la nature de celles que nous avons indiquées. Dès 1283, en effet, il fallut que des commissaires royaux vinssent à Rouen pour régler avec les magistrats, dans une assemblée générale des bourgeois, l'administration financière[3].

En 1291, le « commun » prétendait qu'il y avait des irrégularités dans les comptes des dix dernières années. Renvoyés à l'examen des commissaires du roi, ces comptes furent déclarés valables et le « commun », débouté de sa demande, avec défense de faire désormais « taquehan, collecte, taille, réunion », sans permission du roi ; celui-ci se réservait de faire la vérification des comptes municipaux, qui n'appartenait pas au commun, et déclarait qu'il ferait désormais enquête sur la plainte d'une ou de deux personnes plutôt qu'à la demande

---

[1] « Noz veons plusors viles que li povre ne li moien n'ont nules des administrations de le vile, ançois les ont li rice toutes, porce qu'il sont douté du commun por lor avoir ou por lor lignage. S'il avient que li un sont un an maieur ou juré ou receteur, en l'autre anée le font de leur freres ou de leur neveus ou de lor prochains parens, si que, en dix ans ou en douze, li rice ont les aministrations des bones viles ; et apres, quant li communs veut avoir conte, il se queuvrent qu'il ont conté li uns a l'autre... Moult de contens muevent es bones viles de commune por lor tailles, car il avient souvent que li rice qui sont gouverneur des besongnes de la vile metent moins qu'il ne doivent eus et lor parens et deportent les autres rices homes, porce qu'il soient deporté, et ensi quort tous li fres sor le commun des povres, et par ce ont esté maint mal fet, porce que li povre ne le voloient soufrir, ne il ne savoient pas bien le droite voie de porcacier lor drois, fors que par eus corre sus. Si, en ont li aucun esté ocis..., etc. » Beaumanoir, t. II, p. 267, 268. — Il faut lire tout son chapitre L sur l'administration des villes.

[1] « Apud pontem interfectus est major ville a plebe ejusdem ville. » (Chron. ms. ecclesiae Rotom., cit. par Chéruel, t. I, p. 172.)

[3] Ibid., p. 173.

du commun, attendu les dangers qui résultent des nombreuses réunions du peuple[1].

Les émeutes prévues en 1291, et qui sans doute n'étaient point rares, ne tardèrent pas à éclater avec violence. La perception de la maltôte en fut l'occasion. Dès l'année suivante (1292), la population s'insurgea contre les officiers du roi; le bas peuple (*minor populus*) força et mit au pillage la maison du receveur[2].

Sur la foi de Beaumanoir, et d'après les témoignages en apparence irrécusables fournis par des enquêtes et par les comptes mêmes des villes, la plupart des historiens ont reproduit contre les anciennes administrations communales, sinon les accusations « de barat, de tricherie », de malversations, du moins celles d'incapacité et d'imprudence. Selon l'opinion commune, c'est en dépit de la royauté, et malgré les mesures administratives et le contrôle au moyen desquels elle avait essayé de rétablir leur équilibre, que les finances communales étaient au début du xiv° siècle dans le triste état qui nécessitait l'intervention de la royauté et parfois la banqueroute. Si l'on avait recherché minutieusement d'où provenaient les déficits annuels et l'accroissement périodique des dettes de chaque commune, on aurait vu que, le plus souvent, le pouvoir central y avait une bonne part de responsabilité. En ce qui touche du moins la commune de Rouen, on peut facilement, et sans se livrer à une enquête très minutieuse, grouper nombre d'indications suffisant à prouver que ce n'est ni à l'incapacité ni aux concussions de ses magistrats qu'était due l'origine de son misérable état financier au xiv° siècle. Sans remonter plus haut que le compte de 1260, on y voit que c'est le roi qui est le principal créancier de la ville ; il lui est dû 4,000 l., et quant aux emprunts faits aux Lombards, il est bien probable qu'une bonne part était destinée à rembourser d'autres sommes payées au roi de France. Il ne faut pas oublier en effet qu'alors chaque concession, chaque confirmation de privilèges se payait, et toujours fort cher. Chaque impôt levé par la royauté faisait un vide dans le trésor municipal, moins à cause des cotes irrécouvrables souvent fort nombreuses que la ville était obligée d'acquitter, que parce qu'il devenait ensuite impossible de lever les taxes municipales

---

[1] *Olim.*, éd. Beugnot, t. II, p. 326, x.

[2] Guillaume de Nangis, éd. de H. Géraud (*Soc. de l'Hist. de France*), t. I, p. 282.

accoutumées sur des contribuables épuisés par les exigences du fisc royal. Si parfois des tentatives de lever des maltôtes étaient repoussées par la ville, comme en 1276[1], il en est un plus grand nombre qui réussissaient. Quand, en 1283, les commissaires royaux réglèrent l'administration financière, et que, pour rétablir les finances, ils décidèrent la levée d'un impôt de deux mailles par livre sur toutes les transactions commerciales, le roi s'en réserva les deux tiers, tout en déclarant que c'était sans préjudice des privilèges qui déclaraient la ville exempte de tailles[2]. Dès 1286 cependant, quand la ville voulut résister à la taille de Philippe le Bel en alléguant ses franchises et les réserves expresses de 1283, le roi fit emprisonner le maire[3], et depuis lors leva la taille chaque année.

De 1250 à 1300, les rois vendirent à la ville, peu à peu, morceau à morceau, moyennant de grosses sommes ou des rentes lourdes à payer, des enclaves, des terrains, des propriétés, des droits dont la persistance dans la ville entravait son indépendance, au point qu'on ne résistait pas au désir de s'affranchir, même quand il en devait résulter des dépenses excessives auxquelles les revenus de la ville étaient hors d'état de suffire[4].

L'émeute de 1292, dont nous avons parlé plus haut, fournit au roi une excellente occasion de ruiner la ville et d'anéantir son indépendance. Après avoir associé les magistrats et les bourgeois à une répression terrible, il confisqua tous les droits de la commune, mit en sa main l'administration municipale, leva des contributions exorbitantes, puis, en 1293, fit de ce droit de commune confisqué un objet de spéculation en le revendant aux Rouennais, après avoir toutefois enlevé de leurs chartes « certains privilèges intolérables; » c'était, entre autres, le monopole du commerce de la basse Seine, un des principaux revenus de la ville. Pour recouvrer la commune, l'aristocratie rouennaise avait promis de payer au roi douze mille livres parisis, c'est-à-dire plus de deux millions de notre monnaie, si l'on accepte l'évaluation en usage.

Les classes inférieures refusèrent de contribuer, décla-

---

[1] *Olim.*, éd. Beugnot, t. II, p. 82.
[2] Chéruel, *ouv. cit.*, t. I, p. 174.
[3] *Chron. Rothom.*, cit. par Chéruel, *Ibid.*, p. 181.
[4] *Ibid.*, p. 174-178.

rèrent qu'on n'aurait pas dû se passer de leur assentiment, et subsidiairement attaquèrent le mode de répartition, soutinrent qu'on avait, comme d'habitude, grevé les pauvres, épargné les riches. Le roi ne manqua pas d'admettre cette dernière partie des réclamations, annula la répartition faite par les pairs et envoya des commissaires pour asseoir et lever l'impôt en son nom[1]. Le zèle des officiers royaux alla si loin qu'il dépassa l'avidité du maître qui fut obligé d'ordonner des restitutions[2].

Dès lors, l'indépendance de la commune était définitivement perdue et son existence même à la merci du roi. Elle essaya bien de reconquérir quelques-uns de ses droits ; en décembre 1309, elle obtint de Philippe le Bel la confirmation de sa charte de privilèges de 1207 et de celle de mai 1278, elle recouvra même à cette époque le droit de percevoir un péage au pont de Rouen, ce qui équivalait à la restitution du monopole du commerce de la basse Seine, dont elle avait été dépouillée en 1292, mais ce fut au prix de tels sacrifices que ses embarras financiers ne pouvaient tarder de la mettre à deux doigts de la ruine. Elle accordait en effet au roi un subside de trente mille livres pour le mariage de sa fille et renonçait à une créance de dix mille livres que lui devait Philippe le Bel, sans compter les dons par lesquels elle dut gagner la faveur du tout-puissant Enguerrand de Marigny. On sait qu'elle l'exempta de tout péage sur la Seine, mais en réalité elle dut le combler de bien d'autres gratifications[3].

L'un des premiers actes du règne suivant fut de déclarer franche la navigation de la basse Seine, en dépit de la concession si chèrement achetée par les Rouennais[4].

Peut-on s'étonner après cela de voir la ville de plus en plus obérée, et à qui doit-on en faire remonter la responsabilité ? Ne peut-on pas dire avec raison qu'il entrait dans la politique des rois de France de ruiner les villes, que c'était pour eux non seulement un moyen de se procurer de l'argent, dont ils étaient tous fort avides, mais surtout de mettre les communes à leur merci, de favoriser les dissensions qu'une telle situation ne pouvait manquer de faire naître, de les réduire en ce point

---

[1] Voy. Chéruel. *Ibid.*, p. 194 et suiv.
[2] *Ibid.*, p. 198.
[3] *Ordonn.*, t III, p. 329 ; XI, p. 420. Cf. Chéruel, *Ibid.*, p. 205 et suiv.
[4] En 1315. Chéruel, *Ibid.*, p. 211.

qu'elles ne vissent plus de salut que dans l'intervention royale, et qu'elles l'appelassent à leur secours.

C'est ce qui arriva à Rouen comme dans beaucoup d'autres villes. M. Chéruel a tracé le tableau des différends qui ne cessaient de s'élever entre les gros bourgeois (*grossos burgenses*) et le menu peuple (*parvum populum*)[1]. Celui-ci, frappé de lourds impôts, jaloux de l'aristocratie commerciale, continuait à accuser les administrateurs municipaux de mauvaise gestion, de « tricherie », de « malice », il contestait la régularité du contrôle des finances ; les magistrats se rendaient compte les uns aux autres, ils administraient entre eux et pour eux ; un certain nombre de familles, constituant des lignages échevinaux étaient en possession de toutes les charges. Le luxe des riches bourgeois magistrats, leur train de vie, les fêtes qu'ils donnaient, les courtoisies même qu'ils faisaient au nom de la ville, étaient autant de griefs. Les principaux différends entre le *commun* et le corps municipal avaient été portés devant l'échiquier de Pâques 1320. Mais la royauté, qui entendait bien en profiter, au lieu de laisser la justice suivre son cours, persuada aux parties de s'en rapporter au roi. Le 11 juin 1320, « pour procurer à tous les habitants le bonheur d'une tranquillité depuis longtemps désirée, » Philippe V chargea quatre commissaires de faire, sur la situation financière de Rouen, une enquête qui devait aboutir à une liquidation et leur donna plein pouvoir pour tout régler, *sine strepitu et figura judicii*. Le 2 août suivant, en pressant l'exécution de leur mandat, le roi parlait déjà de réformer la constitution de la ville, alors qu'il n'avait été question auparavant que d'une enquête financière. Le 19 août, il leur adjoignit deux nouveaux commissaires ; puis, lorsque ceux-ci eurent fait une longue enquête sur la gestion financière des magistrats, au lieu de statuer sur ce point, ainsi qu'ils paraissaient en avoir mission, ils évitèrent de se prononcer et déclarèrent, de l'avis du roi, que, comme une sentence sur la matière ne ferait qu'envenimer les haines, il valait mieux se contenter d'imposer aux habitants « silence perpétuel » à ce sujet et procéder « à la » refformation du gouvernement de la dite ville pour le temps » à venir. » Et en effet, le 12 janvier 1321, les six commissaires arrêtèrent, et au mois de février le roi confirma une

---

[1] *Ouv. cité*, p 216-237.

nouvelle constitution en trente-huit articles qui remplaça les anciens Etablissements[1].

Ce nouveau statut municipal est une œuvre de juristes, très semblable aux nombreux règlements municipaux rédigés à la même époque, avec les mêmes tendances. On y trouve le même système d'élections très compliquées, les mêmes procédés pour satisfaire les classes inférieures en leur accordant un semblant de participation au gouvernement de la ville et au contrôle des finances, les mêmes dispositions assurant la prépondérance du pouvoir central. Quelques titres de magistrature rappellent presque seuls dans ce document l'ancienne organisation. Le nombre des pairs fut fixé à trente-six ; c'était probablement à ce chiffre qu'était réduite, lors de l'arrivée des commissaires royaux, la pairie héréditaire de Rouen. Tout en conservant les pairs à vie qui existaient encore, la nouvelle constitution disposa qu'à l'avenir, au fur et à mesure des extinctions, de nouveaux pairs seraient élus pour trois ans, et qu'ainsi, dans un temps donné, l'assemblée des trente-six pairs serait chaque année renouvelée par tiers. Les jurés, les échevins, les conseillers ont disparu ; il n'en est plus question. L'administration et la justice municipale sont entre les mains du maire, magistrat nommé comme autrefois par le roi sur une liste de trois noms, mais provenant d'un mode d'élection à plusieurs degrés fort compliqué. La gestion des revenus de la ville, presque entièrement enlevée au maire et aux pairs, passe à quatre receveurs annuels choisis, deux parmi les pairs et deux parmi les *prudhommes du commun*. L'administration est surveillée et contrôlée par douze prudhommes du commun nommés dans une sorte d'assemblée générale des bourgeois. Cette assemblée fixe elle-même la répartition de l'impôt et est seule compétente pour décider les emprunts de plus de mille livres. Enfin la police est faite par trente sergents, dont six à cheval.

Nous n'avons pas à étudier dans le détail, ni à suivre dans ses vicissitudes la nouvelle organisation qui fut donnée à Rouen en 1321, il nous suffit pour l'objet de ce travail d'avoir montré comment périt et par quoi fut remplacée la primitive constitution municipale qui avait régi la ville pendant près d'un siècle et demi.

---

[1] Tous ces documents ont été publiés par M. Chéruel, *Ibid.*, p. 327-351.

CHAPITRE IV

LES ÉTABLISSEMENTS DE ROUEN EN NORMANDIE

Quoique nous n'ayons pu retrouver que pour peu de villes normandes la preuve qu'elles ont eu, comme constitution municipale, les Etablissements de Rouen, il nous paraît cependant vraisemblable que la plupart des communes de Normandie ont été organisées sur ce modèle. Beaucoup d'entre elles avaient été créées ou confirmées dans les derniers temps de la domination anglaise par Jean Sans-Terre, dans le but de résister au roi de France. Ces concessions étaient pour le monarque anglais un moyen de s'attacher plus étroitement les villes, ou plutôt il voyait, dans l'institution même des communes, la création de véritables associations militaires propres à coopérer efficacement à la défense du pays [1]. Bien peu de communes, on le conçoit dès lors, survécurent à la conquête. Celles d'Evreux, de Harfleur, de Bayeux [2], de Domfront [3], d'Alençon [4], établies ou confirmées dans ces circonstances, n'eurent qu'une existence éphémère et perdirent après la conquête leur organisation et la plupart de leurs privilèges ; il en est sans doute d'autres, établies dans les

---

[1] A Evreux, d'après un témoignage du xiiie siècle, c'était le sénéchal de Normandie qui, pendant la captivité du roi Richard, avait enjoint aux habitants d'établir la commune pour organiser la résistance contre le roi de France (*Mémoires des antiquaires de Normandie*, t. XV, p. 161). En juillet 1202, Jean Sans-Terre établit des communes à Fécamp, à Harfleur, à Montivilliers en ces termes : « ... Volumus et multum placet... quod » vos et alii de partibus vestris communam habeatis quamdiu nobis pla» cuerit et quod vos preparetis armis et aliis necessariis ad terram nos» tram defendendam. » (*Rotuli litterarum patentium*, p. 13 et 14.)

[2] Commune citée dans les comptes de 1195-1198 (*Magn. Rotul. Scacc. Norm.*, éd. de Londres, t. I, p. 263 et 264 ; t. II, p. 378 et 375.)

[3] Concession de commune, 25 février 1202-1203 (*Rotul. litt. pat.*, p. 26, c. 1).

[4] Concession de commune, 7 septembre 1199 (*Rotuli chartarum*, p. 17).

mêmes conditions, dont l'histoire n'a pas même conservé le souvenir ; d'autres enfin, celles de Falaise, Pont-Audemer, Caen, Fécamp, Montivilliers, etc., dont les privilèges furent confirmés par le vainqueur, n'ont jamais eu cependant un développement considérable, et de rares documents prouvent seuls que ces villes n'ont pas perdu, comme la plupart de leurs voisines, en passant sous la domination française, ce titre de commune qui ne fut jamais pour elles d'une très grande importance.

Nous n'avons sur l'organisation et l'histoire de toutes ces villes que bien peu de renseignements ; quelques documents nous apprennent que plusieurs : Alençon, les Andelys, Falaise, Pont-Audemer, Verneuil, ont eu, soit pendant, soit après la domination anglaise, l'organisation et la charte de Rouen ; mais il est probable que d'autres encore, par exemple Fécamp et Montivilliers qu'un acte, nous montre ainsi que d'autres communes du pays de Caux, associées à la commune de Rouen [1], ont eu aussi cette même constitution qui semble avoir servi de modèle à la plupart des villes normandes.

FALAISE. — Falaise est une de celles dont nous connaissons le mieux l'histoire. La commune y avait été instituée, le 5 février 1203 [2], en pleine guerre contre Philippe-Auguste par Jean Sans-Terre qui, depuis la perte de Mirebeau, y détenait Arthur. Le 11 août de la même année, elle avait reçu des franchises dans toutes les terres du royaume, sauf dans la ville de Londres [3]. L'année suivante, la confirmation de ses privilèges et de sa constitution par Philippe-Auguste, lorsqu'il arriva devant la ville, contribua sans doute à en hâter la prompte reddition [4]. La concession porte que le rouleau des Etablissements de la commune fut lu au roi, puis transcrit dans son registre ; nous retrouvons en effet ce document dans les différents registres de Philippe-Auguste ;

---

[1] Lettre du maire et des pairs de Rouen aux maires de Fécamp et de Montivilliers, « et omnibus communiis de Caleto, Rothomagensi com- » munie juratis, » leur enjoignant de prendre sous leur protection les moines du Valasse, en 1235 (*Neustria pia*, p. 859).

[2] *Rotuli litterarum patentium*, p. 24.

[3] Copie dans les *Documents sur le Tiers-Etat*, d'après un cartulaire du XVe siècle des Arch. de Falaise (Bibl. nat., Fds. Fr. n. acq. 3395, fol. 120).

[4] *Ordonnances*, t. VI, p. 641.

ce sont les Etablissements de Rouen, dans lesquels le nom de cette ville est toujours accompagné de celui de Falaise. Ce fut probablement alors que le scribe de la chancellerie royale, chargé de cette transcription, arrêta sa copie vers le milieu du texte qu'il transcrivait, et c'est ainsi que ce document s'est trouvé mutilé dans toutes les copies qui dérivent du texte de ce registre.

Par le même acte, les habitants de Falaise furent en outre exemptés de péages dans tout le royaume, sauf à Mantes, et le roi s'engagea, comme il le fit quelques années plus tard pour Rouen, à ne poursuivre aucun bourgeois pour usure, sinon dans le cas où le taux serait excessif [1].

En février 1220-1221, la ville reçut de nouveaux privilèges, analogues à ceux que Caen venait de recevoir; le roi promit de n'intervenir dans le mariage des veuves ou des filles des bourgeois et de ne prendre la tutelle de leurs enfants que s'ils tenaient des fiefs de haubert [2]. Il déclara en outre réserver expressément tous ses autres droits sur les bourgeois, et nommément les tailles, l'host et la chevauchée. Nous ne saurions dire combien de temps furent en vigueur, ni quelles modifications reçurent à Falaise les Etablissements. Les quelques actes du XIII° siècle que nous connaissons [3] ne men-

---

[1] « Sciendum etiam quod nos aiquem de burgensibus apud Falesiam residenciam facientibus, non capiemus ad occasionem usure, nisi denarium pro denario vel equivalenciam alicui commodaverit. (*Ibid.*)

[2] « Concessimus... quod nos nec heredes nostri trademus uxores vel
» filias eorum aliquibus in maritagium contra voluntatem eorum, nisi
» feodum vel membrum lorice teneant, propter quod debeamus eas ma-
» ritare, secundum usus et consuetudines Normanniae... et quod filios
» vel filias eorum in nostra non capiemus tutela, nisi similiter feodum
» vel membrum lorice teneant, propter quod debeat esse in tutela nostra,
» secundum usus et consuetudines Normanniae. » (*Ordonn.*, t. XII, p. 295.) — *Le très ancien coutumier de Normandie* contient en effet les dispositions suivantes : « Dux custodiam habebit orphani, et omnia ipsius
» tenementa reservabit in manu sua... Orphanus heres non potest ma-
» ritari sine assensu domini sui sive custodie sue, qui eum debet fide-
» liter maritare; puella heres similiter. » (Warnkoenig, *ouv. cité.* t. II, *Urkunden*, p. 9.) Et ailleurs : « De jure, dux Normannie debebat velha-
» bebat custodiam filiorum hominum suorum, qui de ipso tenebant, jure
» hereditario, vel serjanteriam, vel alodia, vel feoda; debet habere do-
» nationem etiam filiarum eorumdem suorum hominum, si masculino
» herede caruerint, et omnia tenementa que ad hereditatem filiarum per-
» tinent de quibuscumque feodum sint, deberent sequi donationem
» ducis. » (*Ibid.*, p. 28.)

[3] *Documents sur le Tiers-Etat* (Bibl. nat., fds. fr. n. acq. 3395, fol. 120 et suiv.).

tionnent ni les pairs, ni les conseillers, et ne nous renseignent nullement sur l'organisation de la commune. Au début du XIVe siècle, la ville subit, comme presque toutes les autres, des atteintes du pouvoir central ; la commune, la juridiction, les franchises furent alors confisquées, mises en la main du roi, sans que nous sachions quel méfait avaient commis les habitants et les magistrats [1], puis restituées, moyennant le paiement d'une amende de quatorze cents sous tournois [2]. En juillet 1335, une ordonnance décida que, au lieu de se faire aux environs de la Saint-Martin d'hiver, ainsi que cela avait été prescrit par l'ordonnance de saint Louis, l'élection du maire aurait lieu désormais le jour de l'Ascension [3]. Mais, ni cet acte, ni la confirmation par Charles VI, en janvier 1381-1382, de la charte concédée en mai 1204 [4], n'impliquent la persistance à cette époque de la constitution que la ville avait au XIIIe siècle ; l'adresse même de l'acte aux maire, bourgeois et habitants, où il n'est question ni de pairs, ni d'échevins, ni de jurés, semble indiquer que, comme à Rouen, l'organisation était alors simplifiée.

PONT-AUDEMER. — La commune de Pont-Audemer, établie probablement dans les mêmes circonstances que celle de Falaise, fut, comme elle, confirmée par Philippe Auguste, lors de la conquête de la Normandie. L'acte de confirmation, daté de juin 1204, se réfère, pour les statuts de la ville, à la transcription qui en avait été faite dans le registre de la chancellerie [5]. Ces coutumes de Pont-Audemer, transcrites dans le registre de

---

[1] « Pro pluribus excessibus et injuriis per majorem et burgenses Fa» lesie perpetratis, » se borne à dire l'acte de restitution.

[2] Bibl. nat., ms. n. acq. fr. 3395, fol. 132.

[3] « Ph. par la grâce de Dieu, roys de France ..... comme le maire » et les bourgois de la ville de Falaise nous eussent monstré que il leur » convenait chascun an venir devers nous pour faire maire, environ » chascune feste Saint-Martin d'iver, laquelle chose leur estoit moult » grieve et domageuse pour les voies qui sont moult perilleuses en cellui » temps, tant pour les froidures comme les mauvais chemins... » l'époque sera fixée dorénavant au jour de l'Ascension. (*Archiv. nationales*, JJ 69, n° 329.)

[4] *Ordonnances*, t. VI, p. 460.

[5] « Burgensibus nostris de Ponte Audomari concessimus communiam, » salvo jure nostro et ecclesiarum nostrarum, habendam ad consuetu» dines quas ipsi tenuerunt, sicut continetur in registro nostro. Actum » Rothomagi. » (*Ordonn.*, t. XI, p. 288.)

Philippe-Auguste, ne sont autres que les Etablissements de Rouen, ainsi que le prouve le texte du registre A où les noms de Rouen et de Falaise sont toujours suivis de celui de Pont-Audemer. En janvier 1223-1224, les bourgeois obtinrent de Louis VIII le droit de bâtir des halles [1]. En 1260, Pont-Audemer conservait encore sa constitution primitive, ainsi qu'en témoigne un compte, rendu en exécution de l'ordonnance de saint Louis, dans lequel il est fait mention du maire et des pairs [2]. Sa situation financière n'était pas alors plus prospère que celle des autres villes ; en cette année 1260, elle avait dépensé plus de cent onze livres et n'en avait perçu que dix ; il est vrai que, comme les autres villes aussi, elle se plaignait des exactions et des empiètements des agents royaux. Il nous est parvenu une énumération de ses griefs contre le vicomte [3]. Une ordonnance royale de 1263 interdit de faire les contrats clandestinement pour éviter de payer les droits et prescrit de les faire devant le maire, qu'elle nous montre ainsi investi encore de la juridiction gracieuse [4]. Nous ne savons pas plus que pour Falaise jusqu'à quelle époque se maintinrent en vigueur les Etablissements. En février 1284-1285, les bourgeois reçurent des franchises commerciales [5], mais l'acte de concession ne nous apprend rien du régime sous lequel était alors la ville. Tout ce que nous pouvons dire, c'est qu'au milieu du XVe siècle, il n'y avait plus ni pairie ni mairie ; elle était alors gouvernée, pour les affaires civiles par le vicomte, et pour les affaires militaires par le capitaine. Ces deux fonctionnaires étaient assistés d'*assemblées de ville,* composées d'un nombre illimité de bourgeois [6].

ALENÇON ET ANDELY. — On a rangé Alençon et Andely parmi les villes auxquelles les statuts de Rouen ont été concédés sous la domination anglaise. Le fait est pro-

---

[1] Delisle, *Cartul. normand,* n° 317.
[2] *Ibid.,* n° 648.
[3] *Ibid.,* n° 664.
[4] *Ordonn.,* t. I, p. 294.
[5] Delisle, *Cartul. normand,* n° 1045.
[6] A. Canel, *Notice sur les institutions municipales de Pont-Audemer,* et *Pont-Audemer ville franche,* dans le *Recueil de la Société libre d'agriculture, sciences et arts de l'Eure,* années 1841 et 1844. Ces deux notices ne contiennent rien sur l'époque où les *Etablissements* étaient en vigueur.

bable ; il faut toutefois remarquer que les privilèges octroyés par le roi Jean à ces deux villes ne le disent pas expressément. En confirmant, le 7 septembre 1199, les libertés, coutumes et possessions des chevaliers et bourgeois d'Alençon et d'*Alenchoneis*, qu'il fait remonter à Guillaume, fils de Robert, comte de Belesme et par conséquent à une époque antérieure à 1167, date de la cession du château d'Alençon par Guillaume au roi d'Angleterre, le roi Jean Sans-Terre stipule seulement qu'ils auront une commune dans les mêmes conditions que les bourgeois de Rouen : *quod habeant communam suam, sicut habent cives nostri Rothomagenses* [1]. En l'absence de textes plus précis on ne saurait déterminer si cette phrase fait allusion aux Etablissements, ou seulement aux conditions d'indépendance et aux franchises de la commune.

Il en est de même pour Andely dont la charte anglaise, datée du 30 mai 1200, lui confirme : *omnes et easdem libertates et liberas consuetudines quas homines nostri de Rothomago in terris et aquis et mari, citra mare et ultra mare, per omnes terras nostras habent* [2]. Ces privilèges n'impliquent nullement que les deux communes aient eu la même constitution ; dans tous les cas, cela n'aurait pas duré longtemps, car ce fut sur le modèle de celle de Mantes qu'après la conquête, Philippe-Auguste organisa la commune d'Andely [3]. Mantes avait une organisation d'un type très éloigné de celui de Rouen ; c'étaient un maire et des échevins qui constituaient, comme dans les villes du Nord, le corps municipal.

VERNEUIL. — On ne compte pas d'habitude Verneuil parmi les villes dont l'organisation s'est modelée sur celle de Rouen. Verneuil a eu, avec Pontorson et quelques autres villes, une coutume particulière très curieuse, dont nous possédons une confirmation par Henri II, datant très probablement de 1173, mais qui remonte certainement à l'époque où Henri Ier bâtit et fortifia Verneuil pour garantir les frontières de Normandie (1119-1131) [4]. Au premier abord l'existence de cette coutume,

---

[1] *Rotuli Chartarum*, t. I, p. 17.
[2] *Ibid.*, p. 65.
[3] Delisle, *Cartulaire normand*, p. xv, n. 1.
[4] *Ordonn.*, IV, p. 634. Le texte, publié dans les *Ordonnances*, est presque incompréhensible tant il est criblé de fautes, qui presque toutes,

qui régit les habitants de Verneuil pendant tout le moyen âge, semble exclure la possibilité de l'adoption des Etablissements. Cependant, si l'on considère qu'avec des dispositions de droit civil et de droit pénal la coutume de Verneuil ne contient que des privilèges, des franchises et des garanties de liberté et de sécurité pour les habitants, sans aucun règlement relatif à l'administration ni à l'organisation de la commune, on reconnaîtra qu'il n'en est rien. Sans que nous puissions déterminer à quelle époque les Etablissements y furent adoptés, on peut croire, en voyant, vers 1255, la commune représentée par un maire et des pairs [1], que l'organisation municipale y était la même qu'à Rouen. En 1260, on voit les mêmes magistrats (*major et pares*) figurer dans l'état des finances produit en exécution de l'ordonnance de saint Louis [2]. De plus, un arrêt de Parlement de 1263, abolissant une mauvaise coutume, semble bien viser l'article 46 des Etablissements [3]. En 1328, les habitants de Verneuil firent transporter à la Pentecôte l'époque de l'élection du maire qui se faisait auparavant vers la Toussaint [4]. L'état des routes et la saison rendaient trop difficiles et trop dispendieux en novembre les voyages que nécessitaient la présentation au roi des candidats. La mairie élective existait donc encore à ce moment.

on doit le dire, sont le fait du copiste de la chancellerie royale qui, au XIVe siècle, a fait la seule transcription de ce texte que l'on connaisse (Arch. nat., JJ 97, pièce 555). Il est cependant possible de corriger nombre de ces fautes, et j'espère pouvoir publier bientôt un texte assez amélioré de ce curieux document.

[1] Ils se plaignent qu'on ait exigé des habitants et fait démolir les créneaux, alors qu'on avait confirmé les privilèges et coutumes dont la ville avait joui sous la domination anglaise. (*Registre des enquêteurs en Normandie*, Arch. nat., J 783, fol. 10.)

[2] Delisle, *Cartul. normand*, pièce 651.

[3] « Quedam prava consuetudo erat apud Vernolium quod quando ali-
» quis facit melleyam manifestam et apertam in ipsa villa, licet factum
» sit notorium, purgabat se per juramentum suum, se sexto, et hoc fa-
» ciendo quietus erat super hoc. Dominus rex, ad petitionem majoris et
» burgensium ejusdem loci, amovit istam consuetudinem, anno 1263, in
» parlamento sancti Martini. » (*Olim*., éd. Beugnot, t. I, p. 562, XII.) —
Cf. *Pièces justif*., I, art. 46. — Une reconnaissance de juridiction de juin 1311 fait mention des *jurati* de Verneuil. (Arch. nat., JJ 46, n° 49.)

[4] Arch. nat., JJ 65², n° 60.

CHAPITRE V

LES ÉTABLISSEMENTS DE ROUEN HORS DE NORMANDIE. — LA ROCHELLE.

Nous allons maintenant suivre les Etablissements hors de la province où ils ont pris naissance. Presque toutes les villes qui les adoptèrent appartiennent au sud-ouest de la France ; nous en avons compté jusqu'à onze, mais peut-être y en a-t-il qui nous ont échappé. En général, la durée de cette constitution fut beaucoup plus longue dans ces villes qu'à Rouen même. Longtemps après que des modifications successives eurent changé l'organisation de Rouen au point qu'il n'y restât plus trace de cet ancien statut, il fut encore l'objet de concessions.

Toutes les villes dont l'organisation se rattache à celle de Rouen ne lui ont pas emprunté directement sa constitution, il y eut des intermédiaires ; et comme cette constitution fut introduite, dans les différentes villes qui la reçurent, à des époques très diverses, que certaines communes ne l'adoptèrent qu'après qu'elle eut subi des modifications dans les villes qui l'avaient reçue directement de Rouen, il est nécessaire de tenir compte de ces intermédiaires. C'est ainsi que La Rochelle, qui fut une des premières villes où elle fut introduite, la transmit successivement à Saintes en 1199, à Oléron en 1205, à Bayonne en 1215, et enfin à Tours en 1461 ; tandis que Niort, Saint-Jean-d'Angély, Angoulême et Poitiers la reçurent directement de Rouen, en 1204 ; Niort à son tour la transmit à Cognac, en 1215. Le tableau suivant peut servir à se rendre compte de cette transmission de ville en ville des Etablissements :

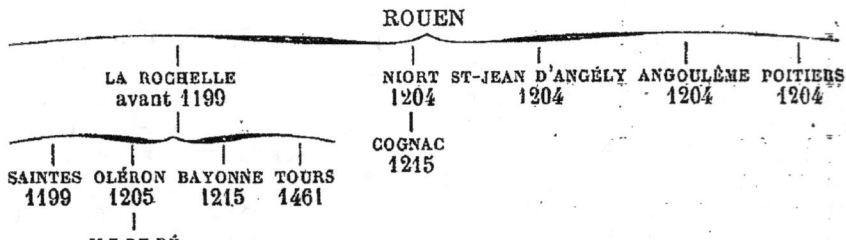

Dans l'étude que nous allons entreprendre, nous suivrons l'ordre indiqué par ce tableau.

LA ROCHELLE. — Il est très difficile de déterminer avec précision à quelle époque et dans quelles circonstances l'organisation municipale que nous étudions fut établie à La Rochelle. On a contesté qu'elle en ait hérité de Rouen ; un érudit rochelais, M. Jourdan, dans un « *Mémoire sur le statut constitutionnel de l'ancienne commune de La Rochelle* [1], » a soutenu que c'était Rouen au contraire qui avait emprunté à La Rochelle sa constitution municipale, et que ce serait faire acte de justice que d'appeler désormais ce document *Charte de La Rochelle*. M. Huillard-Bréholles, dans un rapport sur le concours des Sociétés savantes des départements [2], défendit les droits de Rouen en alléguant que des textes formels prouvaient que Rouen avait servi de modèle aux principales communes du Poitou, ce qui, vrai pour Niort, Poitiers, Saint-Jean-d'Angély, Angoulême, qui ont eu cette organisation sous la domination française, ne l'est ni pour La Rochelle, ni pour Saintes et Oléron, qui l'ont possédée dès la période anglaise. M. Jourdan fit une longue réponse dans un article intitulé : *Privilèges de la Rochelle* [3], qui, tout en donnant des renseignements et des textes importants, ne fit cependant pas avancer la question. Nous allons essayer de reprendre ce débat, avec l'espoir, sinon de résoudre définitivement le problème, du moins d'en mieux préciser les termes. Mais pour cela nous devons étudier un à un les documents relatifs aux origines et aux premiers développements de la commune de La Rochelle.

Les archives de cette ville, transportées à Paris après le siège de 1628, ont péri dans l'incendie de la Chambre des comptes de 1737 ; heureusement que, sans parler des copies qui sont à La Rochelle, la plupart des chartes anciennes nous ont été conservées, soit dans des recueils manuscrits, soit dans des ouvrages imprimés que nous allons passer rapidement en revue.

---

[1] *Académie de La Rochelle. Section de littérature. Choix de pièces lues aux séances*, n° 9. La Rochelle, 1863, in-8, p. 65-224.

[2] *Revue des Sociétés savantes*, t. III, 1864, 1er semestre, p. 468.

[3] *Académie de La Rochelle. Section de littérature. Rapport*, n° 12. La Rochelle, 1865, in-8, p. 31-79.

L'ouvrage le plus ancien qui contienne une série de documents sur la ville de La Rochelle est le : *Discours au roy sur la naissance, ancien estat, progrez et accroissement de la ville de La Rochelle*, petit vol. in-8 de 160 pages, publié en 1628[1]. L'ouvrage est anonyme, mais le P. Lelong l'attribue avec toute vraisemblance à Auguste Galland, conseiller d'Etat.

C'était, on le sait, un érudit à la solde de Richelieu, feudiste, généalogiste et juriste, archiviste de la Sainte-Chapelle, chargé de mettre à profit l'arsenal du Trésor des chartes et les archives des villes et des provinces qu'on y annexait, pour soutenir « les droits du roi. » C'est dans ce but qu'est écrit son « discours » sur La Rochelle, en réponse à un manifeste pour justifier la résistance de la ville[2]. Son livre nous intéresserait médiocrement s'il n'était plein de documents publiés intégralement ou par extraits. Galland n'avait pas travaillé toutefois, comme on l'a dit à tort, sur les titres originaux de La Rochelle, mais sur des copies que la prévoyance du conseil du roi avait fait réunir, dès 1613, par un conseiller au présidial de La Rochelle, Jean Bruneau. La plupart de ces copies nous sont parvenues, elles sont réunies en trois volumes in-fol. qui, échus en héritage au frère d'Auguste Galland, Georges Galland, secrétaire de Séguier, firent partie de la bibliothèque du chancelier, avec laquelle ils passèrent à l'abbaye de Saint-Germain des Prés, puis à la Bibliothèque nationale, où ils portent les nos 16906 à 16908 du fonds Fran-Français. C'est là que l'on peut contrôler et compléter les citations de Galland et trouver presque toujours la copie complète des documents qu'il n'a fait que signaler. Outre les chartes

---

[1] Un tirage de ce livre, sans indication de lieu ni d'éditeur, porte la date de 1628 ; un autre porte l'indication de Paris, 1628 ; enfin, à un troisième de 1629, on a ajouté un avis de l'imprimeur au lecteur, un extrait du privilège du roi et l'indication de l'éditeur, Estienne Richer, l'imprimeur du *Mercure françois*, qui l'inséra, avec sa pagination particulière de I à CLX, au t. XIII de ce recueil. Ces quatre éditions, ou plutôt ces quatre tirages, sont entièrement semblables. Il en existe une édition in-4º, s. l., 1628, de 127 pages, que je n'ai vue que dans un carton des Archives nationales (K 1223). Déjà précédemment, le *Mercure* avait publié un mémoire sur les privilèges des Rochelais « en réponse au mani- » feste ou discours de la prise des armes de M. de Soubise. » (T. XI, p. 311-385.)

[2] *Manifeste contenant les causes et raisons qui ont obligé ceux de la ville de La Rochelle à prendre les armes et de se joindre à celles du sérénissime roi de la Grande-Bretagne.* A La Rochelle, 1627, plaquette de 24 p.

de La Rochelle, le mémoire de Galland et cette collection de copies donnent quelques extraits du « livre de la poterne [1], » auquel est inséré un extraict des anciens cartulaires de la » la ville dressé par M. Jean Mérichon, bailly d'Aulnis en » 1468 [2]. » C'est par là que nous savons que « les règle- » ments de La Rochelle furent rédigés en un livre appellé le » *Livre noir*, lequel se voyait encore à La Rochelle l'an 1454, » et dont divers articles furent employés à la compilation qui » fut faite de l'ordonnance de Jacques Audoyer lors maire [3]. » C'est par là que nous connaissons, au moins par quelques fragments : « le livre de la mairie de sire Pierre Aimery, de l'an 1209 [4], » — « le livre de la mairie de Berthoumé Coustet, l'an 1275 [5], » — « le livre rouge en la mairie de sire Guillaume de la Gravelle, l'an 1278 [6], » — « le livre de la mairie de maistre Laurens Poussard, l'an 1302 [7], » — « le livre de la mairie de sire Pierre de Loupsaut, l'an 1307 [8], » — « le livre de la mairie de sire Pierre de Triaize l'aisné, l'an 1323 [9], » — « le livre de la mairie de maistre Fremin de Villers, 1335 [10], »

---

[1] L'original de cette compilation n'existe plus, mais il nous en est parvenu une copie faite en 1610 et qui est conservée à La Rochelle ; elle a pour titre : « Noms et surnoms de tous les maires et recteurs de la com- » munité de cette ville de La Rochelle..., etc. » Sur cet ouvrage et sur son auteur, Jean Mérichon, souvent maire de La Rochelle, voy. Delayant, *Historiens de La Rochelle*. La Rochelle, 1863, in-8, p. 15 à 30. — Amos Barbot, dans son ms. cité plus loin, qui s'est beaucoup servi de cet ouvrage, lui donne le nom de « livre paterne » à cause, dit-il, qu'il « con- » tient l'enregistrement et matricule depuis la fondation de votre corps » de tous ceux qui ont esté maires de laditte ville qui en peuvent veri- » tablement estre appelez les pères. » (fol. 6.)

[2] Galland, p. xxiv. — Ms. Fr. 16908.

[3] Galland, p. xxxii. — Fr. 16908, fol. 224.

[4] D'après des extraits ou plutôt des traductions ou des analyses dans le recueil précédent de Jacques Audoyer de 1454. Galland, p. xl. — Fr. 16908, fol. 226.

[5] D'après des traductions du *Livre des statuts* de 1453. Galland, p. xxxiii. — Fr. 16908, fol. 234.

[6] D'après le Recueil de 1454. Galland. p xlii. — Fr. 16908, fol. 230.

[7] D'après le même Recueil. Galland, p. xlix. — Fr. 16908, fol. 270.

[8] D'après le même Recueil. Galland, p. xlii. — Fr. 16908, fol. 224, 231, 237.

[9] D'après le même Recueil. Galland, p. xliii. — Fr. 16908, fol. 231.

[10] D'après le même Recueil. Galland, p. xliii. — Fr 16908, fol. 231.

— « le livre de la mairie de sire Pierre Buffet, 1356 [1], » — « le livre des statuts de La Rochelle couvert de bazane rouge compilé en la mairie de Joachim Girard, sieur de Mairé, en l'année 1453 [2], » et enfin « le livre des conseils de la mairie d'honorable homme et sage M. Jean Mérichon, l'an 1457 [3]. » Parmi les documents de cette collection, il en est quelques-uns, surtout pour les chartes anciennes, que d'autres recueils nous ont conservés. Si la comparaison ne donne pas une haute idée de l'exactitude des copies de la collection manuscrite, ni surtout du soin et de la correction que Galland a apportés à sa publication, elle exclut du moins tout soupçon d'altération et de falsification : l'avocat des droits du roi s'est borné à choisir, dans l'arsenal mis à sa disposition, les armes dont il pouvait faire usage.

L'oratorien Arcère a publié, en 1756 et 1757, une histoire de La Rochelle [4] ; mais il n'a plus eu à sa disposition que les copies de la chambre des comptes et les recueils que nous avons nous-même. Cette histoire est faite avec soin ; les notes et les preuves qui l'accompagnent contiennent bon nombre de documents.

Après cela, nous n'avons plus à signaler, avec les Mémoires de M. Jourdan dont nous avons déjà parlé, qu'une série de documents publiés par M. Marchegay, en 1858, sous ce titre : *Chartes de Fontevraud concernant l'Aunis et La Rochelle* [5]. Ces documents, intéressants et publiés avec soin, sont accompagnés de réflexions judicieuses et qui font regretter que l'auteur n'ait pas cherché à présenter avec plus d'ordre et de méthode les résultats de ses études à ce sujet.

Si les publications relatives à l'histoire de La Rochelle au moyen âge sont peu nombreuses, il n'en est pas de même des manuscrits et des recueils de copies qui malheureusement reproduisent presque tous les mêmes documents.

Nous avons déjà parlé à propos du mémoire de Galland,

---

[1] D'après le *Livre des statuts* de 1453. Galland, p. xxxv. — Fr. 16908, fol. 253.

[2] Galland, p. xxxiii. — Fr. 16908, fol. 248.

[3] Galland, p. xxxv. — Fr 16908, fol. 255.

[4] *Histoire de la ville de La Rochelle et du pays d'Aunis*. La Rochelle, 1756-1757, 2 vol. in-4. — Pour plus de détails consulter le volume de M. Delayant sur les historiens de La Rochelle.

[5] *Bibl. de l'École des Chartes*, 4ᵉ série, t. IV, pp. 132 et 321.

du recueil en 3 volumes in-folio qui se compose de la plupart des copies et des extraits faits en 1613 à La Rochelle par Jean Bruneau, auxquels on a joint d'autres copies plus anciennes. Nous avons dit qu'il faisait aujourd'hui partie du cabinet des manuscrits de la Bibliothèque nationale (Mss. Fr. 16906 à 16908) et qu'il provenait de la collection de Séguier.

De la même provenance est un recueil des *Privilèges de la ville de La Rochelle*, écrit en 1566 (Bibl. nat., Mss. Fr. 18970). C'est un ms. de 227 feuillets in-fol. contenant peu de documents qui ne soient pas dans le recueil précédent, mais donnant en général de meilleurs textes.

Le manuscrit d'Amos Barbot est bien connu des érudits [1]; il a été largement utilisé par Arcère et souvent mis à contribution depuis. La Bibliothèque nationale en possède l'original autographe (Mss. Fr. 18968 et 18969) et une copie à peu près contemporaine (Mss. Fr. 4798 et 4799). Ces quatre volumes proviennent encore de la bibliothèque de Séguier, et le chiffre d'Auguste Galland, qui est au bas du titre de la copie, semble indiquer qu'elle a été faite pour lui; l'original lui a peut-être aussi appartenu, du moins le P. Arcère dit que Séguier le tenait de son secrétaire Georges Galland [2]. Il est probable qu'Auguste Galland, le conseiller du roi, avait rassemblé, pour rédiger son mémoire, tous les recueils de documents relatifs à La Rochelle qu'il avait pu se procurer. Voici le titre exact du manuscrit de Barbot : *Inventaire dez titres, chartes et privilèges de La Rochelle et païs d'Aulnis, depuis l'establissement du corps de ville, avec les illustres maisons qui ont tiré leur origine de la mairie de La Rochelle, jusqu'en 1574, par Amos Barbot, escuier, bailly du grand fief d'Aulnis, advocat en Parlement et siège présidial de La Rochelle, l'un des pairs et conseil ordinaire des maires, eschevins et pairs de La Rochelle.* Comme on voit, l'auteur appartenait au corps de ville, c'était de plus un protestant zélé et un ardent champion des droits de la commune; il écrivait, non pas en 1574, comme l'a dit le P. Lelong, trompé par le titre, mais vers 1613, ainsi que le démontre Arcère. Son ouvrage est moins un inventaire qu'une espèce d'histoire chronologique de la ville

---

[1] Sur Amos Barbot et son ouvrage, consultez le long article que lui a consacré Delayant dans ses *Historiens de La Rochelle*, p. 41-57.

[2] *Note sur le manuscrit d'Amos Barbot*, Hist. de La Rochelle, t. I, p. 569

de La Rochelle d'après ses archives. Année par année, il donne le nom des magistrats municipaux et une analyse des événements d'après les documents qu'il a connus. Quoique les archives de la commune eussent déjà subi de grandes pertes à l'époque où il écrivait[1], c'est néanmoins le recueil de beaucoup le plus riche en indications de documents concernant La Rochelle ; malheureusement ce n'est qu'une suite d'analyses souvent confuses et peu claires pour longues qu'elles soient, et auxquelles on ne peut se fier, surtout en ce qui touche les dates, qu'avec une extrême réserve.

Les volumes n°s 317 et 318 de la collection Brienne (Bibl. nat.) ont pour titre : *Privilèges accordés aux maires, échevins, conseillers, pairs et habitans de la ville de La Rochelle, ensemble plusieurs déclarations et mémoires concernant la forme du gouvernement de ladite ville*. Ces copies faites, comme on sait, au xviie siècle, pour Antoine de Loménie, ont été probablement prises à la Chambre des comptes sur les archives de La Rochelle avant leur destruction, et par là ont un prix particulier, bien qu'on n'y rencontre qu'un petit nombre de documents qui ne soient pas connus par ailleurs.

Enfin, le vol. 78 de la collection Duchesne (Bibl. nat.), qui est un recueil de coutumes municipales et de chartes de communes, formé au début du xviie siècle, contient un certain nombre de documents sur La Rochelle (fol. 185 à 194), tous connus du reste et par de meilleurs manuscrits.

Nous citerons encore pour mémoire les collections des Archives Nationales, dont le Trésor des chartes et les copies faites pour reconstituer les archives brûlées de la chambre des comptes (série K) nous ont fourni quelques documents.

La plus ancienne mention qu'on ait de La Rochelle est de 961[2], et ce n'est que dans des documents postérieurs de plus d'un siècle que l'on trouve ensuite d'autres renseignements sur cette ville. Elle n'était encore, à la fin du xie siècle, qu'un

---

[1] Il n'y avait déjà plus alors dans les archives de La Rochelle le titre original des *Etablissements* ni de charte faisant allusion à leur concession. Amos Barbot en attribue l'octroi à la reine Eléonore, en 1199. (Ms. Fr. 4798, fol. 20.)

[2] Dans la charte de restauration de l'abbaye de Saint-Michel en l'Herm par Guillaume, duc d'Aquitaine, il est fait mention d'un fief auquel étaient attachés les droits de lestage des navires « a Blavia ad Rupellam usque. » (*Gall. Christ.*, t. II, pr., p. 408.)

bourg sans importance dépendant de Châtel-Aillon et rien ne faisait prévoir que cette bourgade dût recevoir jamais de grands développements. Châtel-Aillon, qui n'est plus aujourd'hui qu'un écart à peine habité de la commune d'Angoulins, était alors une forteresse importante et une ville populeuse, pourvue d'un bon port qui lui assurait le commerce maritime de la contrée [1]. La Rochelle, au contraire, n'avait même pas de port ; les habitations qui la composaient étaient groupées, assez loin de la mer, autour de l'église qui a conservé le nom de Notre-Dame de Cougnes. Mais, au XIe siècle, les seigneurs de Châtel-Aillon, pour des raisons indiquées trop obscurément par Richard le Poitevin pour qu'on puisse s'en rendre compte, mais probablement surtout à cause de leur puissance croissante, inquiétèrent les ducs d'Aquitaine. De plus, Eble de Châtel-Aillon, s'étant emparé de l'île d'Aix et d'une partie de l'île d'Oléron, antérieurement cédées aux moines de Cluny, fut frappé de quatre excommunications de 1086 à 1097 [2], et bientôt, réduit à faire amende honorable à l'église [3]. Son fils Isambert, après avoir vu son fief dévasté par Guillaume IX, en fut à la fin dépossédé par Guillaume X [4]. Maître de Châtel-Aillon et de ses dépendances, le comte de Poitiers semble avoir le premier voulu développer La Rochelle au détriment de la ville qu'il venait de conquérir. C'est à lui que les chartes postérieures font remonter les premières franchises et les premiers privilèges de cette ville [5]. C'est lui qui probablement songea à

---

[1] Richard le Poitevin, qui était du pays, donne d'importants renseignements sur l'état de Châtel-Aillon au XIIe siècle. (*Histor. de France*, XII, p. 418.) Il y faut ajouter les renseignements extraits d'un procès-verbal de visite de 1430, donnés dans le ms. d'Amos Barbot et publiés par M. Elie Berger. (*Biblioth. des Ecoles de Rome et d'Athènes*, fasc. VI. *Richard le Poitevin*, p. 111.) Dans cet excellent mémoire, M. Berger a prouvé que l'auteur nommé jusqu'à présent Richard de Cluny était de l'Aunis et vivait au milieu du XIIIe siècle, ce qui donne un prix particulier aux quelques renseignements sur cette région que l'on trouve dans ses œuvres historiques.

[2] Arcère, *Hist. de La Rochelle*, t. I, p. 176.

[3] Voy. la charte d'absolution. (*Ibid.*, t. II, p. 658.)

[4] Voy. le récit du siège de Châtel-Aillon écrit par Richard le Poitevin. (*Histor. de France*, t. XII, p. 418.)

[5] Henri II confirme aux bourgeois de La Rochelle : « omnes illas liber-
» tates et liberas consuetudines quas comes Villelmus Pictavie eis con-
» cessit, sicut carta Ludovici regis Francorum quam inde habent testatur. »
(*Bibl. de l'Ecole des Chartes*, 4e série, IV, 156.) — Il n'y a aucune raison

peupler le territoire compris entre la mer et l'ancien village et en fit une sorte de lieu d'asile où affluèrent, de tous les points de la France et de l'étranger, une nombreuse population [1]. Cent ans plus tard, elle n'avait pas encore perdu le souvenir de sa diversité d'origine, ainsi qu'en témoignent les noms de dix-sept cent quarante-neuf habitants de La Rochelle qui, le 12 août 1224, prêtèrent serment au roi Louis VII [2].

Après la mort du comte de Poitiers, La Rochelle échut, comme ses autres Etats, à son gendre, le roi de France, Louis VII ; ce fut probablement alors qu'eut lieu la confirmation des privilèges concédés par Guillaume X dont parle la charte de Henri II [3]. Toutefois Eble de Mauléon et Geoffroi de Rochefort, ayant revendiqué alors les domaines du dernier seigneur de Châtel-Aillon, dont ils descendaient, ils leur furent restitués, à l'exception du château même de Châtel-Aillon, qui avait encore de l'importance comme forteresse, et de la moitié des revenus de La Rochelle qui s'élevaient déjà, paraît-il, assez haut pour motiver cette réserve [4]. Après avoir été quelque

---

de croire avec M. Jourdan (*Mémoire cité*, p. 110) que ces privilèges, concédés entre 1117 et 1137, impliquaient la concession des *Etablissements*, qui certainement n'ont pu être rédigés que sous Henri II. On pourrait tout aussi justement prétendre qu'à Rouen ils remontent au règne d'Henri Ier, parce que ce prince a octroyé des privilèges à la ville.

[1] Une relation dont nous parlerons plus loin semble ne faire dater le peuplement de La Rochelle que de l'époque où la ville fut possédée par Eble de Mauléon ; cependant comme cette relation même parle des revenus de La Rochelle que s'était réservé le roi Louis VII en cédant ce fief aux descendants des seigneurs de Châtel-Aillon, il est plus vraisemblable de l'attribuer aux privilèges concédés par le comte de Poitiers et le roi de France dont parle la charte de Henri II. Rien d'étonnant du reste à ce que l'immigration ait continué au temps d'Eble de Mauléon.

[2] Arch. nat., J. 626, n° 135. — Cf. les observations que ces noms ont suggérées à M. Marchegay. (*Bibl. de l'Ecole des Chartes*, 4e série, t. IV, p. 159.)

[3] Voy. plus haut, p. 61, note 5.

[4] Nous empruntons ces renseignements à une relation de l'établissement d'une nouvelle paroisse à La Rochelle, que Gailand (*Discours*, p. xv), Besly (*Hist. des comtes de Poitou*, p. 472), d'Achery (*Spicilegium*, éd. in-fol., t. III, p. 502), Arcère (*Hist. de La Rochelle*, t. II, p. 690), le *Gallia Christiana* (t. II, *instr.*, col. 462) et le *Recueil des historiens de France* (t. XII, p. 419 n.) ont publié, en tout ou en partie, d'après « une pancarte du » trésor de l'église Saint-Barthélemy de La Rochelle. » Mais cette relation, qui n'a pas la forme d'un acte authentique et qui ne parle qu'à la fin du récit de la fondation de la nouvelle paroisse, me paraît bien plutô

temps en désaccord au sujet de leurs possessions, les deux co-seigneurs se réconcilièrent. Sous leur domination, La Rochelle continua à se développer et à prospérer, si bien que la seule paroisse qui avait jusque-là existé devint insuffisante et que la population nouvelle demanda la création d'une seconde[1] qui fut établie en 1152[2].

Les domaines qui constituaient le douaire d'Eléonore de Guyenne ayant passé à Henri II, celui-ci devint d'abord suzerain des seigneurs de La Rochelle, et quelque temps après seigneur direct de la ville dont il déposséda Eble de Mauléon[3]. Ce fut alors sans doute qu'il confirma les privilèges autrefois accordés à La Rochelle par Guillaume comte de Poitiers et par Louis VII[4]. Cet acte, donné au Mans, ne porte pas de date,

---

un fragment de chronique, fragment que je rattacherais volontiers à la *Chronique relative à l'Aunis*, restituée par M. Berger à Richard le Poitevin. Ce morceau y comblerait précisément une lacune, puisque, après avoir raconté les malheurs du sire de Châtel-Aillon (1117), la narration de Richard saute brusquement à la fin du XIIe siècle. C'est pour compléter et éclairer cette chronique que les auteurs du *Recueil des historiens de France* ont donné en note cette relation ; mais je m'étonne qu'ils n'aient pas été frappés de la ressemblance des idées et du style des deux morceaux, non plus du reste que M. Berger qui cependant a dû nécessairement étudier l'un et l'autre.

[1] « ... Multitudo hominum tam indigenarum quam advenarum ex
» diversis orbis partibus illic per terram et per mare applicantium pos-
» tulaverunt a predictis dominis (Ebbone de Maleone et Godefrido de
» Rupeforti) campum Guillelmi de Syre qui erat ville et portui conti-
» guus. Quia autem grave erat eis propter vie longitudinem adire parro-
» chialem ecclesiam de Connia in superiori parte ipsius ville sitam, pos-
» tulaverunt sibi in campo predicto ecclesiam fieri in honore sancti
» Bartholomei. » (*Relation de l'établissement de la paroisse de Saint-Barthélemy*, dans *Histor. de France*, t. XII, p. 419.)

[2] Et non en 1145, comme dit Galland. Les lettres d'Eugène III, qui, à la demande de l'abbé de Cluny, enjoignit à l'évêque de Saintes de laisser s'établir cette église, sont datées de Segni, 10 kl. mart. (20 février). — Voy. Jaffé, *Regesta*, n° 6633.

[3] Nous ne connaissons ce fait que par un document du 24 décembre 1199. Le fils d'Eble de Mauléon reçut alors d'Eléonore la restitution de Talmond, et en échange de La Rochelle le château de Benon avec une rente de cinq cents livres *in praetoratu de Rupella*, moyennant quoi il renonça à tous ses droits sur La Rochelle. (Arcère. t. II, p. 647.) — Ce document est aussi publié par Galland, *Discours*, p. xxvi. Un meilleur texte est dans le vol. 317 de la collection Brienne, fol. 21.

[4] Cette charte a été plusieurs fois publiée: par Galland, *Discours au roy*, p. xxx, d'apr. le recueil de la Bibl. nat., Fr. 16906, par les éditeurs des *Ordonnances* (t. XI, p. 399), d'ap. un vidimus du XIVe siècle (*Arch. nat.*, JJ 53,

mais l'intervention de Richard, qui y donna son assentiment comme comte de Poitiers, prouve qu'il n'est pas antérieur à 1169 ; de plus, la mention, parmi les témoins, d'Etienne, archevêque de Rennes, ne permet pas de reculer sa date après 1178. L'itinéraire de Henri II, dressé par M. Stubbs, mentionne deux fois la présence de ce prince au Mans dans cette période, le 30 avril 1174 et le 2 février 1175[1] ; il est vrai que cet itinéraire, dressé presque uniquement à l'aide de Benoit de Peterborough et de Raoul de Dicet, est loin d'être complet. Quoi qu'il en soit, je ne sais sur quoi s'est basé M. Marchegay pour dater de 1170 la confirmation des privilèges de la Rochelle par Henri II.

A ce moment, quoique récente encore, La Rochelle avait décidément remplacé Châtel-Aillon. Dans la troisième rédaction de sa chronique, écrite après 1171, Richard le Poitevin en parle déjà comme d'un port important où affluait chaque jour une quantité de vaisseaux de commerce[2], tandis que Châtel-Aillon était déjà presque détruit[3].

Aux franchises et libres coutumes concédées par le dernier comte de Poitiers et par Louis VII, la charte de Henri II apporte une réserve, c'est le droit pour le roi d'Angleterre ou son fils le comte de Poitiers de connaître des crimes (*magnum forisfactum*) dont plainte leur aurait été faite et qu'il leur plairait d'évoquer. Cette restriction semblerait indiquer que, dans des privilèges antérieurs qui ne nous sont pas parvenus, la connaissance des cas de haute justice aurait déjà été concédée à la ville. A cela, le roi d'Angleterre ajoute la concession d'une commune[4]. On trouve encore dans le

pièce 44.) Enfin un texte bien meilleur a été donné par M. Marchegay. (*Bibl. de l'Ecole des Chartes*, IVe série, t. IV, p. 156) d'ap. le Ms. Fr. 18970, fol. 1, de la Bibl. nat. Il en existe encore d'autres copies : coll. Duchesne, t. 78, fol. 1396 ; coll. Brienne, t. 317, fol. 55.

[1] *Outline Itinerary of Henry II*, dans Benedict of Peterborough, ed. Stubbs., p. cxxxix.

[2] « ... Vicum mirabilem de novo constructum, qui Rochella nuncu-
» patur, et quia ibi portus aptus est per mare navigantibus, de diversis
» regionibus multitudo navium causa negociacionis de die in diem ad-
» venit. » (Richard le Poitevin, ms. du Vatican, fds. de la reine Christine, 1911, cité par Berger, *Mém. cité*, p. 46 n.)

[3] « ... Castrum Julii supra mare positum pene ad nichilum redactum. » (*Ibid.*)

[4] « Concedo etiam eis ut habeant communiam ad defensionem et se-

même acte la promesse de l'exécution de leurs dernières volontés faite à tous ceux qui mourraient après s'être confessés et avoir fait un testament, et l'extension du bénéfice de cette disposition, sous réserve d'aumônes pour le repos de leur âme, à ceux que la mort aurait surpris sans qu'ils aient eu le temps d'appeler un confesseur.

Ces dispositions relatives aux successions furent précisées par un acte de Richard, comte de Poitiers, sans date, mais postérieur au précédent[1]. D'après ce texte, les biens de l'intestat ou déconfés allaient à ses enfants ou à ses gendres s'il en avait, au comte s'il n'en avait pas. Le confès, celui qui avait eu la précaution de faire un testament, était assuré de l'exécution des volontés contenues dans ce testament[2]. Cette charte du comte de Poitiers concède en outre aux Rochelais le droit de se marier librement, et leur promet de n'intervenir dans les mariages ni des fils, ni des filles, ni des veuves de bourgeois.

La courte chronique relative à l'Aunis de Richard le Poitevin se termine par une série de déclamations apocalyptiques qui font allusion à des événements qui se seraient passés à La Rochelle. Ce sont des imprécations contre les traîtres,

» curitatem ville sue et rerum suarum, salva fide mea et honore meo et
» domini Pictavie, quamdiu eam rationabiliter tractaverint. »

[1] Cet acte, donné au Pin en Poitou, est publié dans les *Ordonn*., XI, p 318, d'ap. le registre du Trésor des Chartes, JJ 53, pièce 318, et par Gallant, *Discours au roi*, p. xx. Dans le registre du Trésor, il est suivi de la mention de la confirmation par la reine Eléonore : « Hec eadem con-
» firmat regina Alienor sub eadem forma. » Cette mention s'applique probablement aussi à la charte de Henri II, citée précédemment et qui précède, dans le même vidimus, l'acte du comte Richard. Des copies du même acte se trouvent encore dans la coll. Brienne, vol. 317, fol. 23 et 23 v°, et dans la coll. Duchesne, t. 78, fol. 191.

[2] Au début du xiv° siècle, les réformateurs envoyés par le roi durent maintenir ce privilège contre les prétentions du procureur du roi :
« Comme nous avons entendu que Mestre Aymeri Teler, procureur du roy
» ou temps passé, ait mis empeschement non deuement sus les testau-
» mens des bourgois de La Rochelle qui mouroient senz hoir dessen-
» dant de leur char propre, combien que il eussent heriters de leur
» lignage ou que il eussent autrement ordené leuement, nous deffen-
» dons que de ores en avant empeeschement ne soit mis sus le testament
» desdis bourgois ne saisine faite en leur biens quant il en auront or-
» dené en testament, par quoy leur ordonnance soit de rien empeschiée. »
(Ordonnance des enquêteurs Nicolas de Bray et Louis de Villepreux du 25 mars 1317. *Ordonn.*, t. XII, p. 432.)

des allusions à un soulèvement contre le comte Richard, auquel auraient pris part les habitants de La Rochelle, des prédictions de dévastations et de ruines, des anathèmes contre les vices, les richesses et la puissance des Rochelais, enfin une apostrophe adressée à une tour maritime que les étrangers approcheront, mais dont ils s'éloigneront couverts de honte.

Les chroniqueurs qui ont parlé de Richard et de Henri II n'apportent malheureusement à tout ce galimatias obscur et emphatique aucun éclaircissement. L'imprécation lancée contre les rebelles qui vont chercher du secours auprès du roi d'Angleterre[1] semble indiquer que c'est à l'époque des guerres entre Henri II et ses fils, c'est-à-dire entre 1186 et 1188, qu'il faut placer les événements dont il est question[2]. L'auteur paraît aussi faire allusion à un siège soutenu par La Rochelle[3] et à une répression vigoureuse exercée par le comte Richard[4]. Mais la forme obscure et prophétique de tout ce morceau, non moins que le silence des autres historiens, laisse douter de la réalité d'événements qui, comme le dit M. Berger, peuvent bien n'avoir existé que dans les espérances ou les craintes du chroniqueur[5]. Quoi qu'il en soit, l'acte de Richard que nous avons analysé plus haut paraît sans relation avec eux, et, dans tous les cas, il n'offre de secours ni pour en prouver la réalité, ni pour en fixer la date.

Tous les documents que nous avons cités jusqu'à présent

---

[1] « Vae iis qui vadunt ad regem Aquilonis ad auxilium quaeren-
» dum...! » (*Histor. de France*, t. XII, p. 420.)

[2] On ne saurait dans tous les cas souscrire à l'opinion de M. Delayant qui voit dans ce passage des allusions au siège de 1224. (*Historiens de La Rochelle*, p. 8.) M. Berger a surabondamment prouvé qu'il fallait que Richard le Poitevin fût parvenu à une vieillesse avancée pour raconter des événements de 1188. (*Mém. cité*, p. 51.)

[3] « Timebit ergo Rupella saevitiam ipsius (Ricardi), atque muros suos
» cum fossis dupliciter augebit. Circuibit eam undique mare rumorque
» tanti operis transcendet Alpes. O! fugite a facie Ricardi Aquitanorum
» ducis qui angulum maris incolitis ! » (*Histor. de France*, t. XII, p. 420.)

[4] « Ululate naves Rupellae quia vastata est habitatio vestra unde
» consueveratis portare diversa mercimonia. In die illa, Ricardo duce
» irruente, ut propheta testatur, decalvabit dominus verticem filiarum
» Rupellae et crinem earum nudabit... Vae vobis qui opulenti estis in
» Rupella qui confiditis in divitiis et in judiciis vestris ! » (*Ibid.*)

[5] *Mém. cit.*, p. 115.

ne font aucune allusion à l'organisation intérieure de la commune de La Rochelle, et cependant c'est au règne de Henri II ou à celui de Richard qu'il faut rapporter l'adoption des Établissements. Si l'on pouvait arguer de l'époque de leur rédaction, on n'aurait aucune hésitation à les faire remonter jusqu'à Henri II, mais il faudrait avoir prouvé auparavant qu'ils ont été rédigés pour La Rochelle, ce qui est loin d'être démontré. Dans tous les cas, si l'on s'en rapportait à l'analyse donnée par Amos Barbot d'une charte émanée du roi Richard, on aurait la preuve qu'avant 1199, il existait à La Rochelle un maire, des échevins et des pairs, c'est-à-dire les éléments essentiels de l'organisation décrite par les Etablissements [1]. On peut suspecter les termes de cette charte, connus seulement par une analyse, mais la concession des Etablissements à la ville de Saintes, faite en 1199 par la reine Eléonore [2], suffit à montrer que cette organisation avait été adoptée par La Rochelle avant cette époque.

Et maintenant est-ce bien de Rouen que La Rochelle a tiré sa constitution ? Nous n'en avons, il faut le reconnaître, nulle preuve directe. La seule conclusion qu'il soit légitime de tirer de l'étude et de la comparaison des textes est la suivante : c'est vers la même époque et sous la même influence que les deux villes ont adopté la même organisation. Les documents que nous avons pu interroger ne sauraient décider même la question d'antériorité, puisqu'ils ne donnent que des

---

[1] A l'année 1200 : « Cette année, ledit Richard, roy d'Angleterre, a qui
» ladite Elienor, sa mere, avoit particulierement designé le duché de
» Guienne et compté de Poictou, faict baillete aux *maire, eschevins*
» et *pairs* de cette ville des terres depuis la porte de Congnes jusques aux
» moulins du Temple... » (Bibl. nat., ms. Fr. 18968, fol. 24.) Si ce document était de 1200, comme le dit Barbot, il ne saurait émaner de Richard. Néanmoins c'est dans la date plutôt que dans le nom du souverain que doit être l'erreur de Barbot, car les chartes de Richard, comme celles de Jean Sans-Terre, ne portent presque jamais de date. — M. Jourdan, pour reculer la date de ce document, a modifié de la manière suivante l'analyse donnée par Barbot : « Privilège de Richard, *compte de Poitou*, par
» lequel il fait baillete, etc. » De cette manière il s'est autorisé à dire que cette charte est antérieure à 1189. (*Mém. cit.*, p. 106.) Le texte que nous donnons est le même dans l'original d'Amos Barbot (Fr. 18968) et dans la copie provenant de Colbert. (Fr. 4797, fol. 20.)

[2] « Precipimus autem ad ultimum ut communiam suam teneant se-
» cundum formam et modum communie de Rochella. » (Teulet, *Trésor des Chartes*, t. I, p. 208.)

époques approximatives et circonscrivent la date, pour Rouen entre 1177 et 1183, et pour La Rochelle entre 1169 et 1199. Une seule chose peut faire pencher la balance en faveur de Rouen, c'est le nom qu'a porté, même dans les villes qui l'ont adoptée pendant la période anglaise et qui l'ont reçue directement de La Rochelle, cette loi municipale si célèbre au moyen âge. Partout et toujours, elle a été connue sous le nom que nous lui avons conservé : *les Établissements de Rouen*.

Après la mort du roi Richard, les privilèges de commune de La Rochelle furent confirmés, en 1199, par la reine Eléonore[1], et peu de temps après, le 8 juillet de la même année, par Jean Sans-Terre[2].

Bien que la charte de Henri II, portant concession d'une commune à La Rochelle, ait été plusieurs fois publiée, néanmoins c'est au privilège de la reine Eléonore que la plupart des historiens ont rapporté la création de la commune; cela tient à ce que c'est à partir de 1199 seulement que l'on trouve, soit dans le manuscrit de Mérichon, soit ailleurs, mention des maires de la ville. Malgré cela, rien n'autorise à penser, avec les historiens de La Rochelle, qu'il y ait eu une interruption dans l'exercice du droit de commune.

Les termes de la charte d'Eléonore rappellent ceux de la concession d'Henri II ; ils font envisager la commune comme un moyen de défendre à la fois les droits de la ville et ceux des rois d'Angleterre, ainsi que cela est fréquent dans les privilèges

---

[1] « Sciatis nos concessisse... universis hominibus de Rochella et eorum heredibus communiam juratam apud Rochellam ut tam nostra quam sua propria jura melius defendere possint et magis integre custodire, salva et retenta fidelitate nostra et heredum nostrorum. Volumus quoque et statuimus ut omnes libere et usitate consuetudines ville sue quas antecessores eorum et ipsi sub antecessorum nostrorum et nostro dominio hactenus habuerint, eis et eorum heredibus inviolabiliter observentur et ut ad ipsas manutenendas et ad jura sua et nostra et heredum nostrorum defendenda vim et posse communie sue, quando necesse fuerit, contra omnem hominem, salva fidelitate nostra et salvis juribus nostris et heredum nostrorum et juribus sancte Ecclesie, exerceant et apponant. » Cet acte est publié dans : Joly, *Offices de France*, t. II, p. 1833 ; Gallant, *Discours*, p. xxiv ; Arcère, *Hist. de La Rochelle*, t. II pr., p. 660 ; *Ordonn.*, t. XI, p. 320. On en trouve des copies entre autres dans le ms. Fr. 18970, fol. 7 ; dans le t. 78 de la coll. Duchesne, fol. 191 ; dans le t. 317 de la coll. Brienne, fol. 19, et dans les mss. de Dom Fonteneau, t. XXV, p. 209, et t. XXVII bis, p. 223.

[2] Voy. la note 1 de la page suivante.

anglais. La reine ajoute à cette concession la confirmation et le maintien des libres coutumes en usage à La Rochelle, tant sous ses prédécesseurs que de son temps ; il faut probablement entendre par là, entre autres choses, les usages relatifs aux testaments et aux héritages promulgués et confirmés par Henri II et Richard, plutôt que les Établissements auxquels s'appliquerait mal l'expression : *libere et usitate consuetudines*.

La charte de Jean Sans-Terre confirme presque dans les mêmes termes la charte d'Éléonore[1]. D'autres chartes du même roi confirmèrent et étendirent ces privilèges. Le 28 avril 1205, il octroya aux Rochelais le droit de posséder en Poitou[2] ; c'était un moyen de rassurer les intérêts des bourgeois, au moment où le Poitou venait de devenir terre française. Le 29 août de la même année, tout en réservant ses droits d'host et de chevauchée, dont il avait un besoin plus pressant que jamais, il déclara les habitants de La Rochelle francs de toute taille, de tout impôt, de tout péage, non seulement à La Rochelle, mais encore dans tous ses domaines[3]. Ce privilège fut confirmé, presque dans les mêmes termes, le 27 septembre suivant, mais sous la réserve des revenus de la prévôté de la ville[4]. Ces revenus étaient considérables, et il y aurait eu danger à y renoncer, car ils avaient servi à dédommager Raoul et Savari de Mauléon de la perte des droits auxquels

---

[1] « Sciatis nos concessisse... burgensibus de Rupella quod habeant
» communiam cum omnibus libertatibus et liberis consuetudinibus ad
» communiam pertinentibus. Concessimus etiam eis quod ipsi habeant
» omnes libertates ac liberas consuetudines quas habuerunt et habere
» consueverunt tempore bone memorie Henrici patris nostri vel aliorum
» antecessorum nostrorum. » Cet acte est publié dans Joly, *Offices de France*, t. II, p. 1833 ; Gallant, *Discours*, p. xxix ; *Ordonn.*, t. XI, p. 318. Il y en a des copies dans le t. 78 de la coll. Duchesne, fol. 192 ; dans le t. 317 de la coll. Brienne, fol. 27 et 34 ; dans les registres du Trésor des Chartes, JJ 30 a, pièce 422, et JJ 53, pièce 144.

[2] Gallant, *Discours*, p. xxix ; *Ordonn.*, t. XI, p. 318 ; Arch. nat., JJ 30 a, pièce 422 ; Bibl. nat., *Coll. Duchesne*, t. 78, fol. 192 ; *Coll. Brienne*, t. 317, fol. 25. — Les Rochelais voulurent plus tard se prévaloir de ce privilège pour acquérir des fiefs et des arrière-fiefs en Poitou ; un arrêt de Parlement, en 1292, les débouta de leurs prétentions. (Boutaric, *Actes du Parlement*, n° 2792.)

[3] *Ordonn.*, t. XI, p. 319 ; Arch. nat., JJ 53, pièce 144 : Biblioth. nat., *Coll. Brienne*, 317, fol. 27 et 34 v°.

[4] Gallant, *Discours*, p. xxx ; *Coll. Brienne*, t. 317, fol. 34 ; *coll. Duchesne*, t. 78, fol. 192 v°.

ils prétendaient sur La Rochelle comme descendants d'Eble de Mauléon et des seigneurs de Châtel-Aillon[1]. C'était en quelque sorte le gage de leur fidélité, et Savari renonçait si peu à ses droits à cet égard qu'après être passé au service du roi de France, il se faisait promettre par lui la concession de La Rochelle si l'on prenait cette ville[2].

Le 31 décembre 1208, le roi Jean restreignit son droit d'host et de chevauchée sur la milice de La Rochelle au cas où il aurait suffisamment pourvu à la défense de la ville, mais en même temps il obligea tous les habitants auxquels leurs facultés le permettaient, à entretenir un cheval propre au service de guerre[3].

Toutes ces concessions, outre leurs dispositions particulières, contiennent la confirmation de tous les privilèges antérieurs. On voit que La Rochelle, si elle restait presque seule de toutes les villes de l'Ouest fidèle au roi d'Angleterre, savait du moins profiter de sa fidélité. Toutes les faveurs qu'elle obtint alors ne furent pas consignées dans des privilèges; c'est ainsi que tomba à peu près en désuétude l'article 1er des Établissements qui prescrivait de faire nommer le maire par le roi sur une liste de trois candidats élus par les cent pairs; le roi Jean avait dû consentir à laisser le maire à l'élection directe, et plus tard Henri III dut presque sanctionner cet usage, tout en maintenant l'élection des trois candidats et en déléguant à son sénéchal la nomination comme maire de celui qui serait désigné par les bourgeois[4].

Un an plus tard (1224), la Rochelle, malgré les efforts de

---

[1] Voy. plus haut (p. 63, n. 3) la mention de l'acte du 24 décembre 1199 par lequel Éléonore concède entre autres choses une rente annuelle de cinq cents livres à Raoul de Mauléon sur la prévôté de La Rochelle. La même année, le roi Jean concède à Savari, sur la même prévôté, une rente de dix mille sous « pro jure suo quod ipsi et antecessores sui ha-
» buerunt et tenuerunt in Rupella. » (*Rotuli Chartarum*, p. 24.)

[2] Traité entre Philippe-Auguste et Savari de Mauléon en juillet 1212. (Delisle, *Catalogue*, n° 1391.)

[3] Anal. de M. Redet d'ap. un vidimus du 6 octobre 1369, envoyé par le garde du scel de La Rochelle à la ville de Poitiers, aux Arch. municipales de Poitiers. (Bibl. nat., n. acq. fr. 3415, fol. 217.)

[4] 1223, 17 février. « ... Vobis mandamus (majori et burgensibus) quod
» vos, electis tribus de melioribus et discrecioribus ville vestre, eos fa-
» ciatis, loco nostro, senescallo nostro presentari ut ipse quem vobis
» videat magis expedire in majorem recipiat. » (*Rotuli litter. claus.*, t. I, p. 535.)

Savari de Mauléon, redevenu sénéchal du Poitou, était conquise à la France ; tous ses habitants juraient fidélité au roi Louis VIII[1], et celui-ci faisait garantir en retour par Mathieu de Montmorency et d'autres seigneurs tous les privilèges de la ville[2], confirmait toutes ses chartes, toutes ses franchises et toutes ses coutumes[3].

Les privilèges de La Rochelle furent encore confirmés par Louis IX, en mai et en juin 1227[4], par Alphonse de Poitiers en juillet 1241[5] et en avril 1269[6], par son sénéchal, à la requête des habitants, en novembre 1270[7], par Philippe III en février 1272[8], par Philippe le Bel en avril 1286[9].

En somme, l'organisation, les privilèges et les franchises de La Rochelle eurent, pendant tout le XIIIe siècle, une fixité dont on trouverait, croyons-nous, peu d'exemples dans les autres villes. A part quelques conflits sans importance, et bientôt terminés à l'avantage des Rochelais, entre les magistrats municipaux et les officiers royaux, relativement à la police de la ville[10], de courts désaccords au sujet de la prétention, un moment contestée, de faire jurer le maintien de leurs privilèges par les sénéchaux de Saintonge nouvel-

---

[1] Teulet, *Layettes du Trésor des Chartes*, t. II, p. 36. — Cf. la liste des 1749 habitants qui ont prêté serment. (Arch. nat., J 626, n° 135.)

[2] Gallant, *Discours*, p. LV.

[3] Gallant, *Ibid.*, p. LIII ; *Ordonnances*, t. XI, p. 318.

[4] 1227, mai. Confirmation des privilèges. (*Ordonn.*, t. XI, p. 325.) — 1227, juin. Gui de Merville garantit au nom du roi le maintien des franchises et libertés. (Gallant, *Discours*, p. LX.) — 1227, juin. Franchises de péages et de droits sur terre et sur mer. (*Ordonn.*, t. XI, p. 326.)

[5] Ind. par Teulet, *Layettes du Trésor des Chartes*, t. II, p. 454. La pièce est en déficit au Trésor des Chartes, mais il y en a une copie dans le ms. Fr. 18970, fol. 11, et elle est publiée dans Besly, *Comtes de Poitou*, p. 499.

[6] Indiq. par Gallant, *Discours*, p. LX.

[7] Gallant, *Discours*, p. LXI.

[8] Arch. nat., JJ 30, pièce 422, JJ 53, pièce 144. — Bibl. nat., Fr. 18970, fol. 13; *Coll. Brienne*, 317, fol. 36 v°.

[9] Arch. nation., JJ 53, pièce 144. — Biblioth. nat., Fr. 18970, fol. 15; *Coll. Brienne*, 317, fol. 36.

[10] Arrêt du Parlement de 1282 au sujet de la vérification des mesures. (Delisle, *Restitution d'un volume des Olim*, n° 491.) — Arrêt du Parlement du 21 février 1282-1283 confirmant le maire et les échevins dans leur juridiction. (Gallant, *Discours*, p. LXIV.) — 21 mai 1342. Arrêt confirmant les droits de police aux maire et échevins. (Gallant, *Discours*, p. LXV.)

lement pourvus¹ et quelques levées d'impôts extraordinaires², la royauté n'intervint guère dans les affaires de la ville que pour confirmer ses privilèges, développer ses franchises et enlever toutes les entraves qui pouvaient nuire à son commerce. On ne trouve dans les documents qui nous sont parvenus aucune trace de cette intervention constante des officiers royaux dans les affaires de la commune, des tracasseries, des tiraillements, des crises, des embarras financiers dont l'histoire de Rouen nous a donné des exemples. Pour la plupart des communes, la fin du xiiie siècle fut un moment critique où presque toutes perdirent sinon l'existence, du moins une partie de leur indépendance. Il semble que La Rochelle n'ait en aucune façon ressenti à ce moment les effets de la politique des rois de France à l'égard des villes ; sa constitution intérieure ne reçut aucune atteinte, son indépendance fut respectée, ses franchises furent accrues. Sans nul doute il en faut chercher la cause dans la situation et la condition particulières où se trouvait cette ville. La possession d'une place aussi importante, d'un port de commerce et de guerre aussi indispensable à la défense du royaume, le seul des côtes de l'Océan qui pût recevoir la flotte royale, et qui formait enclave pour ainsi dire dans les possessions anglaises du Sud-Ouest, était trop précieuse pour qu'on risquât de la compromettre par une politique imprudente. Malgré leur désir de s'assurer sur toutes les villes du royaume une autorité plus efficace, les rois comprirent que des modifications de privilèges, des empiètements, des impôts excessifs pouvaient réveiller à La Rochelle des sympathies anglaises, qu'on ne se faisait pas faute de susciter par des promesses de l'autre côté du détroit³. Ainsi s'explique que La Rochelle ait échappé

---

¹ Voy. les réserves du serment prêté en novembre 1270. (Gallant, *Discours*, p. LXI.) — Cf. arrêt du Parlement de décembre 1278. (Boutaric, *Actes du Parlement*, n° 2183, et Delisle, *Restitution d'un volume des Olim*, n° 324.)

² En 1241, lorsque Alphonse est armé chevalier, La Rochelle paye mille livres. (Arch. nat., J 1054, n° 17.) En 1269, elle octroie six mille livres à l'occasion de son départ pour la croisade, à condition qu'on supprime la halle où les marchands devaient apporter leurs denrées. (Boutaric, *Saint Louis et Alphonse de Poitiers*, p. 288.) — 28 septembre 1310. Levée de subsides à l'occasion du mariage de la reine Isabelle. (Bibl. nat., *Coll. Duchesne*, vol. 78, fol. 190.)

³ Voy. Delisle, *Mémoire sur une lettre inédite adressée à la reine Blanche*

à toutes les entreprises du pouvoir royal sur l'indépendance des villes.

Ce ne fut guère qu'au début du xive siècle que les abus qui étaient la conséquence de la vénalité des charges de prévôt, firent éclater des conflits sérieux entre les magistrats municipaux et les officiers du roi. A La Rochelle comme ailleurs, les prévôts royaux, qui avaient affermé leurs charges très cher, ne négligeaient rien de ce qui pouvait contribuer à augmenter leurs revenus ; c'étaient de leur part des empiètements continuels sur la juridiction municipale : le prévôt connaissait de crimes ou de délits commis dans la ville, jugeait des jurés de commune, faisait donner aux bourgeois des *asseurements* dans sa cour, les contraignait de répondre à son tribunal quand ils y étaient assignés ; ou bien au contraire, il se refusait à exécuter les sentences de la cour du maire, ou encore, s'il les exécutait, n'en voulait pas supporter les frais et réquisitionnait les chevaux, les voitures, les valets des bourgeois, heureux s'il ne les maltraitait pas en récompense [1]. Sans avoir égard aux privilèges les plus formels, le prévôt arrêtait les marchands qui venaient à La Rochelle et saisissait leurs marchandises, non qu'ils eussent commis quelque délit, mais sous prétexte que les seigneurs de ces marchands se refusaient à faire exécuter des sentences de la prévôté. Pour décharger ou charger des marchandises dans le port, en dépit des franchises de coutumes, le prévôt obligeait les Rochelais à obtenir *congé* de lui. Quand un bourgeois qu'il avait arrêté et dont il avait saisi les biens était réclamé par le maire, s'il rendait le bourgeois, il se refusait à restituer les biens saisis. Il citait les bourgeois devant lui, même lorsqu'il était certain que leur qualité rendait nulle la citation, et cela pour percevoir « l'émolument de ij deniers que il ont de citer » leur souzmis. » Il élevait arbitrairement le tarif des expéditions levées à la prévôté et des droits de consultation des registres.

Le prévôt n'était pas le seul agent royal dont la ville et

par un habitant de La Rochelle. (Bibl. de l'Ecole des Chartes, 4e série, t. II, p. 574.)

[1] « ... Prist lidis prevos, en prejudice de la liberté desdiz maire et
» bourgeois, la charrete et les chevaus Pierre du Broil, contre la vo-
» lonté de sa gent, a porter sarment a ardoir une Espanoille qui fu a an arse
» en la Jaudon et martraita hom de battre les vallez et les chevaux en tele
» maniere que ils ne firent besoigne de XL jours. » (*Ord.*, t. XII, p. 429.)

les bourgeois avaient à souffrir. Le nombre des clercs, des sergents, des notaires royaux, tous adjudicataires de leurs offices, augmentait sans cesse ; ils élevaient les tarifs et multipliaient les perceptions. Les clercs et sergents du prévôt prélevaient des pourboires sur les marchands qui déchargeaient des marchandises à La Rochelle. Le geôlier de la prison royale ne laissait sortir aucun prisonnier sans qu'il eût payé vingt deniers à titre de droit d'issue, alors que ce droit ne devait être que de quatre deniers [1]. Le procureur du roi faisait opposition à l'exécution des testaments des bourgeois qui ne laissaient pas de descendants directs et confisquait leurs biens [2].

L'officier qui commandait pour le roi le château-fort de La Rochelle et sa garnison, le châtelain, quoiqu'il ne fut pas un fermier, ne se conduisait guère mieux qu'un adjudicataire. Il obligeait les prisonniers détenus au château à lui acheter leur nourriture et à lui louer leur lit ; il leur faisait payer un droit de « prisonnage » de vingt deniers, dont douze pour lui, quatre pour un portier et quatre autres pour un second portier qui n'existait pas.

Tous ces griefs et bien d'autres, portés devant le roi Louis X par la municipalité, en 1315, motivèrent deux ordonnances, du 16 octobre et du 14 décembre de la même année, qui nommèrent deux commissaires-enquêteurs, Nicolas de Bray et Louis de Villepreux chargés de réformer ces abus.

A la différence de ce qui se passa dans beaucoup d'autres villes, en des circonstances analogues, l'enquête se fit sans que les réformateurs en tirassent prétexte pour modifier la constitution de la ville et restreindre ses droits ; l'ordonnance de réformation, en date du 25 mars 1317, confirmée par le roi Philippe V au mois d'avril suivant, se borna à statuer sur la série des griefs énumérés par les magistrats auxquels on fit droit presque sur tous les points. Restitution en effigie des criminels justiciés par le prévôt, défense d'empiéter sur les

---

[1] « Dient quant un prisonniers ist de la geole, soit pris a droit ou a tort, laquele chose est molt grieve a ceus qui sont pris a tort, le geolieir le roy de La Rochelle prent vint deniers de l'issue, ja n'i demourast que une heure, et se lidis prisonniers n'a de quoi paier, il li oste la robe ; ne onques ne fust accoustumé que de quatre deniers et ceaus met en sa bource sens profit que le roys y ait, pourquoi requierent que tiex extorsions li soient deffendues. » (*Ibid.*)

[2] Voy. plus haut, p. 65, n. 2.

droits de la ville, interdiction de réquisitionner des moyens de transport sans nécessité, ordre d'exécuter les sentences de la justice municipale, fixation de tarifs pour les droits à percevoir, maintien de tous les privilèges et franchises de la commune, menaces de destitution en cas de nouveaux abus, tels furent les résultats de l'enquête des deux commissaires [1].

Contestée de nouveau en 1323, la juridiction criminelle fut reconnue à la commune par arrêt du Parlement en date du 22 juin [2]. Ses privilèges généraux furent encore confirmés par Charles IV, en mai 1324 [3], ainsi que ses franchises et exemptions, à l'occasion des mariages de la sœur du roi, reine d'Angleterre et de sa nièce, la duchesse de Bourgogne [4].

Nous n'avons pas à rappeler les circonstances dans lesquelles La Rochelle fut cédée à l'Angleterre par le traité de Brétigny. Sous ses nouveaux maîtres, elle ne perdit pas les franchises qu'elle avait en France : le roi Jean les lui confirma par ordonnance du 24 octobre 1360 [5], tandis que le roi d'Angleterre, sur le rapport que lui en firent trois procureurs députés par la ville, confirma ses droits de commune, sa juridiction, ses privilèges et ses coutumes [6].

De nouveaux privilèges et la confirmation des anciens lui furent concédés après son retour à la domination française [7]. Nous ne mentionnerons que pour mémoire leurs confirma-

---

[1] *Ordonnances des rois de France*, t. XII, p. 425. — C'est à ce document que sont empruntés tous les détails donnés plus haut sur les excès des officiers royaux. — Le texte des ordonnances est très mauvais, nous avons revu les extraits que nous en avons donné sur le texte du registre du Trésor des Chartes, JJ 56, pièce 227, et nous avons rempli certaines lacunes à l'aide de la copie qui se trouve dans le t. 317 de la collection Brienne, fol. 33. — De plus, un fragment original d'une des plaintes adressées au roi par les Rochelais nous est parvenu : « Ce sunt » les requestes et les supplicacions que li maire et li eschevins de La » Rochele font à nostre seigneur le roi de France. » (Arch. nat., K 1223.)

[2] Boutaric, *Actes du Parlement*, n° 7281.

[3] Bibl. nat., ms. Fr., 18970, fol. 19.

[4] Gallant, *Discours*, p. LXVI.

[5] *Ordonnances*, t. III, p. 431.

[6] 25 octobre 1360. — Gallant, *Discours*, p LXXVI-LXXX. — Cf. dans le ms. Fr. 18970, fol. 26, la reconnaissance de tous les privilèges « esclaircis » par les commissaires de la ville.

[7] 8 janvier 1373. *Ordonn.*, t. V, p. 571 et 575.

tions successives, par Charles VI, en janvier 1381[1] et le 25 février 1412[2] et par Charles VII le 16 mars 1423[3].

Un procès, soutenu par les magistrats municipaux contre les officiers royaux, auxquels s'étaient joints cette fois « les bourgeois du commun, » au sujet des privilèges des magistrats et surtout de leur juridiction, aboutit d'abord, le 3 janvier 1422-1423, à un arrêt provisoire maintenant les magistrats dans la jouissance de leurs privilèges et déterminant la limite des juridictions municipale et royale[4], et ensuite, en novembre 1424, à un arrêt définitif confirmant tous les privilèges[5]. De nouveaux conflits ayant surgi, quelques années plus tard, toujours au même sujet, des commissaires du roi furent nommés et rendirent leur sentence le 19 décembre 1460[6].

A son avènement, Louis XI confirma, comme ses prédécesseurs, les privilèges de La Rochelle, en y ajoutant encore de nouvelles franchises et des exemptions d'impôts[7], que le Parlement trouva excessives et réduisit par arrêt du 29 novembre 1462[8]. Cette confirmation n'empêcha pas Louis XI de porter une grave atteinte aux privilèges de la ville, dès 1462, en convertissant la mairie en office au profit de Guillaume de Canat, mais, le 7 août de la même année, sur les plaintes des Rochelais, cette donation fut révoquée[9], et, le 27 mai 1466, les privilèges relatifs aux élections des maire, conseillers, échevins et pairs furent explicitement confirmés[10].

La Rochelle ayant fait partie, en avril 1469, de l'apanage concédé à Charles, duc de Guyenne, vit ses privilèges confirmés, le 2 juin de la même année, par son nouveau seigneur[11]. Son décès, arrivé le 12 mai 1472, la rendit à la Couronne; Louis XI vint en prendre possession lui-même, dès le

---

[1] *Ordonn.*, t. VI, p. 556.
[2] *Ibid.*, t. X, p. 60.
[3] *Ibid.*, t. XIII, p. 43.
[4] *Ibid.*, t. XIII, p. 11 ; Gallant, *Discours*, p. c.
[5] *Ordonn.*, t. XIII, p. 64 ; Gallant, *Discours*, p. cvi.
[6] Bibl. nat., *Coll. Brienne*, t. 317, fol. 208.
[7] *Ordonn.*, t. XV, p. 212.
[8] Gallant, *Discours*, p. cxii.
[9] *Ibid.*, p. cxiii.
[10] Bibl. nat., ms. Fr., 18970, fol. 101, et *Coll. Brienne*, t. 317, fol. 248.
[11] Gallant, *Discours*, p. cxiv.

24 mai, et, avant d'entrer dans la ville, jura à genoux, entre les mains du maire, de respecter et de maintenir tous ses privilèges, libertés, coutumes et franchises [1].

Charles VIII, en décembre 1483[2], Louis XII, en juin 1498[3], confirmèrent de nouveau les privilèges. Mais trois ans après, Louis XII voulut les soumettre à la vérification de la Chambre des comptes; à cet effet, le 28 novembre 1501, fut dressée à La Rochelle une « déclaration des previlleges, octrois, dons, exemptions, franchises et libertez entre autres donnez et octroiez par les roys... » qui fut envoyée à la Chambre des comptes [4]. Malgré les sollicitations réitérées du corps de ville, ce ne fut que dix-neuf ans plus tard, le 28 février 1520-1521, qu'elle rendit son arrêt en restreignant considérablement les privilèges et franchises énoncés dans la déclaration[5]. Dès le 15 mars suivant, le corps de ville fit appel de cet arrêt, mais les troubles qui survinrent dans la ville rendirent bientôt ce débat sans intérêt. Une grande partie des habitants se prétendait exempte des impôts perçus par la commune et nomma deux syndics pour défendre ses droits. Après plusieurs soulèvements tumultueux, l'évêque d'Avranches reçut commission de faire une enquête et de terminer ces querelles; il rendit son jugement le 4 mai 1530. Mais les divisions n'ayant pas tardé à renaître et les plaintes contre les magistrats municipaux s'étant renouvelées, peut-être à l'instigation des officiers royaux, en juillet 1535, le roi supprima le corps de ville, donna la mairie en titre d'office à Charles Chabot, baron de Jarnac, qui était alors gouverneur de l'Aunis depuis 1527, et remplaça par vingt éche-

---

[1] *Ordonn.*, t. XVIII, p. 488. — Gallant (*Discours*, p. cxv-cxxi) a contesté l'authenticité de ce procès-verbal de serments réciproques prêtés par le maire et par le roi, il trouvait humiliant pour la majesté royale d'admettre qu'un roi de France avait pu prêter serment à genoux et découvert devant un maire. Rien dans cet acte n'autorise à le suspecter.

[2] *Ordonn.*, t. XIX, p. 224.

[3] *Ibid.*, t. XXI, p. 46.

[4] Elle a été publiée par M. Jourdan, *Privilèges de La Rochelle* (*Académie de La Rochelle. Section de littérature* n° 12. La Rochelle, 1865, in-8, p. 47-77), d'après le ms. 317 de Brienne, fol. 1-16.

[5] M. Jourdan a ajouté en note à son édition les modifications apportées aux divers articles de la « déclaration » par l'arrêt de la Chambre des comptes.

vins biennaux l'ancien corps des cent pairs[1]. Cette nouvelle organisation ne dura que jusqu'à la mort de François Ier; dès l'année suivante, sur les sollicitations des Rochelais, un arrêt du Conseil, du 11 juillet 1548, rétablit l'ancienne *commune*[2]. Dès lors, les Etablissements furent à peu près remis en vigueur; il y eut comme par le passé un corps de ville composé de cent personnes, dont vingt-quatre constituèrent l'échevinage composé par parties égales de clercs, de bourgeois et de marchands, et soixante-seize, la pairie. Toutefois, les droits de juridiction furent presque annulés, surtout après l'établissement d'un présidial (1551) et le commencement des poursuites contre les réformés.

Telle était encore l'organisation lors du siège de 1628; les Etablissements du XIIe siècle continuaient à être la constitution de la ville, il y avait encore des pairs, des conseillers, des échevins, et le dernier maire de La Rochelle, l'héroïque Jean Guiton, avait été nommé, comme ses prédécesseurs, le dimanche de la Quasimodo 1628, par l'assesseur du grand sénéchal d'Aulnis, sur une liste de trois candidats, dressée dans les formes prescrites par les Etablissements. Après la prise de la ville, un édit, du 18 novembre 1628, supprima la mairie, abolit le corps de ville, abrogea ses privilèges et confisqua ses biens. La commune et la constitution de La Rochelle avaient vécu. Elles avaient duré, presque sans interruption, pendant plus de quatre siècles et demi.

Parmi les documents que nous venons de passer en revue, il en est plusieurs qui ajoutent quelques détails sur la constitution de la commune aux dispositions des Etablissements et qui montrent comment ils furent interprétés, développés ou modifiés à La Rochelle.

En ce qui touche le premier magistrat de la ville, le maire, nous avons déjà dit que, sous Jean Sans-Terre, l'article qui prescrivait de le faire nommer par le roi sur une liste de trois candidats élus par les cent pairs n'était plus appliqué, que la coutume s'était établie de le faire élire directement, non pas même peut-être par les cent pairs, mais par les bour-

---

[1] Arcère, *Histoire de La Rochelle*, t. I, p. 309-323; Gallant, *Discours*, p. cxxx-clii; Ms. d'Amos Barbot, Bibl. nat., ms. Fr., 18968, fol. 370 v°.
[2] Arcère, *Histoire de La Rochelle*, t. I; p. 322.

geois de La Rochelle, si l'on s'en rapporte aux termes d'une lettre d'Henri III qui prescrivait de revenir sur cet usage [1]. Quand, en 1223, on voulut l'abolir, on ne remit pas cependant en vigueur le système primitif; le sénéchal fut chargé, au lieu du roi, de nommer sur la liste des trois élus le maire qui lui était désigné par les suffrages des bourgeois (*quem vobis videat magis expedire in majorem recipiat*). Des termes de la charte semble donc résulter que le maire était en réalité nommé par les bourgeois et que l'élection des trois prudhommes n'était plus qu'une vieille formalité maintenue par la lettre des Etablissements. On peut croire cependant aussi que, dans ces lettres, le roi assez mal informé de la coutume particulière de La Rochelle, n'a eu d'autre but que de transporter au sénéchal sa prérogative de nommer le maire, et que, dans l'application, on s'en est tenu, aussi bien pour le mode de nomination par les cent pairs que pour la désignation du maire, aux règles anciennes. En fait, aux siècles suivants, l'élection des candidats n'appartint jamais qu'aux cent-pairs, et le sénéchal, au moins en théorie, resta libre de nommer maire l'un quelconque des trois élus [2]. Nous en avons des témoignages nombreux et explicites, et en particulier un règlement de 1388, consacré tout entier à régler les formes et les conditions de cette élection [3]. Elle se faisait alors, non plus le jour de Saint-Simon et Saint-Jude, terme fixé par l'ordonnance de saint Louis, mais le dimanche de la Quasimodo; elle resta fixée à cette date jusqu'à la suppression de la commune. Elle avait lieu au moyen âge dans l'église de Saint-Barthélemy, ce qui dura jusqu'en 1567 ; elle se fit ensuite à l'hôtel de ville [4]. Les électeurs étaient les « échevins, conseillers et pairs, » c'est-à-dire l'ancien corps des cent-pairs ; ils pouvaient choisir les candidats, non pas seulement dans leur sein, mais encore parmi les seigneurs et bourgeois de la ville. Aussitôt nommés, les élus étaient présentés au sénéchal et plus tard au gouverneur de La Rochelle ou à son lieutenant qui désignait

---

[1] *Rotuli Litter. clausar.*, t. I, p. 535.

[2] Il faut dire cependant qu'un exposé des privilèges de 1523 s'exprime ainsi : « Tous ensemble composans ce corps (les échevins et les pairs), par chacun an elisent l'un d'entre eux maire. » (Gallant, *Ibid.*, p. CLII.) La pratique contraire a été constante jusqu'en 1628.

[3] Gallant, *Discours*, p. XXXVII.

[4] Jourdan, *Mém. cité*, p. 130.

celui qui aurait la mairie. C'est ainsi qu'en 1628, comme nous l'avons dit, Jean Guiton fut élu avec deux autres candidats et nommé maire par Raphaël Collin, assesseur du grand sénéchal [1].

Quand le maire mourait en charge, il était remplacé par l'une des deux personnes qui avaient été élues en même temps que lui, au choix du sénéchal; il en fut du moins ainsi en 1317, où une délibération des échevins à ce sujet décida, en se référant à plusieurs précédents, de présenter aussitôt au sénéchal les deux élus survivants, pour qu'il nommât parmi eux le maire qui achèverait l'année [2].

Quelques documents du XIVe siècle font mention d'un *sous-maire* et montrent que c'était l'un des deux co-élus du maire. En 1307, le sous-maire, qui était alors un clerc, fut, par jugement des « eschevins, conseillers et pairs, » destitué, mis hors de commune, banni pour dix ans et condamné à une amende de trente marcs pour injures au maire [3].

On trouve dans Arcère [4] et dans le manuscrit de Brienne [5] des serments prêtés par les maires en 1275, 1356 et 1388, empruntés au Livre des statuts de 1453; ils se composent du serment de fidélité au roi, du serment de fidélité à la commune, et du serment fait au « commun » d'observer les Etablissements, dont plusieurs de leurs dispositions reproduisent presque textuellement quelques articles.

A La Rochelle comme à Rouen, le corps des cent pairs était composé de membres inamovibles. On ne saurait induire le contraire d'un serment de 1275, rapporté au livre des statuts de 1433 [6], et qui a pour titre : « Serment que doit faire » chacun pair quand il est fait et esleu pair de ladicte ville. » Il ne peut être ici question en effet que de pairs nommés par suite d'une vacance amenée par le décès ou la déchéance d'un pair. Au XVe siècle, aux pairs en exercice étaient adjoints un certain nombre d'*assistants* dont le privilège con-

---

[1] Voy. plus haut, p. 78.
[2] Gallant, *Discours*, p. XLIV.
[3] Galland, *Discours*, p. XLII.
[4] *Ouv. cit.*, t. I, p. 589.
[5] Vol. 317, fol. 67.
[6] Gallant, *Discours*, p. XXXIII. Ce serment reproduit tous les articles des Etablissements où il est question des pairs.

sistait à être pourvus d'une pairie avant tous autres concurrents, sauf toutefois les fils de pairs qui obtenaient cette magistrature par résignation de leurs pères[1]. L'habitude s'était établie pour les pairs de résigner leur magistrature aussitôt que le fils, au profit duquel ils voulaient se démettre, avait atteint l'âge de dix-huit ans. Quand on voulut réformer cet usage il y eut de nombreuses protestations, et le principal argument en faveur des anciens errements fut que la mauvaise qualité de l'air de La Rochelle faisait généralement mourir les parents quand leurs enfants étaient encore en bas âge. Néanmoins, des lettres patentes de François Ier, du 12 février 1531-1532, fixèrent à vingt et un ans l'âge auquel le fils d'un pair lui put succéder[2].

L'article 2 des Etablissements, relatif au corps des vingt-quatre jurés, fut interprété à La Rochelle, au moins à partir du XVe siècle, d'une manière particulière. Tandis qu'ailleurs ce corps était élu annuellement, à La Rochelle chacun des membres qui le composait était élu à vie, et on se bornait à établir un roulement annuel entre le collège des échevins et celui des conseillers[3]. La distinction entre les échevins et les conseillers était peu sensible, et souvent on appelait les vingt-quatre membres de ce corps échevins plutôt que conseillers. Au XVIe siècle, on avait décidé qu'il y en aurait huit « de justice, appelez clers, autres huit appellez bourgeois, les » autres huit marchands[4]. » En général, on appelait pairs à La Rochelle, non pas tous les membres du corps de ville, mais

---

[1] « Ils ne feront aucuns pairs ne eschevins, es lieux de ceux qui vac-
» queront, sans prealablement les assigner d'un jour de conseil a l'autre
» apres le trepas de celui qui vacquera ; et n'en sera fait d'autre que prea-
» lablement lesdits assistants ne soient pourveus. Et semblablement, sont
» electifs les enfans des eschevins, conseillers et pairs pour etre du con-
» seil, s'ils sont capables, ensemble et avec lesdits assistans, et pourront
» lesdits enfants avoir les lieux de leurs peres par resignation. » (Serment des maire, échevins, conseillers et pairs, XVe siècle ; Arcère, *ouv. cit.*, t. I, p. 590.)

[2] *Ibid.*, p. 196.

[3] « Selon qu'il est escript ou Livre noir, ou second article de l'Esta-
» blissement de ladicte ville, des pairs d'icelle ville doibvent estre eslu xxjv
» du consentement et volonté des pairs, desquelz xxjv les douze seront ap-
» pelez eschevins et les autres xij, conseillers, et seront muez chascun an ;
» c'est assavoir que ceux qui seront eschevins seront conseillers en l'autre
» an suivant et *e converso*. » (Jourdan. *Mém. cité*, p. 131.)

[4] Gallant, *Discours*, p. CLII. Confirm. de privilèges de 1553.

seulement les soixante-seize qui n'étaient ni conseillers ni échevins.

Le corps de ville tout entier, échevins, conseillers et pairs, présidé par le maire, constituait, sous le nom de *Plénier conseil*, un tribunal, dont plusieurs décisions nous sont parvenues. La condamnation d'un sous-maire pour injures au maire, en 1307, dont nous avons déjà parlé, fut prononcée par le plénier conseil[1]. Ce devait être une sorte de haute cour de justice, ne jugeant que dans des circonstances exceptionnelles, eu égard soit à la qualité de l'accusé, soit à l'importance du crime. Cependant nous trouvons des faits analogues jugés par un tribunal différemment composé : en 1335, un accusé de désobéissance au maire est condamné par les échevins et conseillers[2] ; en 1323, un pair est condamné par les échevins seuls, pour injures dites au maire en plénier conseil[3].

D'après tous les documents très nombreux relatifs aux privilèges de juridiction, c'était au maire qu'appartenait la justice criminelle et la police ; il jugeait seul les causes de police, mais pour les procès criminels il semble avoir été toujours assisté du collège des échevins[4]. Un acte daté, d'après Gallant, de 1209, établit les échevins juges d'appel des sentences rendues par le maire[5] ; mais, aux siècles suivants, ce fut le gouverneur de la ville qui connut des appels de la cour du maire[6].

Nous n'avons pas à insister ici sur la juridiction reconnue à la ville par ses privilèges ; nous avons vu plus haut qu'elle fut une source féconde de conflits et que les prétentions du corps

---

[1] Gallant, *Discours*, p. XLII.

[2] *Ibid.*, p. XLIII.

[3] *Ibid.*

[4] Voy. une condamnation de 1302, contre des « houliers » et gens de mauvaises mœurs, prononcée « par jugement par le maire o le conseil » des eschevins. » (*Ibid.*, p. XLIX.)

[5] « Selon qu'il est escript en le Livre de la mairie de sire P. Aymon, » l'an 1209, les douze eschevins de la cour de La Rochelle ont la court » et congnoissance des reclams et appellations faictes du maire, des » sentences interlocutoires ou appoinctements faictz et donnez par lui, » dont il sera reclamé, et des causes dont il aura congnoissance comme » dit est. » (*Ibid.*, p. XL.)

[6] Arrêt du Parlement du 3 janvier 1422-1423. (*Ibid.*, p. C.)

de ville, non moins que les empiètements des officiers royaux la modifièrent souvent. En général, on reconnut au maire la haute justice en matière criminelle, avec réserve des seuls cas de lèse-majesté. L'exécution des jugements concernait le prévôt royal qui percevait aussi, au profit du roi, les amendes provenant de la justice municipale.

Outre la juridiction contentieuse, le maire et l'échevinage exerçaient encore la juridiction gracieuse. Il nous est parvenu un grand nombre d'actes, dont plusieurs du XIIIᵉ siècle, reçus par le maire et les échevins de La Rochelle ; ils sont pour la plupart écrits en français et témoignent par leur écriture et leur teneur du soin et de l'ordre qui étaient apportés à cet office[1].

Les bourgeois étaient la plupart du temps appelés *bourgeois jurés de commune*. Les Etablissements déterminent assez nettement leurs droits et leurs charges ; leur condition n'était pas sensiblement différente de celle des bourgeois de Rouen et des autres villes soumises au même régime. Nous avons dit plus haut de quel privilège Jean Sans-Terre les avait gratifiés au point de vue du service militaire[2]. On sait que d'après les Etablissements (art. 30) tout habitant était tenu, après une résidence d'an et jour, de faire partie de la commune, d'acquitter les droits d'entrée et de prêter le serment. C'est sans doute à cette règle que fait allusion un passage d'une bulle d'Honorius III, du 16 décembre 1216, relative aux Templiers de La Rochelle, qui dit que, dans cette ville, au bout d'un an et un jour, tout étranger sans seigneur devenait homme du roi[3]. Il n'y a pas lieu ici de prendre cette expression au pied de la lettre, et l'on peut aisément croire la chancellerie pontificale inexactement renseignée sur la condition précise des étrangers qui venaient habiter La Rochelle.

Tous les bourgeois de La Rochelle n'étaient pas également soumis aux mêmes devoirs vis-à-vis de la commune et du

---

[1] M. Marchegay a publié toute une série de ces actes. (*Mém. cit.*, p. 140 et suiv.) — Voy. aussi un testament reçu par le maire de La Rochelle dans Teulet, *Layettes du Trésor des Chartes*, t. II, p. 532 a.

[2] Voy. plus haut, p. 70.

[3] « Cum de antiqua ipsius ville consuetudine sit hactenus observatum ut quicumque advena sine domino per annum et diem ibi moratur, statim efficitur homo regis. » (Arcère, *Ouv. cit.*, t. II, p. 622. — Cf. Rymer, t. I, p. 258.)

suzerain. On connaît quelques exemples de bourgeois, soustraits, en vertu d'actes royaux, à la juridiction de la commune, exemptés de toutes charges tant envers la commune qu'envers le suzerain et soumis à une juridiction et à une suzeraineté étrangères. M. Marchegay a publié deux chartes de la reine Eléonore, datant probablement toutes deux de 1199, et soumettant à l'abbaye de Fontevraud, l'une, un bourgeois de La Rochelle nommé Pierre de Ruffec, la seconde, un autre bourgeois nommé Pierre Foucher[1]. De même, en août 1224, Louis VIII transporta à l'archevêque de Cantorbéry l'hommage et le service d'un bourgeois de La Rochelle, Emery de Chaourse[2].

Le serment que prêtaient, en 1356, les habitants qui entraient dans la commune nous a été conservé[3]. Nous avons aussi le tarif des droits qu'il fallait acquitter, en 1457, pour devenir bourgeois juré de commune. C'était alors, pour les gens « de qualité basse, mécanique ou d'aucun mestier, trois » escus, » pour les gens « de moyenne condition, six escus, » et enfin pour « ceux qui seraient puissants et de grande fa- » culté, à l'ordonnance de MM., au-dessus de six écus[4]. »

Disons, en terminant, deux mots de règles coutumières abrogées par le pape Honorius III, en 1217, à la demande des magistrats de la ville, non pas qu'elles se réfèrent directement aux Etablissements, mais parce qu'il n'est pas tout à fait étranger à notre sujet de noter cette intervention du pape pour modifier une coutume. Il est vrai que ces articles sont relatifs à la matière du mariage dont les juridictions ecclésiastiques prétendirent longtemps se réserver l'examen. A La Rochelle, le régime de la communauté était de règle dans les mariages, si bien que le mari, après avoir dissipé tous ses biens propres, pouvait encore dissiper l'apport de sa femme, sans que celle-ci pût s'y opposer. De même, la femme, même condamnée pour adultère, pouvait continuer à revendiquer la moitié des acquêts du mariage. Ce fut à ces conséquences que voulut remédier la bulle du pape Honorius[5].

---

[1] *Mém. cit.*, p. 134, 135.
[2] Teulet, *Layettes du Trésor des Chartes*, t. II, p. 37.
[3] Gallant, *Discours*, p. xxxv.
[4] *Ibid.*
[5] *Ibid.*, p. li, et Bibl. nat., *Coll. Duchesne*, t. 78, fol. 193.

CHAPITRE VI

SAINTES. — ILES D'OLÉRON ET DE RÉ

Trois villes, Saintes, Bayonne, Tours et les deux îles d'Oléron et de Ré ont emprunté à la Rochelle les Etablissements de Rouen.

SAINTES. — La commune de Saintes fut confirmée en 1199 par la reine Eléonore. C'est là le plus ancien document relatif à cette commune qui nous soit parvenu, et il est permis de croire que sa création n'est pas de beaucoup antérieure. Par cet acte, la reine autorise les habitants à marier librement leurs filles et leurs fils, elle s'engage à n'intervenir d'aucune manière dans les tutelles et leur concède la pleine liberté de tester. Quant aux institutions municipales, elle déclare qu'elles seront semblables à celles de La Rochelle : « *preci-* » *pimus autem ad ultimum ut communiam suam teneant se-* » *cundum modum et formam communie de Rochella.* [1] »

Saintes conserva cette organisation sous la domination française, ainsi qu'en témoigne une ordonnance de Philippe VI, en date de décembre 1347, la reconnaissant comme corps et communauté, l'autorisant à élire son maire et à jouir des mêmes droits, privilèges et libertés que La Rochelle [2]. Déjà, en février 1280, un arrêt de Parlement avait confirmé aux habitants le droit auquel ils prétendaient, de n'être tenus à l'host qu'en tant qu'ils pourraient être chaque soir de retour dans la ville [3].

Louis XI confirma les privilèges de Saintes, une pre-

---

[1] Teulet, *Layettes du Trésor des Chartes*, t. I, p. 208. — Cet acte a été aussi publié par Besly, *Histoire des comtes de Poitou*, p. 496.

[2] *Ordonnances des rois de France*, t. XII, p. 566, et XX, p. 327.

[3] *Ibid.*, t. XX, p. 326. — Cf. Delisle, *Restitution d'un volume des Olim*, n° 370.

mière fois après la mort du duc de Guyenne, en mai 1472, pour restituer leurs biens aux habitants, qu'il en avait dépouillés pendant sa lutte contre son frère[1], et une seconde fois, en août 1476. Si l'on en croit le préambule de ce dernier acte, les guerres, qui avaient eu pour conséquence la dépopulation et presque la ruine complète de la ville, avaient déterminé le remplacement du gouvernement des maire, pairs et échevins par celui d'un collège de jurés. A la requête des habitants, Louis XI rétablit un corps de vingt-cinq « pers et eschevins » à vie, à l'élection des habitants. Ces pairs et échevins durent élire chaque année, parmi eux, la veille de la Toussaint, deux jurés, qui eurent à peu près les fonctions du maire et du sous-maire à la Rochelle[2].

Charles VIII confirma l'ordonnance de Louis XI en décembre 1484[3], puis, en mai 1492, sur la demande des habitants, il remplaça les deux jurés par un maire, élu annuellement par les bourgeois, et ayant « charge, gouvernement et police de » ladite ville avec justice et juridiction sur les habitants[4]. » A côté de lui subsista le corps des vingt-cinq pairs et échevins à vie, rétabli par Louis XI, dernier reste de l'organisation que Saintes avait reçue de la Rochelle.

Les confirmations successives de privilèges octroyées par Charles VIII en décembre 1484, par François Ier en décembre 1517, par Henri II le 26 mars 1548, par Charles IX en avril 1561, par Henri III en mars 1576 et par Henri IV en novembre 1597, montrent toujours les maire, échevins, conseillers et pairs ayant « charge de justice et police de ladite
» ville, connoissance et juridiction sur tous les habitans de-
» meurans en icelle et fauxbourgs, cohertion et contraincte
» touchant les guets, gardes et réparations d'icelle, ensemble
» la garde des clefs des portes, de nuit et de jour et de faire
» statuts, ordonnances, cris, proclamations et deffenses pu-
» bliques en ladite ville et fauxbourgs pour le bien, police
» et gouvernement d'icelle avec toute connoissance des den-
» rées et marchandises y vendues et exposées en vente et de

---

[1] *Ordonn.*, t. XVII, p. 507.
[2] *Ibid.*, t. XX, p. 327.
[3] Manuscrits de dom Fonteneau, t. XXVII bis, p. 431.
[4] *Ordonn.* t. XX, p. 325.

» mulcter le cas y échéant jusques à la somme de 60 sols
» tournois et au dessous [1]. »

Cette organisation subsista jusqu'à la fin du XVII° siècle, ainsi qu'en témoignent de nombreux arrêts du conseil d'Etat, rendus pour la plupart à l'occasion de conflits survenus entre les « maire, pairs et échevins » et les officiers royaux, capitaine de la ville ou gens du présidial, soit à propos de la police ou de la garde des clefs de la ville, soit le plus souvent à propos de prérogatives [2]. Ce ne fut que le 20 septembre 1700 qu'un arrêt, rendu à l'instigation de l'intendant Bégon, décida que le nombre des magistrats municipaux serait réduit de 25 à 4 et que ces quatre échevins seraient élus chaque année [3]. Ce fut en vain que les magistrats en fonctions protestèrent, qu'ils représentèrent que cette organisation, loin d'être un abus récent, remontait à plus de trois siècles, qu'elle avait été l'objet de nombreuses confirmations royales et qu'enfin ils demandèrent que tout au moins, les quatre échevins qui devaient constituer la municipalité fussent quatre anciens échevins, conservant leurs prérogatives et surtout la perpétuité de leur charge ; l'intendant passa outre et fit procéder aux élections, qu'un arrêt du conseil d'Etat confirma, le 18 mars 1702, en mettant à néant les prétentions de l'ancien corps de ville [4].

OLÉRON. — Les plus anciens renseignements que nous ayons sur la condition des habitants de l'île d'Oléron se trouvent dans des actes de Louis VII et d'Eléonore de Guyenne. Le comte d'Anjou, Geoffroi Martel, probablement à l'époque où il conquit la Saintonge sur le duc d'Aquitaine, c'est-à-

---

[1] Manuscrits de dom Fonteneau, t. XXVII bis, p. 431, 447, 453, 455, 459, 531, 537.

[2] Voy. Arch. nat., arrêts du 6 novembre 1601, E 3 ; du 22 janvier 1613, E 40 ; du 5 octobre 1613, E 42 ; du 18 novembre 1632, E 109 ; du 16 février 1634, E 115 ; du 7 avril 1661, E 1714 ; du 29 mai et du 17 août 1663, E 1720.

[3] « Le roy ayant esté informé qu'il s'est introduit dans les villes de
» Saintes et de Cognac l'usage d'y avoir jusques à vingt quatre et vingt
» cinq eschevins, et que dans celle de Saint-Jean-d'Angely il n'y en a
» aucuns, le seul maire gouvernant toutes les affaires municipalles de la
» ville, et Sa Majesté voulant remédier aux abus que peuvent également
» produire le trop grand et trop petit nombre d'officiers municipaux, etc. »
(Arch. nat., E 1915.)

[4] Arch. nat., Ibid.

dire vers 1034, donna à l'abbaye de la Trinité de Vendôme le quart de l'île, l'église Saint-Georges qui devint le siège d'un prieuré, et, dans le château d'Oléron, les églises Notre-Dame et Saint-Nicolas. En 1146, le roi Louis VII, auquel l'île avait été dévolue avec les autres domaines d'Eléonore de Guyenne, confirma la donation du comte d'Anjou, déclara de plus les hommes de l'abbaye exempts, de la part des prévôts et sergents royaux, de tous droits de taille, queste, gîte, procuration, host ou chevauchée, et concéda à l'abbaye le droit de justice, en ne faisant de réserves à cette concession d'immunité qu'en faveur du roi et du sénéchal : le roi ou le sénéchal en personne pouvaient seuls exercer sur le domaine de l'abbaye les droits de gîte, de procuration, d'host et de chevauchée ; en outre, le sénéchal, en cas de rébellion, devait aider les moines à la réprimer [1]. Le sénéchal dont il est ici question ne doit pas être confondu avec Raoul de Vermandois qui souscrit l'acte en cette qualité et qui n'était qu'un délégué au sénéchalat ; il s'agit du comte d'Anjou, Geoffroi Pantagenêt, dans la famille duquel la dignité de sénéchal était héréditaire et qui, comme descendant du donateur, avait quelque titre à devenir en quelque sorte l'avoué de la Trinité de Vendôme dans ses possessions de l'Ouest.

Vers la même époque, la reine Eléonore, confirmant un diplôme de Louis VII qui ne nous est pas parvenu, déclara abolir les mauvaises coutumes qu'exerçaient dans l'île les sergents et autres officiers royaux qui, sous couleur d'appel ou de défense du roi, évoquaient les procès, repoussaient toute preuve testimoniale, ne considéraient comme légales que les condamnations prononcées ensuite de duel ou d'épreuve de l'eau chaude et citaient en justice quiconque avait commis un délit prévu par des prohibitions royales [2].

Les dispositions de cet acte qui comportent l'abolition du duel et des épreuves judiciaires dans les domaines de l'abbaye de la Trinité de Vendôme, sis dans l'île d'Oléron, sont en somme des privilèges accordés à une notable partie des habitants, et il n'est pas impossible que la condition particulièrement avantageuse dans laquelle ils les plaçaient n'ait provoqué les concessions faites dans la suite à ceux qui étaient restés sous la juridiction royale. Ils en furent redevables à

---

[1] *Pièces justificatives*, V.

[2] *Ibid.*, VI.

Othon de Brunswick. qui, un demi-siècle plus tard, tint pendant deux ans du roi d'Angleterre le duché d'Aquitaine et le comté de Poitiers[1]. Du consentement du roi Richard, son oncle, il déclara le 29 décembre 1197, se dessaisir de tout droit d'intervention dans le mariage des filles ou veuves des habitants, de tout droit de saisie sur leurs possessions, de tout droit de s'emparer de vin ou de sel, de tout droit d'occuper les biens de personnes décédées sans héritiers directs, et d'une manière générale de toutes les entraves que les seigneurs avaient accoutumé de faire subir à la liberté des habitants, en faisant toutefois réserve expresse des coutumes et péages dus à raison de la seigneurie[2].

Une charte de la reine Éléonore et une autre de Jean Sans-Terre, toutes deux de juillet 1199, montrent qu'à ce moment une commune s'était établie à Oléron; toutefois, les termes de ces actes ne permettent pas de déterminer s'ils en sont les premières concessions ou seulement des confirmations[3]. Dans tous les cas, rien de semblable ne pouvait exister avant la concession d'Othon de Brunswick, puisque celle-ci tirait les habitants d'un état assez voisin du servage. La reine Éléonore, comme le roi Jean, se borne à confirmer la commune jurée, ainsi que les anciennes coutumes dont jouissaient les habitants et que l'organisation communale devait leur permettre de défendre : « *justas et liberas consuetudines terre sue custodiant, defendant et teneant, sicut antecessores eorum sub antecessorum nostrorum dominio tenuerunt ; et ut ad ipsas custodiendas, defendendas et tenendas totam vim et totum posse communie sue, salva fidelitate nostra et heredum nos-*

---

[1] Voy. Bonamy, *Eclaircissements sur l'histoire de l'empereur Othon, auparavant duc d'Aquitaine et comte de Poitiers*, dans les *Mém. de l'Acad. des inscriptions*, t. XXXV, p. 702.

[2] Leibnitz, *Scriptores rer. Brunswic.*, t. III, p. 30, et Rymer, t. I, part. I, p. 34. Cet acte, donné à Benon, est daté du 29 décembre 1198, mais il faut admettre que l'année commençait à Noël, car Othon n'y prend que le titre de duc d'Angoulême et de comte de Poitiers, alors qu'en juillet 1198 il fut couronné empereur à Aix-la-Chapelle.

[3] La charte d'Éléonore, datée d'Andely, juillet 1199, est publiée dans Arcère, *Hist. de la Rochelle*, t. II, p. 639, et dans Rymer, t. I. part. I, p. 35. « Sciatis nos concessisse et presenti carta confirmasse in perpetuum dilectis et fidelibus nostris universis juratis communie Oleronis et eorum heredibus perpetuam stabilitatem et inviolatam firmitatem communie sue jurate apud Oleronem, ut tam nostra quam

trorum, contra omnem hominem, si necesse fuerit, exerceant et apponant. »

Une seconde charte d'Eléonore, de même date, confirme, mais d'une manière plus explicite, les franchises accordées précédemment par Othon de Brunswick, en matière de mariages, de tutelles, de possessions, de testaments et d'héritages [1]. Le 23 juillet de la même année, le roi Jean confirma la commune et les franchises déjà concédées à Oléron [2]. Quelques années plus tard, le 28 février 1205, il les confirma de nouveau en y joignant la concession de toutes les libertés et libres coutumes précédemment concédées à la Rochelle : « *Et praeterea concedimus eis et confirmamus omnimodas liber-* » *tates et liberas consuetudines quas rex Henricus pater noster* » *et rex Ricardus frater noster et regina Alienora mater nostra* » *concesserunt hominibus nostris de Rupella.* » Il y ajouta que la paisible possession d'an et jour devait garantir le possesseur d'un tènement contre toute possibilité de revendication en justice. De plus, il déclara maintenir le devoir d'host et de chevauchée et excepta expressément des franchises et exemptions qu'il concédait les revenus de la prévôté [3]. Ces revenus avaient été en partie aliénés par la reine Eléonore qui, dès 1199, les avait grevés d'une rente perpétuelle de 130 livres de monnaie poitevine au profit de l'abbaye de Fontevraud [4]. La concession de la commune eut pour conséquence de diminuer les revenus de la prévôté à ce point que quelques années plus tard ils ne suffirent plus à payer la rente de l'abbaye, et qu'Henri III dut mander au sénéchal de Gascogne d'imputer la différence sur les autres revenus de l'île [5].

Le comte de la Marche, Hugues IX de Lusignan, reçut, dès

» sua propria jura melius defendere possint et magis integre custo-
» dire, etc... » — Cf. *Rotul. Chart.*, p. 5.

[1] Arcère, *ouv. cité*, t. II, pr. p. 640, et Rymer, t. I, part. I, p. 36.

[2] *Ibid.*

[3] *Ibid.*, p. 44.

[4] Les chartes de donation ont été publiées par M. Marchegay. (*Bibliothèque de l'Ecole des Chartes*, 4ᵉ série, t. IV, p. 337 et suiv.)

[5] Charte du 10 juillet 1234, publ. par M. Marchegay, *Ibid.*, p. 343 :
« Mandamus vobis quod si exitus prepositure nostre de Olerum qui, sicut
» dicitur, diminuti sunt occasione commune que allevata fuit tempore
» domini J. regis patris nostri in predicta insula de Oleron, non suffi-
» ciant, etc. »

1214, de Jean Sans-Terre, l'île d'Oléron[1] ; plus tard, son fils Hugues X, qui épousa la veuve de Jean Sans-Terre[2], Isabelle d'Angoulême, ne cessa de considérer l'île comme faisant partie de ses domaines, et, en traitant avec Philippe-Auguste, en 1222, il ne manqua pas de stipuler la concession de l'île d'Oléron, lorsqu'elle serait conquise[3]. Cette promesse fut renouvelée, en 1224, par Louis VIII[4], et reçut son effet peu de temps après. Le roi de France, maître de la Rochelle, fit jurer au comte de la Marche de donner aux habitants d'Oléron les mêmes us, coutumes et libertés que ceux concédés aux bourgeois de la Rochelle[5]. Dès le 14 août, Hugues de Lusignan déclara concéder aux habitants de l'île sur tous ses domaines les mêmes franchises et privilèges que le roi avait concédés sur les siens aux bourgeois de la Rochelle ; il confirma en outre la commune en déclarant qu'elle serait tenue de la même manière et avec les mêmes libertés que celle de la Rochelle. En retour, les habitants lui prêtèrent serment de fidélité[6]. Deux ans plus tard, en mars 1226-1227, il déclara abolir toutes les mauvaises coutumes dont Othon de Brunswick et la reine Eléonore avaient déjà affranchi Oléron et reconnut n'avoir aucun droit en matière de mariage, de tutelle ou d'héritage sur les habitants de l'île[7].

A la même époque, lors du projet de mariage entre Alfonse de Poitiers et la fille du comte de la Marche (traité de Vendôme), il fut stipulé qu'Oléron ferait partie de la dot et serait cédée à Alfonse de Poitiers[8]. Hugues n'ayant pas tardé à se brouiller avec la France, l'île redevint anglaise et Henri III, le 21 juillet 1230, à la requête du sénéchal de Gascogne,

---

[1] *Rotul. Chart.*, p. 197.

[2] Ce fut Hugue X et non Hugue IX, comme on a coutume de le dire, qui épousa la veuve de Jean Sans-Terre. Sur la chronologie des comtes de la Marche de la maison de Lusignan, voy. un excellent mémoire de M. Delisle dans la *Bibl. de l'École des Chartes*, 4ᵉ série, t. II, p. 537.

[3] Martène, *Ampl. coll.*, t. I, col. 1162.

[4] *Ibid.*, col. 1184.

[5] « Se firmiter observaturum hominibus manentibus in insula de » Lorron, usus, consuetudines et libertates quas habent burgenses nostri » de Rupella. » (Champollion, *Lettres de rois*, t. I, p. 33.)

[6] *Pièces justificatives*, V.

[7] Bibl. nat., *Coll. Moreau*, vol. 634, fol. 17.

[8] Martène, *Ampl. coll.*, t. I, col. 1214.

en confirma de nouveau les privilèges[1]. C'était entre les mains des rois d'Angleterre une base d'opération précieuse dans leurs guerres contre la France ; aussi, quand Hugues de Lusignan, après plusieurs alternatives de soumission et de révolte, fut amené à se rendre à discrétion au roi de France, dans les premiers jours d'août 1242[2], Henri III s'empressa-t-il de mettre la main sur Oléron[3] pour ne plus s'en dessaisir. Presque aussitôt, il octroya aux habitants des lettres de marque pour armer en course contre la France[4]. Lorsqu'en 1257, son fils Edouard, auquel il en avait donné le gouvernement dès 1254[5], voulut la céder à Guy de Lusignan, l'un des fils de Hugues X, il s'empressa de révoquer la concession et de déclarer que jamais l'île d'Oléron ne serait séparée de la couronne[6]. A diverses reprises, en 1258, en 1259 et en 1261, il renouvela encore cette déclaration[7]. En 1273, l'île forma le douaire de la reine Eléonore[8]. Reconquise par les Français en 1294, elle fut restituée avec l'Aquitaine en 1303, et, en 1304, Edouard Ier ordonna de lui maintenir ses privilèges[9]. A la suite d'agitation et de troubles survenus en 1320 et sur lesquels nous manquons de détails, l'île dut se rendre à discrétion et remettre ses privilèges entre les mains d'Edouard II, qui, par un acte du 16 octobre de la même année, consentit cependant à lui en laisser la jouissance[10].

---

[1] Rymer, *Fœdera*, t. I, part. I, p. 108.

[2] Martène, *Ampl. coll.*, t. I, col. 1271.

[3] « Mandatum est preposito de Oleron quod terras que fuerunt H. Co-
» mitis Marchie vel aliquorum militum suorum in Oleron capiat in ma-
» num regis et salvo custodiat, donec rex aliud inde preceperit. T. rege
» in castris super Gyrundam, V die augusti. » (Bibl. nat., *Coll. Moreau*, vol. 634. fol. 41.)

[4] Bordeaux, 7 octobre 1242 « Ballivi, probi homines et marinelli de
» Oleron habent licentiam gravandi inimicos regis per breve patens quod
» dominus rex eis mittit. Ita scilicet quod medietas lucri quod in guerra
» illa perquiretur ad opus domini regis custodiatur. » (Bibl. nat., *coll. Moreau*, vol. 634, fol. 59.) — Cf. Lettres du 10 juin 1294, Champollion, *Lettres de rois*, t. I, p. 405.

[5] Champollion, *Lettres de rois*, t. I, p. 120.

[6] Rymer, t. I, part. II, p. 33.

[7] *Ibid.*, p. 41, 50, 61.

[8] *Ibid.*, p. 134.

[9] Le 24 novembre. (Bibl. nat., *coll. Moreau*, vol. 641, fol. 103.)

[10] *Ibid.*, vol. 646, fol. 132. « Noveritis quod licet burgenses et ha-

Redevenue française sous Philippe de Valois, elle fut concédée par lui à Foulque de Matha, seigneur de Royan ; nous le savons par le préambule d'une ordonnance de Charles V régent, qui après la mort du concessionnaire, le 23 août 1359, déclara Oléron réunie au domaine royal[1]. Moins d'un an après le traité de Brétigny la cédait de nouveau à l'Angleterre. Elle fut reconquise encore, en 1372, en même temps que La Rochelle, et, le 17 février suivant, Charles V la déclara unie définitivement à la couronne[2].

Au milieu de toutes les vicissitudes qu'elle avait traversées, les titres de ses privilèges et franchises avaient été détruits. Charles V, à la requête des habitants, déclara leur confirmer leurs privilèges, rentes, possessions, héritages, etc., nonobstant la perte de leurs titres[3]. Cette ordonnance fut confirmée par Louis XI, en mars 1461, et par Charles VIII, en juin 1489[4]. Malgré la déclaration de réunion à la couronne de 1372, les descendants des seigneurs de la maison de Lusignan, issus de Renaud de Pons, l'un des héritiers de Hugues XIII, revendiquèrent longtemps la seigneurie d'Oléron. Ces débats, commencés en 1364 par la constitution de 2,000 livres de rente sur les revenus de l'île, durèrent jusqu'au XVII° siècle[5].

En dépit des changements de domination et des guerres, la commune établie à Oléron ne cessa de subsister. Chacun de ses maîtres successifs avait trop besoin de s'en concilier la population pour ne pas tenter de s'assurer sa fidélité en confirmant ses franchises et ses privilèges. Dès le 5 septembre 1242, la commune avait acquis tous les revenus de l'île ; le roi d'Angleterre l'avait ainsi récompensée d'avoir garanti puis remboursé un prêt de 15,000 sous tournois que lui avait fait l'abbaye de Maillezais[6].

» bitatores insule nostre Oleronis occasione magnarum transgressionum
» et inobedienciarum se et sua, statum suum, privilegia et libertates
» eisdem concessas, voluntati nostre totaliter submisissent... »

[1] *Ordonn.*, t. III, p. 363.
[2] *Ibid.*, t. V, p. 593.
[3] 1372-73, février. *Ibid.*, t. XV, p. 405.
[4] *Ibid.*, t. XX, p. 169.
[5] Voy. Arcère, *Hist. de La Rochelle*, t. I, p. 87, et Arch. nat., *Trésor des Chartes*, J 865 et 866.
[6] Bibl. nat., *Coll. Moreau*, vol. 634, fol. 49.

Bien que Jean Sans-Terre, et après lui, Hugue de Lusignan, eussent dans leurs concessions assimilé Oléron à La Rochelle, les termes de ces actes, qui ne parlent que des usages, coutumes et libertés de La Rochelle pourraient faire douter qu'Oléron doive être classée parmi les communes constituées d'après les Etablissements, si l'on n'en possédait un texte traduit en français, en 1344, provenant d'Oléron même. Aucun des nombreux documents qui nous sont parvenus ne mentionne ni les pairs, ni les échevins, ni les jurés ; les actes qui sont adressés à la commune portent pour suscription : *majori et probis hominibus*, ou bien : *majori et communitati* ; et ceux qui en sont émanés ne font pas davantage mention des diverses magistratures. En 1235, par exemple, ce sont les maire et prudhommes seuls (*major et probi homines*) qui attestent la mise à exécution du mandement de Henri III autorisant l'abbesse de Fontevraud à imputer sur tous les revenus de l'île la rente de 130 livres que possédait son abbaye ; et parmi tous les notables d'Oléron qui témoignent de la prise de possession par l'abbesse en personne : prieur de Saint-Pierre, moines, clercs, chevaliers, prévôt, châtelain, on ne voit figurer aucun des magistrats que suppose l'organisation des Etablissements [1]. Bien plus, le sceau même de la commune, que Gaignières nous a conservé et qu'a reproduit M. Marchegay [2], ne porte sur ses deux faces que la légende : « *Sigillum majoris de Ulerum.* » Toutefois, une ratification par Henri III de l'élection d'un maire, le 2 juin 1253, montre que le mécanisme décrit par l'article 1er des Etablissements était alors en vigueur [3].

L'organisation communale d'Oléron devait certainement présenter des particularités curieuses, puisqu'elle s'appliquait non pas à une ville, mais à tout le territoire de l'île qui paraît

---

[1] Publ. par M. Marchegay, *Bibl. de l'Ecole des Chartes*, 4e série, t. IV, p. 344.

[2] *Ibid.*, p. 345.

[3] « Rex communitati insule Oleronis, salutem. Sciatis quod, inter alios
» quos elegistis ad majoritatem insule vestre Oleronis, volumus et consen-
» timus quod Guillelmus Rembaldus preficiatur hac vice in majorem
» insule Oleronis et ideo vobis mandamus quod eidem Guillelmo tan-
» quam majori vestro intendentes sitis et respondentes. In cujus, etc.
» Teste ut supra (II die junii). » (Bibl. nat., *Coll. Moreau*, vol. 634, fol. 91.)

avoir eu, au moyen âge comme aujourd'hui, une population d'environ 12,000 à 15,000 habitants.

Malheureusement, la perte de ses archives, constatée dès le xv° siècle, ne laisse guère d'espoir de trouver à cet égard de nouveaux renseignements. Il semble toutefois qu'elle ne s'était jamais bien assimilé l'organisation municipale compliquée empruntée à la Rochelle, puisque ce n'est que dans la traduction des Etablissements provenant d'Oléron, qu'il est fait mention de cent-pairs, de jurés et de conseillers ; les actes ne connaissent que le maire et les *probi homines*.

La coutume d'Oléron, qui se trouve dans le coutumier de 1344, est l'œuvre de six personnages nominativement désignés et de « maint autre prodome borgeois qui gardeiant et mainteniant » les bons usages et les bonnes coustumes et les bons juge- » menz de lor ancesors, » et c'est un maire qui la « fist com- » piler et ajoster par Guillaume Guischos, adonc clerc de la » comune d'Oleron. » D'après cette coutume, le tribunal de l'Ile est « la cort au mayor ; » les échevins n'y figurent que comme témoins ou garants privilégiés, dont le témoignage ou la garantie sont reçus sous serment, conformément à la règle posée par les Établissements, tandis que des « prodeshommes » assistent fréquemment le maire. Cette coutume, du reste, qui contient surtout des dispositions relatives à la procédure et à la compétence de la cour du maire, quelques règles de droit privé et des bans de police, ne contribue que médiocrement à faire connaître l'organisation d'Oléron.

Ile de Ré. — En 1242, en même temps qu'il reprenait Oléron, Henri III jugea à propos de concéder à l'île de Ré une commune sur le modèle de celle d'Oléron [1]. Le rouleau d'Oléron dont il est question dans cet acte ne peut guère avoir été autre chose qu'une transcription des Etablissements. Le but du roi d'Angleterre, en donnant aux habitants le droit

---

[1] « Rex omnibus, etc., salutem. Sciatis quod concessimus probis ho- » minibus nostris de insula de Re, pro nobis et heredibus nostris, quod in » perpetuum habeant in predicta insula juratos et communiam et quod » de se ipsis sibi possint creare majorem singulis annis, si videant expe- » dire, secundum formam rotuli de Olerone, salvis nobis et heredibus » nostris ad nos pertinentibus de insula predicta. In cujus, etc. Teste » ut supra. In castris super Girondam, xiii die Augusti. » — Champollion, *Lettres de rois*, t. I, p. 59.

d'élire un maire et d'autres magistrats communaux, était de s'assurer de leur fidélité, mais il est à croire que dans cette île, de moitié moins grande qu'Oléron, et probablement alors beaucoup moins peuplée, des institutions aussi compliquées ne purent guère recevoir d'application; aussi, sommes-nous sans renseignements sur les destinées que purent y avoir les Établissements. Il n'est fait aucune allusion à une organisation municipale quelconque dans la confirmation des privilèges et franchises qui fut concédée aux habitants par leur suzerain, Guy, vicomte de Thouars en juin 1289 [1], et dans tous les cas, une décision du Parlement de Paris, en date du 26 mai 1322, nous montre qu'à cette époque, le vicomte de Thouars y avait toute justice et l'exerçait par une cour composée d'hommes jugeants [2]. Les confirmations de privilèges postérieures ne sont pas plus explicites au sujet de l'administration de l'île que celle de 1289 [3] et tout porte à croire que, non seulement jamais on n'organisa l'île sur le modèle d'Oléron, mais même que l'existence de la commune octroyée en 1242 y fut éphémère.

---

[1] Arch. nat., P 2145.

[2] « ... In insula de Re, in qua dictus vicecomes (de Thoarcio) omnimodam altam et bassam se asserit habere justiciam... Causa cognita per homines judicantes in terra sua de insula, que regitur jure consuetudinario. » (Arch. nat., X^{2a} fol. 68 v°.)

[3] Ces privilèges ont été confirmés le 23 janvier 1357-1358 par Jean, vicomte de Thouars, en décembre 1372 par Charles V, le 18 septembre 1389 par Jean Tristan, vicomte de Thouars, le 20 septembre 1444 par Louis d'Amboise, vicomte de Thouars, en 1461 par Louis XI, le 5 janvier 1472-1473 par Louis de Luxembourg, comte de Saint-Pol, en août 1479 par Louis XI, le 13 juillet 1482 par Louis de la Trémoille, le 7 mai 1525 par François de la Trémoille, le 23 juin 1544 par Louis de la Trémoille, le 29 avril 1546 par François de la Trémoille, et le 29 septembre 1561 par Louis, sire de Bueil, comte de Sancerre. Des copies de tous ces privilèges se trouvent aux Archives nationales, P 2145. On trouve l'indication d'autres privilèges concédés par les rois Charles VII, Louis XII, Henri III, Henri IV, Louis XIII et Louis XIV dans une plaquette de 58 pages, imprimée à La Rochelle en 1728 sous ce titre : *Inventaire des titres et privilèges de l'isle de Ré accordés en faveur des habitans de ladite isle par nos Roys prédécesseurs jusqu'au règne de Louis XV heureusement régnant*. In-4°. D'autres pièces sur l'île de Ré se trouvent aux Archives nationales : K 184, n° 65 ; J 182, n° 123 ; JJ 196, n°s 322 et 339 ; JJ 197, n°s 321, 350 et 376, JJ 198, n° 285, etc.

CHAPITRE VII

BAYONNE

De toutes les villes qui ont eu au moyen âge la même organisation que Rouen, Bayonne est l'une des plus intéressantes à étudier, non seulement à cause de l'importance de la ville et du rôle qu'elle a joué dans l'histoire, mais surtout à cause de l'adaptation particulière qu'y ont reçue les Établissements et des nombreux documents qui nous permettent de voir l'application qui en a été faite et d'en suivre le développement.

Les archives de la ville de Bayonne sont encore aujourd'hui extrêmement riches, ainsi qu'en témoigne l'*Inventaire sommaire* dû à M. Dulaurens, en cours de publication et dont un volume est actuellement publié. Il n'y existe plus de pièces originales antérieures à la seconde moitié du xv⁰ siècle, mais plusieurs cartulaires nous ont conservé des copies d'anciens documents fort précieux.

Parmi ces recueils, il en est trois qui méritent une mention spéciale.

Celui qui est coté aujourd'hui AA 1 est le plus intéressant et le plus ancien. C'est un volume de format grand in-4, contenant 192 feuillets de parchemin; il porte le titre suivant : « *Aquest es lo libre dous establimens de le ciptat de Baione* » *lo quoau a feit far lo seinhor en W. Arnaut de Biele,* » *maire estan de Baione, l'an de l'encarnation nostre Seinhor* » *M CCC e XXXVI.* » C'est en effet en 1336 qu'y ont été transcrits, en belle écriture, sur les 116 feuillets dont il se composait alors, la plupart des documents qu'il contient, dont la table suit le titre que nous avons donné : « *Aqueste es le* » *taule dou libre dous establimens, per la quau taule porratz* » *trobar apertemens lo quau artigle que voleratz trobar, o* » *establiment o autres.* » Les compilateurs de ce livre avaient eu l'intention de constituer une espèce de manuel du droit municipal de la cité, et dans ce but ils avaient classé les documents qu'ils voulaient faire entrer dans leur recueil sous divers chefs, formant dans ce registre autant de divisions suivies chacune de quelques feuillets blancs. Sur ces feuillets, sur d'autres qui furent ajoutés au commencement et à la fin du volume, et dans tous les espaces laissés vides par le scribe de 1336, on ajouta plus tard, à diverses reprises et jusqu'au XVII° siècle, d'autres documents, postérieurs pour la plupart à 1336. Ceux qui firent ces additions respectèrent l'ordre primitivement adopté autant qu'ils purent, puis n'en tinrent plus aucun compte quand ils ne trouvèrent plus de pages blanches aux endroits où il aurait fallu faire des intercalations. Les documents au nombre de plus de 600 qu'on trouve dans ce recueil sont, avec la traduction des Etablissements, la plupart des actes constitutifs de la commune, ses privilèges, ses franchises, ses traités de commerce ou d'alliance, ses formules de serment et surtout un grand nombre d'établissements municipaux concernant la procédure, la voirie, le commerce, l'industrie, la marine, la police, réglant les transactions, interprétant les coutumes, fixant les droits et devoirs des habitants. C'est tout le Bayonne du moyen âge qu'ils permettent de faire revivre. La plupart sont encore inédits, mais il y a lieu d'espérer que des documents de cette valeur ne tarderont pas à être l'objet d'une publication qui ne saurait manquer de faire le plus grand honneur à ceux qui l'auront entreprise et à la municipalité qui la fera paraître sous ses auspices.

Le recueil coté AA 3 n'est guère moins intéressant que celui que nous venons de décrire, mais on ne peut attribuer une aussi grande valeur aux pièces qui le composent. C'est un gros registre in-4, de 367 feuillets de papier, contenant environ 170 documents, mais qui n'a été écrit qu'au XVI° siècle. Depuis 1451, l'organisation de Bayonne ne ressemblait plus à ce qu'elle avait été aux siècles précédents, et précisément à cause des modifications qu'elle avait subies, on jugea à propos de composer un recueil dans lequel auraient leur place les documents de l'ancien régime qui n'étaient pas dépourvus d'utilité ; telle est l'idée qui paraît avoir donné naissance à cette compilation. On y retrouve beaucoup de documents qui sont déjà dans le recueil AA 1, mais il en est d'autres, et non des moins anciens ni des moins intéressants, qui ne nous sont connus que par cette transcription du xvi° siècle. Si, pour déterminer la valeur de ces copies, on compare le texte de documents qui se trouvent dans les deux recueils, on observe tout d'abord que le copiste du xvi° siècle a toujours rajeuni l'orthographe et parfois même la langue, en remplaçant par exemple un terme gascon par un mot emprunté au français. Mais ce n'est là que la moins regrettable des altérations qu'il a fait subir aux textes qu'il copiait; c'est sur les protocoles qu'elles ont surtout porté. A de rares exceptions près, il y a remplacé l'indication des magistratures qui constituaient le corps de ville au temps de la rédaction du document par l'énumération de celles qui le composaient de son temps. C'était accommoder la législation Bayonnaise à la mode nouvelle, donner aux vieux règlements une autorité plus grande et peut-être aussi prêter à des formes administratives, vieilles tout au plus d'un demi-siècle, le prestige d'une antiquité immémoriale. Et ces modifications ne paraissent pas avoir porté seulement sur les suscriptions, il semble que souvent il s'en est glissé dans la teneur même des actes. Si nous ne rencontrons pas, parmi les pièces dont nous avons une copie dans AA 1, de corrections de ce genre, d'autres que nous ne connaissons que par le registre AA 3 paraissent bien contenir quelques passages ainsi altérés. On en verra des exemples dans quelques-unes de nos pièces justificatives que nous avons dû emprunter à ce recueil[1]. Quoi qu'il en soit, ces observations suffisent à montrer combien sont suspects les documents contenus dans cette compilation et avec quel discernement il en faut faire usage pour y étudier l'organisation antérieure à 1451.

Un troisième recueil non moins important que les précédents est celui qui contient avec la grande coutume dite de 1273, dont nous parlerons plus loin, les rôles d'Oléron, des traductions des privilèges et quelques établissements municipaux. Il est coté AA 11. C'est un volume in-4 qui contient aujourd'hui 77 feuillets de papier; malheureusement, il a tellement souffert autrefois de l'humidité que les premiers et les derniers feuillets sont en lambeaux et tombent en poussière; dix d'entre eux ont totalement disparu au commencement, un ancien foliotage le prouve, et on ne peut guère

---

[1] *Pièces justificatives*, XI, XIII.

considérer comme lisibles que les feuillets 12 à 74, encore est-il beaucoup de passages tellement effacés que la lecture en est très difficile et souvent douteuse. L'écriture de ce registre doit être des dernières années du xiv° siècle ou des premières du xv°; les actes qu'il contient ne sauraient aider à le dater plus exactement ; le plus récent est de 1334[1].

Bien que l'inventaire des archives de Bayonne soit en partie publié, nous avons dû entrer dans quelques détails pour faire connaître les documents les plus intéressants de ce riche dépôt, parce que cet inventaire, rédigé d'après les règles prescrites par les circulaires ministérielles, est tout à fait insuffisant. Les registres les plus importants n'y sont l'objet d'aucune description ; on n'y trouve pas même l'indication de l'époque à laquelle ils ont été écrits. Les dates extrêmes des documents qu'ils contiennent, et quelques analyses très brèves, sans aucun renvoi aux folios des registres, indications qui soustraient les documents aux recherches plutôt qu'elles ne les signalent, tels sont les renseignements fournis par cette publication.

Ces riches archives qui, depuis longtemps, avaient attiré l'attention de quelques érudits, ont été la source de travaux considérables ; l'un d'eux a été imprimé, un autre est resté manuscrit.

Sous l'impulsion d'Augustin Thierry, un magistrat de Bayonne, mort il y a quelques années, s'était mis, en 1837, à étudier dans ces archives l'histoire de sa ville natale. Le résultat de ses études fut un ouvrage qu'il publia avec la colla-

---

[1] Voici quelques indications sommaires mais plus précises que celles de l'inventaire sur quelques autres registres importants des Archives de Bayonne : AA 2 est une traduction française des documents du registre AA 1, faite au xviii° siècle par le traducteur juré de la ville de Bayonne, traduction fort inexacte et qui ne saurait avoir d'autre utilité que d'aider au déchiffrement de quelques passages de AA 1 malencontreusement altérés par l'emploi des réactifs. — AA 4 et 5 sont des traductions de AA 3 faites par le même personnage. — AA 6 est un registre du xvii° siècle qui contient des privilèges postérieurs à la conquête française. — AA 7, 8, 9 et 10 sont des cartons contenant les originaux des privilèges postérieurs à 1451 ou des extraits de privilèges antérieurs produits dans des procès. — Le registre AA 12 contient les coutumes de 1514. — AA 13 est un recueil de copies de pièces anglaises concernant Bayonne, faites au xviii° siècle et envoyées de la Tour de Londres à la demande des magistrats de Bayonne. — Les autres documents de la série AA sont sans intérêt pour l'objet de nos recherches.

boration de l'archiviste municipal, M. Dulaurens, sous le titre modeste d'*Études historiques sur la ville de Bayonne*. Le premier volume parut en 1862, le second et le plus intéressant, en 1869. M. Balasque avait l'intention de conduire son œuvre jusqu'à la fin de la période anglaise, mais il fut enlevé à la science en 1872, avant d'avoir achevé son travail, et son collaborateur s'est contenté, pour la période qui s'étend de 1356 à 1451, de publier une série de notes dans un 3º volume paru en 1875. Cet ouvrage contient un certain nombre de *Pièces justificatives* empruntées aux archives de Bayonne et notamment la traduction provençale des Établissements, la curieuse coutume dite de 1273 et quelques autres actes trop peu nombreux encore, eu égard à la richesse des archives dont ils proviennent. Ces documents sont du moins publiés avec un soin et un scrupule de fidélité qui honorent les éditeurs et qui permettent de remédier facilement à de légères erreurs produites presque toujours par une intelligence imparfaite du texte. Quant à l'œuvre elle-même, elle est consciencieuse et telle qu'on pouvait l'attendre d'un aussi long travail préparatoire ; le plus grave reproche que l'on puisse lui adresser, c'est de donner beaucoup trop de place à l'histoire générale. L'histoire de la domination anglaise en Guyenne, ou même l'histoire des guerres anglo-françaises, voire l'histoire intérieure de l'Angleterre occupent certainement au moins les deux tiers de l'ouvrage. Il faut toutefois reconnaître que l'histoire de Bayonne y est traitée avec un soin minutieux et il est assez rare que nous ayons trouvé l'auteur en défaut. La science et la sagacité du jurisconsulte se sont manifestées surtout dans les trois chapitres consacrés au commentaire et à l'explication de la coutume. Encore que, sur les questions d'origine surtout, on puisse contester beaucoup des opinions de M. Balasque, il n'en a pas moins interprété avec talent un texte qui ne laisse pas que d'être souvent obscur, et, dans l'usage que nous avons fait à notre tour de ce document, nous nous plaisons à reconnaître qu'il nous a servi de guide.

C'est aussi à l'auteur des *Études historiques* et à un autre Bayonnais, M. Daguerre-Dospital, que nous devons encore un grand travail sur les archives de Bayonne. En vue de répondre au désir d'Augustin Thierry, pour lequel le gouvernement faisait rechercher dans toute la France les documents de nature à prendre place dans le vaste recueil des *Monuments de l'his-*

toire du tiers-état dont il avait conçu l'idée, ces deux savants ont transcrit, en 1838, à son intention, dans les archives de Bayonne, la plupart des actes intéressant l'histoire et l'organisation de la commune et des corporations, plus de 240 documents ; ils y ont joint un inventaire des registres, plus intéressant, malgré sa brièveté, que celui que l'on trouve dans l'inventaire imprimé, et l'analyse d'un très grand nombre de documents moins importants qu'ils n'ont pas jugé à propos de copier *in extenso*. Les matériaux de ce recueil, que le développement immense qu'il devait prendre condamne à rester inachevé, ont été, on le sait, donnés récemment par le ministère de l'instruction publique au département des manuscrits de la bibliothèque nationale, où, sous le titre de *Documents sur le tiers-état*, ils forment une importante collection. Les copies de MM. Balasque et Daguerre-Dospital en constituent le tome 8 qui porte le n° 3382 dans le fonds français des nouvelles acquisitions.

Ces transcriptions sont faites avec soin, mais leurs auteurs s'étant servi indifféremment des registres AA 1 et AA 3, dont nous avons apprécié plus haut la valeur relative, et même ayant presque toujours préféré AA 3, lorsque le document à transcrire se trouvait dans les deux recueils, il en résulte qu'elles contiennent, pour un assez grand nombre de documents, un texte moins correct que celui qu'il est possible d'avoir en consultant le registre AA 1. C'est à ce dernier que nous avons toujours eu recours quand la pièce que nous devions utiliser s'y est trouvée, et nous n'avons jamais cité AA 3 que quand il nous donnait le seul texte connu d'un document.

Aux sources que nous venons d'indiquer, il en faut ajouter une autre encore : les copies faites au dernier siècle pour Bréquigny dans les archives de la tour de Londres et qui se trouvent aujourd'hui à la bibliothèque nationale dans la collection Moreau nous ont fourni beaucoup de renseignements. M. Balasque les avait déjà parcourues, mais trop sommairement et n'en avait tiré pour son œuvre qu'un parti insuffisant. Nous n'y avons pris que ce qui concernait strictement notre sujet, aussi, après nous comme après M. Balasque, un historien de Bayonne y trouverait encore beaucoup à glaner.

A la fin du XI° siècle, la ville de Bayonne se trouvait partagée entre le vicomte et l'évêque, le vicomte de Labourd,

Fortin Sanche, ayant fait à l'évêque Bernard d'Astarac abandon d'une moitié de la cité [1]. Cette concession fut confirmée par Guillaume IX, duc d'Aquitaine et comte de Poitiers, vers 1121 [2], et plus tard, en 1174, par le prince Richard, devenu duc d'Aquitaine et comte de Poitiers, mais avec la réserve expresse que la viguerie, c'est-à-dire la justice, dont l'évêque avait voulu, en dépit des contestations des bourgeois, s'attribuer la moitié, serait tout entière dans sa main [3]. A cette époque, du reste, le territoire possédé par l'évêque ne formait déjà plus une moitié de la ville, car Guillaume, duc d'Aquitaine, sous l'épiscopat de Raimond de Martres, au retour de la guerre d'Aragon, où le vicomte de Labourd, Garcia Sanche l'avait accompagné (1121), avait agrandi la ville en la dotant de privilèges et en y créant, au confluent de la Nive et de l'Adour, un lieu de refuge qui est devenu le Bourg-Neuf ou le Petit-Bayonne, relié par un pont à l'ancienne ville.

Ces privilèges, que les documents postérieurs désignent sous le nom de charte de l'*ancian poblement*, présentent en effet beaucoup d'analogie avec les *salvetates* et les *cartas pueblas*, par lesquelles, dès la fin du XI° siècle, on voit, dans le midi de la France, dans les provinces basques, en Aragon et en Navarre, les seigneurs laïques et ecclésiastiques essayer de peupler leurs domaines et d'y créer des villes en y ouvrant des asiles privilégiés.

Cet acte du comte Guillaume IX ne nous est connu que par la confirmation qu'en fit plus tard Richard Cœur de Lion. Guillaume avait décidé que chacun des habitants aurait, dans toute l'étendue du territoire environnant qu'il pourrait parcourir en un jour, mer, terre, bois ou landes, toute liberté [4],

---

[1] « Medie civitatis terram a porta meridiana usque ad portam que ducit ad portum. » (Arch. des Basses-Pyrénées, *Livre d'or de Bayonne*, G. 54, fol. 9.)

[2] *Ibid.*, fol. 7.

[3] *Ibid.*, fol. 17.

[4] « ... Siat (*sic*) omnem libertatem sibi concessam, in terra, in mari, in saltibus et nemoribus, quantum per diem possit ire et redire. » (Arch. de Bayonne, AA 1, p. 64). Ce privilège vague fut le fondement des prétentions des Bayonnais aux franchises, droits d'usage et même juridiction sur les eaux, relais de rivières, bois, landes, déserts et vacants des baillages de Labenne, de Seignaux et de Gosse, sis au nord de l'Adour (aujourd'hui dans le département des Landes), source constante de contestations pendant tout le moyen âge. Voy. Requête à ce sujet à

qu'après une résidence d'an et jour, ceux qui ne possédaient pas de terre ne seraient tenus de payer, en fait d'impôt personnel, que le cens annuel au seigneur. Les délinquants, au sujet desquels plainte serait faite au seigneur ou à son viguier, devraient payer une amende de six sous. Enfin, liberté complète d'émigration, avec possibilité de vendre préalablement tous leurs biens, serait laissée aux habitants[1]. C'est, on se le rappelle, par une concession analogue que, quelques années plus tard, Guillaume X attira des étrangers à la Rochelle[2].

A la même époque remonte un règlement sur la pêche et la vente du poisson dont le but était d'assurer l'approvisionnement du marché de Bayonne[3].

Ces minces privilèges suffirent à assurer le développement et la prospérité de la ville; le Bourg-Neuf se peupla, le pont Pannecau fut jeté sur la Nive, le grand pont sur l'Adour; au delà s'éleva le bourg de *Cap dou Pount* et enfin on commença à construire la cathédrale[4].

Edouard Ier, v. 1273. (Champollion, *Lettres de rois*, t. I, p. 164.) En 1294, les Bayonnais, en vertu de ce privilège, se firent adjuger par le gouverneur nommé par le roi de France : 1° le droit de coupe et d'abatage de bois pour la construction des maisons et bateaux et le chauffage ; 2° le droit d'écorçage pour les besoins de la tannerie ; 3° le droit de franc parcours ; 4° le droit de juridiction sur tous les immeubles des Bayonnais sis dans ce territoire. (Arch. de Bayonne, AA 1, p. 83.) Après la reprise de la ville, Edouard Ier céda sur la question du ressort ; les appels des baillis de Seignaux, Gosse et Labenne durent être portés devant le maire de Bayonne. (14 mai 1296. Bibl. nat., *Collection Moreau*, vol. 640, fol. 255.)

[1] L'acte ne s'arrête pas ici, mais il nous a paru probable que les dispositions qui suivent ont été ajoutées par Richard Cœur de Lion. Voy. l'analyse de cette charte qui se trouve plus loin et le texte qui a été publié par MM. Balasque et Dulaurens, *Etudes historiques*, t. I, p. 413.

[2] Voy. plus haut, p. 61.

[3] Une traduction en provençal de ce règlement, recueilli en 1255 par le maire, B. de Podensac, nous est parvenue. (Arch. de Bayonne, AA 1, p. 89.) Elle a été publiée par M. Balasque, *ouv. cit.*, t. I, p. 468.

[4] « Ego Ramundus Baionensis episcopus et minister, cum Bertrando
» Baionensi vicecomite et cum sua matre Urraca et cum canonicis et cum
» omnibus baronibus Laburdensis provincie, pontem supra mare Baione
» perficere incipio. Qua de causa, terciam partem tributi pontis beate
» Marie supradictus vicecomes omni tempore concessit. Testes affuerunt
» canonici et barones nostre provincie, videlicet Arnaldus de Salt et
» Lupus Anerii de Escan, Willelmus Bernardi de Urruzaga ceterique

Quand le fils d'Henri II, Richard, devenu comte de Poitiers et duc d'Aquitaine, vint à Bayonne, dans les premiers jours de janvier 1174, il confirma la concession faite une quarantaine d'années auparavant par Guillaume IX [1]. Il y ajouta l'obligation, à peine d'une amende de six sous, pour tous les habitants, de prêter main forte à son sénéchal et de le suivre en expédition pour poursuivre la vengeance d'une injure faite, soit au sénéchal lui-même, soit aux gens du roi ; si l'expédition n'était pas motivée par une injure, les habitants n'étaient pas tenus d'y prendre part. Il fixa à un marc d'argent la redevance annuelle qui lui serait due, à raison de l'abandon du droit de baleine [2], et à deux sous l'impôt qui lui serait payé par navire bayonnais rentrant au port (Impôt des navires en retour). Il accorda aux habitants de la ville le droit de porter partout leur pêche sans payer de coutume sauf dans le cas où ils seraient associés à des étrangers, et décida que le sénéchal prêterait serment d'observer ces dispositions. A quelque temps de là, après avoir fait la paix avec son père (septembre 1174), Richard ajouta à ces privilèges, en faveur des Bayonnais, l'exemption de toute coutume, tant à Bayonne que dans le Poitou et l'Aquitaine [3].

Nous avons déjà remarqué combien ces diverses concessions faites à Bayonne constituaient en somme des privilèges de peu d'importance. La justice tout entière restait entre les mains d'officiers seigneuriaux : sous Guillaume IX, un vi-

---

» peroptimi. Et hoc omni tempore, in rei veritate sciatur. » (Arch. des Basses-Pyrénées, *Livre d'or de Bayonne*, G. 54, fol. 7.) L'évêque Raimond, contemporain d'un vicomte Bertrand, est Raimond de Martres, évêque vers 1121 et mort le 22 avril 1125. Un témoignage du XIIIe siècle, requis dans un procès entre l'église de Bayonne et Jean Dardir au sujet des moulins de le *Muhale*, nous apprend que la construction de la cathédrale remonte à la même époque : « En Johan de Sorroila testimonia
» que audi dizer a son pair et a sa mair que ag aven audid dizer aus
» lors pair e mair que le glizie de Baione, eu pont major, eu molin de le
» Muhale fon comensaz en I die. » (*Ibid.*, fol. 40.) Le *Pont Major* me paraît plutôt désigner ici le grand pont sur l'Adour que le pont sur la Nive qui a gardé le nom de *Pont Mayou*.

[1] Arch. de Bayonne, AA 1, p. 64. Publ. par Balasque, *ibid.*, p. 412.

[2] Les baleines échouées appartenaient au domaine royal. (Voy. Bracton, éd. du maître des rôles, t. II, l. III, cap. 3, § 4, p. 271.) — Pour celles qu'on pêchait, le roi avait droit à la tête, et la reine à la queue. (*Ibid.*, § 5, p. 272.)

[3] Balasque, *ouv. cit.*, t. I, p. 417.

guier, sous Richard, un sénéchal ou bailli administrent, rendent la justice et commandent la milice bourgeoise au nom du suzerain. Quant aux anciens vicomtes, il semble que leur pouvoir se soit singulièrement amoindri : il n'en est fait aucune mention dans la charte de Richard Ier, où le vicomte Arnaud Bertrand ne figure même pas au nombre des témoins.

Il est probable que la ville ne tarda pas à voir ses privilèges augmentés ; il serait étrange que, seule de toutes les villes anglo-françaises, elle n'ait reçu ni de la reine Eléonore, ni du roi Jean Sans-Terre, avant 1215, aucun privilège et soit restée si fort en retard pour l'autonomie et l'indépendance, alors que déjà son commerce, sa population et sa situation en faisaient une ville importante.

On n'est pas, du reste, dépourvu de tout renseignement sur la manière dont elle était organisée à cette époque. A coup sûr, c'était dès lors une commune ; en effet, *l'acte de société des navigateurs bayonnais*, rédigé entre 1206 et 1213, (*anno quo Assius de Navallis fuit electus in episcopum Baionensis ecclesie, in festo beati Andree apostoli*), fut scellé du sceau de la commune, après avoir été examiné par les notables de la ville, qui jugèrent que cette association commerciale, contrat d'assurance maritime mutuelle par la mise en commun d'une part de fret, dont le but était de monopoliser le commerce du golfe, ne pouvait qu'être profitable à Bayonne [1]. Cette association s'était établie *de assensu et voluntate totius populi Baionensium*, comme auparavant une espèce de coutume criminelle en vingt-huit articles, pour la répression des crimes et délits dans la ville et dans la vicomté, connue sous le nom de *Charte des malfaiteurs*, avait été écrite et promulguée, vers 1190, *ab testimoniadge.... de totz los prohomis de Baione et de tot l'autre poble de Baione et ab autrey deu Cosselh de Baione..... feyt et affermat suber lo segrementz dou Cosselh de Baione et de tot lo comunau* [2]. Nous retrouvons la mention du *conseil* dont parle ce do-

---

[1] « Quia vero proceres civitatis Baionensis viderunt et recognoverunt quod istud est ad profectum et bonum totius ville Baionensis et utilitatem officii navigandi et honorem et exaltationem domini sui regis Anglie, duxerunt presens sigillo sue commune roborandum. » (Pardessus, *Lois maritimes*, t. IV, p. 283.)

[2] Arch. de Bayonne, AA 11, p. 8. Publ. par Balasque, *ouv. cit.*, t. I, p. 419.

cument dans les privilèges reconnus en 1204 à la corporation des *Faures* par le prévôt, les douze et le conseil [1]. Enfin un traité conclu au mois d'août de la même année entre les Bayonnais et le roi de Navarre, Sanche le Fort, témoigne de l'indépendance que la ville avait su dès lors s'acquérir [2].

Ces indications suffisent à montrer que l'organisation de Bayonne devait être alors très analogue à celle des villes voisines de la Guyenne. Un collège de douze jurés, assisté d'un conseil, et, dans certains cas, tous les habitants appelés à participer aux délibérations, ou plutôt à approuver certaines décisions, c'est la forme d'administration municipale que l'on rencontre à Bordeaux et dans nombre d'autres villes de la région ; la seule différence, c'est qu'on ne voit pas que Bayonne ait eu, dès cette époque, une mairie superposée à sa jurade, ce qui la rapproche des villes du midi de la France, où cette magistrature fut inconnue. Encore, est-il bien possible que le *prévôt*, mentionné dans la charte des *Faures* de 1204, soit un magistrat municipal, car, à Bordeaux, on rencontre, au XIII° siècle, des jurés revêtus de ce titre de prévôt, qu'il ne faut pas confondre avec le prévôt royal ; élu par les jurés ses collègues, le prévôt municipal exerçait une juridiction de première instance. Dans tous les cas, la charte dont nous allons maintenant parler prouve qu'il y avait à Bayonne un maire, avant 1215 [3].

Ce fut à cette ancienne organisation que Jean Sans-Terre, on ne sait pourquoi, substitua, le 19 avril 1215, l'organisation de la Rochelle ; il est à croire, toutefois, que cette modification du régime municipal fut une faveur, car le roi d'Angleterre était à ce moment dans une situation critique et faisait appel à toutes les communes du continent pour leur demander des secours contre ses barons soulevés contre lui [4].

---

[1] Arch. de Bayonne, AA 11, p. 9 ; elle a été publiée par Balasque d'après un autre texte, *ouv. cit.*, t. I, p. 437.

[2] Ce traité, signalé par Moret, *Annales de Navarra*, 1704, t. II, p. 348, et par D. José Yanguas y Miranda (*Diccionario de antigüedades del reino de Navarra*, 1840-1843, 4 vol. in-4°, v° Bayona), est publié dans nos Pièces justificatives, n° VIII, d'après le cartulaire 3 des Archives de la Chambre des Comptes de Navarre.

[3] Elle octroie et confirme la commune, « al maire e al cosseilh. » Voy. *Pièces justif.*, I, préambule.

[4] Voy. en particulier la demande de secours qu'il adresse, le 2 juin

Il est probable que le texte latin des Etablissements devait accompagner l'original de la concession royale, comme leur traduction en langue vulgaire accompagne aujourd'hui la traduction de la charte de Jean Sans-Terre, dans l'ancien registre qui nous a conservé ces deux documents. Ces statuts se trouvaient, sur bien des points, en désaccord avec les anciens usages bayonnais. Pour n'en citer qu'un exemple, et sans parler de l'organisation communale qu'ils modifiaient du tout au tout, ni de la monnaie d'Anjou qui n'eut guère cours en Gascogne, la justice de Bayonne, comme celle de tous les pays de droit écrit, était en possession de connaître d'un certain nombre de cas que revendiquaient les juges d'église dans les pays de droit coutumier; c'est ainsi que la *Charte des malfaiteurs*, que nous avons citée, condamne les adultères convaincus à courir nus à travers la ville, peine qu'on rencontre fréquemment dans les coutumes du midi, tandis que l'art. 32 des Etablissements stipule expressément que la connaissance de l'adultère est réservée à la juridiction ecclésiastique.

Quoi qu'il en soit, il ne paraît pas que la nouvelle organisation ait été aussitôt adoptée ; on s'en tint pendant quelque temps encore à l'ancienne. Des lettres, écrites en 1219, en 1222 et en 1224, portent la suscription du maire, des douze et du conseil [1] (*major et duodecim totumque consilium Baio-*

1216, aux habitants de Bayonne par l'entremise de l'archevêque de Bordeaux. (Bibl. nat., *Coll. Moreau*, vol. 634, fol. 11.)

[1] *Royal letters*, t. I, pp. 65, 193. — Rymer, t. I, part. 1, p. 91. Il faut toutefois ajouter que cette formule de suscription employée par les magistrats de Bayonne a persisté même longtemps après l'introduction du nouveau régime municipal et a pu lui être applicable. C'est ainsi que dans un traité avec le roi de Navarre, en 1248, le corps de ville s'intitule : « el mayor et los jurados et el communal conseillo. » (*Pièces justificatives*, IX); dans un autre de 1253 : « lo mayre eus jurads eu communau conseil. » (*Ibid.*, X). Cela doit s'entendre du maire, des vingt-quatre jurés et de l'assemblée générale du peuple. Un établissement municipal est fait « de les partz dou maire, dous XII, dou cosseilh. » (Arch. de Bayonne, AA. 1, p. 130). Par les douze, il faut entendre ici les douze échevins, et par le conseil, les mêmes échevins assistés des douze conseillers. Dans tous les cas, ce règlement, fait en 1307 et qui se trouve dans la partie du registre AA 1 écrite en 1336, c'est-à-dire à des dates où les magistrats étaient certainement avec le maire, les vingt-quatre jurés (échevins et conseillers) et les cent pairs, ne peut cependant être suspect d'altération.

nense). Il semble que ce ne fut que lorsque Henri III vint à Bayonne, à la fin de mai 1242, qu'il rendit exécutoire l'organisation concédée par son père, en nommant lui-même les cent-pairs qui en étaient la base. Il décida de plus, en même temps, que le maire nommé chaque annnée, ne pourrait être maire de nouveau que trois ans après sa sortie de charge [1].

La conséquence la plus claire de l'introduction à Bayonne des Etablissements fut de contribuer à y établir une aristocratie bourgeoise et marchande, d'y développer l'antagonisme des classes et d'y favoriser les dissensions. Le parti aristocratique fut constitué par les propriétaires, les commerçants et surtout les marchands de vins ; le parti populaire se composa des gens de mer, des calfats, des charpentiers, des cordiers, des tanneurs et de tous les membres des diverses corporations d'artisans. Ce fut là le parti royaliste anglais. Volontiers, les gros bourgeois firent cause commune avec les barons de Gascogne et prirent parti pour eux dans les guerres suscitées par leur mécontentement [2]. Le roi de Navarre trouva parmi eux un appui pour ses intrigues au nord des Pyrénées et profita, en 1248, de son passage à Urdax, alors qu'il se rendait en France auprès de Blanche de Castille, pour renouveler avec la commune de Bayonne l'alliance autrefois conclue par elle avec Sanche le Fort et s'assurer le libre passage sur son territoire [3]. Naturellement, les rois d'An-

---

[1] « H. D. g. rex Anglie, dominus Hybernie, dux Normannie, Aquitanie et comes Andegavie, etc. Sciatis quod nos statuimus in civitate nostra Baione centum probos homines ejusdem ville qui regant populum nostrum Baione quamdiu nobis placuerit, et eamdem civitatem nobis et heredibus nostris custodiant in perpetuum et defendant fideliter et viriliter ab universis nostris inimicis. Sed tamen volumus et firmiter precipimus quod ille qui per unum annum prefate civitatis nostre Baione major extiterit, infra triennium non sit major. Et hec sunt nomina eorumdem : Michael de Mans... (*Liste de 100 noms.*) In cujus rei testimonium, eis dedimus has patentes litteras, sigilli nostri munimine roboratas. Datum Baione, XXIV die maii, teste me ipso, anno regni nostri XXVII. » (Arch. nat., J 655, n° 3.)

[2] Mathieu Paris rapportant une tentative de Gaston de Béarn pour s'emparer de Bayonne, dont il sera question plus loin, ajoute : « Plerique de » civibus regem oderant pro crebris in Anglia irrogatis sibi injuriis. » Ce furent eux qui introduisirent dans la ville les partisans de Gaston qui furent arrêtés « per plebeios civitatis qui regem dilexerunt. » (*Historia major*, éd. du maître des rôles, t. V, p. 426.)

[3] *Pièces justificatives*, IX.

gleterre s'appuyèrent sur les classes inférieures. Simon de Montfort, pendant son administration, nomma en 1251, au mépris des Etablissements, l'un des chefs du parti populaire, Pierre de Rauzed, à la fois maire, châtelain et prévôt royal [1].

Lorsqu'Henri III eut repris la direction du gouvernement, il se réserva cette prérogative de nommer le maire ; mais au lieu de le choisir, comme avait fait le comte de Leicester, dans un des deux partis de la commune, il donna, le 4 juin 1253, la mairie, le château et la prévôté à un chevalier gascon, Bertrand de Podensac, se bornant à faire remarquer aux Bayonnais, en leur notifiant cette nomination, que ce n'était pas tout à fait un étranger (*qui est de lingua vestra*) [2]. C'était là un moyen de garder la neutralité entre les deux factions et en même temps une précaution contre les velléités que pouvaient avoir les Bayonnais de devenir des auxiliaires du roi de Castille et du vicomte de Béarn, et elle n'était pas superflue, car les Bayonnais, le 20 août 1253, aussitôt après la mort de Thibaut Ier, renouvelaient, avec la reine Marguerite et avec son fils Thibaut II, leur traité d'alliance avec la Navarre, toujours inquiétant malgré les clauses de fidélité à l'Angleterre qui y étaient insérées [3], et, l'année suivante, au commencement de février, Gaston faisait une tentative pour s'emparer de la ville. Grâce aux intelligences qu'il avait su se ménager avec les gros bourgeois, il put organiser une conspiration, et déjà il avait fait pénétrer dans la ville plusieurs de ses alliés, quand les gens du roi soulevèrent le parti populaire qui se saisit des ennemis et rétablit l'autorité royale [4].

Nous n'avons sur la conspiration qui se forma alors, sur

---

[1] Balasque, *ouv. cit.*, t. II, pp. 117 et 573. — *Petrus de Roseto*, je ne sais pourquoi M. B le nomme *Darroseis*, je crois plutôt que c'est le personnage qui figure sur la liste des cent-pairs, citée précédemment, sous le nom que je lui donne, car, contrairement à l'opinion de M. Balasque, c'était un des pairs.

[2] Champollion, *Lettres de rois*, t. I, p. 83. — Cf. un mandement adressé par le roi à Geoffroy de Beauchamp lui ordonnant de remettre le château à B. de Podensac (Bibl. nat., *Coll. Moreau*, vol. 634, fol. 93.) — Toutefois, par suite d'un arrangement postérieur de quelques mois, la prévôté fut concédée à G. de Beauchamp (Lettres du 4 octobre 1253. — *Ibid.*, vol. 634, fol. 147.)

[3] *Pièces justificatives*, X.

[4] Mathieu Paris, *Historia major*, éd. du maître des rôles t. V, p. 426. — Cf. *Abbreviatio chronicorum*, éd. du maître des rôles, t. III, p. 332.

les troubles qui en furent la conséquence et sur les luttes des deux partis que les renseignements peu explicites de la chronique de Mathieu Paris. L'agitation ne paraît pas avoir cessé avec la paix, suivie d'une amnistie générale, conclue par Henri III avec le vicomte de Béarn et le roi de Castille, car, au mois de septembre suivant, le roi d'Angleterre promulgua une ordonnance pour interdire à Bayonne toute confrérie, conspiration, levée d'armes, etc.[1] Deux mois après, le prince Edouard, passant à Bayonne en revenant de Burgos où il s'était marié, obligea tous les citoyens de la ville, à partir de l'âge de quinze ans, à faire la paix, à jurer de ne jamais renouveler les conspirations, ligues et entreprises, sous peine d'être punis comme traîtres et parjures, et de perdre leurs droits de voisinage et d'habitation. Deux cent quarante bourgeois sont nominativement désignés dans l'acte comme ayant prêté ce serment. De plus, le prince Edouard profita des circonstances pour régulariser la nomination directe des maires par le roi d'Angleterre, et fit ajouter au serment prêté par les habitants la promesse d'accueillir favorablement les maires établis par lui, son père ou leurs successeurs [2].

A Bertrand de Podensac, confirmé pendant trois années consécutives, comme maire de Bayonne, succéda un autre homme de guerre, Gui de Franc Bardin. Mais plus tard, quand la Guyenne fut administrée par le sénéchal Dreux de Barentin, celui-ci, sans cependant rien céder des prérogatives royales, revint à l'usage de donner la mairie à des bourgeois (1259). Ce fut d'abord à Namad Duyre, puis à Pierre de Gavarret, tous

---

[1] « Sciatis nos... inhibuisse... ne quis ipsorum de Baiona aut aliorum » fidelium nostrorum presumat de cetero facere in civitate nostra Baione » confratriam nec confederacionem, nec conspiracionem, nec conjuratio- » nem, nec imprisiam aliquam vel levatam modo aliquo vel ingenio; et » hoc inhibemus et prohibemus universaliter omnibus et singulis... sub » pena personarum et rerum suarum tam mobilium quam immobi- » lium. » (Bibl. nat., *Coll. Moreau*, v. 634, fol. 110.) C'est par erreur que le manuscrit de Wolfenbüttel, dans lequel se trouve aussi cette pièce, la date de 1244, il faut certainement lire 38e et non 28e année du règne. (Voy. *Notices et Extraits des manuscrits*, t. XIV, p. 411.)

[2] « Isti et omnes alii etiam juraverunt ut erunt fideles, favorabiles et » benigni adjutores et auxiliatores, intendentes et respondentes, pro suo » legali posse, majori quem dominus Edwardus, vel pater ejus aut eorum » successores vel eorum mandatum constituerint in Baiona. » (Delpit, *Manuscrit de Wolfenbüttel*, dans *Notices et extraits des manuscrits*, t. XIV, p. 412. — Rymer, t. I, part. I, p. 189.)

deux choisis avec soin pour ne pas déplaire trop ni à l'un ni à l'autre des deux partis entre lesquels se partageait la population [1]; mais, en 1261, le prince Edouard reprit les traditions du comte de Leicester, en nommant maire le chef même de la faction populaire, l'ancien conseiller de Simon de Montfort, celui qui, en 1242, chargé d'une mission secrète, avait commandé la flotte bayonnaise devant la Rochelle [2], le même qui plus tard avait décidé les expéditions contre les seigneurs gascons dans la Soule et dans le Labourd [3], Jean Dardir. C'était provoquer de nouveaux troubles qui ne tardèrent pas à éclater et dans lesquels la victoire resta au parti populaire ; divers documents nous l'apprennent. Nous voyons, en effet, sur la fin de l'année 1261, plusieurs bourgeois du parti aristocratique s'engager par serment à être à l'avenir fidèles au roi d'Angleterre, à ne plus former ni conventicule, ni conspiration contre le roi, son sénéchal, ses baillis, la commune ou partie de la commune, et fournir des cautions [4]. Dès le 14 novembre de la même année, plusieurs citoyens de Bayonne, à commencer par le maire, avaient dû renouveler leurs serments de fidélité au prince Edouard, promettre de reconnaître sa juridiction, celle de ses sénéchaux et de ses baillis et de défendre sa personne, ses biens et ses droits [5]. Enfin, le 6 mai 1262, le prince Edouard manda de Londres au sénéchal Henri de Cusance, de délivrer les Bayonnais prisonniers, sous condition que ceux des habitants de Bayonne qui avaient été incriminés dans les troubles donneraient caution suffisante de se présenter devant la cour et prêteraient serment d'être à l'avenir fidèles au roi et de ne rien entreprendre qui pût préjudicier à la commune [6].

Depuis cette époque, on voit sans cesse la mairie aux mains

---

[1] Balasque, *ouv. cité*, t. II, p. 193 et 205.

[2] Champollion, *Lettres de rois*, t. I, p. 66.

[3] Voy. les réponses de Simon de Montfort aux plaintes dirigées contre lui, publiées par Balasque, *ouv. cit.*, t. II, p. 584.

[4] Serment d'Auger de Gavarret, le 11 décembre 1261. (Rymer, t. I, pars II, p. 67.) — Serment de Pierre Arnaud du Tey, le 16 décembre 1261. (Bibl. nat., *Coll. Moreau*, vol. 635, fol. 163.)

[5] Delpit, *Manuscrit de Wolfenbüttel*, p. 414. MM. Delpit ont daté à tort ce document de 1271.

[6] *Ibid.*, p. 413.

des membres du parti populaire, Arnaud Raimond Dardir en 1262 et 1263, B. de Meis en 1264, Jean Dardir de nouveau en 1265, P. Arnaud de Viele en 1266, 1267 et 1268[1]. Une troisième nomination de Jean Dardir à la mairie, en 1271, fit renaître les dissensions qui avaient déjà signalé dix ans plus tôt son arrivée aux affaires, et cette fois encore la victoire demeura au parti populaire[2]. Apaisés pour quelque temps, les troubles recommencèrent aussitôt après la mort de Henri III. Le sénéchal Luc de Tany essaya alors de concilier les partis; il revint à l'usage de nommer maire un étranger, et envoya à Bayonne, en cette qualité, un Bordelais, P. Lambert, l'un des bourgeois qui venaient de se soustraire à la juridiction de la commune de Bordeaux, pour se placer sous celle du sénéchal[3]. La convention qu'il força les deux partis à souscrire n'est pas parvenue jusqu'à nous, mais le manuscrit de Wolfenbüttel nous a conservé les serments qu'il fit prêter, les 18 janvier et 12 février 1272-1273, aux chefs des deux partis, et par lesquels ils s'obligèrent à en observer toutes les clauses, jusqu'à ce que le roi d'Angleterre eût réglé d'une façon quelconque les statuts de la ville de Bayonne[4].

Ce projet de fixer les « statuts » ne devait pas tarder à se réaliser. Depuis son premier séjour en Guyenne, et bien avant son avènement au trône d'Angleterre, Edouard Ier avait été préoccupé de faire déterminer exactement les privilèges, les statuts, les coutumes et les droits des villes de cette province. Dès 1261, il avait décidé que les statuts de Bordeaux seraient l'objet d'une révision de la part d'un certain nombre de prudhommes, clercs et laïques, dans le but d'effacer les articles contraires à la raison et à l'intérêt du prince[5]. Devenu roi d'Angleterre, l'un de ses premiers soins fut de

---

[1] Balasque, *ouv. cit.*, t. III, p. 624.

[2] Voy. Balasque, *ouv. cit.*, t. II, p. 232. — MM. Delpit paraissent s'être trompés, comme le soutient M. Balasque, en rapportant à 1271, à la fois les événements de cette année et ceux de 1261.

[3] Balasque, *ouv. cit.*, t. II, p. 237. — Cf. Delpit, *Manuscrit de Wolfenbüttel*, p. 362.

[4] « Questa obligacion deu durar entre las partidas entro monsenhor N. Audoart, rei d'Anglaterra, aie ordenat en aulcuna maniera deu esta[tu]ment de les perdides de ladita viela de Baiona. » (Delpit, *Ms. de Wolfenbüttel*, p. 416.)

[5] *Livre des bouillons*, p. 377.

mettre à exécution ses projets à cet égard, de faire reconnaître son autorité par les communes comme par les seigneurs, et de constater les usages et statuts municipaux, ainsi qu'en témoignent les nombreux documents relatifs aux villes contenus dans le volume des *Recognitiones feudorum* qu'ont analysé MM. Delpit.

Les archives municipales de Bayonne ont conservé, nous l'avons dit, dans un registre, écrit dans la première moitié du xv° siècle (AA 11, fol. 12 à 53 v°), des statuts ou coutumes en langue vulgaire, rédigés par quatre-vingt-six « prudhommes coutumiers » (*prohomis costumes*) énumérés au début. La plupart de ces noms, M. Balasque l'a montré, appartiennent à des personnages faisant partie des deux factions qui se partageaient la ville vers 1270, et il est légitime d'en conclure que ce sont là les statuts que l'on voit visés dans les serments prêtés au début de l'année 1273. M. Balasque qui, avant nous, a cherché à déterminer l'époque de la rédaction des coutumes de Bayonne, a peut-être un peu témérairement adopté la date précise de 1273. Néanmoins, comme il n'a guère pu se tromper que de quelques années, nous continuerons à désigner ce document par le nom de *Coutume de 1273* qu'il lui a donné, tout en constatant qu'il n'est pas impossible qu'il soit de quelques années postérieur à cette date, non de beaucoup cependant, car il existe des établissements municipaux dès 1296, dont les dispositions auraient été certainement introduites dans la compilation des prudhommes coutumiers, si elles avaient été en vigueur à l'époque où ils ont fait leur travail.

Cette coutume, publiée et commentée par M. Balasque [1], ne comprend pas moins de 125 titres, distingués par des rubriques dans le manuscrit et divisés chacun, dans l'édition, en plusieurs paragraphes. Le scribe du xv° siècle en a certainement rajeuni la langue, et peut-être s'y rencontre-t-il par endroits quelques interpolations ; nous ne saurions toutefois aller jusqu'à croire avec M. Balasque qu'il s'y est ajouté le « naïf commentaire » d'un clerc du xiv° siècle [2]. Il y a

---

[1] Balasque, *ouv. cit.*, t. II, pp. 241-400 et 594-679.

[2] On ne saurait tirer argument de ce fait qu'on rencontre dans la coutume (LXXXV, 4) une disposition que l'on retrouve dans un établissement municipal de 1317. On verra qu'il est très fréquent que les mêmes prescriptions, sans doute parce qu'elles tombaient en désuétude, aient fait l'objet

dans l'œuvre entière, du commencement à la fin, un grand caractère d'unité. On y trouve partout des réflexions et des maximes, la préoccupation d'appuyer chaque disposition coutumière de raisons et de raisonnements, à défaut de renvois plus ou moins justifiés au droit écrit, au droit canonique, aux Pandectes, voire à l'Ecriture ou aux auteurs de l'antiquité ! Partout se manifeste le désir de remonter aux origines de la société ou de citer des exemples fameux de jurisprudence, toujours attribués à l'Empire romain, et probablement empruntés à quelque compilation analogue à celle des *Gesta Romanorum*, mais que nous n'avons pas su retrouver. Tout cela est à notre avis l'œuvre même des « prudhommes coutumiers » et ne saurait être considéré comme une broderie ajoutée postérieurement à leur rédaction.

Ils débutent par un préambule singulier : après avoir déclaré que les règles sur lesquelles tous ou tout au moins les deux tiers d'entre eux auront été d'accord, acquerront force de loi, ils ajoutent que toutefois, ces coutumes ne seront ni scellées du sceau de la commune ni rendues publiques, et voici la raison qu'ils donnent de cette décision : « *Si edz a fessen*, disent-ils, *lo seinhor maior* [1] *e l'aut poble, qui de lor aben a tier lo cosseilh e l'abisement de les costumes, ne saboren autant cume edz.* »

Faut-il, avec M. Balasque, voir dans cette disposition étrange une précaution subtile pour réserver à la commune le droit d'interpréter, de développer et de modifier ses statuts, une conséquence de la façon dont les prudhommes entendaient la coutume à laquelle ils donnent comme caractères d'être non écrite, amendable et sujette à enquête (*conegude*) [2] ? Ce serait presque attribuer aux rédacteurs de la coutume de Bayonne les raisons contre la confection des codes que développait, au commencement du siècle, l'illustre Savigny, mais on aurait tort, pensons-nous, de tant raffiner

---

de plusieurs établissements municipaux, et qu'il n'y a rien d'extraordinaire à ce que l'on ait rappelé, en 1317, les principes relatifs à l'inaptitude à contracter des majeurs de 13 et 14 ans, quand même ils se trouvaient déjà dans la coutume et dans un établissement municipal antérieur.

[1] Par *lo seinhor maior*, il faut entendre le seigneur supérieur, le suzerain, et non pas le maire qui, dans la langue de notre coutume, est toujours *lo mayre*.

[2] *Coutume de 1273*, tit. xii, n° 2.

avec des écrits du moyen âge ; il faut se contenter de la raison naïvement exprimée par les auteurs eux-mêmes. La jalousie de la science juridique assaisonnée d'érudition qu'ils ont manifestée dans leur compilation, et le désir de conserver entre leurs mains l'autorité qui leur avait été déléguée de faire et d'interpréter la loi, suffisent à expliquer leur résolution de ne pas publier les résultats de leurs élucubrations. On pourrait penser tout au plus qu'il s'y est ajouté, avec un sentiment de méfiance à l'égard du roi d'Angleterre, l'intention de laisser dans le vague les droits respectifs du suzerain et de la ville, dont la tendance, aussi bien dans cette coutume que dans les règlements municipaux, est d'empiéter sans cesse sur les droits de son seigneur et d'autant plus qu'ils sont mal définis et sans limites bien précises. Du reste, bien que l'initiative de cette révision des coutumes ait appartenu au roi d'Angleterre, les prudhommes y manifestent dès le début, à propos des origines du pouvoir seigneurial ; ce que l'on pourrait déjà nommer des tendances démocratiques : « Les peuples, disent-ils, sont antérieurs aux seigneurs ; ce sont les menus peuples, plus nombreux que les autres, qui, voulant vivre en paix, firent des seigneurs pour contenir et abattre les forts et pour maintenir chacun en droiture, de manière que chacun pût vivre dans sa condition, les pauvres avec leur pauvreté, les riches avec leurs richesses. Et pour assurer à cela la perpétuité, le peuple s'est soumis à un seigneur, lui a donné ce qu'il a, et a retenu ce qu'il a. C'est en témoignage de cette origine que le seigneur doit prêter serment à son peuple avant le peuple à son seigneur, et ce serment fait par le peuple à son seigneur ne vaut que si le seigneur tient le sien ; et si le seigneur le viole, le peuple n'est plus lié par le sien, car ainsi le seigneur commet fausseté contre son peuple et non le peuple contre lui [1]. »

On peut rapprocher de ce passage la légende des *Fors de Béarn* qui racontent aussi « *que antiquements en Bearn no have senhor* » et qu'avant d'aller chercher en Catalogne le jeune enfant qu'ils mirent à leur tête, les Béarnais s'étaient successivement adressés à un chevalier de Bigorre et à un chevalier d'Auvergne qu'ils firent mettre à mort parce qu'ils ne voulaient pas les tenir « *en fors ni en costumes* » [2]. C'est la

---

[1] *Coutume de 1273*, tit. II.
[2] *Fors de Bearn*, éd. Mazure et Hatoulet, in-4. Pau, s. d., p. 1 et suiv.

même idée qu'on retrouve encore dans les vers de Jean de Meung, écrits à la même époque, mais avec une note satyrique qui n'est pas dans notre coutume :

> « Ung grant vilain entr'eus eslurent
> Le plus ossu de quant qu'il furent,
> Le plus corsu et le greignor
> Et le firent prince et seignor.
> Cil jura qu'a droit les tiendroit,
> Et que lor loges deffendroit,
> Se chascuns en droit soi li livre
> Des biens dont il se puisse vivre [1]........ »

L'admiration des prudhommes de Bayonne pour l'antiquité et la jurisprudence romaine se manifeste à tout propos, et surtout hors de propos, dans leur œuvre. A chaque instant, il y est question de l'empire et de l'empereur ; c'est au compte des empereurs qu'ils mettent la plupart des maximes de droit des gens qu'ils ont jugé à propos d'insérer dans leur coutume, et, bien que Bayonne n'ait jamais en rien eu affaire avec le saint empire romain, ils formulent, dès le début, la théorie chère aux juristes du moyen âge, du partage de toute souveraineté spirituelle et temporelle entre le pape et l'empereur. Non pas qu'ils fassent profession d'une soumission absolue à la puissance spirituelle ; ils entendent bien qu'on sache lui résister à l'occasion, si elle s'avisait, par exemple, de mettre la ville en interdit, et c'est encore sous l'autorité de l'empereur qu'ils placent les moyens de résistance qu'ils préconisent : « Quand, disent-ils, l'évêque met en interdit l'université de la ville, il ne saurait faire pis ; aussi l'empereur, pour résister à cette malice, a fait une loi par laquelle l'université devra prendre en ses mains tous les biens temporels de l'Eglise possédés par l'évêque et les autres clercs : maisons, moulins, vignes, vergers, cens et rentes, et si quelqu'un de la ville tentait d'empêcher la saisie, sa maison serait détruite et lui et ses hoirs seraient alors exclus des franchises de la commune[2]. » Telle était en effet la défense naturelle contre les excommunications ; si l'on peut douter qu'elle ait jamais été formulée comme une règle par aucun empereur, les empereurs du moins, pas plus que les villes ni les seigneurs, ne se faisaient faute de la mettre en

---

[1] Roman de la Rose, vers 9949, éd. de la bibl. elzévirienne.
[2] *Coutume de 1273*, tit. CI.

pratique et de répondre aux sentences d'interdit par la saisie du temporel et l'incarcération des messagers des cours d'Eglise [1].

La notion qu'ont les prud'hommes de l'origine du servage est empruntée à celle des jurisconsultes romains sur la source de l'esclavage, les serfs doivent, pensent-ils, être des descendants de peuples vaincus : « *Aquetz qui son poblatz a voluntat de seinhor son aperatz serps qui non an for ley, et es presumption que son gens qui fon conquistades per guerre los lors antecessors d'aquetz*[2]. » Cicéron leur fournit la définition de la justice : « *Justici es mandone et regine de totes vertutz, segon que diitz Tullius*[3]. » Enfin, s'ils veulent citer un trait historique de justice, c'est à un empereur romain qu'ils l'attribuent, encore que l'auteur latin auquel ils paraissent l'avoir emprunté l'ait mis, avec tous les auteurs de l'antiquité, sur le compte de Zaleucus, législateur des Locriens, mais un juriste de Bayonne, en 1273, pouvait bien prendre Zaleucus pour un empereur romain.[4].

---

[1] Voy. Fournier, *Officialités*, p. 109, et les exemples qu'il cite, précisément pour la province de Bordeaux.

[2] Tit. x. — Cf. Institutes, liv. I, tit. III, 3 et 4.

[3] Tit. CIII, 3. — Cf. Cicéron, *De officiis*, I, 7 : « Justitia in qua virtutis » splendor est maximus, etc... »

[4] *Coutume de Bayonne*, CIII, 24 ; Archives de Bayonne, registre AA 11, fol. 39 v°. — Lorsque nous citons la coutume, nous renvoyons toujours à l'édition de Balasque, mais le texte des passages que nous reproduisons a été collationné sur le manuscrit. — Cf. Valère Maxime, lib. VI, cap. v, ext., § 3. — Il faut ajouter que les *Gesta Romanorum* où l'on retrouve cette histoire en nomment le héros *Zelongus consul* (Oesterley, *Gest. Rom.*, 50). Parfois aussi elle a été mise sur le compte de l'empereur Trajan (Voy. Gaston Paris, *la légende de Trajan* dans *Bibliothèque de l'Ecole des Hautes-Etudes*, fasc. XXXV, p. 275). Bien que Valère Maxime ait été fort répandu au moyen âge, c'est peut-être à quelque intermédiaire que les Bayonnais ont emprunté cette légende. Notons cependant que dans aucun des auteurs où elle se rencontre (Voy. Oesterley, notes sur le chap. 50), on ne trouve certains traits qui semblent particuliers au récit de la coutume de Bayonne; aussi pensons-nous qu'on ne le lira pas sans intérêt sous cette forme. Le voici : « Contengut es en les ley que hun
» emperedor fey ley que qui mort fes, mort prencos, et qui menbre
» toros, menbre pergos, et que lo judge d'aquet loc, or l'accident inter-
» biencos, en judgement passave le ley, que le pene de le ley encorros
» sover luis. Assi escado hun filh tant solemens per l'emperedor abe
» de dous dus diitz de le man fentz los huls de hun filh de borgues da
» Rome, si que los dus huls lo sailhin dou cap, per conte de palaure que

Nous en avons dit assez pour faire juger du caractère et des tendances de la coutume de Bayonne. Le droit civil et la procédure y occupent la plus grande place ; mais elle contient aussi un grand nombre de dispositions qui permettent de se rendre un compte assez exact du fonctionnement de l'organisation municipale importée de la Rochelle. En ce qui concerne l'administration de la justice, la compétence des divers tribunaux de la ville, et surtout leur mode de procéder, on y trouve des renseignements, rares dans toutes les coutumes municipales, et qui manquent totalement dans les Établissements. M. Balasque a consacré à ce document un commentaire étendu et généralement exact. Il s'est attaché particulièrement à mettre en lumière les dispositions qui concernent la famille, la propriété et la justice ; quant à nous, nous négligerons les nombreuses règles de droit privé qui y sont contenues pour n'y rechercher que ce qui touche plus directement à notre sujet.

En même temps qu'il chargeait des prudhommes de rédiger les coutumes des principales villes de l'Aquitaine,

» aben l'un ab l'autre ; l'emperedor a le clamor dou pair et d'aquet qui
» abe pergut los dus hulhs, prenco son filh eu meto en judgement en
» presenci dous savis judges. et apres de audi l'acusat et l'acusedor, et
» haprese la vertat dou forfeyt, l'emperedor mana segont la ley que,
» assi cum son filh ave treyt los hulhs au filh deu borgues, que assi lo
» fossen treytz ; la doncxs los pobles cridan merce à l'emperedor, quar
» lo manement que feyt ave, ere a le destruction de totz los pobles de
» l'emperi, per so quar ed no ave mais emfant, si aquet ave los hulhs
» perguzt ed, segont la ley, no podore heretar, et que ad esquivar les
» grans guerres et los grans tribailhs dou de son lignatge qui voloren
» estar emperedors, que son filh no fey echorbat ; l'emperedor, per que
» sons menutz pobles apres sa fin armancossen chetz guerre, ed fey trer
» a son filh hun hulh, et per so que ed lo saubabe l'autre, ed s'en fey
» trer hun dous sons, segont le ley. Et queste ley per autre cause no es
» diite mas per exemple de far dreyturi. » — On voit que la peine de l'aveuglement portée par Zaleucus contre l'adultère est devenue, dans le récit de Bayonne, la peine du talion, attirée sans doute par la formule ordinaire de celle-ci : œil pour œil, etc., et dès lors elle change la nature du crime commis par le fils du législateur. Les raisons alléguées par le peuple pour soustraire le coupable au supplice sont bien celles qui pouvaient venir à l'esprit de témoins des guerres incessantes causées par des prétendants à la succession d'un même fief. Enfin, il appartenait à des juristes pointilleux d'enlever au héros du conte le mérite d'avoir trouvé lui-même l'ingénieux moyen de concilier la justice et l'amour paternel, en imaginant d'ajouter à la prétendue loi une disposition portant qu'en cas de défaillance du juge la peine lui serait appliquée.

Edouard Ier s'occupait, nous l'avons dit, d'obtenir la reconnaissance de tous les droits qu'il possédait dans le duché[1]. Ce fut sans doute à ce propos que les Bayonnais s'efforcèrent d'obtenir, par l'intermédiaire de leur évêque, la confirmation de leurs franchises et privilèges, en particulier du droit de parcours stipulé par Guillaume de Poitiers, et, comme conséquence, la libre jouissance des eaux, des relais de rivières, des îles et d'autres terrains, qui avaient fait l'objet de diverses concessions qu'ils voulaient faire révoquer[2] ; mais en dépit de leurs démarches, elles furent toutes confirmées.

Pendant le sénéchalat de Luc de Tany, le maire continua à être choisi en dehors de la ville : à P. Lambert nous voyons succéder Héliet de Hauteville (1275), puis le Bordelais Jean de Borc (1277)[3].

En 1279, le comte de Pembroke, devenu sénéchal, nomma de nouveau un Bayonnais, et ce fut encore le chef du parti populaire, le successeur de Jean Dardir, Pierre Arnaud de Viele[4]. Au même moment, un prêtre bayonnais, Dominique de Mancx, le fils de l'ancien chef du parti aristocratique, remplaçait sur le siège épiscopal le prélat qui avait été le délégué de la ville auprès du roi pour solliciter la reconnaissance de ses privilèges. Il n'en fallait pas davantage pour transformer en conflits entre les magistrats et l'Eglise la lutte des deux factions. La condamnation à la mutilation et au bannissement, par le maire et les cent-pairs, d'un clerc de Dax qui avait commis un acte de violence, fut le prétexte saisi par l'évêque qui s'empressa d'excommunier les magistrats municipaux et de lancer l'interdit sur la ville. Il ne paraît pas que la commune ait alors tenté d'exercer le genre de représailles recommandé en pareil cas par la coutume. Ce fut devant le conseil du roi que les parties portèrent leur différend. Après de longs délais, Edouard Ier se décida à rendre la sentence ; le 3 juin 1281, le maire Pierre Arnaud de Viele, les pairs coupables d'avoir concouru au jugement, à

---

[1] On sait que le manuscrit de Wolfenbüttel analysé par MM. Delpit (*Notices et extraits des manuscrits*, t. XIV) est le seul volume de la série de ces *Recognitiones* qui nous soit parvenu.

[2] Voy. Requête, s. d., publ. par Champollion, *Lettres de rois*, t. I, p. 164. — Cf. Balasque, *ouv. cit.*, t. II, p. 411.

[3] *Ibid.*, p. 415.

[4] *Ibid.*, p. 433.

l'exception de deux jurés qui avaient protesté, furent condamnés à faire amende honorable. Le jour de la Nativité, ils durent aller en procession, en chemise, pieds nus, tenant chacun en main un cierge d'une livre, depuis l'hôtel de ville jusqu'à la cathédrale où ils écoutèrent un sermon de l'évêque. La sentence de bannissement prononcée indûment fut révoquée et le condamné put rentrer à Bayonne pour y jouir sa vie durant d'une pension de 2,000 livres bordelaises que durent lui servir le maire et les pairs qui l'avaient jugé. De plus, la ville fut condamnée à payer à l'évêque une amende de 500 livres sterling avant la Saint-Martin d'hiver. A ces dures conditions, l'excommunication et l'interdit furent levés [1].

Pierre Arnaud de Viele n'en resta pas moins maire de Bayonne ; il continua à jouir de la confiance du roi, l'aida de son épée contre les Gallois et fut l'intermédiaire des offres de secours que lui fit le vicomte Gaston de Béarn [2]. P. A. de Viele fut ensuite remplacé par des Bayonnais appartenant tous au même parti: Pierre Arnaud de Bazas (1283), Jean de Viele (1284), Jean Belidz (1285)[3], mais, à l'expiration des pouvoirs de Jean Belidz (septembre 1286), ce fut à l'un des chefs du parti aristocratique, Auger de Gavarret, que fut donnée la mairie[4]. Il en résulta de nouveaux troubles sur lesquels les renseignements nous manquent, mais qui eurent pour conséquence immédiate de ramener Edouard Ier au système de faire administrer la ville par un de ses délégués; à cet effet, il concéda la mairie à un gentilhomme anglais, Hugues de Broc (septembre 1287), à la fois maire, prévôt et châtelain, et après lui à un autre chevalier, Pierre d'Assarit (27 juin 1289) [5].

Cela dura jusqu'à la prise de possession de la Guyenne par Philippe-le-Bel. A ce moment, un grand nombre de bourgeois de Bayonne, et parmi eux Pascal de Viele, cherchèrent un refuge en Angleterre. Raymond Bernard de Durfort, nommé par le roi de France gouverneur et maire de Bayonne,

---

[1] Voy. Champollion, *Lettres de rois*, t. I, pp. 258, 261, 263, 280 ; et Rymer, t. I, part. II, pp. 187 et 192.

[2] Bibl. nat., *Coll. Moreau*, vol. 637, fol. 252. — Rymer, t. I, part. II, p. 205.

[3] Balasque, *ouv. cit.*, t. II, p. 463.

[4] *Ibid.*, p. 478.

[5] *Ibid.*, p. 479.

s'empressa de confirmer à la commune les droits d'usage, de libre parcours et même de juridiction auxquels elle prétendait sur les terres de Seignaux, de Gosse et du faubourg de Capdou-Pont, en vertu du privilège de Guillaume de Poitiers (octobre 1294) [1].

Ce furent les réfugiés Bayonnais qui se chargèrent de reconquérir Bayonne. Pascal de Viele et ses compagnons, à la fin de décembre 1294, pénétrèrent par l'Adour, et leur arrivée devant la Porte Marine provoqua une insurrection qui, au bout de quelques jours, amena la capitulation du château où s'étaient réfugiés les officiers du roi de France et leurs partisans [2]. En récompense, Pascal de Viele fut nommé par le roi d'Angleterre maire de la ville et capitaine du château (1er mars 1295) [3].

Mais les habitants de Bayonne entendaient bien profiter de leur fidélité et des avantages que leur créait la situation de leur ville, devenue, surtout après la perte de la Réole (mars 1295), le dernier boulevard de la domination anglaise en Guyenne et le siège même du gouvernement. Ils sollicitèrent du roi des franchises nouvelles, demandèrent que la garde du château ne pût être à l'avenir confiée qu'à un de leurs concitoyens et que le sénéchal de Guyenne et les officiers royaux, dont la présence en grand nombre dans la ville pouvait faire craindre l'intervention dans les affaires municipales, ne pussent s'en occuper qu'en cas d'appel [4]. Dès le 14 mai 1296, Edouard Ier, à la demande des habitants, consentit à se dessaisir du droit de nommer le maire et le restitua aux bourgeois [5]. Il y avait quarante-cinq ans qu'ils avaient perdu ce privilège. En même temps, il s'engagea, pour lui et ses successeurs, à ne jamais aliéner la ville [6]. En outre, il autorisa le maire à percevoir pendant cinq ans le produit des amendes et confiscations pour l'appliquer aux fortifications [7]; enfin, il concéda au maire de Bayonne le ressort des bailliages de Gosse, Seignaux et Labenne, qui avait jusque là appartenu

---

[1] Arch. de Bayonne, AA 1, p. 83.
[2] Voy. Balasque, *ouv. cit.*, t. II, p. 534.
[3] Champollion, *Lettres de rois*, t. I, p. 414.
[4] Rymer, t. I, p. III, p. 159.
[5] Balasque, *ouv. cit.*, t. II, p. 688.
[6] Champollion, *Lettres de rois*, t. I, p. 415.
[7] Bibl. nat., *Coll. Moreau*, vol. 640, fol. 257.

au maire de Dax [1]. Pour le surplus des demandes des Bayonnais, il les renvoya à l'examen du comte de Lancastre [2], et il ne paraît pas qu'il leur ait jamais été donné satisfaction.

Le premier maire élu par les Bayonnais, en septembre 1297, fut naturellement Pascal de Viele [3], auquel succéda, en 1298, Pélegrin de Viele [4], sous lequel, le 26 avril, on décida de faire à l'avenir les élections municipales, non plus en septembre, mais le premier samedi d'avril, avec cette réserve toutefois que l'ancien maire resterait en charge jusqu'après la confirmation du nouveau par le roi d'Angleterre [5].

A l'avènement d'Edouard II (1307), la ville de Bayonne renouvela les vœux qu'elle avait déjà soumis à Edouard Ier après la reprise de la ville sur les Français. Outre la confirmation de ses anciens privilèges, elle sollicita la faveur pour ses marchands d'être traités en Angleterre comme ceux d'Espagne qui étaient plus favorisés, et en Guyenne, comme ceux de Dax, qui y étaient affranchis de toute coutume ; elle demanda qu'on obtînt le retrait des lettres de marque concédées par le roi de France contre les Bayonnais, pria le roi de prêter à ses délégués le serment qu'il devait aux bourgeois de Bayonne en qualité de duc de Guyenne, et enfin se plaignit des officiers royaux, des baillis de Labourd, de Labenne, de Gosse, de Seignaux, etc., et du garde du scel de Gascogne. A cette requête, le roi répondit qu'une charte, conçue en termes généraux, confirmerait les privilèges, que le sénéchal s'enquerrait des franchises des Dacquois pour aviser à satisfaire les Bayonnais, que le roi de France serait requis au sujet des lettres de marque, que le serment serait prêté par le sénéchal, qu'on aviserait au sujet des griefs contre les baillis et le garde du scel. Quant aux vœux relatifs aux franchises en Angleterre, ils furent purement et simplement repoussés [6].

La restitution aux Bayonnais du droit de nommer leur

---

[1] Bibl. nat., *Coll. Moreau*, vol. 640, fol. 255.

[2] Lettres des 14 et 16 mai 1296. Rymer, t. I, part. III, p. 159 ; et Bibl. nat., *Coll. Moreau*, vol. 640, fol. 259.

[3] Balasque, *ouv. cit.*, t. II, p. 559.

[4] *Ibid.*, p. 560.

[5] *Pièces justif.*, XII.

[6] Bibl. nat., *Coll. Moreau*, vol. 641, fol. 268.

maire n'avait en somme profité qu'à la famille de Viele et à ses partisans. Les anciens chefs de la faction populaire, en se perpétuant dans les charges municipales et en administrant à leur profit, en vinrent à former à leur tour ce que l'on nommait dans d'autres pays des lignages échevinaux et à constituer en quelque sorte une nouvelle aristocratie. Pendant seize ans de suite, la mairie fut occupée par divers membres de la famille de Viele [1]. Aussi, ne tarda-t-il pas à se former contre elle, même parmi ses anciens partisans, un noyau d'opposition. Des concessions de pêcheries à des membres de cette puissante famille, l'établissement de nasses restreignant les cantonnements de pêche libre et entravant la navigation, furent les principaux griefs de ses adversaires [2], pêcheurs, gens de mer, artisans, dont le chef, Pierre Sanche de Jatxou dit Front-de-Bœuf, marin d'origine basque, arriva à la mairie après des élections entachées de violence, en avril 1312 [3].

L'un de ses premiers actes fut de sommer Pierre Arnaud de Viele de supprimer ses nasses, et, comme celui-ci ne tenait aucun compte de l'avertissement, une troupe d'autres fermiers de pêche, de bourgeois de l'ancien parti aristocratique et de pêcheurs, détruisit les nasses et incendia plusieurs de ses maisons. Après une plainte inutile au sénéchal de Guyenne, Pierre Arnaud de Viele se décida à en appeler au roi de France [4]. N'est-ce pas une chose étrange que de voir le chef d'une famille, dont l'élévation et la puissance étaient due précisément à la fidélité qu'elle avait témoignée au roi d'Angleterre en des temps difficiles, recourir à la juridiction du roi de France? Mais à ce moment, Philippe le Bel tentait préci-

---

[1] Voy. Balasque, *ouv. cit.*, t. III, pp. 622 et 623.

[2] Balasque, *ouv. cit.*, t. III, p. 62 et suiv. — Les nasses étaient des barrages formés de palissades en branches de saules, soutenues par des accotements de galets, tels que ceux que l'on voit encore aujourd'hui sur la Nive et les principaux gaves des Pyrénées et auxquels on donne toujours ce nom. Mais, tandis que sur les petites rivières elles ne servent qu'accessoirement à la pêche et ont pour but principal de faciliter la navigation en relevant le niveau de l'eau et en renforçant le courant, au contraire, celles que l'on établissait au moyen âge dans l'Adour n'avaient d'autre but que de constituer des pêcheries réservées.

[3] Voy. lettre d'Edouard II au sénéchal de Gascogne, en date du 18 juin 1316. (*Bibl. nat., coll. Moreau*, vol. 644, fol. 330). — Cf. Balasque, *ouv. cit.*, t. III, p. 85.

[4] *Ibid.*, p. 83.

sément d'établir sa juridiction en Guyenne, et l'on peut croire que ses intrigues ne furent pas étrangères à la détermination de Pierre Arnaud. Les officiers du roi d'Angleterre étaient alors en effet aux prises avec les juristes de la cour de France. Yves de Landunac, désigné par le roi de France, (24 juin 1312), était venu à Bordeaux à la tête d'une commission d'enquêteurs pour informer au sujet d'une expédition dirigée contre Amanieu d'Albret par le sénéchal de Guyenne, Jean de Ferrières, avec l'aide des gens de Bayonne, de Pau, de Lembeye, d'Oloron, d'Orthez, de Sauveterre, de vingt autres villes et de plus d'une centaine de seigneurs gascons [1]. Jean de Ferrières était mort avant le début de l'enquête, mais les autres officiers du roi d'Angleterre, les seigneurs et tous les gens des communes, coupables d'avoir pris part à l'expédition, furent condamnés à mort, au bannissement ou à de grosses amendes par Yves de Landunac, qui fit publier la sentence à son de trompe, à Agen, le 4 janvier 1313[2], en dépit des protestations des accusés qui prétendaient porter l'affaire au Parlement de Paris. Celui-ci du reste, saisi par Amanieu d'Albret, confirma bientôt la sentence d'Yves de Landunac[3]. Parmi les Bayonnais nous voyons figurer dans ces condamnations : avec le prévôt royal, Loup Bergonh de Bordeaux, le maire, Pierre Sanche de Jatxou, Pierre Arnaud et Amanieu de Saubaignac, Jean de Lalanne et vingt-quatre autres citoyens ; tous étaient notoirement des adversaires de la famille de Viele et avaient participé aux excès commis

---

[1] Les lettres commettant les enquêteurs et toute la procédure faite par eux sont conservées aux arch. des Basses-Pyrénées, E. 22.

[2] 1312, a. st., *Ibid*.

[3] Arrêt de Parlement, Arch. nat., X^{2a} 1, fol. 140 v°. — Cf. Boutaric, *Actes du Parlement*, n° 4,160. — M. Boutaric nomme à tort le commissaire du roi de France : Yves de Loigny. Il faut remarquer de plus que cet arrêt ne nous a pas été conservé en entier dans le registre du Parlement. Le feuillet sur lequel devait se trouver la fin, contenant la mention explicite de la condamnation et la date, n'existe plus ; on peut conjecturer cependant qu'il confirmait purement et simplement les décisions d'Yves de Landunac, car les derniers mots qui se trouvent sur le feuillet subsistant sont : « ... per arrestum curie nostre dictum fuit quod... retrojectis omnibus appellationibus... » M. Boutaric a pris à tort la conclusion d'un autre arrêt qui se trouve au commencement du feuillet suivant pour la fin de celui qui a été rendu dans l'affaire d'Amanieu d'Albret, ce qui l'a induit en erreur sur la date de ce dernier et sur les peines auxquelles furent condamnés les accusés.

contre les propriétés de Pierre Arnaud. En même temps qu'il informait à Bayonne contre tous ceux qui avaient suivi le sénéchal de Guyenne sur les terres d'Amanieu d'Albret, Yves de Landunac ne manqua pas de citer par-devant lui les trente-huit personnes que lui désigna Pierre Arnaud comme coupables des incendies de ses maisons et de la destruction de ses pêcheries ; une dizaine d'entre elles seulement n'étaient pas déjà compromises dans l'affaire de l'expédition ; toutes refusèrent de comparaître et furent condamnées par défaut au bannissement et à des amendes[1]. Cependant, sous la pression des agents du roi de France, le sénéchal fit rétablir les nasses détruites. Le roi d'Angleterre désintéressa Amanieu d'Albret en lui promettant 20,000 livres tournois[2], obtint à ce prix du roi de France des lettres de pardon en faveur de ses officiers et des autres condamnés[3] et des lettres de rémission spéciales pour les Bayonnais condamnés dans l'affaire de P. A. de Viele[4].

Tout semblait devoir être ainsi définitivement apaisé, mais Sanche de Jatxou, jaloux de réunir tous les pouvoirs qu'avait eus autrefois son prédécesseur Pascal de Viele, entreprit de battre en brèche l'autorité du prévôt royal. Quelques mariniers avaient été emprisonnés pour s'être opposés par la violence au rétablissement des nasses dans l'Adour, il les délivra ; puis, il écrivit au roi pour se plaindre des embarras du fleuve qui empêchaient la marchandise de descendre, dénonça le prévôt comme percevant 20 deniers de Morlàas au lieu de 4 sur chaque prisonnier, fit fabriquer un sceau de la prévôté, ouvrit une prison municipale et enfin chassa l'évêque Pierre de Maremne de son palais[5].

Aux élections d'avril 1313, en dépit des prescriptions des établissements municipaux, d'après lesquelles un maire sortant de charge ne pouvait être réélu de trois ans, malgré les dispositions de la charte de commune, portant qu'il devait

---

[1] Ces détails sont empruntés aux lettres de rémission citées plus loin note 4.
[2] 3 juillet 1313, Rymer, t. II, p. I, p. 43.
[3] Elles sont datées du 2 juillet 1313, *ibid.*, p. 42.
[4] Arch. nat., JJ 49, fol. 43, pièce 98.
[5] Bibl. nat., *Coll. Moreau*, vol. 643, fol. 258, 303, 310, 312. — Cf. Balasque, *ouv. cit.*, t. III, p. 94.

être nommé par le roi sur une liste de trois candidats, Pierre Sanche de Jatxou avait été proclamé maire et il n'avait pas cessé depuis d'exercer les fonctions municipales. Toute l'année se passa en procédures à ce sujet au conseil du roi d'Angleterre. Les délégués de la commune furent obligés d'en venir à des excuses, à la suite desquelles Edouard II accorda des lettres de pardon, enjoignant au sénéchal de tenir la main à ce qu'on procédât à des élections régulières [1] ; mais, au mois d'avril 1314, la charte fut de nouveau violée et Sanche de Jatxou encore élu à la mairie. Cette fois, le sénéchal vint en force à Bayonne et mit la mairie sous la main du roi. Cette saisie fut confirmée le 6 novembre suivant et la mairie donnée pour trois ans au prévôt châtelain, Loup Bergonh de Bordeaux [2]. La ville n'avait pas joui vingt ans de la prérogative de nommer son maire qui lui avait été rendue par Edouard Ier.

L'administration de Loup Bergonh fut marquée par un grand nombre de règlements de police. Dès 1316, les membres de la famille de Viele firent solliciter la restitution à la ville du droit de désigner les candidats à la mairie ; le roi se rendit à leurs vœux le 15 avril 1318 [3], et le samedi suivant les cent-pairs nommèrent Laurent de Viele, Sanche de Luc et Jean Dardir. Cette élection, contestée par le sénéchal, fut soumise au roi par Laurent de Viele qui en obtint, pour terminer tout différend, sa nomination à la mairie jusqu'aux élections de 1320, plusieurs privilèges pour la ville, entre autres la franchise des Bayonnais en Guyenne, sollicitée si longtemps en vain, et l'autorisation d'établir, au profit de la ville, un droit de cize qu'Edouard Ier avait également refusé autrefois [4].

Pendant plus de dix ans, la mairie resta entre les mains des divers membres des familles de Viele et Dardir. Il n'y a guère à signaler, pendant cette période, qu'une série de conflits sans grande importance avec le prévôt royal, qui était toujours Loup Bergonh de Bordeaux, autrefois accusé de

---

[1] 1er, 3 et 7 février 1314. Bibl. nat., *Coll. Moreau*, vol. 644, fol. 7, 13, 17, 19 et 25.

[2] *Ibid.*, vol. 644, fol. 69.

[3] *Ibid.*, vol. 645, fol. 157.

[4] 20 nov. 1318. Rymer, t. II, p. I, p. 162. — Bibl. nat., *Coll. Moreau*, vol. 645. fol. 231.

concussion par P. A. de Viele, conflits terminés, tantôt à l'avantage du prévôt et tantôt à celui du maire. En novembre 1326, la prévôté fut de nouveau réunie à la mairie en la personne de Laurent de Viele[1].

Il faut peut-être attribuer au désir de voir passer la mairie en d'autres mains que celles des de Viele, un établissement municipal qui fut promulgué le 26 mars 1327-1328, sous la mairie de Jean Dardir, d'après lequel tout maire sortant de charge devait prendre l'engagement de ne se laisser réélire qu'au bout de neuf ans[2]. Malgré cela, Laurent de Viele fut encore élu et confirmé en avril 1328[3]. En 1329, ce fut encore un de Viele qui fut élu[4], mais en avril 1330, à la suite de discussions avec les habitants de Cap Breton, provoquées par les rancunes du prévôt Loup Bergonh de Bordeaux, au lieu de choisir sur la liste des trois candidats le membre de la famille de Viele qui s'y trouvait, le sénéchal désigna Arnaud Sanche de Luc, seigneur de Berriots, leur adversaire le plus puissant. Il s'ensuivit de nouveaux troubles et il ne fallut pas moins que l'intervention personnelle du sénéchal Jean de Hanstede, à la tête de quelques troupes, pour rétablir l'ordre[5]. Le 3 février 1331, Edouard III confirma les franchises et libertés de Bayonne[6] et quelques années plus tard, le 20 novembre 1355, lui concéda le bailliage de Labenne et le Cap Breton[7].

Au cours de la guerre de Cent ans, les marins et les vaisseaux de Bayonne rendirent aux Anglais les services les plus signalés, notamment en 1337, où l'amiral bayonnais Pierre de Poyanne remporta sur la flotte française un brillant succès[8]. En avril 1341, le même personnage, qui avait déjà été maire de Bayonne en 1337 et auquel les cent-pairs avaient refusé

---

[1] Arch. de Bayonne, AA 1, p. 68.

[2] *Ibid.*, p. 292.

[3] Balasque, *ouv. cit.*, p. 168.

[4] *Ibid.*, p. 625.

[5] Bibl. nat., *Coll. Moreau*, vol. 648, fol. 119. — Cf. Balasque, *ouv. cit.*, t. III, p. 177.

[6] Champollion, *Lettres de rois*, t. II, p. 78.

[7] Bibl. nat., *Coll. Moreau*, vol. 649, fol. 165.

[8] Lettre d'Edouard III aux Bayonnais en date du 2 novembre 1337. (Rymer, t. II, p. 196.)

de continuer son mandat en 1338 [1], rentra à Bayonne victorieux une seconde fois et porteur d'une commission de maire pour la durée de la guerre [2]. Devant l'opposition qu'il rencontra, lorsqu'au mois d'avril il produisit ses lettres de nomination, Pierre de Poyanne déclina le titre de maire pour prendre celui de vicaire ; mais les opposants n'étaient pas hommes à désarmer devant cette subtilité, aussi un grand nombre de bourgeois refusèrent-ils le serment requis par le vicaire, en faisant prendre acte qu'ils étaient prêts à le prêter au maire. Pierre de Poyanne passa outre, les fit citer devant l'échevinage, déclarer déchus du droit de bourgeoisie et condamner à être bannis pour refus de serment. Les bannis, parmi lesquels était Arnaud de Viele, en appelèrent au roi, qui, inquiet de la tournure que prenaient les événements, désireux avant tout de ne pas s'aliéner une ville qui lui rendait de si grands services, s'empressa d'écrire au sénéchal d'accommoder les choses, protesta qu'il n'avait pas voulu déroger aux privilèges de la ville et alla jusqu'à autoriser Olivier d'Ingham à révoquer Pierre de Poyanne s'il s'obstinait à se maintenir comme maire ou vicaire [3]. On ne fut pas obligé d'en venir à cette extrémité ; le sénéchal constata sans doute que la majorité dans l'échevinage et dans la ville était acquise à Pierre de Poyanne, car celui-ci conserva son titre, et le 23 août suivant, le roi, sollicitant des cent-pairs un secours en nefs et en galées, qu'ils lui avaient offert, demandait que le commandement en fût confié à Pierre de Poyanne, qui resterait cependant recteur et vicaire de la ville pendant la guerre, sans qu'il fût par ce fait porté aucune atteinte aux privilèges [4]. Aux élections de 1342, après un an d'administration avec le titre de vicaire, il fut régulièrement élu et confirmé comme maire de la ville pour toute la durée de la guerre [5]. Il faut croire toutefois que les intrigues de ses partisans n'avaient pas été étrangères à son élection, car, à la fin de l'année 1343, il fut renversé par une

---

[1] Bibl. nat., *Coll. Moreau*, vol. 650, fol. 141.
[2] Balasque, *ouv. cit.*, t. III, p. 261.
[3] Lettres du 4 juin et du 4 décembre 1341. Bibl. nat., *Coll. Moreau*, vol. 650, fol. 143 et 249. Le 4 juin le roi écrivait en même temps à Pierre de Poyanne pour l'inviter à se démettre de la mairie (*Ibid.*, f. 145)
[4] *Ibid.*, fol. 237.
[5] *Ibid.*, vol. 651, fol. 184.

émeute populaire et remplacé par Pierre de Viele. Condamné pour usurpation de pouvoir et violation des privilèges, à la confiscation et au bannissement, Pierre de Poyanne mourut en allant demander asile à l'évêque de Lescar [1].

Les conflits des magistrats municipaux avec les officiers du roi d'Angleterre, particulièrement avec le prévôt de Bayonne au sujet du droit de prison, et avec le sénéchal des Lannes au sujet des privilèges prétendus sur le territoire, se renouvelèrent plusieurs fois encore au cours des XIVe et XVe siècles; MM. Balasque et Dulaurens les ont racontés en détail et nous n'y insisterons pas [2].

La concession de la Guyenne au Prince-Noir amena de nouvelles vicissitudes dans la municipalité. Le maire en fonction à cette époque conserva sa charge, en 1362, à titre de vicaire [3]; un autre vicaire lui succéda [4] et ce ne fut qu'aux élections d'avril 1363 qu'on revint au droit commun et que les cent-pairs purent désigner de nouveau leurs candidats à la mairie [5].

La donation de la Guyenne par Richard au duc de Lancastre, le 2 mars 1390, avec la seule réserve du domaine supérieur au roi d'Angleterre comme roi de France [6], amena des perturbations beaucoup plus graves dans le régime municipal de Bayonne. Les Bayonnais, qui redoutaient pour leur commerce les conséquences d'une réunion de leur ville à la France, s'empressèrent de faire des réserves, quand le sénéchal de Guyenne vint, selon la coutume, prêter et recevoir les serments. Ils voulurent auparavant se voir confirmer tous les privilèges, chartes, franchises, donations dont ils étaient redevables à leurs souverains successifs, et de plus, déclarèrent que « la commune persistait à vouloir rester annexée à la couronne d'Angleterre, et, dans le cas où la volonté du roi s'y opposerait, demandèrent à être relevés du serment qu'ils avaient prêté [7].

---

[1] Bibl. nat., *Coll. Moreau*, vol. 652, fol. 11.
[2] *Ouv. cit.*, t. III, p. 281 et suiv.
[3] *Ibid.*, p. 346.
[4] *Ibid*, 346.
[5] *Ibid.*, p. 347.
[6] Rymer. t. III, p. IV, p. 53.
[7] Balasque, *ouv. cit.*, t. III. p. 404.

Malgré cette opposition, le duc de Lancastre réussit, aux élections d'avril 1391, à faire élire un de ses partisans, Pélegrin de Vielar qu'il choisit pour maire [1], mais, aux élections de 1392, les cent-pairs, au lieu d'adresser leur liste de présentation au duc de Guyenne, l'envoyèrent directement au roi, qui, le 6 juillet 1392, renvoya les députés de Bayonne à Jean de Lancastre [2]. Les Bayonnais ne se soumirent pas. Plutôt que de demander la nomination de leur maire au duc de Guyenne, ils préférèrent confier eux-mêmes le gouvernement de la ville à un de leurs élus. Il en fut ainsi chaque année, à partir de ce moment jusqu'en 1401. Pendant neuf années, les cent-pairs élurent directement le maire de Bayonne, qui ne prit jamais, il est vrai, que les titres de *regidor* ou de vicaire, qu'avaient portés déjà les maires nommés directement par le roi d'Angleterre. Il ne fallut pas moins que la prise de Bayonne par un seigneur basque pour y rétablir l'autorité royale. Ce qui est remarquable, c'est que cette révolte ouverte n'interrompit pas tous rapports entre le duc et la ville; on parut d'abord accepter les faits accomplis ; ainsi, en 1394, le vicaire tint la « cort et cize » à Saint-Sever avec le sénéchal de Guyenne ; la même année, le roi concéda au vicaire le droit de percevoir un impôt, sous condition, il est vrai, d'obéissance à Jean de Lancastre [3].

A peine installé, le premier vicaire élu directement par les cent-pairs, Barthelemy de Lesbay, mit en accusation devant la jurade son prédécesseur Pélegrin de Vielar, le maire nommé par le duc du Guyenne. Le procureur de la ville ne demandait rien moins que la démolition de la maison du coupable et même des peines corporelles pour le punir de sa mauvaise administration ; mais Pélegrin de Vielar, ayant sollicité la pitié des juges, en fut quitte pour des dommages-intérêts et l'exclusion à tout jamais de tout office de la commune [4].

De graves démêlés avec l'Église éclatèrent sur ces entrefaites. Le vicaire Jean de Lobart promulgua pendant son

---

[1] Balasque, *ouv. cit.*, t. III. p. 405.
[2] *Ibid.*, t. III, p. 559.
[3] *Ibid.*, t. III, p. 411.
[4] Sentence du 30 avril 1395. Arch. de Bayonne, AA 1, pp. 259, 302 et 303.

année de charge, en 1394, plusieurs établissements municipaux, relatifs, les uns à la juridiction de l'évêque, que la commune voulait borner strictement aux matières de mariage, usures et testaments, les autres aux franchises dont jouissait le clergé pour ses boissons. Il s'ensuivit un long procès, au cours duquel de prétendues violences, commises au préjudice des clercs, servirent de prétexte à l'évêque Menendez pour excommunier le corps de ville et mettre la cité en interdit. On était alors à l'époque du schisme de cinquante ans ; le *vrai* pape était, pour l'Angleterre et ses possessions du continent, Boniface IX, mais il ne manquait pas, dans chaque diocèse, de partisans des deux *antipapes* qui se succédèrent à Avignon, Clément VII et Benoit XIII ; aussi, les magistrats trouvèrent-ils facilement dans la contrée, en dépit de l'excommunication, un clergé pour célébrer les offices et faire les sépultures. En même temps, ils reçurent les offrandes et empêchèrent l'évêque et ses clercs de rien percevoir de leurs revenus. Toutefois, pour se faire relever des sentences d'excommunication, les magistrats consentirent à un compromis. L'abbé de Sorde rendit, le 7 août 1397, une sentence arbitrale presque entièrement favorable à l'évêque et qui fut loin d'apaiser les esprits [1]. Jean de Lobart, le vicaire dont les établissements avaient, en 1394, provoqué les troubles, était de nouveau vicaire au moment de la sentence. Il se présenta encore pour combattre l'évêque, aux élections d'avril 1398, mais celui-ci avait de son côté un candidat, Pierre de Counties, qu'il fit élire par les corps de métier : *en loc no degut et per gentz qui ad aquero far no aven poder* [2]. Pendant quelque temps, les deux rivaux se maintinrent dans la ville, mais Pierre de Counties s'étant absenté pour aller en Navarre [3], une nouvelle élection réunit les anciens partisans des deux vicaires, le 30 novembre 1398, et Vidal de Saint-Jean fut élu [4]. Ce fut le signal d'une violente réaction contre l'évêque ; non seulement Pierre de Counties et ses partisans les plus

---

[1] Balasque, *ouv. cit.*, p. 415-424.

[2] Arch. de Bayonne, AA 1, p. 336.

[3] « In ambassiata pro republica ad partes Navarre cum aliis conburgensibus suis destinatum. » (Lettres de Richard II, du 19 juin 1398, mandant au duc de Lancastre de juger l'appel de Pierre de Counties. — Bibl. nat., *Coll. Moreau*, vol. 655, fol. 210.)

[4] Balasque, *ouv. cit.*, t. III, p. 425.

zélés furent déclarés bannis, mais encore l'évêque Menendez fut lui-même chassé de son siège et dépouillé de son temporel[1]. A la suite de ces évènements, un accord fut conclu entre les divers partis qui s'étaient partagé la ville, des serments furent échangés, et, pour prévenir le retour d'une scission semblable à celle qui avait porté au pouvoir Pierre de Counties, on donna aux corps de métiers une certaine part du pouvoir en faisant élire à chaque corporation un ou deux délégués « *per guoardar la carte de le comuni* [2].

Aux prises en Angleterre avec les préoccupations et les embarras les plus graves, le roi Richard II n'avait pas le temps de s'inquiéter de cette ville qui, depuis plusieurs années, semblait entièrement soustraite à son autorité; tout au plus, quand les délégués de l'évêque et du parti vaincu vinrent lui conter leurs mésaventures, écrivit-il à deux reprises, les 8 et 13 janvier 1399, à ses « *tres chiers et bient amez foialz* » les citoyens de Bayonne, pour les prier de mettre leurs prisonniers en liberté[3]. L'avènement au trône du fils du duc de Guyenne, qu'ils n'avaient jamais consenti à reconnaître, ne laissa pas cependant que d'inquiéter les Bayonnais. Pour le prévenir en leur faveur, les magistrats s'empressèrent de lui envoyer des délégués chargés de lui raconter les événements, d'obtenir le pardon de tous les faits accomplis, la confirmation de toutes les libertés et franchises et même la concession de quelques nouveaux privilèges ; les députés devaient de plus demander « *perdonance de le occupation de l'offici de le mairetat et de totz les autres officis qui an exersit, despuis que la donation fo feite au tres redotable seinhor lo duc de Lencastre dou dugat de Guiaine* [4].

Henri IV reçut fort mal les Bayonnais ; il ne répondit à leurs ouvertures qu'en les sommant de mettre en liberté les prisonniers, de rétablir et d'indemniser leur évêque, et en écrivant au sénéchal de Guyenne, au connétable de Bordeaux et

---

[1] Voy. les instructions données aux messagers chargés d'expliquer au roi la situation de la ville après la sédition de Counties, publ. par Balasque, *ouv. cit.*, t. III, p. 605.

[2] Voy. les serments publiés par Balasque, *ibid.*, p. 598.

[3] Voy. les lettres publiées par Balasque, *ibid.*, p. 603.

[4] *Ibid.*, p. 605.

au bailli de Labourd de les contraindre à obéir [1]. (6 décembre 1399.)

Les Bayonnais prirent alors le parti de la résistance ; le vicaire en exercice mit en pièces les lettres du roi et emprisonna les commissaires royaux. Cet acte parut d'abord devoir rester impuni ; mais, à quelque temps de là, et sans doute à l'instigation des officiers du roi, les proscrits Bayonnais ayant à leur tête Auger de Léhétia et quelques autres seigneurs basques surprirent hors des murs de la ville les magistrats de Bayonne, les firent prisonniers, pénétrèrent dans la cité, y réinstallèrent l'évêque et accueillirent les commissaires que le roi envoya pour rétablir l'ordre. Auger de Léhétia et les siens sollicitèrent et obtinrent des lettres de pardon (14 mars 1401) [2] ; la mairie fut réorganisée, les élections eurent lieu en avril 1401, et, le 12 janvier 1402, Henri IV accorda aux Bayonnais des lettres d'abolition pour *l'occupation* des offices et la perception des taxes [3].

Sous Richard II, les difficultés suscitées au roi par le parlement et les barons, ses démêlés avec son oncle le duc de Guyenne dont il avait fini par se soucier assez peu de faire prévaloir l'autorité, avaient permis à la ville de se gouverner à sa guise sans que jamais l'autorité royale se fît sentir. Pendant les règnes d'Henri IV et d'Henri V, sous le contrôle des lieutenants du roi en Guyenne, la constitution municipale continua à fonctionner régulièrement. Peu après l'avènement d'Henri VI, tous les privilèges furent confirmés [4] (9 février 1423), mais, dès la fin de l'année 1428 (4 décembre), un chevalier anglais, Thomas Burton, fut nommé par lettres patentes du roi, maire de Bayonne pour dix ans [5]. Suppléé d'abord, en 1428 et 1429, par un bourgeois, Jacques de Lesbay, avec le titre de gouverneur de la ville, il ne vint à Bayonne qu'à la fin de mars de cette année, et le 31, en prêtant serment sous l'orme du cimetière Notre-Dame, il jura

---

[1] Balasque, *ouv. cit.*, t. III, p. 429.
[2] Rymer, t. III, part. IV, p. 199.
[3] Balasque, *ouv. cit.*, t. III, p. 435.
[4] Arch. de Bayonne, AA 13, p. 28.
[5] « Prout inter concilium nostrum et illos de civitate predicta ad presens concordatum extitit, » dit sa nomination. (Balasque, *ouv. cit.*, t. III, p. 472.)

de ne pas rester maire plus de dix ans [1]. Il mourut avant l'expiration de son mandat et fut remplacé par un autre chevalier anglais, Clyfton, qui ne vint jamais à Bayonne où il fut suppléé par un régent [2]. A l'expiration des dix années pour lesquelles la mairie avait été concédée à des étrangers, la ville pensait recouvrer son droit de désigner les candidats à la mairie ; il y eut en effet des élections en avril 1439, mais le maire élu venait à peine d'être installé qu'arriva un Anglais, le chevalier Philippe Chetowind, muni de lettres patentes. La situation critique du pays, alors parcouru par des bandes de routiers à la solde du roi de France, ne permettait guère de contester les ordres du roi ; on se contenta de faire jurer au maire imposé, le 31 octobre 1439, qu'il ne garderait pas la mairie au delà de trois ans et huit mois [3]. Ce régime devait par conséquent prendre fin au milieu de l'année 1443, mais à ce moment la Guyenne était envahie, Bayonne elle-même était menacée, on ne pouvait songer qu'à défendre le pays contre les compagnies et le Dauphin de France. Ce ne fut qu'en 1445 qu'un maire fut régulièrement nommé, et alors, les anciennes rivalités, les vieilles compétitions se renouvelèrent, si bien que la ville perdit définitivement la mairie. Jean Astley, chevalier anglais, fut nommé maire pour sept ans, le 16 décembre 1446 [4], mais ne prit possession qu'à la fin de 1447. La conquête du pays par le roi de France ne devait pas le laisser en charge jusqu'à l'expiration de son mandat. On sait que Bayonne fut la dernière ville de Guyenne qui resta anglaise ; assiégée par Dunois, le 6 août 1451, elle capitula le 21. Les bourgeois, en rendant leur ville, ne purent obtenir aucune promesse concernant leurs privilèges. « Pour le regard des privilèges,
» dit un article de la capitulation, libertés et franchises de
» la dite ville, les habitants d'icele s'en soumirent du tout à
» l'ordonnance et bon plaisir du roi Charles et à sa bonne
» grace et mercy [5]. » Et de fait, en septembre 1451, une ordonnance de Charles VII vint modifier tout le régime muni-

---

[1] Balasque, *ouv. cit.*, t. III, p. 473.
[2] *Ibid.*, t. III, p. 477.
[3] *Ibid.*, t. III, p. 481.
[4] Rymer, t. V, p. I, p. 167.
[5] Balasque, *ouv. cit.*, t. III, p. 502.

cipal. Le maire, d'après cet acte, devait être nommé par le roi et être révocable par lui ; il devait être assisté d'un clerc, assesseur ou lieutenant de maire, également à la nomination du roi, et d'un conseil composé de six échevins et de six conseillers, renouvelés chaque année le premier mercredi ou le premier samedi d'avril. Il s'y joindrait sur la convocation du maire, dans certaines circonstances, un autre collège de 24 personnes qui remplacerait l'ancien corps des cent-pairs [1]. Dans la pratique, on nomma jurés ou jurats les magistrats désignés par le nom de conseillers dans l'Ordonnance, et conseillers le conseil des vingt-quatre bourgeois substitués aux anciens cent-pairs, et qui chaque année nommèrent eux-mêmes leurs successeurs. Quant au nom de cent-pairs, il s'appliqua communément à chacun des 36 magistrats qui composèrent les trois conseils de la ville.

Dès 1462, Louis XI abandonna le droit que s'était réservé Charles VII de nommer le clerc de ville et le rendit aux habitants [2]. L'ordonnance ne spécifie rien quant au mode d'élection, mais les procès-verbaux qui ont été conservés montrent qu'à chaque vacance, le clerc était élu au scrutin par le maire et les trois conseils de la ville [3]. Cet office, que l'ordonnance de Charles VII avait confondu avec celui de lieutenant de maire [4], ne fut jamais, dans la pratique, réuni à ce dernier. Le lieutenant de maire ou sous-maire continua à être choisi par le maire. Des lettres patentes de Henri II, de juin 1550, obligèrent le maire à changer de sous-maire de deux ans en deux ans et à nommer à cette charge des bourgeois de Bayonne, natifs du royaume et domiciliés dans la ville [5].

On voit combien les formes anciennes de l'organisation municipale persistaient et se retrouvaient toujours sous les modifications apportées par Charles VII à l'organisation de la ville.

On y apporta encore par la suite quelques changements. Au XVIII° siècle, le corps municipal n'était plus composé que

---

[1] *Ordonn.*, t. XIV, p. 174.

[2] Arch. de Bayonne, AA 3, fol. 314.

[3] *Ibid.*, fol. 314 v°.

[4] « ... et sera icelluy clerc, comme accesseur et lieutenant dudit maire. » (*Ordonn.*, t. XIV, p. 174.)

[5] Bibl. nat., ms. n. acq. fr., 3382, fol. 346.

d'un maire ou premier échevin, de trois échevins, de deux jurats, d'un clerc ou assesseur et d'un syndic ou procureur du roi. Chaque année, le 14 septembre, on élisait la moitié de ces officiers alternativement. Les électeurs étaient au nombre de vingt, élus eux-mêmes par tous les habitants et choisis entre ceux des bourgeois qui avaient passé par les charges publiques.

L'ordonnance de 1451 n'avait rien stipulé eu égard à la justice, aussi, le sénéchal des Lannes se crut-il autorisé à exercer sa juridiction à Bayonne, mais, sur les réclamations des habitants, de nouvelles lettres patentes, en date du 26 septembre 1455, déclarèrent que le maire pourrait « faire » et ordonner sa juridiction ordinaire sur les bourgeoys, voi- » sins et habitans de la dite ville et cité ainsi que d'ancienneté » a acoustumé de faire, sauf et réservé en cas privillégié [1]. »

La juridiction municipale se perpétua ainsi à Bayonne jusqu'à la Révolution française. Les archives de la cour des maire, échevins et jurats existent depuis le XV⁰ siècle. Les sentences qui s'y trouvent montrent qu'elle jugeait en première instance tous les procès civils et criminels et qu'elle avait juridiction haute et basse sur tous les habitants, excepté les ecclésiastiques et les nobles. Elle continua, jusqu'en 1789, à appliquer les dispositions des plus anciens Etablissements de la commune [2]; de même, les serments des magistrats et officiers municipaux, nommés au XVIII⁰ siècle, ne sont que la traduction française des anciens serments. A la veille de la Révolution, on trouvait donc encore à Bayonne des vestiges nombreux de l'organisation qui avait régi la ville au début du XIII⁰ siècle; les magistrats portaient encore les noms d'échevins et de jurats que leur avaient donnés les Établissements. Ils administraient la ville d'après les mêmes règlements et jugeaient d'après les mêmes lois que leurs plus anciens prédécesseurs. Une seule chose n'était plus, l'indépendance de la ville, et avec elle avait disparu le patriotisme communal et l'activité des Bayonnais. Si bien que cette même organisation, ces mêmes règles qui avaient à leur heure favorisé le développement et la prospérité de la ville, figées dans une quasi-immobilité, réduites à n'être plus

---

[1] Arch. de Bayonne, AA 3, fol. 314 v°.
[2] *Inventaire des archives communales de Bayonne*, série FF, *passim*.

que de vaines apparences, devenues stériles et discréditées, n'étaient plus que des entraves qui, sans avoir efficacement protégé la ville contre les funestes effets de la centralisation, étaient en opposition avec les principes d'égalité et d'unité qu'allait faire prévaloir la Révolution.

CHAPITRE VIII

BAYONNE (*suite*)

Quoique les Etablissements de Rouen aient été donnés à Bayonne par Jean Sans-Terre et qu'ils y aient été en vigueur au moins depuis Henri III, cependant, certains usages qui survécurent et ne s'adaptèrent qu'imparfaitement à la nouvelle constitution, l'interprétation et le développement particuliers qu'y reçurent certaines dispositions des Etablissements eux-mêmes, rendirent l'organisation de cette ville, pendant le moyen âge, assez différente de celle des autres villes régies par la même loi municipale.

On sait déjà que pour nous rendre compte de ce que fut cette organisation dans tous ses détails, nous avons des documents en abondance. Ce sont d'abord les nombreux privilèges concédés à Bayonne par les rois d'Angleterre, ensuite la coutume de 1273 dont nous avons déjà parlé, enfin et surtout une série nombreuse d'*Etablissements municipaux*. On nomma ainsi à Bayonne, non pas la constitution octroyée par Jean Sans-Terre qui fut toujours connue sous le nom de charte de commune (*carte de comune*), mais des règlements faits par les magistrats de la ville, souvent avec l'approbation du peuple et qui concernent, non seulement la police et les corporations, mais encore tout le droit municipal et la constitution même de la ville. Les auteurs de la coutume de 1273 reconnaissent dans toute son étendue le droit du maire et des cent-pairs de faire « *establiment* » sur les jurés de la commune, c'est-à-dire sur les bourgeois ; ils veulent seulement que ces règlements ne soient en opposition ni avec le droit du suzerain, ni avec celui des étrangers ; ces limites mêmes n'ont pas toujours été rigoureusement observées. Il s'est conservé dans les archives de Bayonne un grand nombre de documents de cette nature ; quelques-uns seulement sont antérieurs à la compilation de 1273, un plus grand nombre date des dernières années du xiii° siècle, la plupart sont du xiv° et du commencement du xv° siècle. C'est là une source importante du droit municipal bayonnais, mais malheureusement elle a subi des altérations. En effet, ce n'est pas en originaux que nous sont parvenus ces documents; plusieurs des registres qui les contiennent sont, nous l'avons dit, des compilations postérieures à la réorganisation de la municipalité par Charles VII, destinées à servir de manuels aux magistrats du corps de ville; aussi les scribes n'ont-ils jamais manqué, toutes les fois que cela leur a paru utile, de substituer, dans le texte de ces actes, les nouvelles dénominations de magistrats à celles en usage à l'époque où chacun de ces règlements avait été composé. C'est ainsi que, tandis qu'ils ont laissé figurer parfois dans les protocoles les cent-pairs, les échevins, les jurés, etc., ils ont eu soin, dans le corps des actes, d'attribuer, par exemple, « aux douze et aux vingt-quatre » des attributions ou des privilèges qui certainement, dans les originaux, devaient concerner les pairs, les échevins ou les jurés [1].

CENT-PAIRS. — L'acte par lequel Henri III nomma en 1243 les cent-pairs de Bayonne me paraît avoir donné à cette institution un caractère bien différent de celui qu'elle avait dans les autres villes régies par les Établissements [2]. En déclarant que ces cent prudhommes gouverneraient la ville tant qu'il lui plairait, qu'ils devraient la garder et la défendre non seulement pour lui, mais encore pour ses successeurs, il semble bien que ce n'était pas une magistrature élue et annuelle qu'il pensait créer. Rien, dans la coutume de 1273, n'autorise à croire qu'alors il en fut autrement, et cependant un établissement municipal de la fin du xiii° siècle, qui fixe la date des élections municipales au premier samedi d'avril de chaque année, comprend, à n'en pas douter, les cent-pairs parmi les magistrats qui doivent être nommés à cette époque [3].

Faut-il faire remonter à l'époque de la concession des Établissements par Jean Sans-Terre, ou du moins à l'institu-

---

[1] Voy., comme exemple, les *Pièces justif.*, n°s XI, XVI, XVII.
[2] Voy. plus haut, pp. 14 et 109.
[3] *Pièces justif.*, XII.

tion des cent-pairs par Henri III, cet usage de soumettre chaque année leur corps entier à une réélection? M. Balasque l'a cru, mais, manquant de point de comparaison, il pensait qu'il en était ainsi dans toutes les villes qui possédaient cette institution. On serait plutôt tenté de croire que la même politique qui avait enlevé à ce corps la désignation des candidats à la mairie avait aussi voulu les faire renouveler chaque année pour empêcher la formation de cette aristocratie municipale dont nous avons vu plus haut les funestes conséquences. Toutefois, bien que le document unique qui fasse mention de cette élection ne dise pas comment on y procédait, il y a toute apparence que ce corps, qui, d'après les Etablissements de Rouen, était avant tout un collège électoral et qui nommait à toutes les magistratures, désignait également les cent-pairs qui devaient être en fonctions pendant l'année suivante. Et dès lors, comme aucun texte ne stipule pour les cent-pairs un temps d'inéligibilité après leur sortie de charge, analogue à celui qui était imposé aux maires, il est clair que la majorité avait le pouvoir de réélire toujours ses membres et de ne jamais s'adjoindre que des partisans dévoués. Tandis que la charte de Henri III semble dire que les pairs nommés par le roi sont révocables par lui (*qui regant populum nostrum Baione quamdiu nobis placuerit*), la réélection annuelle garantissait en quelque sorte aux cent-pairs la perpétuité de leur charge. Il eût été contraire à la politique anglaise de l'établir, et plutôt que de croire qu'elle fut là règle dès le début, nous inclinerions à penser qu'elle dut s'établir peu à peu, peut-être à l'imitation de ce qui se passait à Bordeaux où cinquante jurats et cinquante conseillers étaient élus annuellement. Peut-être aussi ce système de réélection fut-il une conséquence de l'ignorance et de l'indifférence des agents royaux qui ne se rendirent pas compte que cette simple formalité du renouvellement annuel d'un collège de magistrats par lui-même était un empiètement sur les droits du roi. C'est ainsi que, sans avoir été nulle part formulé, cet usage avait pu être suffisamment consacré par l'usage dès 1298, pour qu'on le sanctionnât à propos de la fixation du jour des élections municipales. Dans tous les cas, c'étaient bien les mêmes hommes qui, à Bayonne, comme dans toutes les villes régies par les Établissements, se perpétuaient dans la pairie, passaient à tour de rôle par les autres magistratures, constituaient l'aristocratie municipale et faisaient du gouvernement de la ville une véritable oligarchie.

A Bayonne comme ailleurs, ce régime eut pour conséquences, nous l'avons dit, des dissensions, des luttes violentes et l'intervention royale. Si celle-ci fut moins funeste à l'indépendance municipale que dans beaucoup d'autres villes, c'est qu'au moment où le roi d'Angleterre aurait pu tirer profit de ces querelles, il était absorbé lui-même par la défense de ses possessions du continent et trop intéressé à ménager les villes pour songer à profiter de leurs discordes intérieures au risque de s'en aliéner les divers partis.

Bien que les cent-pairs constituassent tout le corps de ville y compris les deux collèges des échevins et des conseillers, la coutume s'était établie de ne donner le nom de pairs qu'aux 75 magistrats qui n'étaient ni échevins ni conseillers. Leur réunion se nommait *la centaine*, et, pour qu'il y eut centaine suffisante (*centeye degude*), c'est-à-dire pour qu'ils pussent valablement délibérer ou juger, il fallait que cinquante d'entre eux au moins fussent présents [1]. Comme dans les autres villes, ils élisaient chaque année dans leur sein les candidats à la mairie et tous les magistrats municipaux de l'année suivante.

La formule du serment qu'ils devaient prêter comme électeurs, au XIV° siècle, nous est parvenue; ils devaient jurer de ne tenir aucun compte des relations de parenté, d'alliance ou d'amitié, ni des dons, prières ou promesses, de n'avoir égard absolument qu'aux intérêts de la ville [2]. La formule de celui qu'ils prêtaient à leur entrée en charge, à la fin du XIV° siècle, est tout à fait conforme à celle qu'indiquent les Etablissements [3]. Un établissement municipal leur interdisait de voter par lettres en cas d'absence; toutefois, ils pouvaient, avec l'approbation du maire et des jurés, donner procuration écrite à un bourgeois de voter à leur place, et il ressort du texte qu'un bourgeois, muni d'une procuration, pouvait voter, même pour un électeur décédé avant l'époque des élections [4].

---

[1] *Coutume de 1273*, XIII.

[2] Bib. nat., Arch. de Bayonne, AA 1, p. 383. — Cf. une autre formule de 1392, *Ibid.*, p. 298.

[3] *Ibid.*, p. 384. — Cf. l'art. 54 des Etablissements.

[4] Etablissement municipal du 2 avril 1834-35. Arch. de Bayonne, AA. 1, p 150.

Plusieurs des officiers de la ville devaient également être nommés en centaine [1]. En 1335, les cent-pairs nommaient aussi le guet de nuit [2].

Comme ailleurs, les cent-pairs constituaient un corps judiciaire dont nous examinerons plus loin la compétence. Ils participaient à la confection des règlements ou établissements municipaux et à l'administration et au gouvernement de la ville. Eux seuls pouvaient délivrer des lettres de marque contre les étrangers [3].

A ces attributions de la centaine en tant que corps, il faut joindre la qualité de témoin privilégié qu'avait individuellement chacun de ses membres [4].

MAIRE. — Le maire, d'après les Etablissements, était choisi par le roi sur une liste de trois candidats qui était formée par les cent-pairs; en fait, ce fut au sénéchal de Guyenne que fut délégué le droit de nommer maire l'un des trois candidats présentés. Mais nous avons vu que de 1251 à 1296, de 1314 à 1318, en 1341, en 1362 et dans les dernières années de la domination anglaise, les maires furent nommés directement par les rois, qui souvent, conférèrent cette magistrature à des étrangers. En 1341 et en 1362, le délégué du roi au gouvernement de Bayonne ne prit pas le titre de maire, mais seulement celui de *vicaire*. Par contre, de 1392 à 1401, ce furent les cent-pairs qui élurent directement les maires, sans présenter de listes de candidats. Comme les maires qui n'émanaient pas de l'élection, ceux qui n'eurent pas la confirmation royale prirent aussi le titre de vicaire ou bien encore celui de régent de la mairie ou de gouverneur de la ville (*Regidor, governedor, regent l'offici de la maiorie*).

Dès 1319, un établissement municipal obligea les trois candidats à jurer, aussitôt après leur élection, de ne faire ni démarche ni sollicitation quelconque pour obtenir la mairie [5]. Cette défense dut être renouvelée en 1327 [7], en 1359 [6] et en

---

[1] Etabl. mun. de 1327. *Pièces justif.*, XVII.
[2] Arch. de Bayonne, AA. 1, p. 147.
[3] *Coutume de 1273*, civ.
[4] *Ibid.*, cxv.
[5] Arch. de Bayonne, AA 1, p. 144.
[6] *Ibid.*, p. 146.
[7] *Ibid.*, p. 250.

1392[1]. En 1339, on décida que, le jour même de l'élection, la liste des trois candidats devrait être adressée au sénéchal[2]. L'établissement municipal de 1327 stipulait que, si un candidat refusait le serment, on procéderait à une nouvelle élection pour le remplacer.

Rien dans les Établissements ne s'opposait à ce que le maire sortant de charge fût immédiatement réélu; à Bayonne, en 1243, le roi, à l'exemple de ce qui se passait à Bordeaux et dans les autres villes de Guyenne, décida qu'il ne pourrait l'être qu'après une interruption de trois ans[3], mais jamais cette règle ne fut rigoureusement observée. Ce fut en vain qu'en 1327, on fixa à neuf ans[4], en 1359 à quatre ans[5] et de nouveau à neuf ans, en 1392[6], l'intervalle qui devait séparer la nomination du même personnage à la mairie. Ces règles ne furent respectées, on l'a vu, par le gouvernement anglais et par les Bayonnais que quand, de part ou d'autre, on n'eut aucun intérêt à les violer.

C'était un principe à peu près constant au moyen âge que les charges municipales ne pouvaient être refusées ; au début du xiv° siècle, lorsqu'après l'avènement de Henri IV, Bayonne fut retombée sous la tutelle du gouvernement anglais, dont les exigences, sans cesse renouvelées pour soutenir la guerre avec la France, rendaient la position de maire difficile et périlleuse, on décida qu'on pourrait contraindre, même par l'emprisonnement, les élus à accepter les fonctions de maire et de jurés, et que les récalcitrants seraient de plus condamnés à payer à la ville une amende de cent livres de Morlàas[7].

La plupart des maires qui furent nommés directement par le gouvernement anglais étaient déjà auparavant prévôts de Bayonne ; il y en eut même plusieurs qui réunirent à la fois

---

[1] Arch. de Bayonne, AA 1, p. 298.

[2] *Ibid.*, p. 162. — Voy. une lettre adressée au sénéchal, en 1362, par le corps des cent-pairs pour lui demander une nomination de maire. (*Ibid.* p. 288.)

[3] Voy. plus haut, p.109 , n 1.

[4] Arch de Bayonne, AA 1, p. 292.

[5] *Ibid.*, p. 250.

[6] *Ibid.*, p. 298.

[7] Etablissement municipal de 1415. Arch. de Bayonne, AA 3, fol. 264.

les offices de prévôt et de châtelain aux fonctions de maire, enfin, il arriva parfois que le prévôt fut nommé maire après avoir figuré sur la liste des noms proposés au choix du sénéchal. Ce ne fut qu'en 1380 qu'un établissement municipal décida qu'il y aurait à l'avenir incompatibilité entre l'office de prévôt et la charge de maire, « *per rezon de les opprecions e violencis que fazen de jorn en autre los maires estan perbos aus besins et habitans de Baione, encontre lors libertatz e franquesses, e plus quar assatz deu abundar a un homi de regir e gubernar bonemens l'un o l'autre dous suberdis officis* »[1].

Les archives de Bayonne ont conservé plusieurs formules du serment que devaient prêter les maires après leur nomination. Elles se rapprochent beaucoup des dispositions que contiennent à cet égard les Établissements (art. 53 et 54). On y avait ajouté, à Bayonne, la promesse de respecter les droits de l'Église et d'être fidèle au roi et à ses officiers (art. 53, *Texte de Bayonne* [2]). Plus tard, on y fit entrer les diverses dispositions relatives à la mairie comprises dans les établissements municipaux : en 1327, le maire dut jurer de ne pas briguer la mairie pendant neuf ans après sa sortie de charge ; en 1336, on ajouta la promesse de respecter un établissement municipal promulgué depuis peu et relatif à l'importation des vins et cidres [3] ; en 1383, on fit jurer au nouveau maire un arrangement conclu entre la ville et l'évêque [4].

Les fonctions de maire n'étaient presque nulle part gratuites au moyen âge. A Bayonne, au XIV° siècle, la pension du maire était de cent livres de Morlàas [5] ; ce qui, si l'on accepte les calculs de M. Balasque [6], ferait environ 3,600 francs de notre monnaie, mais équivalait à une vingtaine de mille francs, en tenant compte de la diminution du pouvoir de l'argent. Les mêmes établissements municipaux qui fixent le traitement du maire lui interdisent de toucher absolu-

---

[1] Arch. de Bayonne, AA 1, p. 194.
[2] Cf. Serment de 1327. Arch. de Bayonne, AA 1, p. 146.
[3] *Ibid.*, AA 3, fol. 267 v°.
[4] Arch. de Bayonne, AA. 1, p. 81 et 251.
[5] Etablissements municipaux de 1319, 1327, 1340, 1359 et 1392. *Ibid*, pp. 144, 146, 160, 250 et 298.
[6] *Ouv. cit.*, t. III, p. 29.

ment rien au delà. D'autres établissements municipaux, de 1339 et de 1341, fixent sa pension à 100 « *reiaus d'aur* » [1] et un autre, de 1367, l'élève à 125 « *fors* » [2].

Le maire, à Bayonne comme à Rouen, avait un pouvoir et des attributions très étendus, qu'il exerçait sous le contrôle et avec l'assistance des autres magistrats. Le tribunal municipal était *le cort dou maire ;* il y siégeait tous les jours, y jugeait seul avec son lieutenant ou son auditeur les causes sommaires [3] et présidait l'échevinage ou la centaine qui jugeaient les autres. Il remplissait de plus les rôles qu'ont de nos jours le ministère public et le magistrat instructeur. C'était lui qui recevait les plaintes, était saisi par les parties, poursuivait d'office, en cas de crime, interrogeait les accusés, etc[4]. Il était de plus officier de police judiciaire, et c'est en cette qualité qu'il procédait aux arrestations, à l'exécution des jugements en matière civile, à la réintégration avant tout procès du possesseur d'immeuble expulsé par force ou par violence [5], ou à l'exécution coutumière nommée paie de commune (*pague de communie*) [6]. S'il y avait de sa part déni de justice (*judgement denegat*) ou refus d'exécution, on pouvait le poursuivre devant l'échevinage, et, dans ce cas, les jurés devaient s'abstenir de l'assister dans les plaids ou les conseils et refuser d'exécuter ses ordres jusqu'à ce que justice fût faite [7]. Si le maire était condamné, il l'était à une peine double de celle qui aurait frappé un autre accusé [8].

C'était entre les mains du maire que se prêtaient tous les serments ; c'était lui qui nommait à la plupart des offices de la ville, mais sous le contrôle et parfois avec l'assistance des jurés ou même de la centaine [9].

---

[1] Arch. de Bayonne, AA 1, p. 163.

[2] *Ibid.*, p. 184. Les *fors* équivalaient aux livres de Morlàas. Voy. Ducange au mot *Furcia*.

[3] *Coutume de 1273, passim.* — Etablissement municipal de 1299, art. 2. *Pièces justif.*, XIII.

[4] *Coutume de 1273*, CIII, 16.

[5] *Ibid.*, XC, 1.

[6] *Ibid.*, CVI, 2.

[7] *Coutume de 1273*, XV.

[8] Etablissements, art. 9. — *Coutume de 1273*, XVII. — Etablissement municipal du XIII° siècle. Arch. de Bayonne, AA 3, fol. 214.

[9] Etablissements municipaux de 1299 (*Pièces justif.*, XIII), de 1327 (*Ibid.*, XVII) et de 1392 (Arch. de Bayonne, AA 1, p. 298).

Comme administrateur, le maire présidait tous les conseils de la ville et, en cas de partage, sa voix y était prépondérante [1]; il participait à la rédaction des établissements municipaux et avait la surveillance de la police, de la voirie et des corporations. Un des derniers etablissements de la commune porte qu'il doit chaque année faire un dénombrement des habitants [2], mais c'est là une mesure de circonstance dont le but fut de se rendre compte des ressources de la ville en hommes et en armes.

Le maire gérait les finances de la ville avec l'assistance des conseils. Au xv° siècle, l'administration financière était organisée à peu près comme elle l'est dans nos villes d'aujourd'hui. Les créanciers de la ville étaient porteurs d'obligations (*letre obligatori*), scellées, signées du maire et revêtues de la mention d'approbation des conseils [3]. Le maire était ordonnateur des dépenses, et pour ordonner des paiements, délivrait des mandats (*aubarars*) sur les trésoriers de la commune [4]. Dès le xiv° siècle, chaque maire, après sa sortie de charge, devait rendre ses comptes devant le maire et les cent-pairs nouvellement installés qui lui faisaient payer seulement alors sa pension, s'il y avait lieu, et lui délivraient : « *cartes de quitance saierades en pendent dou grant saiet de le comunautat de Baione.* [5] »

Le maire avait encore le commandement des milices communales ; ce fut même souvent pendant le moyen âge sa principale, sinon sa seule attribution. Dans ce cas, il se déchargeait sur un sous-maire de ses fonctions judiciaires et administratives. La plupart des maires de Bayonne furent avant tout marins et hommes de guerre. A des hommes comme le maire Guillaume qui, en 1242, commandait avec Jean Dardir les galées et les nefs de Bayonne au siège de La Rochelle [6], ou comme Pierre de Poyanne qui pendant l'année de sa première mairie poursuivit les navires français et flamands avec tant de succès que le roi lui donna une commission de

---

[1] Etablissement municipal de 1296, art. 11. *Pièces justif.*, XI.
[2] Etablissement municipal de 1449. Arch. de Bayonne, AA 1, p. 355.
[3] Etablissement municipal du 26 août 1414. *Ibid.*, p. 312.
[4] Etablissement municipal du 11 octobre 1420. *Ibid.*, p. 318.
[5] Etablissement municipal de 1339 *Ibid.*, p. 163.
[6] Champollion, *Lettres de rois*, t. I, p. 66.

maire pour la durée de la guerre[1], il n'était pas possible de remplir les multiples fonctions qui, d'après les documents, auraient dû absorber presque tous les instants d'un maire de Bayonne. D'après un établissement de 1315, le maire avait toujours été « *cappitaine generau de le ciutat*[2] ; cette appellation figura dans ses titres après la conquête de Charles VII, et le premier magistrat de Bayonne fut toujours appelé, depuis 1451 : « *gouverneur, maire et capitaine général de la ville de* » *Bayonne*. » C'est à ce titre qu'il eut toujours la surveillance du guet et que, malgré de nombreuses contestations, il ne cessa de maintenir son droit de garder les clefs de la ville[3].

LIEUTENANT DE MAIRE. — Le sous-maire ou lieutenant de maire n'était pas à Bayonne un magistrat municipal, mais un simple officier ; il n'en est pas question dans les Etablissements de Rouen, mais quelques établissements municipaux de Bayonne, antérieurs à la coutume de 1273, qui nous sont parvenus, en font mention. La coutume veut qu'il soit choisi parmi les jurés de la cour[4]. Au XVᵉ siècle, il devait de plus, comme les autres magistrats, être propriétaire foncier[5]. Il était à la nomination du maire et pouvait être révoqué par lui ; cependant le maire devait le présenter aux conseils devant lesquels il prêtait le même serment qu'avait prêté le maire à son entrée en charge ; si les conseils le jugeaient incapable ou insuffisant, ils avaient le droit de pas l'accepter[6]. Il était l'assesseur du maire qui pouvait le déléguer dans toutes ses fonctions : justice, administration, police et commandement des milices communales[7].

Dans les procès criminels devant la cour des cent-pairs, le sous-maire avait un rôle particulier : lorsque le plaignant

---

[1] Voy. plus haut, p. 129.
[2] *Pièces justif.*, XVI, art. 11.
[3] Etablissement municipal de 1334. Arch. de Bayonne, AA 3, p. 130. — Cf. Etablissements, art. 40.
[4] *Coutume de 1273*, XVI, 1.
[5] Etablissement municipal de 1449. Arch. de Bayonne, AA 1, p. 356.
[6] Etablissement municipal de 1299, art. 2, 3, 4 et 5. *Pièces justificatives*, XIII.
[7] Etablissements municipaux de 1296 et de 1315. *Pièces justificatives*, XI et XVI.

s'était désisté ou qu'il n'y avait pas eu de plainte au maire, il prenait le rôle d'accusateur (*accusedor*[1]). Nous avons dit plus haut que dans les affaires sommaires il était le seul assesseur du maire.

Vingt-quatre jurés. — Échevins. — Conseillers. — L'organisation de Bayonne ne présente rien de particulier en ce qui touche les vingt-quatre jurés ; ils y portaient le titre de *jurats de le cort*. Fréquemment le nom de conseillers était étendu aux échevins et la réunion des vingt-quatre jurés était appelée le *Cosseilh*. A la fin du xiv° siècle, un établissement municipal stipula que pour faire partie de ce conseil, il fallait être né à Bayonne [2] ; en 1449, on y ajouta l'obligation d'être propriétaire foncier [3].

L'*échevinage*, c'est-à-dire la réunion des douze échevins, assistait le maire dans l'administration et dans l'exercice de sa juridiction. Les conseillers complétaient l'assemblée ou le tribunal, ou encore y étaient appelés avec voix consultative. La présence de six échevins et du maire suffisait pour qu'il y eut échevinage suffisant (*degut sclevinadge* [4]).

Officiers de la commune. — Les officiers aux gages de la commune étaient fort nombreux à Bayonne, mais ce n'est guère que dans les documents du xiv° siècle qu'il en est fait mention et ce fut alors seulement en effet que l'administration municipale devint assez compliquée pour exiger la création de la plupart des emplois qu'ils remplirent. Un établissement municipal de 1327 les énumère presque tous et détermine le mode de leur nomination ; les uns, nommés par le maire, doivent être confirmés par l'assemblée des vingt-quatre jurés, d'autres sont élus par cette assemblée, d'autres enfin doivent être élus en centaine [5]. Un établissement municipal de 1392 décida que ce dernier système de nomination serait appliqué à tous les officiers de la commune [6].

---

[1] *Coutume de 1273*, CIII, 18.

[2] Établissement municipal du 1ᵉʳ août 1380. Arch. de Bayonne, AA 1, p. 194.

[3] *Ibid.*, p. 356.

[4] *Coutume de 1273*, XIII.

[5] *Pièces justific.*, XVII.

[6] Arch. de Bayonne, AA 1 p 298.

Nous avons déjà parlé du plus important de ces officiers, du *lieutenant de maire* qui avait dans la commune un rôle plus considérable que beaucoup de magistrats.

Le *clerc ordinaire de la ville* avait aussi des attributions étendues, comme on peut le voir par les formules du serment qu'il devait prêter en prenant possession de son office. Ces serments, de 1273, de 1336 et de 1352, ne diffèrent que fort peu les uns des autres [1]. Il était en quelque sorte le secrétaire des conseils de la ville et le greffier des audiences; c'était lui qui, au xiv° siècle, faisait expédier par des commis placés sous ses ordres toutes les écritures qu'exigeaient une administration et une justice déjà assez compliquées, ainsi que le montre un tarif des droits qu'il percevait pour la délivrance des citations, jugements, cautions, ordonnances, etc.[2].

Par son serment, le clerc de la ville s'engageait à conseiller loyalement les maire, jurés et cent-pairs, à juger loyalement d'après les coutumes, à garder le secret des délibérations, à éviter tout dommage à la cité et à ses habitants, à leur procurer au contraire profits et avantages, à être inaccessible à la corruption, etc. Comme on voit, son rôle était important, il assistait à toutes les assemblées, il y était le représentant de la tradition et c'était sur lui que devait reposer toute l'administration ; toutefois, s'il prenait part aux discussions, ce n'était que pour donner aux magistrats des renseignements : *lo clerc no a aucune butz. car no es que conseilher*[3].

Il était élu en centaine parmi les citoyens de la ville remplissant certaines conditions ; un établissement municipal des derniers temps de la domination anglaise stipule qu'il doit être propriétaire d'immeubles sis dans la ville [4]. Son élection devait être confirmée par le roi [5].

Les *sergents* appelés parfois *sergens de masse* et plus souvent *sirvens deu maire et conseil*, étaient les huissiers de la cour du maire ; ils signifiaient les assignations et les jugements,

---

[1] *Coutume de 1273*, ix. — Arch. de Bayonne, AA 3, fol. 268, AA 1, p. 248.
[2] *Ibid.*, p. 296.
[3] Etablissement municipal de 1296. *Pièces justific.*, XI.
[4] Etablissement municipal de 1449. Arch. de Bayonne, AA 1, p. 356.
[5] Etablissement municipal de 1327, art. 4, *Pièces justificatives*, XVII.

portaient les contraintes, concouraient aux exécutions et faisaient les saisies. C'étaient eux qui étaient chargés de transmettre les ordres du maire et de convoquer les réunions extraordinaires des jurés et des pairs [1]. Quand un office de sergent venait à vaquer par suite de mort, de démission ou de révocation, un nouveau sergent était élu par le maire et les vingt-quatre jurés [2].

Il ne faut pas confondre les sergents du maire avec les *sergents du guet* ou de la ville, officiers chargés, au XIV° et au XV° siècles, concurremment avec les citoyens, de veiller à la sûreté de la ville. Ceux-ci étaient au nombre de six, ils devaient être voisins et fils de voisins et étaient élus et reçus en centaine [3].

Dès 1327, la ville avait un procureur-syndic, (*procuraire et scindic*), élu par le maire et les vingt-quatre jurés [4]. Ce devait être, dit un établissement municipal de 1449, un « diligent et bon praticien. » Ses fonctions consistaient à intenter ou soutenir les procès de la ville, à poursuivre devant les tribunaux municipaux les crimes, les délits et même les contraventions de police et de voirie. Son office était en quelque sorte, pour employer une expression moderne, le parquet des tribunaux de la ville. Il rendait compte au maire et au conseil ; il avait encore la garde des archives, devait veiller à la conservation des privilèges et, en temps opportun, en provoquer la confirmation [5].

Au XIV° siècle, la gestion des finances de la ville était confiée à deux *trésoriers*, chargés de percevoir tous les revenus de la ville, impôts, amendes, droits, rentes et deniers quelconques, d'en faire dépense sur les mandats qui leur étaient

---

[1] *Coutume de 1273*, XXVI et XXVII. — Etablissement municipal de 1296, art. 13. *Pièces justificatives* XI. — Formule du serment des sergents en 1336. Arch. de Bayonne, AA 3, fol. 271.

[2] Etablissement municipal de 1327, art. 2. *Pièces justificatives*, XVII.

[3] Serment de 1336. Arch. de Bayonne, AA 3, fol. 271 v°. Etablissement municipal de 1340. *Ibid.*, AA. 1, p. 160. — Actes de réception en 1434 et 1445, *Ibid.*, pp. 347 et 349.

[4] Etablissement municipal de 1327, art. 5. *Pièces justificatives*, XVII.

[5] Serment de 1336. Arch. de Bayonne, AA 3, fol. 268 v°. — Etablissement municipal de 1449, Arch. de Bayonne, AA 1, p. 356.

adressés par le maire et de dresser chaque année le compte des recettes et dépenses de la commune. Ils étaient nommés en centaine, prêtaient serment, d'abord avant de prendre possession de leur office, et de plus, chaque année, après avoir rendu leurs comptes, pour'affirmer la loyauté de leur gestion pendant l'exercice écoulé. Les gages annuels de chacun d'eux étaient, en 1341, de 20 réaux d'or[1].

La cour du maire comportait encore, à la fin du XIIIe siècle, un *auditeur*, nommé par le maire ou, en son absence, par le conseil et qui devait être « *bon costumer et pratician*[2] », et un *escrivian de le cort deu maire*, chargé de tenir registre de la procédure suivie et des actes expédiés[3]. En 1327, nous rencontrons un *greffier* qui signe et scelle du sceau de la mairie les commissions des officiers de la ville[4]. En 1341, les deux *chanceliers*, remplacés plus tard par *l'enquesteur*, étaient spécialement chargés de faire l'instruction des procès criminels[5].

Nous trouvons encore dans les documents des messagers (*messadgers qui anin seguir coites de le biele*) et des ambassadeurs (*embachedors*), nommés sans doute pour chaque mission et qui avant de partir et à leur retour devaient prêter serment en conseil[6].

Les clefs de la ville, dont les Établissements attribuaient la garde au maire, étaient confiées matin et soir pour ouvrir et

---

[1] Formule du serment que doivent prêter les trésoriers à la fin de chaque exercice (1325), AA 1, p. 142. — Etablissement municipal de 1327. *Pièces justificatives* XVII. — Formule du serment que doit prêter le trésorier en prenant possession de sa charge (1336), Arch. de Bayonne, AA 3, fol. 269. — Etablissements municipaux de 1339, 1341, 1420, *Ibid.*, AA 1, pp. 162, 163, 318.

[2] Etablissement municipal de 1299, art 6. *Pièces justificatives.*, XIII.

[3] *Coutume de 1273*, XXIII.

[4] Etablissement municipal, art. 5 et 6. *Pièces justificatives*, XVII.

[5] Etablissement municipal. Arch. de Bayonne, AA 1, p. 163. — Serment de l'enquesteur en 1336. *Ibid.*, AA 3, fol. 270. Balasque fait remarquer avec raison que le terme d'enquesteur a dû remplacer celui de chancelier dans la copie de cette formule de serment, puisque l'office d'enquesteur ne fut établi que par le maréchal de Gié en 1488. (Bibl. nat. Ms. n. acq. fr., 3382, fol. 146.

[6] Etablissement municipal de 1325, et serments de 1336 et de 1445, environ. Arch. de Bayonne, AA 1, pp. 142 et 349, AA 3, fol. 274.

fermer les portes à un bourgeois « *leyau et fideu* » nommé par le maire et le conseil. Il jurait fidélité au roi, au maire, au conseil et à la ville, devait ouvrir et fermer les portes à l'heure prescrite, en présence des gardes et, aussitôt les portes ouvertes ou fermées, devait, escorté d'un garde désigné à cet effet, reporter les clefs au maire ou à son lieutenant, sans s'arrêter nulle part en chemin [1].

Nous parlerons plus loin, à propos du service de guet et de garde, des capitaines et gardes de la ville, nommés aussi à l'élection.

En 1304, on institua quatre gardes des chemins, vergers et vignes de la banlieue [2].

Le pontier (*ponter*) avait la surveillance et la direction non seulement de l'œuvre des ponts, mais de tous les travaux de la ville ; il faisait les marchés, embauchait, surveillait, dirigeait et payait les ouvriers, pourvoyait aux réparations urgentes et signalait au maire et au conseil les travaux nécessaires [3].

Enfin, dans l'établissement municipal de 1327, nous trouvons une énumération d'officiers subalternes que nous nous bornerons à reproduire, n'ayant pas pu trouver quelles devaient être les fonctions de plusieurs d'entre eux. Ce sont les *braymans* (rouleurs de barriques) [4], *sortidors* (déchargeurs de poissons) [5], *hachers* (mesureurs de sel?), *relotgé* (horloger), *bergantine*, *cride* (crieur public), *trompete* (trompette de ville), *jaulé* (geolier), *portalers* (portiers), *mestes charpenters deu pont*, *leumant deu Bocau* (pilote du Boucau) [6].

BOURGEOIS. — Nous avons eu déjà l'occasion de dire que c'était par le terme de *voisins* que l'on désignait d'habitude

---

[1] Etablissement municipal de 1334, Arch. de Bayonne, AA 3, fol. 130. Cf. Etablissements, art. 40, note.

[2] *Pièces justificatives*, XV.

[3] Serment de 1336. Arch. de Bayonne, AA 3, fol. 270 v°.

[4] Dans un tarif de salaires de 1353 se trouve la mention suivante qui justifie cette interprétation : « Fo ordenat que los braymans prenguon » por portar e descargar pipe pleie, por cade pipe, viij ternes. » (Arch. de Bayonne, AA 1, p. 285.)

[5] Dans un autre tarif: « Le taxe e celari dous sortidors. Tot primer » per mille de marlus sortir, XL ard. » (*Ibid.*, AA 3, p. 256.)

[6] *Pièces justificatives*, XVII.

les bourgeois de Bayonne. Ce nom n'a pas été employé seulement par le traducteur des Établissements de Rouen, c'est lui qu'on trouve dans la coutume de 1273 et dans tous les établissements municipaux. Parfois aussi, on rencontre dans le même sens, comme à Rouen, l'expression : jurés de communes (*los juratz de le comuni*).

On acquérait le droit de bourgeoisie ou de voisinage (*vesiautat*), par la naissance, le mariage ou un séjour d'an et jour dans la ville. Le fils de voisin, l'étranger qui épousait une bayonnaise et fixait sa résidence à Bayonne étaient bourgeois de plein droit[1]. Les clercs bénéficiers dans l'église de Bayonne jouissaient par là même des franchises de bourgeoisie[2]. Quiconque avait résidé dans la commune an et jour devait se faire recevoir voisin et prêter le serment de voisinage sous peine de la prison. Cette disposition des Établissements ne se retrouve pas dans la coutume de 1273 ; elle était peut-être tombée en désuétude au cours des XIIIe et XIVe siècles, mais elle fut confirmée de nouveau par un établissement municipal de 1415[3]. D'après ce texte, la peine de la prison ne faisait que garantir une amende de cent livres, à laquelle était condamné celui qui refusait de se soumettre à cette règle. En 1449, on défendit même, et sous peine de voir tous ses biens saisis, de séjourner dans la commune plus de quinze jours sans prêter le serment de voisinage, mais c'était une des nombreuses précautions que l'on prenait alors pour assurer la fidélité de la ville[4].

La coutume de 1273 nous a conservé la formule du serment que l'on devait prêter pour acquérir le droit de voisinage : fidélité au roi d'Angleterre, au maire, aux jurés et à la commune, promesse de procurer profit et honneur à la ville et à ses habitants et de leur éviter tout dommage, promesse de ne jamais citer un voisin devant la juridiction d'un autre seigneur, telles en étaient les principales dispositions[5]. Une autre formule du XIVe siècle développe plus longuement

---

[1] Cf. les dispositions analogues des coutumes de Saint-Sever citées par Ducange au mot *Vicinus*.
[2] *Coutume de 1273*, XIX.
[3] Arch. de Bayonne, AA 3, fol. 264 v°.
[4] *Ibid.*, AA 1, p 355.
[5] *Coutume de 1273*, VIII.

les mêmes points[1]. Le serment se prêtait alors sur le livre des Établissements, contenant la charte de 1215 et les établissements municipaux.

Indépendamment de ces serments de réception, on en demandait souvent d'autres au peuple de Bayonne, selon les circonstances, par exemple : le serment d'être fidèle au roi d'Angleterre, de maintenir la paix dans la commune, de ne former ni confréries ni conspirations et de dénoncer quiconque ferait le contraire, que le prince Edouard fit prêter à deux cent quarante bourgeois, en 1254, après les troubles dont nous avons parlé[2], et qu'Edouard III fit renouveler à peu près dans les mêmes termes au xive siècle[3]. Certains établissements municipaux devaient être jurés par tous les habitants, et il en était parfois dont les femmes elles-mêmes étaient tenues de jurer l'observation[4]. On peut encore citer le serment de fidélité que le roi d'Angleterre, à la veille de perdre Bayonne, fit renouveler à chaque habitant[5]. De plus, à chaque avènement, et chaque fois qu'un nouveau lieutenant ou un nouveau sénéchal était envoyé en Guyenne, tous les habitants devaient renouveler le serment de fidélité[6].

Les gens d'église prêtaient, au xive siècle, un serment un peu différent de celui des bourgeois. Ils juraient fidélité au roi et à la commune, promettaient de leur éviter tout dommage, s'engageaient même à dénoncer toute personne qui, à leur connaissance, serait dans l'intention de nuire au roi ou à la ville, mais faisaient une restriction cependant pour les cas où ils seraient obligés au secret et réservaient les droits de l'Église et la fidélité qu'ils lui devaient[7].

L'un des caractères particuliers de l'organisation de

---

[1] Serment postérieur à 1336. Arch. de Bayonne, AA 1, p. 71.

[2] Voy. plus haut, p. 111.

[3] Arch. de Bayonne, AA 1, p. 304.

[4] Par exemple l'interdiction de donner asile aux bannis, promulguée en 1291 : « e que ac juran todz los bons homis e las femnas de la biele. » (Arch. de Bayonne, AA 1, p. 108.)

[5] Serment de 1449. *Ibid.*, p, 355.

[6] Voy. diverses formules : « Cum deu jurar lo senescaut a le biele e le biele a luis. » Arch. de Bayonne, AA 1, p. 62.

[7] Serments de 1336 et de 1341, Arch. de Bayonne, AA. 3, fol. 272, et AA 1, p. 340.

Bayonne consistait dans le rôle qui ne cessa d'y être attribué aux bourgeois. On se souvient que la « charte des malfaiteurs, » à la fin du XII° siècle, et l' « acte de société des navigateurs de Bayonne, » au XIII°, avaient reçu l'approbation de tout le peuple de la cité [1]. Il en était de même dans toutes les communes du midi de la France où la souveraineté ne cessa jamais de résider en théorie dans les assemblées générales du peuple. L'introduction à Bayonne des Établissements ne modifia pas sur ce point les usages du pays, et jusqu'à l'époque de la conquête française, on continua de faire acclamer par le peuple, réuni à son de trompe au cloître de Notre-Dame, autour de l'orme devant lequel se prêtaient tous les serments des officiers royaux et des magistrats, les décisions importantes prises en centaine et la plupart des établissements municipaux, que les magistrats jugeaient nécessaire de soumettre à cette confirmation. C'est cette assemblée que l'on nommait à Bayonne le commun conseil (*comunau cosseilh*). Parfois même, les bourgeois notables étaient appelés à prendre une part plus effective aux délibérations de la centaine ; les prudhommes de la ville siégeaient alors à l'hôtel de ville (*en le maizon de le veziau, enter los dus murs, au cap de l'arruc de l'abesque*) avec les pairs et collaboraient avec eux à la rédaction des établissements municipaux [2]. Cette réunion se nommait, au XV° siècle, la *cort de comuni*.

---

[1] Voy. plus haut, p. 106.

[2] La plupart des préambules qui précèdent les Etablissements municipaux font mention de la collaboration des prudhommes de la ville ou de la confirmation du peuple, quelquefois de l'un et de l'autre. Voy. *Pièces justif.*, XI, un règlement relatif à la juridiction municipale: « En » le mairetat de en Pascoau de Bille e de son conseilh ab tot le poble » fo establit que. . . . . » — Celui de 1298 sur les élections municipales est « autreiat per lo cosseilh comunau a le claustre amassatz. » (*Ibid.*, XII.) Les établissements de 1304 sont faits : « per lo maire et per los cent » pars e per moudz autres prohomis de le biele, amassadz en le maison » de le veziau, en centeie dehude. » (Arch. de Bayonne, AA 1, p. 114.) Un autre, de 1319, relatif aux commerçants étrangers, est fait « per lo medis maire e per los juradz e C. pars, e per motz d'autres » prohomis, aiustads en le maison de le beziau en centeie dehude, cum » acostumat es, a la requeste d'auguns maiestes e esturmans de naus e » d'autres seinhors de naus de Baione. e apres, mostrat au comunau » cosseilh a le claustre en ia forme qui s'fec » (*Ibid.*, p. 130.) — En » 1377, après conseil et délibération sur un règlement relatif aux mou-

Dans les derniers temps de la domination anglaise, on fut très frappé du danger qu'il y avait à la laisser accessible à des étrangers, qui, lorsqu'ils entendaient convoquer la cour de commune (*cridar cort de comuni*), se mêlaient aux voisins et influaient parfois sur les délibérations. Il fut alors décidé qu'il faudrait justifier, pour faire partie de ces assemblées, d'être voisin, marié, domicilié et d'avoir prêté le serment de commune (*vesin e ciutadant molherat, casetient e deu segrement de la comuni*), et ce, sous peine d'une amende de dix livres de Guyenne et de la prison [1].

Nulle part on ne trouve plus souvent affirmé que dans les établissements municipaux de Bayonne la solidarité des habitants, surtout vis-à-vis des étrangers. Tout voisin était tenu de secourir son voisin contre l'étranger [2]. Tout étranger qui avait fait tort à un voisin pouvait être impunément blessé ou même tué par un voisin ; la commune s'en portait garante envers et contre tous [3].

---

niers : « en le claustre de Nostre Dame de Baione, debat lo l'om, cum
» es acostumat, en le presenci dou mayre, dou loctenent de prebost reyau
» en Baione, juratz, centeye e comunautat de medihs loc, lediite orde-
» nation feyte suber lodiit pes, fo legide de mot a mot, assi cum dejus
» es feyte mention. E aqui medihs, legide lediite ordenation, losdiitz
» mayre, loctenent de prebost reyau en Baione, juratz, C. pars e co-
» munautat de medihs loc, laudan, approvan e certiffican per are e per
» totz temps, e per maneyre d'establiment lo conferman durader perpe-
» tuaumens, lo quoau volon e autreyan que fosse mes e escriut en lo
» libe dous establimentz, apres la jure que lo mayre de Baione a affar
» cascun an que entre en son offici, e volon e manan los seinhors so-
» berdiitz e comunitat que qui sie mayre de Baione derri en avant
» per totz temps que aura feit lo segrement acostumat, debat lo l'om
» au comenssement de son offici, juri aqui medihs, debat lodiit l'om,
» aquest present establiment feyt suber lediite ordenation e lo present esta-
» bliment tiera e obsservera bey e leyaumens asson leyau poder e
» saber, e que aquet no soffoquera ni quader non lachera tot frans e
» cubertes cessantz. . . (*Ibid.*, p. 174.)

[1] Etablissement municipal de 1449 (Balasque, *ouv. cit.*, t. III, p. 617).

[2] Etablissement municipal du 2 avril 1334. (Arch. de Bayonne, AA 1, p. 150). Cf. un autre établissement de la même époque interdisant aux étrangers le port de certaines armes : « Que tot los vesins aiudin e » sien tingudz d'aiudar au vesin contra l'omi estrainh. » (*Ibid*, AA 3, p. 33.

[3] Etablissement municipal de 1307. « Que si lo vesin o habitans de » Baionne plagauen o aucicen aquetz qui mau ni tort los farent ni » los prenen lo lor, outra, lor voluntat que s'ous valos, e la biele los » en portere garent envert totes personnes. (*Ibid.*, fol. 252.)

En 1304, après les troubles qui avaient suivi la reprise de la ville sur les Français, on défendit aux Bayonnais de sortir de la ville et d'aller travailler dans la banlieue sans armes ; s'ils étaient attaqués, ils devaient pousser le cri de *biafore* et tous ceux qui l'entendaient étaient obligés de se porter à leur secours [1].

Les voisins étaient tenus de prêter main-forte au maire et à ses officiers de justice pour arrêter les malfaiteurs et autres coupables [2]. Tous les voisins étaient tenus de remplir à l'occasion les fonctions de témoins [3], tous étaient soumis à l'obligation du guet [4], et d'une manière générale, aucun d'eux ne pouvait se refuser au service de la commune [5].

JURIDICTION MUNICIPALE. — Les voisins étaient soumis, en matière civile aussi bien qu'en matière criminelle, à la juridiction des tribunaux municipaux. D'après les Etablissements, cette juridiction ne comprenait pas la haute justice ; le meurtre, les blessures graves, les crimes et délits qui pouvaient être punis de la perte d'un membre, les procès qui donnaient lieu à duel judiciaire, étaient autant de cas royaux dont la connaissance appartenait exclusivement aux officiers du roi. Malgré ces dispositions, c'étaient le maire et les cent-pairs qui jugeaient à Bayonne les bourgeois accusés de crime, et le prévôt royal, qui, d'après la coutume de 1273, continuait à prêter le serment de bien et loyalement juger, selon sa conscience et son loyal pouvoir, n'était guère qu'un assistant que le maire était tenu d'inviter à prendre séance [6]. Le prévôt était de plus exécuteur des sentences de la cour municipale et surveillait l'application de la peine au point de vue des droits fiscaux de la couronne ; c'était à cela que se trouvait réduit son rôle. En fait, juridiction entière sur tous les voisins était exercée par la cour du maire, et, dès 1296, un établissement municipal qui déterminait les limites de cette juri-

---

[1] *Pièces justificatives*, XIV.
[2] Etablissement municipal de 1296, environ. Arch. de Bayonne, AA 3, fol. 9.
[3] *Coutume de 1273*, LIV.
[4] Etablissement municipal de 1315. *Pièces justif.*, XVI.
[5] Etablissement municipal de 1415. Arch. de Bayonne, AA 3, fol. 264 v°.
[6] *Coutume de 1273*, VII.

diction dans le territoire de Bayonne pouvait dire que toute la juridiction de première instance, haute, moyenne et basse, appartenait au maire et à son conseil depuis si longtemps qu'il n'était mémoire du contraire, et cela en vertu d'ancienne coutume, d'actes authentiques, et de la permission expresse ou tacite des vicomtes de Béarn et de Labourd et des rois leurs successeurs [1].

Souvent, il est vrai, les officiers royaux entreprirent de contester aux magistrats de Bayonne leurs droits de justice, tantôt en ce qui concernait la haute justice et plus souvent en ce qui touchait aux territoires qu'ils prétendaient soumis à leur juridiction, le faubourg de Cap-de-Pont, les terres de Labourd, de Gosse, de Seignaux et de Labenne, etc., qui avaient des baillis particuliers. Mais les rois d'Angleterre eurent toujours trop besoin des Bayonnais pour ne pas les ménager et ne pas leur faire expressément ou tacitement beaucoup de concessions à ce sujet. En 1296, la cour du maire fut déclarée justice d'appel pour les sentences rendues par les baillis des terres de Gosse, Seignaux et Labenne [2]. En 1344, Edouard III n'hésita pas à annuler des sentences de ses officiers qui avaient enlevé aux magistrats de Bayonne la juridiction du territoire de Cap-Breton [3]. La haute justice de la mairie de Bayonne survécut à la domination anglaise et jusqu'en 1789, la cour des maire, échevins et jurats de Bayonne condamna à la peine capitale [4].

Les voisins seuls étaient, nous l'avons dit, justiciables des tribunaux municipaux. Les étrangers et les clercs pouvaient aussi accepter leur juridiction et se laisser citer devant la cour du maire, mais alors ils devaient préalablement donner des lettres de sûreté, c'est-à-dire s'engager, moyennant des garanties suffisantes, à accepter la sentence à intervenir ; sans cela, au jour même du procès, ils auraient pu revendiquer leur juge naturel. De même, le voisin, s'il s'était laissé

---

[1] *Pièces justificatives*, XI.

[2] Bibl. nat. *Coll. Moreau*, t. 640, fol. 255.

[3] Lettres au sénéchal Nicolas de la Bèche, en date des 24 août et 18 septembre 1344 et à Jean de Shordich, juge délégué pour les causes d'appel. *Ibid*, t. 652, fol. 25, 31 et 35.

[4] *Inventaire sommaire des archives communales de Baionne*, série FF, nos 1 à 278.

citer devant le prévôt ou l'official sans donner sûreté, pouvait, au jour du plaid, se réclamer de la juridiction du maire [1]. C'est ainsi qu'en 1256, dans un procès devant le maire et l'échevinage, entre l'église de Bayonne et Jean Dardir, au sujet du curage d'une rivière, le demandeur exigea préalablement des lettres scellées de l'évêque et du chapitre promettant de tenir pour ferme et définitive la sentence à intervenir [2].

Lors même que le délit avait été commis au préjudice du prévôt, c'était au maire que celui-ci devait porter plainte et c'était le maire qui devait faire droit. [3]

L'Église apportait à la juridiction municipale plus de restrictions que la justice royale : elle avait juridiction sur ses clercs, elle connaissait de tous les procès entre voisins relatifs aux mariages, à l'usure, aux legs pieux, la coutume de 1273 le reconnaissait formellement [4] ; enfin, le droit d'asile dont jouissaient les églises, le cloître et le cimetière permettait aux accusés de se soustraire assez facilement aux poursuites des agents de la police municipale.

Sur tous ces points, la commune entra en lutte avec l'Église, mais ses succès furent moins constants que dans ses efforts pour se substituer à la justice royale. A Bayonne, comme à Rouen, on atteignait le clerc débiteur d'un voisin, quand il refusait de donner satisfaction, en le mettant en quelque sorte en interdit [5]. Mais les magistrats voulaient davantage ; nous avons raconté plus haut comment, en 1279, malgré les réclamations de l'évêque, ils arrêtèrent et condam-

---

[1] *Coutume de 1273*, tit. C, art. 1. « Si augun es clamant au mayre d'augun qui no sie vesin o que sie clerc, abque aye dat segurtat d'estar a dret per tant com far devra et au die de l'esposte se deffen per son judge, valerla, et ja ares non coustera ; et aquero medicx dous qui soran vesins de que hom sera clamant au perbost e a l'officiau, si per semblant maneyre, au die de l'esposte se deffenen per lo mayre, valerlos ha, abque agossen dat segurtat. »

[2] *Livre d'or de Bayonne*, p. 40-44, cité par Balasque, t. II, p. 165.

[3] « Si lo vesin de Baione a meinchs feyt au beguer dou rey, au maire ni deu estar clamant et aqui per davant luys deu aber dret. » (*Coutume de 1273*, C, 4.).

[4] L'officiau de Baione de l'abesque no ha juridiccion sover los vesincxs de Baione saub de cause de matrimoni, de usures et de laichs feyt en obres pietedoses. » (*Ibid.*, CI, 2).

[5] *Coutume de 1273*, C, 3.

nèrent un clerc de Dax, comment ils furent excommuniés et comment ils durent à la fin faire amende honorable[1]. De nombreux conflits de cette nature, au sujet de la juridiction des clercs, ne cessèrent d'exister pendant tout le moyen âge entre la commune et l'Eglise.

Quant aux matières réservées à l'official, la justice de la commune ne cessa non plus de s'efforcer d'en connaître, essayant sans cesse, à l'aide de distinctions subtiles, de s'attribuer la connaissance de la plupart des cas que la coutume abandonnait aux juges d'église.

Enfin, tout en admettant le principe du droit d'asile, la coutume le rendait illusoire, en déclarant convaincu de plein droit du crime dont il était accusé et en pendant, sans autre forme de procès, lorsqu'on pouvait l'arrêter, quiconque, s'étant réfugié dans le cimetière, n'obtempérait pas à la sommation de venir répondre en cour criminelle à qui avait porté plainte [2]. Les raisons données par les rédacteurs de la coutume pour justifier cette disposition méritent d'être citées : « Il y a tout lieu de présumer, disent-ils, que celui qui n'ose se rendre à la citation du maire est coupable. Il a été objecté qu'il y avait grand péril à condamner un homme sans autre témoignage, mais la majorité et les plus sages ont répondu qu'il y aurait encore plus grand péril à ne pas condamner, car parmi les hommes qui se réfugient dans les églises et refusent de répondre à la citation du maire, on peut bien compter cent coupables pour un innocent, et, dès lors, il y a à faire mourir un innocent un péril moindre qu'à laisser échapper cent coupables, étant naturel à l'homme, entre deux périls, de choisir le moindre, et, entre deux profits, le plus grand. »

Les chevaliers et les étrangers échappaient aussi à la juridiction de la commune ; mais elle atteignait les chevaliers débiteurs de bourgeois de la même manière que les clercs, en interdisant tout rapport avec eux jusqu'à ce qu'ils eussent donné satisfaction[3]. Quant aux étrangers, ils étaient justiciables du prévôt royal ou de leur seigneur, suivant leur condition et les circonstances[4]; toutefois la commune ne manquait pas de moyens de les atteindre dans leurs biens ou même dans

---

[1] Voy. plus haut, p. 120.
[2] *Coutume de 1273*, CIII, 11.
[3] *Ibid.*, C, 3. — Cf. Etablissements, art 21.
[4] *Coutume de 1273*, LV et C, 2.

leurs personnes. D'après la coutume de 1273, lorsqu'un étranger s'était rendu coupable d'un délit au préjudice d'un bourgeois, le maire requérait le seigneur de l'étranger de faire droit, sinon, l'accusé, quand il était pris, était emprisonné et enchaîné jusqu'à ce qu'il eût donné satisfaction [1]. Les Établissements plus rigoureux voulaient dans ce cas que l'étranger fût d'abord arrêté et emprisonné, et qu'alors seulement on requît le seigneur de l'accusé de faire justice ; si l'on ne pouvait l'obtenir, tous les membres de la commune acquéraient le droit de se saisir du coupable et de se venger eux-mêmes [2].

Les débiteurs étrangers récalcitrants pouvaient être atteints par *lettres de marque*, c'est-à-dire par la saisie à Bayonne et sur mer, au profit de leurs créanciers, de leurs biens ou de ceux de leurs compatriotes ; mais la concession de ce droit était soumise à des garanties et à des formalités qu'avait rendu nécessaires le besoin de protéger d'une manière efficace le commerce maritime qui faisait la richesse de Bayonne. Les lettres de marque ne pouvaient être accordées qu'en Centaine ; elles étaient précédées de quatre sommations de payer, dont la dernière, « *per suberhabundant* », qu'adressaient le maire et les cent-pairs, et de la preuve du défaut de paiement faite par acte authentique ou par témoins. La marque concédée, les marchands du pays contre lequel on pouvait sévir avaient un délai de quarante jours pour y soustraire leurs marchandises, et de plus, les navires marchands qui entraient à Bayonne et pouvaient prouver qu'on ignorait dans leur port de chargement qu'on pourrait être soumis à la marque en y arrivant, en étaient exempts pendant quarante jours, à compter du moment de leur entrée au port. Les biens marqués devaient être gardés par un prudhomme agréé par le maire et les jurés, et la marque cessait quand le créancier était payé du montant de sa créance et des dépens fixés par le maire et les jurés. Quiconque marquait sans droit était considéré comme voleur de grand chemin et puni comme tel ; quiconque ne le faisait « *dreyturerementz* » était à toujours déchu du droit d'obtenir des lettres de marque [3].

---

[1] *Coutume de 1273*, C, 2.
[2] *Etablissements*, art. 49.
[3] *Coutume de 1273*, CIV. *Costume de les marques*. — M. René de Mas-

En 1307, un établissement municipal que nous avons déjà cité déclara que si un étranger nuisait (*fesse mau ny tort*) à un voisin ou lui prenait quelque chose contre sa volonté, le voisin pourrait impunément le blesser ou le tuer[1], mais c'est là simplement la consécration du droit de légitime défense, à un moment où les environs de Bayonne manquaient de sécurité et où l'on obligeait les voisins à ne sortir des murs qu'armés. A diverses reprises, entre autres en 1281 et 1284, les rois d'Angleterre durent rappeler aux maires que c'était au prévôt qu'appartenait la juridiction des étrangers[2]. Le cumul des fonctions de prévôt, de châtelain et de maire, fréquent au XIIIe siècle, devait naturellement contribuer pour une bonne part à favoriser ces empiètements de juridiction et amener une véritable confusion entre les diverses fonctions que remplissait le même personnage.

D'après la coutume de 1273, lorsque l'étranger était demandeur à la cour du maire, on devait lui faire telle justice qu'un voisin aurait obtenue dans le pays dont l'étranger était originaire[3]. Ce principe de réciprocité de la justice ne fut sans doute pas appliqué, sinon peut-être en matière civile, car pendant tout le moyen âge, on voit les Bayonnais s'efforcer de l'interpréter en ce sens qu'un voisin coupable de crime ou délit commis sur la personne d'un étranger, devait être soumis à la loi qui atteindrait cet étranger s'il se rendait coupable en son pays de pareil crime ou délit sur un citoyen de Bayonne. En décembre 1295, le maire Pascal de Viele promulgua un établissement municipal, d'après lequel le voisin convaincu du meurtre d'un étranger ne devait être puni que de la peine infligée au meurtrier par la loi du pays de la victime ; en attendant que le maire et les pairs se fussent enquis

---

atrie, dans sa brochure sur le *Droit de marque*, (Paris, 1875, 8º), dit que la France et l'Angleterre étaient en retard sur les autres pays quant à la réglementation du droit de marque. Il ne connaît pas, dit-il, de documents du XIIIe siècle où il en soit question : les dispositions de cette époque relatives à ce droit sont pourtant fort nombreuses dans toutes les coutumes municipales des villes du midi de la France.

[1] Arch. de Bayonne, AA 1, p. 128.
[2] Bibl. nat., *Coll. Moreau*, t. 637, fol. 86 et 638, fol. 35.—Cf. Balasque, *ouv. cit.*, t. II, p. 444 et 463.
[3] « A l'omi estrainh deu far lo mayre tan dret de son sosmes cum
» ed avri de luys aqui ons ed es resident. » (*Coutume de 1273*, C. 4.)

de la coutume, le meurtrier devait rester emprisonné au château[1].

Cette règle, si étrange qu'elle nous paraisse, n'était pas sans exemple dans la législation du moyen âge. On peut, du reste, s'expliquer le désir des magistrats de l'introduire à Bayonne, si l'on se rappelle dans quelles conditions s'exerçait la justice. Les magistrats n'y avaient pas juridiction sur les étrangers, et lorsque l'un d'eux se rendait coupable d'un crime sur un Bayonnais, ils devaient se borner à requérir une juridiction étrangère de faire justice. Or, tandis qu'à Bayonne les pénalités, sous l'influence des juristes et du droit romain, étaient devenues très sévères : peine de mort contre le meurtrier, mutilation, bannissement, confiscations, etc., dans plusieurs pays voisins les crimes les plus graves étaient punis de peines relativement légères. On conçoit donc qu'à un moment où la guerre incessante augmentait la misère, le vagabondage et par conséquent les crimes, les Bayonnais aient cherché à se défendre par ce système de réciprocité. Mais en dépit des dispositions formelles qu'ils prirent à ce sujet, la couronne, qui avait conservé la surveillance de la haute justice, ne s'y prêta point, soit que ses agents aient jugé qu'affaiblir la répression dans un pays où elle était sévère n'était pas un bon moyen pour augmenter la sécurité, soit qu'ils aient été préoccupés surtout de ne pas compromettre les droits du roi sur les amendes et particulièrement le droit de confiscation exercé au profit de la couronne sur les biens des condamnés[2]. Il ne paraît pas que les règles posées par l'établissement municipal de 1295 aient jamais reçu d'application ; dans tous les cas, les envoyés de Bayonne aux fêtes du couronnement d'Edouard II, en 1308, sollicitaient encore vainement cette réciprocité de traitement en matière pénale entre les voisins et les étrangers[3], et, en 1378, Saubat de Mente échouait encore dans la tentative

---

[1] Balasque, *ouv. cité.* t. II, p. 686.

[2] Ceci n'est pas une simple conjecture ; nous savons, en effet, que quand une plainte avait été déposée à la cour du maire, le plaignant ne pouvait se désister, parce que, disent les rédacteurs de la coutume, « lo « rey no puiri perde l'encorrement que ha suus los beys dou qui ha co- « mes lo crim. » (*Coutume de 1273*, CIII, 18.).

[3] Balasque, *ouv. cité*, t. III, p. 59.

d'obtenir pour Bayonne le droit de n'appliquer au voisin coupable d'un crime contre un étranger que le traitement que subirait, en pareille occasion. l'étranger chez lui [1].

Maintenant que nous avons déterminé la compétence de la juridiction municipale, nous allons voir comment elle procédait.

Tout procès civil débutait à Bayonne par l'*Enquest*; on nommait ainsi la citation faite par le demandeur en personne au défendeur d'avoir à comparaître devant le maire [2].

Elle devait être faite, sans la participation du maire, en présence de deux voisins mariés, veufs ou seigneurs de *lar*, c'est-à-dire possesseurs d'un immeuble patrimonial, chefs de famille. Si l'on ne rencontrait pas le défendeur, le demandeur devait aller trouver le maire qui citait le défendeur à comparaître devant lui, et là avait lieu l'*enquest* dans la forme accoutumée. Si le défendeur se refusait à écouter l'*enquest*, le demandeur en récitait la formule devant sa crémaillère, ou, si la porte était fermée, devant la porte, en présence des témoins [3]. L'*enquest* était une formalité de rigueur dont le défaut ou l'annulation entraînait la nullité de toute procédure subséquente [4]. Toutefois, elle n'était pas exigée pour intenter un procès criminel, parce qu'alors, disent les rédacteurs de la coutume, elle aurait donné le temps de fuir à l'accusé [5].

Après l'*enquest* venait la *clameur*, c'est-à-dire la plainte au maire; elle devait spécifier les noms du demandeur et du défendeur et la nature de la demande [6]. Si malgré l'*enquest*, le défendeur ne comparaissait pas devant le maire, celui-ci le faisait ajourner par un sergent [7], qui, s'il ne le rencontrait pas, laissait la citation aux personnes qu'il rencontrait dans la maison. Après trois citations enregistrées au livre de la ville, et en cas d'absence de Bayonne, expédiées, scellées du sceau de la cour, aux frais du plaignant, le demandeur pouvait requérir défaut contre le défendeur, et le maire devait livrer au demandeur l'objet de sa clameur ou les moyens de

---

[1] Balasque, *ouv. cité*, t. III, p. 375.
[2] *Coutume de 1273*, XXXVI.
[3] *Ibid.*, XXXVII.
[4] *Ibid.*, XXXV.
[5] *Ibid.*, XL.
[6] *Ibid.*, XL-XLII.
[7] *Ibid.*, XXV.

se dédommager sur les biens de son adversaire. Si plus tard, celui-ci venait jurer qu'il n'avait pas connu l'ajournement ou alléguait des cas de force majeure, il était recevable à plaider, et le procès recommençait [1].

Si, ensuite de l'*enquest*, le défendeur comparaissait devant le maire, le demandeur énonçait sa clameur. Alors, suivant la nature de l'affaire, elle était retenue par le maire ou renvoyée au tribunal compétent.

Le maire connaissait seul, dit un établissement municipal de la fin du XIII° siècle, des causes petites et sommaires [2]. De ce nombre étaient les réclamations de créances, régies en partie par les Établissements. On se souvient que d'après l'art. 26, le débiteur récalcitrant avait ses biens saisis. Lorsque la dette n'était pas contestée, c'était le maire qui, d'après la coutume de Bayonne, avait qualité pour ordonner cette exécution coutumière qui avait un caractère et des effets particuliers et portait le nom de paie de commune (*pague de comuni*) [3]. Après un délai, généralement de quinzaine, accordé par le maire, celui-ci faisait jurer au débiteur que ses meubles étaient insuffisants pour payer son créancier, et, le serment fait, saisissait les immeubles et les abandonnait au créancier, qui en jouissait à partir de ce moment, à charge d'affecter leurs revenus, d'abord à l'entretien des propriétés dans l'état où il les avait reçues, et ensuite à l'amortissement de la dette. De plus, ce que le débiteur avait de meubles était livré au créancier [4]. D'après la coutume de Bayonne, il semble que la paie de commune, quel qu'ait été son résultat, devait avoir un effet complètement libératoire, car les rédacteurs de la coutume exposent que les mauvais débiteurs s'étaient avisés de ne posséder, pour les livrer à la saisie, que des immeubles d'une valeur insignifiante, abus qui donna lieu à un établissement municipal décidant que les propriétés d'un revenu minimum de cinq sous seraient seules soumises à la paie de commune.

Il suit de là qu'à Bayonne, la disposition de l'art. 26 des Établissements n'était entendue que des biens meubles, et, d'après la coutume elle-même, c'était lorsque le débiteur n'a-

---

[1] *Coutume de 1273*, XXVI-XXVIII.
[2] *Pièces justificatives*, XIII, art. 4.
[3] *Coutume de 1273*, CVI.
[4] Cf. Etablissements, art. 39.

vait aucun immeuble et des meubles insuffisants pour se libérer, qu'avait lieu la contrainte par corps. Le débiteur était alors banni de Bayonne et s'il y rentrait sans acquitter sa dette, il était condamné à cent jours de prison ou à une amende de cent sous, puis expulsé de nouveau, et cela autant de fois qu'il rentrait dans Bayonne sans se libérer [1]. Les dettes supérieures à dix sous étaient seules sujettes à cette voie de contrainte de la paie de commune ; pour les autres, le maire en ordonnait le paiement sans délai [2].

Les dettes contestées étaient aussi de la compétence du maire, qui condamnait le débiteur à la prison jusqu'à entier paiement, si la dette était prouvée, ou bien le créancier à l'amende, s'il ne pouvait établir son droit [3].

Le maire était encore chargé, après clameur, de prendre toutes les mesures d'exécution ou de contrainte nécessaires, recréances de saisies ou réintégrandes, pour que le demandeur pût plaider saisi [4]. Il devait de plus veiller à ce que le défendeur ne quittât pas Bayonne, ne récusât pas la cour, ou ne pût soustraire ses biens à l'action de la justice. Dans ce but, à la requête du demandeur, il obligeait le défendeur à donner des lettres de sûreté (*segurtat d'estar a dret*), ou bien, lorsqu'il s'agissait d'un homme de mer marié, il avait recours à la saisie symbolique du tison et du pichet (*la peinhere dou tison o picher*), dont l'effet était d'associer la femme au procès du mari et de l'obliger à répondre au demandeur [5]. Enfin, il pouvait autoriser le plaignant à *bannir* les biens de son adversaire, c'est-à-dire, à aller, accompagné de deux témoins, les marquer d'une croix pour qu'ils servissent de gage [6].

Après l'accomplissement de ces formalités préliminaires et en dehors des affaires qu'il avait pouvoir de terminer, le maire renvoyait aux tribunaux compétents les causes dont une clameur l'avait d'abord saisi.

Il y avait toutefois des cas où la clameur ni l'*enquest* n'étaient point nécessaires et où le maire pouvait d'office évo-

---

[1] *Coutume de 1273*, CVI, 2. — Cf. Etablissements, art. 26.
[2] *Coutume de 1273*, CVI, 9.
[3] *Ibid.*, CV.
[4] *Ibid.*, XC. — Cf. Balasque. ouv. cité, t. II, p. 319.
[5] *Coutume de 1273*, , CIX.
[6] *Ibid.*, CX.

quer l'affaire. Nous avons déjà dit qu'en matière criminelle, la clameur n'était pas précédée d'*enquest*; le titre xxix de la coutume énumère les cas dans lesquels la clameur même était inutile; ce sont ceux où l'ordre public était intéressé à la répression: 1° *treyte d'arme,* délits ou crimes attentatoires à la sécurité générale; 2° *arrolhat,* obligation consentie en cour du maire et emportant exécution parée; 3° *obligacion ab carte de comune* — peut-être faut-il lire *comane* et entendre : obligation résultant d'un acte de dépôt? — 3° *brassadje qui s'domanas de principau a principau,* contestation résultant de travail d'ouvrier [1].

La plupart des affaires non retenues par le maire étaient renvoyées devant l'échevinage ou cour du maire, composée du maire et des douze échevins et complétée au besoin par des conseillers. Il y avait deux audiences publiques par semaine [2], sauf trois quinzaines de vacances à Noël, à Pâques et à la Pentecôte [3].

Une fois le procès renvoyé devant l'échevinage, le défendeur avait droit à plusieurs délais : à un premier de trois jours, pour choisir un avocat (*die de cosseilh*); à un second de trois jours pour l'avocat (*dic de informacion*); et enfin, s'il s'agissait d'un immeuble, à un troisième délai pour le visiter, de trois ou de neuf jours, suivant qu'il était situé dans la ville ou à la campagne (*die de mostre*). Après cela venait encore un délai de deux quinzaines avant les plaidoiries [4].

Au début de l'audience, on expédiait les affaires sommaires, les récusations de témoins, les voies de fait (*forces*) et les injures (*orgulhs*) [5]. En matière de fonds de terre et pendant les plaidoiries, il suffisait que le maire fût assisté de deux échevins, qui devaient veiller avec lui à ce que, de part et d'autre, tous les arguments reçussent une réponse [6], mais la présence de six échevins au moins était nécessaire pour rendre le jugement [7], et de ce nombre devaient être les deux

---

[1] *Coutume de 1273,* XXIX.
[2] Etablissement municipal de 1296, art. 8. *Pièces justificatives,* XII.
[3] *Coutume de 1273,* XXXIV.
[4] *Ibid.,* XXX.
[5] *Ibid.,* XXII.
[6] *Ibid.,* XXI. Cf. Etablissement municipal de 1299, *Pièces justificatives,* XIII.
[7] *Coutume de 1273,* XIII.

échevins qui avaient entendu les avocats[1]. Les décisions étaient prises à la majorité des voix[2].

En matière de constructions, voirie, égouts, servitudes, alignements, mitoyenneté, etc., les procès étaient renvoyés à un tribunal spécial composé de trois prudhommes, d'un charpentier et d'un maçon, nommés par l'échevinage ; il jugeait en dernier ressort et ses décisions étaient exécutoires par voie de contrainte et de saisie[3].

La sentence rendue, le maire devait en poursuivre l'exécution et s'il ne le faisait pas, la partie lésée pouvait se plaindre à l'échevinage dont les membres devaient, à partir de ce moment, refuser leur concours au maire jusqu'à ce qu'il eût fait droit[4].

Les affaires criminelles étaient jugées par les cent-pairs constitués en cour de justice[5]. Quand le maire n'était pas saisi par clameur faite, soit par la victime, soit par un de ses parents, il devait, à la première nouvelle d'un crime, poursuivre et arrêter le coupable[6] ; il pouvait l'arrêter même hors des limites de sa juridiction[7]. L'accusé arrêté était emprisonné « *au fontz de le tor deu castet ab ligamis de fer.*[8] » L'instruction, tout entière écrite, était dirigée par le maire, assisté de deux jurés de la cour[9]. L'accusé était soumis à la torture, mais il fallait auparavant qu'il eût déjà commencé des aveux ou que deux témoins oculaires du crime eussent déposé contre lui. La coutume ajoute que confession faite en tourments ne pouvant valoir ni nuire, tous les aveux obtenus pendant la torture devaient être renouvelés « *fore de
« turmentz o de preson et de totz ligamis, cum franque per-
« sone*[10]. » Cette règle était renouvelée du droit romain et il

---

[1] *Coutume de 1273*, XXI.

[2] *Ibid.* XIV. — Cf. Etablissement municipal de 1296, art 11, *Pièces justificatives* XI.

[3] Etablissement municipal du 14 avril 1289, publ. par Balasque, *ouv. cité*, t. II, p. 689.

[4] *Coutume de 1273*, XV.

[5] « A le vesiau, perdabant los cent partz et lo perbost leu rey quiu
» deura darer judyiar. » (*Ibid.*, CIII, 18).

[6] *Ibid.*, CIII, 16

[7] *Ibid.*, CIII, 4.

[8] *Ibid.*, CIII, 13.

[9] *Ibid.*

[10] *Ibid.*, CIII, 1.

en était ainsi dans presque tous les tribunaux qui usaient de ce moyen de contrainte ; M. Balasque a donc tort de voir dans cette disposition de la coutume « une lueur d'humanité » d'autant plus remarquable que de tels sentiments n'étaient » pas communs à cette époque[1]. » Bien au contraire, les confirmations d'aveux sous la menace, dans le cas d'une rétractation, d'être soumis de nouveau à ce supplice « *qui sie arrumpement de son cors e de sons menbres*, » ne peuvent guère paraître librement obtenus et sont bien plutôt le fait d'un raffinement de cruauté.

De même, l'accusé comparaissait devant la cour des cent-pairs libre de chaînes (*deligat*[2]), et ne pouvait être jugé que s'il déclarait d'avance accepter le jugement à intervenir ; mais s'il refusait, il était aussitôt reconduit en prison et mis au pain et à l'eau jusqu'à ce qu'il demandât à être jugé[3].

Devant la cour, le plaignant devait se présenter en personne pour soutenir l'accusation ; il n'était pas admis à accuser par procureur, mais il pouvait se faire assister d'un avocat[4]. Lorsque le maire avait eu l'initiative des poursuites, comme il ne pouvait pas à la fois diriger les débats et soutenir l'accusation, on confiait cette dernière mission à un sous-maire[5]. L'accusé devait se défendre lui-même du chef de l'accusation, mais s'il était accusé de meurtre, il pouvait faire développer des exceptions par un avocat[6]. La coutume ne nous dit pas si l'on entendait de nouveau à l'audience publique les témoins qui avaient comparu dans l'instruction ; nous savons seulement qu'il fallait, pour condamner un accusé, au moins deux témoignages de témoins oculaires[7] et qu'en cas de meurtre le maire ne pouvait citer ni entendre plus de

---

[1] *Ouv. cité.*, t. II, p. 396.
[2] *Coutume de 1273*, CIII, 18.
[3] « ..... devra estar tornat en preson pluus greu, pero nou devra
» esser dat a minjar ni a bever mas tant solementz pan et aygue, et
» devra esser tant en aquero constret o plus greumentz enquoare, trou
» que requeri judgement sober son cors. » (*Coutume de 1273.* CIII, 14.)
[4] *Ibid.*, CIII, 10.
[5] *Ibid.*, CIII, 18.
[6] *Ibid.*, CIII, 10. Cf. un établissement municipal de décembre 1245, Arch. de Bayonne, AA 1, p. 102.
[7] « Tot crim se pot pravar au meinchs ab dues persones sieu homis o
» femnes qui claramentz agagen vist et audiit. » (*Coutume de 1273,*
CIII, 12.).

trente témoins[1]. La sentence devait porter condamnation ou acquittement de l'accusé : « *l'accusat de caas de crim deu* » *estar deu tot deliu o deu tot condempnat*[2]. »

La coutume ne fait mention que de deux pénalités applicables par la cour des cent-pairs, le bannissement et la peine de mort, mais nous savons par ailleurs qu'il en existait d'autres telles que les mutilations et surtout l'essorillement[3]. Une peine particulière frappait les faux témoins : ils avaient la langue percée et devaient parcourir la ville, une broche aux lèvres, depuis la porte Saint-Léon jusqu'à la chaîne du pont Mayou ; ils étaient ensuite bannis pour an et jour et perdaient à jamais leurs capacités testimoniales ; ces deux dernières peines étaient communes aux faux témoins et aux suborneurs[4].

Les immersions dans l'eau, prescrites par l'art. 16 des Établissements, furent en usage à Bayonne non seulement pendant le moyen âge, mais jusqu'à la fin du dernier siècle. Ce fut généralement la punition des délits commis par les femmes de mauvaise vie. A la méthode primitive d'attacher

---

[1] Etablissement municipal de 1319, Arch. de Bayonne, AA 1, p. 140.
[2] *Ibid.*
[3] Celui qui faisait fausse mesure était condamné à perdre le pouce. Voy. Balasque, *ouv. cité*, t. III, p. 16. — Un établissement municipal de 1342 dispose que le voleur banni pour an et jour qui rentre avant le terme assigné à son bannissement « sie mes au pitloric e que perde l'au- » relhe chedz autre judgement. » (Arch. de Bayonne, AA 1, p. 288.) — Un autre, de 1345, prévoyant la violation d'un arrêt de la cour du maire accompagnée de rébellion, stipule que le coupable « pagas C. libres de » Morlans o pergos lo puinh dret per justizie, a la quoau justizie far lo » maire e juratz e C. pars apereran lo perbost dou rei a far le execucion » dou puinh. » (*Ibid.*, p. 177.)
[4] Etablissement municipal de décembre 1298, *Archives de Bayonne*, AA 1, p. 111 : « ... que todz hom o femne qui sera pravat sufficient- » mens, a le connoissense dou maire e dous juradz, dessi en avant, que » logui augun testimoni, niu per pari diers o autre cauze, per portar faus » testimoniadge sober augune cause, niu pregui qui s'perjuri, que aquet » qui s'perjureri ni porteri aquet faus testimoniadge, cum pravat ne sera, » cum dit es, quiu pausi hom lo grafi per le lengue e que corre ab lo » gravi en le lengue le biele, de la porte de sent Laon entrou a le » cadeie dou pont Maioz ; e apres, que sie getat de le biele e de son » termis per I an e per I dis, e que jameis no sie credut de augun testi- » moniadge, e aquet qui logat l'auri o parparat des o autre cauze, que » pergue tot aquet pleit que jameis no y sie audit e que sie getat fore » de le biele e de sons dex per I an e per I die, a tantost cum pravat ne » sera. »

la suppliciée sous les bras, on substitua l'usage d'une cage de fer, dans laquelle on exposait d'abord plusieurs heures la condamnée sur le pont Panecau avant de la plonger à trois reprises dans la Nive [1]. On entrevoit cet engin dans l'une des vues du port de Bayonne peintes en 1761 par Joseph Vernet [2]; il est suspendu au dessus de la rivière, à l'un des bras d'une poutre faisant bascule, placée transversalement sur un pilier qui lui sert de pivot.

Quant à la prison, elle n'était pas plus qu'à Rouen et dans les autres villes régies par les Établissements une pénalité proprement dite, au moins jusqu'aux premières années du XIVe siècle. Elle se trouvait à Bayonne dans la tour du château, aussi la garde des prisonniers était-elle dans les attributions du châtelain. Les maires de Bayonne ne cessèrent de leur contester ce droit. Les lettres écrites au maire de la ville par Édouard Ier, en 1281 et 1284, que nous avons déjà citées, reprochent au maire de Bayonne d'avoir usurpé le droit de prison [3]. En 1296, les Bayonnais demandèrent vainement que la garde du château fut confiée à un Bayonnais [4]. Au XIVe siècle, l'un des maires les plus énergiques, les plus entreprenants et les mieux vus du pouvoir royal qu'ait eus la ville, Pierre de Poyanne, pensa résoudre la question en faisant construire une prison municipale, et, en 1341, quelques dispositions pour y réprimer les tentatives d'évasion furent insérées dans un établissement municipal [5]. Le châtelain protesta, le sénéchal s'émut ; en fin de compte, l'affaire fut portée devant le roi ; les maires et les pairs eurent l'audace d'y soutenir qu'ils avaient toujours été en possession du droit de détenir et d'incarcérer dans leurs prisons les personnes arrêtées sur le territoire de la ville. Quelles qu'aient été à ce moment les bonnes dispositions d'Édouard III à l'égard de Bayonne, il ne put se résoudre à cet abandon de ses droits et, tout en cédant sur plusieurs autres points contestés, il écrivit au maire pour l'inviter à ne pas insister sur le droit de prison [6].

---

[1] *Inventaire sommaire des archives communales de Bayonne*, FF 3, 35. 210. — Voy. Etablissements, art 16, notes.
[2] Musée du Louvre, Ecole française, n° 602.
[3] Voy. plus haut, p. 121.
[4] Rymer, t. I, part. III, p. 159.
[5] Arch. de Bayonne, AA 1, p. 163.
[6] Lettre du 5 décembre 1344, Bibl. nat., *Coll. Moreau*, t. 652, fol. 33.— Cf. Balasque, *ouv. cité*, t. III, p. 287.

Le banni, dit la coutume, est appelé main-morte : « *banit per crim es apperat man-morte, pot hom procedit contre sons beys et causes* [1]. » Cependant le banni pouvait se réhabiliter et obtenir sa grâce, mais il devait auparavant se réconcilier avec sa victime ou ses ayants droit, avec le roi et avec la commune ; s'il rentrait à Bayonne sans avoir préalablement conclu ces trois paix, il était pendu sans autre forme de procès [2]. La peine capitale, la pendaison, était extrêmement fréquente. Dans le cas de condamnation à mort, le condamné était livré au prévôt royal qui le faisait exécuter. « *au cost deu rey* ». Le roi confisquait les biens, dettes et engagements payés, mais ne jouissait qu'an et jour des immeubles patrimoniaux qui ensuite faisaient retour aux ayants droit [3].

La coutume ne fait mention de grâce que dans un seul cas. Une fille pouvait demander à la cour de lui adjuger pour mari le meurtrier condamné à mort ; mais aussitôt mariés, on les chassait de la ville et si, plus tard, on rencontrait le condamné sur le territoire de Bayonne, on le pendait [4]. Cet

---

[1] *Coutume de 1273*, CIII. 3.

[2] *Ibid.*, CIII, 9.

[3] *Ibid.*, CIII, 18. — Cf. Etablissements, art., 34 et 35.

[4] *Coutume de 1273*, CIII, 5 : « Quent puncele per sa paubretat o putang
» qui sie, per treir se de peccat, requer lo mayre eus cent partz en cen-
» teye augun per marit qui sie murtrer, quent son sober judgement, lo
» maire et los cent partz li poden dar per marit, per que en autre ma-
» neyre no si daule fame o lo mort que ac sie; pero l'omi et le femne
» seran gitatz de Baione ; et si d'aqui en avant l'acusat pode esser atent
» en Baione o deffentz los decx, seri penut per justici. » — Je dois à l'obligeance de M. Grandjean communication d'un exemple de l'application de cet usage qui remonte à 1352: « Clemens de Rivo condem-
» natus ultimo supplitio de concessione sibi facta quod Johanna de Pox
» possit eum recipere in virum et maritum. Apr. 1352. » (*Répertoire du 1ᵉ reg. de la Chambre des Comptes*, fol. 5. Bibl. du Sénat, n° 8936.) J'ai vainement cherché aux Archives nationales le registre auquel renvoie ce répertoire, il est probable qu'il s'agit d'un des Mémoriaux brûlés dans l'incendie de 1737. — Une des pièces que mon confrère et ami E. Molinier doit publier dans son intéressant travail sur le maréchal d'Audrehem contient un autre exemple de la même année: « ... Les gens
» dudit reverent (l'évêque de Limoges) avoyent jugié a pendre un
» homme par ses demerites et faire amener pendre aux fourches de la
» Junchiere et que Monseigneur Pierre de Gimel, bailli et procureur
» dudit eveque et gouverneur pour lui de la Junchiere, avoit deffendu de
» par sondit seigneur que ledit malfaiteur ne fust executés ne pendus et
» l'en avoit fait ramener et donner pour mari a une pucelle qui le

usage de gracier le condamné qu'une femme voulait épouser dérive sans doute des coutumes germaniques ; il semble avoir été admis à peu près dans toute la France, et on en trouve des exemples particulièrement aux xiv° et xv° siècles ; il s'est perpétué dans les traditions populaires et a donné naissance à de nombreuses légendes, mais nous ne nous rappelons pas l'avoir jamais vu figurer dans aucun autre texte coutumier.

Le juge d'appel des sentences rendues par les divers tribunaux de Bayonne était le sénéchal des Lannes, qui résidait à Dax. C'est à ce titre qu'il devait prêter serment, sous l'orme du cloître de Bayonne, d'être bon et loyal seigneur, et de maintenir les fors, coutumes, privilèges, établissements et usages[1]. Dans une formule de 1336, il promet en outre d'être « *bon et leyau judge d'appel*[2] » ; une autre formule, de 1362,

---

» requist et le li bailla sanz en faire punition ne justice. » (Lettres de rémission pour l'évêque de Limoges du 26 novembre 1352. Arch. nat., JJ. 81, n° 906.) L'auteur anonyme du *Journal d'un bourgeois de Paris* raconte, à l'année 1430, que comme on venait de couper la tête à une bande de pillards arrêtés dans les environs de la ville, « le unziesme
» estoit ung tres bel jeune filx d'environ xxiiij ans, il fut despouillé et
» prest pour bander ses yeulx, quant une jeune fille née dès Halles le
» vint hardiement demander et tant fist par son bon pourchas qu'il fut
» remené ou Chastellet et depuis furent espousez ensemble. » (Éd. Tuetey, p. 250.) L'éditeur cite à ce propos le cas d'un autre condamné, sauvé du gibet à Verneuil par une jeune fille de quinze ans qui le demanda pour mari ; malheureusement le renvoi qu'il donne à un des registres du Trésor des Chartes n'est pas exact. — A une époque de beaucoup postérieure, L'Estoile rapporte dans ses *Mémoires* qu'il était passé en proverbe de dire que « quand un homme avoit gangné la corde, il
» n'avoit point un plus beau moien de s'en racheter que d'aller prendre
» une putain en plain bordeau. » (Ed. Brunet, t. VII, p. 52.) On l'appliquait, en 1596, au maréchal de Balagny, Jean de Montluc, auquel l'opinion publique reprochait comme une trahison sa capitulation de Cambrai et qui venait d'épouser Diane d'Estrées dont les mœurs n'étaient pas plus recommandables, paraît-il, que celles de sa sœur. — Je suis assez porté à voir dans cet usage, qui se perpétue ainsi de siècle en siècle, une survivance des anciennes mœurs germaniques qui admettaient que la femme rachetât parfois la vie de l'homme. D'après la loi Ripuaire, l'esclave qui ravissait une femme libre était condamné à mort (*Lex Ripuar.* XXXIV, 4, éd. Walter), mais la femme libre qui s'était laissé séduire par un esclave recevait du roi ou du comte l'offre d'une épée ou d'une quenouille ; elle pouvait à son gré prendre l'épée et faire périr son séducteur ou choisir la quenouille, c'est-à-dire racheter sa vie en l'épousant et en devenant esclave avec lui. (*Ibid.*, LVIII, 18.)

[1] *Coutume de 1273*, V.

[2] Arch. de Bayonne, AA 3, p. 267 v°.

reproduit exactement celle de 1273[1]. Il lui était interdit de connaître en première instance d'aucune contestation dans toute l'étendue de la justice de Bayonne[2], il n'avait pas juridiction sur les magistrats municipaux, puisque, en cas de déni de justice du maire, c'était à l'échevinage qu'était le recours du plaideur[3]; enfin, même en matière d'appel, la coutume déclare que le *judge des apeus* non plus que le sénéchal de Guyenne ne peuvent réformer un *judgement feyt per costume*[4].

OFFICIERS ROYAUX — Le sénéchal de Guyenne (*lo senescaut maior*) et son lieutenant, qui représentaient le roi d'Angleterre, prêtaient serment à la ville lors de leur première venue à Bayonne. La formule s'en trouve dans la coutume de 1273. Le sénéchal de Guyenne seul avait qualité pour recevoir le serment de fidélité de la ville[5].

Les officiers du roi dans la ville étaient le châtelain et le prévôt. Le châtelain avait la garde du château et commandait sa garnison. Le prévôt, qui avait l'exercice des droits qui restaient encore au roi dans l'administration de la justice, était en même temps le receveur des revenus de la couronne. Il prêtait chaque année le serment dont nous avons parlé, et faisait ensuite publier par la ville qu'il était prêt à recevoir, à la prévôté, les péages, coutumes et autres impôts dus au roi, et que ceux qui ne s'acquitteraient pas seraient condamnés à une amende de 6 sous de Morlàas[6]. Il comptait ensuite avec le connétable de Bordeaux. Les droits payés par les Bayonnais au prévôt étaient des redevances féodales et coutumières, le cens des maisons, le produit des confiscations de biens pour crimes, les amendes, le cens de la baleine et un impôt sur le vin[7].

MILICE. — La principale charge des habitants de Bayonne

---

[1] Arch. de Bayonne, AA 1, p. 251.
[2] Etablissement municipal de 1296, art. 6. *Pièces justificatives*, XI.
[3] *Coutume de 1273*, V.
[4] *Ibid.*, XIV.
[5] *Ibid.*, III et IV.
[6] *Ibid.*, VI et VII.
[7] Bibl. nat., *Coll. Moreau*, t. 654, fol. 112. — Arch. de Bayonne, Reg. AA 1, p. 70. Cf. Balasque, *ouv. cité*, t. II, p. 490.

était de faire partie de la milice communale. Comment elle se recrutait, dans quelle mesure elle était tenue de servir le roi, nous l'ignorons, et il semble même que, par un accord tacite, le roi et la ville aient été bien aises de ne pas déterminer d'une manière positive en cette matière les droits et les devoirs réciproques. Généralement, à chaque expédition, le roi attestait que c'était à titre gracieux que les Bayonnais y prenaient part, qu'ils n'y étaient point obligés par le service d'host auquel ils étaient tenus, et que le cas présent ne pourrait servir de précédent. Il en fut ainsi, notamment lors de la campagne de 1242 contre la France[1], et, en 1264, après la campagne du prince Edouard, où la milice bayonnaise combattit à la journée de Lewes[2]. Le plus souvent, du reste, c'était en concédant aux Bayonnais des lettres de marques, en les autorisant à armer en course, à grever leurs ennemis et à garder une part des prises que le roi d'Angleterre obtenait le concours des hommes d'armes et surtout des marins de Bayonne[3]. C'est aux services de cette nature, qu'ils ne cessèrent de rendre dans toutes les entreprises où s'engagèrent les rois d'Angleterre, que les Bayonnais durent le maintien et le développement incessant de leurs franchises et privilèges pendant toute la durée de la domination anglaise. Les galées et les coques bayonnaises, en course ou en flottille, servirent pendant trois siècles et demi dans toutes les guerres anglaises, contre les Normands, les Picards, les Sarrazins, les Gallois et les Français; dans les eaux du Tage et de la Tamise, et jusque sur les côtes de l'Italie, elles portèrent la renommée des marins de Bayonne. Les milices, elles-mêmes, débarquées par les transports bayonnais, figurèrent dans la plupart des batailles livrées par les Anglais sur le continent et en Angleterre. Chaque habitant valide, armé pour le guet, le contre-guet, et le service des portes, était un homme d'armes[4]. Certaines exécutions judiciaires, quand elles néces-

---

[1] Acte de non préjudice en date du 4 août 1242, Rymer, t. I, p. I, p. 143.

[2] Acte du 28 mars 1264, Balasque, *ouv. cité*, t. II, p. 593.

[3] Actes des 3 juillet et 4 août 1242, et du 7 janvier 1276, Champollion, *Lettres de rois*, t. I, p. 58, Rymer, t. I, p. I, p. 143 et p. II, p. 151.

[4] En 1449, le maire devait chaque année s'assurer du bon état des armes pour l'entretien desquelles chaque citoyen recevait du roi, annuellement, une somme de 10 sous tournois. (Arch. de Bayonne, AA 1, p. 355.).

sitaient l'emploi de la force, étaient de véritables expéditions militaires : le maire ou son lieutenant convoquait les gens de métier et tous les justiciables, qui, pendant deux jours, étaient tenus de les accompagner et de leur obéir « *armatz, en bon punct et ordi*[1] » ; les dépenses étaient supportées par les caisses des corporations[2].

Il y avait à Bayonne, au commencement du xive siècle, un service de guet, de contre-guet et de garde des portes (*guoait, esquigoeit, portaler*) chargé de la police et de la sécurité de la ville et fourni par les habitants. Il était commandé par le maire ou, à son défaut, par son lieutenant, qui portaient l'un et l'autre le titre de capitaine général de la cité et avaient la garde des clefs de la ville.

En 1315, tout homme marié était tenu de faire, en personne, une fois par semaine, le service du guet, du contre-guet ou de la garde des portes, sous peine de la prison et d'une amende de 20 sous tournois. En cas d'infirmité, de maladie ou d'autre excuse valable, on était obligé de faire agréer par le maire un remplaçant ayant prêté le serment de voisinage. Les gens du guet devaient être armés comme en guerre ; tant que durait la nuit, ils ne devaient pas sortir de l'enceinte de la ville, et les gardes de la ville ne devaient pas quitter leur poste. Le guet et le contre-guet devaient circuler nuit et jour dans les rues et sur les remparts, sans faire aucun bruit, pour ne pas donner l'éveil aux ennemis ou aux malfaiteurs. Si le contre-guet trouvait le guet endormi, il pouvait, pour la première fois, lui ravir ses armes et les distribuer entre ses membres ; si la chose arrivait une seconde fois, il devait jeter les gens du guet du haut en bas des murailles ; une troisième, il devait les traduire devant l'échevinage[3].

Le guet, le contre-guet et la garde des portes étaient commandés par des capitaines élus par les cent-pairs. Quelques années plus tard, le guet fut fait par des *gaites* ou *gardes de la ciutat*, nommés par les cent-pairs et payés par des trésoriers.

---

[1] Etablissement municipal de 1296, art. 17. *Pièces justificatives*, XI.

[2] *Pièces justificatives*, XVI.

[3] Etablissement municipal de 1327 (*Pièces justificatives*, XVII), de 1335 (Arch. de Bayonne, AA 1, p. 147.). Serment des gens du guet en 1336 (*Ibid*, AA 3, p. 271 v°.).

CHAPITRE IX

TOURS. — BOURGES. — ANGERS.

A l'avènement de Louis XI, la ville de Tours jouissait d'institutions sans aucun rapport avec le régime auquel étaient soumises les villes qui avaient pour loi municipale les Etablissements de Rouen. Au début de ce règne, en octobre 1461, elle obtint une nouvelle confirmation des privilèges royaux[1] qui sanctionnaient un gouvernement municipal auquel les habitants étaient fort attachés, et, moins de quatre mois après, une ordonnance y substitua l'organisation de La Rochelle (février 1461-1462)[2].

Il serait intéressant de pénétrer les raisons qui conduisirent Louis XI à supprimer, sans motifs apparents, une constitution municipale déjà ancienne et à choisir, pour la remplacer, précisément l'organisation de La Rochelle. Comme il ne nous est parvenu sur ce point aucune confidence du roi, nous en sommes réduits aux conjectures. Toutefois, il n'est pas téméraire de penser que l'étude de la politique suivie par Louis XI, au début de son règne, à l'égard des villes et les desseins particuliers qu'il conçut dès lors sur Tours peuvent nous donner à ce sujet quelque lumière. Il convient aussi d'examiner l'organisation qu'il voulut détruire et celle qu'il lui substitua, de rechercher quels inconvénients il pouvait trouver à l'une et quel parti il pouvait tirer de l'autre, d'autant plus que, malgré ses efforts, l'ancien régime ne périt pas tout entier et qu'on connaîtrait mal le nouveau si l'on s'en tenait à la lettre de l'ordonnance qui prescrit que

---

[1] *Ordonn.*, t. XV, p. 162.
[2] *Ibid.*, p. 332.

dorénavant la ville de Tours sera gouvernée « *par la forme et maniere que font et ont accoustumé de faire les manans et habitans de nostre ville de La Rochelle.* »

Dès les premiers jours de son règne et avant même d'avoir été sacré à Reims, Louis XI semble avoir conçu le projet d'établir en Touraine sa principale résidence ; lui-même, dans le préambule de l'ordonnance de 1462, rappelle qu'il avait passé à Tours une grande partie de son enfance ; mais ce qui devait le séduire, c'était l'heureuse situation de ce pays, au cœur même de la France, à bonne distance de l'étranger, au bord de la Loire dont il pouvait emprunter le cours pour ses incessants voyages. Paris était pour lui trop près de la frontière, trop près des villes de la Somme, les sentiments des habitants lui étaient suspects, il préférait la Touraine où, plus en sûreté, il se trouvait mieux à portée de surveiller les affaires de la Bretagne, de l'Anjou, du Poitou et du Bourbonnais qui devaient le préoccuper et l'occuper pendant une partie de son règne.

Dès le 5 août 1461, un envoyé du roi, Jean Paniot, vint à Tours prendre en son nom possession des places de la Touraine, recevoir les serments de fidélité et surtout changer tous les agents royaux. Le bailli de Touraine et tous les officiers du baillage furent alors révoqués et remplacés par des créatures dévouées. A l'ancien capitaine du château, aux gages de la ville, on substitua un homme de confiance, aux gages du roi pour plus de sûreté[1]. Sur l'avis que Louis XI viendrait à Tours aussitôt après le sacre, les habitants firent de grands préparatifs pour le recevoir[2] et lui députèrent six notables pour lui remettre les requêtes de la ville et le haranguer. Lui, pressé à son ordinaire, sans s'attarder à écouter la harangue, les aboucha avec le bailli de Touraine, leur disant que, quant à lui, il avait beaucoup trop d'affaires pour les entendre plus longtemps[3].

Dans les premiers jours d'octobre, il fut à Tours, où, à la demande des bourgeois, il confirma les privilèges municipaux. La connaissance qu'il acquit à ce moment de l'organisation

---

[1] Archives communales de Tours. *Registre des délibérations*, délibération du 5 août 1461.

[2] *Ibid.*, délibération du 17 août.

[3] *Ibid.*, 26 août. Relation de leur mission par trois des députés envoyés au roi par la ville.

de la ville dut lui faire concevoir dès lors le projet de la modifier. Les Tourangeaux, sans le vouloir, lui en donnèrent eux-mêmes l'occasion. L'une des charges les plus lourdes de la ville était l'entretien de ses fortifications. A cause du grand développement de l'enceinte et de la difficulté de fortifier suffisamment de toutes parts cette ville située en plaine, sans cesse elles exigeaient des réparations ou de nouveaux aménagements. Les dépenses en étaient tout entières à la charge de la ville qui n'avait, pour y subvenir, que le produit d'impôts levés spécialement dans ce but. Le soin des fortifications, la garde de la ville, l'assiette et la perception des impôts qui devaient faire face à ce service, telles étaient les principales attributions des magistrats de Tours ; c'étaient à elles qu'ils devaient leur origine, elles étaient en quelque sorte leur raison d'être. Mais dans cette ville de prêtres et de moines[1], grand était le nombre des habitants qui ne contribuaient en rien à ces charges, et, aux clercs il faut ajouter les nobles et surtout toute la série très nombreuse des agents royaux : baillis, sénéchaux, capitaines, conseillers du roi, monnayeurs, clercs, sergents, officiers de tout ordre et de toute condition, qui tous se prévalaient de leurs titres ou de leurs fonctions pour laisser les pauvres contribuer à peu près seuls aux charges publiques. Dans ces conditions, la faveur que souhaitaient surtout les habitants de Tours et les magistrats leurs délégués, c'était de voir supprimer ces exemptions toujours envahissantes et véritablement ruineuses pour eux.

Tel était l'objet des requêtes présentées au roi par les députés qui lui furent envoyés avant son sacre et de celles qui lui furent soumises de nouveau lors de sa venue à Tours. Les Tourangeaux mettaient à poursuivre la concession de ce privilège d'autant plus de zèle qu'ils pouvaient alléguer en leur faveur un précédent. Une grande ville de l'Ouest, presque une rivale de Tours, La Rochelle, faisait contribuer au guet et à la garde, aux aides levées pour l'entretien des fortifications et aux autres charges publiques, les habitants de toute condition, clercs, nobles ou officiers royaux, aussi bien que les simples bourgeois, et cela, en vertu d'une disposition formelle

---

[1] Elle ne comptait pas alors moins de 48 édifices ou établissements religieux. Voy. Mabille, *Notice sur les divisions territoriales de la Touraine* dans *Bibl. de l'École des Chartes*, t. XXV, 1864-1865, p. 329 et suiv.

des privilèges que Charles V avait concédés à la ville, le 8 janvier 1373[1].

Cet exemple, qu'ils ne manquaient pas de produire, était le grand argument des Tourangeaux pour obtenir une faveur analogue. Louis XI aurait dû, semble-t-il, accueillir volontiers une pareille demande ; elle entrait dans ses vues, était de nature à faciliter le payement de toutes les aides et tailles qu'il devait demander à la ville, et pouvait par surcroît le rendre populaire. Cependant, comme cette réforme était ardemment sollicitée, il jugea à propos de la vendre. Il la fixa au prix de 500 écus d'or; mais de plus, comme le régime municipal très démocratique et sans formes bien établies sous lequel vivaient les Tourangeaux lui déplaisait, il mit à ses faveurs la condition qu'en empruntant à La Rochelle ce privilège, on prendrait en outre à cette ville son organisation et qu'on établirait à Tours un corps de ville composé d'un maire et d'échevins. Précisément, les Rochelais venaient de lui faire confirmer en novembre 1461[2] leurs privilèges, et sans doute leur constitution lui avait paru de nature à servir sa politique à l'égard des villes, car il voulut encore dans la suite l'introduire à Angers et à Bourges.

---

[1] « Item, delato ad nostri notitiam quod nonnulli habitatores dicte
» ville se nostros asserentes officiarios, utpote locum-tenentes, seneschalli,
» clerici, servientes, monetarii et alii quamplures, qui se de
» nostro consilio esse dicunt, ratione officiorum hujusmodi, a contri-
» butione subsidiorum quae fiunt in dicta villa pro reparatione, fortifi-
» catione et aliis oneribus ipsius supportandis et faciendis excubiis et
» custodia de nocte et die in eadem, se voluerint et adhuc volunt ac
» conantur excipere, propter quod alii habitatores a dicta contributione
» se retrahunt, dicentes quod nisi alii satisfacient, pariter nec ipsi; et sic
» damna et inconvenientia premaxima possent in dicta villa evenire,
» quod absit! Eapropter, nos, volentes super hoc remedio providere,
» ordinamus et statuimus, auctoritate regia, certa scientia et speciali
» gratia supradictis, quod omnes illi nostri officiarii et alii qui in dicta
» villa habebunt hereditates vel domicilium, cujuscumque status aut
» conditionis existant, ad contribuendum dictis subsidiis quae in eadem
» villa pro dictis reparationibus et aliis premissis de cetero inponentur
» et excubias ad custodiam de nocte et die faciendas teneantur de
» cetero, prout aequitas suadebit, ad hoc compelli libere possint et
» valeant, quacumque remissione seu exemptione aut gratia concessa
» vel concedenda ipsis nullatenus suffragantes, nam ipsam remissionem,
» exemptionem, aut gratiam factam vel faciendam quo ad hoc effectu
» et viribus omnino vacuamus. » (Ordonn., t. V, p. 571.)

[2] Ordonn., t. XV, p. 212.

Les Tourangeaux, qui tenaient à leurs usages, essayèrent de résister ; le 25 janvier 1462, ils envoyèrent à Saint-Jean-d'Angély, où se trouvait le roi, deux bourgeois porteurs des 500 écus d'or stipulés, pour négocier avec lui[1]. Le roi répondit « qu'il y auroit maire et eschevins comme audict » lieu de La Rochelle, autrement on auroit pas ledit privi- » lege. » Les deux bourgeois n'osèrent rien conclure, donnèrent leur argent en garde à un tiers et revinrent à Tours. Le 1er mars, une nouvelle députation de deux autres bourgeois partit pour aller trouver le roi à Bordeaux avec mission de tenter « qu'il n'y eut a cette ville par ledit privilege » aucun maire ne eschevins et aussi a ne bailler pas tous les » dits Vc escuz, s'ilz povoient, pour ledit privilege avoir, » mais si autrement ne se povoit faire qu'ilz se consentissent » à faire le bon plaisir du roy. » Un incident hâta les négociations. Les gens d'église de Tours sollicitaient de leur côté pour empêcher la concession d'un privilège qui devait leur porter un préjudice considérable ; leurs députés étaient à Bordeaux avant ceux de la ville auxquels il fut sans doute facile de faire peur de leur présence pour les déterminer à accepter toutes les conditions dictées par le roi. Aussi bien, on ne les avait pas attendus pour expédier l'ordonnance ; elle était déjà rendue lors de ces dernières négociations, puisqu'elle est datée de Saint-Jean-d'Angély, février 1461-1462[2].

---

[1] *Pièces justificatives*, XVIII.

[2] Le détail de ce qu'il en coûta à la ville pour acquérir ce privilège en échange de sa liberté se trouve dans les comptes de Tours ; il peut être curieux de le résumer.

D'abord, les 500 écus payés au roi, soit	687 l.	10 s.t.	»
Droit de scel, 200 écus, soit	275	»	»
Au secrétaire du roi, 60 écus, soit	82	»	»
Au clerc du secrétaire du roi qui a grossoyé, 10 écus, soit	13	15	»
Corrections de minutes, 4 écus, soit	»	110	»
Enregistrement, 2 écus d'or	»	55	»
Au chancelier, un esturjon, un quartaut d'ypocras et 1 écu, soit	4	7	6
Frais de voyages des deux députations, 1°...	63	131	6
2°...	105	»	»
Députation à La Rochelle et frais de vidimus des privilèges de cette ville	51	62	6
Total :	1.291 l.	11 s.	6 d.

Soit environ 9.000 francs en argent ou 50.000 francs de nos jours.

Au retour de leurs députés, les bourgeois renvoyèrent l'un d'eux à La Rochelle pour s'enquérir des formes de l'administration qu'on allait s'approprier, et demander une copie des privilèges. On en fit faire plus tard un vidimus sous le sceau royal. Cet acte, qui porte la date du 29 novembre 1462, est un volumineux rouleau qui comprend tous les privilèges concédés à La Rochelle depuis le XII° siècle [1].

Avant d'examiner quelle était la constitution qu'on importait ainsi à Tours, et comment elle y fut appliquée, nous devons nous demander ce qu'était celle qu'elle remplaçait ; nous pourrons ainsi nous rendre compte à la fois des raisons de l'attachement que manifestaient pour elle les habitants et du désir qu'avait le roi de la modifier. Cette étude préalable ne sera pas inutile pour celle qui nous restera à faire, car il y eut à diverses reprises des retours offensifs de l'ancienne organisation, et il survécut quelques anciens usages qui s'amalgamèrent avec les nouvelles institutions.

Augustin Thierry, et après lui la plupart des historiens qui ont eu l'occasion de parler de Tours, a prétendu que « quatre *prudhommes* élus annuellement réunissaient tous » les pouvoirs d'une façon dictatoriale, administrant la po- » lice et les finances de la cité, exerçant la juridiction au » civil et au criminel. Cette constitution, ajoute-t-il, déjà » ancienne au XII° siècle, semble le produit d'une révolution » dont il est impossible de déterminer l'époque, révolution » qui, d'un même coup, détruisit les restes de la curie romaine, » et mit, soit de gré, soit de force, le pouvoir de l'évêque » hors du gouvernement municipal [2]. »

Rien n'est plus contraire à la vérité. M. Viollet a déjà protesté, en 1869, contre cette opinion qu'il trouvait reproduite dans l'ouvrage de M. Béchard [3]. L'histoire de Tours du doc-

---

[1] Arch. commun. de Tours, AA, 1.

[2] A. Thierry, *Considérations sur l'histoire de France*, ch. VI, p. 251. (Ed. Furne, 1865). Cf. *Tableau de l'ancienne France municipale*, p. 311. (Ed. Furne, 1864.)

[3] Compte rendu bibliographique des ouvrages intitulés : *Droit municipal au moyen âge* et *Droit municipal dans les temps modernes*, dans *Bibliothèque de l'École des Chartes*, t. XXX, 1869, p. 337. Trois pages de cet excellent article sont consacrées à l'histoire municipale de Tours ;

teur Giraudet, encore qu'insuffisante[1], montre aussi tout ce qu'il y a de conjectural dans la théorie d'Augustin Thierry. C'est au milieu du XIVe siècle seulement que la ville de Tours acquit une organisation ayant quelque analogie avec le régime considéré par Augustin Thierry comme immémorial. A cette époque, les nécessités de la défense avaient fait réunir dans une seule enceinte deux villes qui jusqu'alors avaient été tout à fait indépendantes l'une de l'autre : la cité et Châteauneuf, la vieille ville romaine et le bourg qui s'était formé à une époque relativement récente autour du célèbre monastère de Saint-Martin.

Augustin Thierry a connu cette ancienne séparation de Tours en deux villes, commune du reste à la plupart des cités, et c'est à l'ancienne ville épiscopale seulement qu'il attribue ce gouvernement immémorial des prudhommes. Il croit de plus que la réunion date du XIIIe siècle et que ce fut alors « que la constitution la plus libre, celle de la cité, de- » vint le régime commun[2]. » Il importe de rétablir la vérité.

De ces deux villes, séparées par un espace moindre d'un kilomètre, l'une, Châteauneuf, eut une existence municipale agitée et dramatique.

Il faut remonter aux premières immunités, concédées au monastère de Saint-Martin par les rois mérovingiens, pour trouver l'origine de la juridiction qu'il exerça sur le territoire qui l'environnait et de certains droits qu'il conserva sur la cité[3].

---

c'est ce qu'on a écrit jusqu'à ce jour de plus judicieux et de plus vrai sur ce sujet.

[1] *Histoire de la ville de Tours*, 1873, 2 vol. in-8. Les renseignements abondent dans cet ouvrage et ils sont généralement puisés à la bonne source, c'est-à dire dans les riches archives de la ville de Tours ; mais ils sont juxtaposés sans critique ni méthode, mêlés à des indications prises de toutes mains et dépourvues d'autorité ; si bien que ce qui eût pu faire un bon livre est resté un amas confus où l'absence de renvois suffisants ne permet pas de distinguer ce qui est de bon aloi de ce qui est sans valeur.

Tableau de l'ancienne France municipale, p. 312.

Voy. ce que dit Grégoire de Tours du testament qu'il fit rédiger à la reine Ingoberge quelques jours avant sa mort (vers 569) et des donations qu'elle fit à Saint-Martin (*Hist. Franc.*, l. IX, ch. 26).

Confirmées par les Carolingiens[1], ces immunités favorisèrent sans doute l'établissement d'une agglomération d'habitants, attirés auprès du monastère par la sécurité que semblait assurer ce sanctuaire respecté et par les profits qu'un lieu de pèlerinage aussi fréquenté ne pouvait manquer de donner à qui saurait tirer parti des circonstances. C'est précisément dans un de ces privilèges qu'il est fait mention, pour la première fois, de ces dépendances de l'abbaye. En confirmant, pour la troisième fois, le 26 avril 862, les immunités de Saint-Martin, Charles le Chauve jugea à propos d'ajouter une clause spéciale en faveur des habitants du bourg situé en dehors de l'abbaye[2]. A partir de ce moment, il n'est plus de confirmation où il ne soit question plus ou moins longuement de la ville nouvelle.

Le bourg mentionné dans le diplôme de Charles le Chauve du 26 avril 862 ne pouvait guère avoir alors d'importance. La Touraine était à ce moment en proie aux ravages périodiques des Normands; le monastère de Saint-Martin, dont aucune défense ne protégeait encore les approches, avait été complètement incendié en 853, ainsi que tous les villages et tous les monastères des environs[3]. En 862, l'abbaye se relevait à peine de ses ruines, et, moins d'un mois après la concession de Charles le Chauve, le passage d'une flotte normande chassait les chanoines qui ne devaient reprendre possession de leur abbaye que sept ans plus tard[4]. En 878, l'église et le monastère n'étaient point encore complètement reconstruits; l'absence presque constante des chanoines, errants avec le corps de Saint-Martin de refuge en refuge, n'avait pas dû contribuer à développer le bourg, d'autant moins qu'à cette époque la cité venant d'être fortifiée, son enceinte était

---

[1] Par Charlemagne, en avril 782 (Sickel, n° 90); par Louis le Pieux, le 30 août 816 (*Ibid.*, n° 97); par Charles le Chauve, le 27 décembre 845 (Mabille, *La Pancarte noire*, n° 46) et le 22 août 854 (*Ibid.*, n° 57).

[2] « Nullum omnino telonium a ministerialibus palatii vel a quolibet » alio nullatenus requiratur aut exigatur.... neque de hominibus juris » Beati Martini in burgo ejusdem exterius commanentibus sive degen- » tibus. » (Martène, *Ampl. coll.*, t. I, col. 164).

[3] Mabille, *Les invasions normandes dans la Loire*, dans *Bibl. de l'Ecole des Chartes*, 6ᵉ série, t. V, 1869, p. 173.

[4] *Ibid.*, p. 177.

devenue le refuge naturel des rares habitants que n'avaient pas dispersés les ravages des Normands. Le bourg existait cependant toujours alors, témoin la mention qu'on en trouve dans un diplôme de Louis le Bègue, du 24 juillet de cette année, confirmant les immunités de Saint-Martin [1]. Il fut encore compris dans les confirmations d'immunités de Carloman [2], de Charles le Gros [3], du roi Eudes [4] et de Charles le Simple [5].

En 903, il fut de nouveau incendié par les Normands avec l'abbaye et vingt-huit églises [6]. Dès l'année suivante, les chanoines songèrent à relever leur monastère ; ce fut alors que pour le mettre désormais, avec ses dépendances, à l'abri de nouvelles insultes, ils entreprirent d'entourer d'une muraille l'abbaye et le bourg. Ces travaux furent achevés en 918, ainsi qu'en témoigne un diplôme de Charles le Simple concédant l'immunité au nouveau bourg [7]. Ce fut alors que le *Burgus sancti Martini* prit le nom de Château-neuf (*Castrum novum*) qu'il garda jusqu'à sa réunion à la cité [8]. Cette im-

---

[1] Martène, *Ampl. coll.*, t. I, col. 206. — Mabille analyse ce diplôme comme si l'exemption et les privilèges du bourg en étaient l'objet principal, tandis que le bourg n'y est mentionné que comme limites à propos des *cellae* situées *intra urbem et burgum Turonicum*. (Voy. Mabille, *La Pancarte noire*, n° LIII.)

[2] 882 ou 883 (Martène, *Ampl. coll.*, t. I, col. 213).

[3] 886, 22 août (*Ibid.*, col. 218).

[4] 896, 2 janvier (Bibl. nat., *Arm. de Baluze*, t. 76, fol. 69).

[5] 899, 15 juin (Martène, *Ampl. coll.*, t. 1, col. 250).

[6] *Chronicon Turonense magnum*, dans A. Salmon, *Chron. de Touraine*, p. 107. — Cf. Mabille, *Les invasions normandes*, p. 190.

[7] « ..... Comes et marchio noster, venerabilis Rotbertus, studuit
» humiliter expetere quatenus de castro quod est circa monasterium
» S. Martini..... de quo ipse abba habetur praeceptum, nostrae auctori-
» tatis fieri esset placitum, ob immunitatis gratiam, scilicet ne quispiam
» ibi, praeter abbatem sive canonicos ejusdem coenobii, umquam ab hac
» die deinceps aliquam de quacumque re haberet exercendi potestatem
» et hujusmodi petitionem firmam esse in perpetuum sanciremus. Nos
» autem... decernimus ut ab hinc in futurum nullus quilibet comes...
» habeat potestatem vel inferat aliquod praejudicium de castro sito in
» gyro coenobii Sancti Martini...... » (1er décembre 918. — Martène, *Ampl. coll.*, t. I, col. 272.)

[8] Le mot *castrum* est employé par la Grande Chronique de Tours, à propos des événements de 903, mais on sait qu'elle est l'œuvre d'un chanoine du XIIIe siècle.

munité fut confirmée en termes plus précis par Louis IV[1], par Raoul[2] et par Hugues Capet[3].

Incendié encore le 24 mai 997[4], le château fut sans doute, comme le monastère, relevé de ses ruines, mais les documents font défaut pour connaître ses destinées pendant le cours du XI° siècle. On peut conjecturer que la construction du grand pont sur la Loire, qui eut lieu vers 1035[5], contribua à son développement comme à celui de la cité ; et nous savons que, vers la fin du siècle, il y avait sur la grande place des étaux et particulièrement des tables de changeurs, et auprès des remparts des boutiques de drapiers[6]. Les textes désignent certaines maisons comme bâties en pierre ; c'est sans doute qu'elles faisaient exception, la plupart des constructions devaient être en bois, et cela explique la fréquence des incendies qui y éclatèrent. Châteauneuf fut en effet de nouveau brûlé le 6 avril 1097[7], et encore le 23 avril ou le 9 mai 1122, mais cette dernière fois ce fut la conséquence d'une révolte des bourgeois contre le chapitre[8].

---

[1] 938, 28 octobre. « ..... Primo siquidem monemus omnium atque » praecipiendo jubemus de castro quod, ob infestationem Nortmannorum, » in circuitu jamdictae basilicae, obtentu atque juvamine Roberti » quondam venerabillim illius loci abbatis, genitorisque saepedicti » Hugonis et postea quamplurimum gloriose aedificatum est, ne quis- » piam praeter abbatem, necnon decanum coeterosque canonicos ejusdem » coenobii unquam ab hac die aliquam deinceps de quacumque re in » praelibato castro sive in circuitu ipsius et usque ad fluvium Ligeris, » in hoc tantum quod juris S. Martini esse videtur habeat exercendi » potestatem..... » (Monsnyer, *De statu S. Martini*, p. 174).

[2] 931, 24 mars. Le diplôme de Raoul reproduit exactement les termes de celui de Louis IV (Martène, *Thes. anecd.*, t. I, col. 63).

[3] 987. Ce sont encore les mêmes termes que ceux du diplôme de Louis IV (Martène, *Ampl. coll.*, t. I, col. 340).

[4] *Chronicon Petri filii Bechini*, dans A. Salmon, *Chroniques de Touraine*, p. 51.

[5] Le superbe privilège original, concédé par Eudes II, comte de Blois, déclarant libre de tout péage ce pont qu'il venait de construire, est conservé aux archives municipales de Tours (AA. 1.).

[6] Bibl. nat., *Arm. de Baluze*, t. 76, fol. 146, 168 et 172. — *Coll. de Touraine*, t. II, n° 746.

[7] *Chronicon Petri filii Bechini*, p. 59.

[8] « Anno Verbi incarnati 1122 ecclesia S. Martini combusta est et » Castrum, propter guerram quae inter burgenses rebelles et canonicos » fuit, in festo S. Gregorii. » (*Le ms. du Vatican donne : S. Georgii.* — *Ibid.*, p. 62).

C'est à ce moment que commence l'histoire municipale de Châteauneuf. Si, sur cette première insurrection, nous n'avons que ce bref renseignement, nous ne tardons pas à voir les bourgeois du chapitre de Saint-Martin aux prises avec l'autorité royale.

En l'année 1141, les bourgeois du chapitre profitèrent du passage à Tours du roi Louis VII pour solliciter de lui et de son frère Henri, qui, en raison de ses fonctions de trésorier de Saint-Martin, était administrateur du temporel du chapitre, la réforme des usages relatifs aux droits de l'abbaye sur la vente du vin et en particulier la suppression de tous les offices de taverniers à l'exception d'un seul. Leurs vœux furent exaucés et les droits et charges du seul tavernier maintenu, ainsi que ceux du chapitre et de son trésorier, dûment déterminés par un règlement qui nous est parvenu[1].

En même temps, le roi réprima les empiètements des bourgeois qui avaient construit des maisons sur les fortifications et dans les fossés, avaient occupé des chemins royaux et s'étaient rendus coupables de divers délits tant envers lui qu'envers le trésorier du chapitre. Par le même acte, il déclara toutefois confirmer, avec l'assentiment dudit trésorier, les coutumes et usages en vigueur, faisant cependant exception pour trois bourgeois qui étaient probablement considérés comme les fauteurs des troubles : Renaud Fremaud, son fils et Nicolas Gosselin. Ces concessions n'étaient pas gratuites ; cette amnistie et la suppression des offices de taverniers coûtèrent aux bourgeois une somme de 500 marcs d'argent, qu'ils durent payer au roi, et une autre somme de 200 livres, monnaie d'Anjou, qu'ils durent payer au trésorier de Saint-Martin[2].

---

[1] Diplôme de Louis VII daté de Tours. « Actum publice Turonis, in » tentoriis, anno incarnati verbi M° C° XL° I°, regni vero nostri V°. » (Bibl. nat., *Coll. de Touraine*, t. V, n° 1640). Même règlement sous le sceau de Henri, trésorier du chapitre, daté de la 5ᵉ année du règne de Louis VII (Orig. Scell. Arch. municip. de Tours. AA. 1.). Ces deux actes doivent être de peu postérieurs au 1ᵉʳ août 1141, commencement de la cinquième année du règne ; Louis VII devait alors revenir de son expédition contre le comte de Toulouse.

[2] Diplôme de Louis VII, daté comme le précédent. (Orig scellé, Arch. nat., J, 176, n° 1. Publ. Teulet. *Layettes du Trésor*, t. I, p. 53.) On a parfois considéré cet acte et les deux précédents comme s'appliquant à la cité de Tours, je dois dès lors donner les raisons qui me portent à m'écarter de l'opinion commune. En ce qui concerne les deux documents régle-

Deux autres actes de Louis VII concernent spécialement Châteauneuf. Par l'un, daté de 1143, le roi promettait aux bourgeois de ne jamais lever d'impôt sur eux, de ne les poursuivre ni pour usure ni pour aucun autre mode de faire valoir de l'argent, de ne les point grever en cas d'offense, tant qu'ils consentiraient à répondre en justice, à Tours, dans la maison du trésorier de Saint-Martin. Ces faveurs n'étaient pas plus gratuites que les précédentes ; le diplôme stipule

mentant l'exercice du droit du chapitre sur la vente du vin, un acte à peu près du même temps nous fait connaître par qui était exercé dans la cité de Tours le droit de banvin : c'étaient l'archevêque, son chapitre, le comte d'Anjou et le seigneur de la Tour Hugon, qui le percevaient alternativement ; vers 1147, l'archevêque se fit céder les trois parts qu'il ne possédait pas et le perçut seul désormais (Bibl. nat., *Coll. de Touraine*, t. IV, n° 1730). Il est donc impossible que ce soit à Tours que le chapitre de Saint-Martin ait possédé le droit que lui attribue formellement le règlement de 1141 : « Decanus, thesaurarius, capitulum beati Martini » bannum suum, sicut ante habuerant, semper habebunt. » Ce droit ne devait s'exercer que sur les lieux soumis à la juridiction de Saint-Martin. Rien dans ces deux actes ne va à l'encontre de cette interprétation ; il y est dit que les bourgeois ont présenté leur requête au trésorier du chapitre et au roi, à Tours (*nostri burgenses Turonis presenciam nostram adierunt*), ce qui ne doit s'entendre que des bourgeois du chapitre. L'interprétation que je donne du diplôme de Louis VII, qui réprime les empiètements des bourgeois et confirme leurs coutumes, semble d'abord moins facile à justifier. Le roi déclare mettre à néant les griefs qu'il avait, « adversus burgenses nostros Turonenses, » et il semble difficile d'appliquer cette expression à d'autres qu'à des habitants de la cité de Tours. J'observe cependant : 1° qu'il est très rare que des actes officiels nomment *burgenses* les habitants d'une cité ; l'expression consacrée est *cives*; 2° que les habitants de Tours n'étaient pas les bourgeois du roi (*nostros*), tandis que l'expression est naturelle, appliquée à ceux de Saint-Martin dont le roi était abbé ; 3° que les délits que réprime le roi ont lésé le trésorier de Saint-Martin, que les coutumes sont confirmées avec le consentement du trésorier de Saint-Martin, qu'une partie du prix de la concession est attribuée au trésorier de Saint-Martin, et que le trésorier de Saint-Martin n'avait de juridiction que sur les dépendances de son chapitre ; 4° que la stipulation d'une somme à payer par les bourgeois est indiquée comme étant le prix de la suppression des offices de taverniers (*pro tabernariorum depositione*), et par conséquent que ce diplôme doit s'appliquer, comme les deux précédents, à des dépendances de Saint-Martin ; 5° que deux des trois bourgeois exceptés de l'amnistie se nomment *Fremaud*, nom que nous retrouverons bientôt porté par un bourgeois de Châteauneuf, dont nous raconterons les différends avec le chapitre. Reste à expliquer la qualification de *Turonenses* appliquée aux bourgeois de Saint-Martin, alors que dans tous les autres documents ils sont appelés *burgenses* ou *homines Castri Novi* ; mais il faut se souvenir

que les bourgeois devront payer au roi une somme de 30,000 sous [1].

L'autre document, que nous fait connaitre un vidimus de 1258, nous est parvenu dépourvu de date et de formules finales, ce qui est regrettable car plusieurs parties de sa teneur sont suspectes [2]. En 1180, l'archevêque de Reims et les évêques de Chartres et de Poitiers déclarèrent faux un privilège du roi Louis VII soumis à leur jugement [3]; cet acte, que produisaient alors les bourgeois de Châteauneuf et dont le chapitre contestait l'authenticité parce qu'il allait à l'encontre de ses privilèges, doit être le même que celui dont il est ici question, et l'on a quelques raisons de ratifier aujourd'hui la décision des juges de 1180, dont l'un au moins, l'archevêque de Reims, devait être bien informé, car, alors que Châteauneuf n'était pas à Tours la seule possession de Saint-Martin. Il y possédait encore le bourg de Saint-Pierre le Puellier qui lui avait été donné par la reine Bertrade (Bibl. nat., *Coll. de Touraine*, t. IV, nos 1395, 1700 et 1701). Châteauneuf lui-même avait des faubourgs qui s'étendaient jusqu'à la Loire (Dipl. de Hugues Capet de 987, Martène, *Ampl. coll.*, t. I, col. 340), et dans la cité même, il possédait un fief assez étendu, comprenant le terrain situé entre la porte d'Orléans et les arènes, le mur y attenant et le monument dit *Sala maledicta* (Voy. Mabille, *Les invasions normandes*, p. 186); c'était là que le trésorier exerçait sa juridiction, même sur les hommes de Châteauneuf (*Pièces justif.*, XIX). Il suit de là que les trois documents en question concernent les bourgeois de toutes les dépendances du chapitre de Saint-Martin dans les divers bourgs qui ont formé plus tard la ville de Tours.

[1] «... Burgensibus omnibus Beati Martini de Castro Novo tam praesen-
» tibus quam futuris dedimus atque concessimus quod neque nos nec
» aliquis successorum nostrorum neque per vim aliquam ab eis pecu-
» niam queramus, nec causabimus eos de usura neque de turpi lucro
» neque de aliqua multiplicatione pecunie sue. Quod si forte evenerit ut
» nos ipsi in aliis causis offendant, non eos vel nos vel successorum
» aliqui nostrorum inde gravabimus, quamdiu ipsi nobis satisfacere vo-
» luerint apud Turonum, in domo thesaurarii. Facta vero hac conventione,
» predicti burgenses, bona nobis voluntate dederunt XXX millia solido-
» rum. » (Bibl. nat., *Coll. de Touraine*, t. V., nᵒ 1699, d'ap. l'original qui se trouvait dans les Archives de l'hôtel de ville de Tours.)

[2] *Pièces justificatives* XIX. E. Mabille l'a pris à tort pour un acte de Saint Louis (Voy. *Catalogue des diplômes... de Dom Housseau, relatifs à l'histoire de la Touraine*, nᵒ 3106).

[3] Cette sentence non datée a été rendue après le 18 septembre, date de la mort de Louis VII qui y est qualifié de *felicis recordationis dominus rex*, et avant le 25 octobre, date de la mort de Jean de Salisbury, évêque de Chartres. Elle a été publiée dans : *Deffense des privilèges de Saint-Martin. Titres et pièces justificatives*, p 45.

qu'il était évêque de Chartres, il avait été envoyé à Tours par Louis VII au sujet des querelles des bourgeois avec le chapitre. Dans ce document, en effet, certaines dispositions en faveur des bourgeois semblent en contradiction avec les sentiments de défiance que Louis VII n'a cessé de manifester à leur égard, et il faut remarquer de plus que, dans une confirmation des privilèges de Châteauneuf, en 1181, Philippe Auguste a relaté les termes du diplôme de 1143 que nous avons analysé, sans faire aucune allusion à l'acte que nous examinons maintenant [1]. Si, comme cela semble probable, cette pièce n'est pas dans son entier l'œuvre d'un faussaire, si elle a été seulement altérée et modifiée dans l'intérêt des bourgeois de Châteauneuf [2], il la faudrait dater à peu près du même temps que la précédente et la rapporter aux troubles de cette époque. Elle est rédigée en forme de lettre missive adressée par le roi à ses *amis*, ses hommes de Châteauneuf. Il confirme à leur communauté (*universitati*) ses bonnes et justes coutumes et promet qu'il ne tolérera pas qu'elles soient violées. Il donne main-levée de la saisie qu'on avait faite des maisons (celles sans doute construites sur les remparts et visées par le diplôme de 1141), renvoie les bourgeois des fins de la plainte qui avait été portée contre eux, à l'exception de l'un d'eux, nommé Barthélemi, encore lui promet-il sa grâce, s'il veut faire les démarches nécessaires. Il décide que quiconque aura lésé ou offensé les bourgeois ne devra trouver à Châteauneuf personne pour l'aider, le servir ou le recevoir, déclare qu'il sera fait justice par lui et par le trésorier de Saint-Martin de quiconque aurait violé sa décision. Puis, rappelant les nombreux services que lui ont rendus les hommes de Châteauneuf, il les prie, comme ses amis, de mettre fin à tous les troubles, de continuer à le servir, et enfin, termine en les engageant à rester liés entre eux et confédérés (*confederati et inter vos ligati*), leur promettant, s'ils respectent ses ordres, qu'ils ne seront jamais forcés d'abandonner cette union ou confédération. Ce sont surtout ces dernières expressions qui font douter de l'authenticité de cette pièce.

En 1157, un nouvel incendie, dont nous ignorons la cause,

---

[1] Teulet, *Layettes du trésor des Chartes*, t. I, n° 306.
[2] Les juges de 1180 constatent que l'exemplaire qui leur a été soumis avait des ratures et des surcharges: « Cum autem prima facie apparerent » vituperatae et per medium abrasae. »

dévora pour la sixième fois le bourg de Châteauneuf[1]. En 1164, il devait être à peine relevé de ses ruines, quand de nouveaux différends entre le chapitre et les habitants éclatèrent à l'occasion d'une querelle entre un bourgeois du nom de Nicolas Fremaud et un chanoine de Saint-Martin qui portait ce même nom de Fremaud. Ce chanoine, auquel certains actes donnent le titre de prévôt du chapitre, était chargé de l'administration du bourg de Saint-Pierre le Puellier[2], et peut-être le bourgeois contre lequel il eut à lutter résidait en cet endroit.

Malgré le nombre relativement considérable des documents où il est question de cet épisode, il n'est guère possible d'en déterminer le caractère ni l'importance. La violation d'une convention conclue par ordre du pape Eugène III, c'est-à-dire entre 1145 et 1153, aurait été la cause première de la querelle, au dire du bourgeois[3]. Celui-ci soumit le différend au pape, qui commit l'évêque du Mans, dont la sentence mentionnée dans deux lettres d'Alexandre III, et certainement favorable au bourgeois, ne fut pas mise à exécution[4]. Les chanoines, au contraire, s'adressèrent au roi, lui représentèrent que le chanoine Fremaud avait agi contre le bourgeois rebelle Nicolas Fremaud, par ordre du chapitre, lui montrèrent tous les bourgeois de Châteauneuf prenant fait et cause pour leur concitoyen, projetant de se soustraire

---

[1] « Anno autem 1157, omne castrum combustum est, sed ecclesia B. » Martini... mansit illaesa. » (*De commendatione Turonicae provinciae*, dans Salmon, *Chroniques de Touraine*, p. 302).

[2] « Notum sit excellentiae vestrae quod quidam burgus Turonis, qui » dicitur S. Petri Puellaris, proprius erat regum et eumdem avus noster » rex Philippus donavit liberum ecclesiae B. Martini. Ejus administra- » tionem capitulum canonico suo Frem. dederat » (Lettre de Louis VII au pape Alexandre III. *Histor. de France*, t. XV, p. 822).

[3] « Idem F [remaudus] (Canonicus)... compositionem, quae de man- » dato pie recordationis patris et predecessoris nostri Eugenii papae olim » facta fuerat et corporali sacramento firmata, ausu temerario violasset. » (Lettre du pape Alexandre III à Louis VII, du 1er août 1164. *Ibid.*, p. 820.)
— « F [remaudus] ecclesiae B. Martini Turonensis canonicus, contra com- » positionem, quae de mandato piae recordationis patris et predecessoris » nostri Eugenii papae inter eos facta fuerat et praestito corporali sacra- » mento firmata, violentiam sibi enormem intulerat. » (Autre lettre du même au même, du 13 août 1164, *Ibid.*, p. 822.)

[4] « Ipse (Cenomannensis episcopus)... sententiam pronuntiavit licet » nondum sit executioni mandata. » (Lettre du 1er août. *Ibid.*, p. 820).

à la juridiction du chapitre, et secouant son autorité; ils soutinrent que la puissance royale elle-même en était atteinte, le supplièrent de prendre en main la cause pour punir le rebelle et de s'entendre dans ce but avec le sénéchal du roi d'Angleterre, qui avait des droits de suzeraineté sur les possessions de Saint-Martin, comme comte d'Anjou, et avec lequel le bourgeois rebelle tentait de brouiller les chanoines [1]. Le roi ne fut pas sourd à cet appel; un de ses clercs, Hugues de Marson, qu'il chargea de s'aboucher avec l'évêque du Mans, lui écrivit bientôt qu'il importait à la dignité royale de soutenir auprès du pape le chanoine contre le bourgeois récalcitrant [2], et les remerciements envoyés à Louis VII pour sa sollicitude à l'égard de Saint-Martin, par le clerc qui, sur l'ordre de Hugues de Marson, fut chargé d'aller recevoir la décision royale, témoignent qu'on ne doutait pas qu'elle ne fût en faveur du chapitre [3]. Le pape Alexandre III, ouvertement favorable au bourgeois, écrivit en vain deux lettres au roi de France, pour justifier la sentence de l'évêque du Mans, le supplier de la ratifier, ou tout au moins d'amener les parties à un compromis [4]; il alla même jusqu'à lancer l'interdit sur le chanoine Fremaud. Le roi répondit au pape en le priant de lever l'interdit et de ne soutenir aucun des bourgeois du chapitre [5]. Nous savons de plus par une lettre du doyen, que, sur l'ordre du roi, le chapitre prit possession des maisons de Nicolas Fremaud, les interdit à sa femme et à toute sa famille et fit défense de l'y laisser pénétrer. Cette défense n'ayant pas été respectée, le chapitre fit saisir du vin qui appartenait à son adversaire et qui se trouvait sur un domaine de Saint-Martin, puis consentit à en donner mainlevée à ses amis, moyennant une caution de trois cents sous.

---

[1] Lettres sans date adressées à Louis VII par le doyen, le trésorier, le chapitre en corps et le chanoine Fremaud (*Histor. de France*, t. XVI, pp. 95 et 96, lettres 290, 291, 293 et 295.)

[2] Lettre de Hugues de Marson à Louis VII (*Ibid.*, p. 98, lettre 306.)

[3] *Ibid.*, p. 96, lettre 294.

[4] Lettres des 1er et 13 août citées plus haut (*Ibid.*, t. XV, pp. 820 et 822.)

[5] « Rogamus itaque paternitatem vestram, ut pareatis nobis et pro
» honore et reverentia nostra relevetis dictum Fremaudum ab interdicto
» vestro in hac parte ut habeat in burgo justitiam suam sicut prius et
» nulli burgensium qui ib. maneat sitis advocatus sive præsidium.
» Valete. » (Lettre de Louis VII, citée plus haut. *Ibid.*, p. 822.)

En envoyant cette somme au roi, le doyen, alléguant la nécessité d'un exemple pour terrifier les rebelles, sollicitait un ordre pour saisir de nouveau la maison dudit Fremaud et l'en expulser avec toute sa famille[1]. A cette requête, il ajoutait, par crainte du pape qui s'était constitué le protecteur du bourgeois, la prière de tenir cette démarche secrète et de ne pas laisser connaître que c'était lui qui avait provoqué ces mesures[2]. Ce qui advint de cette lutte, nous pouvons le deviner d'après une mention qui se trouve dans une dernière lettre du doyen de Saint-Martin au roi : les troubles apaisés, Nicolas Fremaud, malgré la protection des officiers du roi d'Angleterre, fut appelé à se justifier dans un combat judiciaire où son refus de se présenter le fit déclarer vaincu et condamner[3].

Cette condamnation paraît avoir mis fin aux dissensions pour plusieurs années. Les bourgeois contribuèrent, en 1175, à la réédification de l'église de Saint-Martin[4]; ils supportaient néanmoins impatiemment le joug de l'abbaye et rêvaient de s'y soustraire.

En 1180, le chapitre apprit qu'il s'était formé dans la ville une conjuration et que des serments secrets unissaient les uns aux autres les bourgeois de Châteauneuf; il en fit part au pape qui délégua l'évêque de Chartres[5], c'était alors Jean de Salisbury. Il devait, dans le cas où le fait serait public ou avoué par les habitants, leur faire des monitions canoniques et les engager à renoncer en sa présence aux serments qu'ils avaient prêtés ; dans le cas où ils refuseraient, il devait de lui-même les en délier et leur imposer une pénitence compétente, s'il était constant que ces serments avaient été prêtés au

---

[1] *Histor. de France*, t. XVI, p. 95, lettre 292.

[2] « Sed tamen hoc ita absconditum habeatis ut ex proprio consilio » vestro, non ex meo, id facere videamini, propter dominum papam qui » Nicolaum in hac parte et contra vos et contra ecclesiam nostram fovet » et sustentat. »

[3] « Praeterea, per latorem praesentium vobis mittimus septem libras » et decem solidos de defectu duelli pro Nicolao Frummaudi. » (*Ibid.*, p. 99, lettre 309.)

[4] *De commendatione Turonicae provinciae*, dans Salmon, *Chroniques de Touraine*, p. 302.

[5] « Super quibusdam juramentis et fidei prestatione quam occulte » inter se dicuntur predicti homines prestitisse, in depressionem juris » predicte ecclesie. » (Lettre de Jean de Salisbury, dans *Histor. de France*, t. XVI, p. 624.)

préjudice des droits et de la dignité de l'abbaye ; dans le cas où les faits n'auraient pas été publics et si les habitants niaient, il devait leur adresser une monition d'avoir à fournir chacun en personne la justification qu'ils n'avaient pas prêté de tels serments ni engagé leur parole ; enfin, dans le cas où ils refuseraient d'acquiescer à ses monitions, il devait, nonobstant appel, les excommunier. A l'arrivée de l'évêque, les bourgeois tentèrent d'établir leur droit et décidèrent d'en appeler en cour de Rome [1]. Ce fut alors sans doute qu'ils produisirent la prétendue lettre de Louis VII qui les aurait autorisés à s'unir et à se lier entre eux [2]. L'évêque refusa de recevoir l'appel, et, après enquête, promulgua la sentence d'excommunication ; trente bourgeois considérés comme les chefs de l'insurrection (*principes factionis*) y sont nominativement désignés, les autres habitants, leurs complices, sont compris sous la formule générale [3]. L'un des trente bourgeois porte le nom de Barthélemy Fremaud et appartient sans doute à la famille de ce Nicolas Fremaud qui avait été la cause des troubles de 1164 [4].

Cependant, les parties s'étaient constituées en cour de Rome où l'affaire suivait son cours, quand l'évêque de Chartres, assisté de l'un des archidiacres de Tours, notifia aux habitants de Châteauneuf que, s'ils voulaient donner caution juratoire ou fidéjussoire, dans les quinze jours qui suivraient sa réception, il viendrait à Marmoutiers ou dans tout autre lieu offrant des garanties de sécurité, qu'il y lèverait l'excommunication, et, après avoir mis l'appel à néant, désignerait de concert avec l'archidiacre un endroit où cent d'entre eux, délégués par tous

---

[1] Charte de Geoffroy, archidiacre de Tours. (Bibl. nat., *Coll. de Touraine*, t. V, n° 1938.)

[2] « Ita autem confederati sitis et inter vos ligati ut si mandatum » nostrum laudaveritis ex ipsa confirmatione et federe amodo relin- » quere non possitis. » (*Pièces justif.*, XIX)

[3] Notification de la sentence d'excommunication au chapitre de Saint-Martin, faite par Jean de Salisbury. (*Histor. de France*, t. XVI, p. 624.) Cet acte qui ne porte pas de date est antérieur d'environ deux mois au 31 août 1180.

[4] Cette famille se perpétua à Tours ; on trouve fréquemment mention de bourgeois de ce nom dans les comptes municipaux du xiv° siècle. L'un d'eux en particulier, nommé Jacques Fremaut, était « capitaine et gouverneur des ouvrages faits et à faire au Chastel-Neuf, » en 1356. Voy. Delaville-Le Roulx. *Registres des comptes municipaux de la ville de Tours*, t. I, pp. 11 et 381.

les habitants (*universitas*) seraient admis, sans débat contradictoire devant lui et l'archidiacre, à fournir leur justification (*purgacionem*). Les habitants de Châteauneuf acceptèrent, et furent absous par l'archidiacre dans la cathédrale de Tours. Cette absolution fut confirmée par l'évêque, à Marmoutiers, le 13 août 1130, et le lendemain, au même lieu, les cent bourgeois furent admis à la justification (*purgacio*), qui se continua les jours suivants à la cathédrale sous la présidence de l'archidiacre [1].

Peu de temps après, l'archevêque de Reims légat du Saint-Siège, l'évêque de Chartres et l'évêque de Poitiers, auxquels on avait soumis les prétendus privilèges concédés aux bourgeois par Louis VIII, les déclarèrent faux et sans valeur [2].

Les espérances des habitants de Châteauneuf étaient une fois encore anéanties; ils demeuraient toujours les hommes du chapitre de Saint-Martin. S'ils ne pouvaient guère songer désormais à se soustraire à la juridiction du trésorier, s'ils devaient renoncer à se constituer en commune indépendante, du moins pouvaient-ils encore espérer s'organiser en communauté, et ne plus dépendre de l'abbaye pour l'administration de leurs finances ; c'est ce qu'ils obtinrent de Philippe Auguste.

La charte qui leur fut concédée par lui, en 1181, établit à Châteauneuf une organisation municipale [3]. Dix prudhommes, élus la première année par les bourgeois et désignant ensuite d'année en année leurs successeurs, devaient administrer la ville, faire les règlements de police et même connaître des contraventions commises par les habitants ou les per-

---

[1] Charte de l'archidiacre Geoffroi. (Bibl. nat., *Coll. de Touraine*, t. V, n° 1938.) Cet acte non daté doit être de peu de jours postérieur au 1er septembre 1180.

[2] Charte de l'arch. de Reims..... « habita deliberatione cum praedictis » episcopis et aliis viris prudentibus qui praesentes erant, eas deprehen- » dimus esse falsas, quapropter easdem litteras judicavimus irritas esse » et viribus omnino carere. » (*Deffense des privil. de S. Martin. Titres et pièces just.*, p. 45.) Nous avons montré que la date de ce document doit être comprise entre le 19 septembre et le 24 octobre 1180. (Voy. plus haut, p. 190, n. 3.)

[3] Teulet, *Layettes du Trésor des Chartes*, t. I, n° 306. Sa date est comprise entre le 5 avril et le 31 octobre. (Voy. Delisle, *Catal. des actes de Philippe Auguste*, n° 21.)

sonnes ayant une propriété dans la ville. Des serments réciproques, que devaient prêter d'une part les dix prudhommes à leur entrée en charge et d'autre part les bourgeois, les jeunes gens quand ils atteignaient leur majorité, les étrangers quand ils élisaient domicile dans la ville, garantissaient aux uns l'obéissance de leurs administrés, aux autres l'impartialité de leurs magistrats. Sauf la juridiction de police attribuée aux dix prudhommes, toute la justice devait être rendue par le trésorier au nom du roi, abbé de Saint-Martin de Tours [1].

Cette demi-indépendance ne pouvait satisfaire complètement les habitants de Châteauneuf; ce qu'ils voulaient, c'était l'autonomie complète, une commune. Ils trouvèrent dans l'organisation même qui venait de leur être octroyée le moyen de renouveler sans retard la tentative de se soustraire à la juridiction de l'abbaye qui venait d'échouer. Dès les premiers mois de l'année 1184, les mêmes hommes qui avaient été excommuniés lors de l'insurrection de 1180 instituèrent une commune, à laquelle les habitants durent prêter serment. Comme en 1180, le chapitre eut recours au pape. Luce III répondit en déclarant abolie la conjuration que les bourgeois avaient faite sous le nom de commune, en menaçant de l'excommunication les chefs principaux avec leurs fauteurs, s'ils refusaient d'abjurer les serments prêtés, en annulant ceux par lesquels les habitants s'étaient liés, et en donnant pouvoir aux chanoines d'excommunier, sans débat et nonobstant appel, ceux des coupables qui refuseraient d'abjurer, qui continueraient à se rendre aux conventicules interdits ou contribueraient à les entretenir [2].

Le chapitre s'empressa de profiter de la permission, excommunia ses bourgeois et se hâta de faire confirmer sa

---

[1] « ..... Quod ipsi, ante nos vel ante mandatum nostrum in domo » tesaurarii se justiciabunt. » On peut remarquer que le texte ne dit pas que c'est comme abbé que le roi se réserve la justice. Mais n'y a-t-il pas là une équivoque volontaire? Dans tous les cas, c'est toujours le Trésorier de l'abbaye qui l'a rendue ; et c'est contre l'abbaye que se sont toujours soulevés les habitants de Châteauneuf.

[2] Bulle de Luce III datée de Verola, II des kal. de mai, c'est-à-dire du 30 avril 1184, adressée au chapitre de Saint-Martin. *Quanto ecclesia...*. (*Deffense des privil. de Saint-Martin. Titres*, p. 26.) Une deuxième bulle presque semblable, sauf la date (Vérone, 5 des kal. de juin, c'est-à-dire 28 mai 1184) *Quanto ecclesia*..... se trouve dans le même recueil (p. 24.)

sentence ¹. En même temps, le roi de France, à la requête du pape, écrivait de son côté aux bourgeois de se désister de leurs prétentions à établir une commune et de donner sans retard satisfaction au chapitre ².

Abandonnés de tous et excommuniés, les habitants de Châteauneuf se plaignirent au pape de ce que l'excommunication n'eût été précédée d'aucune monition canonique et protestèrent de leur bonne volonté d'obtempérer aux décrets du Saint-Siège. Le pape commit alors (30 octobre 1184) son légat, l'archevêque de Reims et l'abbé de Marmoutiers, Hervé de Villepreux ; il les chargea de relever les bourgeois de l'excommunication, moyennant caution préalable qu'ils accepteraient les décisions de la cour de Rome, puis de travailler à rétablir la paix entre les parties ³. Aux plaintes des bourgeois il répondit en les assurant qu'on ne les citerait à comparaître, en dehors du diocèse de Tours, que dans un lieu qui présenterait toutes garanties de sécurité pour eux, qu'on ne pourrait prononcer de sentence contre eux s'ils déclaraient ne pas trouver suffisamment sûr le lieu où ils auraient été cités en justice, et, quant à l'excommunication, qu'ils seraient absous, s'ils consentaient à se présenter en justice, soit devant l'ordinaire, soit devant un juge commis par le Saint-Siège ⁴.

Les chefs de la commune n'avaient sans doute rouvert le débat et écrit à Rome que pour avoir des délais, mais ils ne se pressaient pas de donner les satisfactions demandées et les juges ecclésiastiques allaient renoncer à rétablir la paix, quand, un jour qu'ils se trouvaient à Saint-Martin de Tours, le 24 février 1185, les habitants de Châteauneuf envahirent la salle du chapitre. Un revirement s'était produit dans les

---

[1] Bulle de Luce III, datée de Vérone, 15 des kal. d'octobre, c'est-à-dire du 17 septembre 1184. *Cum ecclesia*..... (*Deffense des privil. de Saint-Martin. Titres*, p. 25.)

[2] Cette lettre doit être de mai ou de juin 1184. (*Histor. de France*, t. XVIII, p. 292, note. Cf. *Catal. des actes de Philippe Auguste*, n° 113.)

[3] Bulle de Luce III, datée de Vérone, 3 des kal. de novembre. *Cum olim*..... (*Deffense des privilèges de Saint-Martin, Titres*, p. 25). Cf. la notification faite au chapitre par l'abbé de Marmoutiers, que le 26 novembre suivant il absoudrait les bourgeois dans l'église de Saint-Pierre le Puellier. (Bibl. nat., *Coll. de Touraine*, t. V, n° 1952.)

[4] Bulle de Luce III, datée de Vérone, II des Ides de novembre (12 novembre 1184.) *Ad hoc*..... (Orig. scellé, Arch. municip. de Tours, AA 1. Cop., *Coll. de Touraine*, t. V, n° 1950.)

esprits ; pour soutenir la commune, pour veiller à sa sûreté, il avait fallu de l'argent et les chefs de la révolte avaient voulu lever un impôt, demander des subsides aux habitants. Aussitôt ceux-ci s'étaient retournés vers leurs anciens seigneurs ; ils venaient leur affirmer que c'étaient les menaces et les violences qui les avaient obligés à s'engager dans la conjuration. Les juges profitèrent de ces bonnes dispositions ; la salle du chapitre ne pouvant suffire à l'affluence de la foule, ils allèrent siéger en plein air, dans le cloître. L'archevêque de Reims, pour donner plus de solennité à la cérémonie, se plaça à l'endroit où avait reposé longtemps auparavant le corps de Saint-Martin et fit apporter des reliques devant lui. Il donna ensuite lecture de la bulle pontificale qui abolissait la commune, des lettres du roi de France qui engageaient les bourgeois à y renoncer, puis déclara tous les habitants présents absous de l'excommunication qui avait été prononcée contre eux et leur enjoignit de jurer de ne payer à la commune ni taille ni subside, de ne pas contribuer au guet, de ne pas répondre à ses citations ; toutes les mains se tendirent vers lui. En présence de cette désertion générale, les riches bourgeois, les chefs de la commune se trouvaient impuissants à continuer la résistance ; ils vinrent au cloître à leur tour. C'étaient Thomas d'Amboise, Philippe Annier, Nicolas Engelard, Payen Gatineau, qui tous déjà avaient figuré sur la liste des excommuniés de la précédente insurrection. L'archevêque de Reims leur fit jurer de renoncer à leur commune, conjuration ou commun serment, de ne plus lever ni tailles ni contributions de guet, de ne plus convoquer de réunions, de ne plus usurper la juridiction du trésorier de Saint-Martin. Thomas d'Amboise répéta la formule du serment et les autres jurèrent après lui. Puis, l'archevêque déclara excommuniés tous ceux qui n'étaient pas venus recevoir l'absolution et autorisa le chapitre à lire chaque dimanche à la messe la sentence d'excommunication jusqu'à ce qu'il n'y ait plus de rebelles dans la ville [1]. Toutes les résis-

---

[1] Lettre au pape de l'archevêque de Reims et de l'abbé de Marmoutiers. (*Deffense des privilèges de Saint-Martin. Titres*, p. 26.) — Sentence de l'archevêque de Reims et de l'abbé de Marmoutiers. (*Gallia Christiana*, t. XIV. *Instr.*, col. 86.). Ces deux documents, sauf pour les formules initiales, sont conçues dans les mêmes termes, mais la sentence est seule datée : « Actum publice Turonis, anno incarnati verbi 1184, papae Lucii

tances n'avaient pas cédé, en effet, deux bulles du pape Luce III, sollicitées par le chapitre, ratifient encore des sentences d'excommunication lancées contre des bourgeois que toutes les monitions canoniques, pas plus que la soumission de leurs compatriotes, n'avaient pu décider à abjurer[1].

La commune abolie, les chanoines songèrent à profiter de leur succès pour obtenir réparation des dommages qu'elle leur avait causés; un procès dont nous ignorons l'issue s'engagea à ce sujet en cour de Rome. Nous savons seulement que le chapitre obtint du pape une bulle l'autorisant à détruire des tables de changeurs et d'autres boutiques que la commune avait établies sans sa permission et à son préjudice[2].

Les événements dont la Touraine fut le théâtre empêchèrent pendant quelque temps toute nouvelle tentative de commune. En 1188, un nouvel incendie dévora Châteauneuf[3]. Philippe Auguste et Richard Cœur-de-Lion s'emparèrent de Tours au mois de juin 1189. Ce fut alors qu'ils jetèrent les bases du traité qu'ils conclurent l'année suivante à Corbigny, peu de temps avant de partir pour la croisade, pour déterminer leurs droits réciproques et ceux des chanoines de Saint-Martin sur Tours et sur Châteauneuf[4].

Ce document fait très bien comprendre quelle était la

» tertio, anno Francorum regis Philippi sexto, indictione II[a], mense
» februario, luna XXI, festo B. Matthiae apostoli, dominica ipsa qua
» cantatur *Exurge quare*. Datum per manum Lambini cancellarii nostri. »
La 21e lunaison, la fête de Saint Mathias, l'année du règne de Philippe Auguste, et le dimanche coïncident bien avec le 24 février 1185, mais il y a erreur pour les indications de l'année du pontificat et de l'indiction. C'est à la même date que le *Chronicon Turonense magnum* fixe la renonciation des bourgeois de Châteauneuf à leur commune. (Salmon, *Chroniques de Touraine*, p. 140.) — Cf. la notification aux évêques de la province par l'archevêque de Tours de l'absolution accordée aux bourgeois de Châteauneuf. (Bibl. nat., *Coll. de Touraine*, t. V, n° 1954.) et la confirmation de la sentence par Luce III, datée de Vérone, 15 des kal. de mai (17 avril 1185.) *Quanto specialius*..... (*Deffense des privilèges de Saint-Martin. Titres*, p. 26.)

[1] Bulle de Luce III, s. d., adressée à l'archevêque de Tours. *Significaverunt nobis*..... (Bibl. nat., *Coll. de Touraine*, t. V, n° 1951.) Autre bulle, s. d., adressée au même. *Significantibus dilectis*..... (*Ibid*.)

[2] Bulle du pape Luce III, s. d., adressée à l'arch. de Reims et à l'abbé de Marmoutiers. *Decanus, thesaurarius*..... (*Ibid*.)

[3] *Chronicon Turonense magnum*, dans Salmon, *Chron. de Touraine*, p. 140.

[4] Teulet, *Layettes du Trésor des Chartes*, t. I, n° 371.

condition des hommes de Châteauneuf : ils étaient soumis à la fois au chapitre de Saint-Martin, au roi de France et au comte d'Anjou. Les droits du roi et ceux du chapitre étaient confondus, ce que le traité exprime par les mots : *elemosyna regis Francie ad ecclesiam beati Martini spectans*[1]. La justice, en temps ordinaire, était exercée par le trésorier de Saint-Martin, mais deux fois par an, du 29 juin au 4 juillet et du 1er au 13 novembre, le comte d'Anjou se trouvait associé à la juridiction de Châteauneuf[2]. Ses officiers, les voyers (*viarii*) de la cité, venaient alors, avec le sergent du roi de France, tenir des assises dans la maison du trésorier[3]. Les duels judiciaires avaient lieu sur la grève et les épreuves, au bourg de Saint-Pierre le Puellier.

Sauf à ces deux époques de l'année, les officiers du comte n'avaient pas le droit de citer en justice les habitants de Châteauneuf, même en dehors du bourg, sinon en cas de flagrant délit ou bien à l'occasion d'un fief ou d'une censive de la mouvance du comte. Toutefois, celui-ci percevait en tout temps un droit de justice de 60 sous sur les vaincus des duels judiciaires et devait mettre à exécution les condamnations entraînant des peines corporelles, rendues dans la cour du trésorier.

Le service militaire des habitants de Châteauneuf, l'host et la chevauchée, étaient dus au comte d'Anjou, mais seulement en cas de guerre ; les bourgeois marchaient alors précédés de la bannière de Saint-Martin. Bien entendu, ils ne pouvaient être requis contre le roi de France.

L'usage s'était établi, malgré le chapitre, que pour la sauvegarde de leurs personnes et de leurs biens, douze bourgeois de Châteauneuf vinssent, au nom de la ville, faire hommage au comte d'Anjou. C'était pour eux le moyen d'as-

---

[1] Cf. à l'art. 1, les limites de la juridiction de Saint-Martin : « Totum » est de elemosina regis Francie et jure beati Martini. »

[2] Le cloître et l'église de Saint-Martin étaient, bien entendu, lieu d'asile exclu de cette juridiction « quantum autem ambitus claustri durat, » totum gaudet libertate et immunitate quam et ipsa ecclesia B. Martini, » ita quod si quis aliqua ductus necessitate obfugerit vel captus inventus » fuerit, liber debet esse et immunis. »

[3] « Viarii civitatis bis in anno veniunt in castrum ad justiciam castri » tenendam cum serviente regis Francie vel ejus qui habet thesau- » rariam.... Tunc temporis serviens regis Francie, vel ejus qui habet » thesaurariam et serviens comitis justiciam tenent Castri Novi commu- » niter et quicquid inde provenit communiter percipiunt. »

surer leur sécurité en cas de guerre entre le comte et le roi de France.

Les impôts étaient, comme la justice et le service militaire, partagés entre les co-seigneurs. Le comte avait les droits sur les foires, le trésorier des droits sur la vente du pain et le mesurage du sel, le tavernier percevait pour le chapitre des redevances sur la vente du vin, le roi prélevait un droit sur le transport des boissons, etc.

Les guerres des premières années du XIIIe siècle furent funestes à Tours et à Châteauneuf. Occupée successivement en 1202 par Arthur de Bretagne, Philippe Auguste et Jean Sans-Terre, rasée en partie par l'un, incendiée par l'autre, pillée par les Cottereaux, la ville de Châteauneuf avait été abandonnée de presque tous ses habitants, quand, en 1203, elle fut reconquise définitivement par Philippe Auguste[1]. Elle ne tarda pas cependant à sortir de ses ruines plus prospère et plus florissante que jamais, car l'auteur du *De commendatione Turonicae provinciae*, qui écrivait vers 1209, vante les habitations flanquées de tours (*domus fere omnes turritae, munitae propugnaculis*) de ses habitants, leurs richesses, leur luxe, et la magnificence qu'ils déploient dans leurs églises[2].

Le retour de la prospérité devait ramener avec lui le retour des tentatives d'émancipation. Dès l'année 1212, le chapitre eut à réprimer une nouvelle insurrection. Cette fois, en obligeant les habitants à renoncer à leur commune, il supprima le gouvernement des dix élus qu'avait créé Philippe Auguste trente ans plus tôt. Il décida que chaque fois que les habitants jugeraient nécessaire une dépense d'utilité publique, qu'il s'agît des fortifications, du guet ou d'autre chose, ils devraient s'adresser au trésorier, puis, si elle était admise, qu'ils nommeraient quelques délégués, vingt au plus, un au moins par métier[3], lesquels, après avoir prêté serment au chapitre, lèveraient l'argent nécessaire. En

---

[1] *Chronicon Turonense magnum*, dans Salmon, *Chronique de Touraine*, pp. 147 à 150.

[2] *Ibid.*, p. 298.

[3] Il y a dans le texte : par garde (*de singulis excubiis*), mais d'après l'art. 9, chaque métier élisant trois personnes pour commander le guet de nuit, il est vraisemblable que la compagnie de guet correspondait à un métier.

cas de refus de contribuer, le trésorier et le chapitre seraient seuls compétents pour contraindre au paiement. La dépense faite, les élus devraient en rendre compte au chapitre et donner en garde le reliquat, s'il y en avait, à deux bourgeois; après quoi expirait toute leur autorité. Les chefs du guet de nuit étaient laissés à l'élection ; nommés annuellement à raison de trois par métier, ils devaient prêter serment au chapitre. Après avoir ainsi réduit à néant l'indépendance de Châteauneuf, le chapitre s'engageait à protéger les habitants envers et contre tous, sauf contre le roi de France; il ajoutait que, si le trésorier ou les chanoines violaient jamais les termes de l'accord qu'il obligeait les bourgeois à consentir, ils seraient autorisés *ipso facto* à se défendre et à lever une contribution dans ce but. Cette convention fut soumise à Philippe Auguste qui l'approuva par un diplôme qui nous est parvenu [1].

Un tel asservissement appelait tôt ou tard une revanche. En 1231, onze bourgeois attaquèrent de nuit la maison du trésorier de Saint-Martin; ils avaient pour complices tous les habitants. Le chapitre voulut les citer en justice, les bourgeois prétendirent qu'ils jouissaient du privilège de ne pouvoir être cités ailleurs qu'à Châteauneuf et, comme le chapitre le contestait, ils offrirent de le prouver par duel judiciaire. Les gages de bataille étaient donnés et le champion du chapitre constitué, quand bourgeois et chanoines consentirent à s'en rapporter à l'arbitrage de l'archevêque de Sens et de Jean de Beaumont. Ceux-ci condamnèrent la communauté des bourgeois (*communitas*) à payer au chapitre une amende de trois cents marcs d'argent; de plus, les onze accusés durent jurer de confesser la vérité au sujet de leur révolte et six prudhommes, élus par leurs concitoyens, furent chargés de rechercher et de désigner les coupables, puis d'attribuer à chacun telle part de l'amende totale qui serait jugée convenable. Cette sentence fut rendue en janvier 1232; le roi s'empressa de la ratifier [2].

Quelques mois après, le chapitre garantit aux bourgeois leurs droits et leurs franchises et, en échange de cette déclaration, leur fit jurer de respecter à l'avenir les privilèges, les

---

[1] *Pièces justificatives*, XX. La date de ce document doit être placée d'après M. Delisle, entre le 25 mars et le 31 octobre 1212.

[2] *Pièces justificatives*, XXI.

droits et les biens de l'église de Saint-Martin. Comme gage de paix et de concorde, ce serment et la déclaration du chapitre devaient être renouvelés tous les cinq ans[1].

Ce moyen réussit-il à assurer la tranquillité, fut-elle due à la lassitude des habitants, toujours vaincus dans cette lutte inégale et presque complètement désarmés par le chapitre, fut-elle le résultat d'une tolérance réciproque ? Toujours est-il que pendant de longues années nous ne trouvons plus trace de graves luttes entre les deux adversaires, mais tout au plus de quelques différends sans grande importance et qui furent facilement réglés. En 1247, les habitants refusaient de payer une redevance annuelle d'un denier à laquelle le chapitre prétendait avoir droit pour l'appliquer à l'entretien du luminaire de l'église de Saint-Martin ; le légat Eudes, pris pour arbitre, décida que les bourgeois s'affranchiraient de cet impôt en payant au chapitre la somme de soixante livres[2]. A deux reprises, en 1260, les bourgeois chargés de répartir entre eux et de lever le montant de la taille royale tentèrent de se passer du chapitre pour contraindre les récalcitrants, ou le sollicitèrent d'exercer des poursuites sans vouloir lui faire connaître le montant des taxes à recouvrer ; à deux reprises ils furent condamnés par le Parlement[3]. Il ne paraît pas du reste que, pendant cette période, le chapitre se soit montré bien susceptible à l'égard des prétentions des bourgeois, puisque, en 1258, ils purent obtenir, sans protestation de sa part, un vidimus de l'official de Tours, relatant les prétendues lettres de Louis VII, qu'une sentence de 1180 avait déclarées fausses, à la requête du chapitre[4].

Un grave débat s'était cependant engagé. Requis par le chapitre de venir en armes pour le défendre contre des actes de brigandage, peut-être contre les Pastoureaux qui pillèrent Tours en 1251[5], les bourgeois refusèrent ; ils prétendirent que le droit d'appeler le ban n'appartenait qu'au haut justicier et soutinrent que le roi seul était en possession de

---

[1] 12 juillet 1232. *Pièces justificatives.*, XXII.

[2] Bibl. nat., *Coll. de Touraine*, t. VII, nos 2965 et 2969.

[3] Arrêt du 9 février 1260 et record dudit arrêt le 13 mai, *Olim*, éd. Beugnot, t. I, 464 VI et 471 XI.

[4] Voy. plus haut, p. 196.

[5] *Chronicon Turonense abbreviatum*, dans Salmon, *Chroniques de Touraine*, p. 196.

la haute justice de Châteauneuf[1]. L'affaire fut portée au Parlement de Paris et les débats durèrent longtemps. Enfin, le 11 novembre 1263, un arrêt adjugea la haute justice au chapitre, tout en réservant les deux sessions d'assises que les voyers de la cité, devenus officiers royaux, devaient tenir chaque année avec le sergent du trésorier d'après les termes de l'accord conclu entre Philippe Auguste et Richard Cœur-de-Lion. De plus, l'arrêt rappelant l'abolition récente du duel judiciaire dans le domaine royal, l'interdit dans la justice de Saint-Martin[2].

Ainsi, après tant d'efforts infructueux, le bourg de Châteauneuf se retrouvait, dans la seconde partie du XIII° siècle, complètement soumis au chapitre et administré par ses officiers. Les rois de France, qui peu à peu s'étaient autrefois substitués à lui, qui avaient même concédé à la ville des privilèges analogues à ceux des villes royales, abandonnaient maintenant toute prétention à la juridiction et se bornaient à entretenir un officier chargé de la garde et de la défense du château[3].

Privés du régime municipal qui avait autrefois servi à préparer leurs tentatives d'émancipation, les habitants, comme ceux de beaucoup d'autres villes, songèrent à tirer parti dans ce but d'une association pieuse. Ils fondèrent la confrérie de Saint-Éloi et purent ainsi s'associer, s'assembler, se lier par des serments, réunir des armes, faire secrètement tous les préparatifs d'une insurrection. Elle éclata en 1305, les conjurés proclamèrent le rétablissement de la commune, puis, criant aux armes et poussant des cris de mort contre les chanoines, assaillirent le cloître où se réfugièrent le doyen, les chanoines, les clercs et tous les familiers du chapitre. L'une des portes fut incendiée, les autres forcées; les

---

[1] Enquête au Parlement de Paris, en date du 8 novembre 1260. (*Olim*, éd. Beugnot, t. I, 116 I.). Ce n'est pas un arrêt comme l'a dit à tort Boutaric. (*Actes du Parlement*, n° 496.)

[2] Boutaric, *Actes du Parlement*, n° 818 A. L'arrêt est aussi publié dans Lecoy, *Saint-Martin*, p. 694.

[3] Ce châtelain, en 1243 et en 1246, se nommait Philippe Coraus. (Teulet, *Layettes du Trésor*, t. II, n° 3032 et Boutaric, *Actes du Parlement*, t. I, p. CCCVIII.) Voy. une charte du chapitre portant qu'il a été décidé que le châtelain de Châteauneuf et le chapitre auraient chacun une clef de la porte de la ville attenante au cloître (janvier 1241-1242. — Teulet, *Layettes du Trésor*, t. II, n° 2892.)

insurgés le parcoururent, blessèrent à mort un clerc, tuèrent un chanoine et un écuyer, poursuivirent un vicaire l'épée nue, forcèrent les prisons du chapitre, assaillirent à coup de pierres leurs adversaires qui fuyaient dans l'église et dans la salle capitulaire, où ils les tinrent bloqués pendant plusieurs jours, empêchant quiconque de leur faire passer des vivres ou de leur rendre tout autre service, dans l'espoir de les réduire par la famine. Comment le chapitre fut délivré, comment la révolte prit fin, nous l'ignorons. Il y eut peut-être un de ces compromis que les vaincus se hâtent de violer quand ils ne sont plus à la discrétion du vainqueur, et que le rédacteur du document qui nous fait connaître cette rébellion n'a pas jugé à propos de relater. Quoi qu'il en soit, Philippe le Bel, saisi de l'affaire, envoya deux enquêteurs à Tours, et le 23 septembre 1305, supprima la confrérie et condamna les habitants, sans préjudice des poursuites à exercer contre certains accusés, à l'amende énorme de 10,000 livres tournois, se réservant de la répartir entre les habitants, en tenant compte de leur degré de culpabilité et de leurs facultés, et de la faire lever par ses officiers. Un tiers de cette somme devait servir à indemniser le chapitre, et le reste entrer dans les coffres du roi[1].

C'était ruiner la ville ; il paraît bien douteux qu'elle ait jamais pu payer une somme aussi considérable, qui, si on cherche à l'évaluer en tenant compte à la fois de la dépréciation considérable qu'avait subie à cette époque la valeur de la livre tournois et de la différence du pouvoir de l'argent, doit approcher bien près de 400,000 francs d'aujourd'hui ; aussi dut-elle rester à la discrétion du roi. Neuf fois en moins de deux siècles, elle s'était soulevée contre l'autorité du chapitre, neuf fois elle avait été vaincue. L'insurrection de 1305 fut la dernière. Quand, au milieu du siècle, les nécessités de la défense firent songer à entourer d'une seule enceinte la cité de Tours et Châteauneuf, celui-ci se trouva fort heureux de cette annexion qui allait enfin lui assurer l'indépendance et lui rendre la prospérité.

Il s'en faut de beaucoup que nous ayons sur l'histoire municipale de la vieille cité de Tours autant de renseignements

---

[1] *Pièces justificatives*, XXIII.

que sur le bourg créé par l'abbaye de Saint-Martin auprès de la ville épiscopale, et il est bien vraisemblable qu'elle ne fut point troublée par des vicissitudes analogues.

Il va sans dire que, quoi qu'on ait écrit à ce sujet, la curie, le régime municipal que lui avaient donné les Romains, ne s'y est pas perpétué davantage que dans les autres cités de la France. Tombé déjà dans une décadence profonde avant l'arrivée des barbares, il n'en subsista obscurément de rares vestiges que dans quelques formules dont les scribes qui les employèrent ne tardèrent pas à ignorer le sens.

Les immunités concédées à Tours par les rois Mérovingiens l'avaient soustraite à l'autorité du roi pour la placer sous celle de ses évêques[1]. A ceux-ci se substituèrent, avec le titre de comtes, les guerriers qui la défendirent au IX° siècle contre les invasions Normandes, Robert le Fort et Hugues l'Abbé[2]. Les vieilles murailles gallo-romaines, réparées à la hâte de 869 à 875 par Charles le Chauve[3], abritèrent à diverses reprises les habitants des campagnes environnantes qui purent venir s'y refugier. A partir de ce moment, la ville se trouva placée sous l'autorité des comtes; le siège de la juridiction féodale fut une des tours de l'enceinte qui s'appela pendant longtemps *la tour feu Hugon*, du nom du comte Hugues, son fondateur[4].

Sous la domination des comtes de Tours et de Blois et sous celle des premiers comtes d'Anjou leurs successeurs, c'est à peine si nous rencontrons dans les actes quelques personnages que leurs qualifications peuvent désigner comme ayant appartenu à l'administration féodale de la cité de

---

[1] Greg. de Tours, l. IX. c. XXX. — Vie de Saint-Eloi par Saint-Ouen dans *Histor. de France*, t. III, p. 555.

[2] Mabille pense que dès l'année 822, le comté de Tours était héréditaire dans la famille de Robert le Fort. Mais si cette conjecture pouvait être vérifiée, on ne pourrait en conclure que l'autorité des comtes s'exerçât sur la cité même. Sur ces comtes et sur leurs successeurs, voy. la remarquable *Introduction aux chroniques des comtes d'Anjou*, qu'il a publiée en 1871.

[3] Annales de Saint-Bertin, éd. Dehaisnes, p. 199. — Lettre du pape Adrien II à Charles le Chauve, dans *Histor. de France*, t. VIII, p. 455. — Cf. Mabille, *Les invasions normandes*, p. 185.

[4] Voy. un plaid tenu le 17 janvier 879, « Turones, infra murum ejusdem » civitatis, in praesentiam domini Hugonis. » (Mabille, *Ibid.*, p. 428, cf. p. 186.)

Tours. Au x⁰ siècle, un *Turonensis civitate miles et provisor* figure dans un document[1], au xie, un *Guarinus prenomine Mala Corona, vasullus Turonicae civitatis*, fait une donation à l'abbaye de Vendôme[2]. La construction du pont en 1035 donna lieu à la création d'un office qui fut nommé la mairie du pont (*majoria de ponte*) et qui paraît avoir été héréditaire en 1113[3]. Il faut aller jusqu'au règlement de droits fait en 1190 entre Philippe Auguste et Richard Cœur de Lion pour trouver des renseignements plus précis, encore sont-ils bien peu nombreux. C'est la mention d'un prévôt de la cité, *prepositus civitatis* (art. 6 et 7), exerçant au nom du comte la juridiction de concert avec les *viarii comitis* (art. 8, 33, 39) ou *viarii civitatis* (art. 24) dans la *curia comitis* (art. 36) ; ils étaient assistés de *servientes comitis* (art. 25, 28)[4].

Quand, au xiiie siècle, l'autorité royale eut définitivement remplacé la domination des anciens comtes, il y eut à Tours, comme dans les autres villes royales, un bailli[5] ; l'un d'eux, qui fut en charge en 1261 et 1262, Geoffroi de Villette, fut célèbre comme conseiller de Louis IX. Ce fut par l'entremise du bailli qu'eut lieu, en 1303, l'appel au concile formé par les habitants de la ville et par ceux de Châteauneuf, lors de la lutte de Philippe IV contre la papauté[6]. Les documents du commencement du xive siècle mentionnent de plus, parmi les officiers royaux, un prévôt et un sous-bailli[7]. Enfin, l'arrêt de 1263, attribuant à l'abbaye de Saint-Martin la haute justice

---

[1] Salmon et Grandmaison, *Livre des serfs de Marmoutiers*, p. 68.

[2] Bibl. nat., *Coll. de Touraine*, t. II[1], n° 471.

[3] Contestation entre Guillaume, « major de ponte » et Aimeri de Loches au sujet de leurs droits sur cette mairie. (*Ibid.*, t. V, n° 1344.) En avril 1242, cet office fut cédé à l'abbaye de Marmoutiers. (*Ibid.*, t. VIII, n° 3001.)

[4] Teulet, *Layettes du trésor des chartes*, t. I, n° 371.

[5] Je trouve dans les notes d'Augustin Thierry (Bibl. nat., ms. n. acq. Fr., 3473), mention d'une plainte en 1242 « des habitants citoyens de la » ville de Tours contre les empiètements sur leurs droits du bailli du » roi, » avec l'indication que cette pièce se trouve dans le « Trésor des chartes, boîte 97, I, 12. » De longues recherches pour retrouver ce document intéressant ont été infructueuses.

[6] Arch. nat., J, 482, 159.

[7] Mandement à deux clercs du roi de faire une enquête secrète sur des griefs transmis contre le prévôt et le sous-bailli de Tours. (1318-1319, 16 février. — Arch. nat., X²ᵃ, fol. 171 v°.)

de Châteauneuf, donnerait à croire que les anciens officiers de justice du comte, les *viarii* de la cité, auraient subsisté au XIII siècle, comme officiers royaux, puisqu'il y est dit qu'ils continueront à tenir deux fois par an des assises à Châteauneuf, mais peut-être cet arrêt ne fait-il que relater les termes de l'accord de 1190, pour établir le droit des officiers royaux qui leur avaient succédé [1].

Ce fut au commencement du règne du roi Jean que les incursions des Anglais, qui se multipliaient au nord et au midi de la Loire, firent songer à mettre Tours à l'abri d'une surprise. On ne pouvait plus songer alors à utiliser les anciennes fortifications de la cité, non plus que celles de Châteauneuf. Les deux villes s'étaient développées, de nombreux bourgs s'y étaient ajoutés et de tous côtés les habitations avaient débordé les anciens remparts. Les deux villes autrefois séparées se touchaient, il fallait qu'une enceinte commune les entourât [2].

Au début de l'année 1356, la tournure que prenait la guerre, les expéditions que les compagnies anglaises faisaient jusque sur les bords de la Loire rendaient plus pressants que jamais les préparatifs de défense. Ce n'était pas seulement une muraille qu'il fallait élever, il fallait protéger les approches de la ville, fortifier certains passages, abattre des arbres, des clôtures, des maisons, armer et exercer les habitants, organiser sérieusement le guet et la garde. Les bourgeois de Tours et ceux de Châteauneuf remontrèrent ensemble au roi, qu'ils avaient commencé à travailler aux fortifications, à creuser des fossés, à élever des murailles, mais qu'ils étaient impuissants à pourvoir aux nécessités nouvelles, parce qu'un grand nombre d'habitants refusaient de contribuer aux dépenses qu'elles entraînaient. Le roi Jean manda alors au bailli de réunir les bourgeois en une assemblée générale pour délibérer sur les mesures à prendre afin de mettre la ville en état de défense dans le plus bref délai possible, puis de nommer, de concert avec eux, six prudhommes, des plus capables de la

---

[1] Boutaric, *Actes du Parlement*, n° 818 A. — Cf plus haut, p. 201.

[2] Sur le développement de la ville de Tours, voy. le chapitre intitulé *Topographie de la ville de Tours*, dans le très remarquable mémoire de Mab.lle, *Notice sur les divisions territoriales et la topographie de l'ancienne province de Touraine*. (Bibl. de l'École des Chartes, t. XXV, 1864-1865, p. 321)

ville, ou tel nombre qu'il lui semblerait bon (*sex probos viros, vel quod vobis videbitur oportunum, ex dicte ville sufficentioribus*), auxquels devrait être confiée la charge de pourvoir à la garde et à la fortification de la cité.

Les attributions de ces prudhommes étaient déterminées par la charte du roi : 1° ils devaient contraindre énergiquement à s'armer au plus tôt, et à faire montres et guet, chaque fois qu'ils en seraient requis, tous les habitants de la ville, ceux des paroisses et lieux circonvoisins, tous ceux qui avaient des possessions, tous ceux qui pouvaient, à un moment donné, chercher un refuge dans la ville, quel que fût leur état ou condition, les ecclésiastiques seuls exceptés;

2° Etablir, en présence du bailli, comme il leur semblerait convenable, les tailles, impositions, collectes nécessaires aux fortifications et autres nécessités de la ville;

3° Contraindre au paiement de ces taxes tous les habitants de la ville et de la châtellenie ;

4° Punir d'amendes, n'excédant pas la somme de soixante sous, les désobéissants et les rebelles et tous ceux qui contreviendraient à leurs ordonnances.

5° Toutes les sommes levées par eux devaient être employées pour les réparations, clôtures et autres nécessités de la ville et non autrement (*in reparacionibus, clausuris et aliis dicte ville necessitatibus et non alibi*).

6° Ils pouvaient se réunir pour délibérer sur les affaires de leur compétence en convoquant le bailli, l'un des officiers royaux ou tel autre délégué du bailli, et décider dans ces réunions de tout ce qui leur paraîtrait devoir être fait pour la défense de la ville et l'utilité de la chose publique (*utilitate reipublice*)[1].

L'ordonnance du roi Jean n'eut pas l'efficacité qu'on en pouvait espérer. Le lieutenant de bailli qui fut chargé de l'exécuter, et qui semble avoir été assez mal disposé pour les habitants[2], au lieu de six prudhommes en désigna douze. Bien que les travaux à entreprendre eussent été déterminés par Jean de Clermont, maréchal de France et lieutenant du

---

[1] *Ordonn.*, t. V, p. 457.
[2] Le 1ᵉʳ avril 1355-56, le bailli lui mande de laisser continuer les fortifications de Châteauneuf qu'il avait interrompues. (Bibl. nat., *Coll. de Touraine*, t. VIII, nᵒˢ 3620 et 3623.)

roi[1], les élus ne purent s'entendre sur les mesures à prendre en vue de la défense. Un jour, par exemple, ils eurent l'idée de raser l'abbaye de Marmoutiers pour empêcher son occupation par les Anglais. Les bourgeois en armes se réunirent dans ce but sur la place Saint-Gatien, mais l'archevêque survint ; revêtu de ses ornements pontificaux, il fulmina l'excommunication contre tous ceux qui prêteraient les mains à cette destruction, et l'abbé, qui était alors réfugié dans la ville avec ses moines, accabla les bourgeois de telles menaces qu'ils rentrèrent chez eux et renoncèrent à l'exécution de ce projet[2]. Entravés par le clergé qui ne laissait pas toucher à ses possessions, en opposition avec les agents royaux jaloux de leur autorité, les douze prudhommes négligèrent de s'assembler, ou, quand ils le firent, ne voulurent rien décider parce qu'ils ne se trouvèrent jamais tous présents, si bien que près d'un an après la bataille de Poitiers, au mois d'août 1357, au moment où la situation du royaume était le plus critique, rien ou presque rien n'avait été fait. Emu de cette situation, le Dauphin manda au bailli de Touraine de réduire à six le nombre des prudhommes chargés de pourvoir aux fortifications et à la défense, et de les choisir parmi les bourgeois capables, les plus agréables au peuple et les plus intéressés à la défense qu'il se pourrait (*sex probos viros de burgensibus dicte ville, sufficienter ad hoc ydoneos magisque dicte ville populo placentes ac ejusdem ville fortificacionem magis affectantes*). Il déclara de plus leur octroyer, à tous ensemble ou à deux d'entre eux, l'autorité de procéder avec diligence à l'achèvement des fortifications selon le plan de Jean de Clermont, et de pourvoir en toutes choses à la défense de la ville[3].

Le 2 novembre suivant, Jean de Saint-Père, bailli de Touraine, procéda à la nomination des prudhommes[4]. Ceux-ci

---

[1] Sur ce personnage, mort à la bataille de Poitiers, voy. le p. Anselme, *Hist. généal.*, t. VI, p. 750.

[2] *Chronicon abbatum Majoris-Monasterii*, dans Salmon, *Chron. de Touraine*, p. 331.

[3] Mandement du Dauphin, en date du 8 août 1357. (Bibl. nat., *Coll. de Touraine*, t. VIII, n° 3626.)

[4] « .... Nous, en la presence de plusieurs bourgeois et habitans de » Tours appelés a ce, avons esleu, ordonné et establi Pierre de Saint-» Père, etc. (*liste de six noms*), bourgeois et habitans de Tours, suffisans

s'assemblèrent aussitôt et décidèrent qu'ils se réuniraient au moins deux fois par semaine, qu'ils nommeraient un « rece-
» veur general pour la ville, lequel levera et distribuera les
» deniers et revenues de ladite ville par l'ordenance et com-
» mandement desdits esleus, lequel sera tenu de rendre compte
» auxdits esleus deux fois l'an. » Ils instituèrent de plus un clerc de ville, désignèrent trois personnes pour faire office de sergents, répartirent tous les gens de métiers en un certain nombre de métiers principaux, placés chacun sous l'autorité de deux « mestres esleus », qui durent prêter serment à eux et à la ville, nommèrent deux bourgeois pour commander ceux de leurs concitoyens qui n'appartenaient à aucune des corporations, décidèrent l'armement de tous les habitants, et déterminèrent dans quelles conditions ils exerceraient une juridiction de police contre ceux qui contreviendraient à leurs règlements. Séance tenante, ils établirent en outre divers impôts, une taxe sur la vente des denrées, des droits de péages, et enfin, fixèrent le périmètre des fossés à creuser pour enceindre la ville[1].

Tel est en substance l'acte par lequel « *les esleuz sur le fait du gouvernement cloeson et fortiffication de la ville de Tours,* » — c'est le titre qu'ils se donnent dans les actes officiels[2] — prirent possession de leurs fonctions. Ce fut ainsi qu'ils créèrent le régime municipal qui dura jusqu'en 1462. On a pu remarquer qu'il ne ressort, ni des lettres du roi Jean, ni de celles du Dauphin, ni de la relation de leur installation par le bailli, qu'ils dussent être élus dans une assemblée générale des bourgeois ; de plus, rien dans ces actes n'indiquait qu'il dussent sortir de charge au bout d'une année. Mais, au mois d'août 1359, les bourgeois sollicitèrent du comte d'Anjou, alors lieutenant du roi en Touraine, le droit d'élire, à la Toussaint suivante, six nouveaux prudhommes, ce qui leur fut accordé.

Cette fois, le mandement adressé au bailli précisa qu'il

» et convenables, et personnes plus plesans au peuple de ladite ville et
» ayant plus grant affection a la fortification et defense d'icelle. » (*Ibid.*)

[1] Sur le tracé des fortifications du xve siècle, voy. Mabille, *Notice sur les divisions territoriales,* dans *Bibl. de l'Ecole des Chartes,* t. XXV, 1864-1865, p. 327.

[2] Le dauphin, le roi plus tard, et les officiers royaux les désignent un peu différemment : « esleus et deputés sur le fait du gouvernement
» touchant les fortifications et deffense de la ville de Tours. »

devait y avoir élection et que les fonctions des élus seraient annuelles. « Nous vous mandons et conmectons, dit le comte
» d'Anjou, que vous facez assembler en certain lieu, pardevant
» vous, les bourgois et habitanz de ladite ville, ou quelque
» soit la plus grant et la plus saine partie d'yceulx, lesquels
» esleuront en vostre presence VI autres bourgois ou personnes
» souffisantes de ladite ville, lesquelx ainssi esleuz vous con-
» mectez et establissez pour governer le fait des fortiffi-
» cacions, euvres et deffenses de ladite ville, jusques a un an
» apres ladite feste de Toussaint prochain venant[1]. » L'assemblée eut lieu le 30 octobre suivant ; elle ne paraît pas avoir été fort nombreuse et ce fut plutôt sur la désignation du lieutenant de bailli qu'à l'élection que furent encore nommés les élus[2].

Avec le temps l'assemblée générale des habitants prit plus d'importance ; elle devint la base même de l'organisation municipale et fut convoquée, non seulement pour procéder aux élections, mais encore pour prendre, sur les affaires communes, des décisions dont les élus ne furent que les exécuteurs ; parfois, elle délégua ses pouvoirs à douze personnes (*les XII de la ville*) qui furent chargés d'assister les élus[3].

L'institution de ceux-ci resta pendant assez longtemps précaire. En sollicitant, en 1359, du comte d'Anjou la faveur de faire de nouvelles élections, les bourgeois s'appuyaient sur ce fait que les « fortiffications et deffenses » n'étaient pas encore « parachevés. » Pendant longtemps il fallut obtenir chaque année du pouvoir central un mandement adressé au bailli pour faire procéder au renouvellement des élus, et bien que, en février 1372, Charles V ait confirmé d'une manière générale

---

[1] Mandement en date du 23 août 1359. (Delaville Le Roulx, *Registres des Comptes*, t. I, p. 103.)

[2] La relation du lieutenant de bailli ne désigne que 14 bourgeois comme s'étant rendus à la convocation ; il est vrai qu'elle ajoute qu'il y en avait encore « plusieurs autres des plus notables. » Il semble que le lieutenant de bailli se soit borné à leur demander s'ils avaient des objections à faire à la liste qu'il leur présentait ; « et pour leur éleccion comme » plus prouffitables nul contredisoit, » il ait installé ses six candidats. (*Ibid.*, p. 105.)

[3] Voy. *Pièces justif.*, XVIII, l'assemblée générale des bourgeois prendre toutes les décisions relatives aux négociations avec Louis XI, en 1462. Cf. Delaville Le Roulx, *Etude sur l'administration municipale à Tours sous le gouvernement des élus*, dans *Position des thèses soutenues par les élèves de l'Ecole des Chartes de la promotion de 1878*, p. 10.

l'ordonnance du roi Jean qui les instituait¹, le mandement qui fut adressé au bailli en 1373 s'appuyait encore sur la nécessité qu'il y avait à ce qu'il fût fait « par la manière » que autreffoiz a esté fait pour le prouffit et avancement de » ladite closture, qui encore n'est parfaitte. ² »

En 1380, au contraire, bien qu'il ait fallu obtenir encore du roi un mandement pour procéder aux élections, il résulte des termes de ce document que cette institution des élus avait dépouillé dès lors son caractère provisoire pour devenir un rouage normal de l'administration; elle y est même déjà considérée comme ayant cette ancienneté immémoriale que lui a attribuée Augustin Thierry: ce n'est plus seulement sous le roi Jean, mais sous « ses prédécesseurs » que, d'après le rédacteur de cet acte, les habitants ont été assemblés « par cry, chascun an, a la feste de Toussains » pour nommer leurs élus³.

Les divers documents que nous venons de citer, montrent, on l'a remarqué, que, dans l'esprit de la royauté, l'institution des élus avait été d'abord provisoire, destinée à disparaître avec les circonstances qui lui avaient donné naissance, et de plus que les élus n'avaient été à l'origine que des mandataires spéciaux dont les fonctions devaient se borner à pourvoir à la défense de la ville et point du tout des magistrats municipaux. M. Viollet a déjà observé combien il était intéressant de prendre ainsi sur le fait, non seulement à Tours, mais encore dans plusieurs autres villes, la transformation d'un mandat spécial en un mandat général⁴. Dans ce but d'élargir leur mandat, les élus profitèrent d'abord de la lettre même des privilèges qui les instituaient, puis de toutes les circonstances. Le roi Jean, en mars 1356, les avait chargés de veiller aux fortifications et autres nécessités de la ville (*et aliis necessitatibus faciendis*), il leur avait donné le pouvoir de prendre des décisions relatives à la défense et à l'utilité de la chose publique (*et utilitate reipublice*); c'en fut assez pour les autoriser à mettre du premier coup la main sur la gestion de toutes les affaires publiques. Le pouvoir central, loin de s'y opposer, les y aida plutôt ; c'est ainsi que nous voyons

---

¹ *Ordonn.*, t. V, p. 457.
² Delaville Le Roulx, *Registres des Comptes*, t. II, p. 252.
³ Mandement du 26 novembre 1380. (*Ibid.*, p. 284.)
⁴ Art. cit., *Bibl. de l'Ecole des Chartes*, t. XXX, 1869, p. 340.

le régent les charger, en 1359, de rechercher les traîtres et les personnes suspectes de favoriser les Anglais[1], et ne cesser de leur donner son appui soit contre le clergé, soit même contre les officiers royaux[2]. On peut suivre dans la magnifique série des comptes municipaux de Tours[3] les progrès qu'ont fait peu à peu les pouvoirs des élus et l'extension qu'ils ont donnée d'année en année à leurs attributions. Uniquement remplis d'abord par les recettes et les dépenses relatives aux travaux de défense et à la construction de l'enceinte, ce n'est que peu à peu qu'on voit s'introduire dans ces registres des articles relatifs à la voirie, aux constructions civiles, à la police municipale, aux fêtes, aux réceptions, aux commandes d'œuvres d'art et tout le détail d'un véritable budget municipal.

Le nombre des élus a souvent varié, pendant la durée de cette institution. On a vu qu'il avait d'abord été de douze, puis qu'il était descendu à six. Il y en eut sept en 1361, quatre de 1364 à 1366. trois de 1367 à 1371, deux seulement de 1372 à 1380, puis trois de nouveau, après le mandement de Charles V, du 26 novembre 1380[4]. Leur institution fut confirmée par Charles VI en décembre 1380[5], par Charles VII, en janvier 1422-1423[6] et pour la dernière fois, en octobre 1461, par Louis XI[7], qui devait quelques mois après la détruire.

---

[1] Bibl. nat., *Coll. de Touraine*, t. VIII, nº 3632.

[2] 1358-1359, 10 janvier. Lettres d'abolition en faveur des bourgeois de Tours qui avaient fait abattre plusieurs églises, maisons et autres édifices pour pourvoir à la défense. (Arch. nat., JJ 86, nº 555.) — 1359, 1er juin. Le régent charge les élus de contraindre tous les gens de la châtellenie à venir faire le guet à Tours. (Bibl. nat., *Coll. de Touraine*, t. VIII, nº 3633.) — 1360, 7 septembre. Le dauphin défend à l'archevêque d'empêcher les bourgeois d'abattre les maisons, églises ou abbayes pouvant servir de retraite aux ennemis. (*Ibid.*, nº 3635.) — 1361. 29 octobre. Le roi Jean dissuade les élus de se démettre de leurs fonctions, parce qu'il avait écrit au bailli au sujet des fortifications et de la défense. et fait défense au bailli, nonobstant lesdites lettres, de s'en entremettre à l'avenir. (*Ibid*, nº 3641.)

[3] M. Delaville Le Roulx a entrepris la publication intégrale de ces comptes. Deux volumes comprenant les sept premiers registres, de 1358 à 1380 (il y a quelques lacunes dans les comptes), ont déjà paru. Cette publication est faite avec une exactitude rigoureuse, elle est enrichie de notes et de documents, et rendue d'un usage facile par de bonnes tables.

[4] Delaville Le Roulx, *Registre des Comptes*, Passim.

[5] *Ordonn.*, t. VI, p. 543.

[6] *Ibid.*, t. XV, p. 162.

[7] *Ibid.*

Avant leur suppression, les *élus sur le fait des fortifications* étaient devenus les exécuteurs des décisions de l'assemblée générale des bourgeois et les administrateurs de la ville. Ils avaient sur les habitants une juridiction de police et continuaient à pourvoir à la sécurité de la ville en faisant réparer, entretenir et aménager les fortifications, en gardant les clefs des portes et en commandant le guet et la garde ; mais, le capitaine de la ville, quoique payé sur les deniers municipaux, était nommé par l'autorité royale. Les élus nommaient le receveur municipal et les officiers subalternes de la ville, clercs, sergents, receveurs et collecteurs d'impôts. Depuis la fin du xiv° siècle, l'archevêque et l'abbaye de Saint-Martin étaient représentés chacun par un délégué à l'assemblée des élus. Les représentants du pouvoir central étaient le bailli et son lieutenant; c'étaient eux qui étaient en possession de la justice ; ils assistaient aux assemblées générales et aux réunions des élus et faisaient vérifier les comptes municipaux [1].

Si l'origine de cette constitution municipale ne se perd pas dans la nuit des temps comme le pensait Augustin Thierry, si nous pouvons la suivre depuis l'acte royal qui lui a donné naissance et la voir se transformer avec les années, elle n'est pas pour cela dépourvue d'intérêt. Cette organisation est née lorsque la plupart des villes avaient perdu toute indépendance, elle ne fut pas établie de toutes pièces par une charte royale, elle ne se développa que peu à peu, sans jamais se fixer. C'est certainement une des plus démocratiques qu'ait connues le moyen âge.

De ce que nous la voyons apparaître seulement en 1356, on aurait tort de conclure toutefois qu'elle était sans racines dans le passé. Nous croyons au contraire que, lorsque les habitants de Châteauneuf et de Tours demandèrent au roi Jean de donner une direction commune à l'œuvre des fortifications entreprise par eux, ils ne firent que demander l'application d'anciens usages passés en pratique depuis longtemps.

---

[1] Je résume ici les renseignements fournis par les registres de comptes et divers documents des archives de Tours. Pour connaître dans tous ses détails l'histoire du gouvernement des élus, il faut attendre la publication du travail de M. Delaville Le Roulx qui doit former l'introduction de ses *Registres des comptes municipaux*. Il en a publié le sommaire comme *Positions* de sa thèse de sortie à l'École des Chartes, en 1878.

On se souvient, en effet, qu'en supprimant, en 1212, la municipalité établie par Philippe Auguste, le chapitre de Saint-Martin avait décidé que chaque fois que les habitants de Châteauneuf voudraient faire une dépense d'utilité publique, ils devraient, d'accord avec le représentant du chapitre, élire un certain nombre de délégués chargés d'établir, de répartir, de percevoir les taxes nécessaires et d'en faire emploi, après quoi expiraient leurs fonctions[1]. N'est-ce pas là l'usage dont les lettres de 1356 ne furent que la confirmation? Nous rentrons ainsi, d'une manière assez inattendue, dans la théorie d'Augustin Thierry, qui prétendait que la constitution de Tours avant le xv° siècle était immémoriale.

Les élus sur le fait des fortifications de Tours ne sont donc pas autre chose que les héritiers des humbles délégués des bourgeois de Châteauneuf, mais ce qui établit entre eux une profonde différence, ce furent les circonstances dans lesquelles ceux du xiv° siècle furent nommés. Assumer en 1358 la charge de défendre et de fortifier la ville, c'était y prendre le pouvoir suprême. Telle avait été à Paris l'origine de la puissance d'Etienne Marcel. Les ordonnances faites par les élus, aussitôt après leur nomination, témoignent qu'ils étaient animés du même souffle patriotique que les députés aux Etats généraux de 1356 et de 1357; il n'est pas déraisonnable de croire que les décisions de ces assemblées eurent quelque influence sur la conduite des Tourangeaux, et, si leurs magistrats prirent le nom d'*élus*, ce fut peut-être à l'imitation des commissaires qui furent chargés alors par les Etats de surveiller la répartition et la perception de l'impôt dans les provinces.

En montrant ce que fut jusqu'à l'avènement de Louis XI le développement des institutions de Tours, nous avons voulu faire comprendre les raisons du profond attachement que professaient au xv° siècle, les Tourangeaux pour les formes de leur gouvernement municipal; il rappelait des traditions de patriotisme dont ils pouvaient se montrer fiers, il assurait à la ville plus d'indépendance que la plupart des autres institutions communales du même temps, il associait efficacement

---

[1] *Pièces justificatives*, XX. Voy. plus haut, p. 201.

et effectivement le peuple à l'administration. Les magistrats municipaux émanaient tous de l'élection populaire. Les finances étaient bien gérées, les impôts bien répartis, la police bien faite, la sécurité assurée. Mais le caractère populaire et démocratique de ce régime ne pouvait plaire à Louis XI qui, comme l'a justement fait remarquer Tocqueville, avait la même haine pour les droits politiques du peuple que pour ceux de la noblesse. Nous avons dit plus haut avec quelle habileté il sut saisir l'occasion de l'abolir ; il nous reste à faire connaître la constitution qu'il y substitua.

Ce ne furent pas les Etablissements de Rouen tels que nous les connaissons que Louis XI introduisit à Tours sous le nom de privilèges de La Rochelle. Le seul article de l'ordonnance de février 1462, qui ait trait à l'organisation communale, porte que « les manans et habitants laiz » devront « eslire » par chascun an l'un d'eux maire, avec vingt quatre esche- » vins-conseillers perpetuels a vie, et, apres la mort de l'un » desdits eschevins en eslire un autre ou lieu du décédé..... » pour gouverner doresnavant les affaires communes. » Si l'on s'en était tenu à la lettre de cet article, la nouvelle organisation eût été assez différente de celle de La Rochelle. Mais, comme l'ordonnance disait de plus que l'élection aurait lieu « par la forme et manière que font et ont accoustumé de faire » les manans et habitans » de la Rochelle, comme elle ajoutait que les maire et échevins de Tours auraient « tel » pouvoir semblable, justice, prérogatives et prééminences... » comme ont ceux de nostre dite ville de La Rochelle, » comme elle prescrivait que des copies des « livres et mé- » moires des statuts et ordonnances... de La Rochelle... » deuement collationnez aux originaux et approuvez par no- » taires suffisans soient baillez et délivrez ausdits de Tours » pour leur servir et valoir, » comme elle enjoignait enfin d'ajouter « pleine foy, comme aux originaux » au *vidimus* des privilèges de La Rochelle, l'organisation de cette ville servit de modèle à celle de Tours, plus peut-être qu'il n'était dans les intentions du roi. Ce fut le 8 octobre 1462 qu'eut lieu l'élection du nouveau corps de ville, dans une assemblée générale des habitants, tenue en présence du bailli de Touraine. On élut d'abord le maire, puis vingt-quatre échevins qui confirmèrent la nomination du maire et enfin soixante-seize « pers et conseillers de ladite ville ; » les nouveaux élus nommèrent ensuite le receveur et fixèrent ses gages et ceux du maire.

Tout le corps de ville alla le lendemain prêter serment au château de « garder les droiz de la ville; » il devait entrer en charge le 1er novembre suivant[1].

On voit que les Tourangeaux empruntèrent à la constitution de La Rochelle le corps des Cent-pairs, quoiqu'il ne figurât pas dans l'ordonnance de 1462. Ils n'appliquèrent pas toutefois complètement toutes les dispositions des Etablissements. C'est ainsi qu'au lieu de faire désigner le maire par le représentant de l'autorité royale sur une liste de trois candidats élus par le corps de ville, ils le firent nommer par l'assemblée générale des habitants. Il est vrai que, dès l'année suivante, aux élections qui eurent lieu le 7 octobre 1463, on adopta la coutume de former une liste de trois candidats, sur laquelle le bailli choisit le maire, le 11 octobre suivant; mais ce furent toujours les suffrages de l'assemblée générale qui établirent la liste[2]. Il faut remarquer encore qu'on ne fit aucune distinction dans le corps des vingt-quatre qu'on désigna sous le nom d'échevins-conseillers.

L'ordonnance de 1462 ne modifiait pas seulement la composition du corps de ville, elle contenait encore d'autres dispositions dont nous devons dire quelques mots. Les maires et échevins étaient annoblis; tout possesseur de 500 livres pouvait acquérir des fiefs en franchise; les bourgeois et leurs biens étaient placés sous la protection du bailli de Touraine; tous les habitants, privilégiés ou non, quel que fût leur état, devaient être contraints à contribuer aux charges communes; les bourgeois ne devaient pas être cités en justice ailleurs qu'à Tours; ils étaient exempts d'host, de chevauchée, de ban et d'arrière-ban, même dans le cas où ils posséderaient des fiefs qui y seraient tenus; le corps de ville pouvait convoquer des assemblées générales hors la présence des officiers royaux; il avait la nomination du receveur; il devait avoir les mêmes prérogatives, pouvoir et juridiction que celui de La Rochelle; il avait le droit d'établir un droit de pavage ou de barrage, de lever sur les marchandises un droit d'entrée jusqu'à concurrence de 1,000 livres, de percevoir le droit d'appetissement sur le vin vendu à Tours, de lever l'impôt sur le sel pour l'appliquer aux fortifications; il pou-

---

[1] Arch. de Tours. *Registres des délibérations*, t. XI, fol. 1.
[2] *Ibid.*, fol. 9.

vait de plus accepter des dons et legs pour l'œuvre des ponts et devait acquérir un emplacement pour élever un hôtel de ville.

Bien que la nouvelle constitution ait été mise en pratique dès le mois de novembre, le clergé, dont les sollicitations avaient déjà tenté d'empêcher la concession de ce privilège, ne se tint pas pour battu. Il ne pouvait se résigner à n'être plus représenté dans les conseils de la ville, et surtout, ne voulait pas consentir à contribuer aux charges communes. Aussi, entreprit-il de faire échec à l'ordonnance du roi au Parlement et à la Chambre des comptes. En vain Louis XI enjoignait-il aux gens des comptes, le 19 décembre 1462, d'avoir à entériner son ordonnance [1], en vain le corps de ville envoyait-il des « ambassadeurs » pour solliciter au Parlement et à la Chambre des comptes [2], on ne pouvait en obtenir l'enregistrement. Le 16 juin 1463, un arrêt du Parlement donna gain de cause aux gens d'église et rejeta l'ordonnance de 1462. Il semble que les habitants de Tours en prirent assez facilement leur parti. Le 24 juin, lorsqu'ils en surent la nouvelle, il y eut réunion « en l'hostel neuf de la basse court du château, » en présence du bailli et du juge de Touraine. Le maire, Jean Briçonnet et quarante et un bourgeois qui ne sont pas autrement qualifiés assistaient à cette séance. Ils y décidèrent que l'intention des bourgeois était de n'avoir plus à l'avenir maire, échevins, pairs ni conseillers, mais de revenir à l'ancien gouvernement des élus ; puis, sans désemparer, ils nommèrent en cette qualité, pour finir l'année, le maire présent, Jean Briçonnet, avec deux autres bourgeois et prièrent le bailli de les confirmer. Celui-ci y donna les mains de bonne grâce et leur fit prêter serment [3].

---

[1] *Ordonn.*, XV, p. 596.

[2] 8 mars 1463. Arch. de Tours, *Registres des comptes municipaux*, t. XXXVI, fol. 122.

[3] « Item, en oultre ce, a mondit seigneur le juge (*le juge de Touraine,*
» *Jean Bernart, qui était présent à la réunion*), pour les bourgois et habi-
» tans laiz de ladicte ville, dict et declairé comme dessus que leur
» entencion n'est pas de proceder pour le present plus a avoir maire,
» eschevins, pers et conseillers a ladicte ville, mais veulent user de
» avoir esleuz au gouvernement de ladicte ville seulement et receveur,
» et tout ainsi comme ilz avoient accoustumé par avant qu'il y eust
» iceulx maire et eschevins, et a requis a monseigneur le bailli pour les
» dessus dicts qu'il y voulsist commectre Jehan Briçonnet, Jehan Ruzé

Cette décision n'était pas du goût de Louis XI qui s'empressa de déclarer qu'il maintenait, en dépit des décisions du Parlement, l'ordonnance de 1462 et évoqua le différend des bourgeois et des gens d'église au Grand Conseil[1]. Le procès dura encore longtemps, tandis que l'on continuait à mettre en pratique à Tours le nouveau régime, sans toutefois réussir à complètement persuader au peuple qu'il y avait son avantage[2]. En octobre 1463, l'élection du maire eut lieu, comme nous l'avons déjà dit, et le 28 mai 1464 la Chambre des comptes se décida enfin à approuver l'ordonnance de 1462, non sans y apporter quelques modifications[3]. Elle spécifia entre autres choses que ce seraient trois candidats à la mairie qu'éliraient chaque année les habitants et que le maire serait nommé par le roi ou son représentant. Quant au procès, il ne se termina que le 7 janvier 1465, par un accord qui modifia assez profondément la nouvelle organisation[4].

Il fut convenu qu'on rendrait aux gens d'église leur part d'autorité dans l'administration municipale, en admettant dans le corps de ville, avec les mêmes droits que les échevins, douze conseillers élus par le clergé. On décida que tous les mandats adressés par le maire au receveur devraient être contresignés par un commissaire d'église et deux laïques, et que deux commissaires d'église assisteraient à la vérification des comptes municipaux. En ce qui touche la disposition obligeant tous les habitants, privilégiés ou non et de

---

» et Me Jehan Bonnart jusques à la Toussaint prouchaine ; lequel bailli, en la presence et consentement des dessus dictz, y a commis lesdits ainsi esleuz et ont fait le serement..... selon les privileges dudit roy Jehan. » (Arch. de Tours, *Registres des délibérations*. — Document communiqué par M. Paul Viollet.)

[1] Délibération du 10 juillet 1463. (*Ibid.*)

[2] Délibération du 18 juillet 1463. « Item, a esté leu en ladite assemblée de novel lesditz privileges pour oster certains erreurs que les habitants de la ville estoient esmeuz, pour ce qu'ilz disoient avoir aucuns articles estre contre eulx, dont, apres ladicte lecture et les expeditions desdits privileges, ont trouvé le contraire, fors qu'il y a une article que la ville peut lever chacun an, quant mestier sera, pour la reparation et nécessité de la ville mil livres tournois sur toutes marchandises entrans ou yssans en icelle ; a esté appointé que d'icelle ne sera mise sus, ne levée, sans le consentement des habitans d'icelle ou de la plus [grande] partie d'iceulx. » (*Ibid.*)

[3] J. Chenu, *Recueil des antiquitez*, p. 285.

[4] *Pièces justificatives*, XXV.

quelque état qu'ils soient, à contribuer aux charges communes, il y fut dérogé par la stipulation que la contrainte à exercer contre les gens d'église serait subordonnée à leur assentiment et que les choses ne se passeraient pas en cette matière autrement que du temps des élus. Les ecclésiastiques firent de même déclarer qu'eux et leurs gens seraient exempts des droits de barrage et de pavage et qu'aucun impôt ne serait levé sur les cloîtres, fiefs et justices des églises. Le pouvoir et les attributions du corps de ville furent ramenés à ce qu'ils étaient du temps des élus et, dans ce but, on revint à la tradition de l'intervention directe du peuple dans les affaires de la ville ; il fut convenu que, dans les délibérations du corps de ville, tout membre aurait le droit de requérir le renvoi de la question à une assemblée générale. On décida dans le même sens que le droit d'entrée, dont l'ordonnance de 1462 autorisait l'établissement par les maire et échevins, ne pourrait être perçu sans l'approbation d'une assemblée générale. Pour assimiler davantage les nouveaux magistrats aux anciens, on alla jusqu'à décider que le maire devrait prendre la même qualification que les anciens élus et se nommer dans les actes officiels : *maire de la ville sur le fait du gouvernement, fortification, emparement, garde et deffense de la ville.*

Comme on voit, le statut municipal de la ville de Tours au XV° siècle résulte de l'ordonnance de 1462 combinée avec l'accord que nous venons d'analyser. Cet accord, que plusieurs de ses dispositions rappelant l'ancien ordre de choses — celles, par exemple, relatives aux assemblées générales — durent contribuer à faire accepter et même à rendre populaire, n'en faisait pas moins perdre à la ville tout le bénéfice de privilèges qu'elle n'avait pas cru payer trop cher en leur sacrifiant son indépendance. Il lui restait le vain titre de commune et un nombreux corps de ville comblé d'honneurs et de prérogatives ; mais ces honneurs mêmes le mettaient à la merci du roi. Le seul droit que la ville eût obtenu, celui de faire participer aux charges publiques les privilégiés, était annihilé par l'accord qu'elle avait été obligée de consentir avec le clergé. La royauté seule avait gagné aux modifications introduites dans l'organisation municipale.

Il faudrait entrer dans de grands détails, que ne comporte pas notre plan, pour montrer jusqu'à quel point la ville fut à la discrétion du roi, au mépris même des privilèges qu'il lui avait concédés. Impôts, aides, subsides, emprunts, réquisitions, corvées, créations d'office, garnisons, gardes de prisonniers, logements de troupes et de tout le personnel de la cour, furent sans trêve infligés aux habitants. Le corps de ville et le maire surtout durent se plier à toutes les fantaisies que Louis XI semble s'être fait un jeu de leur imposer. Les Tourangeaux étaient, aux termes de l'ordonnance de 1462, exempts de tout service militaire ; le roi établit une milice bourgeoise de onze compagnies qui durent s'équiper et s'armer à leurs frais ; il fit acheter à la ville toute une artillerie et envoya des Liégeois dresser les bourgeois à la manœuvre du canon. Lorsqu'il introduisit à Tours une manufacture de soie, il obligea tous les habitants à s'associer pour faire travailler les ouvriers. Quand il eut expulsé les habitants d'Arras de leur cité, il obligea le maire de Tours à désigner cinquante chefs de famille pour aller repeupler la nouvelle ville d'Arras-Franchise[1].

Bien que le corps de ville, tel qu'il était organisé, ne semble pas avoir jamais mis grand obstacle aux volontés du roi, celui-ci ne laissa pas néanmoins que de vouloir le modifier. Dès 1467, il voulait nommer maire le lieutenant du prévôt des maréchaux, Jean Garnier; il céda cependant devant les représentations des habitants[2]. Mais, au mois de novembre 1469, irrité de quelques velléités de résistance, il fit savoir au corps de ville qu'il voulait « que doresnavant les » vingt quatre eschevins qui estoient perpétuels soient mués » de deux ans en deux ans[3]. »

La disposition de l'ordonnance de 1462 qui attribuait aux nouveaux magistrats de Tours, « la justice » telle que la possédait le corps de ville de La Rochelle, donna lieu à de nombreuses difficultés. On a déjà vu que l'accord de 1465 avait réservé sur ce point le droit des gens d'église et qu'il avait stipulé que les échevins n'useraient « d'aucune justice » autrement que les élus. Aussi semble-t-il que tout d'abord

---

[1] Je résume ici un grand nombre de notes et de documents relatifs à l'histoire de Tours sous Louis XI, extraits des archives municipales de Tours ; ils m'ont été gracieusement communiqués par mon ami et confrère M. Paul Viollet. — Voy. aussi Giraudet, *Histoire de Tours*, t. I, p. 237 à 255.

[2] Délibérations des 20 octobre et 9 novembre 1467. (Arch. de Tours, *Reg. des délib.*).

[3] Délibération du 29 novembre 1469. (*Ibid.*)

aucune nouvelle juridiction municipale n'ait été établie. Cependant, nous voyons, à la fin de 1469, s'élever un conflit au sujet de la police criminelle entre les sergents du prévôt des maréchaux et le corps de ville auquel le roi donna gain de cause[1]. Deux mois plus tard, le roi, voulant, dit-il lui-même, faire un essai, accorda pour un an à la ville la juridiction criminelle[2]. Enfin, par une ordonnance du 11 mars 1477, il jugea à propos de distraire des attributions du prévôt royal « la congnoissance de tout le fait de la police, régime et gou- » vernement d'icelle ville de Tours sur le fait des vivres, blés, » vins, foins, etc., » pour l'attribuer aux maire et échevins qui la conservèrent par la suite[3].

Charles VIII, à son avènement, confirma les privilèges de Tours[4], et, la même année, fit décider qu'on reviendrait à l'ancien usage des vingt-quatre échevins « perpétuels et à vie[5]. » Il renouvela encore la confirmation générale des privilèges en l'accompagnant d'exemptions de tailles et d'autres franchises, en 1493, à l'occasion de la naissance du Dauphin[6]. Louis XII confirma de même, en arrivant au trône, les privilèges municipaux[7], et de même François Ier, en juin 1515[8]. Mais alors la Chambre des comptes éleva des difficultés, relatives surtout à l'annoblissement des échevins, et ne se décida à entériner les lettres patentes du roi que sur une injonction, en date de décembre 1517[9].

Le 27 avril 1519, les habitants obtinrent encore une nouvelle confirmation que la Chambre des comptes enregistra le 24 mai suivant[10]. Henri II confirma de nouveau les privilèges en janvier 1547-1548[11], mais, quelques années plus tard, il modifia profondément la composition du corps de ville. Il décida qu'il ne serait plus composé que du maire, des vingt-

---

[1] Délibération du 3 novembre 1469. (Arch. comm. de Tours, *Reg. des délib.*)

[2] Délibération du 29 décembre 1469. (*Ibid.*)

[3] *Ordonn.*, t. XIX, p. 144.

[4] Amboise, septembre 1483. (*Ibid.*)

[5] J. Chenu, *Recueil des antiquités*, p. 308.

[6] 1492-1493, février. Arch. nat., JJ, 226² n° 466.

[7] Paris, juillet 1498, *Ordonn.*, t. XXI, p. 101.

[8] Arch. de Tours, AA 2.

[9] Arch. nat., X^{1n} 8611, fol. 274 v°.

[10] Arch. nat., P 2504, fol. 299.

[11] *Ibid.*, JJ 258, n° 18.

quatre échevins et de trois députés ecclésiastiques. Les soixante-quinze pairs et les autres députés ecclésiastiques furent exclus de l'administration[1]. Il est vrai que, dix ans plus tard, en 1563, les soixante-quinze pairs se firent rétablir par les échevins[2]. Charles IX entreprit à son tour de réformer l'administration municipale de Tours. Le 13 décembre 1565, il voulut lui donner pour modèle l'administration parisienne et instituer un prévôt des marchands, des échevins et des conseillers de ville[3]. Mais le corps de ville de Tours et les gens d'église, intéressés à maintenir l'ancien ordre de chose, en appelèrent au conseil d'Etat qui, par arrêt du 20 septembre 1569, autorisa le rétablissement des vingt-quatre échevins et des soixante-quinze pairs[4]. Une confirmation générale fut obtenue de Charles IX, en mars 1571[5], et une autre de Henri III, en février 1577[6].

Malgré toutes ces confirmations, l'existence de l'ancien corps des soixante-quinze pairs, dont les attributions à Tours n'avaient jamais été nettement déterminées, était assez précaire; les habitants, auxquels elle était onéreuse, en demandaient la suppression et elle n'était guère défendue que par les intéressés. Elle fut définitivement supprimée par lettres patentes de Henri III en date de mai 1589[7]. S'appuyant sur les privilèges concédés en février 1462 par Louis XI, où « il n'est porté autre plus grand nombre que de vingt-quatre » eschevins-conseillers perpétuels à vie, outre ledit maire, » le roi décida que le corps de ville serait à l'avenir rétabli en cette forme. Puis, pour ménager les susceptibilités du clergé, dont les réclamations avaient fait échouer la réforme de 1565, il décida que trois ecclésiastiques, représentant l'archevêque, le chapitre de Saint-Gatien et celui de Saint-Martin, auraient entrée et voix délibérative aux assemblées municipales. Il révoqua ensuite tous les membres de l'ancienne administration et nomma le maire et les vingt-quatre échevins[8], déci-

---

[1] En octobre 1553. Voy. Giraudet, *Histoire de Tours*, t. I, p. 340.
[2] J. Chenu, *Recueil des antiquités*, p. 325.
[3] *Ibid.*, p. 323.
[4] *Ibid.*, p. 307.
[5] Arch. nat., X¹ᵃ 8629, fol. 79.
[6] *Ibid.*, P 2322, fol. 681.
[7] J. Chenu, *Recueil des antiquitez*, p. 289.
[8] *Ibid.*, p. 295.

dant qu'à l'avenir les échevins et les délégués du clergé éliraient chaque année trois candidats à la mairie, entre lesquels le roi ou son représentant désignerait le maire. Les vacances dans l'échevinage, lorsqu'il s'en présenterait, devraient être comblées par les échevins eux-mêmes. Les autres officiers devraient être, comme par le passé, le procureur, le greffier, quatre clercs, un receveur, nommés par le corps de ville et « deux éleus par chacun an à la maniere accoustumée : »

Ces « élus » que nous voyons figurer ici parmi les officiers municipaux ne sont autre chose que les anciens élus sur le fait des fortifications, dont le nom représentait pour les Tourangeaux leurs traditions municipales les plus chères et les plus anciennes. Ils survivaient ainsi dans la nouvelle administration, siégeant à côté du maire sans titre légal, comme l'a déjà fait remarquer M. Viollet[1].

Dès 1463, l'assemblée municipale avait voulu revenir aux anciennes traditions et avait décidé dans ce but « d'eslire deux » desdits eschevins, pour estre esleus et coagiteurs ou le dit » maire quant a la distribution des deniers communs d'icelle » ville[2]. » Ces deux offices se perpétuèrent sous ce nom d'élus qui leur est seul attribué dès 1464[3]. On les voit dès lors assister à toutes les réunions et contresigner tous les mandats du maire au receveur ; ce sont eux qui sont désignés dans l'article 11 de l'accord de 1465 où il est dit qu'un commissaire des gens d'église doit viser les mandats avec « deux » laiz[4]. » Ils survécurent, comme on voit, à la transformation de 1589, qui fut sanctionnée par une confirmation d'Henri IV, de mars 1594[5].

Cette transformation n'était point encore assez radicale au gré des habitants ; ils obtinrent, en février 1611, un édit réduisant les magistrats à « un maire et quatre eschevins qui » seront esleus et choisis par les manans et habitants des » paroisses, en la même forme et manière que ceux de la » ville de Paris[6]. » Cette fois encore le corps de ville réussit

---

[1] Art. cit., *Bibl. de l'Ecole des Chartes*, t. XXX, 1869, p. 342.

[2] Arch. de Tours, Délibération du 14 novembre. (*Registres des délibérations*, t. XI, fol. 9.)

[3] *Ibid.*, fol. 18.

[4] *Pièces justificatives*, XXV.

[5] J. Chenu, *Recueil des antiquitez*, p. 297.

[6] *Ibid.*, p. 304.

à ne pas périr en interjetant appel au Conseil, qui, par arrêt du 25 juin 1619, maintint les vingt-quatre échevins [1]. Pour donner quelque satisfaction au peuple, on adjoignit aux électeurs des trois candidats à la mairie trente-deux notables, élus eux-mêmes en assemblée générale des habitants. Sous le nom de « députés de paroisses, » ces notables en vinrent par la suite à prendre rang dans le corps de ville. Les élus étaient toujours maintenus ; l'arrêt du 25 juin 1619 fixe leur nombre à quatre, il établit qu'ils « serviront l'espace de dix ans et » seront choisis des plus notables bourgeois et marchands. » Un autre arrêt du Conseil, rendu le 26 février 1620, pour préciser certains détails relatifs aux élections, décida qu'à l'avenir l'élection des quatre élus se ferait par bulletin et non de vive voix [2]. L'arrêt de 1619 resta le statut municipal de Tours [3] jusqu'en 1692. A cette époque, Louis XIV transforma la mairie de Tours en un office héréditaire [4].

Nous ne referons pas, après le docteur Giraudet, l'histoire lamentable de l'administration de Tours sous ce régime. Nous n'énumérerons pas toutes les créations de charges vénales, telles que celles de conseillers assesseurs, de lieutenants de maire alternatifs, d'échevins, d'avocat du roi dans le corps de ville, sans cesse rachetées par la ville et rétablies presque aussitôt que supprimées [5]. Malgré tous ces remaniements, on pouvait encore, en 1720, discerner dans la composition du corps de ville de nombreux vestiges du passé. Il se composait alors de soixante-treize membres : un maire, vingt-quatre échevins, cinq assesseurs, quatre élus, trois députés du clergé, un procureur, trente-deux députés de paroisses, un avocat, un receveur, et un greffier. Sauf les pairs, qui avaient disparu depuis 1589, l'ancienne organisation importée de la Rochelle en 1462 était encore entière ; les députés du clergé étaient les héritiers de ceux qui avaient été introduits par l'accord de 1465, les trente-deux députés de paroisses étaient les

---

[1] J. Chenu, *Recueil des antiquitez*, p. 310.

[2] Arch. nat., E, 63.

[3] Voy. plusieurs arrêts du conseil qui s'y réfèrent. 23 décembre 1655 (Arch. nat., E 1703), 28 février 1656 (E. 1706), 13 juillet 1665 (E 1728), et une confirmation générale des privilèges du 17 août 1654 (*Ibid.*, P 2374, fol. 291).

[4] Giraudet, *Histoire de Tours*, t. II, p. 141.

[5] Voy. *Ibid.*, pp. 187-195.

électeurs des échevins créés par l'arrêt de 1619 ; enfin les quatre élus étaient la survivance de l'ancien gouvernement des élus que l'on pouvait lui-même rattacher à un usage établi dès 1212.

L'intendant et les officiers du présidial sollicitaient la réduction du nombre des magistrats et officiers municipaux. Elle fut effectuée par un arrêt du Conseil qui, le 11 juillet 1724, les remplaça par un maire quadriennal, six échevins renouvelables par tiers tous les deux ans, deux conseillers assesseurs, un procureur du roi et un greffier [1]. Dès lors rien ne subsista plus de l'organisation dont nous avons voulu montrer l'introduction, le fonctionnement et le développement dans la ville de Tours. A travers bien des vicissitudes et des transformations, elle y avait duré deux cent soixante-deux ans.

Bourges et Angers n'ont aucun droit à figurer parmi les villes dont l'organisation municipale dérive des Etablissements de Rouen, mais Augustin Thierry ayant dit, et tous les historiens ayant répété après lui, que Louis XI avait gratifié ces deux villes « d'un gouvernement modelé sur celui de La » Rochelle [2], » il nous a paru qu'il y avait lieu de rétablir ici la vérité.

Bourges. — La ville de Bourges, à l'époque de l'avènement de Louis XI, jouissait, depuis le xii° siècle, d'un gouvernement qui rappelle celui des élus de Tours. Quatre notables, prud'hommes, élus ou syndics (*probi homines, sindici ville*), dont le nombre correspondait anciennement à celui des quartiers de la ville, étaient élus chaque année par les habitants qui leur déléguaient « pleine puissance, autorité et mandement
» special de faire faire les œuvres, fortifications, emparemens
» et autres choses, touchant le fait commun de la ville, de
» faire payer par le receveur d'icelle ce qui est du pour le
» fait commun de ladicte ville, et aussi de bailler a ferme
» tous les subsides qui auraient cours l'année de leur charge,
» et faire diminution aux personnes qui seront excessivement
» imposées pour les deniers qui se levent par cotisation sur
» les habitants pour les affaires de ladite ville et generalement

---

[1] Giraudet, *Histoire de Tours*, t. II, p. 197.
[2] *Tableau de l'ancienne France municipale*, p. 313.

» tout ce qui dépend du fait commun de ladite ville.[1] » De fréquentes assemblées générales des habitants, qui se réunissaient dans le prieuré de Notre Dame de la Comtal, décidaient de toutes les affaires importantes et ne laissaient guère aux prudhommes que le pouvoir exécutif.

Sans avoir jamais acquis l'indépendance d'une commune, Bourges était donc, au XVe siècle, en possession de nombreux privilèges et d'une organisation très démocratique, plus ancienne encore et plus forte que celle de Tours. Les nombreux et lourds impôts auxquels Louis XI assujettit les habitants y provoquèrent des murmures, des protestations, des résistances et finalement une insurrection.

Le 22 avril 1474, à l'occasion d'une nouvelle taxe, le *barrage* ou subside des fossés de la ville, une émeute populaire éclata; plusieurs officiers royaux furent tués ou blessés et le lieutenant de la Grosse-Tour fut obligé de se réfugier dans sa forteresse. La répression fut terrible. Dès le 12 mai, le roi avait décidé la suppression de l'ancienne organisation et écrivait à du Bouchage, l'un des commissaires qu'il avait envoyés pour faire justice: « Faites un maire et douze echevins qui
» soient parens de Raoulet (c'était le prévôt qu'il nommait
» en remplacement de celui qui n'avait pas su prévenir la
» sédition), le maire sera François Gaultier; a l'avenir je les
» nommeray les uns et les autres, comme je fais a Tours[2];
» ils jouiront des privileges. » Le 27 mai suivant, en effet, un édit royal abolit l'ancien gouvernement des quatre prudhommes et décida qu'il y aurait à l'avenir « un maire et
» douze eschevins qui se mueront et osteront par chascun an
» et y en sera par nous mis et ordonné d'autres nouveaux[3]. »
Le 8 juin, du Bouchage installa en effet le maire et les douze échevins et leur fit prêter serment[4].

Ceux-ci députèrent alors vers le roi pour lui demander d'or-

---

[1] Raynal, *Histoire du Berry*, t. III, p. 118. — Pour l'histoire de ce régime depuis le XIIe siècle, voy. le t. II, p. 170 et suiv. de cette excellente histoire provinciale.

[2] Il faut remarquer qu'alors Louis XI ne nommait pas les magistrats de Tours. De perpétuels qu'étaient les échevins, il les avait rendus biennaux en 1469, mais ils étaient élus depuis lors. Cette phrase donne la mesure de la liberté qu'il laissait aux élections. — J'emprunte tous ces faits à l'histoire de Raynal; il cite avec exactitude toutes ses sources.

[3] *Ordonn.*, t. XVIII, p. 10.

[4] J. Chenu, *Recueil des antiquitez*, p. 24.

donner « comment ils se devront gouverner et leurs manieres
» de faire » et le prier de leur « octroyer tels et semblables
» privileges, droits, prerogatives, privileges, libertez et fran-
» chises qu'ont les maire et eschevins des autres villes. » Ce
fut alors que Louis XI rendit une ordonnance, en date de
juin 1474, dans laquelle il s'exprime ainsi : « Et pour ce que
» nostre dicte ville de Bourges n'a au temps passé esté gou-
» vernée par maire et eschevins et que par eux voulons que
» d'ores en avant elle le soit *tout ainsi et par la forme et
» maniere qu'ont esté et sont nos villes de La Rochelle et de
» Tours,* par quoy les droits et prerogatives desdicts maire
» et echevins sont incogneus ausdicts bourgeois, manans et
» habitans de nostre dicte ville de Bourges ; avons donné et
» octroyé, donnons et octroyons par ces presentes ausdits
» maire et eschevins qui sont de present et qui seront au
» temps advenir pour le gouvernement de nostre dicte ville,
» tel pouvoir, semblable justice, prerogatives et preeminences
» en nostre dicte ville de Bourges et ailleurs qu'ont ceux de
» nos dictes villes de la Rochelle et de Tours, et que, au faict
» et exercice desdits maire et eschevins, et en toutes et cha-
» cunes les choses devant dictes et declarées, ils, ensemble
» lesdits manans et habitans, se reglent et gouvernent ainsi
» et par la forme et maniere que font ceux de nos dictes villes
» de La Rochelle et de Tours. Et a ce que mieux et plus
» certainement le puissent faire, que par lesdicts de La
» Rochelle et de Tours soient doublés, aux despens desdicts
» de Bourges, les livres et memoires des statuts et ordon-
» nances qu'ils ont en icelles villes de la Rochelle et de
» Tours et que les doubles, deuement collationnés aux origi-
» naux et approuvez par notaires suffisans, soient baillez et
» delivrez ausdicts de Bourges, pour leur servir et valoir au
» regime et conduicte d'iceulx droicts et privileges, comme
» il appartiendra[1]. »

C'est le début de cette disposition qui a trompé A. Thierry, mais tous les autres articles de la même ordonnance montrent que la constitution attribuée par elle à Bourges différait complètement, aussi bien pour la composition du corps de ville que pour son mode de recrutement, de celle que possédaient Tours et La Rochelle.

Le nombre des magistrats fixé par l'ordonnance du mois de

---

[1] *Ordonn.*, t. XVIII, p. 20.

mai ne fut pas modifié. Le collège des échevins devait être renouvelé par moitié d'année en année. Leur nomination était abandonnée au roi qui devait les choisir sur une liste de vingt-huit personnes formée chaque année par le maire et les échevins sortants. Tous les jours avant midi ce corps municipal devait se réunir sous la présidence du maire. Rien de tout cela ne rappelle, même de loin, l'organisation dérivée des Établissements.

Si l'on veut rechercher les points de contact des deux régimes, qui expliquent l'article que nous avons cité, on les trouve dans les dispositions qui sont communes à toutes les concessions de régime municipal faites par Louis XI. C'est l'annoblissement des maire et échevins, prodigué par lui pour enlever tout caractère démocratique aux municipalités et avilir en même temps la noblesse, c'est la mise de la cité et de ses magistrats sous la garde du bailli de la province et de son lieutenant, c'est l'attribution de toute juridiction au même bailli et au prévôt de la ville, ce sont les franchises illusoires d'host et de chevauchées, de ban et d'arrière-ban, concédées aux habitants, c'est enfin le droit donné au corps de ville d'établir un droit d'entrée. Tout cela n'est pas suffisant pour qu'on puisse dire que le gouvernement donné à Bourges par Louis XI fut « modelé » sur celui de La Rochelle et de Tours.

Il ne s'en rapprocha pas dans la pratique comme celui de Tours s'était rapproché de celui de La Rochelle. Profondément attachés à leurs anciennes libertés, les habitants de Bourges subirent impatiemment l'organisation qu'il avait plu à Louis XI de leur imposer sans pouvoir la faire entrer dans leurs mœurs, et, aussitôt après sa mort, demandèrent à revenir au régime qu'ils avaient eu « de toute ancienneté, » ce qui leur fut accordé par l'ordonnance du 14 février 1483-1484 [1].

ANGERS. — D'après Augustin Thierry, dont nous avons rapporté plus haut l'opinion, le gouvernement d'Angers aurait été aussi « modelé » sur celui de La Rochelle. Cependant, cette expression avait sans doute dépassé la pensée de l'illustre historien, car lui-même avait écrit auparavant, que l'ancienne

---

[1] *Ordonn.*, t. XIX, p. 268. — Voy. aussi Raynal, *ouvr. cité*, t. III, p. 139.

municipalité y avait fait place, « par octroi de Louis XI, à
» une constitution plus complexe, plus savante pour la forme,
» et, pour le fond parfaitement libre. Il y eut, ajoute-t-il, un
» maire, un sous-maire, dix-huit échevins et trente-six con-
» seillers avec tous les droits, célèbres par leur étendue, que
» possédait la commune de La Rochelle[1]. » Ainsi restreinte
aux droits seuls, cette assimilation n'est pas encore tout à
fait exacte. Elle repose, comme pour la ville de Bourges,
sur l'interprétation erronée d'une disposition de l'ordonnance
qui créa l'administration municipale.

Angers n'avait jamais été avant Louis XI qu'une simple
ville de bourgeoisie. Les privilèges qu'elle avait reçus ne lui
avaient conféré aucune indépendance et c'est à peine si l'on
peut trouver, avant le xv° siècle, quelques traces de sa municipalité, immémoriale d'après Augustin Thierry ; encore, ces
rares indices montrent-ils, en même temps que son existence,
qu'elle avait toujours été pour le moins aussi faible, aussi
insuffisante, aussi languissante qu'elle le fut pendant la première moitié de ce même siècle. Ses comptes municipaux les
plus anciens sont ceux du receveur « de la clouaison, fortiffi-
» cation et emparement[2]. » Il était alors (1367) commis par
les officiers du duc. Ce ne fut que dix ans plus tard, en
juillet 1377, que, profitant d'un séjour de leur duc au château,
les habitants obtinrent des lettres patentes autorisant « les
» bourgeois et manants a faire election de six d'entre eux, a
» tenir assemblée pour regler les comptes et mener a fin tous
» les negoces de la ville[3]. » Telle fut la seule magistrature,
d'attributions restreintes, d'influence et d'autorité à peu près
nulles, par laquelle se manifesta la vie locale jusqu'au milieu
du xv° siècle.

On a prétendu qu'elle avait eu plus d'activité, particulièrement sous le roi René ; on a dit qu'alors et depuis longtemps
les habitants d'Angers prenaient part à l'administration de
leur ville[4]. Il y a dans cette opinion une grande part de
vérité, mais il ne faudrait pas en conclure qu'un véritable
corps de ville ait été constitué, ni qu'aucun magistrat municipal ait jamais été élu par les bourgeois. La vérité est que

---

[1] *Tableau de l'ancienne France municipale*, p. 311.
[2] Cel. Port, *Inventaire des archives de la mairie d'Angers*, p. 178.
[3] Cel. Port, *Dictionnaire de Maine-et-Loire*, t. I, p. 38.
[4] Cel. Port, *Ibid.* — Lecoy de La Marche, *Le roi René*, t. I, p. 399.

sous les derniers ducs et en particulier sous l'administration bienveillante et paternelle du roi René, sans que rien ait jamais été réglé à cet égard, une certaine indépendance était laissée aux habitants. Ils se réunissaient en assemblée générale et nommaient des délégués pour porter au duc ou à ses représentants l'expression de leurs vœux ; c'étaient eux qui répartissaient les impôts à leur gré ; on tenait compte de leurs désirs dans la nomination de certains officiers, on les appelait à dire leur avis dans les affaires qui concernaient leurs intérêts. L'usage, sans qu'il fût besoin d'aucune constitution écrite, avait suffi à établir ces relations entre le seigneur et la bourgeoisie. Mais la vraie municipalité, c'était l'administration ducale. La Chambre des comptes surveillait l'administration financière ; le conseil ducal, auquel avaient accès à l'occasion des bourgeois ou des marchands de la ville [1], réglementait la police et la voirie ; le capitaine pourvoyait à la garde et à la défense ; le juge d'Anjou, à l'élection duquel concouraient les habitants, rendait la justice. Les lourdes charges, les exactions, les oppressions, les abus (les Angevins en subissaient comme tous les autres bourgeois des bonnes villes), ne semblent pas avoir été jamais imputés par eux aux officiers de leur duc, mais bien aux agents royaux, aux élus sur le fait des aides, aux commissaires étrangers qui venaient parfois répartir arbitrairement et lever au nom du roi dans le duché la taille, des aides extraordinaires, ou d'autres impositions accidentelles. Le duc jouait alors le rôle de défenseur des immunités de son apanage, de protecteur de ses bourgeois, il intercédait pour eux, et réussissait parfois, sinon à les dégrever, du moins à écarter l'intrusion des gens de finance du roi dans la répartition et la recette [2].

Ces détails sur la condition des bourgeois d'Angers sont utiles pour faire comprendre la conduite de Louis XI qui fut, à leur égard, un peu différente de celle qu'il tint vis-à-vis des bourgeois des autres villes du royaume. Dès le temps où il songea à mettre la main sur le duché, il essaya de s'y créer un parti. Quand, en 1473, il vint à Angers avec une armée, décidé à opérer la saisie, que pouvait-il offrir aux habitants que déjà il organisait en milice, en échange de ce qu'il allait

---

[1] Arch. nat., P 1334 [3], fol. 68-70 et *passim*.
[2] Lecoy, *Ouvr. cit.*, deuxième partie, chap I à III.

leur enlever et des charges qu'il allait leur imposer ? Les privilèges et franchises qu'il retirait aux autres villes, la liberté, un gouvernement municipal, une « maison de ville, » toutes choses dont les Angevins s'étaient peu souciés jusque-là, furent les espérances à l'aide desquelles il essaya de les séduire. Il est douteux qu'il ait réussi à se faire ainsi dans la ville de nombreux partisans ; toutefois, dès le 21 juillet 1474, il octroya aux habitants le droit d'avoir « maison de ville, » mais nomma directement à l'office de maire un homme à lui, Guillaume de Cerisay, greffier du Parlement, et au mois de février suivant, il promulgua l'ordonnance qui organisa la municipalité[1]. Comme l'a très bien dit M. Lecoy, les considérants de cet acte « ne sont qu'un réquisitoire peu déguisé » contre l'administration du dernier duc.[2] » Parmi ses dispositions, celle qui assimile la nouvelle organisation à celle de La Rochelle est la reproduction textuelle de l'article de la charte de Bourges que nous avons cité plus haut ; pourtant les deux concessions sont très différentes. Sans parler de l'organisation municipale attribuée à Angers, qui ne rappelle ni celle de La Rochelle et de Tours, ni celle de Bourges, autant la charte de Bourges est restrictive, autant celle d'Angers semble au premier abord libérale.

Un maire élu de trois en trois ans par les habitants, mais seulement après la mort de Guillaume de Cerisay nommé à vie, dix-huit échevins et trente-six conseillers élus à perpétuité et annoblis par leur charge, un sous-maire désigné par le maire, devaient, avec un procureur, un receveur et un clerc, constituer le corps de ville. Tandis que dans les autres villes c'était toujours le bailli que Louis XI constituait le « gardiateur » des biens et des personnes des habitants, ce fut le maire qu'il investit à Angers de cette prérogative ; il est vrai qu'avec Guillaume de Cerisay elle était en aussi bonnes mains que s'il l'avait attribuée au sénéchal. Celui-ci conservait la haute justice, mais la juridiction autrefois attribuée au juge d'Anjou et au prévôt d'Angers passait aux magistrats municipaux. De même, le capitaine d'Angers était dépouillé à leur profit de la garde des clefs des portes et chaînes de la ville. Le sénéchal perdait la charge de conservateur des privilèges

---

[1] *Ordonn.*, t. XVIII, p. 86.
[2] Lecoy, *Ouvr. cit.*, t. I p. 396.

de l'Université qui était réunie à la mairie. Le tabellionnage d'Anjou était supprimé et remplacé par le corps de ville pour l'exercice de la juridiction gracieuse. Celui-ci obtenait de plus le droit de faire des règlements de police et des statuts municipaux, d'exproprier des maisons pour améliorer la voirie ou établir un hôtel de ville ; il acquérait le monopole du commerce du sel ainsi que le droit de lever les taxes de cloison et de barrage et divers autres impôts. Les privilèges concédés aux habitants étaient ceux qu'on retrouve dans les autres concessions de la même époque, le droit pour les possesseurs de mille livres tournois d'acquérir des fiefs, le privilège de n'être pas cité en justice hors de la cité, la dispense d'host et de chevauchée, de ban et d'arrière-ban.

Nous ne nous arrêterons pas à montrer que cette organisation et ces privilèges n'ont pas avec ceux de La Rochelle de rapports bien étroits. La clause qui a trompé Augustin Thierry était devenue, dans les actes de cette nature, une formule presque banale. Les privilèges exceptionnels dont La Rochelle avait été dotée lors de sa réunion à la France étaient devenus célèbres et en avaient rendu la condition enviable pour les autres villes du royaume ; on comprend dès lors que le souvenir de cette origine ne se soit pas perdu.

Il n'y a, du reste, dans la longue énumération de ces privilèges rien de bien nouveau, rien surtout qui puisse justifier l'appréciation d'Augustin Thierry sur cette constitution qu'il trouve « pour le fond parfaitement libre. » En comblant d'honneurs, de prérogatives et de privilèges un corps municipal composé de cinquante-cinq personnes, nommées à vie, Louis XI établissait une aristocratie bourgeoise dont il achetait ainsi le dévouement, et à laquelle il pouvait confier l'administration municipale et le gouvernement de la ville, sans craindre qu'elle fît jamais cause commune avec les nombreux partisans que le roi René conservait encore en Anjou. Les habitants ne s'y trompèrent pas ; nul doute qu'ils aient regretté le temps où Angers avait le prestige d'une résidence royale, où elle était le rendez-vous de la fleur de la noblesse de tous les états du roi de Sicile, où la présence d'une cour brillante, les libéralités d'un prince populaire, les réceptions, les entrées, les fêtes, donnaient au commerce et à l'industrie plus d'animation que ne pouvaient le faire l'apparence d'autonomie qui lui était octroyée par Louis XI et les deux foires franches qu'il y créait.

Le maire était à peine installé que déjà le mécontentement se manifestait par des protestations ; quelques années plus tard, en 1477, les habitants refusèrent de se rendre aux revues du sénéchal, qui saisit leurs biens dont le roi ne donna mainlevée qu'à la condition qu' « incontinent et sans délai ils » se mettent en habillement suffisant s'ils ne le sont, selon la » qualité de leurs personnes et leurs facultés et soient tout » près à faire montre, » chaque fois qu'ils en seront requis [1]. L'année suivante, il fallut pour maintenir la tranquillité que des commissaires royaux accompagnés du lieutenant du prévôt des maréchaux vinssent y séjourner trois mois durant [2].

Aussitôt Louis XI mort, les plaintes devinrent si bruyantes que Charles VIII dut charger une commission du conseil de modifier l'organisation municipale. Le maire nommé par Louis XI fut alors remplacé par un maire élu et le nombre des magistrats réduit à vingt-quatre qui prirent le nom d'échevins-conseillers. Une ordonnance royale, en date de décembre 1484, en ajouta quelques mois après six autres et porta ainsi à trente-un le nombre des membres du corps de ville [3].

Nous n'avons pas à faire ici l'histoire de la mairie d'Angers. Nous voulions indiquer en quoi les privilèges octroyés par Louis XI ressemblaient à ceux de La Rochelle, en quoi ils en différaient, dans quel but et dans quelles circonstances ils avaient été concédés. Il résulte de cette étude que ce furent quelques privilèges seulement, et non pas la constitution dérivée des Etablissements, qui furent alors concédés aux Angevins. Contrairement à l'opinion d'Augustin Thierry, ces privilèges n'étaient ni considérables ni étendus. Des attributions nombreuses et des droits surtout honorifiques, donnés à un corps de ville plus dévoué aux intérêts de la couronne qu'à ceux de la ville, ne suffisent point à rendre libérale une organisation municipale, et la charte d'Angers, malgré son apparence et ses considérants pompeux, ne diffère pas essentiellement de toutes celles que Louis XI concéda pendant son règne. Sa politique à l'égard des villes ne se démentit jamais ; il voulut avoir à sa discrétion des municipalités dévouées,

---

[1] Mandement au maire, en date du 23 juin 1477, *Ordonn.*, t. XVIII, p. 274.

[2] Cel. Port., *Dictionn. de Maine-et-Loire*, t. I, p. 38.

[3] *Ordonn.*, t. XIX, p. 453.

constitua dans chaque ville une aristocratie bourgeoise, prête à payer cher les prérogatives qu'il lui plaisait de lui vendre ; partout il sut s'en servir efficacement pour détruire les anciennes libertés politiques et surtout celles qui avaient un caractère démocratique qu'il ne cessa de redouter.

CHAPITRE X

NIORT. — COGNAC.

Avec Niort, nous revenons aux villes qui ont reçu directement de Rouen leurs institutions municipales. Nous avons conservé l'acte de Philippe Auguste qui les lui attribua en août 1204 [1], mais, s'il faut en croire un ancien inventaire des archives de Niort, dressé en 1493, il y aurait eu alors, parmi les privilèges de la ville une charte de Jean Sans-Terre, datée de 1203, concédant aux bourgeois de Niort la constitution de Rouen [2]. Il n'est pas impossible en effet que ce soit au roi d'Angleterre que Niort soit redevable des Etablissements et que le diplôme de Philippe Auguste n'ait été qu'une confirmation.

La situation de cette ville sur la Sèvre, alors navigable, lui avait donné une grande prospérité commerciale et en avait fait une position stratégique d'un grand intérêt [3]. Son château dominant la vallée, et bâti peut-être d'abord pour

---

[1] « ..... Concedimus burgensibus nostris de Niorto in eadem villa commorantibus ut communiam suam habeant ad puncta et consuetudines communie Rotomagensis que continentur in registro nostro. » (Ordonn. XI, p. 287. — Cf. Delisle, Catal., n° 847.)

[2] « Item, deux lettres en latin, dont l'une d'icelles est obtenue du roy Phelippes roy de France, commancent : *In nomine sancte et individue Trinitatis*, et l'autre est obtenue du roy d'Angleterre, se disant duc de Normandie et d'Acquitaine, régnant pour lors ledit roy Phelippes en France, par lesquels iceulxdits roys chacun d'eulx donnent et octroyent et permettent es bourgeoys et habitans de ladite ville avoir communauté en la forme des habitans de Rouhan, pour joyr desdits droitz, coustumes et libertez appartenans en commune, en la forme et maniere que joyssent lesdits habitans de Rouhan, dont celle qui est obtenue dud. roy d'Angleterre est de datte de 1203, et celle obtenue du roy de France est de datte de 1204. Scellé lesdites lettres en cire vert a lasset de soye a double queuhe et attachés ensemble. Cothé au dous par ij ij ij ij. » (Chr. Augier, *Thrésor..... de Nyort*, p. 96.)

[3] Voy. Bardonnet, *Terrier du grand fief d'Aulnis. Avant-propos*, p. 30.

protéger le pays contre les Normands, est mentionné dès le milieu du x⁰ siècle[1], mais il n'acquit une grande importance qu'après sa reconstruction au XII⁰ siècle, quand il put servir à défendre les possessions françaises des Plantagenêts devenus rois d'Angleterre. Ce fut alors aussi, à la suite du peuplement de La Rochelle, que le commerce de Niort se développa et qu'il s'y établit sur la Sèvre un véritable port maritime d'où les produits du pays, blés, vins et laines, furent expédiés en Angleterre, en Flandre et jusqu'en Espagne sur des barques qui ramenaient des salaisons, des épices, des huiles, des métaux, des cuirs et toutes les matières premières qui devaient alimenter et développer l'industrie du pays [2]. Les plus anciennes franchises qu'ait eues la ville lui furent concédées par Henri II et Richard Cœur-de-Lion, si l'on en croit une charte de Jean Sans-Terre de 1205[3]; mais le texte de ces premiers privilèges n'est pas parvenu jusqu'à nous.

Lorsque, dans les premiers mois de l'année 1194, Philippe Auguste se disposa à conquérir l'Aquitaine, Niort était convoitée par Geoffroy de Rancon, de la puissante famille des seigneurs de Taillebourg, qui mettait à son hommage la condition que la ville lui serait concédée quand elle serait conquise[4]. La paix du 5 décembre 1195 ajourna pour un temps les projets de Philippe Auguste, mais peu après l'avènement de Jean Sans-Terre, les hostilités se rouvrirent, et celui-ci, dans un intérêt de défense, autorisa les habitants de Niort, comme ceux de beaucoup d'autres villes, à former une commune (31 août 1199)[5]. L'année suivante, il constitua avec cette ville, Saintes et quelques autres le douaire d'Isabelle d'Angoulême[6], et en inféoda les revenus,

---

[1] En 946, 973, 974, *Cartulaire de Saint-Cyprien de Poitiers*, pp. 323, 326 et *passim*.

[2] Voy. A. Gouget, *Le commerce de Niort*, Niort, 1863, in-8⁰.

[3] « Et postea concessimus eis omnes libertates et liberas consuetudines
» quas rex H. pater noster et rex Ric. frater noster et regina Alienor
» mater nostra eis concesserunt. » (*Rotuli Chartarum*, p. 161.)

[4] Mars 1193-1194. Teulet, *Layettes du Trésor*, t. I, n⁰ 415.

[5] « ..... Concessimus quod burgenses de Niorto faciant et habeant
» communam in villa sua cum omnibus libertatibus et liberis consuetu-
» dinibus que ad hujusmodi communam debeant pertinere, salva in
» omnibus fide et jure nostro. » (*Rotuli Chartarum*, p. 14 b.)

[6] 30 août 1200 (*Rotuli Chartarum*, p. 74 b.)

moyennant une redevance annuelle de 200 livres poitevines, à un ancien sergent d'armes du roi Richard, nommé Guillaume Lequeux[1], qui tenait déjà en fief, depuis 1190, les fours de la ville[2]. En même temps que le vassal du roi d'Angleterre ce personnage devint le représentant de l'autorité royale à Niort[3].

Quand le comte de la Marche, irrité contre Jean Sans-Terre, qui lui avait enlevé sa fiancée, souleva les provinces Poitevines, Jean trouva opportun de renouveler la charte de commune qu'il avait donnée aux Niortais[4], et la vieille reine Eléonore, qui défendait ardemment dans ses anciens états la cause de son fils, y ajouta par une charte spéciale la sanction de son autorité[5].

Au mois d'août de l'année suivante, ce fut Philippe Auguste qui, de Poitiers, dont il venait de se rendre maître, confirma la commune et lui attribua les coutumes de la commune de Rouen, telles qu'elles étaient transcrites dans les registres de sa chancellerie, c'est-à-dire les Etablissements[6]. On peut se demander si, au moment où ce privilège lui fut accordé, la ville de Niort était déjà entre les mains du roi de France, ou bien si cet acte ne fut qu'un manifeste destiné à « capter la confiance d'une commune ennemie[7]. » Posée en ces termes, la question n'est pas susceptible d'une solution ; mais ce qui est hors de doute, bien que Philippe Auguste ne soit pas venu à Niort en 1204, c'est que cette ville ne tarda pas à suivre Poitiers sous la domination du roi de France. Les documents permettent même d'entrevoir comment les choses se sont passées ; ce dut

---

[1] 1er septembre 1200 (*Rotuli Chartarum*, p. 75.)

[2] S. d. 1170, 27 juin. Arch. nat., J 190 A, n° 4.

[3] « Mandatum majori et commune de Niorto, per litteras patentes, » quod sint intendentes Willelmo Coco et sine contradictione obedientes » ad honorem domini Regis » (26 mars 1204. *Rotul. Litt. pat.*, p. 39 b.)

[4] En 1203. Chr. Augier, *Thrésor..... de Nyort*, p. 96.

[5] « ..... Quod burgenses nostri de Niorto faciant et habeant commu- » niam in villa sua de Niorto cum omnibus libertatibus et consuetudi- » nibus suis ad communiam pertinentibus salvo jure ecclesie et nostro. » (1203). Cet acte, qui a longtemps passé pour la première concession de la commune, est publié dans Chr. Augier, *Thrésor..... de Nyort*, p. 13, dans Menestrier, *Histoire consulaire de la ville de Lyon*, p. 536, et dans Al. Briquet, *Histoire de Niort*, t. I, p. 436.

[6] *Ordonn.*, t. XI, p. 287.

[7] Voy. Bardonnet, *Terrier du grand fief d'Aulnis*, p. 67.

être le sénéchal de Poitou et d'Aquitaine, Aimeri de Thouars, qui prit et rançonna Niort, en août 1204, pour le compte de Philippe Auguste[1]. On trouve l'indice de ce fait dans une lettre écrite beaucoup plus tard par la commune à Henri III pour le dissuader de nommer sénéchal ce même vicomte de Thouars. Entre autres griefs, les Niortais y rappellent que, du temps de Jean Sans-Terre, le vicomte Aimeri s'était emparé de Niort avec l'aide du roi de France, ce qui ne peut se rapporter qu'aux événements de 1201[2]. Il est à croire du reste que la place ne fit guère de résistance, car celui-là même auquel Jean Sans-Terre en avait confié la garde, Guillaume Lequeux, ne tarda pas à se ranger parmi les partisans du roi de France ; aussi conserva-t-il sa situation qui, dès le mois de septembre, lui fut confirmée par Philippe Auguste, à des conditions plus dures cependant et avec des obligations plus précises que celles qui lui avaient été imposées quatre ans auparavant par le roi d'Angleterre[3].

Tout en confirmant à Niort ses privilèges de commune, Philippe Auguste entendait lui imposer le devoir d'host et de chevauchée dans toute son étendue, et se disposait à en tirer au moyen d'impôts d'autres revenus que ceux que devait lui servir, à titre de redevance féodale, le châtelain Guillaume Lequeux. Mais un an ne s'était pas écoulé que Niort retombait sous la domination anglaise.

On s'est demandé si la rentrée des Anglais à Niort avait été une conséquence de la surprise de Savari de Mauléon le

---

[1] Il s'était déclaré pour Philippe Auguste, dès le mois de novembre 1202 (Delisle, *Catalogue* n° 742), et avait reçu la sénéchaussée de Poitou et d'Aquitaine, entre le 1er novembre 1203 et le 24 avril 1204. (*Ibid.*, n° 794.)

[2] « ..... Cum ipse (vicecomes Thoarcii), tempore p[atris vestri], per
» obsessionem suam, cum concilio regis Francie, pro posse suo nos et
» villam nostram de Niorto oppresserit. » (Printemps de 1220. *Royal letters*, t. I, p. 126.) C'est M. Bardonnet qui a le premier montré l'intérêt de ce passage. (Voy. *Terrier du grand fief d'Aulnis*, p. 68) et établi que Matthieu Paris avait commis une erreur en exceptant Niort des villes conquises en 1204, par Philippe Auguste (Voy. *Chronica majora*, éd. du maître des rôles, t. II, p. 489. Cf. *Historia Anglorum*, t. II, p. 102), et qu'au contraire Guillaume le Breton avait fait allusion à cette prise de Niort. (*Philippide* dans *Histor. de France*, t. XVII, p. 285.)

[3] *Pièces justificatives*, XXVI.

1ᵉʳ mai 1205¹, ou bien s'il fallait la reculer jusqu'à l'époque de la descente de Jean Sans-Terre et de la soumission du Poitou entier, en 1206². Plusieurs documents permettent de résoudre cette question avec certitude. Nous voyons en effet Jean Sans-Terre, dès le 28 décembre 1205, plus de six mois avant de débarquer à La Rochelle, confirmer aux Niortais leurs franchises et coutumes et leur accorder en particulier le droit d'être exempts de tailles, d'impôts et de péages, en ne faisant que la réserve ordinaire pour les privilèges de la cité de Londres, et pour le devoir d'host et de chevauchée auquel la ville était obligée envers lui³. De plus, la même année, il prescrivait à Savari de Mauléon de faire faire une enquête sur les spoliations dont se serait rendu coupable à Niort Guillaume Lequeux, alors qu'il y commandait⁴. Ce personnage, malgré les soupçons qui planaient sur sa conduite équivoque, ne tarda pas du reste à rentrer en grâce, ses biens et ses revenus lui furent rendus, et, au mois d'août 1207, il avait la garde du château de Merpins, forteresse importante qui commandait la vallée de la Charente au-dessus du port du Lis⁵. Toutefois l'enquête qu'on fit à l'oc-

---

¹ Voy. *Histoire des ducs de Normandie et des rois d'Angleterre*, publ. par Francisque Michel, p. 101.

² Bardonnet, *Terrier du grand fief d'Aulnis*, p. 68.

³ *Rotuli Chartarum*, p. 161.

⁴ *Rotul. litt. clausarum*, t. I, p. 61 *b*.

⁵ *Ibid.*, p. 89. — Ce personnage était, nous l'avons dit, un ancien sergent d'armes du roi Richard, établi à Niort dès 1190. Peut être était-il Anglais et devrions-nous l'appeler William Cook ? Il figure dans un grand nombre de lettres patentes de Jean Sans-Terre, de l'année 1203. À cette époque on le voit mêlé à toutes les opérations pour lever dans le Poitou l'argent nécessaire à la défense. (Voy. *Rotul. litt. pat.*, p. 25 et *passim*). Il était mort avant le 9 avril 1215, comme le prouve une lettre close du roi Jean notifiant au maire de la Rochelle que la garde de ses biens et de son fils est attribuée à un clerc du roi, Mᵉ Arnaud de Auclent (*Rotul. litt. claus.*, t. I, p. 142 *b*.) D'autres lettres, de 1216, ordonnent au sénéchal de Poitou et au maire de Niort de mettre en possession le susdit Arn. de Auclent des biens que Guillaume Lequeux avait dans cette ville. (*Ibid.*, p. 258.) Comme il y eut plusieurs personnages de ce nom, il est difficile de savoir si c'est de sa mort qu'était accusé, précisément, en 1214, un nommé Eudes de Iselhan, au sujet duquel le roi mande, le 20 août, à l'évêque de Winchester qu'il a trouvé les plèges nécessaires pour se présenter en justice (*Rot. litt. pat.*, p. 120 *b*.) La même année, le 28 octobre, Jean pourvoit à la vacance d'une prébende du chapitre d'Evreux qui avait appartenu à un Guillaume *Coc*. (*Ibid.*, p. 123.)

casion de cette affaire et la décision qui réintégra Guillaume Lequeux dans les biens qu'on lui avait contestés à Niort, paraissent avoir troublé assez profondément la ville, car le roi crut devoir ordonner à ses agents du continent, le 11 septembre 1207, de laisser paisiblement jouir les Niortais de leurs possessions et défendre de les molester [1].

Les événements militaires de 1214 furent sans influence sur la condition de Niort. Divers droits qui s'y percevaient et les revenus des foires furent concédés, en 1215, à Savari de Rochefort, seigneur de Saint-Maixent, dévoué au comte de la Marche et dont il importait d'affermir la fidélité [2].

A partir de cette époque, Niort et les autres communes du pays presqu'abandonnées par le roi d'Angleterre au milieu de seigneurs hostiles à l'esprit communal, virent rapidement décliner la prospérité qu'elles avaient acquises. Enrichies par leur commerce avec l'Angleterre, intéressées au maintien de la domination anglaise, elles témoignaient d'une fidélité qui les mettait en butte à la jalousie d'une féodalité remuante et travaillée sans cesse par les intrigues françaises. L'éloignement du pouvoir central, le défaut d'une administration énergique, et par-dessus tout la détresse extrême du roi d'Angleterre laissaient du reste toute liberté aux barons de se livrer aux guerres privées et au brigandage. Les richesses des communes, que le gouvernement anglais se trouvait impuissant à défendre, furent, pour tous ces seigneurs avides, une proie facile sur laquelle ils se jetèrent, sous prétexte de créances contractées par le roi Jean et qui ne leur avaient pas été remboursées.

Ce fut surtout quand Hugues X eut succédé à son père dans le comté de la Marche que Niort eut à subir de sa part de nombreuses vexations. Le roi d'Angleterre n'avait plus à cette époque de châtelain dans la forteresse, les bourgeois étaient seuls chargés de la garde du château et de la

---

[1] *Rotul. litter. patent.*, p. 75.

[2] Dès le 3 mai, ordre est donné au sénéchal de le mettre en possession de ces droits. (*venticionem et pausagium et pertusagium*. — *Rotul. litt. claus.*, t. I, p. 198 b.) Les lettres patentes signifiant au maire de Niort cette donation sont du 16 août. (*Rotul. litt. pat.*, p. 153) Ces dernières ne mentionnent que *venticionem et pausagium ville Niortha* mais les bourgeois de Niort se plaignant, en 1220, de cette concession énumèrent : *vendam et pacagium* (sic) *et ferias suas de Niortho*. (*Royal letters*, t. I, p. 127.)

défense de la ville[1]. En vain le sénéchal Geoffroi de Neville avertissait Henri III, en juin 1219, des incursions incessantes de Hugues de Lusignan et des autres seigneurs du Poitou, auxquelles, dans sa pénurie d'hommes et d'argent, il était impuissant à s'opposer. Le malheureux sénéchal voyait son autorité méconnue[2], à ce point qu'il allait jusqu'à menacer le roi d'abandonner le Poitou et de partir pour la croisade, afin d'éviter la honte, s'il n'était pas pourvu à la défense d'une façon plus virile[3].

Henri III était alors beaucoup trop préoccupé des affaires intérieures de l'Angleterre, il avait trop besoin à Londres de toutes ses ressources en hommes et en argent pour envoyer quoi que ce soit dans ses possessions d'outre-mer. Les nouvelles qu'il recevait de l'attitude du comte Hugues, loin de lui inspirer la résolution énergique qu'espérait le sénéchal, le déterminèrent à ménager cet adversaire dangereux. Au reçu des plaintes de Geoffroi de Neville, il entra en relation avec Hugues de Lusignan, lui prodigua les protestations d'amitié, confia toute l'Aquitaine à son dévouement et alla jusqu'à soumettre à son autorité le sénéchal lui-même[4]. Cette

---

[1] Lettre des bourgeois à Henri III, écrite au printemps de l'année 1220 : « Dominus etenim G. de Neville, senescallus vester Pictaviae et Guas» coniae, villam vestram et turrim de Niorto nostrae commisit custodiae, » quia nos in vestro servitio et suo invenit fideles et devotos. Nos vero » villam vestram et turrim de Niort), ad honorem vestrum et profectum, » propriis expensis nostris, pro posse nostro, fideliter custodimus. » (*Royal letters*, t. I, p. 127.) Geoffroi de Neville avait succédé à Renaud de Pons comme sénéchal du Poitou. La dernière mention de Renaud de Pons, comme sénéchal, que je connaisse est du 28 mars 1217. (*Rotul. litt. claus.*, t. I, p. 303 b.) Je rencontre en cette qualité G. de Neville, en mai 1218. (*Ibid.*, p. 361.)

[2] « Non me amplius pretiunt, écrit-il au roi en parlant des barons, » quam si essem unum garciolum. » (Vers juillet 1219. — *Royal letters*, t. I, p. 37.)

[3] Lettre de juin 1219. — « Quare vobis significamus, quod nisi melius » et virilius prout defensioni terrae vestrae videritis expedire, vobis » provideatis, pro certo sciatis quod ad instans festum S. Johannis » Baptistae iter nostrum ad partes sanctas sine omni dilatione arri» piemus, quoniam ad damnum et ad dedecus vestrum et nostrum » nullatenus remanebimus..... (*Royal letters*, t. I, p. 30.)

[4] Lettre de Henri III à Hugues de Lusignan, en date du 24 juillet 1219. « ... Mandamus etiam hominibus nostris de Rupella et de Burdeg. et » aliarum villarum et similiter magnatibus partium illarum quod vobis » tanquam illi de quo prae aliis confidimus, consilium et auxilium

décision dut affermir Geoffroi de Neville dans sa résolution de quitter le Poitou. Il allait partir en septembre, mais les troubles qui continuaient firent différer son départ ; il était alors tellement dépourvu de ressources qu'il dut recourir au comte de la Marche pour obtenir un prêt de cent soixante marcs d'argent[1]. Il partit le mois suivant et aborda à Douvres le 1er novembre[2], abandonnant les communes du Poitou aux haines et aux rancunes des barons qui continuèrent à les harceler.

Ce fut pis encore quand Hugues de Lusignan, repoussant définitivement les offres de mariage avec la sœur du roi d'Angleterre, eut épousé la veuve de Jean Sans-Terre, et, d'accord avec elle, revendiqua Niort comme faisant partie de son douaire. Hugues était alors l'arbitre des destinées du Poitou, les domaines qu'il y possédait étaient immenses[3], tous les autres seigneurs y étaient à sa dévotion. La reine Isabelle, dans une lettre écrite à Henri III pour lui rendre compte des motifs de son mariage et réclamer ses possessions, explique très bien quel danger il y aurait eu à laisser le comte épouser une Française[4], et le roi d'Angleterre savait trop quel intérêt il avait à ménager les seigneurs du Poitou pour désapprouver ce mariage. Il hésitait toutefois à mettre Niort entre les mains d'un vassal qui d'un moment à l'autre pouvait devenir un adversaire, il était dans l'impossibilité de jamais rendre les 3500 marcs qu'on lui réclamait, et

---

» impendant, adhaerentes vobis et obedientes in omnibus agendis nostris
» idemque mandavimus senescallo nostro, volentes ut idem senescallus
» sicut et caeteri fideles nostri, vobis obediat et vestro in omnibus fruatur
» consilio..... » (Rymer, t. I, p. 78.)

[1] Lettre de G. de Neville à Henri III, septembre 1219. « ..... Cum
» nuncii vestri ad me devenerunt, ego paratus eram redeundi in Angliam,
» necessitate pecuniae coactus nimia, qua multum indigebam atque
» indigeo. Sed quia tanta est tribulatio in terra vestra quod damnum
» imminebat si ego recederem, dominus Hugo de Leziniaco fecit mihi
» commodari CLX marcas argenti a quibusdam mercatoribus quibus
» idem dominus Hugo pro me fidejussor tenetur..... Nisi soluta fuerit
» ista pecunia et dominus Hugo illam pro me cogatur reddere, non in-
» venietis de cetero qui vobis vel mandato vestro accommodet quic-
» quam. » (Royal letters, t. I, p. 45.)

[2] Ibid., p. 48.

[3] Pour le détail de ses possessions, voy. Bardonnet, Terrier du grand fief d'Aulnis, p. 104.

[4] Lettre de mai 1220. Royal letters, t. I, p. 114.

cependant aurait bien voulu se faire restituer aussitôt la dot de sa sœur Jeanne et Jeanne elle-même qui était, depuis 1214, à la cour du comte Hugues, comme sa fiancée, et que celui-ci, après l'avoir dédaignée, détenait comme ôtage. Hugues et les barons poitevins multiplièrent dès lors leurs expéditions contre les communes et surtout contre Niort. Sans trêve ni répit, ils battirent la campagne, dévastèrent leurs territoires, coupèrent les moissons, arrachèrent les vignes, arrêtèrent les bateaux et les convois, enlevèrent les bourgeois et les mirent à rançon. Aimeri et Hugues de Thouars, Raoul de Rancon, seigneur de Taillebourg, Guillaume Maingot et surtout Guillaume l'Archevêque, seigneur de Parthenay, dont le donjon de Salbart était aux portes mêmes de Niort, furent de tous les seigneurs pillards, protégés par Hugues de Lusignan, ceux qui se distinguèrent le plus par leurs rapines et leurs violences [1].

[1] Le sénéchal à Henri III, mai ou juin 1219 : « ..... H. de Lezignaco » villam vestram Niorti pro posse suo injuste inquietat..... dictus H. et » magnates terrae vestrae terras vestras et villas sibi usurpabunt et quod » alieno subjacebunt dominio..... dictus Hugo nobis revelavit quod de » cetero non omittet vos inquietare nisi ei terram comitis Augiensis in » Angliam reddere velitis. » (Royal. letters, t. I, p. 30). — Le sénéchal à Henri III, vers juillet 1219 : « Multotiens vobis significavimus..... de » baronibus vestris qui terram vestram vastant et burgenses vestros » capiunt et redimunt..... » (Ibid., p. 37.) — Les Rochelais à Henri III, février ou mars 1220 : « ..... Pro certo vobis significantes quod, cum » dominus G. de Nova Villa camerarius a partibus Pictaviae recessit, » W. Archiepiscopi de Partiniaco et R. de Rancon fideles homines » vestros de Niorto et S. Johanne Angeliacensi..... gravamine adgra- » vabant graviter et adhuc aggravant nec cessant. » (Ibid., p. 94.) — Lettre des Niortais, même date : « ..... Vix quidam dies evasit quin » dominus Partenaici vel gentes suae curreret circa castrum vestrum » Niorti et homines vestros caperet. » (Ibid., p. 95). — Lettre des « Niortais, mars 1220: « Inaudita crudelitas W. Archiepiscopi domini » Partinaici ad vos compellit conqueri, qui quotidie et incessanter, cum » consensu aliorum quos vobis nominare modo non volumus, burgenses » domini regis redimit alios robo..., bestias aratorias etiam occupando » dissipat; latorem presentium, cum duobus sociis suis, sine forisfacto, » sine juris defectu, nec in terra sua captos oculis privavit. » (Ibid., p. 96.) — Sur les expéditions de Guillaume l'Archevêque à Niort, voy. une enquête du milieu du XIIIe siècle, dans laquelle des témoins viennent déposer qu'il y a conduit les hommes de Xaintray. (*Documents inédits pour servir à l'histoire du Poitou*, p. 26.) — Lettre des Rochelais, mai 1220 : « Dominus H. de Lezignan, comes Marchiae, nobis per suas litteras » mandavit quod res nostras, ubicumque posset invenire, occuparet, nos- » que nec nostra de cetero sub sua custodia haberet vel protectione, immo

Maintes fois Niort essaya d'acheter la paix à prix d'argent ou de trouver parmi les barons un protecteur, les trêves étaient violées presque aussitôt que conclues⁰ ; maintes fois

» damna quaecumque posset nobis inferret. » (*Royal letters*, t. I, p. 124.)
— Excommunication lancée par le pape, le 28 mai 1220, contre G. de Parthenay, G. Maingot et autres chevaliers du Poitou. (*Histor. de France*, t. XIX, p. 695.) — Lettre des Niortais à Henri III, vers juin 1220 :
« ..... Ita nos tenet oppressos (W. Archiepiscopus) quod blados nostros
» nec bona colligere non audemus et nobis quotidie insidiatur et plures
» alii... » (*Royal letters*, t. I, p. 134.) — Lettre des Niortais, juillet 1220 :
« ... Ita nos tenet oppressos (Hugo comes Marchiae) quod bladum, nec
» vinum, nec lignum, nec nobis necessaria, infra castrum vestrum Niorti
» mittere nec possumus nec audemus, quia vias et caminos ita facit cus-
» todiri quod homines domini Scalonis de Ruperorti et aliorum baronum
» Pictaviae blados nec nobis necessaria nobis ferre non sunt ausi ; et
» vestrum proprium de suo feodo dicit esse. » (*Ibid.*, p. 140.) — Lettre des Niortais, été de 1220 : « ... Contra hostes vestros in partibus nos-
» tris semper resistimus et innumerabilia damna in bonis nostris et
» etiam in personis sustinuimus, et modo pejora et deteriora per do-
» minum comitem Marchiae et Willelmum Archiepiscopi dominum Par-
» tinay et per Willelmum Maengoto juniorem sustinemus. » (*Ibid.*, 146.)
— Lettre du vicomte de Thouars adressée aux Rochelais en 1222 :
« ... Rusticis agrestibus de Rupela, malam salutem. — Mando vobis
» quod pro rege Angliae, nec pro vobis nullatenus dimittam quin cas-
» trum meum firmarem. Et sciatis pro certo quod illud praesto sum fir-
» miter roborare. Et si quis mihi aliquam injuriam fecerit, extra portas
» audebitis nullatenus exire. » (*Ibid.*, p. 186.) — Lettre des Rochelais à Henri III, vers octobre 1222 : « Sciatis etiam quod dominus Hugo de
» Toharcis castellum suum prope Rochellam, contra inhibitionem ves-
» tram et summonitionem sibi a nobis ex parte vestra factam construere
» et aedificare non postponebat. Unde nos de mandato vestro, cui obe-
» dientes sumus et, Deo volente, semper erimus, et quia destructionem
» villae et patriae prae oculis videbamus, castrum illud evertimus. Ille
» autem convocatis et coadunatis gentibus et exercitibus quoscumque
» potuit, et per se et per omnes amicos et etiam inimicos suos super
» nos venit, paratus vastare et extirpare vineas et torcularia et quae-
» cumque extra villam Rochellae habebamus. Unde cum nos nullum
» penitus consultorem aut coadjutorem haberemus, et tot et tantis gen-
» tibus resistere non possemus, coacti sumus ad redemptionem quin-
» gentarum marcarum argenti ; et ex alia parte nobis costat ducentas
» marcas vel eo amplius. » (*Ibid.*, p. 189.)
¹ Lettre des Niortais à Henri III, vers juin 1220 : « ... Cum dominus
» comes Marchiae nobis dedisset treugam per septem hebdomadas ad
» instantiam vestram et domini Radulphi Gernum et domini Jodoini de
» Doe et tamen non habeamus credulitatem aliquam, nisi de verbo suo,
» nos tamen commisimus domino Willelmo Maengoti juveni, utrum
» nos salvos teneret de se et suis gentibus, et treugam imperfectam cus-
» todiret. Ipse vero nobis rescripsit ut si ei vellemus reddere C marcas

surtout elle supplia le roi d'envoyer en Poitou, en qualité de sénéchal, un homme énergique, capable de rendre au pays la sécurité et de donner aux communes une protection efficace [1]. Le roi hésita longtemps avant de donner un successeur à Geoffroi de Neville. Aucun des seigneurs Poitevins n'était en état de tenir tête à Hugues de Lusignan, tous étaient hostiles aux communes, la fidélité de tous était douteuse, et les barons anglais n'étaient guère moins suspects [2]. A la fin, le roi nomma pourtant des Poitevins, d'abord Philippe de Ulcot, puis Savari de Mauléon, mais n'envoya avec eux ni secours, ni subsides. Les seuls auxiliaires dont le nouveau sénéchal put disposer, les milices de Bordeaux et de Bayonne, villes depuis longtemps rivales des communes poitevines, ne devaient en aucun cas donner à celles-ci un appui efficace.

Rien ne faisait donc prévoir la fin des désordres et des troubles. Cet état avait commencé avant la fin du règne de Jean Sans-Terre, et, depuis l'avènement d'Henri III, il n'avait fait que s'accroître; aussi, en 1212, après plus de dix ans, pendant lesquels ni l'agriculture ni le commerce n'avaient eu aucune sécurité, les villes du bas Poitou et de la Saintonge, dont le développement commercial avait été si rapide, La Rochelle, Niort, Saint-Jean-d'Angély, Cognac, Angoulême,

» annuatim, quas dominus Johannes pater vester, cujus animae Deus
» propitietur, ei promisit quod nos salvo teneret et custodiret; alioquin
» de se et suis gentibus nos custodiremus; et jam gravamen nobis fecit.
» Similiter litteras nostras Willelmo Archiepiscopi commisimus ut nos
» certificaret utrum dictam treugam teneret vel non. Ipse vero rescripsit
» quod treugam non teneret, immo omne malum et gravamen quod
» posset, nobis inferret. » (*Royal letters*, t. I, p. 134.) — Lettre de juillet 1220 : « Cum treuga inita esset inter nos et comitem Marchiae
» usque ad terminum denominatum, ipse comes per quemdam militem
» suum nos ab omnibus feodis suis diffidavit, et circa nos munitiones
» suas posuit, termino vero treugae nondum accesso... » (*Ibid.*, p. 140.)

[1] Toutes les lettres des Niortais au roi, dont nous avons cité des extraits, ont pour but de lui demander de nommer un sénéchal et d'envoyer des secours.

[2] Il est curieux de rapprocher la lettre par laquelle les Niortais dissuadent le roi de nommer Hugues de Thouars ou tout autre Poitevin (printemps de 1220, *Roy. letters*, t. I, p. 127), de celle par laquelle le comte de Salisbury déconseille la nomination du comte d'Albemarle parce que « minus obediens est mandatis domini regis quam deceret. » (Mai 1220, *Ibid.*, p. 129.) Ce fut cependant un Poitevin qui fut d'abord choisi, Philippe de Ulcot; l'influence du légat de la Cour de Rome le renversa. Voy. Bardonnet, *Terrier... d'Aulnis*, p. 100.

étaient-elles tombées dans la plus profonde décadence[1]. Elles n'avaient plus ni blés, ni vins à exporter, leurs entrepôts étaient vides, toutes les routes leur étaient coupées par les barons qui ne cessaient de tenir la campagne. Qu'importaient alors leurs intérêts commerciaux pour les retenir sous la domination anglaise ? Il n'y avait plus de commerce. Avant tout, il fallait que la sécurité fût rétablie, et on pouvait prévoir le moment où les communes l'achèteraient même au prix de la fermeture de leurs anciennes routes commerciales, c'est-à-dire en se jetant dans les bras du roi de France. On le disait à la cour de Philippe Auguste et l'on s'y préparait, par des négociations avec les barons, à compléter la conquête de 1204 [2].

Hugues de Lusignan semblait destiné par l'influence qu'il exerçait, par l'étendue de ses domaines, par l'alliance qu'il avait contractée avec la reine Isabelle, à prendre le rôle de pacificateur, mais l'esprit féodal qui le dominait et sa haine des communes l'aveuglèrent sur ses véritables intérêts. Il semble n'avoir été dans ces conjonctures qu'un politique à courte vue, préoccupé de profits immédiats, habile seulement à jouer double jeu, à trafiquer de son hommage et à le vendre au plus puissant.

Ses démêlés avec Henri III empêchaient qu'on lui attribuât jamais en Aquitaine la situation qu'il convoitait ; ses revendications étaient repoussées ; tout en le ménageant, on le traitait en suspect ; à Londres, du reste, le trésor était vide, les soldats manquaient, les troubles du royaume rendaient presque

---

[1] En octobre 1222, le maire de La Rochelle écrit à Henri III que la commune « tot et tantis missionibus et expensis ad tantam devenerit » paupertatem » qu'elle est dans l'impossibilité de remplir les engagements qu'elle a contractés. (*Royal letters*, t. I, p. 190.) Il insiste encore en novembre 1222 : « maxima multitudo vestrorum hominum de Rupella » propter pericula guerrarum quae retroductis temporibus fuerunt, de » divitiis in paupertatem maximam ceciderunt, et propter labores quos » adhuc quotidie sustinent. » (*Ibid.*, p. 195.) En l'absence de documents aussi catégoriques pour les autres villes, on peut sans craindre de se tromper conclure par analogie.

[2] Lettre des Rochelais à Henri III, novembre 1222 : « Dominus Phi» lippus de Albiniaco dixit nunciis nostris quod audivit dici in curia » regis Franciae quod barones vestri de Pictavia et villae vestrae verte» rentur jurisdictioni regis Franciae, si dictus rex Franciae vellet. » Naturellement les Rochelais protestent contre un pareil propos. (*Royal letters*, t. I, p. 195.)

indifférent à ce qui se passait sur le continent; il accepta les offres de la France et finit par signer, avec le successeur de Philippe Auguste, au mois de mai 1224, deux conventions, par lesquelles, moyennant la promesse de recevoir tout ce que l'Angleterre lui refusait, il devenait le vassal du roi de France et lui livrait ainsi les clefs du bas Poitou et de la Saintonge [1]. Ce fut le prélude des opérations militaires; le 25 juin suivant, Louis VIII partit de Tours avec une armée. Cependant, au lieu de pénétrer dans le bas Poitou par les domaines du comte de la Marche, ce qui eût été la route directe, le roi passa au nord, par Thouars et descendit sur Niort. Il n'avait sans doute qu'une médiocre confiance dans Hugues de Lusignan et craignait, en cas d'échec, de se voir couper la retraite par les garnisons de ses forteresses. Niort, qu'il fallait soumettre avant d'attaquer La Rochelle, fut assaillie le 3 juillet; la résistance n'y était pas possible, car le château que Lusignan, le nouveau vassal du roi de France, avait à Frontenay, enlevait à la garnison de Niort tout espoir de communiquer avec La Rochelle; aussi Savari de Mauléon s'empressa-t-il de livrer la place pour se retirer dans cette dernière ville. Louis VIII enleva ensuite Saint-Jean-d'Angély, puis, fort de cette base d'opération, se présenta le 15 juillet devant La Rochelle, où la possibilité de recevoir des secours et de se retirer par mer permettait aux Anglais de tenter la résistance. On sait le reste. La Rochelle, non secourue et insuffisamment défendue se rendit le 9 août; le Poitou et la Saintonge étaient conquis [2].

Le succès de cette rapide campagne était dû en partie à l'empressement qu'avaient mis les bourgeois des villes à se déclarer en faveur du roi de France. A la nouvelle de cette défection des communes, qu'ils étaient loin de prévoir, les

---

[1] Martène, *Amplissima collectio*, t. I, col. 1184.

[2] *Gesta Ludovici regis* dans *Histor. de France*, t. XVII, p. 305. — Cf. Aubry de Trois-Fontaines, *Ibid.*, t. XX, p. 762. — Lettre de la commune de Bordeaux au justicier d'Angleterre (entre le 15 juillet et le 3 août): « ... Duximus notificandum quod castellum de Niorto et villa S. Johannis » Angeliacensis se regi Franciae sine coactione reddiderunt. » (*Royal letters*, t. I, p. 231.) — Cf. la lettre de la commune de Bayonne accusant les Rochelais et Savari de Mauléon pour disculper les 400 hommes de sa milice qu'on accusait de s'être sauvés sur leurs navires. (Rymer, t. I, part. I p. 91.) Voy. aussi Mathieu Paris, *Historia Anglorum*, t. II, p. 262, et *Chronica majora*, t. III, p. 84.

Anglais ne manquèrent pas de crier à la trahison.[1] De nos jours même, les historiens se sont étonnés de la promptitude avec laquelle les villes s'étaient soumises, alors qu'en passant à la France, elles devaient perdre tous les débouchés de leur commerce, se voir fermer la mer, et en être réduites à ne plus naviguer qu'en contrebande sous le pavillon des Templiers. L'espoir de voir enfin le pays pacifié, les seigneurs disciplinés et la sécurité rétablie, suffit à expliquer leur attitude[2].

Louis VIII, bien entendu, leur prodigua les confirmations de privilèges et les franchises ; Niort eut ses chartes confirmées dès le mois d'août 1224[3]. Mais si le pays était conquis, il n'était pas pacifié ; Hugues X, toujours mécontent, allait lier avec les Anglais des intrigues analogues à celles qui avaient livré le pays aux Français.

Par le testament de Louis VIII, le Poitou devenait l'apanage de son fils Alfonse, mais à la mort du roi de France, Hugues de Lusignan, qui en était le véritable maître, entra dans la coalition que formaient les seigneurs contre le nouveau roi et la reine régente. Henri III, qui n'était pas étranger à cette nouvelle évolution, s'empressa de déclarer qu'il lui restituait Niort, comme faisant partie du douaire d'Isabelle[4], de recevoir, à sa prière, l'hommage de Guillaume l'Archevêque, et de confirmer à celui-ci la possession de ses domaines en lui prodiguant les promesses[5]. Le traité de

---

[1] « O innata Pictavensibus proditio ! Non erat qui apponeret se ad de-
» fensionem regis Angliae domini sui, etc... » (Mathieu Paris, *Ibid.*)

[2] Le rôle des villes et des barons et surtout celui d'Hugues de Lusignan pendant la dernière période de l'occupation anglaise en Poitou ont été étudiés avec beaucoup de pénétration par M. Bardonnet dans son *Avant-propos* au *Terrier du grand fief d'Aunis*, que nous avons souvent cité. La forme bizarre qu'il a cru devoir donner à ce travail, qui se compose d'une série de documents traduits, accompagnés chacun de remarques et de réflexions, ses « allures un peu vagabondes, » dont l'auteur convient de bonne grâce, ne doivent pas faire méconnaître ce que ce mémoire contient de vues justes ou ingénieuses et qui révèlent l'esprit d'un véritable historien.

[3] « Ut habeant communiam cum libertatibus ad communiam perti-
» nentibus apud Nyort et usus suos et liberas consuetudines et liber-
» tates ac donationes quas habuerunt et tenuerunt temporibus Henrici
» et Richardi quondam regum Angliae. » (*Ordonn.*, t. XII, p. 315.) — Cf. Teulet, *Layettes du Trésor*, t. II, n° 1659.

[4] Le 18 décembre 1226. *Royal letters*, t. I, p. 301.

[5] 18 décembre 1226. *Ibid.*, p. 302.

Vendôme (mars 1227) ramena quelques mois plus tard le comte de la Marche sous la suzeraineté de la couronne de France. Un nouveau traité, conclu en mai 1230, assura sa neutralité pendant la campagne que fit alors Henri III dans le Poitou. Cette même année, les privilèges de Niort furent confirmés par Louis IX[1].

Alfonse, ayant atteint sa majorité, fut mis en possession de son apanage, le 24 juin 1241, à la cour plénière de Saumur ; il confirma à cette occasion la charte de Niort[2] et reçut l'hommage de Hugues de Lusignan et des autres seigneurs du Poitou[3]. On connaît la révolte qui éclata à l'instigation d'Isabelle, au mois de décembre suivant ; ce devait être la dernière manifestation de l'esprit remuant et indocile de la féodalité poitevine. La guerre, vigoureusement menée par le roi de France, se termina par la soumission du comte de la Marche qui dut accepter les conditions assez dures que le vainqueur lui dicta. Cette fois le Poitou était définitivement pacifié, et Alfonse put prendre véritablement possession de son apanage. Il confirma de nouveau, à ce moment, les privilèges de Niort[4]. Sous son administration, la ville devint le siège d'une des bailies du Poitou, reçut un prévôt royal, et la garde de son château fut confiée à un châtelain[5]. Un compte de dépenses de l'un de ces officiers nous est parvenu[6].

Nous n'avons que peu de renseignements sur les résultats que produisit à Niort l'administration d'Alfonse. Il fallait du temps pour que la ville se relevât de sa décadence, surtout avec la nécessité où elle était de chercher de nouveaux débouchés pour son commerce, les marchés d'Angleterre lui étant fer-

---

[1] Saint Maixent, juillet 1230. La confirmation est dans les mêmes termes que celle de Louis VIII On y a joint seulement la promesse de ne point aliéner la ville : « Concessimus etiam eis quod eos extra manum » nostram vel heredum nostrorum non ponemus nisi de voluntate ipso- » rum. » (Chr. Augier, *Thrésor... de Nyort*, p. 14 et 16. — *Ordonn.*, t. XI, p. 327. — Al. Briquet, *Histoire de Niort*, t. I, p. 438. — Teulet, *Layettes du Trésor*, t. II, n° 2070.)

[2] Teulet, *Layettes du Trésor*, t. II, n° 2923.

[3] Voy. Boutaric, *Saint Louis et Alfonse de Poitiers*, p. 48.

[4] Juin 1243. Teulet, *Layettes du Trésor*, t. II, n° 3120.

[5] Le premier fut Hardouin de Maillé, ancien sénéchal du Poitou. (Boutaric, *Saint Louis et Alphonse de Poitiers*, p. 136.)

[6] Il est rendu par Guillaume de Voisins le 10 mai 1250. (Arch. nat., J. 318, n° 97.)

més. En 1249, elle s'unit aux autres communes de la contrée pour demander l'expulsion des Juifs, ce à quoi le comte consentit, moyennant un impôt de quatre sous par feu[1] ; il y avait à Niort une vieille haine contre eux, et déjà, en 1221, Henri III avait dû les protéger contre le maire et la commune[2]. En 1255, les bourgeois se plaignirent de la suppression des foires et marchés que le comte Alfonse avaient transférés ailleurs[3], ce qui devait en effet ruiner le commerce de la ville. Il est probable qu'il fut fait droit à la requête des habitants. En 1269, la perception du cens, qu'Alfonse avait doublé, et surtout la rigueur des agents qui, à défaut de paiement, saisissaient les objets précieux des habitants, excitèrent une émeute populaire que nous fait connaître une lettre du comte à son sénéchal lui ordonnant de réprimer le zèle de ses officiers[4]. Alfonse renouvela encore la confirmation des privilèges de la ville en 1261, et en même temps concéda au corps de ville le droit de percevoir les péages[5]. Des instructions adressées à ses enquêteurs témoignent que le port sur la Sèvre était l'objet de sa sollicitude ; il demandait qu'on lui fît un rapport sur sa condition ancienne[6].

Philippe III à son avènement confirma la charte de commune de Niort[7] ; elle fut confirmée de même par Philippe le Bel, en mars 1285[8]. A cette époque, le commerce avait repris quelque activité ; les barques de Niort transportaient à Marans les produits du pays et revenaient chargées du sel d'Aunis dont le commerce était considérable en France ; c'était là qu'elles trouvaient les entrepôts du commerce maritime des Templiers et qu'elles prenaient des chargements que les marchands d'Anjou, de Limousin, de Bretagne venaient acheter à Niort. En 1285, Philippe le Bel en fit un port

---

[1] Boutaric, *Saint Louis et Alfonse de Poitiers*, p. 319.

[2] *Rotuli litt. claus.*, t. I, p. 480. — Cf. une sauvegarde donnée par Jean Sans-Terre, en 1199, à un juif, orfèvre à Niort. (*Ibid.*, p. 62.)

[3] *Archives historiques du Poitou*, t. II, p. 285.

[4] Boutaric, ouvr. cit., p. 280.

[5] Les deux chartes sont indiquées dans l'inventaire des archives de Niort de 1493, comme étant toutes deux du 9 mars 1260-61. (Chr. Augier, *Thrésor... de Nyort*, p. 80 et 85.)

[6] *Recueil de fac-similés à l'usage de l'Ecole des Chartes*, n° 61.

[7] Mars 1271. *Ordonn.*, t. XI, p. 350. — Chr. Augier, *Thrésor... de Nyort*, p. 14.

[8] *Ordonn.* t. XI, p. 365. — *Thrésor... de Nyort*, p. 14.

franc, dans le but d'y attirer le commerce maritime ; le tarif de navigation, qui est joint à la charte de concession, mentionne les vins, les blés, les miels et cires, produits du pays et marchandises d'exportation, puis les harengs, merlus, morues et autres salaisons, les métaux, fer et cuivre, les épices : gingembre, poivre, canelle, cumin, les figues, les raisins secs, le sel, le blanc de baleine, les draps et les cuirs. La présence de ce dernier article semble marquer l'origine de l'industrie de la chamoiserie qui a pris racine dans le pays [1].

En 1317, la ville de Niort fut comprise dans l'apanage du troisième fils de Philippe le Bel. Sous son administration, il y eut des démêlés, au sujet de la juridiction, entre le prévôt et le maire ; un arrêt du Parlement séant à Tours les trancha, le 17 juin 1318, en faveur de la commune. Cet arrêt fut confirmé par Charles, comme comte de la Marche, en juillet 1319, et plus tard, lorsqu'il fut roi de France, en août 1325 [2]. Dès l'époque de son avènement, il avait, comme ses prédécesseurs, confirmé la charte de commune [3]. Sous son règne, on reprit les travaux du port ; en vertu d'un mandement royal du 1er octobre 1325, le sénéchal donna commission à l'évêque de Maillezais et à deux autres personnages de lever sur les Niortais et sur tous ceux qui devaient en profiter un impôt applicable aux travaux de la Sèvre [4].

Mais la guerre de cent ans devait bientôt entraver de nouveau le commerce de Niort. Sous le règne de Philippe de Valois, la commune eut à se défendre contre des demandes de subsides. A la levée des tailles pour la chevalerie de Jean de France, et pour le mariage de la princesse Marie, elle put

---

[1] Mai 1285. Charte de Mathieu, abbé de Saint-Denis, et de Simon de Nesle, lieutenants du roi. (Chr. Augier, *ibid.*, p. 169. — Gouget, *Le Commerce de Niort*, p. 94, d'après l'original aux archives de Niort.)

[2] Chr. Augier, *Thrésor... de Niort*, p. 114. — *Ordonn.*, t. XI, p. 499. — Dans la copie que Dom Fonteneau a faite de cet arrêt (t. XX, p. 159) d'après un vidimus des archives de Niort il est daté du « semady empres la sainte Caterine » c'est à-dire du 2 décembre.

[3] 13 février 1321-1322. *Ordonn.*, t. XII, p. 452. — Il ne paraît pas qu'il y ait eu de confirmation de Louis X ni de Philippe V, les seuls privilèges relatés dans cette confirmation et dans les suivantes étant ceux de Louis IX, de Philippe III et de Philippe le Bel.

[4] *Manuscrits de Dom Fonteneau*, t. XX, p. 163. — La commission du sénéchal est du 13 novembre.

répondre en opposant ses franchises[1], mais quelques années plus tard, sous couleur de la croisade, le roi réussit à obtenir une taille de quatre-vingts livres payable en quatre ans[2]. Niort fit sous ce règne partie de l'apanage du fils aîné du roi de France, Jean, créé en 1332 « duc de Normandie, compte de » Poitou, d'Anjou et du Mayne et seigneur des conquestes es » parties de Languedoc et de Saintonge. » Ce fut lui qui, pour rappeler la commune à l'observation des Etablissements qui formaient son statut municipal et qu'elle ne possédait pas, en fit demander l'expédition à la commune de Rouen[3]. Ce fut l'occasion d'une confirmation de la commune de la part de Philippe VI[4].

Livrée aux Anglais par le traité de Brétigny, elle conserva ses privilèges qui lui furent confirmés par le prince de Galles le 17 octobre 1363[5].

Les circonstances n'étaient pas favorables pour que le Poitou reprit alors ses anciennes relations commerciales avec l'Angleterre. Aucune tentative ne paraît avoir été faite dans ce sens pendant les treize ans que Niort passa sous la domination anglaise. Du reste quel commerce pouvait-on entreprendre au milieu des ruines que la guerre faisait de toutes parts? En 1367, la commune résista à l'obligation qu'on voulait lui imposer de faire le guet dans la ville et de contribuer aux réparations du château[6]. Les sentiments de la popula-

---

[1] Mandement de Philippe VI au sénéchal de Poitou, du 11 mai 1332, lui enjoignant de ne pas contraindre les habitants de Niort au payement de ces tailles. (Chr. Augier, *Thrésor... de Nyort*, p. 62.)

[2] Le maire s'engage au nom de la commune, le 4 février 1335-1336, à payer cette somme, « disans pour nous et nostre dite commune, que » nous ne pouvoions plus eslargir e donner plus grousse somme, pour » ce que nous sommes moult pou de gens en nostredite comune, et » pou abondoux en facultés de biens... » (*Mss. de D. Fonteneau*, t. XX, p. 167.)

[3] Le 19 mai 1341. Voy. plus haut p. 4.

[4] Bec-Oysel en Brie, juin 1341. Orig. Archives de Niort, n° 7. — Copie, Arch. nat., JJ 72, n° 177.

[5] Inv. des Arch. de Niort de 1493, Chr. Augier, *Thrésor*, p. 81. L'inventaire indique des lettres confirmatives « des previleges donnés par e » roy Richart filz du roy d'Angleterre. » Il y a évidemment ici une erreur, il faut entendre le prince Edouard; il ne peut s'agir de Richard II en 1363.

[6] « Item une lettre obtenue du prince de Galle de la partie desdits » maire et commune de ladite ville en complaignant que jaçoit ce qu'ils

tion étaient restés très français et, comme dans les autres villes du Poitou, les Anglais y étaient en exécration, témoin la révolte des artisans de Niort, en 1372, qui fermèrent les portes sur la garnison du château et se laissèrent tous tuer avant qu'elle rentrât dans la ville [1]. Aussi Niort était-il presque détruit lorsqu'en 1373 les Anglais abandonnèrent le Poitou, et, quand le duc de Berry en prit possession au nom du roi de France, il dut accorder à la commune, pour cinq ans, une exemption de « toutes impositions, tailles, gabelle et autres subsides quelxconques [2]. » Le même Jean de Berry confirma en janvier 1376-1377 les privilèges [3].

Le retour du Poitou à la France rendit au commerce quelque activité ; on reprit, en 1377, l'idée de rétablir le port de la Sèvre et à cet effet on institua, au profit de Niort, un tarif sur toute la navigation du pays [4]. L'impôt de quatre deniers pour livres de denrées vendues dans la ville ou dans la châtellenie, d'abord prélevé au profit du souverain, fut abandonné à la ville, à charge de l'appliquer aux réparations et à l'entretien de ses fortifications, en 1379 [5]. En 1385, un droit de barrage, dont le produit devait être appliqué à l'entretien des ponts, portes et murailles, lui fut également attribué [6]. Enfin, à diverses reprises, en 1402 et 1412 notamment, le corps de ville fut autorisé à lever divers impôts extraordinaires pour l'achèvement du port, les travaux à faire au canal, et les réparations des six écluses de la Sèvre [7]. Grâce à ces ressources

» ne fussent tenuz faire aucun guetz et reguetz ne contribuer a aucune
» reparacion fors que a ladite ville, neantmoins les aucuns gens de
» guerre les voulurent contraindre a faire guetz et reguetz et contribuer
» a faire reparacion du chastel de ladite ville, a l'occasion de quoy par
» ledit seigneur fut mandé ausdits gens de guerre laisser lesdits maire et
» habitans en franchise et pacience desdits guetz et de ne les contraindre
» a faire aucune reparacion oudit chastel. Datté du 7 jour de septembre
» 1367. » (Invent. des Arch. de Niort de 1493, dans Chr. Augier, *Thrésor*... *de Nyort*, p. 91.)

[1] Froissart, éd. Buchon, t. II, p. 647.

[2] 22 avril 1373. Inventaire des Archives de Niort de 1493, dans Chr. Augier, *Thrésor*, p. 90. Cette exemption fut encore confirmée par le duc de Berry, le 21 octobre 1374. (*Mss. de D. Fonteneau*, t. XX, p. 181.)

[3] *Mss. de D. Fonteneau*, t. XX, p. 185.

[4] Gouget, *Le Commerce de Niort*, p. 95.

[5] *Mss. de Dom Fonteneau*, t. XX, p. 193.

[6] *Ibid.*, t. XX, p. 205. — Il était concédé pour un an, mais on a des renouvellements de 1388, 1389, 1393, 1397, 1398. (Arch. de Niort.)

[7] *Mss. de D. Fontcneau*, t. XX, p. 215, 217.

et à la paix relative qui régna dans le pays pendant une quarantaine d'années, Niort put devenir le centre d'un commerce intérieur assez considérable [1]. Sa situation de ville frontière l'exemptait du ban et de l'arrière-ban [2]. En revanche, ses habitants étaient tenus au guet et à la garde, et, dans certaines circonstances, on autorisait même le corps de ville à y contraindre les habitants de toute la châtellenie [3]. La prospérité de Niort s'accrut jusqu'à la mort de son suzerain, Jean de Berry, en 1416. Le 7 février 1416-1417, le nouveau comte de Poitou, le dauphin Jean, confirma le corps de ville dans le droit de percevoir les impôts, péages et octrois qui lui avaient été attribués [4]. Après sa mort, survenue en 1417, ce droit leur fut reconnu par le dauphin Charles [5].

La décadence commença pour Niort après l'engagement que fit Charles VII, le 28 août 1423, des château, ville et châtellenie à son cousin le duc d'Alençon [6]. Sous l'administration imprévoyante de celui-ci, ses officiers saisirent les droits de navigation ; la Sèvre, non entretenue, cessa presque d'être navigable et le commerce de rivière s'arrêta. M. Gouget, dans un intéressant mémoire sur le commerce de Niort, a évalué à 40,000 francs de notre monnaie les droits de navigation perçus par la ville pendant l'une des dernières années de l'administration de Jean de Berry, ce qui, le droit *ad valorem* étant de 2 0/0, suppose un mouvement de deux millions en marchandises. En 1443, les tarifs n'avaient pas varié et l'impôt ne produisait plus que 150 livres tournois, qu'on peut évaluer à un peu plus de 8,000 francs [7].

---

[1] Voy. le fragment d'un mémoire des religieux de l'abbaye de Celles contre la commune, publié par M. Gouget. *Le Commerce de Niort*, p. 26.

[2] Voy. exemption en date du 6 juillet 1414. (Chr. Augier, *Thrésor... de Nyort*, p. 60.)

[3] Charte du duc de Berry, d'avril 1383, indiquée dans l'Inventaire de Niort de 1493. (Chr. Augier, *Thrésor*, p. 101.)

[4] Analyse dans *Mss. de D. Fonteneau*, t. XX, p. 224.

[5] Le 21 août 1419. *Ordonn.*, t. XI, p. 18.

[6] Copie du xviiie siècle, Arch. nat., K 168, I, 22.

[7] » ... Lequel (duc d'Alençon) la tint par longtemps pendant lequel il
» s'appropria le revenu du péage qui avait été ordonné pour entre-
» tenir ladite riviere en estat navigable... et par ce moyen fut inter-
» rompu et discontinué l'entretien, et icelle riviere devint tellement
» comblée de sablons et empeschée de bois, que les porz et havres sont
» rompuz et y est discontinué ledit fait de marchandise especiaument

Quoique le seigneur engagiste administrât la ville, ce fût du roi qu'elle obtint, en 1434, confirmation de ses privilèges[1]. Le dépérissement de Niort à cette époque n'était pas dû seulement aux exactions des officiers du duc d'Alençon, toute la région de l'Ouest, entre la Loire et la Gironde, était désolée par les compagnies que protégeaient les seigneurs. L'état du pays devait être à peu près le même qu'à l'époque de Henri III, et la Trémoille, depuis sa disgrâce, y avait pris à peu près le rôle qu'avait eu autrefois Hugues de Lusignan. Des routiers à sa dévotion occupaient presque toutes les places, les châteaux et même les villages, dont ils transformaient les églises en forteresses. Tous les gentilhommes du pays, et parmi eux le duc d'Alençon, faisaient cause commune avec ces brigands, qui, en toute sécurité, détroussaient les voyageurs, pillaient et rançonnaient les habitants. La situation s'aggrava encore quand Charles VII, décidé à rétablir l'ordre, eut rendu l'ordonnance du 2 novembre 1439. Ce fut le dauphin que le roi chargea d'aller réprimer les désordres du Poitou. Quoique ce prince n'eut alors que dix-sept ans, il avait déjà fait ses preuves dans une mission de ce genre en Languedoc et s'en était tiré à son honneur. Malheureusement, il ne s'agissait plus seulement de disperser des compagnies et d'assujettir des capitaines de bandes aux ordres du roi ; la coalition des seigneurs, à la tête desquels étaient la Trémoille et le duc d'Alençon, lui parut susceptible de servir ses vues ambitieuses. Reçu à Niort par ce dernier, il entra dans la conjuration.

Le procureur du roi dénonça aux conseillers au Parlement, qui accompagnaient le dauphin en qualité d'enquêteurs, les officiers de Jean d'Alençon, comme ayant levé induement, sans commission ni mandement du roi, « plusieurs grans sommes de deniers » au profit du duc, de capitaines et de gens d'armes ; mais à ce moment, le dauphin était devenu leur allié, et on ne pouvait condamner les exactions de ces officiers. Aussi, le 16 février 1439-1440, une sentence des enquêteurs déclara renvoyés en bloc des fins de la plainte, comme ayant agi au mieux des intérêts de la ville, quoique irrégulièrement, les

» en temps d'été. » (*Mss. de D. Fonteneau*, t. XX, p. 249.) — Voy. Gouget, *Le Commerce de Niort*, p. 13.

[1] Le 21 août 1434. *Ordonn.*, t. XIII, p. 204. — Chr. Augier, *Thrésor... de Nyort*, p. 17.

« maire, bourgeois, commissaires, collecteurs, manans et habitants[1]. »

Il est difficile de savoir quels furent au vrai dans ces conjonctures les sentiments des habitants de Niort vis-à-vis des chefs de la Praguerie. C'était à Niort qu'avaient eu lieu les premiers pourparlers entre le dauphin et Jean d'Alençon ; ce fut là que ce dernier se réfugia, avec le sénéchal de Poitou, après avoir pillé Saint-Maixent, le 3 avril 1440. Il est vraisemblable que le duc avait su composer le corps de ville de gens dévoués à ses intérêts. Dans tous les cas, quoique la ville se soit rendue au roi sans résistance[2], Charles VII crut devoir supprimer la mairie « avec les droits, privileges, prerogatives, libertez, justice et juridiction, garde et gouvernement, » et la faire administrer directement par des officiers royaux. Ce régime dura deux ans, après quoi, à la prière des habitants, le roi rendit à la ville sa mairie « avec tous les
» droictz, privileges, prerogatives et preeminences, justice et
» juridiction, ... ensemble les droitz de corps et de college,
» etc.[3] »

Réintégrés dans leurs privilèges, les habitants voulurent en jouir complètement, mais, depuis la cession de la ville à Jean d'Alençon, les officiers du duc avaient usurpé un grand nombre des droits que les concessions royales avaient attribués au corps de ville ; ils étaient allés jusqu'à vouloir faire démolir « la maison de l'echevinage et horloge, » prétendant que les maires et échevins s'étaient induement emparés de la place publique sur laquelle ils l'avaient fait construire. Il en était résulté de nombreux procès qui étaient encore pendants, quand, à la suite de la répression de la Praguerie, la ville fit retour au domaine. La confiscation de la mairie par le roi mit fin pour un temps aux démêlés ; mais, après la restitution des privilèges, le procureur du roi reprit les prétentions des officiers ducaux et contesta à la ville plusieurs de ses droits et

---

[1] Ils durent toutefois payer une somme de 150 livres dont la décision des commissaires contient quittance. En punition des exactions commises sur eux par les agents du pouvoir, on fait encore payer aux habitants les frais de la guerre civile. (*Mss. de D. Fonteneau*, t. XX, p. 233.)

[2] « Après leur departement (du duc et du sénéchal), ceulx de ladite
» ville de Nyort ne tindrent point icelle, mais baillerent liberallement
» entrée au roy. » (Jean Chartier, t. I, p. 257.)

[3] Mai 1442. Le mandement au sénéchal pour exécution est du 12 mai. (*Mss. de D. Fonteneau*, t. XX, p. 241.)

franchises. Une enquête sur les privilèges fut confiée par le roi au sénéchal du Poitou, en 1443. De là des débats et des procédures qui durèrent jusqu'en 1448 et se terminèrent par une sentence du sénéchal maintenant les maire, échevins, bourgeois et habitants dans la possession de tous les privilèges qui leur avaient été successivement octroyés. Toutefois, comme il fallait bien que la royauté trouvât quelque profit à cette sentence, sous le prétexte que c'était sans permission du roi qu'ils avaient élevé sur la place publique leur hôtel-de-ville, les Niortais furent condamnés à une amende de vingt écus d'or[1].

Louis XI, à son avènement, confirma tous les privilèges, attribua la noblesse au maire, aux douze échevins et aux douze jurés, et institua un siège royal pour éviter aux habitants de la ville et châtellenie l'obligation d'aller plaider à Poitiers à la cour du sénéchal[2]. La concession de ces privilèges aux membres du corps de ville devait infailliblement séparer leurs intérêts de ceux de leurs concitoyens, et en même temps, l'institution d'une juridiction royale ne pouvait manquer de porter atteinte à celle de la commune.

A dater de cette époque, et pendant plus de deux siècles, l'organisation de la municipalité de Niort ne reçut aucune modification. Depuis Louis XI jusqu'à Louis XIV, tous les rois qui se succédèrent sur le trône de France confirmèrent régulièrement les privilèges et franchises[3] que la ville avait

---

[1] Le mandement royal ordonnant l'enquête est du 4 juin 1443. (*Mss. de D. Fonteneau*, t. XX, p. 243.) La sentence du sénéchal est du 12 avril 1448. (*Ibid*, p. 247.) — Cf. Chr. Augier, *Thrésor*, p. 85, 103, 173.

[2] Confirmation des privilèges, novembre 1461. (Chr. Augier, p. 17. — *Ordonn.*, t. XV, p. 218.) — Annoblissement des maire, échevins et jurés. (Chr. Augier, p. 22. — *Ordonn., Ibid.*, p. 219.) — Lettres patentes remettant aux maire, échevins et jurés la finance qu'ils devaient pour les héritages nobles acquis avant leur annoblissement. 11 février 1461-1462. (Chr. Augier, p. 25.) — Vérification par la Chambre des comptes de l'annoblissement et de la remise de finance, 5 février 1462-1463. (Chr. Augier, p. 27.) — Lettres patentes déclarant que les maire, échevins et conseillers qui vivront noblement, c'est-à-dire qui serviront en armes, en personne, quand les nobles du pays seront appelés, seront seuls exempts des tailles et aides. 14 mars 1466-1467. (Chr. Augier, p. 28.— *Ordonn.*, t. XVI, p. 558.) — Etablissement d'un siège royal, 14 novembre 1461. (Chr. Augier, p. 18.)

[3] Confirmation par Charles VIII, janvier 1483-1484. (Chr. Augier, p. 33. — *Ordonn.*, t. XIX, p. 252.) — Louis XII, juillet 1498. (Chr. Augier, p. 35.) — François Ier, février 1514-1515. (*Ibid.*, p. 36.) — Autres

acquis et qu'elle conserva à travers toutes les vicissitudes. Les troubles de la Réforme et de la Ligue, les guerres civiles, les sièges, l'occupation successive de Niort par les protestants et par les catholiques ne portèrent à son régime municipal que des atteintes passagères. Il y eut, durant ces deux siècles, de nombreux conflits entre les membres du corps de ville et les officiers royaux ; les questions de juridiction donnèrent lieu à de nombreux démêlés avec le lieutenant du roi, l'annoblissement des magistrats municipaux et les privilèges qui en étaient la conséquence furent le sujet de contestations sans cesse renaissantes, les franchises de tailles ne furent pas toujours respectées, la levée des impôts ou la cherté des vivres furent l'occasion de soulèvements populaires, l'antagonisme du gouverneur et des membres du corps de ville donna lieu plus d'une fois à des altercations, la prétention des pairs de se soustraire à l'obligation de désigner trois candidats à la mairie et de nommer le maire directement, fut, depuis 1614, une source de conflits permanents [1], mais en somme, au début du règne de Louis XIV, c'étaient encore les Etablissements qui étaient la base du régime municipal, le corps de ville comptait toujours un maire, douze échevins, douze conseillers et soixante-seize pairs.

Toutefois de nombreux abus s'étaient introduits dans l'administration de la ville, et les principaux provenaient des privilèges accordés aux échevins et conseillers. L'obligation de vivre noblement, imposée à ceux qui voulaient bénéficier des privilèges d'annoblissement, avait fait abandonner le commerce et l'industrie par les plus riches bourgeois ; de plus, les honneurs municipaux étaient devenus l'objet d'un tel trafic

---

du 6 mars 1534. (*Ibid.*, p. 37.) — Henri II, janvier 1547-1548. (*Ibid.*, p. 38.) — François II, mars 1559-1560. (*Ibid.*, p. 40.) — Charles IX, 9 décembre 1560. (*Ibid.*, p. 41.) — Henri III, juillet 1576. (*Ibid.*, p. 42.) — Henri IV, août 1591 (*Ibid.*, p. 44) et 30 septembre 1602. (*Ibid.*, p. 37.) — Louis XIII, juin 1610. (*Ibid.*, p. 49.) — Louis XIV, mars 1650. (*Ibid.*, p. 52.)

[1] Sur l'histoire de Niort voy. Hilaire-Alexandre Briquet, *Histoire de Niort*, Niort, 1832, 2 vol. in-8°, et L. Favre, *Histoire de la ville de Niort*, Niort, 1880, in-8°. Aucun de ces deux ouvrages n'est à consulter pour l'époque ancienne, mais pour les temps modernes on y trouve bon nombre de renseignements, malheureusement sans exactitude suffisante. Ecrits à des points de vue très différents, ils sont l'un et l'autre à peu près également dépourvus de critique, mais c'est dans le plus récent que ce grave défaut est surtout sensible.

que Colbert de Croissy, dans son *Mémoire sur l'État du Poitou*, disait, en 1664, qu'il se trouvait à Niort presque autant de nobles que de citoyens[1]. Comme la noblesse donnait droit à de nombreuses exemptions, la plupart des impôts n'étaient supportés que par la classe inférieure; aussi la population de Niort diminuait-elle rapidement, et le commerce y était-il ruiné. Dans ces conditions, la modification de l'ancien régime municipal et la suppression des privilèges durent être accueillies comme une faveur. L'édit de 1667 abolit les privilèges de noblesse de toutes les magistratures municipales. Un arrêt du Conseil, du 18 juillet 1681, réduisit le corps de ville à un maire et six échevins. Le maire dut être annuel, n'être rééligible comme maire ou comme échevin qu'après deux ans, et être nommé par le sénéchal de Poitou sur une liste de trois candidats désignés par le corps de ville. L'échevinage se renouvela par tiers chaque année, les échevins furent nommés par les habitants, ils ne furent pas rééligibles de trois ans, tous durent être catholiques. Le roi prit la précaution de ménager la transition entre l'ancien régime et le nouveau, en nommant d'abord lui-même un maire pour deux ans et en désignant les six échevins[2]. Le dernier vestige de l'ancienne constitution, la nomination par le corps de ville d'une liste de trois candidats, parmi lesquels le sénéchal devait choisir le maire, disparut en 1692, alors que furent créées les mairies en titre d'office.

L'application qui fut faite à Niort des Etablissements ne peut donner lieu qu'à un petit nombre d'observations. Les archives de Niort n'ont pas conservé de règlements anciens, et les registres municipaux, comptes ou délibérations, que nous possédons, sont d'une époque relativement récente. Il faut remarquer tout d'abord qu'aucun des quelques renseignements qui nous sont parvenus sur le fonctionnement de l'organisation municipale n'est antérieur à la seconde moitié du XIVe siècle. Le plus ancien document émané de la commune, où sont énumérés dans le protocole les divers magistrats qui devaient, d'après les Etablissements, constituer le corps de ville, est du 26 mars 1370, du moins n'en avons-nous pas rencontré de plus ancien. C'est une procuration pour tran-

---

[1] Bibl. nat., *Cinq-cents Colbert*, n° 278, fol. 213.
[2] Chr. Augier, *Thrésor... de Niort*, p. 194.

siger dans un procès, donnée au nom de la commune par le maire, les échevins, les cent-pairs et les jurés[1] (*Major, scabini, centum pares et jurati communiae de Niorto*). Auparavant, on voit figurer dans les actes, aussi bien dans ceux qui sont émanés de la commune que dans ceux qui lui sont adressés, le maire et les bourgeois ou jurés de la commune, mais on n'y trouve aucune mention ni des échevins ni des conseillers ou jurés, ni des cent-pairs[2]. On pourrait donc supposer que, en dépit de la charte de Philippe-Auguste, l'organisation de Niort ne se modela complètement sur celle de Rouen qu'après l'envoi des Etablissements faits par celle-ci, en 1341, sur l'ordre de Jean duc de Normandie et comte de Poitou, lorsqu'il eut constaté que les Niortais ne possédaient pas le texte des « poincts et coustume de ceulx de Rohan... dont leur » dicte commune seust estre gouvernée[3]. » Cette conjecture vient à l'appui de celle que nous avons précédemment formée, d'après laquelle le rouleau des Etablissements, écrit au début du XIIIe siècle, qui se trouve aujourd'hui dans les archives communales de Niort, serait l'exemplaire envoyé en 1341 par la ville de Rouen, qui, jugeant inutile de conserver dans ses archives un statut abrogé, aurait, au lieu d'un *vidimus* qui lui était demandé, envoyé le rouleau original de ses anciens Etablissements.

La juridiction municipale est toutefois, nous l'avons déjà dit, bien antérieure à cette époque. Elle était exercée par le maire, auquel le prévôt de Niort la contesta au XIVe siècle. Un arrêt du Parlement de « Charles, filz de roi de France, comte de La Marche, » la confirma en 1318 en ces termes[4] :

---

[1] *Mss. de D. Fonteneau*, t. XX, p. 173.

[2] Les actes adressés à la commune ou aux bourgeois de Niort portent dans leurs protocoles : *Majori et commune* (1205), *majori et probis hominibus de Niorto* (1215), *burgensibus de Niorto* ou *Niorti* (1199, 1203, 1204, 1207, 1230, 1271, 1285), *probis hominibus de Niorto* (1220). La commune elle-même, dans les lettres écrites à Henri III de 1219 à 1224, s'intitule : *Major et communia de Niorto, major et burgenses de Niorto*, ou *sui fideles homines de Niorto*. En 1303, la suscription de l'adhésion de la commune à l'appel au Concile général porte : *Major et communia de Niorto*. (Arch. nat., J 487, n° 413.) — L'engagement pris par la commune en février 1336 de fournir un subside commence ainsi : *Nous, Pierre Sarrasin, maire de la commune de Niort, pour nous et les appartenans de la commune*. (Voy. plus haut, p. 255, n. 2.)

[3] Voy. plus haut, pp. 4 et 255.

[4] L'inventaire des Archives de Niort de 1493 contient l'analyse d'un

« Dit fut et par arrest que ledit maire aura et doit avoir la
» congnoissance, la jurisdiccion et l'aubeissance de tous ses
» jurez de ladite commune, tant en cas criminelz, causes et
» actions civiles, comme es causes et accions privilegiéez et
» autres, combien que la personne qui demande soit clerc ou
» autrement privilegiéez, de quelconque action que ce soit.
» Et est tenu ledit prevoust de rendre les li toutes les fois
» qu'il les li requerra. — Item, dit fut et par arrest que ledit
» prevoust n'aura et ne doit avoir juridiccion ne correction
» quelque elle soit sur ledit maire; ainçoys se justiciera
» ledit maire par le seneschal dudit lieu. — Item, dit fut et
» par arrest que ledit prevoust ne rendra pas audit maire la
» court ne l'obeissance des serviteurs dudit maire ne de ses
» jurez, estans a leur pain et a leur vin. — Et parce que ledit
» maire n'avoit pas apporté les privileges de sa commune, ne
» furent mie veuz, dit fut et par arrest que le seneschal ver-
» roit leurs privileges, se monstrer les vouloient, et se es pri-
» vileges estoit contenu que de leurs familiers estans a leur
» pain et a leur vin ils dehussent avoir la congnoissance,
» ledit seneschal le rapporteroit au Parlement prochainement
» venant, et sur ce feroient les juges tenans le Parlement
» droit en oultre. Et se par privilege ne le povoient mons-
» trer, ce qui est fait tendra[1]. » Cet arrêt fut confirmé par
Charles, d'abord comme comte de La Marche, en juillet 1319,
puis comme roi de France, en août 1325, mais de plus, à la
requête du maire, et sans qu'il y ait apparence que la commune
eût produit ses titres, il avait mandé au sénéchal de lui restituer sa « juridiction sur tous les serviteurs qui sont du pain
» et du vin des jurez de ladite ville[2]. »

arrêt de Parlement » Donné à Paris ledit arrest le 6 de juing l'an de
» grace 1310, » confirmant la juridiction du maire contestée par le
prévôt. Comme les termes de l'analyse sont exactement ceux de l'arrêt
de 1318 dont nous donnons un extrait, il y a tout lieu de croire que le
rédacteur de l'inventaire se sera trompé sur la date et que son analyse
s'applique à l'arrêt de 1318, qui ne figure pas du reste dans son travail.
Voy. Chr. Augier, Thrésor... de Niort, p. 81. Sur la date exacte de
l'arrêt de 1318, voy. plus haut p. 254.

[1] Chr. Augier, Thrésor, p. 116. Ordonn., t. XI, p. 499 d'ap. Augier. —
Dom Fonteneau a donné de cet acte un texte un peu différent, t. XX,
p. 159 de ses manuscrits.

[2] Le 19 mars 1319-1320. Analyse dans l'inventaire de 1493. (Chr. Augier, Thrésor, p. 87.)

Il n'est peut-être pas inutile de remarquer que ce droit de justice sur les bourgeois et les gens de leurs maisons, ainsi confirmé au maire, n'était la conséquence ni des Etablissements ni d'aucun des privilèges que nous connaissons. L'arrêt de confirmation lui-même indique bien que pour le revendiquer on s'appuyait plutôt sur la possession que sur des titres, qu'on alléguait, mais en éludant l'obligation de les produire. Il est donc probable que cette juridiction ne résultait pas d'une concession catégorique, mais qu'elle était entrée dans les usages, à l'exemple de ce qui se pratiquait à La Rochelle et dans les communes voisines, avec lesquelles Niort entretenait, surtout au début du xiv° siècle, des relations constantes. Quant à l'autorité royale, anglaise ou française, elle y avait été pendant longtemps trop précaire, avait eu trop d'intérêt à ménager les sentiments des habitants, pour s'opposer à aucune usurpation dans ce sens. Au cours des siècles, la justice municipale subit de nombreuses atteintes. Usurpée au début du xv° siècle par les officiers du duc d'Alençon, confisquée par Charles VII après la Praguerie, elle fut explicitement rétablie, en même temps que la mairie, le 12 mai 1442, et confirmée, après enquête, par l'arrêt du 12 avril 1448. Après l'établissement du siège royal de Niort par Louis XI, en 1461, elle paraît être tombée d'elle-même dans une complète décadence. Les magistrats annoblis ne se soucièrent plus guère de l'exercice d'une prérogative qui n'était qu'une charge et n'eurent de préoccupations que pour leurs nouveaux privilèges ; les habitants, à la portée desquels on mettait la justice royale, la préférèrent à celle de leurs magistrats ; juges et justiciables, d'un accord tacite, favorisèrent les empiètements des juges royaux et laissèrent presque complètement tomber en désuétude les droits qu'ils avaient auparavant revendiqués avec ardeur. Aussi, bien que les formules officielles mentionnent encore, jusqu'au milieu du xvii° siècle, le droit de justice haute, moyenne et basse exercé par le maire sur les jurés de la ville [1], ce n'était guère plus alors qu'une vaine prérogative, qui, en pratique, était restreinte à la juridiction de police.

La nomination du maire se faisait à Niort dans les formes

---

[1] Voy. le dernier dénombrement de la mairie de Niort, en date du 26 janvier 1663. (Chr. Augier, *Thrésor*, p. 73.)

prescrites par les Etablissements, c'est-à-dire que les cent-pairs dressaient une liste de trois candidats parmi lesquels le roi ou son représentant choisissait le maire. Il en était du moins ainsi à la fin du xive siècle, époque à laquelle remontent les plus anciens documents qui donnent des renseignements sur ce sujet, et ces formes furent longtemps observées. Ce fut probablement pendant la longue période des guerres de religion qu'elles tombèrent en désuétude; dans tous les cas, de 1602 à 1614, les registres municipaux témoignent que le maire était élu directement par les pairs. Une fois élu, il faisait confirmer son élection par le lieutenant du sénéchal de Poitou. En 1614, cet officier rappela le corps de ville à l'observation des règles anciennes. Dès lors, et tant que subsista la mairie élective, ce fut une guerre constante entre les cent-pairs, qui chaque année nommaient directement le maire, et le lieutenant du sénéchal qui faisait casser l'élection, et, malgré leurs protestations, les obligeait à lui soumettre une liste de candidats. En 1663, le roi intervint, et, sans se préoccuper des formalités, enjoignit de continuer dans sa charge le maire en fonction.

Les cent personnes qui composaient le corps de ville étaient, à Niort comme à Rouen, désignées par le terme de Cent-pairs, mais l'usage s'établit de ne donner ce nom de pairs qu'à ceux qui n'étaient ni conseillers ni échevins. Comme à La Rochelle, cent-pairs, conseillers et échevins étaient nommés à vie et se recrutaient eux-mêmes quand une vacance se produisait. Cette règle souffrait toutefois quelques exceptions et tout d'abord celle qu'on nommait le *Droit de chaire*. Voici en quoi il consistait : le maire pouvait être choisi en dehors du corps de ville, mais dans ce cas, pendant qu'il était en charge, si une place de pair venait à vaquer, elle lui était attribuée ; si ensuite une place de conseiller devenait vacante, il y était promu; si enfin une place d'échevin était libre, il devenait échevin[1]. Il y avait de plus un privilège pour les fils de membres du corps de ville qui pouvaient succéder aux fonctions de leurs pères vacantes, soit par décès, soit par résignation. Enfin l'usage en était venu, dès le xvie siècle, à tolérer les résignations en faveur d'un bourgeois de la ville, ce qui masquait un trafic

---

[1] Chr. Augier, *Thrésor*, p. 182. « Tel est, dit-il, l'usage immémoria-
» lement suivi dans le corps de ville de Nyort et confirmé par les arrests
» de la Cour. » Augier écrivait en 1675.

des magistratures municipales tel, qu'en 1673, le corps de ville, sur les remontrances du procureur du roi, ne trouva d'autre moyen de remédier à cet abus que d'obliger les échevins nouveaux pourvus à garder au moins trois ans leur charge avant de la résigner.

D'après M. Apollin Briquet, le corps de ville n'était que très rarement au complet ; en 1456 notamment, on n'aurait compté, d'après lui, que neuf échevins et soixante pairs [1]. Nos observations sur les registres municipaux nous ont conduit à la remarque contraire : les quelques listes du corps de ville que nous avons rencontrées présentent toutes 12 échevins, 12 conseillers et 76 pairs [2]. Il est probable que l'erreur de M. Briquet tient à ce qu'il a fait ses recherches, non pas seulement sur les listes où le corps de ville figure au complet, mais sur les listes de présence aux assemblées où les absences étaient fréquentes. Les droits à payer par les élus aux fonctions de pairs et d'échevins étaient assez élevés. Avant 1614, ils étaient de 75 livres tournois pour les échevins et conseillers et de 10 livres pour les pairs. Le 2 février de cette année ils furent portés à 150 livres pour les premiers et à 30 livres pour les pairs. L'assemblée mensuelle du corps de ville entier se nommait « assemblée générale et mézée ordinaire, » c'est du moins le titre qu'elle porte dans les registres de délibérations depuis le commencement du XVIIe siècle. Ce nom de *mézée* n'est pas particulier à Niort, il désignait également l'assemblée du corps de ville à La Rochelle, à Cognac, à Saint-Jean-d'Angély et à Angoulême.

La noblesse accordée par Louis XI, en 1461, aux maire, échevins et conseillers avait pour principale conséquence de les exempter de tailles ; comme à cette époque la ville était exempte du ban et de l'arrière-ban, ce privilège n'était compensé par aucune charge. Cette double franchise, à laquelle prétendait le corps de ville, donna lieu à des contestations sans nombre. Pour restreindre un peu la classe des privilégiés, on imagina, au XVIe siècle, de n'accorder l'exemption des tailles qu'à ceux des maire, échevins et conseillers « qui » vivent et vivront noblement et qui ont servy ou serviront

---

[1] Ap. Briquet, *Extrait des matériaux inédits recueillis pour une histoire de la commune de Niort*, s. l. n. d., in-8.

[2] *Registres des délibérations, passim*. — *Mss. de D. Fonteneau*, t. XX, p. 209.

» le roy en armes continuellement en personne, quand les
» nobles du pais seront mandez[1]. » Cette obligation de vivre
noblement pour être admis à jouir des privilèges de noblesse
fut de la plus déplorable conséquence pour le commerce et
l'industrie de la ville.

Parmi les usages particuliers à Niort, l'un des plus remarquables consiste dans l'hommage que le corps de ville était tenu de faire au roi pour la mairie et les privilèges de la ville. La commune et ses droits constituaient une véritable seigneurie pour laquelle le corps de ville devait les devoirs féodaux de foi, hommage, aveu et dénombrement, à chaque mutation de seigneur. Chr. Augier, dans son *Thrésor des privilèges de Nyort*, a donné l'analyse de plusieurs de ces documents en date de 1344, 1357, 1367, 1437, 1483[2] ; mais le plus ancien dont nous possédions le texte n'est que de 1579. Par cet acte, Louis de Villiers, seigneur de Compairé, maire et capitaine de la ville, et avec lui, les échevins, conseillers et pairs, reconnaissent et avouent « tenir a droit de baronie, a
» foi et hommage lige, au devoir d'un gand ou cinq sols tournois pour tous devoirs, payable à chacune mutation dudit
» seigneur, c'est a sçavoir : ladite mairie et capitainerie de
» ladite ville de Nyort avec tous les droits qui en dépendent,
» soit jurisdiction, haute, moyenne et basse, sur les jurez de
» nousdits maire avec l'exercice d'icelle juridiction, tant en
» actions civiles et criminelles que es causes et actions privilegiées et quelconque que ce soit, et d'avoir prerogative
» de donner et conferer tuteurs aux enfants mineurs d'ans
» de nosdits jurez..... ensemble l'hotel dudit corps et college
» situé en ladite ville appellé la place du Pilory tenant.....
» la communité de la dite ville composée de cent hommes
» sçavoir d'un maire annal, douze eschevins, douze conseil-
» lers et soixante-quinze pairs, etc.[3]. » Suit l'énumération
dans le plus grand détail de tous les privilèges de la ville, noblesse, droit de chasse, franchises des membres du corps de
ville, droits de prélever certains impôts, police de l'industrie

---

[1] Jugement des commissaires du roi sur le fait des finances en Poitou du 22 mai 1599. (Chr. Augier, *Thrésor*, p. 46.) — Pour les prétentions des échevins à être exempts du ban et arrière-ban en 1536 et 1562, voy. *Mss. de D. Fonteneau*, t. XX, p. 303 et 327.

[2] Chr. Augier, *Thrésor*, p. 93, 170.

[3] *Mss. de D. Fonteneau*, t. XX, p. 359.

et du commerce, etc. Le dernier dénombrement de la mairie fut fait le 26 janvier 1663, il a été publié par Augier de La Terraudière et est semblable à celui dont nous avons donné un extrait[1].

Cognac. — Parmi les villes dont l'organisation dérive des Etablissements, Cognac est probablement celle où la vie municipale a été la plus languissante. Quoique des textes formels témoignent que le régime de Niort et de Saint-Jean d'Angély lui fut attribué, quoique l'influence qu'ont exercée les Etablissements sur les formes de son administration ne puisse être méconnue, il semble qu'on se soit contenté d'emprunter à cette constitution quelques-uns de ses rouages sans en faire jamais le statut communal. Cette municipalité incomplète est de plus restée si précaire pendant les longs siècles qu'elle a duré, que l'historien qui retrace les vicissitudes si connues et si nombreuses de cette ville, se prend à chaque instant à douter de la persistance d'un régime, qui survécut cependant à sa fondation, puisqu'on ne cesse, depuis le début du XIIIᵉ siècle jusqu'à la fin du XVIIIᵉ, d'en rencontrer çà et là quelques manifestations. Cette obscurité des institutions communales a même été si profonde, elles ont eu sur les destinées de la ville si peu d'influence, ont tenu si peu de place, qu'un érudit estimable, qui a fait une recherche consciencieuse de tous les documents relatifs à Cognac avant d'en devenir l'historien, a pu croire que ses premières franchises lui avaient été concédées par Gui de Lusignan, en 1262, que la commune ne remontait qu'à la concession qui en fut faite par le connétable Charles d'Espagne, en 1352, et que c'était Louise de Savoie qui, en 1507, avait doté Cognac du corps de ville et de l'organisation municipale qu'elle a conservés jusqu'en 1700[2].

L'admirable situation de Cognac, au centre d'un pays dont les vignes furent de tout temps renommées, au bord de la Charente qui lui créait des relations à la fois avec la mer et avec le haut pays, semblait présager à son commerce, et partant à ses institutions municipales, un plus grand développement que celui qu'ils ont reçu au moyen âge. Les nombreuses

---

[1] *Thrésor*, p. 73.
[2] Marvaud, *Etudes historiques sur la ville de Cognac*, Niort, 1870, 2 vol. in-8º.

mentions du port Saunier (*portus Salnerii*), dont le nom s'est perpétué jusqu'à nos jours, et que l'on rencontre à partir du xi° siècle, témoignent que dès le haut moyen âge le commerce du sel en avait fait un de ses entrepôts, et son importance devait être alors considérable, car les seigneurs ne cessaient de faire, de rentes à prendre sur le port Saunier, l'objet de libéralités envers les abbayes [1].

La formation de la ville du moyen âge est due à deux établissements : le château et le prieuré de Saint-Léger. Le château est le plus ancien ; on n'en sait pas l'origine et l'on rencontre la première mention de ses seigneurs précisément à l'occasion de la fondation du prieuré qui eut lieu en 1031 [2]. Avec l'emplacement de l'église et du cimetière, les seigneurs de Cognac concédèrent aux moines des prairies pour l'élevage du bétail, des pêcheries, des dîmes sur les moulins et de plus un four et un bourg, c'est-à-dire, sans doute, un terrain ceint de murailles renfermant l'emplacement du monastère, le tout en pleine propriété [3]. Ce fut l'origine du bourg Saint-Léger que nous voyons déjà désigné sous ce nom dès les premières années du xii° siècle, dans une donation par laquelle un seigneur de Cognac l'agrandit de quelques maisons [4]. Pendant tout le moyen âge ce bourg demeura sous la juridiction du prieuré ; ce fut une partie importante de la ville qui resta ainsi, sous l'administration des officiers du couvent, totalement étrangère à la commune [5].

---

[1] Les plus anciennes mentions sont du milieu du xi° siècle. (Papiers de dom Estiennot, Bibl. nat., ms. lat. 12744, p. 412.)

[2] L'acte de fondation est daté de l'année de l'Incarnation 1041, mais Dom Estiennot, qui a copié ce document, donne de bonnes raisons pour reculer cette date de dix ans. (*Ibid.*, p. 408.)

[3] « Fecerunt autem donationem Deo et sancto Leodegario... ut iisdem
» fevus postmodum ecclesiae allodus perpetuo jure foret. Dederunt au-
» tem... clibanum et burgum et omnem vicariam cunctasque consue-
» tudines dimiserunt, ita ut nullus hominum servire cogatur nec pecora
» aut jumenta eorum nisi solummodo monachis servire debent. »

[4] Dom Estiennot, *Extraits du cartulaire de Saint-Léger*, *ibid.*, p. 412.

[5] Voici en quels termes, le 11 février 1282-1283, Gui de Lusignan confirmait les droits du prieuré : « Item, volumus et concedimus quod pos-
» sitis, infra burgum ville Compniaci, per servientes vestros, homines
» vestros citare, atermare coram judicibus vestris et gatgiare, ostia clau-
» dere et portare, pignora capere, per servientes judicum vestrorum
» execucioni mandare et pallones sive brandones ponere in rebus et
» juribus pertinentibus ad dictum prioratum, hoc tamen excepto alto

Le château et le groupe d'habitations qui en dépendait restèrent pendant plus d'un siècle en possession des descendants des fondateurs de l'abbaye. On a conservé le souvenir des guerres privées auxquelles ils prirent part, soit comme alliés, soit comme adversaires des comtes de Poitou et des comtes d'Angoulême[1]. D'après une curieuse notice sur les vicissitudes de la seigneurie de Cognac, que l'on trouve dans les comptes d'Alfonse de Poitiers, et qui a été probablement rédigée vers 1247[2], ce serait entre 1152 et 1154 que l'hommage du château aurait été transporté du comte d'Angoulême au comte de Poitiers, qui devait devenir roi d'Angleterre. Richard Cœur-de-Lion aurait ensuite donné la seigneurie, avec la main de la fille du dernier seigneur, à un de ses bâtards nommé Philippe ; celui-ci étant mort sans enfants, le sénéchal de Poitou, Robert de Torniant, aurait reçu le château en garde et l'aurait conservé jusqu'en 1204, époque où il aurait chargé Renaud de Pons et Pons de Mirebeau de le défendre contre Hugues de Lusignan. Renaud de Pons l'aurait alors gardé assez longtemps, se prévalant de prétendus liens de parenté avec la descendante des anciens seigneurs, mariée au bâtard de Richard Cœur-de-Lion. Bos de Matha, avec l'appui du comte d'Eu, l'aurait enlevé à Renaud de Pons, puis, Hubert de Burgh, sénéchal de Poitou, l'aurait ensuite racheté à prix d'argent et tenu en garde pour le roi d'Angleterre.

D'après les conventions du 25 mai 1214[3], le château de Cognac devait faire partie de la dot de Jeanne, fiancée à Hugues de Lusignan ; toutefois il ne fut pas livré de suite au comte de la Marche, ainsi qu'on a coutume de le dire, car l'année suivante, le 4 juillet 1215, le roi Jean concéda à la ville de

---

» nostro dominio. » (Marvaud, *ouvr. cit.*, Pièces just., V.) — Ces privilèges furent encore confirmés, le 27 décembre 1290, par Hugues XIII, comte de la Marche. (*Ibid.*, Pièces justif., XII.) — En 1333, une sentence du sénéchal d'Angoulême reconnut ces droits au prieuré (*Ibid.*, t. I, p. 135, n. 2), et, en 1345, le sénéchal d'Angleterre manda au prévôt de Cognac d'en respecter les privilèges. (*Ibid.*, p. 137.) — Ils furent encore confirmés par Charles d'Orléans en 1419. (Arch. nat., P 1404, n° 253.)

[1] *Historia pontif. et comit. Engolism.* dans Labbe. *Bibl. nova*, t. II, p. 257, 258, 261.

[2] Publ. par M. Bardonnet dans *Archives historiques du Poitou*, t. IV, p. 21. Cette notice, restée inconnue à Marvaud, lui aurait épargné plusieurs erreurs.

[3] *Histor. de France*, t. XVII, p. 90.

Cognac une commune, sur le modèle de celles de Niort et de Saint-Jean d'Angély[1]. Un mois plus tard, Jean donna le château en garde au sénéchal d'Angoulême et décida qu'il ferait de nouveau partie de ce comté[2]. Après la mort de Jean Sans-Terre, la reine Isabelle se fit livrer par le sénéchal son comté et la ville de Cognac, dont les habitants lui demandaient de les défendre contre les attaques de Renaud de Pons, qui n'avait pas abandonné ses prétentions[3]. Lorsqu'elle se fut remariée au comte de la Marche, ce fut vainement qu'Henri III réclama Cognac[4], le comte Hugues, dans toutes ses évolutions, réussit à ne jamais s'en dessaisir. Henri III se décida à lui en donner l'investiture lors de la révolte des barons français contre Blanche de Castillle[5]. En 1227, par le traité de Vendôme, en 1230, par celui de Cliçon, Hugues en fit hommage au roi de France[6]. Il conserva encore cette ville à charge d'hommage lige après sa dernière révolte contre le roi de France[7]. Par son testament, daté de mars 1242-1243, il en laissait la seigneurie à son second fils Gui[8], dont nous possédons l'hommage au comte Alfonse, d'août 1248 ; le château était tenu en fief lige et rendable à réquisition[9].

---

[1] « Rex probis hominibus de Coniaco, salutem. Sciatis quod volumus et bene nobis placet quod eligatis vobis majorem et communam habeatis sicuti ville nostre de Niortho vel de S. Johanne Angeliacensi faciunt. » (*Rotul. litt. pat.*, p. 147.)

[2] « Postea dictus rex Johannes, tradidit eum Bartholomeo de Podio, senescallo terre uxoris, scilicet Engolismensis ; qui Bartholomeus appropriavit Cognyacum quia esset de ballivia et comitatu Engol. » (*Registre des comptes d'Alfonse*, p. 22.) — 12 août 1215. « Rex militibus et probis hominibus de Coiniaco salutem. Sciatis quod commisimus dilecto et fideli nostro B. de Podio, senescallo Engolisme, villam de Coiniaco custodiendam quamdiu nobis placuerit. Et ideo vobis mandamus quod ei tanquam ballivo nostro inde sitis intendentes. » (*Rotul. litt. pat.*, p. 152 b.)

[3] *Registre des comptes d'Alfonse*, p. 22. — Cf. une lettre de septembre 1220 où le maire de La Rochelle soutient auprès d'Henri III les prétentions du sire de Pons. (*Royal letters*, t. I, p. 146.)

[4] Voy. les lettres du pape Honorius III de 1220 et 1222. (*Histor. de France*, t. XIX, p. 708, 709, 726 et 729.)

[5] Le 18 décembre 1226. (*Histor. de France*, t. XIX, p. 769.)

[6] Teulet, *Layettes du Trésor*, t. I, n° 2050.

[7] *Ibid.*, t. II, n° 2980. Voy. Boutaric, *Saint Louis et Alfonse de Poitiers*, p. 54.

[8] Teulet, *Layettes du Trésor*, t. II, n° 3049.

[9] Arch. nat., JJ 34, n° 6.

Qu'était cependant devenue la commune que Jean Sans-Terre avait concédée la dernière année de son règne ? Nous n'avons sur ce point aucun renseignement. Lorsqu'après la mort du roi Jean, sa veuve vint se faire livrer le château de Cognac, les habitants l'auraient accueillie, persuadés qu'elle en prenait possession au nom du roi son fils, et comme dépendance du comté de Poitiers. Tel est, du moins, le dire des juristes du comte Alfonse[1]. En 1220, le Conseil (*concilium*) de Cognac aurait envoyé un messager au maire de La Rochelle pour protester de sa fidélité au roi d'Angleterre et témoigner de sa disposition à recevoir comme seigneur Renaud de Pons, avec lequel il avait eu des pourparlers. Le maire de La Rochelle, qui transmet ces renseignements à Henri III, l'invite à notifier par lettres patentes au Conseil de Cognac, l'ordre de livrer le château à Renaud de Pons[2]. Tels sont les seuls indices qu'on rencontre de l'intervention des habitants dans les affaires de la ville et de l'existence d'une municipalité jusqu'au milieu du XIII° siècle. Le commerce de la ville, celui du sel tout au moins, devait être resté florissant, car Guy de Lusignan pouvait encore, en 1243, disposer de cent livres de rente annuelle sur les revenus du port Saunier, grevés déjà de nombreuses autres rentes.

Guy de Lusignan, pendant son administration, voulut établir à Cognac un *Estanc* sur le vin et sur le blé ; on sait qu'il faut entendre par là un droit d'après lequel il n'était pas permis, pendant un certain temps, à d'autres qu'au seigneur de mettre en vente les denrées soumises à ce ban. Les habitants lui adressèrent des réclamations, et, après enquête, il fut reconnu, en mai 1262, qu'en effet ils étaient affranchis de cette charge[3]. En même temps qu'il confirma cette franchise, le seigneur de Cognac, sur les plaintes des habitants, décida qu'à l'avenir, le bailli ni le prévôt de la ville ne devraient plus faire arrêter ni mettre en prison préventive aucun des habitants, sauf dans les quatre cas réservés, entraînant peine

---

[1] *Registre des comptes d'Alfonse*, p. 22.

[2] « Pro certo insuper habeatis quod concilium... de Cog[na]c, nobis suum certum nuntium transmiserunt, quod praedicta bona fide... in vestra fidelitate manere, prout dictus R. de Ponte cum ipsis et nobis locutus est, prosequuntur. Literas vestras concilio de Cognaco transmittatis patentes, ut castrum de Cognac per mandatum vestrum domino R. de Ponte reddent. » (*Royal letters*, t. I, p. 147.)

[3] *Pièces justif.*, XXVII.

de mort ou mutilation. Toute personne arrêtée, lorsque deux ou trois personnes affirmaient qu'elle pouvait se justifier[1], devait être admise à le faire immédiatement devant les représentants du seigneur, et dans le cas contraire, devait être mise en liberté sous caution (art. 2). Sur les réclamations des habitants, le seigneur leur accorda encore le droit de ne pouvoir être cités en justice ailleurs que dans la ville[2], privilège dont ils prétendaient avoir joui anciennement ; des réserves furent faites cependant pour les citations devant le seigneur en personne, ou pour le cas d'ordres exprès émanés de lui (art. 3). Enfin, Guy de Lusignan octroya encore « au prodome » de la ville le droit de faire percevoir par deux « prode hommes » élus par eux « la mautoste de Cognac » qui avait été établie « au profit de la ville » et le pouvoir de supprimer, de modifier et de rétablir cet impôt selon les circonstances. Le prévôt devait être invité à assister à la reddition des comptes municipaux, mais son absence, lorsqu'il avait été duement convoqué, ne devait pas empêcher les prudhommes de délibérer sur le budget de la ville (art. 4).

Après avoir lu cette concession de privilèges faite aux habitants de Cognac par leur seigneur, on peut se demander si la mairie établie en 1215 subsistait encore. On pourrait croire en effet que toute la vie municipale était alors représentée par cette réunion de notables qui fixaient le budget annuel et nommaient deux receveurs de la maltôte. Cette charte prouve, dans tous les cas, que la municipalité avait perdu toute influence et toute autorité, puisqu'elle restitue aux habitants des droits et des privilèges dont le souvenir

---

[1] « ... Qui peust fere droit au dit de dous ou de treis. » Marvaud (t. I, p. 102) hésite entre deux interprétations. Il pense que cela signifie : qui peut se justifier de deux ou trois des quatre cas d'accusation réservés, ou bien : on ne peut les arrêter s'il s'agit du second ou du troisième des quatre cas. Il s'est mépris sur le sens de tout l'article. L'arrestation préventive est permise dans les quatre cas réservés ; c'est pour les autres cas qu'il y a ou justification immédiate, ou mise en liberté sous caution.

[2] « ... Que mes estagiers de la ville de Coignac ne fust atermez fors dau » cors de la vile. » Estagiers ne signifie pas marchands comme l'a cru Marvaud ; je pense qu'il faut l'entendre ici au sens d'habitants ayant un domicile (*stagium*), comme il y en a des exemples. La *cors de la vile* n'est pas non plus le corps de ville ; c'est la cour tenue par les officiers du seigneur. Le sens de cet article a été complètement dénaturé par Marvaud. (T. I, p. 105.)

seul s'était conservé ; ce n'est pas même le corps de ville qui est auprès du seigneur l'interprète des réclamations de la ville, ce sont les habitants : « li chevalier [1], li vaslet, li clerc et li borgeis et l'autre prode gent » de Cognac qui se sont adressés au seigneur et auxquels on rend leurs anciennes franchises. Tout concourrait donc à prouver que la commune et ses institutions avaient disparu après la mort de Jean Sans-Terre, si le sceau de la ville ne venait au contraire témoigner de la persistance de la commune. M. Audiat l'a publié d'après la matrice de cuivre qu'il possède et qui date certainement des dernières années du XIIIe siècle ; il représente un cavalier porteur d'une masse d'armes et chevauchant à droite sur un champ semé de grappes de raisins ; il porte en légende : S'MAIORIS ET COMMVNIE DE COMPNIACO [2].

Guy de Lusignan mourut en 1288 et sa seigneurie de Cognac, malgré l'opposition d'Amaury de Monfort, passa à Hugues XIII, comte de la Marche [3]. Après la mort de ce dernier, et malgré ses dispositions testamentaires, le roi Philippe le Bel ne tarda pas à mettre la main sur les comtés de la Marche et d'Angoulême ; avec ce comté Cognac fut réunie à la couronne en 1308 ; avec lui encore elle en fut séparée dix ans plus tard, lorsque Charles IV le Bel le donna à sa nièce Jeanne de Navarre, mariée au comte d'Evreux [4]. Nous ignorons absolument ce que devint la commune depuis l'époque où Guy de Lusignan lui avait concédé quelques privilèges. Bien que nous ayons conservé les actes par lesquels les seigneurs successifs de Cognac confirmèrent les privilèges du prieuré de Saint-Léger [5], nous ne savons même pas si la charte de 1262 fut de leur part l'objet d'une confirmation.

---

[1] Il y avait dans la ville de Cognac un certain nombre de chevaliers parmi les habitants. Nous avons un contrat conclu entre le seigneur de Cognac et l'un d'eux : « Dominus Helias de Castroviri (*Castelrieux*) miles » de Compniaco. » Mai 1274. (Marvaud, Pièces justif., IV.)

[2] *Archives historiques de la Saintonge*, t. I. p. 424.

[3] Un des deux testaments de Guy de Lusignan est du 18 août 1288. (Arch. nat., J 270, n° 23.) L'arrêt du Parlement envoyant le comte de La Marche en possession de ses châteaux est de novembre 1288 (*Olim*., t. II, p. 283), mais Guy n'était pas encore mort, car réserve lui est faite de l'usufruit.

[4] Le contrat de mariage, en date du 27 mars 1317-1318, a été publié par le P. Anselme. *Hist. généal.*, t. III, p. 104.

[5] Voy. plus haut, p. 270, n. 5.

Il faut descendre jusqu'au règne de Jean le Bon pour rencontrer un document se rapportant à la ville. Au mois de novembre 1350, le roi de France confirma les privilèges concédés à Cognac par Guy de Lusignan [1]. En janvier 1352, il donna le comté d'Angoulême au connétable Charles d'Espagne [2], et celui-ci concéda à Cognac les privilèges qu'on a coutume de désigner sous le nom de Charte de la commune de Cognac [3].

Ce document, que l'on peut diviser en douze articles, débute en effet par l'octroi aux habitants de privilèges, de franchises et d'une commune jurée, mais on a vu que depuis longtemps Cognac pouvait revendiquer ce titre de commune. Le nouveau comte déclara attribuer à la commune, un lieu de réunion, autrement dit échevinage, une bourse commune et une cloche pour faire les convocations. Les réunions, qui semblent avoir été des assemblées générales des habitants, devaient se faire en présence du sénéchal ou de son lieutenant; elles ne pouvaient avoir lieu en leur absence qu'en cas d'urgence [4], et le maire devait aussitôt que possible rendre compte au sénéchal de ce qui y avait été fait (art. 2).

Le maire devait être annuel; pour le nommer, les habitants (*illi de communitate*) dressaient une liste de quatre noms, parmi lesquels le sénéchal, de l'avis des trois autres, choisissait le plus capable (art. 3).

La commune devait avoir juridiction sur ses membres dans tous les cas où l'amende à infliger ne dépassait pas soixante sous et un denier. Les amendes de cette importance se partageaient entre la commune et le suzerain, celles qui étaient inférieures à ce chiffre étaient perçues tout entières au profit de la commune (art. 4). Là s'arrêtait la compétence de la commune; la juridiction supérieure était exercée par le sénéchal. D'un commun accord, le maire et le sénéchal pouvaient modérer les amendes de soixante sous (art. 5 et 6).

Le maire avait le droit d'établir sur ses administrés des impôts et tailles, dont le produit était applicable à la dé-

---

[1] *Ordonn.*, t. II, p. 341. — Marvaud, t. I, p. 140, n.
[2] Anselme, *Hist. généal.*, t. VI, p. 161.
[3] *Pièces justif.*, XXVIII.
[4] « Nisi qualitas negocii inter eos proloquendi id exposcat. » Marvaud, dans son commentaire, entend : pour « s'occuper d'affaires relatives au » commerce. » (*Ouvr. cit.*, t. I, p. 143.)

fense de la ville et du pays, à la réparation des ponts et murailles et aux autres besoins de la ville (art. 7). Il ne pouvait rien dépenser de ces revenus que pour l'utilité publique et en devait rendre compte chaque année, au sénéchal, au receveur du suzerain ou à leur représentant (art. 8).

Sous peine de perdre le droit de commune, le maire et la commune ne devaient d'aucune façon soutenir ni encourager qui que ce soit des habitants qui plaiderait ou aurait quelque différend avec le suzerain (art. 9).

Le maire, les conseillers et les échevins étaient tenus à un serment annuel que devait leur faire prêter le sénéchal (art. 9). Sous le bon plaisir du roi, il leur était interdit de s'adjoindre un procureur du roi pour défendre les droits de la commmune (art. 11).

Enfin, le maire devait, comme à Niort, faire hommage lige et prêter serment de fidélité entre les mains du seigneur, de son sénéchal ou de son lieutenant; mais, à Cognac, cet hommage devait être annuel et accompagné de la donation d'un anneau d'or du poids de deux florins de Florence (art. 12).

Pour qui examine ce document avec attention, il est évident que s'il témoigne de la décadence dans laquelle devaient se trouver auparavant les institutions municipales, il ne crée pas cependant un état de chose complètement nouveau. Le maire, les conseillers et les échevins, dont il y est question, existaient certainement avant cette concession. Le mode de nomination du maire est certainement dérivé de celui que prescrivent les Etablissements ; il ne semble pas non plus que ce soit la charte de Charles d'Espagne qui lui ait attribué une juridiction. Il est à remarquer encore que, tandis que dès le premier article le nouveau seigneur déclare octroyer aux habitants une commune jurée (*communitatem juratam*), c'est cependant le mot *communitas* qui est employé dans tous les articles; notons enfin qu'il n'y est fait aucune distinction entre les bourgeois et les habitants ; tous sont désignés par les mots *habitatores* ou *illi de communitate*. Encore une fois, cet acte montre que si le corps de ville avait perdu toute influence, il subsistait cependant encore.

Charles d'Espagne vint à Cognac le 10 juin 1352, recevoir du maire l'hommage lige et l'anneau d'or que stipulait la charte qu'il avait octroyée à la ville[1]. Nous ignorons si cette

[1] Arch. municipales de Cognac, inventaire de 1755.

cérémonie fut jamais renouvelée ; le connétable ne devait pas rester longtemps comte d'Angoulême, le 8 janvier 1354 il était assassiné par ordre de Charles le Mauvais.

Selon Marvaud, le roi Jean, en rattachant au domaine le comté d'Angoulême, aurait confirmé les privilèges de Cognac; nous n'avons pu retrouver la trace de cette confirmation. Peu de temps après, dans tous les cas, l'Angoumois et la Saintonge étaient conquis par les Anglais. Cognac avec sa seigneurie furent concédés par le prince de Galles au captal de Buch[1]. Cognac devait rester vingt années sous la suzeraineté de l'Angleterre ; pendant toute cette période nous n'avons aucun indice qu'elle ait conservé ou perdu son administration municipale. L'inventaire des archives de la ville, rédigé en 1755, indique bien une confirmation des privilèges de la ville par le prince de Galles, mais la mention de ce titre, aujourd'hui perdu, est trop vague pour qu'il soit permis d'en tirer la moindre conjecture. Ce fut le duc de Berry qui reconquit Cognac, le 13 juin 1375.

Cette ville, comme la plupart de celles qui revenaient alors à la France, était en ruine, dépeuplée, n'ayant plus ni industrie, ni commerce, ni espoir de les voir renaître de longtemps au milieu d'un pays dévasté, dont les nombreux châteaux, la plupart à demi détruits, étaient devenus autant de repaires de pillards. Il est à croire qu'il n'y avait plus alors à Cognac ni vie municipale, ni corps de ville, car le seul privilège qui fut sollicité par les habitants, quelque temps après la conquête, fut celui de nommer quatre jurés pour imposer les vins vendus au détail dans la ville et appliquer le produit de cet impôt aux dépenses communes. Charles VI confirma cet usage le 29 août 1382, en y ajoutant l'octroi de jouir « des privilèges » et libertés dont par le temps passé ils ont usé et joy, » sans les spécifier davantage[2].

Profita-t-on de cette clause pour renouer les anciennes traditions, revenir aux anciens usages que le malheur des temps avait fait tomber en désuétude et restaurer une administration municipale? On a peine à le croire et les documents ne donnent sur ce point aucune lumière.

---

[1] Le 8 janvier 1357. (Marvaud, Pièces justif., XIV.) Edouard III confirma cette donation le 1er juillet 1358. (*Ibid.*, t. I, p. 150, n. 1.)

[2] Marvaud, Pièces justif., XVI.

Le comté d'Angoulême, rendu au roi par le duc de Berry auquel il avait été concédé, fut donné par Charles VI, le 6 octobre 1394, en accroissement d'apanage, à son frère Louis d'Orléans[1]. Cette concession fut le point de départ du retour à Cognac d'une ère de prospérité. En effet, après l'assassinat du duc d'Orléans, le comté échut à Jean son troisième fils, qui fit de Cognac sa résidence habituelle à partir de 1453 ; son fils Charles lui succéda, en 1467, et résida fréquemment aussi à Cognac, ainsi que sa femme Louise de Savoie qui y donna le jour à François Ier.

Mais on ne prévoyait point encore, en 1394, les brillantes destinées de la ville. On était alors à l'époque la plus sombre et la plus triste qui fut peut-être jamais ; le roi fou, la France envahie, tous les lieux forts occupés par des garnisons entre lesquelles on distinguait à peine les alliés des ennemis ! Loin de se relever de la décadence, Cognac, comme les autres villes de la région, achevait de périr. De franchises et de privilèges, il n'en pouvait plus être question ; une seule préoccupation restait aux habitants, se procurer quelque sécurité, acheter des partis en lutte la promesse d'être épargnés. Nous avons la relation des troubles qui précédèrent l'un de ces traités avec les Anglais[2]. Ce fut non pas une véritable trahison, comme on l'a dit, mais une de ces conventions, un de ces appatissements (*paticium*) — c'est l'expression qu'on trouve dans l'acte même — par lequel les villes essayaient d'obtenir à prix d'argent, des partis de routiers qui les menaçaient, quelque trêve qui leur épargnât le pillage et la mise à sac. Outre ce récit, quelques actes autorisant les habitants à percevoir certains impôts pour entretenir et réparer leurs murailles, seule dépense urgente, indispensable, si l'on ne voulait pas périr pendant ces temps troublés, sont les seuls documents sur Cognac qui nous soient parvenus pour toute la longue période qui s'étend de 1382 à la fin de la guerre anglaise. Dans tout cela, presque aucune trace d'une administration municipale gouvernant la ville. Ceux qui traitent, en 1416, avec un parti anglais sont deux bouchers, qualifiés *jurati seu gubernatores dicte ville* ; quant aux autorisations de lever des aides, elles sont données, « aux bourgeois, manans et habitants. »

---

[1] Arch. nat., J 359, n° 21.
[2] 31 mars 1416. Marvaud, t. I, p. 167.

Le duc d'Orléans, auquel le comté d'Angoulême avait été donné en 1394, n'eut pas le temps de s'occuper jamais de cette partie de son apanage ; son fils Jean, auquel elle échut en 1407, captif pendant trente-deux ans en Angleterre, n'y revint qu'à la paix. Ce fut Cognac qu'il choisit pour résidence ; il aménagea alors le château, répara les ruines que la guerre avait faites dans son comté, rétablit la sécurité. A sa mort, en 1467, son fils n'était âgé que de huit ans ; sa mère pourvut à l'administration de ses domaines, acquit de nouvelles seigneuries, rétablit peu à peu la fortune de la famille qu'avait fort compromise le paiement de la rançon du comte Jean. Bref, quand son fils Charles épousa, en 1488, la fille du duc de Savoie, la splendeur de la maison était assurée. Le vieux château s'agrandit de constructions nouvelles, et devint bientôt le siège d'une cour brillante qui fit de Cognac, pendant cette période, l'un des centres de la Renaissance française. La mort du comte, survenue le 1er janvier 1496, alors que son fils, qui devait être plus tard François 1er, n'avait pas encore deux ans, laissa l'administration de son apanage entre les mains de sa veuve âgée de vingt ans. Louise de Savoie continua à résider à Cognac, au milieu de la cour dont elle avait été l'âme, et à y attirer, avec les nombreux vassaux de ses domaines qu'elle augmentait sans cesse, les beaux esprits du temps dont elle aimait à s'entourer.

Sous ce nouveau régime, la ville de Cognac n'avait pas tardé à retrouver une prospérité qu'elle ne connaissait plus depuis longtemps ; attirée par le château, une nouvelle et nombreuse population s'y était établie ; mais vainement encore chercherait-on pendant cette période quelque trace d'organisation municipale. L'administration de la seigneurie et celle de la ville se confondaient sans doute, comme il arrivait dans plusieurs autres résidences princières, et cela était d'autant plus naturel à Cognac, que la ville devait à la présence de la cour toute sa prospérité, que la population entière lui était attachée par des liens de toute nature, que la plupart des habitants vivaient, en quelque sorte, du château. La mairie cependant avait survécu : le 28 janvier 1491-1492, Héliot Pipon, « maire et juré de la ville de Coingnac, » préside dans le cloître du prieuré de Saint-Léger une assemblée de quatorze personnes, « manans et habitans de la dite ville, » qui choisit deux jurés pour recevoir, pendant huit ans, du receveur des tailles d'Angoumois, une somme annuelle de deux cents livres tournois, que les élus des aides étaient chargés de lever dans toute l'élection de Cognac, et que les deux jurés nommés par leurs concitoyens devaient employer à réparer les ponts de la Charente et les fortifications de la ville. Nous avons conservé en partie les comptes de leur administration ; il ne s'y manifeste jamais l'intervention d'une municipalité quelconque[1]. Toutefois, en 1493, en 1498, en 1500, en 1502, on trouve encore mention de maires qui président des assemblées analogues[2].

Cependant, le 24 février 1504-1505, les administrateurs du diocèse de Saintes, le siège vacant, déclarent qu'ils ont été saisis d'une requête formée par le maire, le sous-maire, et deux autres personnes qualifiées bourgeois, échevins et habitants de Cognac, tendant à se faire autoriser à rétablir une chapellenie fondée en 1403 dans l'église de Saint-Léger, et acquiescent à cette demande qui a été faite par le maire et la communauté (*major et communitas dicti opppidi Compiniaci*). Le 3 avril 1507-1508, une assemblée composée du maire, du sous-maire, du receveur et de dix-neuf autres personnes, qualifiées bourgeois, échevins et habitants, réunie, non plus comme les assemblées dont nous avons parlé dans le cloître du prieuré, mais dans la maison du conseil (*ad consilium congregati in loco sive domo consilii dicte ville assueto*) confirme la concession de ce bénéfice à un prêtre du nom de Luc Belin, déjà pourvu, le 26 avril 1506, par le maire et les échevins en exercice pendant cette année, *autoritate sue majoritatis et de consensu dictorum scabinorum in consilio existentium*. L'acte, fait *in concionabulo predicte ville*, était scellé du sceau de la ville et signé par son rédacteur, *de jussione dictorum dominorum majoris et scabinorum dicti opidi et de mandato prefati domini majoris et consensu dictorum scabinorum*[3].

C'est, comme on voit, toute une résurrection du corps de ville. Comment peut-on en rendre compte? Le privilège concédé quelques jours plus tard par Louise de Savoie va nous expliquer que, si de longues interruptions s'étaient produites dans l'exercice des droits de la ville, le souvenir de ses pri-

---

[1] Archives de Cognac.

[2] Marvaud, t. I, pp. 217, 222, 223.

[3] Arch. de Cognac, *Livre rouge*, fol. 23. — Cet acte a été publié, mais fort incorrectement, par Marvaud, Pièces justif., XXIII.

vilèges et de son ancienne organisation ne s'était cependant jamais complètement perdu.

Au moment où nous voyons le corps de ville ainsi reconstitué, les « maire, bourgeois, manans et habitants » de Cognac faisaient représenter à leur suzeraine que, longtemps auparavant, les seigneurs de Cognac leur avaient concédé « plusieurs beaulx et grans droiz et previlleges et entre
» aultres, faculté, permission et puissance de eulx assembler
» et congreger en corps et college de ladite ville, touteffois
» et quantes qu'il en seroit requis, et eslire et avoir vingt-
» quatre personnaiges dudit corps d'icelle ville, dont les
» douze auroient tittre d'eschevins et les aultres douze de
» conseillers, lesqueulx vingt-quatre, avecque leur maire, se-
» roient et representeroient le tout de la communité de
» ladite ville et ordonneroient des affaires d'icelle tout ainsi
» et par la forme et maniere que tout le peuple, manans et
» habitans d'icelle, deuhement congregez et amassez, faire
» le pourroient, et que, en vertu desdits octroys permissions
» et facultez, ils ont par très longtemps conduit et gouverné
» le corps de ladite ville par ledit nombre de xxiiij parson-
» naiges avecques ledit maire, et jusques au temps des guerres
» qui ont eu cours par tout le pays de Guyenne, au moyen
» de quoy les dicts habitans ont esté par bien longtemps en
» si petit nombre, captivité et servaige qu'ils n'ont fait
» aulcune eslection desdicts vingt-quatre parsonnaiges, mais
» se sont tous assemblez avecques ledit maire qu'ilz eslizent
» par chascun an, quant les cas sont requis, a traicter, decider,
» ordonner les negoces et affaires de ladicte ville. »

Louise de Savoie accueillit favorablement la demande des habitants de la ville de Cognac, elle décida qu'un corps de ville, composé d'un maire, de douze échevins et de douze conseillers, serait constitué, qu'elle nommerait d'abord ce corps de ville, puis qu'à chaque vacance dans le collège des échevins, le corps des vingt-quatre désignerait un des conseillers pour être promu échevin, et qu'à chaque vacance dans le collège des conseillers, le corps des vingt-quatre y pourvoirait par élection[1]. Le maire, qui pourrait ne pas faire partie

---

[1] A Cognac, comme dans les autres villes d'organisation analogue, les bourgeois devaient un droit d'entrée lorsqu'ils étaient nommés membres du corps de ville. Au XVIe siècle, ce droit se payait non pas en argent, mais en armes, telles que : « arbalestes avec leur bandage,

du corps de ville, serait annuel et nommé par le seigneur sur une liste de trois candidats formée par le corps de ville, chaque année, le 26 décembre. La municipalité, ainsi constituée, devait « decider et ordonner de tous et chacuns les » affaires et negoces de ladite ville, tout ainsi et par la forme » et maniere que tous lesdiz habitans avecques leur dit » maire eussent fait et peu faire devant l'octroy et conces- » sion de ces dites presentes. » Le juge, le procureur et le receveur du seigneur de Cognac, qu'ils fissent ou non partie du corps de ville, devaient assister à toutes ses réunions. Toutes les délibérations relatives aux finances, et à l'emploi des revenus de la ville aux fortifications, devaient avoir lieu en présence du capitaine de la ville ou de son lieutenant [1]. Le jour même où elle rendit cette ordonnance, le 16 avril 1507-1508, Louise de Savoie nomma les douze échevins et les douze conseillers [2].

Sauf le corps des cent-pairs, c'est bien là, dans ses formes essentielles, l'organisation déterminée par les Etablissements, mais les pouvoirs et les attributions des magistrats y sont aussi réduits que possible. Sans juridiction ni autorité, n'émanant pas même de l'élection populaire, le corps de ville institué en 1507 n'était guère bon qu'à représenter, dans le cortège de Louise de Savoie, l'aristocratie bourgeoise de sa bonne ville.

François Ier, peu après son avènement, confirma, par lettres patentes en date de février 1514-1515, les décisions de sa mère, mais il y ajouta deux dispositions importantes. Tout d'abord, il octroya aux habitants « liberté, exemption et » franchises, de toutes tailles et impositions, emprunts et » subsides extraordinaires qui sont ou pourroient estre mis » sus, imposez et levez sur les habitants et subjectz » du royaume ; de plus, il concéda au corps de ville « juridiction » moyenne et basse sur leurs jurez presens et advenir. » Cette juridiction devait être exercée par un « juge de la mayrie de Cognac, » élu chaque année par le maire et les vingt-quatre conseillers et échevins [3].

---

trousses de garrot, harquebuses de fonte, etc., » que les nouveaux élus déposaient dans l'arsenal de la ville. Voy. les réceptions de conseillers et échevins, de 1531 à 1612, publ. par Marvaud, pièces justif. XXXI.

[1] 16 avril 1507-1508. Arch. de Cognac, *Livre rouge*, fol. 41. Publ. très incorrectement par Marvaud, Pièces justif., XXIV.

[2] *Ibid.*, XXV.

[3] Marvaud, Pièces justif., XXVI.

L'administration de Cognac, ainsi organisée, dura jusqu'à la fin du XVII° siècle. Ses privilèges furent confirmés, successivement, par Henri II, en novembre 1547[1], par François II, en novembre 1559[2], par Henri III en novembre 1576[3], par Henri IV, en septembre 1592[4], et par Louis XIII, le 22 janvier 1611[5].

Mais la ville ne devait plus retrouver les beaux jours qu'elle avait eus au temps de la cour des Valois-Angoulême. Dès le milieu du XVI° siècle, c'en était fait de sa prospérité; les troubles, les guerres, les épidémies, la disette et la misère allaient être de nouveau son partage. Au début du règne de Henri II, les vexations auxquelles donnait lieu l'impôt de la gabelle provoquèrent une grande émeute dont Cognac fut le centre. Six mille hommes en armes parcoururent les villes et villages riverains de la Charente, poursuivirent les agents royaux et en massacrèrent plusieurs. La répression implacable du connétable de Montmorency contribua à ruiner le pays. Puis, vinrent les guerres religieuses. Prise par les protestants en 1562, reprise par les catholiques en 1565, et de nouveau par les protestants, à la tête desquels était le prince de Condé, en 1568, Cognac vit se livrer presque sous ses murs le combat du 19 mars 1569 où Condé trouva la mort, et, après la paix de Saint-Germain, devint l'une des places de sûreté assignées aux protestants. Nous ne suivrons pas les vicissitudes de la ville pendant les guerres de la Ligue, qui continuèrent à l'appauvrir et à la dépeupler. En janvier 1598, l'édit qui supprimait tous les privilèges d'exemptions de tailles et d'impôts, dont les rois avaient tant abusé, vint encore, au moment même de la paix, lui imposer des charges nouvelles. Elle ne cessa dès lors de redemander ses anciens privilèges d'exemptions. En 1611, un arrêt du Conseil d'État fit droit à ses réclamations, moyennant un « abonnissement » de 600 livres par an[6]. Mais, en dépit de cette décision, reproduite dans les lettres patentes de Louis XIII confirmant les privilèges, les sommes demandées à la ville par les trésoriers

---

[1] Marvaud. Pièces justif., XXX.
[2] Arch. nat., X¹ᵃ 8623, fol. 17.
[3] *Ibid.*, X¹ᵃ 8633, fol. 273.
[4] *Ibid.*, X¹ᵃ 8640, fol. 98 v°.
[5] *Ibid.*, X,¹ᵃ 8647, fol. 118.
[6] Arrêt du 22 janvier 1611. (Arch. nat., E 29.)

généraux furent toujours beaucoup plus considérables; les frais seuls de perception et de répartition augmentaient ces 600 livres de 15 %; en 1615, on ne demandait pas moins de 1500 livres et la ville ne comptait plus alors que deux cents feux! En vain adressa-t-elle au roi requêtes sur requêtes, en vain de nouveaux arrêts vinrent-ils confirmer celui de 1611[1], en dépit de ses privilèges d'exemptions, elle n'en fut pas moins, pendant tout le xviie siècle, surchargée d'impôts.

La municipalité continuait à subsister néanmoins et les procès-verbaux des assemblés ou mézées[2], qui nous ont été conservés de 1627 à 1632, rendent compte de son fonctionnement. Marvaud en a donné dans son ouvrage une analyse minutieuse; ils sont pleins d'intérêt, même pour l'histoire générale. En ce qui touche la ville, ils montrent à quel degré d'abaissement profond était tombé à cette époque le régime municipal. Le corps de ville n'est plus guère alors qu'un instrument de fiscalité entre les mains du gouverneur de la province et du capitaine du château. Son rôle consiste à faire face à leurs demandes, aides, subsides, réquisitions, garnisons, dont la ville est accablée; il essaye bien de défendre la ville contre les gens du roi, envoie sans cesse des députés à Angoulême, à Limoges, aux Parlements de Paris et de Bordeaux, solliciter quelque remise, obtenir quelques faveurs, mais les demandes redoublent et il faut toujours finir par s'exécuter. Les finances sont obérées à tel point que, pour se procurer quelque argent, il faut sans cesse avoir recours aux emprunts et que le receveur est toujours obligé de faire des avances. Et cependant la population diminue, les émeutes populaires sont fréquentes; en 1631, on tire des coups d'arquebuses et de pistolets contre les fenêtres des trésoriers généraux, venus à Cognac pour la vérification du domaine; les épidémies sévissent et la misère est au comble. Le « tous les jours » de l'histoire de la ville pendant cinq ans, tel que le montrent les registres de mézées, est profondément attristant. On y sent que les magistrats sont pris du dégout de leurs fonctions;

---

[1] Notamment le 6 août 1615 et le 17 février 1635. (Arch. nat., E 50 et 122.)

[2] D'après l'inventaire des archives de Cognac de 1755, il y avait encore à cette époque, dans le Trésor de la ville, deux registres de *mézées* de 1524 à 1528, et deux autres de 1574 à 1576. Le plus ancien qui soit conservé aujourd'hui ne remonte qu'à 1627.

leurs séances sont désertes, on envoie des archers chercher à domicile les membres du corps de ville ; souvent on ne renouvelle pas le maire ; pour procéder aux élections, il faut, en dépit des privilèges, avoir la permission des officiers du roi ; à la fin, on nomme maire le lieutenant civil. En 1632, impuissants et fatigués, les magistrats veulent se démettre, laisser aux gens du roi l'administration de la ville ; on les contraint à garder leurs charges, et à continuer de répondre aux demandes incessantes d'argent, de subvenir aux nombreuses dépenses qu'on leur impose. En somme, cette ville privilégiée se trouve alors dans la pire des conditions et on peut lui appliquer la formule du servage, elle est taillable et corvéable à merci.

Un trait, déjà raconté par Marvaud, peut servir, entre beaucoup d'autres, à donner quelque idée de l'abaissement profond dans lequel se trouvait alors le corps de ville. En 1627, le gouverneur du château, le comte de Parabère, devant s'absenter quelque temps, signifie au maire d'avoir à venir chaque jour demander le mot d'ordre au château, à sa femme. Sur l'objection qui lui est faite, qu'en l'absence du gouverneur, c'est au maire qu'échoit la garde de la ville, le comte de Parabère s'emporte, menace le maire de le mettre au cachot, de « luy bailler de l'espée en le ventre, » de le faire « pougnarder », puis, le bousculant, lui enjoint de quitter la ville, déclare le suspendre de ses fonctions et le remplacer par le sous-maire. En vain, les échevins se réunissent et envoient des délégués solliciter le gouverneur pour leur maire, il maintient sa décision, et, sur ce, le corps de ville décide que le maire ainsi expulsé ira porter ses plaintes au roi. Quelle que soit la décision intervenue, le fait qu'un gouverneur ait pu traiter ainsi le premier magistrat d'une ville, rester ensuite en fonction et continuer ses relations avec la municipalité, est assez significatif.

Le règne de Louis XIV fut encore plus funeste à Cognac que le gouvernement de Richelieu. Assiégée, en 1651, par l'armée de la Fronde, Cognac put, derrière ses vieilles murailles réparées à la hâte, lui résister victorieusement. Pour récompenser la fidélité de la ville, on annoblit le maire, à commencer par celui qui était en charge, on déclara qu'à l'avenir le corps de ville choisirait directement le maire sans être assujetti à la présentation de trois candidats, on exempta les habitants de tailles et impositions pendant vingt années et on établit quatre foires par an avec les mêmes privilèges que celles de Niort et de Fontenay[1]. Mais malgré cette concession formelle, le roi, dès l'année suivante, fit exclure le sieur Combisault de la charge de maire[2], et, deux ans après, décida qu'on reviendrait à l'ancienne forme, et que le roi ou le gouverneur de la ville nommerait le maire sur la liste de trois candidats qui lui serait soumise[3].

Les privilèges concédés à Cognac, les foires qui auraient pu y ramener quelque activité commerciale, ne devaient guère lui profiter. La révocation de l'édit de Nantes acheva sa ruine: industriels et commerçants y étaient protestants; la Saintonge, d'après Marvaud, perdit alors le tiers de ses cultivateurs. Le corps de ville continua à végéter jusqu'à la fin du siècle; en 1692, la mairie, érigée en office, fut acquise par un personnage qui, huit ans plus tard, acquit aussi l'office de lieutenant général de police. A cette époque, le même arrêt qui réduisait le corps de ville de Saintes, fixa à quatre échevins le nombre des membres du corps de ville de Cognac, faisant ainsi disparaître le dernier vestige de l'organisation municipale dérivée des Etablissements[4].

---

[1] Décembre 1651. (Arch. nat., X¹ᵃ 8657, fol. 450.)
[2] *Ibid.*, E 3329, fol. 139.
[3] Juin 1654. (*Ibid.*, X¹ᵃ 8658, fol. 459.)
[4] 20 septembre 1700. (*Ibid.*, E 1915.)

CHAPITRE XI

SAINT-JEAN-D'ANGÉLY. — ANGOULÊME.

La ville de Saint-Jean-d'Angély doit son origine à un monastère fondé au milieu du ix⁰ siècle, et qui fut célèbre dans toute la chrétienté parce qu'il passa longtemps pour posséder le chef de saint Jean-Baptiste.

La légende veut que le lieu désigné dans les textes du x⁰ siècle sous le nom d'*Angeriacum, Engeriacum, castrum Ingeriacum* ait été une résidence royale transformée par Pépin d'Aquitaine en abbaye, en 838[1]. Ruiné par les Normands, peu de temps après sa fondation, le monastère fut restauré en 942 par Louis d'Outre-Mer qui le dota de l'immunité[2]. Au début du siècle suivant, la découverte par l'abbé Alduin de la précieuse relique de saint Jean, qui s'était perdue depuis le passage des Normands[3], vint à propos renouveler la renommée de l'abbaye, lui attirer des pèlerins et provoquer des largesses. Les plus anciennes mentions du bourg qui s'était formé autour du monastère remontent à cette époque.

Tout auprès s'élevait un château appartenant au duc d'Aquitaine. Vers 1018, les habitants du bourg soumis à l'abbaye se prirent de querelle avec les hommes de Guillaume V, plusieurs de ceux-ci, notamment le prévôt, furent grièvement blessés et le château détruit[4]. Le chroniqueur qui rapporte

---

[1] Adhémar de Chabannes, dans *Histor. de France*, t. VI, p. 223. — Voy. *Tractatus de revelatione capitis beati Johannis-Baptistae* dans mss. de D. Fonteneau, t. XIII, p. 29. Cf. *Acta Sanctorum*. Juin, t. V, p. 650. — Voy. aussi L. Faye, *Recherches géographiques sur les vigueries du pays d'Aunis*, dans *Mémoires de la Société des Antiquaires de l'Ouest*, année 1845, p. 417.

[2] *Histor. de France*, t. IX, p. 596.

[3] Adhémar de Chabannes, dans *Histor. de France*, t. X, p. 156. — *Chron. de Saint-Maixent*, *Ibid.*, p. 183.

[4] Adhémar de Chabannes, *Ibid.*, p. 258. — Cf. *Fragm. Hist. Aquitaniae*, *Ibid.*, en note.

cet événement félicite à cette occasion le duc de n'avoir pas cédé aux suggestions des seigneurs qui lui conseillaient de détruire le bourg et de chasser les moines. Quoi qu'il en soit de sa modération, nous savons par de nombreux témoignages, que tous les suzerains de l'abbaye n'eurent pas pour elle les mêmes égards. En 1050, la veuve de Guillaume V, devenue comtesse d'Anjou, et ses fils, dont l'un était alors duc d'Aquitaine, se reconnaissaient coupables d'exactions injustes et de violences sur la ville de Saint-Jean[1]; plus tard, un de leurs descendants, Guillaume X, confessait qu'un jour, au moment même de la célébration de la fête du patron de l'abbaye, il avait envahi l'église à main armée et s'était emparé des offrandes[2]. Ces violences n'étaient pas toutefois dépourvues de compensations; la relique vénérée conservée dans le monastère possédait la vertu miraculeuse de convertir, en temps opportun, les auteurs de ces excès et d'obtenir d'eux quelques dédommagements; c'est ainsi que les violences de la princesse Agnès et de ses fils valurent à l'abbaye la donation ou la restitution du bourg de Saint-Jean, et celles de Guillaume X la concession du château même et de ses dépendances.

La notice des privilèges concédés par la comtesse Agnès, telle que nous l'a conservée le cartulaire de l'abbaye, est un document d'un grand intérêt, qui, en énumérant les droits du monastère, nous donne de précieux renseignements sur l'importance que la ville avait dès lors acquise, et sur la condition de ses habitants[3]. Cet acte peut être daté de 1048 ou 1050; il présente quelque obscurité et contient plusieurs contradictions qui proviennent sans doute des altérations qu'a dû lui faire subir le compilateur du XII° siècle.

Ce document témoigne que la ville (*burgus, villa*) avait déjà pris de l'importance; les pèlerins, chevaliers, clercs ou mendiants y affluaient, et naturellement le commerce de change s'y était développé. Il mentionne divers corps de métiers : les cordonniers, les meuniers, les peaussiers et les

---

[1] *Gallia Christiana*, t. II, Instr., col. 467.

[2] En 1131. *Ibid.*, col. 469.

[3] Elle est, nous l'avons dit, publiée dans le *Gallia Christiana*, mais il n'est pas inutile d'indiquer son origine et de rappeler que le Cartulaire de Saint-Jean se compose de *notices* dans lesquelles les actes originaux paraissent avoir été notablement remaniés par le rédacteur du cartulaire.

jardiniers et montre qu'il existait dès lors à Saint-Jean des foires et des marchés.

Le véritable seigneur était l'abbaye ; elle possédait le bourg de Saint-Jean, y compris les églises et toutes ses dépendances. La comtesse, qui déclare le restituer à l'abbaye, rappelle que les rois de France et les ducs d'Aquitaine en avaient autrefois déjà fait l'abandon, mais que depuis lors les moines en avaient été dépouillés (*sed postea raptores et mali homines abstulerunt*). L'abbé avait sur le bourg tous les droits seigneuriaux, la justice tout d'abord [1], qu'il exerçait par ses officiers, prévôts et viguiers [2], qui étaient en même temps pour son compte les administrateurs du bourg et les collecteurs de ses revenus. Il était certainement haut justicier, car les plaids comportant le duel, dont la connaissance était d'ordinaire réservée au suzerain, étaient compris dans sa juridiction [3].

Outre les prévôts et viguiers, l'abbé avait encore d'autres officiers dans la ville [4], et notamment un *praeco*, dont la simple mention ne permet pas de déterminer quelles pouvaient être les attributions [5].

Outre la juridiction du bourg, il faut compter, parmi les droits seigneuriaux concédés à l'abbaye, le droit pour l'abbé

---

[1] « Abbas de his omnibus (hominibus suis) in curia sua justitiam faciat et extra curiam suam nullus eam de hominibus suis facere justitiam compellat. »

[2] « Praepositi S. Johannis et vicarii, de clamoribus qui ad eos venient justitiam facient, quod capiendum erit capient, et quod solvendum erit solvent. »

[3] « Homines eorum supradicti, si monomachiam facere susceperint et etiam pro ea fidejussores dederint, aut faciant aut non faciant, bannum non dabunt, si pro defensione ecclesie et pro rebus S. Johannis arma protulerint et in quolibet loco sanguinem fuderint, nulli de hoc nisi abbati respondere habebunt. »

[4] « Qui ballias eorum (monachorum) tenuerint, et ministeria eorum egerint. »

[5] « Habet etiam praeconem in villa et nullus alius ibi habet nec habere potest praeconem. » Du Cange, qui cite notre texte, entend par ce mot le maire, le principal officier de la ville, « praetor seu judex urbanus. » Je doute de l'exactitude de cette explication, car ces fonctions étaient remplies par le « prepositus; » je croirais plutôt que ce terme ne désigne qu'un officier subalterne, tel qu'un crieur public, mais dont l'emploi était caractéristique de la suzeraineté. Toutefois, en l'absence de textes, ce ne peut être là qu'une conjecture.

de donner des sauf-conduits[1], la possession des foires et marchés, le droit d'*estanc* ou de ban sur le blé et sur le vin[2], le droit de vente, le droit de disposer des boutiques de changeur, le droit de réglementer le commerce, le droit au crédit dans la ville pendant quinze jours[3], et enfin la juridiction gracieuse et le droit d'autoriser ou d'empêcher toute mutation de propriété[4]. Bref, selon les expressions même du privilège de la comtesse Agnès, l'abbé avait sur le bourg le plein exercice des droits de seigneurie[5]. Les possessions mêmes de la comtesse et de ses fils, leurs fours, leurs maisons et jusqu'à leur demeure dans le bourg étaient tenus de l'abbaye et lui payaient annuellement un cens de sept deniers[6].

Parmi les droits de suzeraineté de la comtesse et de ses fils, étaient le droit de gîte ou procuration coutumière (*consuetudinariam procurationem*) qu'ils renoncent à exercer en l'échan-

---

[1] « Habebit etiam abbas conductum in villa S. Johannis; si quem conducere voluerit per se aut per praepositos suos, securus erit in villa in eundo et redeundo. »

[2] « Stagnum de blado et vino suo quotiens voluerint facient et minagium nunquam dabunt et super stagnum eorum nullus aliud stagnum facere audebit. »

[3] Venda et nummularium et tabule ejus, abbatis sunt propriae; quicumque habere voluerit ab ipso habebit et ipse cuicumque voluerit dabit. — Tabulas nummulariorum ubicumque et quomodo voluerit ipse disponet et ubi eas esse preceperit, ibi erunt. — Si aliquis, causa vendendi, aliquid in burgum attulerit, vel alius pro eo illud emere quaesierit, nullus alteri vendat, quousque ipse dimittat. — Ipse etiam abbas habet in villa credentiam quindecim diebus. »

[4] « Si aliquis domum aut vineam aut quamlibet terram vendere vel emere voluerit, non valebit emptio aut venditio absque concessione abbatis, sed uterque, emptor scilicet et venditor, abbatis ad justiciam stabunt et quod sine ipso factum est irritum erit. »

[5] « Ut autem in paucis multa colligamus, in burgo et in cunctis pertinentiis ejus et in omnibus quae superius concessa et confirmata sunt, secundum sapientiam a Deo sibi datam, abbatem, sicut dominum, dominium suum libere et potenter habere concedimus et exercere. »

[6] « Ipsius (abbatis) enim est dominium et quicquid in burgo omne habemus ab ipso procedit..... mansionem etiam nostram quam in burgo inhabitamus et furnos cum domibus in quibus sunt et domos quamvis perpaucas, si quas tamen in burgo habemus, et omnia quae in burgo, vel in his quae ad eum pertinent, possidemus, omnia de abate et de ecclesia habere volumus et concedimus : ita scilicet ut omnibus annis publicae monetae vii denarii pro his omnibus ecclesiae S. Johannis censualiter persolvantur. »

geant contre les droits de minage[1] et de fournage, les revenus de la prévôté (*praeposituram*), le droit à un crédit de quinze jours, une redevance d'un denier par semaine à prélever sur les boulangers et un droit de péage sur le transport des sels et des goudrons destinés au commerce. De plus, pour représenter le droit de gîte auquel ils renoncent, ils stipulent que chaque fois que le comte viendra dans la ville, il lui sera fourni l'équivalent de ce qui est donné à un moine en un jour, au réfectoire, en vertu de sa prébende[2]. Enfin, ils exemptent les habitants d'host et de chevauchée, en faisant exception toutefois pour le cas de guerre publique (*bellum campestre*).

Sauf ces quelques réserves, toute la seigneurie du bourg Saint-Jean semble avoir été abandonnée à l'abbaye; l'acte lui-même désigne le territoire sur lequel elle devait s'exercer sous le nom caractéristique d'immunité et de franchise (*immunitas et libertas*). Cependant plusieurs de ses dispositions supposent certaines restrictions qu'il paraît difficile d'expliquer et de préciser. C'est ainsi que l'article qui déclare francs vis-à-vis du seigneur laïque tous les serviteurs de l'abbaye, dit que les habitants du bourg sont presque tous sous la dépendance des moines (*ipsi de hominibus burgi qui omnes fere juris eorum sunt*), ce qui doit faire supposer qu'il y en avait d'autres qui ne leur étaient pas soumis. Un autre article déclare deux rues du bourg (*duo vici intra burgum*) comprises dans la juridiction de l'abbaye, ce qui semble contredire les dispositions qui attribuent à l'abbaye le bourg tout entier; une autre disposition enfin, porte que toute maison sur laquelle l'abbé percevra le moindre cens, fût-il d'une maille, sera réputée de sa seigneurie (*propter hoc tota domus in dominio ejus erit*), et dès lors ne pourra être cédée sans son consentement, alors qu'il est dit dans le même document,

---

[1] L'une des dispositions citées plus haut exempte l'abbaye du droit de minage ; elle n'est pas cependant en contradiction avec celle-ci. Dans la première, il ne s'agit que du minage du blé provenant des domaines de Saint-Jean et pour la vente duquel l'abbaye a un privilège d'*estanc*. Dans la seconde, au contraire, il s'agit d'un droit sur tous les autres grains qui se vendent dans la ville.

[2] « Ad indicium tamen procurationis quam huc usque habuimus, reti-
» nuimus ut detur comiti et comitissae quando in hanc villam veniemus
» aut nos aut successores nostri, secundum quod unicuique mona-
» chorum illo die in refectorio dabitur una præbenda. »

comme nous l'avons rapporté, que tout transfert d'immeubles dans le bourg sera subordonné à son autorisation.

En 1131, Guillaume X, comte de Poitiers, repentant des usurpations et des violences qu'il avait commises, déclara céder à l'abbaye toutes les possessions des ducs d'Aquitaine à Saint-Jean-d'Angély, lui confirmer tous les droits qu'elle avait pu posséder sur le bourg, ainsi que le droit d'asile dont jouissait le cloître [1].

L'abbaye ne conserva pas sous les rois d'Angleterre les droits étendus qu'elle avait eus sur la ville pendant la domination des comtes de Poitiers. Elle tenta de les ressaisir plus tard en faisant confirmer par Louis VIII, aussitôt après la conquête de 1224, la charte de Guillaume X [2], mais il semble que ce fut lettre morte. Sous Alfonse de Poitiers encore, vers 1267, elle essaya de revendiquer comme faisant partie de son domaine le terrain où se tenaient les foires et les marchés, et sur lequel on avait bâti les halles, mais le souvenir même de sa suzeraineté s'était perdu à tel point que la plupart des témoins déclarèrent, dans l'enquête faite à ce sujet, que ce terrain devait, suivant eux, appartenir au comte [3]. Malgré ses revendications, l'abbaye ne conserva que quelques débris de ses anciens privilèges. Le premier sénéchal de Saintonge institué par le comte Alfonse, Jean de Sours, avait déterminé les droits de l'abbaye et ceux du comte [4]; nous ne possédons malheureusement plus ce document, mais nous voyons qu'au XIII° siècle il y avait encore dans la ville, concurremment avec le prévôt du comte de Poitiers, un prévôt moine (*prepositus monacus*); c'était lui qui, vers 1267, soutenait que les halles avaient été construites sur les dépendances de l'abbaye. Celle-ci possédait encore, à la même époque, le droit de vente (*venda*) qui lui était reconnu par les privi-

---

[1] « Cameras meas et domum et plateas et fossatum quae omnia in aspectu ipsius monasterii habuerant et possederant antecessores mei duces Aquitaniae. — Consuetudines etiam quas ecclesia S. Johannis antiquitus solebat habere in burgo illo concedo et volo ut libere et integre ecclesia illa deinceps et quiete possideat..... » (*Gallia Christ.*, t. II, Instr., col. 469.)

[2] Cartulaire de Saint-Jean-d'Angély, fol. 99. Bibl. nat., ms. lat., 5451

[3] Arch. nat., J 1033, n° 19.

[4] « Fecit inquestam et separavit jus ecclesie a jure domini comitis. » (*Ibid.*).

lèges de la comtesse Agnès[1], et elle continua dans la suite et jusqu'au xvii° siècle à exercer un certain droit de police et même une certaine juridiction sur le commerce, et particulièrement sur le mesurage du blé et du vin ; en 1663 encore, elle revendiquait outre ce droit la « justice haute, moyenne et » basse sur les faubourgs, avec toute la directité de la ville[2]. »

Quoi qu'il en soit, dès la fin du xii° siècle, c'était le roi d'Angleterre qui exerçait sur la ville de Saint-Jean-d'Angély tous les droits de suzeraineté, et c'est Jean Sans-Terre qui, le 14 juillet 1199, lui concéda sa charte de commune[3]. Malgré cette concession, faite, comme toutes celles du roi Jean, dans le but d'organiser la défense de ses provinces du continent, la nouvelle commune se déclara cinq ans plus tard en faveur de Philippe-Auguste et reçut de lui, en octobre 1204, la confirmation de ses privilèges et franchises[4]. Le roi de France

---

[1] « Quando nundine erant, venderius abbatie portabat bursam et ac-
» cipiebat vendam bestiarum, vaccarum, porcorum ibi venditarum. »
(Arch. nat., J 1033, n° 19).

[2] Voy. plusieurs mémoires de jurisconsultes à ce sujet. Bibl. nat., ms. lat., 12676, fol. 77 à 118.

[3] « Johannes Dei gratia, etc. Sciatis nos concessisse et presenti carta
» nostra confirmasse dilectis et fidelibus nostris burgensibus S. Johannis
» Angeliacensis quod habeant communam in villa sua S. Johannis An-
» geliacensis. Quare volumus et firmiter precipimus quod ipsi com-
» munam habeant cum omnibus libertatibus et liberis consuetudinibus
» ad communam pertinentibus. T. W. Rothom, archiep.; etc. Dat. per
» manum H. Cant. arch. cancellarii nostri, apud Sagium, xiiij die julii,
» anno regni nostri primo. » (*Rotuli Chartarum*, p. 1 b.)

[4] « Noverint..... quod nos concedimus in perpetuum..... juratis
» communie S. Johannis Angeliacensis et eorum heredibus perpetuam
» firmitatem communie sue jurate apud S. Johannem Angeliacensem, ut
» tam nostra quam sua propria jura melius possint defendere et magis
» integre custodire, salva tamen et retenta fidelitate nostra et jure
» nostro et heredum nostrorum, salvo etiam jure sancte et venerabilis
» ecclesie Beati Johannis Angeliacensis et omnium aliarum ecclesiarum.
» — 2. Volumus igitur, precipimus et statuimus ut omnes liberas con-
» suetudines ville S. Johannis Angeliacensis teneant in perpetuum, ma-
» nuteneant et defendant. — 3. Concedimus etiam ut eis et eorum he-
» redibus ad libitum suum puellas et viduas suas nuptui tradere et
» juvenes uxorare et baillia juvenum et puellarum habere sine aliqua
» contradictione, libere liceat et secure, et ultima testamenta sua, prout
» voluerint, ordinare, sive ore proprio, sive per ministerium amicorum.
» — 4. Precipimus autem ad ultimum ut communiam suam teneant
» secundum formam et modum communie Rotomagensis. » (*Ordonn.*,
t. V, p. 671. — Cf. Delisle, *Catalogue* n° 864.)

y ajouta les dispositions relatives à la liberté des mariages, des tutelles et des testaments que l'on retrouve dans un grand nombre de chartes analogues ; il déclara de plus que l'organisation de la commune serait modelée sur celle de Rouen. Le mois suivant, sur la demande des habitants, il leur adressa une expédition des Établissements [1].

Cette copie, faite d'après le registre de la chancellerie royale, dut ne comprendre que la partie qui y avait été transcrite, et effectivement, c'est cette première partie seule que l'on rencontre dans tous les textes qui proviennent de Saint-Jean-d'Angély [2]. Il y a donc apparence que le statut communal de cette ville fut le texte des Établissements tel qu'il a été connu jusqu'à présent, c'est-à-dire réduit aux vingt-huit premiers articles.

La domination de Philippe-Auguste à Saint-Jean-d'Angély fut éphémère ; en 1206, la ville redevint anglaise, mais conserva avec ses privilèges le statut communal qui venait de lui être donné ; nous en avons la preuve dans ce fait qu'en 1215, Jean Sans-Terre la désigna ainsi que Niort comme modèle à la ville de Cognac à laquelle il voulait attribuer cette organisation [3].

Pendant les dernières années du règne de Jean Sans-Terre et sous Henri III, Saint-Jean fut comme les villes du Poitou en butte aux violences de Guillaume de Parthenay, d'Hugues de Lusignan et des autres seigneurs [4] ; nous ne reviendrons pas sur ce que nous avons dit, à propos de Niort, de la situation de ces villes et des circonstances qui les disposèrent à accueillir comme une délivrance la conquête française. A la fin de juin 1224, Saint-Jean ouvrit ses portes à Louis VIII qui venait de s'emparer de Niort [5], et obtint de lui, au mois d'août

---

[1] « Philippus, etc., dilectis et fidelibus suis universis juratis communie S. Johannis Angeliacensis, salutem et dilectionem. Noveritis quod Nos, ad petitionem vestram, vobis mittimus rescriptum communie Rotomagensis in hunc modum : *Si oporteat, etc*..... Actum Senonis, anno Mº CCº IVº, mense novembris. » (*Ordonn.*, t. V, p. 671. — Cf. Delisle, *Catalogue*, nº 878.)

[2] Arch. nat., JJ 105, pièce 418, X¹ª 8616, fol. 418 vº. — Copie du XVᵉ siècle aux Archives municipales d'Angoulême. Mémorial A, fol. 1 vº.

[3] *Rotuli litt. patent.*, p. 147.

[4] *Royal Letters*, t. I, pp. 94, 132, 148.

[5] « Rex Ludovicus..... S. Johannem de Angeliaco festinus adiit, sed

suivant, une confirmation de ses privilèges[1] de tous points semblable à celle qu'elle avait reçue de Philippe-Auguste en octobre 1204; Louis IX les confirma à son tour en octobre 1228[2].

En juin 1230, Saint-Jean fut donnée à Hugues X de Lusignan, alors allié du roi de France[3]. Elle lui resta jusqu'au mois de juillet 1241; à ce moment, en faisant hommage au comte Alfonse pour ses domaines, le comte de la Marche déclara restituer et abandonner le château et la ville[4]. La confirmation des privilèges de Saint-Jean-d'Angély par Alfonse de Poitiers suivit de près l'abandon consenti par Hugues de Lusignan. Aucune disposition nouvelle ne fut ajoutée aux concessions antérieures[5].

Sous l'administration d'Alfonse, malgré les impôts assez lourds dont elle fut frappée, la ville paraît avoir beaucoup prospéré; ce fut alors qu'elle se créa avec les villes de la Flandre des relations commerciales qui se perpétuèrent pendant tout le moyen âge[6]. Entre 1255 et 1260, des halles, qui contribuèrent beaucoup au développement du commerce, furent élevées sur l'emplacement de l'ancien marché aux bes-

---

» oppidani timentes sibi, sua seque regi dedentes eum honorifice susce-
» perunt. » (*Gesta Ludovici*, dans *Histor. de France*, t. XVIII, p. 305.)

[1] *Ordonn.*, t. XII, p. 315.

[2] Arch. nat., J 190, n° 80. Analyse dans Teulet, *Layettes du Trésor des Chartes*, t. II, n° 1977.

[3] Charte de la comtesse Isabelle : « Noveritis dominum Ludovicum Dei
» gratia illustrem regem Francie tradidisse karissimo viro nostro Hu-
» goni comiti Marchie et nobis castellum suum de Sancto Johanne An-
» geliacensi et quicquid juris habebat in villa et pertinentiis..... »
(Teulet, *Layettes du Trésor*, t. II, n° 2065.)

[4] « Nos autem et regina uxor nostra eidem domino comiti restituimus
» et quiptavimus Sanctum Johannem Angeliacensem, scilicet castrum et
» villam cum omnibus pertinenciis. » (*Ibid.*, n° 2927.)

[5] Arch. nat., J 190ᵃ, n° 5. Teulet qui donne une analyse de ce document (*Layettes du Trésor*, t. II, n° 2931), qualifie l'exemplaire des archives de « copie non authentique » ; la forme de cette pièce, dans laquelle la copie des chartes antérieures est d'une écriture différente de celle des formules de confirmation qui l'encadrent, indique clairement que nous n'avons là qu'un projet, une minute préparée par la chancellerie d'Alfonse. Néanmoins, et bien qu'on ne retrouve cet acte dans aucune des confirmations postérieures, il est à croire qu'il fut expédié.

[6] Voy. les privilèges accordés en 1262 aux commerçants en vins de Saint-Jean-d'Angély venant trafiquer à Gravelines publiés par Wauters, *De l'origine et des développements des premières libertés communales*, preuves, p. 201.

tiaux[1]. A la demande des habitants, les juifs furent expulsés en même temps que ceux de Poitiers, de Niort, de Saint-Maixent et de Saintes, en juillet 1249 ; le comte perçut à cette occasion un impôt de quatre sous de monnaie courante par chaque feu d'une valeur de vingt sous et au-dessus, et de plus, s'adjugea toutes les créances des juifs, pour le recouvrement desquelles il envoya un commissaire dans le Poitou[2]. Comme à Niort, l'administration d'Alfonse mécontenta la population par son excessive fiscalité. Ce mécontentement se traduisit à Saint-Jean par le peu d'empressement à lui accorder les subsides qu'il demanda en 1268, pour accompagner son frère à la croisade. M. Boutaric a publié une lettre du comte de Poitiers au sénéchal de Saintonge, dans laquelle Alfonse se plaint de la parcimonie de la commune de Saint-Jean-d'Angély, qui n'avait offert que mille livres tournois, lui enjoint d'obtenir davantage et, si la commune se refuse à élever ses offres, ordonne de faire toutes réserves pour la poursuivre comme coupable de forfaiture[3].

Après la mort d'Alfonse, le roi Philippe III confirma les privilèges de la ville[4]. Sous Philippe le Bel, des prêts considérables faits au roi par la commune lui firent obtenir, avec la confirmation de ses chartes, le privilège d'être exemptée de taille[5]. Les chartes de commune de Louis VIII et de saint

---

[1] Voy. l'enquête déjà citée sur la propriété du terrain de ces halles, Arch. nat., J 1033, n° 19. L'enquête est faite par Jean de Vilette qui fut sénéchal de Saintonge, probablement de 1265 à 1271 (Boutaric, *Saint Louis et Alfonse de Poitiers*, p. 166). Tous les témoins s'accordent à placer la construction des halles sous l'administration de Jean de Sours, sénéchal de 1255 à 1265 (*Ibid.*) et plusieurs disent qu'il y a onze ans qu'elles sont élevées.

[2] *Layettes du Trésor des Chartes*, t. III, n°s 3782 et 3783. — En 1222, les juifs de Saint-Jean, mis par Henri III sous sa protection, lui payaient une redevance annuelle de 3,000 sous (*Royal letters*, t. I, p. 206.)

[3] Boutaric, ouvr. cité, p. 286.

[4] Février 1271-1272. Arch. nat., JJ 30, pièce 574.

[5] Janvier 1291-1292. Arch communales de Saint-Jean-d'Angély, AA 1. Copie de la fin du xiv° ou du commencement du xv° siècle sur un feuillet détaché d'un registre grand in-quarto, qui est probablement le dernier débris du *Livre rouge* ou recueil des privilèges de la commune dont le corps de ville avait décidé l'établissement en 1390 (Arch. comm. de Saint-Jean-d'Angély, BB. 17). — Cf. la liste des noms « de ceaus de Saint-Johan d'Angeli qui prestarent a nostre seignor lo roi per la deffense du royaume, » publiée par M. G. Musset (*Arch. hist. de la Saintonge*, t. IV, p. 200).

Louis furent encore confirmées par Philippe V peu après son avènement [1].

Malgré ces confirmations successives, les privilèges de la commune n'avaient pas laissé cependant de recevoir des atteintes, surtout en ce qui concernait la juridiction municipale. Sous le règne de Philippe VI, les habitants s'adressèrent au roi pour obtenir, en même temps que la confirmation générale accoutumée des libertés, franchises et privilèges de la ville, une confirmation plus explicite de ses droits, et en particulier de ses droits de justice. L'ordonnance qui fut rendue à cette occasion est datée de juillet 1331 [2], et règle en effet les droits respectifs à cet égard du corps de ville et du prévôt. Elle contient une dizaine de dispositions dont plusieurs sont la traduction ou le développement d'articles des Établissements [3], confirme le droit de justice du maire sur les jurés de la commune, tout en réservant la haute justice attribuée au prévôt, maintient le corps de ville dans la possession de la police du commerce, dans le droit de faire des règlements municipaux et dans celui de faire « statutz, cris et guet quand mestier est pour la garde et » seureté de la ville. » En somme, cette confirmation diminuait plutôt qu'elle ne maintenait les droits qui résultaient des Établissements, nous aurons plus loin l'occasion de le montrer.

Les débuts de la lutte de la France contre l'Angleterre firent multiplier les privilèges destinés à assurer la fidélité de la commune. Dès la fin de l'année 1335, Nicolas Béhuchet, envoyé à Saint-Jean-d'Angély, décidait, de concert avec le maire, la levée d'un impôt sur les marchandises vendues dans la ville, dont le produit devait être appliqué à l'entretien d'une armée destinée à protéger la côte et le pays [4]. En août 1337, le roi déclarait prendre la commune sous sa garde et protection spéciale [5]; en mars de l'année suivante, il accordait aux bourgeois le monopole de la vente dans la

---

[1] 5 avril 1317. Arch. nat., JJ 53, n° 139.
[2] *Ordonn.*, t. V, p. 675.
[3] Voy. art. 1 à 5.
[4] Les lettres de confirmation de Philippe VI sont du 8 décembre 1336. Cop. du xviii° siècle, Arch. nat., P 2291, fol. 193.
[5] Arch. nat., JJ 70, n° 204.

ville du vin provenant de leurs domaines [1] ; enfin, en mai 1341, il décidait que la ville ne serait jamais à l'avenir séparée du domaine de la couronne [2]. Cinq ans plus tard, la prise de Saint-Jean-d'Angély par le comte de Derby [3] lui infligea un démenti. On peut croire, d'après le préambule des lettres par lesquelles le roi Jean, après la reprise de la ville par le connétable Charles d'Espagne en 1351 [4], déclara pardonner aux habitants tous faits de guerre commis pendant l'occupation, qu'ils avaient assez volontiers accueilli les Anglais. Quoi qu'il en soit, en considération des maux qu'ils avaient soufferts pendant la guerre, le roi leur accorda des lettres de rémission, déclara leur restituer tous leurs biens et enfin confirma leur droit de *communauté* avec tous les privilèges, usages, coutumes, franchises, juridiction et revenus qu'avait possédés la *commune* de Saint-Jean-d'Angély [5].

Au mois de mai 1354, le roi Jean confirma les lettres patentes de Philippe VI qui avaient déclaré la ville irrévocablement unie à la couronne [6], mais les conséquences de la bataille de Poitiers devaient bientôt après la faire retomber, avec les autres villes du Poitou, sous la domination anglaise. Elle y resta jusqu'en 1372. A cette époque, les habitants, enhardis par les succès de Charles V, chassèrent les Anglais

---

[1] Arch. nat., JJ 71, n° 200. — Ce privilège est déjà indiqué, mais moins explicitement, dans la charte de juillet 1331. art. 6 (*Ordonn.*, t. V, p. 675).

[2] *Ordonn.*, t. IV, p. 149.

[3] Le 21 septembre 1346. Voy. Froissart, éd. Luce, t. IV, p. 12, et surtout les notes et le sommaire de l'éditeur, p. VI.

[4] D'après M. Luce, la ville ouvrit ses portes au roi Jean, non pas le 7 août comme dit Froissart, mais entre le 29 août et le 5 septembre 1351 (voy. Froissart éd. Luce, t. IV, p. 108, et les notes ajoutées par l'éditeur à son sommaire, p. XLVII). L'acte que nous citons, donné « in tentis » nostris ante Sanctum Johannem Angeliacensem » et daté d'août, semble fixer la prise de la ville aux derniers jours de ce mois.

[5] » Insuper, universis habitatoribus dicte ville concedimus ut possint » inter se majorem eligere, communitatem habere cum omnibus et sin- » gulis bonis, possessionibus, juribus et pertinentiis universis dicte com- » munitati pertinentibus ac privilegiis suis, usibus, coustumis, fran- » chisiis, libertatibus, juridictionibus, statutis, proficuis et emolumentis » quibuscumque et quas major et communia dicte ville Sancti Johannis » habebant aut habere solebant, poterant vel debebant, ante tempus cap- » cionis predicte. » (Août 1351. — Arch. nat., JJ 82, pièce 233).

[6] *Ordonn.* t. IV, p. 149.

et ouvrirent leurs portes au duc de Berry[1]. Celui-ci leur accorda aussitôt des lettres de rémission pour tous les faits de guerre et confirma leurs privilèges, franchises et libertés[2]. Ces lettres furent confirmées le 9 novembre suivant par Charles V qui, en même temps, concéda à la ville les privilèges accordés à toutes celles de la même région qui se soumettaient à son autorité. Par un second acte, daté du même jour[3], le roi déclara confirmer tous les privilèges octroyés par ses prédécesseurs, gratifia les bourgeois du monopole du commerce de détail de la ville, sauf les jours de marché, leur garantit le paiement des rentes qu'ils possédaient sur le grand fief d'Aunis, les exempta de prises, supprima les droits d'entrée sur le vin et enfin promit d'accorder aux négociants de Saint-Jean-d'Angély les mêmes franchises dans tout le royaume qu'à ceux des villes les plus favorisées[4]. Par un troisième acte, il concéda au corps de ville le droit d'imposer des tailles sur tous les habitants laïques de la ville, sans distinction de personnes, pour la réparation des fortifications[5]; par un quatrième, il les autorisa à faire contribuer à ces charges même les ecclésiastiques[6]; par un cinquième, toujours de même date, il déclara prendre la ville sous sa garde et protection spéciale[7]; enfin, le mois suivant, il confirma les lettres patentes par lesquelles Philippe VI et le roi Jean avaient successivement déclaré que jamais Saint-Jean-d'Angély ne serait séparé du domaine[8]. Charles VII confirma, en janvier 1422-1423, tous les privilèges[9]. Louis XI les confirma à son tour une première fois en février 1461-1462[10], puis, Saint-Jean ayant été compris dans le duché de

---

[1] Voy. H. d'Aussy, *La délivrance de Saint-Jean-d'Angély de la domination anglaise en 1372* dans *Revue anglo française*, 2ᵉ série, t. II, 1841.

[2] Orig. aux Archives communales de Saint-Jean-d'Angély, AA 3.

[3] *Ibid.*, AA 4.

[4] *Ordonn.*, t. V, p. 677. — On trouve dans le tome XV, p. 327, une ordonnance du même jour en tout semblable à celle-ci, mais à laquelle est ajoutée une disposition obligeant les religieux de l'abbaye et leurs hommes à contribuer aux tailles levées pour les fortifications.

[5] *Ordonn.*, t. V, p. 535.

[6] *Ibid.*, p. 536.

[7] *Ibid.*, p. 533.

[8] *Ibid.*, t. XV, p. 327.

[9] *Ibid.*, p. 326.

[10] *Ibid.*

Guyenne attribué à son frère Charles, celui-ci, en août 1469, vidima et confirma toutes les concessions faites à la ville[1]. Après sa mort, Louis XI les confirma une seconde fois, le 28 mai 1472[2].

D'après les chartes de La Rochelle, que rappelaient plusieurs des concessions faites à Saint-Jean, les maire et échevins étaient annoblis; le corps de ville de Saint-Jean revendiqua ce privilège et en demanda une confirmation explicite. Louis XI, qui n'avait pas coutume de refuser cette faveur, la lui accorda en y ajoutant l'exemption du ban et de l'arrière-ban, par lettres patentes en date de septembre 1481 et obligea par une injonction la Chambre des comptes à enregistrer ce privilège, à la vérification duquel elle s'était d'abord opposée[3].

Après la mort de Louis XI, Charles VIII confirma de nouveau tous les privilèges[4]; néanmoins, sous son règne, ils furent l'objet de quelques contestations, et un des conseillers du roi, Jean Prévot, fut chargé de faire à leur sujet une enquête, dont le résultat, favorable à la commune, est consigné dans un procès-verbal daté du 7 février 1484-1485[5]. Depuis lors, la ville en jouit jusqu'au milieu du XVIe siècle sans interruption, malgré quelques difficultés soulevées par la Chambre des comptes au sujet de la confirmation des lettres patentes de Louis XI annoblissant le corps de ville. Louis XII, en juillet 1498[6], François Ier, en mars 1514-1515[7] et en février 1519-1520[8], Henri II, en novembre 1547[9], confirmèrent successivement tous les privilèges de la ville.

---

[1] Cop. du XVIIe siècle, Bibl. nat., *Arm. de Baluze*, t. 26, fol. 352.

[2] *Ordonn.*, t. XVII, p. 508.

[3] *Ibid.*, t. XVIII, p. 690. — L'injonction est du 12 octobre 1481 et l'attache de la Chambre des comptes relatant la vérification, du 13 juillet 1482.

[4] Je ne connais qu'un fragment de cette confirmation copié dans le recueil de dom Fonteneau (t. 27 bis p. 429). Il y est daté de Montils-les-Tours, juillet 1483, première année du règne. Il faut probablement lire au lieu de juillet le nom d'un des premiers mois de l'année. Charles VIII était à Montils-les-Tours en février 1484.

[5] Copie du XVIIe siècle, Arch. communales de Saint-Jean, AA 9.

[6] Arch. nat., JJ 230, n° 183, Analyse dans *Ordonn.*, t. XXI, p. 101.

[7] Bibl. nat., *Arm. de Baluze*, t. 26, fol. 366 v°. — Il y eut de plus des lettres de surannation le 18 mai 1519 (*Ibid.*, fol. 367 v°), à cause du défaut d'enregistrement des premières.

[8] *Ibid.*, fol. 352.

[9] Arch. nat., JJ 258, n° 244.

La décadence de Saint-Jean-d'Angély date des guerres de religion. Jusqu'au milieu du xvi° siècle, elle avait toujours été l'une des villes les plus commerçantes de la contrée ; ses relations avec les Flandres n'avaient subi que de courtes interruptions, et malgré les guerres du xiv° et du xv° siècle, elle n'avait guère cessé d'exporter des vins et des céréales, et d'acheter sur les marchés du nord des laines et des métaux. Sa population avait été en grande partie gagnée à la Réforme ; en 1562, elle pilla l'abbaye, livra aux flammes le fameux chef de saint Jean-Baptiste, massacra ou chassa les moines et transforma en temple protestant l'église abbatiale. Cependant, cette année même, le comte de La Rochefoucauld essaya vainement de s'en emparer[1]. Les Huguenots réussirent à s'en rendre maîtres en 1568 ; ce n'est pas ici le lieu de raconter le sac de la ville et de l'abbaye qui signala leur passage[2]. Aussitôt après la bataille de Moncontour, le duc d'Anjou vint les y assiéger et Charles IX les réduisit, le 2 décembre 1569. La ville conserva ses privilèges, mais le corps de ville dut lever sur la population diminuée et appauvrie de lourds impôts pour réparer les fortifications ruinées[3].

Henri III, en novembre 1578[4], et Henri IV, en octobre

---

[1] Blanchard, dans sa *Compilation chronologique* (col. 916), signale une confirmation des privilèges de Saint-Jean-d'Angély de janvier 1567 comme se trouvant dans le Mémorial de la Chambre des comptes GGG, fol. 112 (aujourd'hui Arch. nat., P 2314, p. 67) ; mais, vérification faite, ce document s'applique à Saint-Jean-d'Angles, village de la Charente-Inférieure.

[2] Ce fut alors que les archives de la commune qui se trouvaient dans la tour de l'horloge furent dispersées et en partie détruites. Les précieux débris qui, soigneusement classés, sont aujourd'hui conservés à l'hôtel de ville, ont été rassemblés de toutes parts il y a environ un demi-siècle par M. Saudeau, greffier de la justice de paix. C'est à son zèle et à ses patientes recherches dans toutes les maisons de la ville, où quelques-unes de ces épaves s'étaient égarées, que l'on doit la plupart des pièces anciennes et des registres de délibérations qui sont d'un intérêt exceptionnel. Le plus ancien remonte à 1332 ; il y en a dix-sept du xiv° siècle ; à partir de 1388, la série est à peu près complète. Un inventaire dressé en 1878 par M. Saudeau y rend les recherches très commodes.

[3] 18 juin 1573. Lettres de jussion de Charles IX à la Chambre des comptes pour l'enregistrement de lettres patentes portant don et octroi au corps de ville d'aides, tailles et droit de huitième sur le vin jusqu'à la somme de 6,000 l. pour les réparations des fortifications (Arch. nat., P 2318, fol. 629).

[4] Bibl. nat., *Arm. de Baluze*, t. 26, fol. 369.

1591[1], confirmèrent les privilèges qui, cependant, furent encore l'objet de contestations, surtout à cause des franchises attribuées aux membres du corps de ville à raison de leur annoblissement. Une enquête, faite à Saint-Jean en 1593[2], établit les droits des magistrats municipaux, et des lettres de jussion obligèrent la Cour des aides à admettre les magistrats à jouir des privilèges de noblesse, tout en exerçant leur commerce ou leur industrie, et à vérifier purement et simplement la confirmation de privilèges de 1591[3]. Une nouvelle confirmation fut encore obtenue d'Henri IV, le 30 août suivant[4].

Pendant la régence de Marie de Médicis, les Huguenots parvinrent encore à s'assurer de la ville. Le duc de Rohan, nommé par Henri IV, gouverneur de Saint-Jean-d'Angély, était l'un des chefs du parti des « zélés; » il rencontra d'abord dans le corps de ville, et surtout dans le maire en fonction en 1611-1612, un obstacle à ses projets. Prévenue des intrigues qui devaient, aux prochaines élections municipales, assurer la majorité aux créatures du gouverneur, la régente envoya à Saint-Jean un des gentilshommes de la Chambre, porteur d'un ordre de surseoir aux élections et de maintenir en charge le maire, Jean Brochard. Cet ordre fut signifié au corps de ville, le 16 avril 1612. Le duc de Rohan déclara que cette mesure devait être l'effet d'une surprise, qu'il était impossible que la régente voulût prendre une décision attentatoire aux privilèges de la ville, et, sur ses instances, en dépit de la volonté formellement exprimée de Marie de Médicis, on procéda comme d'habitude aux élections, qui donnèrent la majorité à trois calvinistes du parti de l'action, comme l'était le duc de Rohan. La liste des trois candidats fut portée directement par un membre du corps de ville à la régente qui refusa de choisir le maire et envoya à Saint-Jean-d'Angély le marquis de Thémines. Celui-ci, après avoir fait maintenir en charge le maire de l'année précédente, fit procéder, le 1er mai, à de nouvelles élections de trois can-

---

[1] Bibl. nat., *Arm. de Baluze*, fol. 369 v°.
[2] Arch. communales de Saint-Jean, AA 36.
[3] Le 4 mars 1594. *Arm. de Baluze*, t. 26, fol. 370, v°. L'arrêt de vérification de la Cour des Aides est du 15 juillet suivant (*Ibid.*).
[4] *Ibid.*, fol. 373, v°.

didats, parmi lesquels le sénéchal de Saintonge désigna comme maire Jacob de Queux, seigneur de Saint-Hilaire [1].

Malgré l'échec éprouvé en cette circonstance par le duc de Rohan, il avait conservé cependant de nombreux partisans dans la ville, si bien que, lorsque huit ans plus tard les actes de l'assemblée de La Rochelle eurent décidé le roi à une campagne contre les Huguenots de l'Ouest, Saint-Jean-d'Angély se trouva l'un des principaux boulevards du calvinisme. Le frère cadet du duc de Rohan, Benjamin de Rohan, seigneur de Soubise, s'y enferma, et après avoir fait sortir les catholiques et les tièdes, arrêta pendant un mois sous ses murs l'armée royale, mais fut réduit à rendre la place sans conditions le 25 juin 1612 [2].

Irrité de la résistance qu'il avait rencontrée et décidé à faire un exemple pour tirer tout le parti possible de son succès, Louis XIII fit raser les fortifications, révoqua tous les privilèges, et détruisit l'ancienne organisation municipale que Saint-Jean-d'Angély avait empruntée à Rouen quatre siècles auparavant [3]. Ce fut la consommation de la ruine de la ville, et comme sa condamnation au rôle de simple bourgade sans commerce ni industrie. Environ quatre-vingts ans après ces événements, l'intendant Bégon disait d'elle, dans son *Rapport au roi*, ces paroles qu'on pourrait prendre pour une cruelle ironie : « S. M. priva le corps de ville de » tous ses privilèges et rendit taillables les habitants, ce » qui a produit tout l'effet qu'on en avait espéré. Cette ville » n'étant plus remplie que de pauvres gens qui ont bien de » la peine à vivre, il n'y a point de lieu dans la province où » il y ait une si grande quantité de mendiants [4]. »

Elle végéta ainsi, administrée par des officiers royaux, pendant tout le XVIIe siècle. En 1700, le même arrêt du conseil

---

[1] Sur les troubles de Saint-Jean-d'Angély, en 1612, voy. les documents réunis par M. Saudeau et publiés dans les *Archives histor. de la Saintonge*, t. IV, pp. 231-261.

[2] Sur le siège de Saint-Jean-d'Angély, voy. le *Journal de Daniel Manceau* et les nombreuses relations indiquées par les éditeurs de ce document dans les *Archives histor. de la Saintonge*, t. I, pp. 188-320.

[3] Edit. de juillet 1621, Arch. nat., O^1, fol. 177, v°. Il est publié avec beaucoup d'autres documents sur le siège dans le *Mercure François*, t. VII, p. 572.

[4] *Archives histor. de la Saintonge*, t. II, p. 59.

qui supprima, à Saintes et à Cognac, l'organisation dérivée des Etablissements, rétablit à Saint-Jean un corps de ville[1]. Mais il n'y avait rien de commun entre des offices créés dans un but exclusif de fiscalité et l'ancienne indépendance communale. Saint-Jean-d'Angély ne devait retrouver que de nos jours un peu de l'importance commerciale et de la prospérité qu'elle avait eues depuis le moyen âge jusqu'au milieu du XVIᵉ siècle.

Des documents en assez grand nombre nous font savoir comment a fonctionné, à diverses époques, le régime municipal introduit à Saint-Jean-d'Angély avec les Etablissements de Rouen, mais la plupart ne sont pas antérieurs à la seconde moitié du XIVᵉ siècle.

Si l'on s'en rapportait à la lettre de la confirmation que fit le roi Jean, au mois d'août 1351, des privilèges de la ville, alors qu'elle venait d'être reprise sur les Anglais, on pourrait croire que le maire était élu par tous les habitants et que sa nomination n'était pas soumise aux formes prescrites par les Etablissements[2]. Nous avons des preuves du contraire, et, par conséquent, il ne faut entendre ce passage de la charte que dans le sens d'une confirmation générale du droit d'avoir un maire issu de l'élection.

La confirmation qui fut faite à Angoulême, par Charles V, en mars 1373-1374, de tous les privilèges de Saint-Jean-d'Angély[3], contient, à la suite du vidimus des concessions faites en 1372 à cette dernière ville, divers statuts ou règlements municipaux qui devinrent ceux d'Angoulême, mais qui, à n'en pas douter, ont été, comme tous les autres documents encadrés dans les formules de la concession de mars 1374, empruntés à Saint-Jean-d'Angély. Ce qui le prouve, bien que le nom d'Angoulême figure seul au début de cette série de règlements[4], c'est que, dans les trois textes qui nous

---

[1] 20 septembre 1700. Arch. nat., E 1915.

[2] « ..... Insuper, universis habitatoribus dicte ville concedimus ut possint inter se majorem eligere. » (Arch. nat., JJ 82, pièce 233.)

[3] *Ordonn.*, t. V, p. 670.

[4] Ces règlements débutent ainsi, à la suite de la date des lettres de Charles V pour Saint-Jean-d'Angély, du 9 novembre 1372 : « Et en » ampliant nostre grace, veuillans ausdicts bourgois et habitans de » nostre ville d'Angolesme, nous monstrer a leur proffit enclins et favo- » rables, a iceux avons octroyé et octroyons que, etc. » (*Ibid.*, p. 679.)

en sont parvenus, et qui ne sont pas copiés les uns sur les autres, Saint-Jean-d'Angély est nommée dans la formule de serment du maire qui se trouve dans ce document ¹. Nous avons, du reste, comme on le verra, des preuves positives que certaines dispositions de ces statuts ont été appliquées à Saint-Jean, et il est, dès lors, légitime de leur emprunter les détails que nous recherchons pour en étudier l'organisation intérieure.

Parmi ces règlements, il en est un qui détermine minutieusement *la forme et manière de l'élection du maire*. Il montre qu'à Saint-Jean, comme dans toutes les villes régies par les Etablissements, les cent-pairs désignaient trois candidats parmi lesquels le sénéchal de Saintonge ou son lieutenant nommait le maire. Cette élection avait alors lieu le dimanche de la Passion. Mais ce document nous donne des renseignements d'une espèce plus rare ; ce qu'il a pour but de déterminer, c'est la procédure que devaient suivre les cent-pairs pour dresser leur liste de candidats. Il nous apprend que l'élection pouvait se faire de trois manières : *par la voye du Saint Esperit, par voye de scrutine* ou *par voye de compromis*. Il est inutile d'expliquer ici comment on procédait selon chacun de ces trois modes ; on trouvera, aux pièces justificatives, le texte de ce document ² qui entre dans des détails très circonstanciés sur cette procédure assez compliquée. Ce qu'il importe de faire remarquer, c'est que les auteurs de ce règlement ne s'étaient pas mis en grands frais

---

¹ Le maire jure « que il gardera la ville de Saint-Jehan » au roi et à son héritier mâle (*Ordonn.*, t. V, p. 680.). — Des trois textes dont il est ici question, le premier est la transcription dans les registres de la Chancellerie de France. (Arch. nat., JJ 105, pièce 418.) Le deuxième est une copie du XVᵉ siècle dans un des registres des Archives communales d'Angoulême. (Mémorial A, fol. 5.) Il a été publié en 1627, dans *Les Privilèges d'Angoulême*, et, en 1846, par l'abbé Michon, *Histoire de l'Angoumois*, p. 82. Le troisième est une copie faite dans les registres du Parlement de Paris, à l'occasion de la confirmation des privilèges d'Angoulême, par Henri II, en mars 1547-1548. (Arch. nat., X¹ᵃ 8616, fol. 481, v°.) Les nombreuses copies de ce document que j'ai rencontrées dérivent toutes de l'un de ces trois textes. L'édition du tome V des Ordonnances, qui est citée plus haut, est la reproduction de celle des *Privilèges d'Angoulême*, avec quelques corrections plus ou moins heureuses et l'indication de quelques variantes empruntées aux textes de JJ 105, et de X¹ᵃ 8616. Secousse, l'éditeur de ce volume, a émis aussi l'avis que ces règlements proviennent de Saint-Jean-d'Angély (p. 679, note).

² *Pièces justificatives*, I, art. 1, note.

d'imagination pour le rédiger, et qu'ils avaient simplement adapté à leur commune les principes posés par le droit canon pour les élections ecclésiastiques [1]. Nous serions même tentés de croire qu'ils avaient dû s'aider, pour les développer, de l'un des nombreux manuels écrits sur la matière, par les canonistes du moyen âge, mais nous n'avons pas su le retrouver. Quoi qu'il en soit, il est intéressant de constater cet emprunt fait par une commune aux usages de l'Eglise.

Ces règles ont reçu leur application à Saint-Jean tant qu'a duré le corps de ville. Lors des élections de 1612, qui n'eurent lieu cette année-là qu'au mois de mai, parce que la régente, pour contrebalancer l'influence du duc de Rohan, avait d'abord maintenu en fonction le maire de l'année précédente, le lieutenant général civil et criminel, qui était en même temps échevin, prit la parole et déclarant, « qu'il faisoit la voie du Saint-Esprit, » désigna trois candidats qui furent acceptés par l'assemblée [2]. En cette circonstance, ce mode de procéder servit à imposer aux cent-pairs les candidats agréables à la régente qui avait redouté d'abord la nomination de créatures du duc de Rohan.

Il était d'usage, à Saint-Jean-d'Angély, de choisir le maire

---

[1] Au Concile de Latran, en 1215, voy. *Decretal. Gregor. IX*, lib., I, tit. VI, cap. XLII. Ce mode d'élection était alors généralement en usage. A Limoges, en 1511, alors qu'il s'agit de la nomination d'un juge, le président explique aux électeurs qu'il y a « trois voyes et manières » d'élections : scruptine, compromys et *via spiritus sancti*. » (*Registres consulaires de la ville de Limoges*, t. I, p. 54, Limoges, 1867, in-8.)

[2] « Ce fait, ont déclaré (les officiers royaux) qu'ils se retiroient et
» nous laissoient à nostre liberté pour procéder à la nouvelle élection
» au desir de Leurs Majestés et de nos privilèges. Et ce fait, se sont
» retirés de ladite assemblée. Et nous, maire susdit, [ayant] pris séance
» en la chaire du maire, aurions sommairement fait entendre aux
» échevins, conseillers et pairs y assistant, l'ancienne institution et
» ordre que l'on a accoutumé pour l'élection du maire. Et, à l'instant,
» noble homme Jean Dabillon, écuyer, sieur de La Leigne, conseiller
» du roy, lieutenant général civil et criminel et l'un des échevins de
» ladite ville, auroit déclaré qu'il faisoit la voie du Saint-Esprit, et à ces
» mots dit : « Au nom du père, du fils et du Saint-Esprit, j'élis pour
» maire, l'année presente les personnes de Jehan Barthommé, Antoine
» Rolland et Jacob de Queux. » A quoy toute l'assistance a acquiescé.
» Pourquoy aurions commandé au greffier de faire savoir ladite élec-
» tion au peuple ; ce qu'il auroit fait de la manière accoutumée, par la
» fenêtre de la maison commune, à haute voix. » (Procès-verbal de l'élection. *Arch. histor. de la Saintonge*, t. IV, p. 255.)

dans le corps des cent-pairs. Le règlement annexé aux privilèges d'Angoulême de 1374 le suppose[1], et deux témoins le disent formellement dans l'enquête faite en 1593, sur les privilèges[2]. L'un d'eux dit, de plus, que le maire peut « estre continué jusques à deux ans, » mais qu'il ne « se souvient en avoir vu continuer davantage. »

Aussitôt élus, les trois candidats étaient présentés au sénéchal ou à son lieutenant qui nommait l'un d'eux maire. Comme le sénéchal ne devait faire cette nomination qu'à défaut du roi, on avait coutume, depuis le XVIe siècle du moins, de se rendre d'abord en corps, à l'issue des élections, au château, « chercher le roy ou monseigneur le Daulphin, » et ce n'était qu'après avoir constaté leur absence qu'on allait au logis du sénéchal[3]. Le nouveau maire prêtait serment aussitôt après sa nomination. D'après le règlement du XIVe siècle, qui nous en a conservé la formule, c'était entre les mains du maire sortant de charge[4]; d'après l'enquête de 1593, c'était devant le sénéchal. Il recevait ensuite à son tour les serments des divers collèges qui constituaient le corps de ville, et d'abord celui de son prédécesseur, qui jurait le premier en qualité d'échevin[5].

Le maire était assisté d'un sous-maire et d'un sergent qui étaient chaque année renouvelés ou maintenus dans leurs offices, lors de la première réunion du corps de ville présidée par le nouveau maire[6].

---

[1] Le maire sortant de charge fait serment à son successeur de « loyalment faire durant son temps office d'eschevin. »

[2] « ..... Duquel nombre de cent le maire de ladicte ville faict l'un, » et est ledict maire esleu par chascun an par ledict corps soit desdicts » vingt-cinq eschevins, soit desdicts soixante-quinze pairs. » (Archives communales de Saint-Jean d'Angély, AA 36.)

[3] Enquête de 1593 (*Ibid.*). Cet usage était encore suivi en 1612. (*Arch. histor. de la Saintonge*, t. IV, p. 256).

[4] *Pièces justif.*, I, art. 54, note.

[5] *Ibid.*, art. 2, note.

[6] « Et ordene le maire sa premiere mayzé a laquelle sont tenus de » venir tous les dessus nommez a jour de venredy, le sain de la com- » mune sonné, et estant en leur esclavinage, en leurs sieges, demande » le maire se ils veullent que le soubs-maire et sergent qui ont accous- » tumé y estre y soient ou se ils seront changé ; de laquelle chose le » maire en ordonera o le conseil de touz. » (Règlement annexé aux privilèges d'Angoulême de 1374, *Ordonn.*, t. V, p. 681.)

Les attributions du maire de Saint-Jean étaient les mêmes que celles de ce magistrat dans toutes les villes organisées d'après les Etablissements. Au XIVe siècle, c'était lui qui exerçait une partie de la juridiction au nom de la commune, et, dans ce but, il siégeait chaque jour, matin et soir, à l'hôtel de ville [1]. En cas d'absence, il était remplacé par un échevin [2].

Nous traiterons plus au long de ses attributions judiciaires en parlant de la juridiction municipale.

Comme dans plusieurs autres villes, on ne désignait sous le nom de pairs à Saint-Jean-d'Angély que ceux qui n'étaient ni conseillers ni échevins. La pairie était à vie, mais on ne comblait pas toujours immédiatement les vacances qui se produisaient dans le collège. Une liste des membres du corps de ville, qui se trouve au début du plus ancien registre de la commune qui se soit conservé, montre qu'en 1332 il n'y avait que 58 pairs [3] ; en 1352, il y en avait 66 [4]. Leurs privilèges, au XVIe siècle, consistaient à être exempts « de toutes commissions de charges publiques [5] ».

Les échevins et les conseillers semblent avoir toujours été, comme les soixante-quinze pairs, nommés à vie ; on ne voit pas qu'il y ait eu ni nominations périodiques, ni même roulement, comme dans certaines villes. Le nombre normal de douze fut parfois dépassé en ce qui touche les conseillers ; du moins, l'état du corps de ville de 1332 compte-t-il quinze noms inscrits sous la rubrique : *conseils* [6].

Le corps de ville constituait une espèce d'aristocratie héréditaire, dont les membres pouvaient résigner leurs fonctions en faveur de leurs fils [7]. En cas de vacances, il se recrutait lui-même, mais il fallait toujours passer par la pairie

---

[1] « Tient ses termes le maire chascun jour environ heure de tierce » devant disner et a relevée apres disner. » (*Ordonn.*, t. V, p. 681.)

[2] Le maire sortant de charge jure à son successeur de remplir ses devoirs d'échevin, « c'est-a-dire que il jugera bien en son absence, pour » ce que tous les échevins peuvent juger en l'absence du maire. » (*Ibid.*)

[3] Arch. commun. de Saint-Jean-d'Angély. BB 1, fol. 1 v°.

[4] *Ibid.*, fol. 51.

[5] Enquête de 1593, *Ibid*, AA 36.

[6] *Ibid.*, BB 1, fol. 1 v°.

[7] Au XVIe siècle du moins. Registre des délibérations de 1598-1600. *Ibid.*, BB 45.

pour arriver à l'échevinage ou au conseil[1]. On a vu plus haut que les privilèges de noblesse avaient été explicitement attribués aux maire, échevins et conseillers, en 1481[2]. A la fin du xvi° siècle, les droits de réception que devaient payer les membres du corps de ville à leur entrée en charge étaient de dix livres ; ils devaient, de plus, donner « un linceul » à l'aumônerie de la ville. Ceux qui tenaient leur charge en vertu de la résignation de leur père n'étaient astreints qu'au don du linceul[3].

La réunion des échevins, conseillers et pairs sous la présidence du maire, se nommait, au xiv° siècle, comme à Niort, à La Rochelle, à Cognac et à Angoulême, *mésée* ou *plénière mésée*[4]. Les réunions n'étaient pas bi-mensuelles et ne se tenaient pas le samedi, comme cela aurait dû avoir lieu d'après les Établissements ; elles avaient lieu le vendredi, et seulement une fois chaque mois[5]. Les registres de délibération du xiv° siècle témoignent que dès lors ces assemblées étaient très peu fréquentées ; en 1412, il fut décidé qu'il faudrait, pour la validité des décisions, que cinquante membres de la commune, au moins, échevins, conseillers ou pairs, eussent assisté à la *mésée*[6].

Ce n'était pas, du reste, dans ces assemblées, ni même dans les réunions moins nombreuses des échevins ou des vingt-

---

[1] Enquête de 1593. *Ibid.*, AA 36 : « Duquel nombre (de soixante-quinze pairs) se prennent toujours seullement les vingt-cinq quant il y eschet vacation. »

[2] Voy. plus haut, p. 156. — Cf. enquête de 1485 (Arch. comm. de Saint-Jean, AA 9) et enquête de 1593. (*Ibid.*, AA 36.)

[3] Registre de 1598-1600. *Ibid.*, BB 45.

[4] On la trouve ainsi désignée dans le plus ancien registre de Saint-Jean, dès 1332. (*Ibid.*, BB 1, fol. 6.) Toutes les assemblées y sont indiquées de la façon suivante : « Nous avons assigné mesée au venredi... » (*Ibid.*, fol. 14 et suiv.) Les règlements annexés aux privilèges d'Angoulême de 1373, les nomment *maysées*. Le registre des délibérations du corps de ville de 1411 est intitulé : « Ceu est le papier des *mesées* et » conseils de la mairie de la ville et commune... » (*Ibid.*, BB 23.) Celui de 1412 a pour titre : « Ceu est le papier des *misées*... » (*Ibid.*) Cette dernière forme est la plus fréquente depuis le xv° siècle.

[5] Règlements annexés aux privilèges d'Angoulême, de 1373. Voy. *Pièces justificatives*, I, Établissements, art. 3, note. — Les registres de délibération apportent en ce point une nouvelle preuve que ces règlements proviennent bien de Saint-Jean-d'Angély.

[6] Arch. commun. de Saint-Jean, BB 24, fol. 6 v°.

quatre jurés que se traitaient la plupart des affaires de la commune. Chaque année, le corps de ville déléguait la plupart de ses attributions à un certain nombre de ses membres que l'on voit qualifiés : *Electi ad negotia ville*. L'administration de la ville, sauf en ce qui touchait les finances, était à peu près toute entière dans leurs mains. Nous donnons, aux pièces justificatives, le procès-verbal de l'élection de ces délégués en 1332 ; c'était alors quatre échevins, deux conseillers et deux pairs [1]. Les règlements annexés aux privilèges d'Angoulême de 1373 fixent à quatre pairs le nombre de ces élus et ne prescrivent pas de les choisir parmi les échevins et les conseillers [2].

Cette organisation assez compliquée n'excluait pas l'intervention du peuple dans les affaires de la ville. Le procès-verbal de l'élection des élus de 1332 montre qu'en théorie, du moins, c'était à l'assemblée générale des bourgeois qu'appartenait l'administration municipale, puisque « le commun » confère à ces mandataires le droit de « tre-
» tier des droiz et des negoices de la commune .....
» sanz appeler le commun, tout aussi comme le commun
» porroit fere [3]. » En fait, les assemblées d'habitants étaient fréquentes. Les archives de la commune ont conservé le procès-verbal de l'une des plus importantes de ces réunions, tenue le 24 août 1331. Il s'agissait de se coaliser avec Bordeaux, Libourne et La Rochelle, pour résister aux nouvelles taxes perçues en Flandre sur les vins et établir un entrepôt à Bruges qui avait fait des offres de franchises aux marchands du Sud-Ouest. L'on voit le maire convoquer dans ce but, sans participation du corps de ville, les bour-

---

[1] *Pièces justificatives*, XXIX.

[2] En fixant l'ordre du jour de la première *mayzée* tenue par le maire entrant en charge, après avoir parlé de la nomination du sous-maire, il est dit : « Et ce faict, prendront et ordeneront quatre pairs, qui a
» toutes les mayzée et convocations que le maire feroit, viendront ; et
» tout ce que il accorderont en absence des autres, il tendront ; des-
» queux quatre jureront au sains Dieu evangille pour le pourffit com-
» mun ; et aussi seront tous tenus de assentement que il le facent ainsi
» par tout le commun ; et ceux qui ne vendront a chacune maizée, s'il
» n'ont congié ou essoine raisonnable, payeront ce que dessus est dit en
» l'octroy des constitutions de la commune du roy Philippes, qui est
» jouxte la forme de la commune de Rouan ou Phalese. » (*Ordonn.*,
» t. V. p. 681.)

[3] *Pièces justificatives*, XXIX.

geois et une dizaine d'habitants des paroisses des environs, probablement les principaux propriétaires, leur exposer les choses, faire décider la nomination de deux prudhommes chargés des négociations et faire consentir l'assemblée à l'établissement d'un impôt de six deniers par tonneau de vin récolté, pour subvenir aux dépenses [1].

La réunion dont nous venons de parler n'est pas la seule de ce genre dont les documents fassent mention. Les registres des délibérations témoignent qu'au xiv° et au xv° siècles, le maire prenait l'avis des bourgeois sur la plupart des questions [2]. En 1412, on imagina, pour régulariser cet usage, de faire représenter le peuple dans toutes les mésées par un nouveau corps de cent notables désignés par lui [3]. Cette institution, qui aurait porté à deux cents le nombre des membres du corps de ville, ne paraît pas avoir survécu à l'année de sa fondation.

Les privilèges concédés en juillet 1331, par Philippe VI, contiennent, sur l'exercice de la juridiction, plusieurs dispositions assez obscures que voici [4] :

1. « De toute personne prise ou amenée en prison en
» ladicte ville pour cas criminel, excepté cas de roial majesté
» bleciée et exceptez noz officiaus et ceus qui forfait aront
» dedenz la cloison du chastel de ladicte ville, le maire de
» ladicte ville, ou autre pour luy, a la presentacion [5] ; et quant
» par confession ou autrement, le malfaiteur est convaincuz,
» le prevost de ladicte ville qui en a la detencion et coer-
» cion [6] le amene en jugement et lors, present et accordant
» ledit prevost et eue deliberacion avec plusieurs saiges, le

---

[1] *Pièces justificatives*, XXX.

[2] Toutes les délibérations de ces assemblées commencent par la même formule : « Aujourduy, Mons. le mayre a fait convoquer et assembler » plusieurs de ses bourgois, ceulx qu'il a peu avoir, pour avoir advis sur » le faict de... » Voy. Arch. commun. de Saint-Jean, BB 18, fol. 68, v°.

[3] *Ibid.*, BB 24, fol. 6, v°.

[4] Le texte donné ici est emprunté au registre JJ 66, pièce 535, du Trésor des Chartes. Celui qui a été publié dans les *Ordonnances*, t. V, p. 675, est emprunté au registre JJ 105, p. 418, et paraît plus fautif.

[5] Le texte de JJ 105 porte : *pntaon* et les éditeurs des *Ordonnances* ont imprimé *présentation* ; peut-être y avait-il dans l'original, *punition* ?

[6] *Ordonn.*: « Le prevost de ladicte ville ou aultre pour luy a la presentation. »

» maire juge le malfaiteur en luy condempnant, selonc ce
» que le delit le requiert ou en le absolent, se il est en cas
» de absolucion ; et touz esmolumenz qui de ce peuent avenir
» viennent et appartiennent a nous par enterin.

2. » Item, lesdiz maire et jurez ont la prise, detencion et
» cognoissance de touz leur jurez deffendanz, mais sitost
» comme ils sont deuement convaincuz de crime, il sont
» livrez au prevost et puis jugiez comme les autres non jurez
» et touz les emolumenz en sont nostres.

3. » Item, lesdiz maire et jurez ont l'obeissance en toutes
» cours de touz leur jurez si ce n'est es cas dessus exceptez
» ou que, par cas criminel, il seroient prins en present méf-
» fait ; gardée toutefois en ce la coustume du pais.

4. » Item, nostre sergent qui veult faire arrest sur aucun
» desdiz jurez doit appeller le sergent dudit maire ; se ce
» n'est pour noz propres debtes ou par nostre mandement
» ou comission special; gardées toutesfois nos ordenances.

5. » Item, se aucum forfait a la commune ou à aucun
» bonhomme juré de la commune et, deuement requis,
» ne le veuille amender, le maire puet defendre a ses
» jurez que il ne participent avec ledit malfaiteur, jusques
» que il l'ait amendé, si n'est ou cas que nous ou nostre filz
» serions en la ville ou que l'en y tendroit nostre grant
» assise, et, a la requeste dudit maire doit faire le prevost
» meisme deffense aus autres habitans de la ville non jurez
» jusques a tant que satisfaction soit faite ou donnee bonne
» caucion d'estre a droit[1]. »

De ces dispositions, dont la dernière est la traduction d'un article des Etablissements, il ressort que la commune de Saint-Jean-d'Angély exerçait une double juridiction :

1° Juridiction à la fois criminelle et civile, sur tous les bourgeois ou jurés de commune, pour l'arrestation desquels il fallait l'intervention de sergents du maire, sauf les cas de flagrant délit, de créance royale ou de mandement spécial du roi ;

2° Juridiction criminelle, sauf dans les cas de lèse-majesté ou de délit commis dans l'enceinte du château, sur toutes personnes excepté les officiers du roi. L'art. 17 des Etablissements, reproduit à peu près dans l'ordonnance royale de

---

[1] Voy. Etablissements, art. 17, *Pièces justificatives*, I.

juillet 1331, donnait le moyen d'atteindre les étrangers qui refusaient de se soumettre à la justice municipale.

Le prévôt royal recevait les prisonniers, bourgeois ou non, que le maire avait préalablement interrogés, les maintenait en prison préventive, les amenait au plaid, et, après condamnation, exécutait la sentence de la cour municipale. Les émoluments de justice appartenaient au roi.

Le texte de l'ordonnance de juillet 1331, que nous avons cité plus haut, dit à deux reprises que les accusés, « deue- » ment convaincuz de crime, sont livrez au prevost et puis » jugez. » Il faut rapprocher ces passages de l'art. 48 des Etablissements (traduction d'Oléron) et de l'art. 2 de la Charte de 1278 réglant l'exercice de la justice municipale à Rouen [1], et entendre par là que le maire, ou l'échevin qui le suppléait, interrogeait les prévenus, et s'il concluait à leur culpabilité ou leur faisait avouer le crime dont ils étaient accusés, les livrait au prévôt qui les conduisait en prison. Cette décision préalable n'était point une sentence définitive, mais seulement la constatation du fait et le renvoi du prévenu devant la justice municipale, quelque chose comme une ordonnance d'un juge d'instruction ou, si l'on veut, un arrêt de renvoi de la chambre des mises en accusation.

Quelques textes, les uns antérieurs, les autres postérieurs à l'ordonnance de 1331, apportent des preuves à l'appui de cette interprétation.

Dans l'enquête relative à la propriété des terrains des halles, qui se fit vers 1267, plusieurs témoins déposent que les halles avaient été construites sur la place où le sénéchal de Saintonge tenait ses assises, et où avaient lieu les duels judiciaires ; ils s'accordent à dire que les duels étaient présidés par le prévôt du comte, (il s'agit de l'époque où Saint-Jean était sous la domination du comte de la Marche [2]). Vraisemblablement la juridiction municipale était alors moins

---

[1] *Pièces justificatives*, III.

[2] L'enquête porte : « super platea in qua sunt facte cohuc. » Le sixième témoin dit : « quod dominus Guillelmus li Tiays quondam seue- » schallus Xantonensis tenuit assisias suas in platea in qua sunt site » dicte hale vel circa. » Le dixième, « vidit in dicta platea reddi ictus » regis XL annis elapsis. Idem requisitus dixit quod prepositus S. Jo- » hannis Angeliacensis tenebat curiam duelli pro domino comite Mar- » chie, ut credit. » Le troisième et le cinquième témoins font des dépositions analogues. (Arch. nat., J 1033, n° 19.

étendue que plus tard et la haute justice était exercée par le sénéchal qui, dans la suite, ne fut plus qu'un juge d'appel. Quant à la direction des duels judiciaires, elle appartenait au prévôt dans toutes les villes régies par les Etablissements.

Une enquête fort curieuse, qui fut faite en 1278, au sujet d'un meurtre commis par les sergents royaux, avec la complicité du prévôt, sur un clerc de Saint-Jean, nous montre l'intervention du maire pour arrêter les coupables. Cela semble avoir excédé ses droits, mais, d'après le document même, il n'agissait qu'à défaut d'un représentant de l'autorité royale (*cum non esset in villa superior pro domino rege Francie*). Aussi, voyons-nous le prévôt contester le droit du maire et soutenir que c'était à lui de faire justice [1].

Le même document nous montre le maire constatant avec des chirurgiens la gravité des blessures de la victime, et, après cette constatation, qui équivaut à la conviction dont parle l'ordonnance de 1331, ordonner au prévôt d'emprisonner les accusés [2].

---

[1] « Item, dum requireretur major communie S. Johannis Angel., cum
» non esset in villa superior pro domino rege Francie, ante domum in
» qua moratur Pierre Farsset, quod caperentur dicti P. Boscherii, Johannes Baudeti, Christianus et P. Guarini qui murtrum seu homicidium fecerant, dictus P. Boscherii (prepositus) respondebat quod
» nichil timebat et quod bene servaret dictos servientes de facto isto
» quia de mandato suo fecerant ; et adplegiavit dictos servientes et dixit
» et promisit, obligando eorum post suum et omnia bona sua, quod ipse
» forniret jus pro ipsis erga regem et omnem hominem. Ad quod res-
» pondebatur quod, non obstante dicta promissione, dictus major debe-
» bat eos capere, cum dictus P. Boscherii esset fautor seu consors dicti
» murtri seu homicidii..... » (Arch. nat., J. 1022, n° 29.) Boutaric a donné l'indication de cette enquête dans ses *Actes du Parlement*, n° 2086 D, mais avec un faux renvoi aux cartons du Trésor. Sous le n° 2086 C, il a publié un fragment d'une autre pièce sur la même affaire, mais aussi avec un faux renvoi et sans indiquer qu'il n'en publiait que la moindre partie. Ce document se trouve aux Arch. nat., J 1034, n° 32.

[2] « Item, cum major inquisisset cum cirurgicis ipsa nocte per jura-
» menta eorum utrum idem magister Johannes esset mortaliter vulne-
» ratus et verberatus et sibi dixissent quod sic, mandavit dictus major
» pro burgensibus suis et iverunt ad domum dicti P. et invenerunt
» dictum P. Boscherii (prepositum), servientes suos malefactores et homi-
» cidas et dixerunt sibi et injunxerunt quod ipse adduceret dictos ser-
» vientes ad castrum et ibi poneret eos in prisione regis... » (Arch. nat.,
J 1022, n° 29.) Cf. la charte de mai 1278, relative à la justice de Rouen :
» Malefactores... in prisione majoris et juratorum tenebuntur quousque
» de mehagnio clarum fuerit per dictum cirurgicorum... et tunc du-
» centur ad gentes nostras et liberabuntur. » (*Pièces justif.*, III, art. 2.)

Le maire rendait seul l'ordonnance qui renvoyait les accusés devant la juridiction municipale, mais, pour l'exercice de celle-ci, il était assisté de membres du corps de ville ; les documents ne sont pas assez explicites pour que l'on puisse en préciser le nombre. Certaines causes se plaidaient en mésée [1]. Les plus anciens registres municipaux de Saint-Jean sont en même temps des registres judiciaires, mais les indications y sont très brèves ; elles se bornent aux noms des parties, à la mention des défauts ou des comparutions et des taux des amendes, qui sont les condamnations les plus fréquentes [2]. Parfois, cependant, on y rencontre la mention d'autres peines. En 1396, un voleur est condamné à la fustigation, à l'essorillement et au bannissement, et l'arrêt stipule qu'avant d'être expulsé il aura un répit de huit jours pour faire guérir sa blessure de l'oreille [3]. En 1397, un voleur est condamné au pilori et à la fustigation [4]. Une délibération du 22 mars 1397 montre que c'était toujours le prévôt qui exécutait les sentences de la justice municipale [5].

Au XVIᵉ siècle, Saint-Jean perdit, comme la plupart des villes de France, à la suite de l'édit de Moulins (1566), sa juridiction civile, mais continua à posséder la juridiction criminelle. Pour l'exercer, le corps de ville nommait chaque année dans son sein un juge, un procureur et un greffier, et tous les jugements étaient rendus en mésée sans participation des officiers royaux [6].

La juridiction de police, qu'il faut distinguer de la juridiction criminelle, était exercée au XIVᵉ siècle par le maire seul. L'ordonnance de juillet 1331 détermine ses attributions à cet égard [7]. Au XVIᵉ siècle, d'après l'un des témoins entendus

---

[1] Arch. commun. de Saint-Jean-d'Angély, FF 1.

[2] « Processus in majoratu domini Bernardi Barraudi, anno domini » MCCCXXXII. » (*Ibid.*, BB 1, fol. 2, Cf. fol. 51 v°.)

[3] *Ibid.*, BB 15.

[4] *Ibid.*, BB 16.

[5] Guillonnet-Merville, *Recherches*, p. 479.

[6] Enquête de 1593 : ... « et a dict que par chacun an ledict corps de
» ville commect pour ladicte jurisdiction criminelle ung juge, ung pro-
» cureur et ung greffier qui sont dudict corps et que tous les jugemens
» qui y interviennent sont donnez en l'assemblée dudict corps par l'advis
» d'icelluy, sans y appeler les officiers du roy ne aultres. » (Arch. com-
» mun. de Saint-Jean, AA 36.)

[7] Art. 8, 10. (*Ordonn.*, t. V, p. 676.)

dans l'enquête de 1593, le corps de ville déléguait l'exercice de ses attributions de police à « quatre jurats. »

Aux termes des concessions de privilèges faites à la commune, ses magistrats avaient le droit de faire tous les statuts et règlements concernant la police et l'administration de la ville[1]. On a un échantillon de ces règlements dans la série de « *Statuts de la commune,* » annexés aux privilèges de Saint-Jean-d'Angély envoyés par Charles V à Angoulême[2]. Ils sont relatifs aux réunions du corps de ville, à la voirie, et surtout à la police du commerce et de l'industrie.

Les bourgeois ou jurés de commune jouissaient, à Saint-Jean-Jean-d'Angély, à peu près des mêmes avantages, et subissaient les mêmes charges que dans les autres villes organisées de la même manière. Leur privilège le plus remarquable était celui qui leur assurait le monopole du commerce de détail dans leur ville, sauf aux jours de foires et de marchés[3]. Depuis le retour de la ville à la France, tous les habitants laïques et ecclésiastiques étaient, nous l'avons dit, assujettis à la taille[4].

Mais c'était surtout le commerce extérieur que l'on avait cherché à favoriser. De toutes les villes de la région soumises aux mêmes vicissitudes, Saint-Jean paraît être celle qui sut le mieux s'accommoder aux circonstances, et il semble que sa prospérité commerciale ait résisté à la plupart des crises où succombèrent les autres villes. Au dire du maire qui dépose dans l'enquête que l'on fit au milieu du XIII° siècle sur la propriété des terrains des halles, le commerce de la ville était alors considérable, et, depuis leur construction, le nombre des marchands qui fréquentaient les foires et les marchés avait beaucoup augmenté[5]. Les marchands de Saint-Jean-d'Angély furent au nombre de ceux auxquels la comtesse de Flandre, Marguerite, concéda, en juin 1262 des franchises pour trafiquer à Gravelines[6]. Les procès que soutint la

---

[1] *Ordonn.*, t. V, p. 676, art. 9.

[2] *Ibid.*, art. 4 à 41, pp. 681-685.

[3] Ordonn. de novembre 1372, art. 1. (*Ibid.*, t. V, p. 677.)

[4] Ordonn. du 9 novembre 1372. (*Ibid.*, t. V, pp. 535 et 536, et XV, p. 327.)

[5] Arch. nat., J 1033, n° 9.

[6] Wauters. *De l'origine et des développements des premières libertés communales.* Preuves, p. 201.

commune de Saint-Jean, en 1291, avec celle de Bordeaux, qui voulait lui interdire l'achat du merrain dans le Bordelais[1], un autre que perdirent, en 1293, les marchands de Saint-Jean contre la commune de Saint-Omer[2], témoignent de la persistance de son activité commerciale. Nous avons eu l'occasion de citer plus haut l'initiative que prirent, en 1331, les commerçants de Saint-Jean, pour résister aux entraves qu'on mettait en Flandre à leur commerce, et l'envoi qu'ils firent de députés à Bruges pour négocier avec cette ville l'établissement d'un entrepôt de leurs vins[3]. Le 21 novembre 1337, le comte de Flandre octroya des avantages à ceux de leurs marchands qui amenaient des vins à l'étape de la ville de Dam[4], et, en 1385 encore, le duc Philippe le Hardi confirma les privilèges des marchands de Saint-Jean qui venaient trafiquer en Flandre[5].

Pour favoriser ce commerce, les rois ne cessèrent de concéder à la ville de nombreuses franchises. En exécution du testament d'Alfonse de Poitiers, Philippe le Bel l'exempta du péage de quatre deniers par tonneau de vin que l'on percevait à Tonnay-Boutonne[6]. En 1310, on autorisa à Saint-Jean l'établissement d'un impôt de 12 deniers par tonneau pour les réparations et l'entretien du port[7]. Les privilèges de 1331 réglementent le commerce du vin, ceux de 1372 suppriment les droits à l'exportation établis par les Anglais et garantissent aux marchandises de la ville, dans le royaume de France, le traitement de celles des villes les plus favorisées. De nombreux documents des archives de Saint-Jean témoignent que cette activité commerciale dura jusqu'au xvi° siècle. Nous avons dit comment les troubles religieux dépeuplèrent la ville, et la réduisirent à l'état d'obscure et pauvre bourgade où elle est restée jusqu'à la Révolution.

---

[1] Delisle. *Restitution d'un volume des Olim*, n° 771. — Boutaric. *Actes du Parlement*, n° 2732.

[2] Delisle, *Restitution...*, n° 863.

[3] *Pièces justif.*, XXX.

[4] *Inventaire de Flandre*, t. VIII, p. 92. (Arch. du Nord.)

[5] Je trouve l'indication de ce document dans les notes réunies pour la collection des monuments de l'histoire du Tiers-Etat. (Bibl. nat., mss. nouv. acq. fr., 3470.) Mais je n'ai pas su comprendre l'indication de source qui est ainsi conçue : « C. D., t. 35, p. 135. »

[6] Janvier, 1306-1307. (Arch. nat., JJ 38, n° 199.)

[7] *Ibid.*, JJ 47, n° 97.

ANGOULÊME. — C'est en vain que nous avons recherché des renseignements sur la vie municipale à Angoulême antérieurs à l'époque où cette cité se trouva placée directement sous la domination de l'Angleterre. Les textes où l'on a prétendu trouver la preuve qu'elle aurait eu au moyen âge une municipalité remontant jusqu'à l'époque romaine ne disent rien de pareil[1]. Ni les chroniques ni les chartes ne nous apprennent si les évêques y ont jamais exercé, comme dans la plupart des cités, des droits seigneuriaux dérivés de privilèges d'immunités. Dans tous les cas, depuis sa réédification au milieu du IX° siècle[2], à la suite des ravages des Normands, la ville fut entièrement soumise à ses comtes dont le surnom de Taillefer rappelle les exploits du fondateur de la dynastie.

Peut-être, à la fin du XII° siècle, la ville avait-elle obtenu quelques privilèges, soit de ses seigneurs, soit de Richard Cœur-de-Lion qui à plusieurs reprises s'en était rendu maitre[3], car dans le plus ancien titre relatif à son existence municipale, il est question de libertés et de coutumes dont les habitants auraient eu dès lors la jouissance. Ce document émane de Jean Sans-Terre et remonte à l'époque où il combattait contre Hugues IX de Lusignan qui revendiquait les droits sur le comté d'Angoulême qu'il tenait de sa mère Mathilde, fille de Wulgrin III, tandis que le roi d'Angleterre soutenait ceux du frère du même Wulgrin III, Aimar, dont il avait épousé la fille unique. Cette concession de privilèges, que les historiens de l'Angoumois ne paraissent pas avoir connue, est ce-

---

[1] En 1001, Gérard devient évêque : « petitione populi, electione cleri, assensu *honoratorum*. » (*Hist. pont. et comit. Engol.* dans Labbe, *Bibl. nov.*, t. II, p. 259). En 1018, Roho devient évêque : « concurrentibus omnium votis. » (*Gall. Christ.*, t. II, col. 991.) En 1140, Hugues II est nommé : « unanimi electione, assensu *honoratorum* et totius populi. » (Petrus Cluniac. lib. V, ep. 5.) Cf. Aug. Thierry, *Tableau de l'ancienne France municipale*, p. 328, et Babinet de Rencogne, *Nouvelle chronol. des maires d'Angoulême*, p. 10.

[2] En 868. *Chronicon Engolism.*, dans *Histor. de France*, t. VII, p. 223.

[3] Une première fois comme duc d'Aquitaine, en 1176, sur Guillaume IV. Voy. Benoit de Peterborough et Raoul de Dicet dans *Histor. de France*, t. XIII, pp. 165 et 200. Une seconde fois en 1179, sur Wulgrin III (Benoit de Peterborough, *Ibid.*, p. 179) ou en 1178, d'après Roger de Hoveden. Une troisième fois enfin, comme roi d'Angleterre, en juillet 1194, sur Aimar (Roger de Hoveden, éd. Stubbs, t. III, p. 257). Il la garda alors jusqu'au traité qu'il conclut avec Philippe Auguste en janvier 1195-1196. (Teulet, *Layettes du trésor*, t. I, n° 431.)

pendant publiée depuis longtemps dans les *Rotuli litterarum patentium*. Quoiqu'il ne nous en soit parvenu qu'un texte incomplet, très mutilé, on peut toutefois observer qu'elle est conçue plutôt dans les termes d'une charte de peuplement que dans ceux des autres concessions de privilèges octroyées par le même prince. Il semble que le roi Jean ait eu alors pour but d'attirer à Angoulême de nouveaux habitants, en leur garantissant, avec la sécurité de leurs personnes et de leurs biens, les franchises et les droits dont jouissaient les habitants antérieurement en possession du droit de cité[1].

A cette première concession succéda, à un an d'intervalle, une charte de commune conçue dans les mêmes termes que celles concédées vers le même temps à un grand nombre de villes, et par laquelle le roi Jean attribua à Angoulême les libertés et coutumes de Rouen[2]. L'année suivante, le 31 avril 1205, il ajoûta à ce privilège des franchises commerciales dans toutes les possessions anglaises, avec la réserve ordinaire des droits de la cité de Londres[3], et quelques mois plus tard, le 15 novembre, il renouvela l'octroi de la commune en l'accompagnant de la concession de toutes les libertés de La Rochelle[4]. Rouen n'était plus alors une ville

---

[1] 7 mai 1203. « Rex etc. sen. et omnibus ballivis etc. Mandamus
» vobis quod homines venientes apud civitatem nostram Engolismensem
» et ibidem habitare..... quod sint ad fidem nostram habere permittatis
» libertates debitas et justas consuetudines civitatis Engolismensis.....
» et omnes res et possessiones suas et jura sua sicut feodum nostrum
» custodiatis, maneteneatis et defendatis. Et..... Engol. injuriam, gra-
» vamina aut molestiam. Et si eis in aliquo forisfeceritis tunc id eis sine
» dilatione faciatis emendari..... vij die maii. » (*Rotul. litt. pat.*, p. 29).

[2] 18 mai 1204. « Johannes Dei gratia etc. Sciatis nos concessisse et
» hac carta nostra confirmasse civibus nostris Engolisme quod habeant
» liberam communam et easdem libertates et liberas consuetudines
» quas cives nostri Rothomagi habent per terram et potestatem nos-
» tram. Et prohibemus ne quis eis in aliqua faciat vexationem, molestiam
» aut impedimentum. Testibus etc. xviij die maii anno etc. V. » (*Rotuli chartarum*, p. 132).

[3] « Johannes Dei gratia etc., omnibus etc. Sciatis quod concessimus
» probis hominibus nostris de Engolismo quod ipsi libere eant et
» redeant per totam terram nostram cum merchandisis suis et quod ipsi
» quieti sint ab omni consuetudine, salva libertate civitatis nostre
» London. » (*Rotuli Chartarum*, pp. 148 et 149.) Il y a dans les rôles des chartes deux expéditions de cette pièce.

[4] « Rex etc., senescallo Pictavie et probis hominibus Engolisme et

anglaise, et La Rochelle l'avait remplacée comme type de la commune anglo-française.

Aucun document ne nous apprend comment Angoulême s'accommoda alors de l'organisation de La Rochelle, nous savons seulement qu'en 1212, le maire, nommé Barthélemy Dupuy, prêta serment de fidélité au prince Henri, à la demande du roi Jean[1]. Ce maire était un personnage dévoué au roi d'Angleterre ; il avait été prévôt de la ville en 1206[2] ; et après en avoir été maire en 1212 et en 1213[3], il y fut sénéchal en 1214[4] et redevint maire en 1216[5].

Tous les documents que nous venons de citer sont restés inconnus aux historiens du pays, qui tous ont cru que c'était à Charles V qu'Angoulême devait l'importation des Établissements par l'intermédiaire de Saint-Jean d'Angély. L'auteur de la liste la plus complète des maires d'Angoulême qui ait été publiée n'en connaît pas d'antérieur à 1215[6].

Nous avons eu déjà l'occasion de dire qu'à cette époque Angoulême avait eu les mêmes destinées que les communes du Poitou, dont le développement avait été entravé, l'industrie et le commerce ruinés par les troubles qui désolèrent le pays[7]. Lorsqu'en 1214, Hugues IX, comte de la Marche, avait traité avec Jean Sans-Terre, celui-ci s'était réservé la possession du comté d'Angoulême tout entier[8] ; mais, après la mort de Jean, le comté fit retour à la reine Isabelle dont il constituait le douaire, et, quand elle épousa Hugues X, il entra dans

---

» omnibus fidelibus suis de terra sua salutem. Sciatis quod volumus
» quod civitas nostra Engolisme habeat majorem et communam ad
» fidem et honorem nostrum et terre nostre defensionem et quod ipsi
» habeant omnes libertates quas concessimus probis hominibus de Ru-
» pella. Et in hoc rei etc. (*Rotuli litt. pat.*, p. 48.)

[1] 10 mai 1212. « Rex omnibus qui sunt ad fidem suam tam pre-
» sentibus quam libere tenentibus de honore Engolism. etc. Sciatis
» quod Bartholomeus de Podio, major Engolism., fidelitatem fecit filio
» nostro Henrico, salva fidelitate nostra quamdiu vixerimus. » (*Rotuli litt. pat.*, p. 92.)

[2] *Rotuli litt. claus.*, t. I, p. 73 b.

[3] *Ibid.*, p. 117 et passim.

[4] *Ibid.*, p. 170 b.

[5] *Ibid.*, p. 258.

[6] Babinet de Rencogne, *Nouvelle chronologie des maires de la ville d'Angoulême* (1215-1501). Angoulême, 1870, in-8º.

[7] Voy. plus haut, p. 248.

[8] *Histor. de France*, t. XVII, p. 91.

les domaines du comte de la Marche. Cependant, à en croire une lettre adressée, en septembre 1220, à Henri III, les habitants d'Angoulême n'étaient rien moins qu'affectionnés à leur nouveau seigneur ; sous l'influence de Renaud de Pons, ils faisaient savoir au maire de La Rochelle qu'ils étaient disposés à accueillir les ouvertures de l'Angleterre, et le maire de La Rochelle conseillait à Henri III de s'assurer de leur fidélité en faisant des promesses au conseil (*concilium*) de la cité[1]. Toutefois, ces projets ne reçurent alors aucune exécution.

A la nouvelle de la mort de Hugues XII, qui périt en 1270, à la seconde croisade de Saint-Louis, le sénéchal de Périgord prit possession du château d'Angoulême et fit prêter serment aux habitants de la cité. Mais la veuve de Hugues XII, tutrice de son fils mineur, le fit débouter de ses prétentions par le Parlement[2].

Jusqu'alors Angoulême ne paraît pas avoir été une ville commerçante ; on n'avait pas encore, semble-t-il, profité de sa situation pour y établir un port sur la Charente, au bas de la ville. Cette création, sollicitée du roi de France par Amauri de Monfort qui tenait, à titre d'apanage, précisément les rives de la Charente au-dessous d'Angoulême[3], fut décidée par Philippe le Hardi, en juillet 1280[4].

La mort de Hugues XIII de Lusignan, en 1302, fournit à Philippe le Bel l'occasion qu'il cherchait depuis longtemps de réunir l'Angoumois et la Marche au domaine de la couronne. Gui de Lusignan ayant pris possession du comté, quoique déshérité par son frère, Philippe le Bel déclara l'Angoumois confisqué et traita avec Yolande, en faveur de laquelle Hugues XIII et Gui lui-même avaient fait successivement leur testament[5].

La ville d'Angoulême suivit les destinées du comté, mais

---

[1] *Royal letters*, t. I, p. 147.

[2] Le 24 mai 1271. — Boutaric, *Actes du Parlement*, t. I, n° 1690. *Olim*, éd. Beugnot, t. I, p. 854, VIII.

[3] Comme descendant par sa mère de Mathilde, fille du comte d'Angoulême. Ses droits avaient été reconnus par le Parlement. Voy. Ducange, v° *Apanamentum* sub *Apanare*.

[4] Publ. par Babinet de Rencogne, dans *Bulletin de la Société archéologique de la Charente*, 1859, 3e série, t. I, p. 40.

[5] Delisle, *Chronologie des comtes de la Marche*, dans *Mémoire sur une lettre inédite adressée à la reine Blanche*, p. 545.

on ne voit pas que ses franchises aient été confirmées ni par les Lusignan, ni par Philippe le Bel, lors de la confiscation, ni par aucun des princes auxquels elle fut successivement soumise. En 1313, elle fit partie de l'apanage donné au second fils de Philippe le Bel, Philippe, qui, parvenu au trône, supprima la sénéchaussée d'Angoulême pour la comprendre dans la circonscription du sénéchal de Saintonge[1].

Le comté et la ville, avec réserve toutefois de la suzeraineté et du ressort, furent de nouveau détachés du domaine en 1317, pour constituer le douaire de la fille du roi Louis X, Jeanne, qui épousa, en 1318, Philippe d'Evreux[2]. Après la mort de Jeanne de France (6 octobre 1349), le comté et la ville furent réunis à la couronne pour quelque temps ; mais, en 1352, ils en furent de nouveau séparés au profit du connétable Charles d'Espagne[3], puis firent retour au domaine après sa mort, survenue le 6 janvier 1354. Le roi Jean promit alors à la ville de ne plus la séparer de la couronne[4]. Moins de trois ans après, la bataille de Poitiers livra l'Angoumois aux Anglais et, en 1360, le traité de Brétigny en consacra la conquête.

Pendant tout le temps que la ville fut anglaise, nous n'avons pas rencontré, sur la vie intérieure d'Angoulême, d'autres renseignements que les protestations des habitants contre le paiement des impôts établis par les Anglais, signalées d'après Froissart par tous les historiens de l'Angoumois. En 1373, Angoulême, comme plusieurs autres villes de la région, chassa elle-même les Anglais et se rendit au duc de Berry.

Il semble qu'à travers toutes les vicissitudes que nous venons de rappeler, les anciennes institutions municipales d'Angoulême étaient tombées dans un profond oubli. Depuis 1205, date de la confirmation de la commune par Jean Sans-Terre, jusqu'en 1373, nous n'avons rencontré aucun document qui y fasse allusion ou même qui en suppose l'existence. Lorsque Jean Chandos vint à Angoulême, le 13 octobre 1361, prendre possession de la ville au nom du roi d'Angleterre, ce ne fut pas le maire et l'échevinage, comme dans la plupart des autres

---

[1] Le 21 décembre 1316. Boutaric, *Actes du Parlement*, n° 4518.
[2] Anselme, *Hist. généal.*, t. III, p. 104.
[3] Anselme, *Hist. généal.*, t. VI, p. 161.
[4] Mai 1354. Arch. nat., JJ. 82, pièce 197.

villes, mais « le doyen et les consuls » de la ville qui reçurent la sommation de rendre la place[1]. M. Babinet de Rencogne, qui a recueilli avec soin les noms de tous les maires d'Angoulême qu'il a pu découvrir, n'en connaît aucun entre 1218 et 1381. Il y a donc tout lieu de croire que lorsqu'Angoulême fit retour à la France, en 1373, elle n'était plus une commune et avait perdu jusqu'au souvenir de l'avoir jamais été.

Charles V, en janvier 1372-1373, lui concéda une nouvelle charte de commune et lui attribua les franchises, libertés, privilèges et statuts de la ville de Saint-Jean d'Angély[2].

---

[1] Le procès-verbal de délivrance fait bien mention des « supplications » et requêtes » faites par les bourgeois « tant sur la confirmation de » leurs privileges, franchises et libertés que aultres » et de l'octroi qui en fut consenti par le lieutenant du roi d'Angleterre « en tant comme il » le pouvoit et devoit faire par le traictié de la paix. », mais on ne saurait tirer de cette indication vague la certitude de l'existence de l'ancien corps de ville et des privilèges de commune. (Voy. Bardonnet, *Procès-verbal de délivrance à Jean Chandos, commissaire du roi d'Angleterre, des places françaises abandonnées par le traité de Brétigny*. Niort, s. d. (1867), in-8, p. 56.)

[2] « Nos..... talem et in omnibus similem communiam juratam in
» dicta villa nostra Engolisemensi, qualem habent dilecti et fideles nostri,
» major, scabini et burgenses ville nostre Sancti Johannis Angeliacensis
» in eadem villa Sancti Johannis, cum eisdem et similibus banleuca,
» coustumis, franchisiis, libertatibus, previlegiis et statutis quas et que
» iidem major, scabini et burgenses dicti loci [Sancti] Johannis habent,
» tam virtute et auctoritate dicte communie sue, quam aliter ex con-
» cessione predecessorum nostrorum et nostra ; nec non aliis quibus-
» cumque juribus, deveriis, consuetudinibus et pertinentiis universis
» ad dictam communiam ac vim et effectum ejusdem spectantibus
« quovis modo, prefatis burgensibus et habitatoribus dicte ville nostre
» Engolismensis, pro se et eorum successoribus, dedimus et concessimus,
» damusque et concedimus per presentes, ex certa sciencia, de speciali
» gracia et plenitudine regie potestatis, per eos eorumque successores
» habendam, tenendam et retinendam perpetuo, quatenus jura propria
» melius possint defendere et integraliter custodire, salvis tamen et
» retentis fidelitate nostra ac jure nostro nostrorumque heredum ac
» successorum : dantes preterea et concedentes burgensibus et habita-
» toribus supradictis plenam, generalem et liberam potestatem ac man-
» datum speciale predictam communiam in dicta villa Engolismensi,
» modo et forma premissis ordinandi et ponendi, majorem, scabinos ac
» juratos instituendi, ac omnia alia et singula faciendi, gerendi et exer-
» cendi que ad ipsam spectant et spectare possunt et debent communiam,
» ac prout dicti major, scabini et burgenses dicti loci Sancti Johannis
» debent et tenentur facere auctoritate ejusdem. » (Arch. nat., JJ. 104,

Cette concession fut renouvelée au mois de mars suivant et l'on y ajouta : 1° la charte de commune octroyée par Philippe-Auguste à Saint-Jean-d'Angély en 1204[1] ; 2° le vidimus des Établissements envoyé par Philippe-Auguste à la même ville au mois de novembre de la même année[2] ; 3° les privilèges accordés à la même ville, en juillet 1331, par Philippe de Valois[3] ; 4° les privilèges concédés également à Saint-Jean par Charles V, en novembre 1372[4] ; 5° divers autres statuts empruntés à Saint-Jean-d'Angély, entre autres ceux qui y réglaient « la forme et manière de l'élection du maire[5], » les « statuts de la commune » concernant la police des métiers et un règlement relatif à la boulangerie[6].

L'organisation résultant de ces divers documents ne fut pas immédiatement appliquée: « propter aliqua adventa super hoc impedimenta ». Ce ne fut que le 28 janvier 1375-1376, qu'en vertu d'une commission à lui donnée par le roi Charles V, le 15 juin précédent, Robert le Baveux, sénéchal d'Angoulême, mit la ville en possession de ses nouveaux privilèges et institua le nouveau corps de ville[7].

Parmi les privilèges accordés par Charles V à Saint-Jean-d'Angély, il y en avait deux qui autorisaient le corps de ville à faire contribuer les gens d'église aux charges communes[8]. Ces dispositions n'avaient pas été expressément comprises dans la concession des privilèges de Saint-Jean faite à Angoulême en mars 1373, aussi les ecclésiastiques refusèrent-ils de se soumettre aux obligations de guets et de gardes que le maire et les échevins prétendirent leur imposer ; il fallut pour les y contraindre de nouvelles lettres patentes qui furent octroyées

---

n° 305). Cette charte est publiée avec quelques incorrections au tome V des *Ordonnances*, p. 581.

[1] Voy. plus haut p. 294, n. 4.

[2] *Ibid.*, p. 295, n. 1.

[3] *Ibid.*, p. 298, n. 2.

[4] *Ibid.*, p. 300, n. 3.

[5] *Ibid.*, p. 306.

[6] Arch. nat., JJ 105, n° 418. Publ. *Ordonn.*, t. V, p. 667 et très incorrectement par Michon, *Histoire de l'Angoumois*, p. 82.

[7] Babinet de Rencogne, *Nouvelle chronologie historique des maires de la ville d'Angoulême*, p. 15.

[8] Voy. plus haut, p. 300, n. 4 et 6.

par Charles V, le 6 juin 1376[1]. Cette obligation pour les ecclésiastiques de contribuer aux charges de la ville fut confirmée plus tard, le 24 janvier 1402-1403, par le comte d'Angoulême, Louis d'Orléans[2].

En 1391, les élections s'étaient faites comme de coutume et les cent-pairs avaient désigné comme candidats à la mairie l'avocat du roi à la sénéchaussée, un licencié ès lois étranger à la ville et un notaire. Le sénéchal, auquel le maire alla aussitôt présenter les trois élus, prétendit qu'aucun d'eux ne remplissait les conditions requises pour devenir maire. Le maire sortant de charge remontra alors qu'il n'y avait dans le corps de ville « fors que simples-gens et qui ne sont pas
» saiges et discrez pour ordonner en tel fait et que ce qui
» avoit esté fait, c'etoit par simplesse et innocence. » Le sénéchal annula l'élection et décida qu'on en ferait une nouvelle[3]. Avant de confirmer cette décision, Charles VI, à la sollicitation du corps de ville, considérant qu'il y avait à Angoulême, « si peu de gens expers et souffisans pour le
» gouvernement de ladicte ville et mayrie d'icelle que il leur
» convient plusieurs foiz a eslire autres en ladicte eslection
» d'estre mayre et..... nommer mains suffisans que celuy qui
» a esté mayre en l'année precedant, » déclara autoriser les
» conseilliers et pers » à « eslire, presenter ou nommer aud.
» jour chacun an tant comme il leur plaira le mayre qui aura
» esté en l'année precedent pour estre mayre en l'année
» ensuivant d'icelle ville sans ce qu'ilz soient tenuz de faire
» autre eslection, presentation ou nomination[4]. » En effet, le maire qui aurait dû sortir de charge le 12 mai 1391 conserva ses fonctions pendant un an encore et peut-être plus longtemps[5].

On sait que le comté d'Angoulême fut détaché de la Couronne, en 1394, en faveur du duc d'Orléans. Celui-ci, le

---

[1] Cop. faite en 1838 par Faunié Duplessis, archiviste de la Charente, Bibl. nat., nouv. acq. fr. 3378, fol. 4.

[2] *Ibid.*, fol. 10.

[3] 18 mai 1391. Publ. par Babinet de Rencogne, *Nouvelle chronologie historique des maires*, p. 102.

[4] 3 juin 1391. *Ibid.*, p. 104. — La confirmation de la décision du sénéchal est du 8 juin. *Ibid.*, p. 105.

[5] *Ibid.*, p. 16.

22 janvier 1404-1405, confirma tous les privilèges de la ville[1]. Le roi Charles VII, peu de temps après son avènement, confirma spécialement celui qui exemptait les habitants de tailles et d'impôts[2]. Le comte Jean, après son retour d'Angleterre, obtint une seconde fois du même roi et plus tard de Louis XI la même confirmation[3]. Charles VIII renouvela encore cette concession à la demande du comte Charles d'Orléans[4]. Les mêmes princes autorisèrent le corps de ville à établir un droit d'*apetissement* sur le vin vendu au détail dans la ville et ses faubourgs, à condition d'en employer le produit à l'entretien des fortifications, ports et ponts[5].

Peu de temps avant la mort du comte Jean, une transaction régla quelques différends qui s'étaient élevés entre ses officiers et le corps de ville au sujet des droits de juridiction de la commune[6].

Louis XII à son avènement confirma tous les privilèges de la ville[7]. Quelques années plus tard, en septembre 1503, il y établit quatre foires[8], et, en 1507, accorda aux maire, échevins et conseillers d'Angoulême les privilèges de noblesse dont jouissaient les magistrats municipaux de Saint-Jean-d'Angély et de la Rochelle qui n'avaient pas été expressément spécifiés dans les concessions faites à Angoulême par Charles V et ses successeurs[9].

---

[1] Cop. du XVIe siècle, Arch. nat. X1a 8616, fol. 418 v°. Cop. du XVIIIe siècle, *Ibid.*, K 184, n° 58.

[2] 24 février 1423-1424. *Privilèges d'Angoulême*, p. 39.

[3] Le 4 février 1448-1449. Cop. de Faunié-Duplessis, d'ap. le Mémorial A d'Angoulême, Bibl. nat., ms. fr., nouv. acq. 3,378, fol. 23. — Confirm. par Louis XI, en septembre 1461, *Ordonn.*, t. XV, p. 27.

[4] Le 3 février 1483-1484. *Ibid.*, t. XIX, p. 267.

[5] Charles VII, le 25 février 1457-1458 et le 22 août 1460, (Babinet de Rencogne, *Nouvelle chronologie... des maires*, p. 22). — Louis XI, le 9 août 1475 et le 10 juillet 1478 (*Ibid.*, p. 30). — Charles VIII, le 20 avril 1485 (*Ibid.*, p. 38).

[6] 1er juin 1466. Arch. nat., p. 1,403, cote VIII. Extraits publ. par Babinet de Rencogne, *Nouvelle chron.*, p. 24 et par M. Sénemaud, *Bulletin de la Société archéol. de la Charente*, 1859, p. 235.

[7] Juin 1498. Ordonn. t. XXI, p. 45.

[8] Arch. nat. X1a 8,616, fol. 431. Publ. dans *Privilèges d'Angoulême*, p. 48 et dans Michon, *Histoire de l'Angoumois*, p. 94 avec la fausse date de 1500.

[9] Juin 1507. *Privilèges d'Angoulême*, p. 51.

Lorsque le comte d'Angoulême fut devenu François Ier, il s'empressa d'accorder de nouvelles faveurs à la capitale de son apanage devenu un duché. Dès le mois de mars 1514-1515, il confirma les anciens privilèges, et déclara franches deux des foires créées par Louis XII[1]; en décembre 1516, il confirma l'annoblissement du corps de ville[2], et y institua une Université qu'il dota des mêmes privilèges que celles de Paris, de Poitiers et de Toulouse[3]; le 7 décembre 1517, il confirma de nouveau les privilèges de noblesse accordés aux maire et échevins[4], en mars 1526 il concéda au port Saunier le privilège de recevoir en franchise les sels de Saintonge[5].

Lorsqu'après la mort de Louise de Savoie le duché d'Angoulême eut été réuni à la couronne, François Ier confirma une troisième fois les habitants dans leurs franchises[6]. Pareille confirmation fut accordée par Henri II à son avènement[7]. Cependant, quelques années plus tard, en dépit des privilèges qu'il avait confirmés, le roi voulut désigner le maire aux suffrages des électeurs. Aux élections de 1556, qui avaient lieu cette année-là le 21 mars, une lettre de cachet du roi qui priait le corps de ville d'élire à la mairie le sous-maire, François Terrasson, fut présentée aux cent-pairs par ce personnage[8]. En présence de cette intervention, les élections furent ajournées d'un commun accord et deux députés envoyés au roi pour lui faire des remontrances. Elles ne furent pas écoutées, et au mois d'avril suivant, François

---

[1] Confirm. des Privil., *Privilèges d'Angoulême*, p. 60. — Affranchissement des foires, cop. de Faunié-Duplessis. Bibl. nat., ms. Fr., nouv. acq. 3,378, fol. 82.

[2] *Ibid.*, p. 68.

[3] Arch. nat., X¹ª 8,616, fol. 436.

[4] *Privilèges d'Angoulême*, p. 80.

[5] Auparavant, le sel devait au delà du port de Taillebourg le quart de sel, c'est-à-dire un impôt du quart de sa valeur au cours du jour. Arch. nat., JJ 243, n° 291.

[6] 2 avril 1537. *Privilèges d'Angoulême*, p. 87.

[7] Mars 1547-1548. Confirmation de l'exemption des tailles et impôts accordée aux habitants. (Arch. nat. X¹ª 8,616, fol. 441.) Même date. Confirmation des privilèges (*Ibid.*, fol. 442 et *Privil. d'Angoulême*, p. 91.

[8] Les lettres de cachet étaient datées du 18 mars; Cop. dans ms. fr., nouv. acq., 3,378, fol. 144. — Voy., sur cette affaire, les notes copiées par Faunié-Duplessis sur les registres municipaux (*Ibid.*, fol. 146), Vigier de la Pile, *Histoire de l'Angoumois*, dans Michon, p. cxxxv et Sanson, *Les noms et ordre des maires, Ibid.*, p. 119.

Terrasson présenta de nouvelles lettres, datées du 3 avril, invitant derechef le corps de ville à l'élire comme maire. Pour se conformer aux ordres du roi tout en respectant la lettre de leurs privilèges, les cent-pairs firent figurer François Terrasson en tête de la liste qu'ils présentèrent au sénéchal, mais, chose bizarre, celui-ci ne se crut pas lié par les injonctions du roi et choisit le second candidat. François Terrasson prévoyait probablement qu'il serait exclu par le sénéchal ; et c'est vraisemblablement pour cela qu'il avait sollicité du roi les lettres qui devaient le faire nommer directement par le corps de ville. Quoi qu'il en soit, cette affaire ne semble avoir eu aucune suite. François II, en février 1559-1560, confirma de nouveau les privilèges [1], mais, après l'avènement de Charles IX, les guerres de religion et l'occupation d'Angoulême par les protestants, qui eut lieu dès l'année 1561 et dura jusqu'au mois d'août 1562, ajournèrent toute nouvelle confirmation.

Nous n'avons pas à raconter ici l'histoire de la ville pendant cette période, il nous suffira de constater que son organisation municipale survécut aux vicissitudes de cette époque. Lorsque, après la paix de Saint-Germain, les catholiques rentrèrent dans Angoulême qui était depuis deux ans au pouvoir des réformés, ils n'eurent qu'à faire remplacer, le 29 octobre, le maire protestant par un catholique et l'administration municipale continua à fonctionner comme par le passé. Cependant l'édit de Moulins lui avait enlevé la juridiction civile comme à toutes les autres villes du royaume ; le corps de ville essaya vainement de protester et de contester leurs droits de justice aux officiers du Présidial, un arrêt du Parlement de Paris repoussa ses prétentions en déclarant que sa compétence était réduite aux matières criminelles et de police [2].

Après la paix de 1576, Angoulême fut comprise parmi les places qui devaient être remises au duc d'Alençon, mais le gouverneur, le maire, et les habitants refusèrent de le recevoir, alléguant pour raison que parmi les privilèges de la ville était la garantie qu'elle ne serait jamais séparée du domaine. Henri III approuva le refus des habitants et confirma,

---

[1] *Privilèges d'Angoulême*, p. 98.
[2] Le 23 février 1572. Girard, *Offices de France*, t. II, p. 875.

en mars 1582, les franchises et privilèges de la ville[1]. Ils furent ensuite successivement confirmés en décembre 1592 et en janvier 1609 par Henri IV[2], en juin 1611 et en novembre 1634 par Louis XIII[3], en mai 1644, par Louis XIV[4].

Pendant les guerres de la Fronde, la ville témoigna au roi une fidélité à laquelle elle fut redevable du maintien de ses privilèges. Cependant, l'édit du mois de mars 1664 supprima les privilèges de noblesse du corps de ville. Sur les réclamations de la ville, un arrêt du Conseil les rétablit le 4 février 1673, mais en faveur du maire seul, à commencer par celui qui était en charge lors de l'édit de 1664, et sous la condition qu'il exercerait pendant trois ans la charge de maire et qu'il ne dérogerait pas[5]. Cet arrêt, bientôt suivi d'une confirmation de ce privilège par Louis XIV[6], établit en fait une mairie triennale ; celle-ci fut supprimée par l'édit de 1692 qui créait les mairies perpétuelles en titre d'office.

L'édit de juin 1717 supprimant les maires et officiers municipaux perpétuels fut suivi d'une confirmation générale par Louis XV[7], de tous les droits, exemptions, privilèges, franchises, immunités, usages, affranchissement et prérogatives d'Angoulême, et le 13 décembre suivant on y élut un maire suivant les anciennes formes[8]. Quant aux autres offices municipaux qu'on devait supprimer, le corps de ville, consulté sur la question de savoir s'il voulait les rembourser ou les voir rétablis, se prononça énergiquement pour leur suppression tout en se défendant de les rembourser ; il rappela à ce propos que le roi avait indûment levé sur la ville, contrairement aux privilèges, une somme de 49,600 livres pour abonnement du droit de franc-alleu, dont la ville ferait volontiers l'abandon pour l'employer à rembourser les offices supprimés ; il proposa au surplus au roi, comme moyen plus économique, d'accorder aux officiers supprimés des lettres de noblesse, moyennant quoi ils consentiraient volontiers au retranche-

---

[1] *Privilèges d'Angoulême*, p. 104.
[2] *Ibid.*, pp. 107 et 110.
[3] *Ibid.*, p. 139. Arch. nat., K 173, l. 1, pièce 43.
[4] Arch. nat., X¹ª 8,657, fol. 266.
[5] Arch. nat., E 1.774.
[6] Juillet 1673, Bibl. nat., ms fr., nouv. acq. 3,378, fol. 339.
[7] Juin 1717. *Ibid.*, fol. 369.
[8] *Ibid.*, fol. 380.

ment de leurs finances[1]. Nous ne savons ce qui advint de cette requête ; toujours est-il que les échevins et conseillers ayant voulu se prévaloir de la confirmation générale des privilèges de 1717 pour prétendre qu'ils étaient annoblis par leur charge, un arrêt du Conseil d'État, en date du 25 octobre 1719, les débouta de leurs prétentions, déclara que les privilèges de la ville étaient déterminés par les lettres patentes de 1673 et rétablit la mairie triennale[2]. Toutefois les anciennes formes d'élection furent maintenues et un arrêt du Conseil, du 25 août 1720, décida que c'était au duc d'Uzès, gouverneur de la province d'Angoumois, que l'on devrait soumettre la liste des trois candidats dressée par le corps de ville[3].

Un édit ayant rétabli au mois d'août 1722 les offices de « maires alternatifs et triennaux, » des lettres de provision furent expédiées, le 28 juillet 1723, en faveur d'Henri Rambaud qui ne fut reçu à Angoulême que près d'une année plus tard, le 15 juillet 1724[4]. Il était à peine installé qu'un nouvel édit (juillet 1724) supprimait les offices municipaux. On devait alors revenir aux anciennes formes d'élection, mais des contestations ayant eu lieu entre le gouverneur de la province et le sénéchal d'Angoumois qui tous deux, malgré l'arrêt du Conseil du 25 août 1720, prétendaient choisir le maire sur la liste des candidats, le roi, par provision, nomma maire pour trois ans le premier président du présidial, François Arnaud[5].

Les difficultés qui s'étaient élevées entre le sénéchal et le gouverneur devaient fatalement se reproduire à l'expiration des fonctions du maire nommé par le gouvernement. Pour les éviter, le duc d'Uzès et le sénéchal conclurent, précisément vers cette époque, une convention qu'on peut s'étonner de voir approuvée par trois arrêts successifs du Conseil d'État. Elle mérite d'être rapportée comme un témoignage non équivoque du peu d'indépendance que possédaient les villes, alors même qu'elles conservaient des privilèges et des coutumes

---

[1] Délibération du 13 juin 1718, ms. fr., nouv. acq. 3,378, fol. 410.

[2] Arch. nat., E. 2,008.

[3] *Ibid.*, E. 2,013.

[4] Cop. du procès verbal de la mézée, Bibl. nat., ms. fr., nouv. acq. 3,378, fol. 466.

[5] Les provisions sont du 26 août 1725; il fut installé le 6 septembre. Cop. du procès-verbal de la mézée. *Ibid.*, fol. 471.

qu'on a l'habitude de considérer comme des garanties de liberté. Le duc d'Uzès, gouverneur de la province, et le sénéchal d'Angoumois avaient convenu, pour sauvegarder leurs prérogatives respectives, que quelques jours avant les élections le duc écrirait au corps de ville « d'avoir attention que celuy sur » lequel il aurait jetté les yeux comme plus propre pour le » service du roy se trouve du nombre des trois sujets sur » lequel se fait le scrutin. » De son côté le sénéchal s'engageait à n'user de sa prérogative que pour choisir précisément ce candidat. La transaction est du 20 septembre 1727 ; elle fut confirmée par arrêt du Conseil, le 8 novembre suivant[1]. Les contestations ne furent pas terminées toutefois ; la ville ayant racheté l'office de maire créé par l'édit de novembre 1733, le lieutenant général soutint de nouveau, en 1738, les droits du gouverneur qu'il représentait ; le roi les termina à la manière habituelle, en nommant maire, par lettres de cachet, datées du 25 avril 1738, Jean Valleteau de Mouillac[2]. Elles continuaient encore en 1740 ; le lieutenant général prétendait que le sénéchal était déchu de son droit depuis que, d'officier de justice qu'il avait été, il était devenu un officier d'épée « sans voix et sans signature, » c'est-à-dire depuis les ordonnances de Moulins et de Blois ; il soutenait de plus que la convention conclue avec le duc d'Uzès ne pouvait recevoir d'exécution, puisqu'elle n'irait à rien moins qu'à dépouiller le corps de ville de ses droits de libre discussion ; le Conseil d'État, devant lequel fut porté le différend, n'eut garde de s'arrêter à ce détail et, par arrêt du 12 août 1740, il confirma purement et simplement pour la seconde fois la transaction du 20 septembre 1727[3]. Malgré cet arrêt, aux élections qui eurent lieu le 19 mars 1741, le corps de ville n'eut aucun égard aux préférences du gouverneur ; aussi ces élections, déférées au Conseil d'État, furent-elles cassées par arrêt du 6 mai suivant, qui décida qu'il « sera incessamment » procédé à une nouvelle élection dans laquelle sera compris

---

[1] Arch. nat., E 2,084.

[2] Procès-verbal de l'installation en date du 4 mai 1738, Bibl. nat., ms. fr., nouv. acq. 3,378, fol. 485.

[3] Les termes de l'arrêt méritent d'être textuellement cités ; le droit de nomination y est confirmé au sénéchal « conformément au traité passé » de la part dudit seneschal avec le sieur duc d'Uzès, le 20 septembre » 1727, lequel sera à cet égard exécuté suivant sa forme et teneur. » (Arch. nat., E 2,192).

» le sujet qui sera désigné par le sieur duc d'Uzès, conformé-
» ment aux arrêts du 8 novembre 1727 et du 12 août
» 1740 [1]. »

Ce n'était pas seulement à la nomination du maire que le gouverneur de la province soutenait avoir des droits, il prétendait de plus qu'il lui incombait de donner des provisions lors de vacances dans le collège des pairs. Le corps de ville éluda ces prétentions en décidant, le 11 juin 1742, que les pairs élus seraient, après élection, présentés au gouverneur pour recevoir de lui des lettres de provision [2].

Malgré sa déchéance et la diminution de ses prérogatives, le corps de ville d'Angoulême avait conservé, au milieu du XVIII° siècle, la composition qu'il avait lorsque les Etablissements furent introduits dans la ville. « C'est, dit Vigier de
» la Pile, qui écrivait vers 1756, une compagnie de cent
» hommes, composée d'un maire, de douze échevins, de
» douze conseillers et de soixante-quinze pairs ; on ne sau-
» rait fixer l'époque de son établissement qui doit être fort
» ancien [3]. » Ce fut l'édit de mai 1765 qui mit fin à cette constitution, en substituant au collège des cent-pairs un corps de ville composé d'un maire, qui devait être choisi par le roi sur une liste de trois candidats, de quatre échevins et de six conseillers, élus chaque année par les notables de la ville. La première élection des nouveaux magistrats eut lieu le 4 juillet 1765, et, le 7 juillet 1765, le sénéchal désigna le maire parmi les trois candidats qui lui avaient été présentés [4].

Les contestations relatives à la nomination du maire survécurent à la transformation du corps de ville ; la nomination faite par le sénéchal fut cassée par le roi [5] comme n'étant pas conforme aux prescriptions de l'art. 5 de l'édit de 1765 qui attribuaient au roi le choix du maire ; mais d'autre part, l'art. 6 du même édit ayant réservé les droits des seigneurs anciens, le duc d'Uzès écrivit en 1766 au corps de ville pour désigner

---

[1] Arch. nat., E 2,203.

[2] Délibération du corps de ville. Bibl. nat., ms fr., nouv. acq. 3,378, fol. 512.

[3] *Histoire de l'Angoumois* publiée par J. H. Michon, p. LXXX. — Cf. l'art. Angoulême dans Expilly, *Dict. géog.*, 1762.

[4] Bibl. nat., nouv. acq. fr. 3,378, fol. 662.

[5] Le 19 juillet 1765. Bibl. nat., nouv. acq. fr. 3,378, fol. 653.

le candidat qui lui était agréable, en exécution de la convention de 1727. Le corps de ville protesta, refusa de se rendre aux injonctions du gouverneur et porta l'affaire au Parlement. Elle y était encore pendante au mois d'août 1771, date à laquelle un avocat soutenait dans un long mémoire qu'une convention conclue entre le duc d'Uzès et le sénéchal ne pouvait obliger un tiers[1]. L'édit de novembre 1771 qui rendit les maires héréditaires et perpétuels, mit d'accord les plaideurs en supprimant l'objet du litige.

On a vu, par le récit sommaire que nous avons fait des vicissitudes d'Angoulême, que son histoire communale se divise naturellement en deux périodes. Sur la première, qui commence avec la concession de la commune par Jean Sans-Terre, les documents sont rares et se réduisent à peu près aux chartes que nous avons citées.

Pour la seconde période, qui date de la réorganisation de la commune par Charles V, en 1373, sur le modèle de celle de Saint-Jean-d'Angély, et ne se termine qu'en 1765, les renseignements sont abondants et donnent d'amples détails sur les particularités qu'a présentées à Angoulême l'application des Etablissements. Les plus nombreux et les plus précis se trouvent naturellement dans les concessions mêmes de Charles V ; nous ne leur emprunterons cependant aucune indication, par la raison que le régime introduit à Angoulême par ces diverses chartes était celui de Saint-Jean-d'Angély que nous avons déjà fait connaître en détail.

Les documents qui peuvent donner des renseignements sur les particularités de la vie municipale à Angoulême sont pour la plupart postérieurs au XIV° siècle ; ils nous serviront à montrer quelles ont été les vicissitudes et les transformations des divers rouages de sa constitution municipale pendant les quatre siècles qu'elle a vécu.

L'avocat Sanson, qui a publié en 1651 une liste des maires, échevins et conseillers d'Angoulême[2], ne connaissait pas alors d'autres registres que ceux qui sont encore aujourd'hui conservés dans les archives de l'hôtel de ville d'Angoulême[3].

---

[1] Bibl. nat., ms. fr., nouv. acq., fol. 549-565.

[2] *Les noms et ordre des maires, eschevins et conseillers de la maison commune d'Angoulesme*, réimpr. en 1846 par l'abbé Michon.

[3] Les plus intéressants, qui sont les trois *Mémoriaux* désignés par les

— 335 —

Ils contiennent la transcription de quelques documents antérieurs au xve siècle et en particulier des chartes octroyées à la ville par Charles V, mais la plus ancienne délibération de l'assemblée ou mézée du corps de ville qui y soit consignée est du 21 mai 1482 [1], et la première liste complète des membres du corps de ville est du 17 mars 1498-1499 [2]. Il comptait alors, y compris le maire et le sous-maire, 13 échevins, 12 conseillers et soixante-quinze pairs.

Le maire n'était pas nécessairement choisi dans le corps de ville, mais quand il n'en faisait pas partie, il avait le privilège, en vertu du *droit de chaire,* d'être préféré à tous autres concurrents lors de vacances dans les divers collèges des échevins, des conseillers ou des pairs ; cette règle fut maintenue par le corps de ville en 1499, contre les prétentions de plusieurs concurrents qui se prévalaient de résignations faites en leur faveur, et même contre une recommandation de Louise de Savoie qui voulait pourvoir son procureur à Angoulême d'une place d'échevin vacante, alors que le maire n'appartenait qu'au collège des pairs [3].

Nous n'avons pas à revenir sur les vicissitudes qu'a subies le mode de nomination des maires ; nous en avons parlé suffisamment plus haut, il nous suffira de rappeler ici que toutes les fois qu'il y eut élection, le maire en charge rappela aux électeurs les « trois voyes » qu'ils pouvaient choisir pour désigner les candidats. Dans les élections sur lesquelles nous avons des détails circonstanciés, c'est toujours le scrutin qui fut employé.

Lorsque le maire mourait en charge, le corps de ville présentait les deux autres candidats élus précédemment au sénéchal qui désignait l'un d'eux comme maire pour la fin de l'année ; il en fut du moins ainsi au mois de mai 1482 où le

---

lettres A, B, C, ont été décrits par Eusèbe Castaigne dans *Entrées solennelles dans la ville d'Angoulême depuis François 1er jusqu'à Louis XIV,* Angoulême, 1856, in-8, extr. du t. I de la 2e série du *Bulletin de la Société archéologique de la Charente.*

[1] *Mémorial* A, fol. 17. Elle a été publiée par Babinet de Rencogne. *Chronol. Hist.*, p. 32.

[2] *Mémorial* A, fol. 20, publ. par Babinet de Rencogne, *Ibid.*, p. 48.

[3] Délibérations des 27 mars, 12 avril et 14 septembre 1499 (*Babinet de Rencogne. Ibid.*, pp. 53, 56, 68). Cf. une autre délibération à ce sujet le 25 février 1501-1502 (Bibl. nat., ms fr., nouv. acq. 3,378, fol. 69.)

maire en charge était mort assassiné[1]. Le maire devait donner chaque année un dîner à tout le corps de ville ; en 1499, il fut décidé que ce banquet aurait lieu à l'avenir au mois de mai qui suivrait l'élection, et non plus après la sortie de charge du maire[2]. Au XVIe siècle, le maire portait le titre de « cappitaine de la ville et cité d'Angoulême »[3]. Un document de 1689 nous montre qu'à cette époque il était revêtu de celui de « colonel de la ville »[4]. C'est en vertu de ces titres qu'il avait la garde des clefs de la ville ; cette prérogative lui ayant été contestée au début du XVe siècle, il produisit un certificat constatant que le maire de Saint-Jean-d'Angély — ville dont Angoulême possédait alors tous les privilèges — en était investi[5]. Elle fut directement confirmée au maire d'Angoulême, le 7 décembre 1430, par le duc d'Orléans, alors garde du comté d'Angoulême, et, le 14 décembre 1437, par une sentence du sénéchal d'Angoumois[6]. Les maires ne cessèrent depuis lors de jouir de ce droit et en 1741, un arrêt du Conseil d'État décida que la garde des clefs des portes et la nomination des portiers devaient toujours leur appartenir[7].

Parmi toutes les attributions du maire, à Angoulême, comme dans les autres villes régies par les Établissements, l'exercice de la juridiction tenait la première place, mais comme il la partageait avec d'autres membres du corps de ville, nous en parlerons seulement plus loin.

Les fonctions de *sous-maire* semblent avoir toujours été remplies à Angoulême par le maire de l'année précédente ; il en fut du moins ainsi à partir de 1498[8]. Lorsque l'habitude s'établit de maintenir à la mairie le même personnage pendant plusieurs années de suite, il est vraisemblable que le sous-maire conserva lui aussi pendant le même laps

---

[1] Babinet, *Nouv. chronologie des maires*, pp. 32 et 35.

[2] Délibération du 5 avril. *Ibid.*, p. 54.

[3] Voy. entre autres les documents de 1541 publ. par Michon, *Histoire de l'Angoumois*, p. 117.

[4] Bibl. nat., ms. fr., nouv. acq. 3,378, fol. 349.

[5] Le certificat est du 10 mai 1405 (Babinet de Rencogne, *Nouvelle chronologie*, p. 18).

[6] *Ibid.*, p. 117.

[7] Arrêt du 17 février 1741. Arch. nat., E, 2203.

[8] Cette observation due à Babinet de Rencogne (Voy. *Nouvelle Chron.*, p. 17) est pleinement confirmée par mes remarques personnelles.

de temps cette dignité, qui paraît du reste n'avoir jamais été qu'une quasi sinécure; mais nous n'avons pu trouver sur ce point de preuves positives.

A Angoulême, comme à Saint-Jean-d'Angély, les fonctions d'échevins, de conseillers, de pairs étaient viagères, ou du moins ne se perdaient que par suite de promotion d'un collège inférieur dans le collège supérieur, ou par suite de résignation. Le mode de nomination dans les trois collèges composant le corps de ville, et surtout le droit de résignation en faveur des bourgeois de la ville, ont été le sujet de nombreux règlements, et surtout de longues contestations, depuis la fin du xv° siècle. En 1492, le corps de ville admet que les « offices des eschevins, conseillers et pers se pour-
» ront délaisser à leurs enffans ou aultres personnes capables
» et suffisans, » et, en cas de vacance sans résignation, décide que le maire n'y pourra pourvoir que du consentement de tout le corps de ville[1]. En 1498, en effet, nous voyons le corps de ville recevoir « en office de per, Guillon de Langeviniere, ou lieu ou par résignation faite par Arnault Bareau dit Gendon, » et élire à une place de conseiller vacante par suite de décès l'un des pairs de la ville[2]. Nous avons vu cependant que le droit de résignation était primé par le droit de chaire[3]. En 1502, le corps de ville décida que, dans le cas où le maire serait membre du collège dans lequel une vacance se produirait, si la vacance se produisait dans l'échevinage, on nommerait échevin le premier conseiller qui aurait exercé le plus anciennement les fonctions de maire, ou, à défaut d'ancien maire, le premier conseiller dans l'ordre du tableau, et qu'en cas de vacance dans le Conseil, on nommerait conseiller le premier pair dans l'ordre du tableau. Le recrutement par élection ne devait plus être employé que pour les places de pairs vacantes sans résignation[4]. Cette règle ne fut pas sans doute exactement observée, car, en 1572, on décida que, les anciens maires une fois pourvus, les offices vacants d'échevins ou de conseillers devraient toujours être attribués aux plus anciens

---

[1] Délibération du 6 avril 1492, Babinet de Rencogne, *Nouv. Chron.*, p. 43.
[2] Délibérations des 7 octobre et 8 novembre 1498, *Ibid.*, pp. 47 et 48.
[3] Voy. plus haut, p. 335.
[4] Délibération du 25 février 1501-1502, Bibl. nat., ms. fr. nouv. acq., 3378, fol. 69.

conseillers ou pairs, sans aucune exception[1]. Malgré cette décision, on continua à admettre la résignation, même pour les places d'échevins et de conseillers, et, en 1609, un règlement municipal décida de les tolérer « de père à fils, frère à frère et d'oncle à nepveu[2]. » Comme on peut penser, la plupart de ces résignations n'étaient que des ventes déguisées.

En 1625, un arrêt de Parlement interdit de les admettre en faveur de personnes âgées de moins de vingt-cinq ans, âge fixé pour l'admission dans la maison de ville[3]. En 1633, un nouvel arrêt, pour remédier à l'abus des ventes d'offices municipaux et parce que le règlement de 1609 était « un règlement publicq qu'ils ont faict contre l'authorité du roy, » décida que le corps de ville devrait se pourvoir auprès du roi « pour obtenir lettres patentes et statuts touchant la forme » de la démission et réception ez dicts offices et charges du » dict hostel de ville »[4]. Un troisième arrêt invita encore l'année suivante le corps de ville à faire confirmer son règlement de 1609[5]. Cependant il ne semble pas qu'aucune confirmation royale l'ait jamais ratifié. L'interdiction de résigner en faveur de particuliers fut maintenue, mais subit de nombreuses exceptions[6].

Les quelques documents relatifs à l'organisation du xve siècle que nous connaissons semblent indiquer qu'alors on désignait chaque année quatre pairs qui devaient probablement, comme les *electi ad negotia ville* de Saint-Jean d'Angély, prendre une part plus active que les autres à l'administration de la ville, mais nous sommes sans renseignements

---

[1] Bibl. nat., ms. fr. nouv. acq., 3378, fol. 149.
[2] *Ibid.*, fol. 246 v°.
[3] Arrêt du 11 août 1625, *Ibid.*, fol. 204.
[4] Arrêt du 7 septembre 1633, *Ibid.*, fol. 242.
[5] Arrêt du 3 février 1634, *Ibid.*, fol. 245.
[6] Voy. des lettres patentes de Louis XIII, de 1643, autorisant une semblable résignation. La raison invoquée par le résignataire, c'est qu'étant procureur général au Parlement de Rouen, il ne pouvait résider à Angoulême. (Bibl. nat., ms fr., 18601, fol. 370). Le 22 novembre 1719, une délibération du corps de ville admet comme pair une personne pourvue en vertu de résignation. (Ms fr. nouv. acq., 3378, fol. 444). On a vu plus haut qu'à partir de 1742 les pairs élus durent être pourvus de lettres de provision du gouverneur. A la même époque on continuait à pourvoir aux vacances de l'échevinage et du conseil, en suivant l'ordre du tableau du Conseil et de la Pairie. (*Ibid.*, fol. 512.)

sur leurs attributions et nous n'en trouvons plus aucune trace après le xv° siècle [1].

Les droits d'entrée que devaient, lors de leurs réceptions, les membres du corps de ville nouvellement promus consistaient, comme à Cognac, en armes que l'on déposait dans l'arsenal de la ville. C'étaient, en 1502, pour chaque échevin et conseiller, une brigandine, et pour chaque pair « une arbaleste garnye de son bandage » [2].

Celle de toutes leurs prérogatives à laquelle les membres du corps de ville étaient le plus attachés était certainement la noblesse héréditaire. Nous avons dit plus haut que ce fut seulement en 1507 qu'elle fut expressément attribuée aux maires, échevins et conseillers et nous avons indiqué la plupart des confirmations dont ce privilège fut l'objet. Tandis que les échevins et les conseillers étaient annoblis eux et leurs héritiers mâles, les soixante-quinze pairs ne possédèrent jamais que « l'exemption d'aller ou envoyer à la convocation » du ban et de l'arrière-ban. » Ce ne fut point sans troubles et sans contestation que le corps de ville jouit de ces prérogatives et de ce privilège. A chaque nouvelle confirmation, la Chambre des Comptes faisait des difficultés pour les enregistrer, il fallut plus d'une fois l'y obliger par des lettres de jussion, et à diverses reprises ils ne furent maintenus que grâce aux pressantes sollicitations de députés envoyés à la cour par le corps de ville [3].

---

[1] De 1468 à 1477, on rencontre dans le Mémorial A d'Angoulême (fol. 40 et suiv.) les noms de ces personnages sous la rubrique suivante: « Les quatre pers de l'an LXVIIJ (*quatre noms*). Les quatre pers de l'an » LXVIIIJ (*quatre noms*), etc. »

[2] Délibération du 25 février 1501-1502. Bibl. nat., ms. fr. nouv. acq., 3378, fol. 69. Cf. Babinet de Rencogne, *Nouv. Chronol.*, p. 78.

[3] Voy. entre autres documents, indépendamment des concessions et confirmations de 1507, 1516, 1517, etc., citées plus haut, un arrêt de la Chambre des Comptes du 2 mars 1537-1538 portant vérification du privil. (*Privilèges d'Angoulême*, p. 121); un arrêt du Conseil d'Etat ordonnant que les maire et échevins jusqu'au nombre de vingt cinq jouiront du privilège de noblesse (Arch. nat., E. 120); des lettres patentes de Louis XIII, en date de novembre 1634, le confirmant (Ms fr. nouv. acq., 3378, fol. 264); des lettres de jussion du 20 août 1635, enjoignant à la Chambre des Comptes d'enregistrer la confirmation précédente (*Ibid.*, fol. 270); une délibération du corps de ville du 3 mai 1635, mentionnant l'envoi de députés pour faire maintenir le privilège compromis par la déclaration de 1634 (*Ibid.*, fol. 266); un arrêt du Conseil,

On n'a cessé de rechercher avec avidité sous l'ancien régime les charges qui conféraient ce que l'on nommait alors *la noblesse de cloche*, et ceux qui en étaient revêtus ont toujours mis la plus grande ardeur à conserver un privilège qui ne procurait cependant qu'une considération assez médiocre. Aussi n'était-ce pas là affaire de pure vanité. Un arrêt de Parlement, relatif aux abus causés à Angoulême au commencement du XVII° siècle par les ventes de charges municipales faites sous ombre de résignation, observe « que chascun ne » desire ces charges que pour jouir du privilège de noblesse » qui va à la foule du publicq, pour se décharger et sur» charger autres plus faibles »[1]. Ce n'est point ici le lieu de raconter les diverses tentatives du gouvernement pour remédier aux funestes conséquences de l'accroissement incessant du nombre des privilégiés, ni d'exposer les moyens qui furent employés pour les contraindre de contribuer aux charges publiques. Nous avons dit que l'édit de mars 1664 ne laissa subsister à Angoulême que les privilèges de noblesse du maire et que ce fut vainement que, par la suite, le corps de ville essaya de reconquérir ses anciennes prérogatives[2].

L'hôtel de ville d'Angoulême était, au XVI° siècle, un fief de l'abbaye de la Couronne, à laquelle le corps de ville devait, à chaque changement de maire, en même temps que l'hommage lige et le dénombrement, une paire d'éperons dorés estimée sept sous six deniers, et de plus une redevance annuelle de deux livres de cire et deux deniers[3]. La cloche de la

---

du 18 juillet 1643, rendu sur requête du corps de ville qui enjoint de le laisser jouir de ses privilèges. (Arch. nat., E. 181).

[1] Arrêt du 3 février 1634 cité plus haut, p. 338, n. 4.

[2] Voy. plus haut, p. 330.

[3] Le 22 mars 1579, le maire, un échevin, un conseiller, l'avocat du roi, le secrétaire de la ville et plusieurs pairs se rendent à l'abbaye de la Couronne et font à l'abbé : « la foy et hommage lige que les maire, » eschevins, conseillers et pairs de ladicte ville sont tenus nous faire, a » cause de nostredicte abbaye de la Couronne, pour raison de la Maison » Commune de l'eschevinage de ladicte ville d'Angoulesme, auquel » hommage lige et serment de feauté avons reçu ledict Redout, maire » susdict et oudit nom. Lequel Redout oudict nom sera tenu bailler et » randre le fief et denombrement de ladicte Maison Commune en forme » due, dans le temps de la coustume ; et nous a ledict Redout, oudict nom » de maire, presentement baillé et payé lesdictz esperons dorez pour le » debvoir dudit hommage, touttefois appreciez à VII s. VI d. et sans pour » l'advenir le tirer en consequence de bailler lesdicts esprons ou de

ville n'était pas à la Maison Commune, mais dans le clocher de l'église de Saint-André ; elle y avait remplacé en 1515 une cloche plus ancienne, appartenant aussi à la commune, et y est demeurée pour servir aux usages de la municipalité jusqu'en 1827[1].

Les assemblées ou mézées se faisaient au son de cette cloche, aux termes prescrits par les Établissements. Aux assemblées générales du corps de ville se joignaient parfois un certain nombre de notables habitants[2]. L'un des registres mémoriaux conservés aux archives municipales d'Angoulême contient, sur sa première page, une grande miniature, exécutée en 1572, représentant l'une de ces assemblées. Le maire la préside, assis dans sa chaire, l'épée au côté. Au-dessous de lui se trouve le bureau du secrétaire-greffier ; il est entouré des cinq sergents du maire, revêtus d'une livrée bleue. En avant de ce bureau est la chaire du sous-maire. Les échevins, conseillers et pairs sont assis sur des bancs qui entourent toute la salle, ils sont revêtus d'habits de couleur sombre, bruns ou noirs, les uns longs, les autres courts. Sur le devant de la salle un groupe de bourgeois semble indiquer que les séances étaient publiques[3].

» bailler pour la valeur d'iceux lesdicts VII s. VI d., dont du tout nous en
» quittons ledict Redout oudict nom de maire... Ledit jour, ledict Redout,
» maire susdit, assisté des dessus nommé, a, pour tout denombrement,
» declaré que lesdicts maire, eschevins, conseillers et pairs de ladicte
» ville d'Angouleme tiennent et advouent tenir desdicts abbés, religieux
» et couvent de la Couronne ladicte Maison Commune de ladicte ville
» d'Angoulesme, assis audict lieu, paroisse de Saint-André, tenant d'une
» part..... et ce, au debvoir d'une paire d'esprons dorez appreciez a sept
» solz six deniers d'hommage lige a muance de seigneur, et deux livres
» de cire neufve et six deniers de debvoir noble et annuel, payable
» audict sieur abbé a cause de ladicte abbaye. » (Ms. fr. nouv. acq., 3378, fol. 150).

[1] *Ibid.*, fol. 98.

[2] Voy. délib. du 15 février 1666, *Ibid.*, fol. 321.

[3] Arch. d'Angoulême. Mémorial B. Babinet de Rencogne a fait reproduire cette intéressante peinture et l'a publiée sous ce titre : *Une mézée du corps de ville d'Angoulême au XVIe siècle (1572) grandeur de l'original, publiée pour la première fois d'après le manuscrit des archives de l'hôtel de ville*. Angoulême 1868, pièce in-fol. Cette reproduction en chromolithographie, faite d'après une copie due au talent de M. Edwarmay, est d'une scrupuleuse fidélité. Elle est d'autant plus précieuse qu'un accident est survenu depuis à l'original, aujourd'hui en partie recouvert d'une large tache qu'on s'est maladroitement efforcé de faire disparaître par un grattage.

Nous n'avons pas à revenir sur le détail des attributions des divers collèges composant le corps de ville. Elles embrassaient à la fois l'administration, la justice et la police. Nous avons déjà cité plusieurs des statuts municipaux et des règlements de police promulgués par le corps de ville ; d'autres, remontant à l'année 1529, ont été publiés par Babinet de Rencogne[1] ; ils sont relatifs à la police des métiers, à la voirie, à la police des tavernes, etc. En 1539, on en promulgua d'autres pour interdire les jeux de hasard et défendre de prêter aux fils de famille[2]. A la fin du XVIIe siècle encore, on voit le corps de ville réglementer le commerce et l'industrie[3]. Ses attributions étaient dès lors cependant bien réduites et allaient toujours en diminuant ; tandis qu'au XVe siècle son organisation avait assuré à la ville une quasi indépendance, au milieu du XVIIIe siècle, sans que rien ait été changé aux anciennes formes de l'administration municipale, le corps de ville, pour améliorer le pavé de la ville ou faire la moindre réparation à la Maison Commune, était obligé de solliciter l'autorisation de l'intendant[4].

Le droit de justice faisait partie des privilèges concédés à Angoulême par Charles V, mais, bien que les renseignements relatifs aux causes portées devant le tribunal municipal soient fort nombreux, au moins depuis la seconde partie du XVe siècle, il n'est cependant pas facile de déterminer comment il rendait la justice. Plusieurs documents de cette époque font mention du *juge de l'eschevinage*, d'autres en plus grand nombre, et particulièrement des sentences criminelles ou de police, paraissent indiquer que le maire et les membres du corps de ville siégeaient au tribunal. Il semble résulter de ces divers documents que les causes civiles étaient jugées par le juge de l'échevinage, tandis que les procès criminels l'étaient par le corps de ville et les contraventions de police par le maire et le sous-maire.

Quant aux limites de la juridiction, elles furent déterminées, au mois de juin 1466, par une enquête suivie d'un accord avec le comte d'Angoulême qui termina de longues contestations

---

[1] *Bulletin de la Société de la Charente*, 1877, p. 285.

[2] Délibération du 28 février 1538-1539. (Ms. fr. nouv. acq., 3378, fol. 128).

[3] Délibération du 20 mars 1676. (*Ibid.*, fol. 342).

[4] Voy. délibération du 18 janvier 1749. (*Ibid.*, fol. 524).

entre son procureur et le corps de ville. Il fut alors reconnu que les « maire, bourgeoys et eschevyns » avaient « jurisdic-
» tion haute, moyenne et basse et la cour et cognoissance
» sur leurs bourgeoys et jurez et sur leurs varletz et familiers,
» serviteurs, domestiques, demeurans avec eux a leur pain
» et vin seulement et non pas a leurs pieces et jour-
» nées ; » on leur confirma la juridiction « des delits et excez
» faits par leursd. eschevyns, bourgeoys et jurez, leursd.
» varletz et serviteurs tels que dessus.. excepté en cas de
» crime de leze-majesté, de forfaict commis et perpetré au
» dedens des murailles du chasteau et chastelet dud. lieu
» d'Angoulesme ou en aucun des officiers de mond. seigneur
» le conte ou des officiers royaux..... et aussy de l'infraction
» de la sauvegarde ou seureté de mond. seigneur le conte ou
» du roy... esquelz cas la totale cognoyssance, jurisdiction,
» punition et amande competera et appartiendra a mond. sei-
» gneur le conte et a ses officiers ou au roy et a ses offi-
» ciers... » On reconnut en outre au corps de ville « la cour et
» cognoissance des actions personnelles de leursdits bourgeoys
» et jurez et la dation des tutelles et façon des inventaires
» des biens des pupilles de leursd. eschevyns, bourgeoys et
» jurez » et enfin, « la cour, jurisdiction, congnoyssance de
» toutes actions reelles des maisons, et autres biens, im-
» meubles et heritages estans situez et assis en lad. ville et
» cité d'Engolesme et dans les croix estans au dehors de lad.
» cité qui sont les bornes de la jurisdiction desd. maire et
» bourgeoys, excepté des causes et matieres d'aplegemens,
» complainctes, requestes personnelles et ypotecques, des-
» quelles causes la totale jurisdiction et congnoissance de-
» meurera, compectra et appartiendra a mond. sieur le conte
» et a ses officiers ou au roy et a ses officiers »[1].

Cette banlieue sur laquelle s'exerçait la juridiction de la commune s'étendait assez loin, car nous voyons la justice municipale prononcer, en 1538, un jugement contre le curé de Charmant, que sa chambrière accusait de l'avoir spoliée de sa maison et de ses biens[2]. Le village de Charmant se trouve

---

[1] Publ. par M. Sénemaud d'ap. l'orig. aux Arch. nat., P 1403, cote VIII. *Bulletin de la Société Archéol. de la Charente*, 1859, 3ᵉ série t. I., p. 235 et par Babinet de Rencogne d'ap. une cop. du XVIᵉ siècle aux archives d'Angoulême, Mémorial A, fol. 12. (*Nouv. Chronol.*, p. 24).

[2] La sentence est du 11 septembre 1538, elle est prononcée « en la

à environ vingt kilomètres d'Angoulême. Comme on le voit par cette sentence, les ecclésiastiques pouvaient être soumis à la juridiction de la commune.

On appelait de la cour de la mairie à celle du sénéchal, et de celle-ci au Parlement. Nous en trouvons un exemple dans un arrêt de Parlement du 28 février 1499-1500, confirmant des arrêts successifs du sénéchal et du maire, qui avaient condamné un criminel, pour viol sur la personne de sa fille, « a avoir la » teste tranchée et mise a une lance et son corps trayné et » pendu aux fourches patibulaires dudit lieu [1]. » Le coupable, qui avait été transféré à la conciergerie du palais à Paris, fut ramené à Angoulême et supplicié par « l'exécuteur de la haulte justice de cette ville ». Ce document et beaucoup d'autres relations d'exécution montrent qu'à Angoulême c'était la ville elle-même qui faisait exécuter les jugements de son tribunal, tandis que, dans la plupart des villes régies par les Etablissements, c'était un officier du suzerain qui en était chargé.

On se rappelle la peine bizarre qui, d'après l'art. 16 des Etablissements, devait être infligée aux femmes de mauvaise vie : on les plongeait dans l'eau à plusieurs reprises. On ne voit pas que ce châtiment ait jamais été en usage à Angoulême. Au XVIe siècle, il était remplacé par la fustigation à travers les rues de la ville [2]. Les Mémoriaux contiennent la mention d'un grand nombre de condamnations de la cour du maire ; le bannissement, la fustigation, le bûcher, la déca-

---

court de la mairie » par « François Renauld, licenciez es loix, maire et » cappitaine de la ville. » (Ms. fr., nouv. acq., 3378, fol. 130). C'est sans doute à cause de son titre de licencié es lois que le maire n'est pas ici remplacé par un juge de l'échevinage.

[1] Babinet de Rencogne, *Nouv. Chronol.*, p. 75. — Cf. une sentence de la sénéchaussée du 14 janvier 1501-1502, rendue sur appel d'une sentence de la mairie, contre un vallet qui avait frappé le portier du palais. (Ms. fr., nouv. acq., 3378, fol. 64).

[2] En voici un curieux exemple datant de 1514 : « Par ledit de Lous- » melet (le maire) fut condempnée une femme publicque de Lousmeau » qui s'estoit abandonnée es pauvres malades de la maladerye et puis se » prostituoit a aultres a estre fustigée ; ce qui fut fait par l'executeur de » la haulte justice, depuis S. Pierre ou elle estoit prisonniere tirant » davant l'eglise S. Vincent, d'illec au marché vieux et retournant vers » la porte S. Pierre. » (*Bulletin de la Société Archéol. de la Charente*, 1877, p. 284).

pitation et la pendaison sont les peines que l'on y voit appliquées.

En 1541 et 1542 notamment, les Mémoriaux représentent le maire comme ayant activement sévi contre « les larrons, » volleurs et vagabons qui de longtemps auparavant regnoient » en ce païs d'Engoulmoys. » Il faut ajouter que la plupart de ces malfaiteurs arrêtés par le maire furent déférés à la justice royale et jugés aux Grands Jours, qui se tenaient alors à Poitiers ; il en est cependant plusieurs dont la condamnation, prononcée en première instance par le maire, fut seulement confirmée à la session des Grands Jours [1].

Nous avons dit plus haut qu'en conséquence de l'édit de Moulins la compétence de la justice municipale fut réduite aux matières criminelles et de police [2]. Cette juridiction restreinte ayant même été contestée au corps de ville par les officiers du Présidial, un arrêt de Parlement du 30 avril 1615 décida que « la cognoissance des crimes commis en ladite » ville et fauxbourgs et franchises d'Angoulesme par les » jurez, manans et habitans d'icelle » appartenait « aux » maire et eschevins privativement au lieutenant criminel, » fors et exceptez es cas royaux et crimes de lèze majesté et » entre nobles et officiers du roy » [3].

Une sentence « de la cour de la mairrie et eschevinage » du 1er septembre 1654, rapportée dans un arrêt confirmatif du Parlement du 26 octobre de la même année, nous montre que la juridiction était à cette époque exercée par un « juge de la Maison Commune » qui était alors avocat au Présidial et l'un des pairs [4]. La justice criminelle fut possédée par le corps de ville jusqu'à la fin du XVIIIe siècle, ainsi qu'en témoigne Expilly, qui écrivait en 1762, à propos d'Angoulême : « Dans la ville et banlieue, la justice n'appartient pas au

---

[1] *Pièces justificatives*, XXXI. — Les documents relatifs aux causes jugées par la session des Grands Jours de Poitiers de 1541 sont d'autant plus importants que le registre de cette session manque aux archives du Parlement. Voy. F. Pasquier, *Grands Jours de Poitiers de 1454 à 1634*. Paris, 1874, in-8. — Cf. diverses sentences de la cour du maire au XVIe siècle, publiées par Babinet de Rencogne dans le *Bulletin de la Société archéologique de la Charente*, 5e série, t. I, 1877, p. 281 et suiv.

[2] Voy. plus haut, p. 329.

[3] Bibl. nat., ms. fr. nouv. acq., 3378, fol. 187.

[4] *Ibid.*, fol. 318.

» juge-prévot, mais aux maire et échevins et il en est de
» même de la police »[1].

Le serment de bourgeoisie donnait seul droit à Angoulême au rang de bourgeois ou juré ; le fils de juré n'était lui-même réputé juré qu'après avoir prêté serment. Une absence d'an et jour faisait perdre cette qualité avec les franchises et libertés qu'elle comportait.[2] Ces franchises et libertés, c'était, on l'a vu plus haut, outre le privilège de juridiction, l'exemption des tailles, aides et impôts, qui fut fréquemment confirmée. Les charges municipales que les bourgeois devaient acquitter étaient assez lourdes, surtout à cause de l'obligation pour la villle d'entretenir ses fortifications, les ponts, le port sur la Charente et la voirie de la banlieue, et aussi parce qu'un assez grand nombre d'habitants, nobles ou officiers royaux, en étaient exempts. Le clergé y était soumis et essaya vainement de s'y soutraire ; en octobre 1634, le grand conseil devant lequel il avait porté ses réclamations le condamna à payer.[3] Il est vrai de dire que la plupart de ces taxes locales que la commune avait le droit d'établir elle-même, consistant en impôts de consommation ou droits de péage, étaient pour une bonne part supportées par les habitants de la banlieue ou les étrangers qui venaient trafiquer à Angoulême[4].

La principale charge des habitants consistait dans l'obligation de faire partie de la milice communale ; une monstre faite en 1542 constate qu'elle comptait alors 4,500 hommes dont 1,500 hacquebutiers (arquebusiers), en partie vêtus de

---

[1] *Dictionnaire géographique.*

[2] « Et au regard des enfans, heritiers et successeurs de leurs bour-
» geoys et jurez, ils ne seront reputez et tenuz aulcunement jurez ne du
» serment dud. maire de lad. ville et ne joyront des privileges et libertez
» d'icelles jusques ad ce qu'ilz aient faict serment au maire de ladite
» ville. — Aussi, si aulcun desd. bourgeoys et jurez de lad. ville, ampres
» le serment par luy faict aud. maire, s'en va demeurer hors de lad. ville
» et cité d'Engolesme par an et jour entier, il ne sera plus tenu ne
» reputé juré de lad. ville ne du serment dud. maire, et ne joyra des
» franchises et libertez d'icelle ville, et sur luy led. maire n'aura aulcune
» jurisdiction ne congnoissance. » (Accord avec le comte d'Angoulême en juin 1466. — Babinet de Rencogne, *Nouv. Chronol.*, p. 28).

[3] Ms. fr., nouv. acq. 3378, fol. 257.

[4] C'était un droit de 8 deniers pour livre, sur les marchandises vendues dans la ville (4 mars 1412-1413, Babinet de Rencogne, *Nouv. Chronol.*, p. 19), des droits d'octroi, l'apetissement, etc.

cottes de maille, 1,500 piquiers, 1,200 hallebardiers et 300 arbalétriers sous le commandement du maire, capitaine de la ville, et de quatre capitaines ou lieutenants du maire[1]. L'obligation de participer au guet et à la garde de la ville et d'être soumis aux corvées pour les réparations et l'entretien des fortifications et de la voirie, n'incombait pas seulement aux habitants de la ville et de ses faubourgs, mais encore à ceux des paroisses à deux lieues à la ronde[2].

---

[1] *Pièces justificatives*, XXXI.

[2] Arrêt du Parlement, du 28 novembre 1626, qui confirme une sentence de la cour du maire contre les habitants de la paroisse de Champniers qui avaient refusé de faire des corvées et « maintient et garde le
» maire et eschevins de ladicte ville d'Angoulesme au droict et privilege
» à eux octroyé par les roys de pouvoir convoquer et appeller les
» habitants des paroisses voisines de deux lieues et environ de ladicte
» ville pour contribuer aux guets, gardes et reparations d'icelle seulement,
» et non du chateau » (Ms. fr., nouv. acq., 3378, fol. 214).

CHAPITRE XII.

POITIERS.

Aucune des villes dont nous nous sommes occupés précédemment n'a eu dans l'antiquité une importance comparable à celle de Poitiers. L'ancienne capitale des Pictons, *Limonum,* était une ville avant l'arrivée des Romains dans l'ouest de la Gaule ; sous la domination romaine elle devint le chef-lieu d'une cité de l'Aquitaine. Les ruines de ses nombreux monuments, que des fouilles heureuses exhument chaque jour et permettent de restituer en grande partie, témoignent de sa prospérité et de son développement à l'époque brillante de la civilisation gallo-romaine, c'est-à-dire pendant les deux premiers siècles qui suivirent la conquête. La décadence commença pour elle, comme pour la plupart des autres cités, dès le début du IIIe siècle, lorsque le péril croissant des invasions fit élever à la hâte une enceinte fortifiée, pour la construction de laquelle les débris des temples et des monuments servirent de matériaux [1].

A n'en pas douter, Poitiers avait alors des institutions municipales ; sa qualité de cité suffirait à le prouver, encore que parmi les inscriptions jusqu'aujourd'hui rencontrées nous ne trouvions aucune mention de sa curie ni de ses magistratures [2].

On a prétendu que le régime municipal romain, auquel les

---

[1] Voy. Ledain, *Rapport sur l'enceinte gallo-romaine de Poitiers*, 1870, dans les *Mémoires de la Société des Antiquaires de l'Ouest*, t. xxxv, p. 157.

[2] Cependant une inscription qui mentionne *Lucius Lentulius Censorinus, pictavus, omnibus honoribus apud suos functus* (*Revue des questions historiques*, juillet 1868, p. 21), semble bien indiquer un magistrat de Poitiers. D'autre part la fameuse inscription du tombeau de Claudia Varenilla témoigne de la personnalité de la *Civitas Pictonum* qui avait eu l'intention d'élever ce monument et de faire à ses frais les funérailles de cette illustre personne. (Orelli, 189.)

historiens se sont plu longtemps à rattacher toutes les grandes communes du moyen âge, aurait survécu à la ruine du Poitiers romain, à la domination wisigothique, à la conquête franque, pour ne s'effacer un moment qu'à l'époque de la plus grande puissance des comtes de Poitiers et revivre de nouveau dans la commune du moyen âge[1]. Ce sont là des conjectures qu'aucun document ne vient appuyer. Sur la condition de la ville après l'établissement des barbares dans l'Aquitaine, sur son sort pendant la courte période de la domination wisigothique et pendant les deux siècles qui suivirent la conquête franque, les documents nous manquent presque complètement et il faut se garder de chercher à combler cette lacune par des hypothèses auxquelles toute base ferait défaut et dont la vérification serait toujours impossible.

Dans nombre de cités, la souveraineté de l'évêque, préparée par la situation privilégiée, l'influence, les attributions civiles qui lui étaient échues dès le IVe siècle, s'établit en droit comme conséquence des immunités qui furent concédées à son église par les princes francs. S'il n'est guère possible de douter que de pareils privilèges aient été octroyés aux grands évêques du siège de Poitiers, il ne s'en est cependant conservé aucune trace. L'église de Poitiers fut, pendant une assez grande partie du VIIe siècle, occupée par deux des membres de la plus puissante famille de la Gaule méridionale, celle de Saint Léger. Dido, son oncle, y fut évêque depuis 628 ou environ, et, sur la fin de son épiscopat, son frère Gérin, l'un des grands personnages de la cour de Clotaire III puis de Childéric II, était comte de Poitiers. Un autre membre de la même famille, Ansoald, succéda à Dido sur le trône épiscopal[2]; Léger lui-même y fut quelque temps archidiacre et certaines expressions de son biographe peuvent

---

[1] Voyez particulièrement dans Ouvré, *Essai sur l'histoire de la ligue à Poitiers* (*Mém. des Antiq. de l'Ouest*, 1854, t. XXI, p. 86), les pages consacrées par l'auteur à l'histoire des institutions municipales de Poitiers.

[2] Avant d'être évêque, Ansoald était « *illustris defensor Pictavensis ecclesiae* » (*Gesta Dagoberti*, dans *Histor. de France*, t. II, p. 593). Il va sans dire que cette dignité est sans aucun rapport avec celle du *defensor civitatis* depuis longtemps déjà disparue et que n'ont jamais exercée les évêques, ainsi que l'a prouvé M. Fustel de Coulanges contre l'opinion commune. (*Histoire des institutions politiques de l'ancienne France*, t. I, Notes et éclaircissements, n° 3.)

donner à penser qu'il y exerçait alors, au nom de l'évêque, une juridiction temporelle [1].

Quoi qu'il en soit, si, ce qui est probable, les évêques de Poitiers eurent un moment, comme ceux de la plupart des autres diocèses de la Gaule, l'autorité civile et politique dans leur cité, ils en étaient déjà dépossédés au début de l'époque carolingienne ; tous les plaids de cette époque qui nous sont parvenus nous montrent la justice rendue à Poitiers par les comtes ou les *missi* [2].

Depuis l'époque où la bataille de Vouillé livra la Gaule méridionale à un prince franc, jusqu'au jour où se créa le royaume carolingien d'Aquitaine, le Poitou et sa capitale subirent de nombreuses vicissitudes : invasions, révolutions, partages, guerres, catastrophes de tous genres qui ne furent certainement pas sans influence sur la condition de la cité [3] ; mais parmi elles, il semble presque impossible de déterminer avec quelque certitude, aussi bien celles qui mirent la souveraineté aux mains des évêques que celles qui les dépossédèrent plus tard au profit des comtes francs, des ducs aquitains ou des princes carolingiens et de leurs comtes.

Il paraît probable que les partages et les guerres du VIe et

---

[1] « Cum mundanae legis censuram non ignoraret, saecularium terribilis judex fuit ». (*Histor. de Fr.*, t. II, p. 611).

[2] 780, 18 novembre. Plaid tenu à Poitiers par Abbon, comte de Poitou (Estiennot, *Antiq Ben.* 3e part., fol. 253. Bibl. nat. ms. lat. 12757). — 781, 1er décembre. Plaid tenu à Poitiers par Abbon (Besly, *Hist. des comtes de Poitou*, p. 149). — 791, 28 avril. Plaid tenu par les envoyés de Louis, roi d'Aquitaine (Estiennot, *Ibid*, fol. 255). — 815, 20 juin. Plaid tenu à Poitiers par « *Godilus missus illustri viro Bernardo comite* » (Fonteneau, t. 21, p. 93. Publ. par Mabillon et Besly, avec la date de 782). — 834, 9 avril. Notice d'un plaid tenu à Poitiers par les officiers de Pepin 1er, roi d'Aquitaine (Estiennot, *Hist. de l'abb. de Noaillé*, p. 388. Bibl. nat. ms. lat. 12757). — 904, 14 mai. Plaid tenu à Poitiers par Ebles, comte de Poitou (Bibl. nat., coll. Moreau, t. III, fol. 166). — 908, avril. Plaid tenu par le même (Fonteneau, t. 21, p. 185). — 928, 28 avril. Plaid tenu par le même (*Ibid.*, t. 15, p. 93).

[3] Il n'est peut-être pas inutile de rappeler ici qu'il est un de ces événements rapportés par la plupart des historiens qu'on doit bannir de l'histoire ; c'est la prétendue destruction de Poitiers par Dagobert en 636. Dès 1836, Nicias Gaillard en avait déjà fait justice dans le *Bulletin de la Société des antiquaires de l'Ouest* (t. I, p. 225). M. Perroud a parfaitement démontré que la source de cette fable est dans un passage d'Aimoin, interprété et développé par le rédacteur des Chroniques de Saint-Denis (*Des origines du premier duché d'Aquitaine*, 1881, p. 233).

du VII° siècle, qui attribuèrent le Poitou tantôt au royaume d'Austrasie, tantôt à celui de Bourgogne ou à celui de Neustrie, furent sans grande influence sur l'exercice de la souveraineté dans la ville même de Poitiers, où, comme nous l'avons dit, les membres d'une puissante famille absorbèrent et réunirent pendant près d'un siècle les attributions souvent confondues du comte et de l'évêque. Mais c'est surtout lorsqu'on recherche l'époque, les circonstances, les raisons de la déchéance des évêques que tous renseignements font défaut.

Depuis la fin du VII° siècle jusqu'en 778, de grands événements, fort mal connus encore, se passèrent en Poitou. Le pays fut d'abord incorporé au duché d'Aquitaine, et l'on serait tenté d'attribuer à quelqu'un de ses nouveaux maîtres, Eudes, Hunald ou Waifer, la reprise sur les évêques de l'exercice de l'autorité dans la ville de Poitiers, d'autant plus que l'épiscopat Poitevin, si brillant au VII° siècle, subit ensuite une sorte d'éclipse et que l'on connaît à peine les noms des obscurs personnages qui occupèrent le siège de Poitiers pendant tout le VIII° siècle. Il est vrai que cette dépossession des évêques peut aussi bien être la conséquence des invasions des Sarrazins, des usurpations de Charles Martel, des luttes de Pépin contre le duc Waifer et de l'établissement même du second royaume d'Aquitaine.

Si nous pouvons constater qu'à partir de cette époque les droits que nous présumons avoir été auparavant exercés par les évêques furent désormais dévolus aux comtes, nous ne sommes pas cependant beaucoup mieux renseignés sur la condition de la ville. Son histoire intérieure est aussi inconnue pendant la période Carolingienne qu'à l'époque précédente. Les dévastations périodiques que subit le pays de la part des Normands, les ruines dont à plusieurs reprises ils couvrirent la ville donnent à penser que Poitiers ne dut point alors beaucoup se développer. C'est pendant cette période que se fonda la dynastie des comtes de Poitiers qui joignirent à ce titre celui de ducs d'Aquitaine. Aux ruines faites par les Normands au IX° siècle s'ajoutèrent au siècle suivant celles qui furent la conséquence des guerres féodales. Ce ne fut que quand les comtes de Poitiers eurent triomphé des rivalités de la plupart de leurs voisins et de leurs vassaux qu'ils purent songer à pacifier le pays. Guillaume V l'essaya avec l'aide du clergé. Dès l'année 988 ou 989, un concile tenu à Charroux avait promulgué divers canons pour anathématiser ceux qui s'emparaient des biens ecclésiastiques, des bestiaux des cultivateurs et pour protéger contre les violences des barons les clercs et les personnes qui se trouvaient sous la protection de l'église[1]. Le comte de Poitiers assista lui-même, en 994, à une assemblée analogue réunie à Limoges, et y souscrivit, avec les principaux évêques et seigneurs du pays, un *pacte de paix et de justice*[2]. Quelques années plus tard, vers l'an 1000, il prit l'initiative de réunir, à Poitiers même, un nouveau concile qui, confirmant les décisions des assemblées de Charroux et de Limoges, essaya de diminuer les guerres privées en proclamant que la justice était obligatoire et que c'était un devoir pour les parties de s'en remettre à la décision des juges[3].

Il n'est pas douteux que, sous le règne de Guillaume V, le pays ait recouvré quelque repos et que sa capitale en particulier, sans toutefois devenir une ville commerçante, ait acquis quelque prospérité. Le comte se préoccupa d'abolir les « mauvaises coutumes[4] », et, après un incendie qui consuma en 1018 une partie de la ville, fit reconstruire à la place de l'ancien château un palais beaucoup plus considérable[5].

Une ville qui réunissait la brillante cour féodale des ducs d'Aquitaine, un siège épiscopal, une grande abbaye, et dont les écoles étaient déjà célèbres, ne pouvait manquer de prendre de l'importance. Bien que les calamités ne lui aient point été épargnées au XI° siècle, elle continua cependant à se développer sous les successeurs de Guillaume V. Guillaume IX en particulier, auquel l'une des chartes concédées à Poitiers en 1199 par Éléonore attribue les plus anciens privilèges octroyés aux habitants, voulut en attirer de nouveaux en admettant tous les étrangers qui viendraient se fixer à Poitiers à jouir des mêmes droits que les citoyens : liberté individuelle, liberté de tester et droit de marier librement leurs enfants[6].

---

[1] Labbe, *Concilia*, t. IX, col. 733.
[2] Pertz, SS., t. IV, p. 132.
[3] Labbe, *Concilia*, t. IX, col. 781.
[4] Rédet, *Cartulaire de Saint-Cyprien*, charte 19.
[5] Adhémar de Chabannes, dans *Histor. de Fr.*, t. X, p. 158.
[6] *P. justif.* XXXII. — Cette disposition de la charte de 1199 que nous attribuons à Guillaume IX, ne remonte peut-être qu'à Guillaume X. Tous deux se préoccupèrent de développer les villes de leurs états et d'en

La captivité de Guillaume VI, les guerres lointaines et les pèlerinages de Gui Geoffroi, l'expédition en Terre-Sainte, les prodigalités de Guillaume IX et ses démêlés avec l'Église, ainsi que ceux de son fils Guillaume X, qui de 1131 à 1135 fut partisan de l'antipape Anaclet, durent certainement relâcher les liens qui unissaient les habitants de la ville à leur seigneur, développer chez les citoyens de Poitiers les germes d'indépendance et faciliter la formation des associations qui devaient préparer une prochaine insurrection communale. Il est fâcheux que, sur ce sujet, nous en soyons réduits aux conjectures et qu'aucun document ne nous renseigne encore sur l'état intérieur de la ville.

Au début du XII° siècle, comme au temps des Carolingiens, la ville se trouvait tout entière sous la juridiction du comte, à l'exception toutefois du bourg Saint-Hilaire, situé à l'extrémité sud-ouest de la ville et composé de l'agglomération qui s'était formée peu à peu autour de l'abbaye, qui y avait toute justice. Les titres pour justifier l'origine de sa souveraineté faisaient défaut à l'abbaye comme à l'évêque et pour appuyer ses prétentions, elle en était réduite à fabriquer une charte ridicule par laquelle un certain *Imbrosius, dux Galliarum*, contemporain à la fois d'Innocent Ier et de l'empereur Constantin, aurait, avec l'autorisation de son suzerain, aliéné en faveur de l'abbaye une partie de son « aleu ducal [1] ». Une confirmation d'immunité concédée, en juillet 768, par Pépin le Bref et confirmée, le 24 novembre 834, par Pépin Ier, roi d'Aquitaine, lui créa un titre plus sérieux, quoiqu'elle ne mentionnât pas expressément le bourg, mais seulement, d'une manière générale, les possessions de l'abbaye [2]. Grâce à ces confirmations, cette souveraineté se perpétua pendant tout le moyen âge sans porter toutefois ombrage aux comtes de Poitiers, car, dès le temps de Charles le Chauve, le comte

---

créer de nouvelles. Voy. plus haut ce qui a été dit du peuplement de La Rochelle par Guillaume X (p. 61), et de celui de Bayonne par Guillaume IX (p. 103). Eléonore déclare restituer et confirmer les privilèges concédés autrefois par son père et son aïeul.

[1] Coll. Fonteneau, t. 10, p. 273. — Fonteneau croit cette pièce fabriquée au x° siècle. Il la connaît par une copie trouvée dans une layette du chartrier de Saint-Hilaire sur laquelle était l'inscription : « Pièces » importantes qu'il ne faut pas montrer. »

[2] Rédet, *Documents pour l'histoire de l'église de Saint-Hilaire*, Chartes 1 et 5.

Rainulphe était abbé de Saint-Hilaire [1], dignité qui fut attribuée à tous ses successeurs, y compris les rois de France après la réunion du comté.

De l'autre côté de la ville, au nord, sur les bords du Clain, un autre bourg se formait autour du *moustier neuf*, fondé par le comte Gui Geoffroi, à la fin du XI° siècle. Ce bourg s'étendait, au XII° siècle, des moulins de Chassaigne jusqu'au confluent de la Boivre; il n'était pas tout entier sur la rive gauche du Clain, une partie débordait sur la rive droite, et un pont, dont l'abbaye percevait le péage, reliait les deux rives. Il contenait des pêcheries, des moulins et des carrières de pierres meulières dont l'exploitation se faisait par corvées de serfs dits *coutumiers*, auxquels l'abbaye devait sa protection en échange de leurs services [2]. Plus à l'est et sur la rive droite du Clain se trouvait le bourg Saint-Saturnin, habité par des tanneurs. Tout cela appartenait à l'abbaye; les comtes Guillaume IX et Guillaume X lui en avaient concédé la souveraineté, et plus tard, la reine Eléonore, confirmant les privilèges des moines de Montierneuf, le 4 mai 1199, déclara libre de toute coutume tout le terrain qu'ils pourraient acquérir jusqu'aux murs de la cité [3], et exempta les hommes de l'abbaye de taille, de droit, de gîte, d'hébergement et de tout service militaire, sauf en cas de guerre [4].

La ville de Poitiers était donc, comme Tours et la plupart des anciennes villes épiscopales, divisée au XII° siècle en cité et bourgs, soumis chacun à des juridictions différentes. En dehors des murs de la cité soumise au comte, le bourg de l'abbaye de Saint-Hilaire formait comme une seconde ville fortifiée; les bourgs de Montierneuf et de Saint-Saturnin étaient soumis l'un et l'autre à la même juridiction. A la diffé-

---

[1] Voy. dans *Histor. de Fr.*, t. VIII, p. 576, un acte de 862 qui montre le comte faisant, au nom de l'abbaye de Saint-Hilaire, un échange de terres avec un prêtre nommé Garnier.

[2] « Consuetudinem molarum quas homines consuetudinarii extrahunt » sine precio..... Homines vero illos qui molas extrahunt debent mo- » nachi tueri et custodire ». (Charte d'Éléonore de 1199 citée à la note suivante).

[3] Teulet, *Layettes du Trésor des Chartes*, t. 1, n° 495.

[4] « Et concedimus omnes homines qui pertinent ad jus ecclesie ubi- » cumque sint, ab omni exercitu et expeditione, excepta illa que vocatur » nomine belli, liberos et francos, nisi quando princeps Aquitanie iniet » canpale bellum contra suos inimicos. » (*Ibid.*).

rence de ce qui se passa ailleurs, ce furent les habitants de la cité qui résolurent de s'affranchir et de s'organiser en commune.

Le moment qu'ils choisirent pour se révolter fut celui où, par le mariage de leur suzeraine, ils passèrent sous la domination du roi de France. Peut-être avaient-ils perdu, en changeant de seigneur, quelques-uns des privilèges qu'ils tenaient de leurs derniers comtes[1]. Nous ne connaissons ces événements que par un très précieux fragment de la vie de Louis VII de Suger, découvert, il y a quelques années, par M. Jules Lair dans un manuscrit de la Bibliothèque Nationale[2]. Guillaume X étant mort le 9 avril 1137, en laissant tous ses Etats à sa fille aînée Eléonore, celle-ci ne tarda pas à épouser Louis VII, au moment où, par la mort de son père, il allait devenir roi de France. Le mariage avait eu lieu à Bordeaux, et le 8 août, le jeune prince avait été couronné duc d'Aquitaine à Poitiers; il avait reçu les hommages des barons et croyait avoir assuré la tranquillité de l'Aquitaine[3]. Rappelé en toute hâte par la nouvelle de la mort de son père, il était rentré à Paris, réprimant sur son chemin l'insurrection communale d'Orléans, puis était retourné au sud de la Loire, à Bourges, où il s'était fait couronner roi de France le 25 décembre. Au début de l'année suivante, comme il rentrait avec Suger d'un voyage dans ses provinces de l'Est[4], il reçut la nouvelle que les habitants de Poitiers venaient de proclamer la commune, qu'ils fortifiaient la cité, qu'ils s'étaient emparés du donjon, et qu'à leur exemple, le Poitou tout entier, villes et châteaux, se soulevait et s'alliait à eux.

Le roi, ayant vainement sollicité du comte de Champagne des secours pour réprimer cette insurrection, leva lui-même

---

[1] Eléonore, en 1199, déclare qu'elle les leur restitue et qu'elle les confirme (*Pièces justif.* XXXII.) Mais la perte de ces privilèges, à laquelle cette expression semble faire allusion, peut aussi bien avoir été la conséquence de la répression de la révolte de 1108.

[2] *Bibliothèque de l'Ecole des Chartes*, t. XXXIV, 1873, p. 591-593.

[3] Dans la vie de Louis VII il est dit que le roi revint à Paris, « ducatu Aquitanie consulte tutoque locato » (*Histor. de Fr.*, t. XII, p. 125). Suger, dans la vie de Louis le Gros, dit : « Si qui erant hostes prosternentes, cum exultatione totius terre, Pictavorum civitatem pervenimus. » (OEuvres de Suger, éd. Lecoy, p. 147). Mais dans notre fragment il s'exprime un peu différemment : « quoniam sub to patris decessu ducatum Aquitanie minus plene subjugaverat. » (p. 591.)

[4] Fragment, p. 590.

une petite troupe de deux cents chevaliers, archers et arbalétriers, se mit à sa tête, et avec l'appui des barons du pays, réussit à réduire Poitiers sans coup férir. Entré dans la ville, il ordonna la dissolution de la commune, fit abjurer les serments prêtés par les habitants et se fit remettre par les notables de la ville, à titre d'otages, un certain nombre d'enfants des deux sexes qu'il se proposait de disperser dans le royaume[1]. Sur ces entrefaites, Suger, que la célébration de la fête de saint Denis avait retenu[2], vint rejoindre le roi. Le récit pathétique qu'il fait de la douleur des habitants, des supplications qui l'accueillirent, des plaintes des malheureux qui se jetaient aux pieds de son cheval pour le supplier d'intercéder auprès du roi afin qu'il leur laissât leurs enfants, montre quelle terreur la répression avait fait régner dans la ville. Sur les conseils de son ministre, le roi prit le parti de la clémence. Le jour même où les habitants rassemblés sur la place préparaient le départ des jeunes otages, Suger parut avec le roi à l'une des fenêtres du château ; de là, il annonça à la foule que le roi pardonnait le forfait de la commune et leur rendait leurs enfants. « Cet acte de clémence royale aussi pieux que géné-
» reux, dit Suger en terminant son récit, eut pour conséquence
» d'attacher le Poitou au roi, et jamais depuis on n'y entendit
» parler de commune ni de conspiration. » Suger mourut, en effet, avant que le divorce du roi eût de nouveau séparé le Poitou de la couronne. De 1137 à 1152 la ville avait été administrée par un prévôt[3], et aucune tentative d'insurrection communale ne s'y était produite.

[1] « Absque sanguinis effusione Pictavum populum ad deditionem
» coegit, communiam dissolvit, communie juramenta dejerare compulit
» et a melioribus obsides, tam pueros quam puellas, per Franciam dis-
» pergendos extorsit. » (*Ibid.*, p. 592).

[2] Elle était célébrée le 22 avril.

[3] Lettres de Louis VII enjoignant aux habitants de Poitiers d'aider les chanoines de Saint-Hilaire à établir des étangs et des moulins à Montgorge et à Pont-Achard, v. 1143. — Elles sont adressées : « Willelmo
» Pictavensi preposito et ceteris omnibus ejusdem civitatis civibus », e se terminent par l'injonction suivante : « Et quoniam hoc non solum a
» utilitatem illius ecclesie sed ad decorem et maximam totius urbi
» nostre Pictavis defensionem futuram esse multorum testimonio dedi-
» cimus, per scripta regia vobis universis precipimus, tibi autem
» Willelme, qui in urbe illa noster es prepositus, hoc precipue injun-
» gentes, ut jam dictos canonicos beati Hilarii ad edificium illud com-
» ponendum vestro consilio juvetis et auxilio et manuteneatis, si aliqu

Sous le règne de Henri II et d'Eléonore, la ville, gouvernée également par un prévôt, fut de nouveau fortifiée[1]. Durant toute la fin du xii° siècle, elle paraît être restée fidèle à ses suzerains successifs, qui trouvèrent dans ses bourgeois un appui constant dans leurs luttes contre les barons poitevins, toujours versatiles ou traîtres.

Le roi Richard tenta d'y développer le commerce en établissant des foires qui se tinrent chaque année du premier au troisième dimanche de carême et qui furent plus tard confirmées par le roi Philippe-Auguste[2].

En 1199, la reine Eléonore, redevenue comtesse de Poitou après la mort de Richard, concéda à Poitiers sa première charte de commune, en même temps qu'elle confirmait aux habitants leurs anciens privilèges.

Cette confirmation[3], si l'on prend à la lettre les termes de son protocole, semble avoir eu en même temps le caractère d'une restitution. Les privilèges qu'elle rendait ou confirmait aux Poitevins remontaient, au moins en partie, à Guillaume IX, c'est-à-dire à la fin du xi° siècle. Le plus important de tous était le droit pour tout citoyen de n'être point détenu s'il pouvait donner caution de se présenter en justice. Les accusés de meurtre, de trahison ou de vol étaient seuls exceptés de cette disposition (art. 3). A cela s'ajoutait le droit pour les citoyens de marier librement leurs filles tant dans la ville qu'au dehors (art. 1) et la promesse que les legs pieux seraient pleinement exécutés, c'est-à-dire la liberté de tester garantie par le suzerain (art. 2). Une dernière disposition, dont le but était d'attirer à Poitiers de nouveaux habitants, stipulait que les étrangers qui viendraient s'y fixer jouiraient de ces privilèges au même titre que les autres citoyens (art. 4).

La concession d'une commune jurée[4], qui accompagnait cette confirmation, avait pour but, comme toutes celles que

» supervenerit calumpnia. » (Rédet, *Documents sur Saint-Hilaire*, t. I, n° cxxix).

[1] « Rex Henricus et Alienordis regina Pictavam auxerunt longoque » muro circumdaverunt, cum praeposuissent huic urbi atque Pictaviae » Willelmum de Podio Augusti ex progenie ejusdem reginae. » (*Chron. comit. Pict.*, dans Martène *Ampl. coll.*, t. V, col. 1155.)

[2] *Pièces justif.*, XXXV, art. 2. Ces foires existaient avant 1188. Voy. Guérin, *Recueil de pièces sur le Poitou*, n° CI.

[3] *Pièces justif.*, XXXII.

[4] *Ibid.*, XXXIII.

les princes anglais firent à la même époque aux villes du continent, de lier davantage les habitants à leur suzerain et surtout d'organiser la défense du pays contre l'invasion toujours imminente d'une armée française [1].

Il est bien probable que Jean Sans-Terre ne tarda pas à confirmer les concessions faites par sa mère aux Poitevins, comme il le fit pour toutes les communes créées ou confirmées par elle, mais cette confirmation ne paraît pas être parvenue jusqu'à nous ; le seul acte de Jean Sans-Terre concernant Poitiers, que nous ayons pu retrouver, est une charte par laquelle il prend sous sa protection Savary, maire de Poitiers, et lui octroye des privilèges particuliers [2].

La guerre de 1204 fit tomber au mois d'août la capitale du Poitou au pouvoir de Philippe-Auguste. Poitiers était dès lors rattachée pour toujours au royaume de France. Les habitants durent cette fois regretter moins leurs anciens maîtres que lorsqu'ils étaient une première fois devenus Français après le mariage de Louis VII. Les troubles qui avaient profondément agité l'Aquitaine pendant les dernières années, le spectacle de ceux qui la désolèrent pendant les années qui suivirent, n'étaient pas pour leur faire regretter la domination anglaise, et, d'autre part, la politique française vis-à-vis des villes n'était déjà plus la même qu'au temps de Louis VII. Philippe-Auguste, tout en prenant un soin jaloux de ne jamais aliéner au profit des communes aucun des droits ni des prérogatives de la souveraineté, comprenait à merveille que la meilleure garantie de la fidélité des habitants des villes nouvellement annexées était dans le maintien et dans le développement de leurs privilèges.

Trois mois après la conquête, il confirma aux habitants de Poitiers leur commune et leurs franchises [3]. Cet acte

---

[1] La formule de toutes ces chartes de commune est toujours à peu près la même : « ut tam nostra quam sua propria jura melius defendere » possent et magis integre custodire. »

[2] Le 31 août 1200 : « Johannes..... Sciatis quod nos suscepimus in » nostram custodiam et protectionem nostram Savaricum, majorem de » Pictavis et omnes homines, res, redditus et possessiones suas..... » Concessimus etiam eidem Savarico quietanciam omnium rerum suarum » quas poterit affidare suas esse proprias per totam terram nostram, de » omnibus consuetudinibus que ad nos pertinent. » (*Rotuli chartarum*, p. 75).

[3] En novembre 1204. *P.justif.*, XXXIV.

rappelle expressément les concessions faites précédemment par Eléonore et en reproduit presque textuellement tous les termes. Ce fut à la même époque que Philippe-Auguste, à la demande des habitants, leur envoya les Etablissements de Rouen [1].

Nous avons dit plus haut qu'une copie à peu près contemporaine de la rédaction ainsi envoyée à Poitiers s'est conservée dans les archives de cette ville. Nous avons dit aussi quelles particularités elle présente et nous donnons les variantes de cette rédaction dans notre recueil de documents. Il semble que cet envoi des Etablissements, fait « aux jurés de la commune de Poitiers », ait dû être précédé de la concession ou de la confirmation de cette constitution à la ville de Poitiers, mais nous en sommes sur ce point réduit aux conjectures, et, en l'absence de tout document, il paraît même impossible de savoir si c'est à Philippe-Auguste ou aux monarques anglais qu'il faut attribuer l'introduction à Poitiers des statuts de Rouen.

On sait que les dispositions des Etablissements qui ne se retrouvent pas dans la rédaction de Poitiers sont au nombre de douze, ou plutôt de onze, l'une d'elles, — celle qui porte dans notre édition le n° 43 — ayant été ajoutée à la fin de l'expédition. Il est difficile de trouver la raison qui aurait pu faire supprimer ces onze dispositions, alors surtout que les lettres d'envoi du *Rescriptum communie Rothomagensis* ne mentionnent aucune restriction. Si l'on peut à la rigueur comprendre qu'on ait écarté l'article qui donne au maire le commandement des milices communales (29), celui qui réserve à l'Eglise la connaissance de l'adultère (32), celui qui donne au maire et aux jurés le droit de faire des dépenses sans consulter le conseil (33), celui qui défend au représentant du roi d'intenter une action à un bourgeois ailleurs que pardevant le maire (45), celui qui oblige tous les habitants à prêter le serment de commune (47), celui qui permet d'emprisonner l'étranger accusé d'un délit commis au préjudice d'un bourgeois (49), — il est d'autres dispositions complètement inoffensives, qui ne créaient pour la commune ou ses magistrats aucune prérogative pouvant porter ombrage au pouvoir central, dont la suppression s'explique d'autant moins que, parmi les articles maintenus, il en est bon nombre que les

---

[1] *Pièces justif.*, I, voy. t. II, p. 4 et 54.

gens du roi auraient eu plus d'intérêt à faire écarter[1]. Du reste, si la suppression de ces articles dans la rédaction envoyée à Poitiers avait été d'abord intentionnelle, ce dont on peut douter, on ne tarda pas à en perdre de vue l'intérêt, car, dès la fin du XIII° siècle, on rétablit dans cette rédaction toutes les dispositions supprimées[2]. Bien plus, nous avons la preuve qu'auparavant, dès 1243, l'un des articles qu'on ne retrouve pas dans la rédaction de Poitiers était en vigueur. C'est devant le maire que, conformément à l'art. 45 des Etablissements, le prévôt de Poitiers poursuivait alors un certain nombre de citoyens coupables de coups et blessures sur la personne de quelques Anglais[3].

En 1206, à la nouvelle des préparatifs militaires faits à la Rochelle par le roi Jean, Philippe-Auguste mit Poitiers en état de défense[4]. En 1214, il confirma aux habitants le privilège d'être exempts des droits de ventes et des péages dans tout le domaine royal et fit en même temps réserve expresse de ses droits d'host et de chevauchée, de taille et de justice sur la ville de Poitiers. Par le même acte, il confirma la foire du Carême, établie auparavant par le roi Richard, y attribua des franchises aux marchands du royaume et régla les droits qu'y devaient payer les marchands étrangers[5].

Les intrigues et les tentatives du roi d'Angleterre pour recouvrer Poitiers, qu'il ne cessait de considérer comme une

---

[1] Les articles supprimés, outre ceux que nous avons cités, sont : celui qui punit le coupable d'avoir injurié un bourgeois en lui rappelant une ancienne condamnation au pilori (36), celui qui punit le bourgeois s'il ne se rend pas à la convocation du maire (42), celui qui punit d'avoir mal parlé de la commune (46), celui qui défend au maire de faire solliciter pour rester en charge (53), celui qui impose aux magistrats le serment de bien juger et d'être honnêtes (54).

[2] Nous avons dit déjà (p. 7) qu'à cette époque on a intercalé, au moyen de renvois, tous les articles qui ne se trouvaient pas dans la rédaction en 1204. Le vidimus de 1412 des archives municipales de Poitiers contient la rédaction en 55 articles.

[3] *Pièces justif.*, XXXVII.

[4] C'est à tort que plusieurs historiens ont prétendu qu'il avait alors complété les fortifications de Poitiers et compris toute la colline dans l'enceinte. Les textes de Rigord et de Guillaume le Breton sur lesquels ils s'appuient ne disent point cela. « Civitatem Pictavis munivit » dit Rigord, et Guillaume le Breton : « munivit urbem Pictavim et alia castra » quae ibi (in Pictavia) habebat » (voy. *Histor. de France*, t. XVII, pp. 60 et 81).

[5] Entre le 30 mars et le 31 octobre 1214. *Pièces justif.*, XXXV.

ville anglaise[1], encore qu'elles ne fussent pas suivies d'effet, n'étaient sans doute point étrangères à ces confirmations ou concessions successives de privilèges. Sur la fin de sa vie encore, en novembre 1222, Philippe-Auguste octroya, pour la quatrième fois au moins, une série de privilèges à la ville de Poitiers[2], et cette fois encore, mais sans le dire explicitement, ce fut pour y importer des règlements, des dispositions et des usages en vigueur à Rouen. Ce fut la charte qu'il avait concédée à cette ville en 1207, qui servit de modèle, et l'on reproduisit textuellement à l'usage de Poitiers tous ceux de ses articles qui n'étaient pas des mesures de transition ou des dispositions essentiellement spéciales à Rouen. Cette charte de 1207 était elle-même en grande partie la reproduction d'anciens privilèges concédés à Rouen en 1150 et en 1199, par Henri II et Jean Sans-Terre[3], en sorte que la plupart des dispositions que le roi de France introduisit à Poitiers en 1222, avaient été concédées à Rouen par des rois d'Angleterre, plus d'un demi-siècle auparavant.

Après une nouvelle reconnaissance et confirmation de la commune, on retrouve dans la concession faite à Poitiers, en 1222, les exceptions aux franchises de péages dans le domaine royal que la charte de 1207 avait spécifiées pour les Rouennais (art. 2 de Poitiers, 1 de Rouen), la même confirmation à la commune du droit de justice en matière d'héritages, de meubles et de contrats, avec réserve des droits des seigneuries (3 de P., et 3 de R.), la même procédure contre les débiteurs étrangers (4 de P. et 5 de R.), la même dispense de répondre en justice aux citations des criminels (5 de P. et 6 de R.), et la même obligation de répondre à toute citation d'un *legitimus homo* (6 de P. et 7 de R.), les mêmes exemptions pour la garde des prisonniers (7 de P. et 8 de R.), de la monnaie, de la vicomté ou de tout autre office (8 de P. et 9 de R.). La charte de Poitiers fait cependant ici une

---

[1] Henri III ne cessa de notifier aux habitants de Poitiers toutes les décisions concernant l'Aquitaine. Voy. par exemple une lettre adressée « probis hominibus de Poitiers » par laquelle il leur fait connaitre, le 16 septembre 1220, en même temps qu'aux habitants des autres villes anglaises du continent, la nomination de Philippe de Ulcot comme sénéchal du Poitou et leur mande de lui obéir et de lui être fidèles. (Rymer, t. I, part. I, p. 84).

[2] *Pièces justificatives*, XXXVI.

[3] Voy. plus haut, p. 32, et *Pièces justif.*, II.

exception à l'égard des obligations de cette nature qui pourraient résulter de la tenue d'un fief comportant ces devoirs. On y retrouve encore la même exemption de taille que dans la charte de Rouen (9 de P. et 10 de R.), le même règlement sur les achats de vins faits par les gens du roi (10 de P. et 12 de R.), les mêmes garanties données aux marchands qui vont vendre au détail dans le royaume (11 de P. et 13 de R.) les mêmes monopoles pour le commerce du vin (12 de P. et 15 de R.) et pour le commerce d'exportation maritime réservés aux seuls citoyens (13 de P. et 19 de R.), la même liberté pour les mariages (14 de P. et 21 de R.), la même promesse de ne pas faire de poursuites ponr usure (15 de P. et 22 de R.), la même disposition relative à la garde par le maire des biens des prévenus (16 de P. et 25 de R.) les mêmes formalités pour l'arrestation des citoyens (17 de P. et 26 de R), et enfin la même réglementation du droit de réquisition des logements (18 de P. et 27 de R.). Bref, sur les vingt-sept dispositions que contenait la charte octroyée à Rouen en 1207, dix-huit ont passé dans celle qui fut concédée à Poitiers en 1222.

Outre ces dix-huit dispositions, la charte de Philippe-Auguste en contient quatre nouvelles.

L'une d'elles apporte à l'organisation introduite par les Etablissements une modification notable. D'après cet article, le maire, les douze échevins et les douze jurés doivent être élus chaque année par les citoyens (19); après l'élection ils doivent prêter serment, et le maire en particulier doit le serment de fidélité au roi en personne, ou au bailli, mais seulement lorsque celui-ci est expressément délégué par le roi (20). Le roi stipule en outre que les habitants doivent le service militaire au delà de la Loire comme les autres habitants du Poitou (21), et, tout en confirmant les franchises, privilèges et libertés de la ville, fait réserve expresse des droits de haute justice (22).

Cette charte fut confirmée par Louis VIII, dans les derniers jours du mois de juin 1224, au moment où il se disposait à achever la conquête du Poitou[1], puis par le comte Alfonse, lorsqu'il vint à Poitiers, après avoir reçu à Saumur l'investiture de son apanage[2]. En même temps ce prince confirma la

---

[1] Teulet, *Layettes du trésor des chartes*, t. II, p. 33.

[2] Cop. contemporaine. Arch. nat. J 192, n° 3. — Cf. Teulet, *Layettes du Trésor des Chartes*, t. II, n° 2922, p. 451.

charte de Philippe-Auguste de 1204[1]. Les trente années pendant lesquelles Alfonse gouverna le Poitou ne semblent avoir été marquées par aucun événement notable dans l'histoire municipale de la cité. Poitiers étant alors le siège du gouvernement de tout le comté, la résidence d'un sénéchal, d'un bailli, d'un châtelain, d'un prévôt et d'une foule d'officiers subalternes, la commune n'y subsista qu'assez obscurément, l'organisation et la vie municipale ne s'y développèrent point. Le prévôt, fermier de sa prévôté[2], et le bailli[3] administrèrent la ville autant et plus que les magistrats municipaux. Ceux-ci cependant purent, dès le début du règne, maintenir leur droit de justice sur les citoyens de Poitiers contre les officiers royaux[4]. Leur activité se tourna vers la police des métiers et ils rédigèrent les statuts de plusieurs corporations[5]. Ils sollicitèrent comme tous les habitants du Poitou l'expulsion des Juifs et reçurent satisfaction aux mêmes conditions[6]; enfin, en 1269, contraints, en dépit de leurs privilèges, de payer leur part des lourds impôts que le comte demandait à ses sujets en vue de la croisade, leurs protestations n'aboutirent qu'à se faire délivrer des lettres de non-préjudice, constatant qu'ils avaient payé ce subside à titre gracieux et que ce fait ne saurait créer un précédent[7]. Ils eurent maintes fois par la suite l'occasion de solliciter et de recevoir la même satisfaction platonique.

Peu après la réunion du comté à la couronne, Philippe le Hardi confirma les privilèges de Poitiers. Comme Alphonse, il confirma par deux chartes différentes, d'abord la charte de Philippe-Auguste de 1204[8], puis celle de 1222[9]. Philippe le Bel confirma à son tour, en juin 1286, la charte de 1222[10].

---

[1] Orig. Arch. communales de Poitiers, A 5.
[2] Bardonnet, *Comptes d'Alfonse de Poitiers*, p. 14 et *passim*.
[3] *Ibid*., comptes de la baillie, *passim*.
[4] *Pièces justif.*, XXXVII.
[5] Ceux des bouchers, le 17 octobre 1245 (Coll. Fonteneau, t. 23, p. 261) et en 1247 (*Ibid.*, p. 263), ceux des éperonniers, en 1265 (*Ibid.*, p. 267), ceux des bourreliers, le 30 mars 1265 (*Ibid.* p. 265). Voy. aussi l'ordonnance relative au prix du pain de 1245. (Statuts de Poitiers, ms. 145 de la bibliothèque de Poitiers, fol. 4).
[6] Voy. plus haut, p. 297.
[7] 1269-1270, mars. Orig., arch. communales de Poitiers, A 7.
[8] Pons en Poitou, 1271-1272, février. Orig., Arch. de Poitiers, A 8. Cop., Arch. Nat., JJ 30, pièce 458.
[9] Même date. Orig., Arch. de Poitiers, A 9.
[10] Orig., Arch. de Poitiers, A. 12. — Cette confirmation comprend le

En décembre 1311, le comté de Poitiers fut concédé au second fils du roi[1] ; toutefois, il ne cessa d'être administré par les officiers royaux et ce fut même au nom du roi que continuèrent à être rendus les principaux actes de gouvernement[2]. Il semble qu'on n'ait pas jugé à propos de faire confirmer les privilèges de Poitiers par le nouveau seigneur et que le seul acte émané de lui où il en soit question ait trait à leur violation. Ayant reçu de la commune une aide de 250 livres pour la guerre de Flandre, le comte Philippe s'empressa de reconnaître qu'il entendait ne porter aucune atteinte aux franchises et que ce fait ne saurait tirer à conséquence pour l'avenir[3]. Lors de son avènement au trône, il confirma les privilèges[4] et maintint la juridiction du maire sur les citoyens[5]. L'année suivante, il défendit aux officiers royaux de porter atteinte aux coutumes, franchises et privilèges de la ville de Poitiers[6] et reçut le serment de fidélité du corps de ville[7]. Bien que l'aide de 1315 n'ait été payée qu'à condition de ne pas créer de précédent, un nouveau subside de cinq cents livres pour le même objet fut de nouveau demandé à la ville en 1319[8].

Après avoir payé pour la guerre de Flandre sous Philippe V, la commune fournit des hommes pour la conquête de l'Agenois sous Charles IV[9]. Par la suite les demandes de subsides et de troupes se multiplièrent encore[10].

En avril 1342, après avoir reçu le serment de fidélité des procureurs de la commune, Philippe VI confirma les privi-

---

vidimus des chartes de Philippe-Auguste de 1222, de Louis VIII de 1224 et d'Alfonse de 1241.

[1] Guérin, *Recueil des documents concernant le Poitou*, t. I, n° xxxviii. — Cf. des lettres de 1314 réglant les conditions de cette concession, Arch. Nat., K 166ᵃ, n° 20.

[2] Voy. entre autres les lettres de Philippe-le-Bel du 23 janvier 1312-1313 mandant au sénéchal de Poitou de continuer à dispenser les maires d'assister aux exécutions judiciaires (Arch. de Poitiers, A 14.)

[3] 1315, 25 août. Orig., Arch. de Poitiers, A 15.

[4] En 1317, Ind., Invent. de 1506, *Ibid.*, M 42.

[5] 1316-1317, 27 février. Ind., *Ibid.*

[6] Bourges, 1317-1318, 8 avril. Orig., Arch. de Poitiers, A 16.

[7] Avril 1317-1318. Ind., Inv. de 1506, M 42.

[8] Ind., *Ibid.*

[9] Arch. de Poitiers, E 1.

[10] Voy. dans la 2ᵉ partie de ce chapitre ce qui concerne la milice communale.

lèges[1]. Quatre ans plus tard, l'expédition du comte de Derby en Poitou venait arrêter pour longtemps le développement de la ville. Le 4 octobre 1346, Poitiers prise d'assaut fut complètement mise à sac, et quand, après y avoir séjourné douze jours, les Anglais, chargés de butin, l'abandonnèrent, elle était dépeuplée et ruinée pour longtemps[2].

Quelques mois après son avènement, au moment d'aller en Poitou attaquer les Anglais, le roi Jean confirma les privilèges de la commune par un mandement adressé au sénéchal de Poitou[3]. La ville commençait à peine alors à se relever des ruines qu'y avaient amoncelées les Anglais, et ne pouvait qu'à grand'peine subvenir aux dépenses nécessaires pour être mise de nouveau en état de défense[4]. Ces travaux, dirigés par le maréchal Jean de Clermont, étaient à peine achevés quand la fatale bataille du 19 septembre 1356 remit le Poitou à la discrétion du roi d'Angleterre. Le soir de la bataille, les Anglais poursuivirent jusque sous les murs de la cité les fuyards qui n'y purent trouver asile ; les bourgeois avaient fermé leurs portes par précaution[5]. Pendant la nuit, Mathieu, seigneur de Roye, avec cent lances, se jeta dans la ville[6] pour la défendre contre les Anglais. Mais le prince de Galles avait trop à faire à mettre en sûreté son royal prisonnier pour s'attarder au siège d'une place que les négociations devaient nécessairement lui livrer.

Trois ans plus tard, en effet, le traité de Brétigny cédait Poitiers à Edouard III. Deux ans et demi après, le 22 septembre 1361, le commissaire du roi d'Angleterre, Jean Chandos, se présenta devant la porte Saint-Ladre pour recevoir la *délivrance* de Poitiers que devait lui faire Boucicaut[7]. Celui-ci donna lecture aux magistrats des lettres du roi Jean, datées du 12 août 1361, qui déliaient les habitants de leur serment de fidélité et leur enjoignaient de tenir dorénavant

---

[1] Ind., Inv. de 1506, Arch. de Poitiers, M 42.

[2] Voy. Froissart, éd. Luce, t. IV, p. 14 et suiv. et surtout les *Sommaires* de l'éditeur, p. VII.

[3] Paris, 1350-1351, 2 mars. Cop. du XVIe siècle, Arch. de Poitiers, A 41.

[4] Arch. de Poitiers, E 9, 10, 11, H 1, 2, 3, 4.

[5] Froissard, éd. Luce, t. V, p. 53.

[6] *Ibid.*, p. 65.

[7] Bardonnet, *Procès-verbal de délivrance à Jean Chandos des places françaises*, p. 12-27.

leur ville du roi d'Angleterre[1]. Jean Chandos prit alors les clefs et parcourut la ville ; le lendemain, il reçut dans la grand'salle de Poitiers les serments du corps de ville et nomma le sénéchal de Poitou, le châtelain et d'autres fonctionnaires. L'année suivante Edouard III, ayant créé le prince de Galles prince d'Aquitaine[2], écrivit le jour même aux habitants de Poitiers pour leur enjoindre de le reconnaître en cette qualité[3]. Le prince vint au mois d'août prendre possession de son apanage, et, du 13 au 29 septembre, il reçut à Poitiers les hommages des Poitevins[4]. Ce fut alors que le corps de ville sollicita la confirmation de privilèges que Jean Chandos avait promise lors de la prise de possession de la ville[5], mais il dut l'attendre un an et demi encore. Le 5 mars 1363-1364, le prince de Galles confirma à la fois les privilèges concédés par Philippe-Auguste en 1204 et en 1222[6].

On a dû remarquer que les concessions de Philippe-Auguste, et particulièrement celle de 1222, tout en attribuant à la commune certains droits de juridiction[7], avaient toujours expressément réservé les cas-royaux, la haute-justice[8]. Nul doute que Poitiers n'ait supporté avec peine le maintien de ces restrictions qui la plaçaient dans un état d'infériorité vis-à-vis des communes qui jouissaient de la même organisation. Non seulement de grandes villes comme Bayonne et La Rochelle possédaient tous les droits de justice nécessaires pour garantir l'indépendance d'une commune, mais d'autres de moindre importance, voisines de Poitiers et sans plus de droits qu'elle, Niort, Saint-Jean-d'Angély, avaient réussi à se faire reconnaître au XIV° siècle une juridiction fort

---

[1] *Ibid.*, p. 19.
[2] Le 19 juillet 1362, Rymer, *Foedera*, t. III, p. 668.
[3] Orig., Arch. de Poitiers, C 12.
[4] Delpit, *Documents français en Angleterre*, p. 108.
[5] « Fu respondu par ledit monseigneur Jehan Chandos, que leur droiz, usagez et libertés desquiex eux enseigneront deuement, il leur tendroit et garderoit et feroit confirmer au roy d'Angleterre notre seigneur, et leur feroit grace la ou il escherroit. » (Bardonnet, *Procès-verbal de délivrance*, p. 21).
[6] Cette confirmation est datée de Poitiers. Les deux actes de Philippe-Auguste y sont intégralement reproduits. Orig., Arch. de Poitiers, A 17. Publ., Thibaudeau. *Hist. du Poitou*, t. II, p. 435.
[7] Ch. de 1222, *Pièces justif.*, XXXVI, art. 3 et 4.
[8] Ch. de 1214, *Ibid.*, XXXV, art. 1. — Ch. de 1222, art. 17 et surtout 22.

étendue. Poitiers, au contraire, française sans interruption depuis 1204, n'avait jamais pu échapper à la vigilance des officiers royaux assez longtemps pour usurper et se faire reconnaître ensuite de véritables droits de justice. L'occupation anglaise lui en fournit l'occasion qu'elle saisit. Sollicité par le corps de ville, le prince de Galles décida, le 17 octobre 1369, que tous les habitants de la ville devaient prêter serment au maire et que le maire aurait sur eux juridiction civile et criminelle, en ne faisant d'exception que pour les cas de lèse-majesté et les crimes de fausse monnaie ou de falsification du sceau, et avec cette seule réserve que l'exécution en cas de condamnation à mort appartiendrait aux officiers du comte [1].

Cette extension considérable des droits de justice était accordée par l'administration anglaise sous la pression des événements : les hostilités avaient recommencé en Aquitaine et le Poitou, en partie reconquis, allait être rendu par Charles V à son frère Jean, duc de Berry, auquel, autrefois déjà, il avait été concédé [2]. En ces circonstances les Anglais ne pouvaient

---

[1] « ..... donnons et octroyons que touz les habitans de nostre dicte
» cité, qui a present sont et par le temps avenir seront, soient du sere-
» ment dudit maire et commune de nostre dicte cité, et que de touz et
» chascun les homes et jurés dudit maire et de leurs familles, icelli
» maire ait la coneissance, juridiction et obeissance de touz cas cri-
» minels et civils et de toutes actions et causes tant reelles, personnelles
» que mixtes, nonobstant que le demandeur soit personne privilegiée,
» sans y rien retenir, exceptez cas de crimes de lese majesté ou faiz
» touchanz nos monnoies, et la falsification de nostre seel, et l'execucion
» en cas de mort, souveraineté et ressort; et en outre, tous les privileges,
» franchises, libertés, coustumes, exploits, droits, usaiges et longues
» observances desquels ils ont anciennement usé et joy, ratiffions, louons
» et approuvons et par la teneur de ces presentes confermons, sauve en
» autre chose nostre droit et l'autruy. » (Orig., Arch. de Poitiers, A 18.)
Il y a une copie du XVe siècle de ce document dans le manuscrit 145 de Poitiers, d'après lequel dom Fonteneau l'a inséré dans son recueil (t. 23, p. 315) Cop.. du XVIIe siècle, Bibl. nat., ms. fr. 12049, fol. 3 v°. Il a été publié dans les *Ordonn.*, t. XV, p. 675, et par Thibaudeau, *Hist. du Poitou*, t. II, p. 436. — M. Rédet, en analysant cette pièce dans un *Rapport sur les Archives de la ville de Poitiers* (Documents inédits. *Mélanges*, t. III, p. 234), a commis une erreur en y voyant la réserve de la juridiction pour les crimes emportant la peine capitale. Il s'agit certainement de la réserve du droit d'exécuter les sentences de mort. On sait que dans la plupart des villes possédant les Etablissements, c'était le prévôt qui exécutait les arrêts de la cour municipale.

[2] Le comté-pairie de Poitou lui avait été donné pendant la régence du

rien refuser à des sujets dont il fallait à tout prix tenter de s'assurer la fidélité. C'était l'époque où Edouard III, au dire de Froissart, faisait publier par toute l'Aquitaine, qu'il faisait remise de tous les impôts, sans réussir toutefois à rallier les habitants à sa cause [1]. Les privilèges concédés, en 1369, ne gagnèrent pas davantage les cœurs des habitants de Poitiers. Sauf le maire, Jean Regnaut, dévoué aux Anglais, et qui plus tard quitta la ville pour rejoindre le prince de Galles [2], la plupart des habitants étaient Français de cœur. Duguesclin entretenait avec eux des intelligences et quand, dans les premiers jours du mois d'août 1372, il se présenta devant la ville, devançant d'une heure, grâce aux avis qu'il avait reçus, les renforts demandés par le maire au sénéchal du Poitou, les portes lui furent ouvertes et la population l'accueillit comme un sauveur. Le château seul, où s'étaient réfugiés les Anglais, fit de la résistance ; il fallut l'enlever d'assaut [3].

En rendant leur ville au connétable, les habitants avaient stipulé qu'on confirmerait leurs anciennes franchises. On n'eut garde d'y manquer. Leur suzerain d'abord, le duc de Berry, les confirma en décembre 1372 [4] et cette confirmation fut aussitôt suivie de celle du roi [5]. A cette confirmation, le roi ajouta les privilèges que reçurent alors la plupart des villes reconquises : il exempta pour dix ans les habitants de tailles,

---

Dauphin, en juin 1357. Les lettres qui lui en firent une nouvelle concession sont du mois de novembre 1369. (Anselme, *Hist. généal.*, t. III, p. 61.)

[1] Froissart, *Chroniques*, éd. Kervyn, t. VIII, p. 59.

[2] M. Kervyn, qui rapporte ce fait (*Œuvres de Froissart*, t. VIII, p. 439), n'indique pas la source qui le lui a fourni. Je le trouve indiqué dans un *Armorial des Maires de Poitiers* dressé en 1676 (Bibl. nat., ms. fr. 20084). S'il est vrai, ce Jean Regnaut rentra toutefois plus tard en faveur. Il fut de nouveau maire de Poitiers en 1374, et en septembre de cette année reçut du roi conjointement avec le sire de Parthenay un prêt de 6,000 fr. d'or (Arch. nat., J 382, n° 6). L'armorial cité plus haut nomme Jean Bigot le maire de Poitiers en 1374.

[3] Sur la prise de Poitiers en 1372, voy. Froissart, *Ibid.*, p. 159-164 et le long récit de Cuvelier (*Chronique de Bertrand Duguesclin*, t. II, v. 20843-21242). L'occupation de Poitiers par Jean de Berry et Duguesclin fut antérieure au 7 août 1372. (Communication de M. S. Luce.)

[4] Orig., Arch. de Poitiers, A 20. Publ., *Ordonnances*, t. XV, p. 673. Cette confirmation comprend les chartes de Philippe-Auguste de 1204 et de 1222.

[5] Vidimus de 1424, Arch. de Poitiers, A 23. Publ., *Ordonn. Ibid.*

gabelles, subsides, quart, treizièmes et autres subventions[1], les prit sous sa protection et sauvegarde[2], et accorda aux maires, échevins et conseillers-jurés la noblesse héréditaire[3].

Sous l'administration du duc de Berry il ne semble pas que Poitiers ait eu à subir autant d'exactions odieuses que les autres villes de son apanage. A la vérité, dès 1374, les habitants se plaignaient d'excès et d'abus dans l'exercice des droits de prise et de réquisition ; le duc rendit une ordonnance dans le but de les réprimer[4]. Si plus tard il demanda à la ville des subsides extraordinaires, ce fut pour l'embellir et particulièrement pour y établir à grands frais, en 1387, sur la place de Notre-Dame-la-Grande, « le gros horloge », l'une des premières horloges publiques qu'on ait vues en France[5].

Comme les réparations et l'entretien des fortifications constituaient à Poitiers, ainsi que dans toutes les villes fortifiées, une charge très lourde, à laquelle il était impossible de pourvoir avec les ressources très bornées de la ville, Jean de Berry autorisa, en 1396, la commune à percevoir un impôt du dixième sur le vin vendu au détail dans la ville[6]. Cet impôt, nommé *appetissement* ou *chiquet*, devint par la suite une ressource régulière avec laquelle la ville put faire face à ce service, tant que des travaux extraordinaires ne l'obligèrent pas à solliciter des secours du trésor de l'Etat.

Jean duc de Berry étant mort sans postérité le 15 juin 1416, le comté fit retour à la couronne ; mais cette réunion dura peu, car, dès le 17 mai 1417, Charles, devenu dauphin par la mort de son frère Jean, en fut investi[7]. Nous ignorons si les privilèges municipaux furent alors confirmés.

Les événements n'allaient pas tarder à donner à la ville de Poitiers une importance exceptionnelle. Lorsqu'en 1418 Paris

---

[1] 1372, 30 décembre. Ind. Inv. de 1506. Arch. de Poitiers, M 12. — Cf. Rédet, *Rapport sur les archives.* (*Documents inédits, Mélanges,* t. III, p. 256).

[2] 1372, décembre. Vidimus de 1424, Arch. de Poitiers, A 24. Cop. de D. Fonteneau, coll. Fonteneau, t. XI, p. 549.

[3] 1372, décembre. Orig., Arch. de Poitiers, A 19.—Publ., Ordonn., t. V, p. 563, Thibaudeau, *Hist. du Poitou,* t. II, p. 435, Guérinière, *Histoire générale du Poitou,* t. I, p. 579.

[4] 1373-1374, 25 mars. Arch. de Poitiers, A 21.

[5] Voy. Rédet, *Extraits des comptes de dépenses de la ville de Poitiers,* dans *Mémoires de la Soc. des antiq. de l'Ouest,* 1840, p. 409 et suiv.

[6] 1396, 3 août. Arch. de Poitiers, G 1.

[7] Ordonn., t. X, p. 409.

fut aux mains des Bourguignons, Poitiers et Bourges devinrent les deux boulevards du parti du dauphin et bientôt de la monarchie française. Une ordonnance datée de Niort, 21 septembre 1418, établit à Poitiers le Parlement royal qui y siégea jusqu'après la reprise de Paris [1]. Charles VII, un an et demi après son avènement, confirma les privilèges de la ville [2]. Comme ce n'était pas alors le moment de chicaner les bourgeois sur les franchises de leur commune, cette confirmation fut la première qui comprît, avec les anciens privilèges et ceux de Charles V, ceux que le prince de Galles avaient concédés en 1369 ; elle consacra ainsi la plénitude de la juridiction municipale.

La ville, qui avait déjà gagné aux événements l'érection du Parlement, y gagna encore, en 1432, l'établissement d'une Université [3], et en 1436, après le retour du Parlement à Paris, l'érection d'un siège royal [4].

L'élection du maire donna lieu, en 1458, à des troubles sur lesquels ne nous renseignent qu'imparfaitement les documents conservés aux archives de Poitiers. Plusieurs prétendants s'étaient disputé la mairie à main armée ; des voies de fait avaient été commises, des troubles avaient eu lieu. Le roi commit un conseiller au Parlement, Jean Colas, l'un de ceux qui avaient autrefois siégé à Poitiers [5], pour aller

---

[1] Voy. Didier Neuville, *Le Parlement royal à Poitiers*, dans *Revue historique*, t. VI, 1878.

[2] I. 17 mars 1423-1424. Selles. Cette confirmation comprend : 1º La confirmation des privilèges par Charles V de décembre 1372 ; 2º La confirmation des privilèges par Jean duc de Berry de décembre 1372 ; 3º Les privilèges accordés par le prince de Galles le 17 octobre 1369 ; 4º la charte de Charles V accordant au corps de ville des privilèges de noblesse de décembre 1372. (Orig., Arch. de Poitiers, A 23. — *Ordonn.*, t. XV, p. 673. — L'édition des *Ordonnances* ne contient que la fin de ces lettres). M. de Beaucourt les date à tort du 14 mars (*Histoire de Charles VII*, t. II, p. 607).— II. 17 mars 1423-1424. Selles. Confirmation des lettres de sauvegarde de Charles V. (Décembre 1372. — Orig., Arch. de Poitiers, A. 24).

[3] Lettres du 16 mars 1431-32 (Cop. dans un vidimus de 1481, Arch. de Poitiers, A. 25. — *Ordonn.*, t. XIII, p. 179. — Thibaudeau, *Histoire de Poitou*, t. III, p. 365).

[4] Août 1436. Le roi déclare en même temps la ville unie définitivement à la couronne (cop. de 1485, Arch. de Poitiers, A. 29. — *Ordonn.*, t. XIII, p. 226).

[5] Voy. D. Neuville, *Le Parlement royal à Poitiers*, p. 290.

faire une enquête. Guillaume Vousy, qui se prétendait élu, s'étant refusé à comparaître, le commissaire déclara séquester la mairie[1]. Nous ignorons l'issue de cette affaire dont nous n'avons pas réussi à retrouver la trace dans les registres du Parlement de Paris[2]; toujours est-il qu'à l'avènement de Louis XI le corps de ville était de nouveau en possession de son droit de désigner les candidats à la mairie et qu'il l'avait exercé en 1459, en 1460 et en 1461.

Louis XI, dans la seconde année de son règne, confirma tous les privilèges de Poitiers, y compris ceux qui concernaient la justice municipale[3]. En décembre de la même année, il exempta du ban et de l'arrière-ban les vingt-cinq échevins nobles, en considération de l'obligation qui leur était imposée de garder la ville et de s'armer pour sa défense[4]. En 1467, il étendit ce privilège à tous les « bourgeois et habitans », à charge par eux de garder la ville[5], et le confirma de nouveau en octobre 1472[6]. Enfin, en juillet 1469, il décida le transfert

---

[1] « Prenons et mectons par ces presentes ledit office de maire, l'exer» cice d'icellui, les gaiges, revenus et esmolumens en la main du roy et » lui en defendons (à Guillaume Vousy) tous exploiz. Et lui faictes com» mandement de par le roy nostredict seigneur de nous apporter en » nostre logis en ladicte ville les clefs des portes et portaux de ladicte » ville avecques les livres et seel appartenans a ladicte mairie. » (28 août 1458. Lettres de Jean Colas).

[2] Il ne reste aux archives de Poitiers que quatre pièces sur cette affaire : 1º La commission adressée par le roi au Parlement pour enquérir, le 31 juillet 1458 ; 2º le mandement de Jean Colas, commissaire-enquêteur pour ajourner G. Vousy à comparaître, à la requête des conseillers et échevins, le 24 août; 3º des lettres du même qui, sur le refus de G. Vouzy de comparaître, séquestre la mairie jusqu'à décision définitive du Parlement, le 28 août. — 4º Une commission du roi du 27 avril 1459 pour contraindre les échevins et conseillers à payer les vacations de Jean Colas, et ajourner les récalcitrants devant le bailli de Touraine (Arch. de Poitiers, B. 7 et 8). — L'ancien inventaire des archives rédigé en 1506 signale de plus un autre document « portant la forme de l'élection des » maires » qui était peut-être l'arrêt définitif, mais qui ne paraît pas avoir été conservé.

[3] Mai 1463. Toulouse. Cette confirmation reproduit celle de Charles VII du 17 mars 1423-1424 y compris toutes les concessions antérieures qui s'y trouvent (Orig., Arch. de Poitiers, A. 35. — Ordonn., t. XV, p. 673).

[4] Orig., Arch. de Poitiers, A. 26. — Ordonn., t. XVI, p. 153.

[5] 15 novembre 1467. Orig., Arch. de Poitiers, A. 27.

[6] Orig., Ibid., A. 28. — Ordonn., t. XVII, p. 541.

du Parlement de Bordeaux à Poitiers[1], ce que les habitants sollicitaient depuis longtemps[2].

A s'en tenir aux pièces officielles on pourrait donc croire, comme l'ont fait jusqu'à présent la plupart des historiens, que Louis XI se montra favorable aux privilèges des villes. Mais tout autre est l'impression si, en regard des confirmations de privilèges, dont il se montra d'autant moins avare qu'il ne les octroyait pas gratuitement, on peut placer d'autres documents qui en sont pour ainsi dire la contre-partie et qui montrent le cas qu'il en faisait.

Sans parler des 5050 livres que coûta à la ville l'Etablissement du Parlement[3], nous allons voir comment Louis XI respecta à Poitiers les franchises et l'indépendance municipale.

Dès 1462, une place d'échevin étant venue à vaquer, il l'avait fait donner à Michau Dauron son « varlet de chambre » et receveur du Poitou. » En 1463, c'est la place de maire qu'il lui fait attribuer : « Pour ce, écrit-il au corps de ville, » que nous avons son fait tres a cueur, nous voulons et vous » mandons derechef que pour ceste prouchaine année a venir » vous l'eslisiez et constituez en l'ordre et degré de maire de » nostredicte ville de Poictiers et a ce le preferez avant touz » autres[4]. »

Le 14 mai 1464, il mande de nommer à une place de pair, vacante par résignation, Jean de Moulins, notaire et secrétaire du roi[5], et, moins d'un mois après, sans même que le nouveau pair, que son service retenait auprès de lui, soit venu prêter le serment auquel sa pairie l'obligeait, il mande au corps de ville de le choisir comme maire ; et il a soin d'ajouter qu'il n'admettrait pas comme excuse de la non-exécution de ses ordres le défaut de serment dont nous venons de parler[6].

---

[1] Arch. nat., JJ. 196, n° 70.

[2] Dès 1452 au moins ils sollicitaient l'érection dans leur ville d'une chambre de Parlement. Voy. le détail de leurs démarches dans ce but de 1452 à 1461 dans Rédet, *Extrait des comptes de dépenses*, dans *Mémoires de la Soc. des antiq. de l'Ouest*, 1840, p. 442.

[3] Arch. de Poitiers, Inv. de 1506.

[4] Lettre du 14 juin 1463 (B. Ledain *Lettres des rois....à la commune de Poitiers*, dans *Arch. hist. du Poitou*, t. I, p. 149).

[5] *Ibid.*

[6] Lettre du 12 juin 1464. «..... nous voulons et vous mandons que » pour ceste foiz vous eslirez Me Jean de Moulins maire de nostre dicte » ville....Et pour ce que ledit de Moulins, obstant l'occupacion qu'il a

Le 16 avril 1466, il désigne pour la première place d'échevin à vaquer son « varlet de chambre Pierre Laigneau, » nostre grenetier de Chartres qui s'est alyé par mariage en » nostre ville de Poitiers [1] », et renouvelle sa recommandation le 25 septembre suivant [2]. Soit parce que cette nomination n'avait pas été faite au moment de l'élection du maire, soit pour toute autre cause, il semble n'avoir pas eu tout d'abord cette année-là de candidat à imposer au choix des électeurs de Poitiers. Toutefois il ne se désintéressait pas des élections ; il écrivait aux cent-pairs pour leur demander le nom de leur candidat à la mairie et ajoutait : « Ne procedez aucunement » a faire ledit maire sans nous en advertir et jusques a ce » que vous ayons sur ce fait savoir notre vouloir et gardez » que en ce n'ait faulte [3]. »

Les suffrages se portèrent cette année sur un personnage nommé André de Conzay dont le père avait été plusieurs fois maire sous le règne précédent. Soit que Louis XI n'eût pas été prévenu, comme il l'avait désiré, du nom du candidat ou qu'on n'eût pas attendu ses ordres pour l'élection, soit que le nom du nouveau maire lui fût suspect, aussitôt l'élection connue, il décida, sans autre forme de procès, de la casser et de faire maintenir en charge le maire de l'année précédente. Le corps de ville en fut informé par une lettre des gens du Grand Conseil qui s'exprimaient ainsi au nom du roi : « Aussi nous » a chargé vous escripre que son plaisir est que M° André de » Conzay ne soit plus maire pour cette année, mais veult que » vous continuez celui qui le fut l'année dernière passée. Et » pour ce gardez que en ces choses faciez le plaisir et vouloir » du roy et qu'il n'y ait faulte [4].

Les réclamations que firent de concert, au reçu de cette lettre, le corps de ville et le maire suspect obtinrent d'abord gain de cause ; le 8 octobre, le roi écrivit d'Orléans qu'infor-

» entour nous, n'a peu aler par dela faire le serment qu'il est tenu de » faire a cause de l'eschevinaige de ladicte ville, nous voulons que a faire » ledit serment vous le recevez par procureur et que pour ce ne vous » excusez de le eslire et faire maire de nostredicte ville. » (B. Ledain, *Lettres des rois*, p. 150.)

[1] *Ibid.*, p. 158.
[2] *Ibid.*, p. 161, n.
[3] Lettre du 29 juin 1466 (*Ibid.*, p. 159).
[4] Lettre des gens du Grand Conseil du roi au corps de ville, du 20 juillet 1466 (*Ibid.*, p. 161).

mations prises il autorisait le maintien en charge d'André de Conzay[1]. Mais il ne tarda pas à se raviser ; moins de huit jours après, il déclara que sa bonne foi avait été surprise, enjoignit au corps de ville de retirer les clefs de la ville des mains de ce maire et de rétablir en sa place le maire de l'année précédente, Jamet Gervain[2], ce qui fut fait.

En 1467, le roi ordonna d'élire Colas Mouraut[3], et en 1470, Philippe Prégent[4].

Ce n'étaient pas seulement les candidats à la mairie que désignait le bon plaisir du roi ; toutes les charges municipales étaient données à ses créatures. Nous avons déjà vu qu'il faisait attribuer les places d'échevins vacantes ou à vaquer à ceux qu'il voulait pourvoir ensuite de la mairie. En 1466, il fait révoquer de la charge de procureur Nicole Boisleve pour le remplacer par le fils d'André Chaille, l'un des maires qu'il avait fait nommer[5]. Il n'était pas jusqu'aux modestes fonctions de sergents de la ville dans la nomination desquels il n'intervînt à l'occasion ; en 1470, par exemple, il fit nommer à l'un de ces offices un soldat qui lui avait rendu des services dans la compagnie d'Yvon du Fou, capitaine de Lusignan[6].

Bien entendu, le prince qui faisait aussi peu de cas des garanties de l'indépendance de la ville, n'en faisait pas davantage de ses franchises en matière d'impôt. Ses demandes d'argent furent continuelles[7], et plusieurs fois les

---

[1] B. Ledain, *Lettres des rois*, p. 162.

[2] Lettre du 15 octobre 1466. « ..... Et s'aucunes lettres ledit de Conzay » a obtenus de nous, ce a esté par inadvertance, par la subtillité, cau- » tele et malice d'un nommé Michelet Croizet et par son importunité et » faulx donné a entendre. Et pour ce que, quelque chose que lesdictes » lettres contiennent, nostre intention n'est pas que led. de Conzay ait » ladicte mairie, nous voulons et vous mandons bien expressement que » incontinent ces presentes veues, vos ostez lesdictes clefz de nostre » dicte ville audit de Conzay et icelles baillez a celui qui l'estoit l'année » derniere passée et lui obeissez et faictes obeir comme a vostre maire » ..... » (*Ibid.*, p. 163).

[3] Lettre du 18 juin 1467. (*Ibid.*, p. 164).

[4] Lettre lue à la séance du corps de ville du 27 juin 1470. (*Ibid.*, p. 173 n.) — L'armorial des maires cité plus haut nomme le maire de cette année Pierre Roigné.

[5] Lettre du 30 juillet 1466. (*Ibid.*, p. 161.)

[6] Lettre du 28 juillet 1469. (*Ibid.*, p. 172, n. 1.)

[7] Voy. les registres 6 et 7 des délibérations des Conseils aux archives

sommes qu'il exigea d'un seul coup considérables. En 1478, par exemple, ce fut 3,000 écus d'or qu'il fallut lui fournir pour l'aider à mettre en état les places frontières de la Picardie[1]; en 1475, 2,000 livres tournois pour contribuer aux frais du traité de Picquigny[2].

Sous le règne de Charles VIII, les privilèges furent confirmés en juin 1485[3]. Trois ans plus tard, à la requête des habitants qui espéraient pouvoir développer dans leur ville l'industrie de la draperie, le même roi consentit à exempter d'impôt un certain nombre de marchandises, le drap d'abord, puis les matières premières, laines, garances, aluns, etc.[4] Cet essai d'acclimater à Poitiers l'industrie de la draperie ne fut pas du reste couronné de plus de succès que les autres tentatives analogues qui s'étaient faites auparavant, et que celles que l'on fit depuis. Poitiers, malgré les grands travaux entrepris pour rendre le Clain navigable, resta toujours en dehors des grandes routes commerciales ; il était dans ses destinées d'être une place de guerre importante quoique difficile à défendre, une ville de légistes et de savants, mais non une ville d'industrie et de commerce.

Au mois de juin 1498, le roi Louis XII confirma les privilèges de Poitiers[5]. Sous ce règne, les élections à la mairie donnèrent lieu, en 1506, à des compétitions, à des troubles et finalement à un procès au Parlement de Paris. Un arrêt du 4 mars 1506-1507 y mit fin en maintenant en charge celui des deux candidats qui avait réussi à se faire installer dans la mairie[6].

---

de Poitiers, *passim*. Malheureusement les registres des comptes manquent pour cette période.

[1] Lettre du 12 mars 1472-1473. (Ledain, *Lettres des rois*, p. 173.)

[2] Lettre du 4 septembre 1475. (*Ibid.*, p. 178.)

[3] Orig., Arch. de Poitiers, A 29. — Cette confirmation comprend : 1° les lettres de Charles VII déclarant la ville unie à la couronne et y établissant un siège royal, en août 1436 ; 2° la confirmation des privilèges par Louis XI, en mai 1463, y compris toutes les concessions antérieures qui s'y trouvaient ; 3° la confirmation de l'exemption du ban et arrière-ban par le même roi, en octobre 1472.

[4] Orig., Arch. de Poitiers, A 31. — Publ. d'après l'orig. par Rédet, *Mémoires des Antiq. de l'Ouest*, t. IX, p. 364. — *Ordonn.*, t. XX, p. 127.

[5] Orig., *Ibid.*, A. 33. — Cop., Arch. nat., JJ 230, n° 57., Bibl. nat., ms. fr. nouv. acq. 3412, fol. 106. — Ind., *Ordonn.*, t. XXI, p. 127.

[6] Arch. nat., X¹ᵃ 143, fol. 375.

François Ier confirma, l'année même de son avènement, les privilèges généraux de la ville[1], et quelques années plus tard l'exemption du ban et de l'arrière-ban[2]. Comme Louis XI, bien qu'avec moins de brutalité, François Ier ne se faisait nul scrupule d'intervenir dans la nomination des maires. En 1523 en particulier, il fit maintenir en fonctions à Poitiers le maire qui avait exercé pendant l'année précédente[3].

Les droits de souveraineté réservés aux chanoines de Saint-Hilaire sur leur bourg, qui était depuis longtemps compris dans l'enceinte et faisait partie intégrante de la ville, ne cessaient de créer de nombreux embarras aux magistrats municipaux de Poitiers, moins pour l'exercice de la haute et moyenne justice, acquise aux chanoines sans conteste, que pour l'administration et la police. Tous ceux qui avaient intérêt à se soustraire aux règlements des magistrats de Poitiers, et particulièrement les marchands et les artisans que gênaient les statuts des corporations, trouvaient dans le bourg de Saint-Hilaire un asile où ils espéraient braver les sergents de la ville et faire impunément une concurrence déloyale au commerce et à l'industrie de la cité. Il s'y était établi, au rapport des magistrats de Poitiers, « une franchise et immunité de mauvais garçons. » Aussi le corps de ville ne s'était-il jamais fait faute d'usurper à chaque occasion le droit de pénétrer dans le bourg, d'autoriser les maîtres jurés des corporations à y inspecter les gens de métier, de traduire les contrevenants aux règlements de police devant le tribunal municipal et de les y condamner à l'amende, ainsi qu'en témoignaient dès le xvie siècle de nombreuses sentences de

---

[1] Blois, 1515, mai. Orig., Arch. de Poitiers, A 35.

[2] 1534, 14 juin, *Ibid.*, A 37. — D'après l'ancien inventaire des archives (ms. 144 de la bibl. de Poitiers) une nouvelle confirmation aurait été accordée le 22 mai 1541, mais je doute que cette concession, dont je n'ai trouvé nulle autre trace, ait jamais existé.

[3] Lettres du 20 juin 1523 au corps de ville : « ..... Et au surplus, pour
» ce que nous avons entendu de bon vouloir et affection que nostredict
» maire a tant envers nous que au bien et police de nostredicte ville de
» Poictiers, nous desirons singulierement qu'il soit par vous continué
» oudit office, affin qu'il ayt plus d'occasion et meilleur moyen de para-
» chever, donner ordre es chouses par lui commencées, mesmement
» es· reparacions, fortiffications et emparemens de nostredicte ville.
» Pourquoy nous vous prions que, pour amour et en faveur de nous, vous
» le vueillez continuer audit office. » (B. Ledain, *Lettres des rois*, 2e part.
p. 286.)

la mairie[1]. Les chanoines, après une assez longue tolérance, voulurent interdire toute ingérence des gens de la ville dans leur bourg. Le corps de ville porta l'affaire devant la session des Grands-Jours qui se tint à Poitiers en 1541. Un arrêt en date du 27 octobre, décida que des délégués du chapitre de Saint-Hilaire et le corps de ville feraient chaque mois, d'un commun accord, les règlements de police, que chaque partie ferait exécuter dans sa juridiction les règlements ainsi arrêtés et qu'à défaut de surveillance suffisante du bourg Saint-Hilaire par les officiers des chanoines, le lieutenant général du Poitou y pourvoirait[2]. En conséquence, les règlements de police de la ville en soixante et un articles furent soumis aux chanoines de Saint-Hilaire, adoptés par eux sous le bénéfice de plusieurs observations, et devinrent les statuts du bourg comme de la ville[3].

A l'avènement de Henri II, le corps de ville obtint du nouveau roi, comme de ses prédécesseurs, la confirmation des privilèges[4]. Mais en dépit de cette confirmation, le fonctionnement de la constitution de la ville n'allait pas tarder à se trouver gravement compromis. Au mois d'octobre 1547, un édit décida que les magistrats de toutes les juridictions, les officiers de toutes les cours de justice, les avocats, les procureurs, tous les gens de robe longue en un mot, ne seraient plus éligibles aux charges municipales[5]. On alléguait qu'ils étaient déjà trop occupés pour pouvoir consacrer encore du temps aux affaires des villes, qu'ils n'avaient pas une pratique suffisante de l'administration, qu'il leur manquait surtout « la cognoissance et expérience au fait et maniement des deniers » et on voulait partout les remplacer par des « bourgeois et notables marchands. » L'application de cette mesure eût produit à Poitiers une véritable révolution. Le commerce et l'industrie ne s'y étaient jamais

---

[1] L'avocat du corps de ville disait dans le procès relaté plus loin : « Ilz ont icy un nombre effréné de sentences de la mairie donnéee contre » lesdicts habitans subjectz de Sainct-Hilaire, exécutées, et dont il n'y a » eu appel. » (Rédet, *Documents pour l'histoire de l'église de Saint-Hilaire*, t. II, p. 201.)

[2] Rédet, *Ibid.*, p. 199-202

[3] *Ibid.*, p. 202-213.

[4] Saint-Germain-en-Laye, juillet 1547. Orig., Arch. de Poitiers, A 38.

[5] Isambert, *Anciennes lois françaises*, t. XIII, p. 34.

développés, toute l'aristocratie bourgeoise tenait à la magistrature ou à l'Université, et c'était elle qui avait toujours constitué le corps de ville ; de mémoire d'homme on n'avait jamais porté à la mairie que des gens de robe longue. Aussi, grand fut l'émoi quand il s'agit de mettre à exécution l'édit royal. Le corps de ville s'empressa de faire parvenir à la cour des réclamations pressantes. L'échevinage, conférant la noblesse, pouvait-il être aux mains de marchands ? Le maire, rendant la justice au nom de la ville, pouvait-il ne pas être un homme de loi ? En attendant le résultat de ces plaintes, le corps de ville refusa délibérément, quelque sommation qui lui fut faite, d'admettre dans son sein des gens de la qualité prescrite par l'édit. Huit places vaquèrent successivement sans qu'il pût se décider à les combler.

Aux plaintes des magistrats, le roi répondit, le 20 août 1548, par des lettres patentes qui, par dérogation à l'édit d'octobre 1547, autorisèrent la ville, en considération de la juridiction attribuée à la mairie, à élire pour maire des gens de justice et de robe longue [1].

Ce n'était là, on le voit, qu'une demi-satisfaction donnée au corps de ville de Poitiers ; aussi continua-t-il à résister, malgré cette première concession, tandis que les « bourgeois et marchands » persistèrent à réclamer l'exécution de l'édit. Un arrêt du Conseil Privé, du 24 janvier 1549, fit droit à la requête de ces derniers en décidant que l'édit d'octobre 1547 aurait son effet à Poitiers comme ailleurs, et que, pour l'exercice de la juridiction municipale, le corps de ville nommerait à l'avenir un juge, deux assesseurs, un procureur et un greffier, « gens de robe longue, suffisans de littérature et expérience [2]. » C'était en effet une conséquence nécessaire de l'édit de 1547 que les magistrats des villes, n'étant plus de robe longue, ne pourraient plus exercer par eux-mêmes la juridiction municipale.

Mais cela ne faisait point le compte du corps de ville de Poitiers, qui, fort des lettres patentes obtenues en 1548, tenait à n'en pas perdre le bénéfice ; aussi réclama-t-il de nouveau et obtint-il, le 28 avril 1549, une déclaration du roi interprétant l'arrêt du Conseil du 24 janvier précédent et portant que le

---

[1] Lyon, 1548, 20 août. Orig., Arch. de Poitiers, B 14.

[2] Saint-Germain-en-Laye, 1548-1549, 24 janvier. Bibl. nat., ms. fr. 18, 153, fol. 59.

roi n'avait pas entendu priver le corps de ville du droit d'élire à la mairie un personnage de robe longue, pourvu qu'il fût du nombre des échevins ou bourgeois-jurés; on appelait ainsi à Poitiers les magistrats nommés cent-pairs par les Etablissements. Dans le cas seulement où le maire élu serait de robe courte, il y aurait lieu de pourvoir à la nomination des membres du tribunal municipal, ainsi que l'arrêt l'avait prescrit [1].

Il semble que dès lors le corps de ville, sinon la mairie, ait dû être ouvert à la classe qu'avait voulu appeler dans ces assemblées l'édit d'octobre 1547, mais c'était une compagnie trop éloignée de l'esprit démocratique pour subir une pareille transformation. L'échevinage persista à écarter de son sein, comme par le passé, les gens de négoce ; les dispositions de l'édit restèrent lettre morte, et les gens de loi et de finances continuèrent à avoir seuls accès aux charges municipales. Une seule fois, en 1575, un riche marchand, Pierre Pidoux, devint maire de la ville, mais il dut fermer sa boutique pendant la durée de ses fonctions et s'engager à ne la point rouvrir, s'il voulait par la suite jouir du privilège de noblessse que lui avait valu sa charge [2].

Les privilèges municipaux furent encore confirmés par François II [3], mais à l'avènement de Charles IX les troubles religieux empêchèrent de faire renouveler comme d'habitude cette confirmation. Ce n'est pas ici le lieu de raconter en détail les vicissitudes dont Poitiers fut le théâtre pendant les guerres civiles. Quoique la majorité des habitants n'eût pas adopté les nouvelles doctrines, celles-ci n'avaient pas laissé d'y recruter cependant d'assez nombreux adhérents, surtout parmi les gens de loi et les jurisconsultes, si nombreux dans les tribunaux et dans l'Université. Ce fut un protestant avoué, Jacques Herbert, qui fut élu maire au mois de juin 1561. La ville, occupée peu à peu en 1562 par des troupes protestantes, fut, sur la fin de mai, livrée aux bandes indisciplinées du comte de Grammont. On connaît assez les excès qu'elles commirent les 27 et 28 mai 1562. Les catholiques prirent leur revanche deux mois plus tard ; conduits par le maréchal de

---

[1] Saint-Germain-en-Laye, 1549, 28 avril. Orig., arch. de Poitiers, B 15.

[2] Voy. Ouvré, *Essai sur l'histoire de la Ligue à Poitiers*, p. 91.

[3] Blois, 1559, décembre. Arch. de Poitiers, A 39.

Saint-André, ils enlevèrent la ville le 1ᵉʳ août et la saccagèrent à leur tour ; le 7 du même mois, le maire protestant, Jacques Herbert, fut pendu.

La situation dans laquelle se trouva la ville pendant les années qui suivirent empêcha les magistrats municipaux de s'émouvoir dès sa promulgation de l'ordonnance de Moulins qui, en 1567, limita la juridiction des villes aux causes criminelles et de police. Le corps de ville n'existait plus guère alors que de nom, ou du moins il était devenu l'exécuteur des volontés du gouverneur de Poitiers, le comte du Lude, qui concentrait entre ses mains tous les pouvoirs. C'était lui qui, pour conserver la ville aux catholiques, mettait les fortifications en état de défense, approvisionnait la place, armait les habitants, et organisait les milices communales sur le pied de guerre. On sait que, grâce aux précautions prises et à l'énergique courage des habitants, la ville put, en 1569, résister à l'investissements et aux assauts répétés de l'armée de Coligny, quarante trois jours durant, au bout desquels l'arrivée du duc d'Anjou fit lever le siège (7 septembre).

Aussitôt que la paix de la Rochelle eut rendu quelque tranquillité au pays, le corps de ville fit solliciter la confirmation des privilèges, que Charles IX n'avait pas encore confirmés, et le maintien des droits de juridiction qu'avait ravis l'ordonnance de Moulins. Aux derniers temps de sa vie, Charles IX accorda la confirmation des privilèges, mais sans clause spéciale relative à la justice [1].

Les sollicitations recommencèrent après sa mort et cette fois eurent plus de succès : par lettres patentes données à Paris, au mois de mai 1575, Henri III confirma les privilèges de Poitiers. A la différence des confirmations antérieures qui depuis Louis XII ne relataient plus les confirmations précédentes et se contentaient de les comprendre dans une formule générale, les lettres de 1575 reproduisirent toutes les chartes concédées à la ville depuis Philippe Auguste, y compris les privilèges octroyés par le prince de Galles en 1369 ; elles dérogèrent par conséquent à l'ordonnance de Moulins et maintinrent l'échevinage en possession de la juridiction civile [2].

---

[1] Saint-Germain-en-Laye. 1574, janvier. Orig., Arch. de Poitiers, A 40.

[2] Orig., Arch. de Poitiers, A 42. Arch. nat., X¹ᵃ 8647, fol. 114-140. Il n'y a pas de clause spéciale de dérogation à l'ordonnance de Moulins,

L'année suivante, sollicité de nouveau par le corps de ville qui trouvait insuffisante la récompense donnée à ses services et à sa fidélité, le roi consentit à octroyer à ses membres le droit de ne plaider en première instance que devant une juridiction spéciale et privilégiée, celle du Conservateur des privilèges royaux de l'Université de Poitiers[1] ; d'après l'acte de fondation de l'Université, c'était le lieutenant du sénéchal de Poitou qui était investi de ces fonctions. Ce privilège, que le Parlement n'enregistra qu'en 1583 et après des lettres de jussion[2], fut confirmé de nouveau par le même roi quelques années plus tard[3].

On voit quel parti le corps de ville savait tirer des circonstances pour sauvegarder ses attributions et maintenir intacts à Poitiers des institutions et des privilèges que toutes les villes du royaume se voyaient peu à peu retirer. Fidèle à ses traditions, il sut les conserver pendant toute la durée de la Ligue, qu'il traversa sans se laisser entamer, et, à l'issue de laquelle, il eut l'habileté de mettre encore pour prix de sa soumission à Henri IV le maintien intégral de ses droits, de sa constitution et de toutes ses franchises.

Un historien de talent a raconté presque jour par jour l'histoire de Poitiers pendant cette période troublée[4] ; nous n'avons pas à la refaire après lui. Ce qu'il importe de retenir

---

mais la formule de confirmation la contient implicitement. La voici :
« ...avons tous et chascuns leurs dictz previlleiges, prerogatives, pree-
» minences, franchises, libertez et usautions a eulx donnez et octroyez,
» contenuz et declarez cy dessus et confirmez par nosdictz prédéces-
» seurs, continuez et confirmez par les presentes, continuons et
» confirmons de nostre plaine puissance et autorité roial ; voulons
» et nous plaist qu'ilz en joissent et usent tout ainsi et par la forme
» et maniere qu'il est contenu esdictz previlleiges et tant et si avant
» que eulx et leurs predecesseurs en ont par cy devant joy et usé,
» joissent et usent encores de present, comme dict est, sans qu'ilz y
» puissent estre troublez ne empeschez en quelque forme et maniere que
» ce soit, nonobstant quelxconques loix, coustumes, statuz, edictz et
» ordonnances a ce contraires, esquelles autant que besoing seroit avons
» derogé et derogeons, sans qu'il leur puisse nuire ne prejudicier en
» l'usaige et jouissance desditz previlleiges a eulz par nous confirmez
» par ces presentes. Si donnons en mandement.... »

[1] Arch. nat., X¹ᵃ 8633. fol. 76. — Deux feuillets imprimés, Arch. de Poitiers, A 43.

[2] Arch. de Poitiers, A 44.

[3] En 1585. Arch. de Poitiers, A 45.

[4] H. Ouvré, *Essai sur l'histoire de la Ligue à Poitiers.*

de son récit et du vivant tableau qu'il a tracé des agitations continuelles, de la confusion des idées, des alarmes sans cesse renouvelées et de la misère sans cesse croissante du peuple, qui, à Poitiers comme ailleurs, signalèrent cette triste époque, c'est la modération relative dont ne cessa de faire preuve le corps de ville.

Il ne faudrait pas en faire honneur à son esprit politique ou à sa sagesse, encore moins à des idées de patriotisme ou de tolérance qui n'avaient guère cours alors. Cette modération fut au contraire le résultat de son indécision, de son inertie, de sa défiance de tous les partis et de son esprit d'isolement étroitement cantonné dans la sphère exclusive des intérêts municipaux. Sauvegarder envers et contre tous sa constitution, profiter de toutes les occasions pour revendiquer ou accroître son indépendance, telle fut à peu près son unique préoccupation. Aussi, à la fin de la Ligue, la ville était gouvernée par la même aristocratie bourgeoise qu'au début ; c'était toujours des légistes, des gens de justice, des procureurs et des avocats qui composaient le corps de ville. Ils avaient été tour à tour royalistes et ligueurs, mais à travers les vicissitudes d'une guerre civile de vingt années, ils avaient réussi à conserver leur organisation, leurs attributions et leurs pouvoirs.

Les factions populaires, fanatisées par des prédicateurs de carrefour, avaient bien pu, aux époques de crise, agiter et troubler profondément la cité, mais jamais elles n'étaient entrées à l'hôtel de ville ; divers gouverneurs, aux moments de péril, avaient bien pu concentrer entre leurs mains tous les pouvoirs, mais le corps de ville n'avait cessé de les fatiguer de ses revendications, de les soumettre à une inquiète et jalouse surveillance, et en somme avait toujours réussi à recouvrer ses droits ; les divers partis avaient bien accablé la ville de demandes de subsides et de réquisitions, mais le corps de ville, s'excusant sur la misère des habitants et l'état des finances, excédant la patience de leurs agents par des ajournements et des chicanes, était souvent parvenu à faire céder leurs exigences ; enfin le conseil révolutionnaire de l'Union, qui avait bien eu à Poitiers de l'autorité et de l'influence, s'était trouvé composé de la même classe de citoyens que le corps de ville et n'avait jamais réussi du reste à se substituer complètement à l'autorité municipale. Lorsque celle-ci, sous la pression des événements, s'effaçait pendant quelques jours, elle reparaissait bientôt, maintenant ses prétentions, ses revendications, ses droits, et, somme toute, conservant l'ordre et la régularité dans l'administration de la ville.

Lorsqu'il s'agit en 1594 de faire sa soumission à Henri IV, le corps de ville ne témoigna pas moins de défiance et d'indécision que lorsqu'il avait fallu entrer dans l'Union. Les négociations commencées au mois de mars et plusieurs fois interrompues, n'aboutirent qu'à la fin de juin. Dans les premiers jours de juillet fut publié l'édit qui en était le résultat[1].

« Tous les actes d'hostilité faits par la ville de Poitiers étaient oubliés et pardonnés; ses privilèges étaient reconnus et confirmés. Le roi s'engageait à n'y élever aucune citadelle et à n'y mettre jamais de garnison sous aucun prétexte. Ses droits d'octroi étaient continués pour six ans. Ses dettes et obligations envers le trésor étaient abolies jusqu'au 31 décembre 1593, et on lui accordait une indemnité de 10,000 écus. »

« La Ligue avait altéré la composition du corps de ville et dépassé le chiffre habituel de ses membres. Au mois de juillet 1594, les échevins étaient au nombre de trente-quatre et les bourgeois de quatre-vingt-cinq. Le roi, dont le principe était de revenir le moins possible sur les faits accomplis, reconnaissait comme valables toutes ces nominations municipales, à condition toutefois qu'on retournerait au nombre ancien, au fur et à mesure des extinctions[2]. »

La politique du corps de ville avait donc abouti à un véritable triomphe de l'autonomie communale; non seulement la vieille constitution aristocratique de la cité restait debout, mais avec elle plus de droits, de privilèges et de véritable indépendance qu'en aucun autre temps; aussi le maire, Maurice Roatin, put-il faire de sa harangue de sortie, en juin 1595, un véritable dithyrambe où il traça un parallèle pompeux de la constitution de Poitiers et de celle de la République romaine[3].

Mais cette victoire de l'esprit municipal devait être la dernière et l'édit de juillet 1594 marque à la fois l'apogée de

---

[1] Arch. nat., X¹ᵃ 8641, fol. 130.

[2] Ouvré, *Essai sur l'histoire de la Ligue à Poitiers*, p. 228.

[3] *Ibid.*, p. 238.

la puissance municipale de Poitiers et le point de départ de sa décadence. Henri IV avait bien pu acheter au prix de ces concessions la soumission de la ville, mais il n'était pas d'humeur à lui laisser développer son autonomie et n'attendait qu'une occasion pour supprimer à la fois sa constitution surannée et ses libertés incommodes.

Le corps de ville, au début du nouveau règne, continua à repousser les demandes de subsides et se flatta de pouvoir esquiver encore les taxes et les impôts. Il y réussit d'abord. « Ceste ville, écrivait le roi en 1601, ne m'a secouru d'un
» escu depuis que mon royaume est en paix, encores qu'elle
» ayt esté souvent admonestée et requise de ce faire, à toutes
» les occasions qui se sont présentées, comme ont esté les
» autres, qui n'y ont pas manqué [1]. » Cette indocilité et la persistance de ses refus de contribuer aux charges communes irritaient Henri IV ; il n'aimait pas « ces magistrats
» de petite estoffe, lesquels sont en possession d'abuser de
» l'auctorité de leur charge et de mal faire [2], » il n'oubliait pas que Poitiers avait marchandé sa soumission et il n'attendait que l'occasion de réfréner les velléités d'indépendance de cette ville « foible et hargneuse, que il faut brider de façon
» qu'elle ne puisse jamais plus regimber contre son prince [3]. »

Ce n'étaient pas là de vaines menaces. Le corps de ville persistant imprudemment dans sa politique de tergiversation et de chicane, le duc d'Elbeuf annonça, le 29 juin 1601, à la veille du renouvellement de la mairie, que les privilèges municipaux étaient suspendus et fit défense de procéder à aucune élection [4].

Là-dessus, Scévole de Sainte-Marthe, le plus ancien échevin, fut chargé d'administrer la ville et l'on députa au roi pour tenter d'obtenir son pardon en mettant à ses pieds, selon la formule d'usage, la vie et la fortune des citoyens.

---

[1] 1601, 4 juin. Lettre au connétable de Montmorency. *Lettres missives de Henri IV*, t. V. p. 421.
[2] *Ibid.*, p. 422.
[3] *Ibid.*, Cf. une lettre du 28 mai précédent. *Ibid.*, p. 417.
[4] Ouvré, *Essai sur l'histoire de la ville de Poitiers, depuis la fin de la Ligue jusqu'au ministère de Richelieu*, 1855, p. 380. C'est dans ce travail excellent et achevé qu'il faut aller chercher tout le détail des événements de l'époque. Nous l'avons pris pour guide de notre récit qu'il nous a permis de beaucoup abréger. C'est à lui que nous empruntons tous les faits à l'appui desquels nous ne citons pas d'autorité.

Le roi ayant accueilli les députés avec sa bonne humeur habituelle, ceux-ci s'imaginèrent avoir cause gagnée ; mais il exigea d'abord le paiement ou le rachat des impôts qui avaient provoqué la mesure, et, malgré tout, il est bien probable qu'aucune promesse de soumission ne l'aurait touché si les événements n'avaient mieux servi la ville que toutes les protestations. En effet, les troubles provoqués par le maréchal de Biron ayant mis Henri IV dans la nécessité d'assurer par de nouvelles concessions les fidélités chancelantes, il parcourut en 1602 les provinces de l'ouest, séjourna à Poitiers et lui restitua ses privilèges (23 mai).

On peut croire toutefois qu'il ne le fit pas sans arrière-pensée et qu'au premier incident qui appellerait son attention sur ces institutions démodées, il ne négligerait pas l'occasion de les tranformer. Sur la fin de son règne, cette occasion sembla s'offrir d'elle-même. Dès les premiers jours de l'année 1609, le renouvellement du maire, qui devait avoir lieu à la fin du mois de juin, divisait et agitait déjà le corps de ville et l'on prévoyait que l'élection n'aurait pas lieu sans provoquer des troubles. Le roi prévenu ordonna aussitôt une enquête et fit citer devant le Conseil d'Etat deux échevins pour rendre compte des privilèges.

« C'était pour ces privilèges, dit un historien de Poitiers, une épreuve périlleuse que la publicité et le grand jour d'un examen.... Les libertés urbaines étaient alors tellement en désaccord avec la tendance qui emportait la France vers le droit commun, elles étaient si usées et si fragiles qu'on évitait avec soin d'en parler de peur de provoquer leur suppression[1]. » C'en était fait des privilèges de Poitiers, d'autant plus que les députés ne pouvaient cacher les désordres auxquels les élections donnaient lieu, ni les vices de l'organisation municipale, et les sollicitations des magistrats auprès de leurs amis de la cour auraient été inutiles, si, une fois de plus, les circonstances ne les avaient sauvés.

Depuis 1603, le gouverneur du Poitou était Sully ; il jugea bon, pour augmenter son influence dans la ville, de se faire le sauveur de ses privilèges, et, grâce à son crédit auprès du roi, il obtint qu'ils seraient maintenus et qu'on se contenterait de faire règlementer les élections et réprimer les abus

---

[1] Ouvré, *Essai sur l'histoire de Poitiers*, p. 393.

par un arrêt du Conseil qui fut rendu le 9 avril 1609[1]. « Encores, écrivait le roi au corps de ville en lui envoyant » ce règlement, que le désordre qui s'est faict jusques icy » dans l'élection de vostre maire et la conséquence de cet » affaire nous donnast beaucoup de subject d'y apporter » davantage de changement, néantmoings..... nous avons » voulu simplement diminuer la confusion de vos procédures » et non desroger à vos coustumes, bien qu'il y en ait qui » soient aucunement extraordinaires[2]. » Et Sully écrivait de son côté : « S'il y a quelque occasion qui peust redoubler vos » dévotions au service de Sa Majesté, ce doit estre celle-cy, » s'estant Sa Majesté contentée de régler vos formalitez en » conservant vos privilèges, là où en plusieurs des villes de » France elle a esté forcée depuis quelque temps de retran- » cher beaucoup de choses qu'elle vous laisse[3]. »

A la mort de Henri IV, les privilèges subsistaient donc encore et l'on se hâta d'en obtenir la confirmation[4]. Cependant leur prestige venait de subir des atteintes ; l'esprit municipal n'avait déjà plus, comme au temps de la Ligue, une force suffisante pour contenir les passions, et les troubles, qui allaient renaître pendant la minorité de Louis XIII, devaient bouleverser la ville plus profondément que jamais et surtout achever la ruine de son indépendance, tout en laissant encore debout pour un temps les vieilles formes de son organisation.

Dès le 30 juin 1610 une première alerte troubla la population de Poitiers ; on annonçait un soulèvement des protestants et l'on craignait une surprise. A partir de ce moment l'état de guerre et toute l'agitation stérile qu'il entraîne succédèrent à la tranquillité. Ce ne furent plus que prises d'armes et rassemblements sur la place publique ; les alertes se succédant à chaque instant, on doubla les gardes, on ferma les portes et l'on courut aux remparts. Bientôt des factions se formèrent, les cabales de la cour recrutèrent des partisans dans la ville ; de même que la Rochelle était le boulevard des

---

[1] Arch. nat., E 21. — Publ. J. Chenu, *Recueil des antiquités...*, p. 482.
[2] Ouvré, *ouvr. cit.*, p. 396.
[3] *Ibid.*, p. 397.
[4] 1610, septembre. Orig., Arch. de Poitiers, A 46. Enreg. au Parlement, Arch. nat., X[1a], 8647, fol. 100 v°. Cette confirmation, conçue en termes généraux, vise spécialement celle de Henri III, de mai 1575, et l'édit de Henri IV de juillet 1594.

protestants, Poitiers devenait celui des catholiques. Loin de sacrifier leurs préférences, comme au temps de la Ligue, aux intérêts municipaux, les vieux ligueurs voulaient traiter en suspects les modérés, les anciens royalistes, les amis de Henri IV aussi bien que les protestants. Ce fut à propos des élections que la lutte s'engagea entre les partis ; ils se disputèrent avec acharnement la mairie, les autres fonctions municipales et surtout les charges militaires. Dans le corps de ville même, « le maire, les échevins, les capitaines, cherchèrent à s'arracher réciproquement leur part d'autorité, et les haines particulières mêlèrent leur venin à l'âcreté des dissentiments politiques[1]. »

Les Sainte-Marthe, auxquels Poitiers devait sa réconciliation avec Henri IV, représentaient à la fois le parti des modérés et celui qui demandait des réformes dans le gouvernement. Ils jouissaient d'une grande influence et étaient en possession de fonctions et de charges dans l'administration royale, dans l'église, dans la magistrature, dans l'Université et dans les conseils de la cité.

Les Brochard, les Brilhac, les Pidoux, influents aussi, anciens ligueurs pour la plupart et tous catholiques fougueux, faisant grand montre de leur fidélité et de leur soumission à la régente, se montraient leurs plus ardents adversaires.

Mais ce qui donna aux troubles de Poitiers à cette époque un caractère de particulière fureur, ce fut l'intervention de l'évêque au milieu de la lutte des partis. Henri-Louis Chasteigner de la Rocheposay, nommé en 1608 à la réserve de l'évêché de Poitiers, était un prélat grand seigneur, homme d'épée bien plutôt que d'église, destiné à un rôle politique, et muni probablement d'instructions secrètes de la cour. Il prétendit, dès son arrivée en 1612, avoir part au gouvernement de la ville ; il alléguait le droit de sa noblesse, les devoirs de sa charge, parmi lesquels était celui de pourvoir à la tranquillité publique, et la loi suprême de la nécessité. Il fut le chef des violents. Fortifié dans son palais épiscopal rempli de soldats, il faisait surveiller la ville et la campagne du haut des tours de sa cathédrale, y sonnait le tocsin chaque fois qu'il voulait appeler aux armes ses partisans ou ameuter le peuple, tenait toujours du canon en batterie derrière les chaînes qui barraient

---

[1] Ouvré, *ouvr. cit.*, p. 412.

les quatre rues aboutissant à la place Saint-Pierre et ne se montrait dans la ville qu'entouré d'une escorte d'hommes armés.

Au mois de juin 1614, bien que l'un des Sainte-Marthe, Nicolas, fût encore en possession de la mairie, l'évêque était le véritable maître de la ville et l'autorité du maire était complètement méconnue. Un gentilhomme, envoyé de Condé, fut grièvement blessé par des gens de l'évêque apostés pour l'assassiner; quand Condé se présenta pour demander raison de cette injure, dix mille hommes en armes coururent aux remparts à la voix de l'évêque et malgré le corps de ville, pour lui interdire l'accès de la cité, et quand plus tard, le gouverneur même de la ville, le duc de Roannez, arriva pour s'interposer, il fut en butte aux outrages et aux violences de la populace, retenu toute une nuit prisonnier à l'évêché et reconduit le lendemain hors des portes.

Les élections eurent lieu dans ces circonstances. Comme l'on peut penser, le candidat de l'évêque, Brilhac de Nouzière, fut nommé sans opposition, et, le jour même, Nicolas de Sainte-Marthe, violemment chassé de son siège, dut quitter la ville avec ses parents et ses partisans.

A la fin de juillet, la reine et son fils vinrent à Poitiers où leur séjour produisit un certain calme. Deux maîtres des requêtes, Mazuyer et Mangot, dont l'un avait été dépêché dès les premiers troubles, furent chargés de faire une enquête sur les événements. Mais malgré leur présence, aussitôt après le départ de la cour, l'agitation recommença, de nouvelles alarmes se produisirent, les rassemblements armés se succédèrent, et les expulsions de suspects continuèrent. Les commissaires, sans autorité suffisante, usèrent en vain leur énergie, et, las de se heurter à des haines privées implacables, mal dissimulées sous le masque des passions politiques, ils demandèrent et obtinrent leur rappel. (Février 1615.)

La situation de la ville et l'état des esprits n'avaient point changé lorsque la cour, se rendant à Bordeaux, séjourna une seconde fois à Poitiers, en septembre 1615. C'est là qu'arriva la nouvelle que Condé et les princes étaient de nouveau en révolte ouverte, et bientôt Poitiers fut la seule ville de la région qui tînt ouvertement pour la reine. Rançonnée et pillée par les garnisons qu'on y envoya pour la garder, elle fut bientôt réduite à la plus extrême misère et presque à la famine, car le pays ravagé et épuisé ne pouvait plus rien lui fournir.

Une grave épidémie de dysenterie vint encore aggraver la situation et décimer les habitants. La cour repassa dans la malheureuse ville au retour du voyage de Bordeaux (16 janvier 1616) ; la reine aurait voulu y séjourner, mais la misère et la contagion l'en chassèrent.

Enfin, le 3 mai suivant, les conférences de Loudun ayant abouti à un traité avec les princes, l'on put songer de nouveau à calmer l'agitation de la ville. La situation des Sainte-Marthe et des autres bannis de Poitiers avait fait l'objet d'un des articles du traité ; on les déclarait bons et loyaux sujets et on les rétablissait dans leurs charges. Pour assurer l'exécution de l'édit de pacification, les réintroduire dans la ville, achever de la pacifier et mettre fin à la succession non interrompue d'émeutes qui durait depuis six ans, on envoya à Poitiers le maréchal de Brissac, auquel on adjoignit deux conseillers d'Etat, de Vic et Bochart de Champigny. Ce dernier était pourvu d'une commission qui lui donnait tout pouvoir pour surveiller le corps de ville, prendre séance dans toutes les juridictions, connaître des conflits, faire exécuter tous les ordres du pouvoir royal, et en un mot pour tenir la ville en tutelle. A quelque temps de là, le roi ajouta à ses attributions un pouvoir militaire très étendu. Ce fut le premier des *intendants de justice* qui depuis lors se succédèrent presque sans interruption [1].

Depuis 1614 il n'y avait plus eu à Poitiers d'élections libres ; celles qui se firent depuis sous l'œil de l'intendant ne furent plus qu'un simulacre, on y nomma à l'unanimité les candidats désignés par le roi. La mairie était en passe de devenir en quelque sorte une commission royale. Les remparts et les portes de la ville, si longtemps confiés à la garde des compagnies bourgeoises, furent occupés par des Suisses chargés autant de contenir les habitants que de défendre la place, et malgré cela, les officiers de la milice placés

---

[1] Voy. Hanotaux, *Les premiers intendants de justice*, dans *Revue historique*, t. XX, 1882, p. 81. M. Hanotaux cite comme premiers intendants du Poitou : Caumartin, 1588 ; Gilles Le Mazuyer, 1605 ; La Claverie, 1611 ; de Vic, 1612 ; Elie l'Aisné, Mazuyer et Mangot, 1614, mais ainsi qu'il l'explique lui-même c'étaient, les uns des maitres des requêtes en chevauchées, les autres des commissaires royaux, plutôt que de véritables intendants. Il cite aussi et date de 1616 une commission d'intendant donnée au sieur de Gourgues, mais nous n'avons retrouvé nulle trace de l'action de ce personnage à Poitiers.

sous l'autorité des intendants furent désignés par lettres de cachet.

A cette occasion, quelques velléités de résistance essayèrent encore de se faire jour, mais elles furent bientôt apaisées par l'intendant Monthelon, qui avait succédé à Champigny, et le corps de ville se résigna au rôle dépendant et subalterne qu'il plut au gouvernement de lui attribuer.

Lors du passage du roi à Poitiers, le 20 août 1620, les magistrats sollicitèrent le rétablissement des privilèges, suspendus de fait depuis six ans, et l'obtinrent un mois plus tard (26 septembre) ; mais aux premières élections qu'ils firent, — ce furent celles des capitaines et lieutenants de la milice, — le roi répondit, le 27 janvier 1621, par une lettre irritée, leur enjoignant de les casser et de rendre ces charges à ceux qui les occupaient avant les élections. Le corps de ville s'empressa d'obéir et rétablit docilement en charge les anciens officiers.

C'en était fait désormais de la vieille fierté municipale des Poitevins. Fatigués d'agitations stériles, ils ne désiraient plus que la paix et la sécurité. Pendant huit ans encore cependant la ville demeura en état de guerre, les exercices militaires y furent continués, les portes demeurèrent fermées et les remparts armés pour la défense. Aussi quand, en 1628, la Rochelle eut succombé sous les coups de Richelieu, cette nouvelle causa à Poitiers un immense soulagement.

La ville, épuisée et affaiblie, en avait à tout jamais fini avec les crises intérieures. Les magistrats sentaient leur impuissance à maintenir encore des libertés que la plupart des villes avaient depuis longtemps perdues. Le vieil esprit municipal n'avait plus assez de sève pour réagir et le gouvernement central eût pu abolir jusqu'aux formes antiques de la constitution de la cité, sans craindre de sa part aucun retour offensif. Si l'on négligea de le faire, ce ne fut point par crainte du mécontentement que la suppression de cette vieille organisation aurait pu susciter, mais simplement parce qu'il ne subsistait plus désormais de ces institutions qu'une vaine apparence, parce qu'elles n'étaient pas un obstacle à l'exercice de l'autorité royale et parce qu'on n'avait point encore le goût de sacrifier les vieux usages à l'uniformité.

C'est pour cela qu'à l'avènement de Louis XIV on obtint encore la confirmation générale des privilèges[1] et que, sous

---

[1] Paris, 1649, juillet. Orig., Arch. de Poitiers, A 51. Enreg. au Parle-

Louis XV, on put même sans difficulté faire rappeler dans une nouvelle confirmation les anciens privilèges de 1214, 1222, 1312, 1472 (*sic* pour 1372), 1549 et 1610[1]. Bien entendu, ces soi-disant privilèges n'avaient empêché ni les érections des charges municipales en titres d'office ni aucune des entreprises fiscales du gouvernement. L'histoire de Poitiers, sous ce rapport, ressemble à celle de toutes les villes et il serait oiseux de la raconter[2].

Quoi qu'il en soit, la vieille organisation demeura encore en vigueur pendant toute la première moitié du XVIII° siècle. En 1765, le corps de ville de Poitiers était composé, comme en 1204, d'un maire, de vingt-cinq échevins et de soixante-quinze bourgeois. C'étaient toujours les Etablissements de Rouen qui étaient la loi organique de la cité. Ce ne fut qu'en exécution de l'édit de Marly, de mai 1765[3], que ce régime fut modifié.

Lorsque l'année précédente, le contrôleur général avait fait rendre l'édit de Compiègne[4], il avait annoncé dans le préambule l'intention d'établir l'ordre le plus « exact dans l'administration des villes » et d'y instituer « une police stable » et permanente et la plus uniforme qu'il a été possible. » Tout en supprimant les offices, pour paraître donner aux villes le droit de nommer leurs officiers, il avait achevé de les placer sous la tutelle de l'État; mais il avait tout d'abord respecté les quelques organisations particulières que certaines villes avaient pu conserver. Poursuivant son idée et allant plus avant dans la voie de l'uniformité, il décida, en 1765, que « dans toutes les villes dans lesquelles il se trouvera quatre » mille cinq cents habitants et plus, les corps de ville seront » composés d'un maire, de quatre échevins, de six conseillers » de ville, d'un syndic receveur et d'un secrétaire greffier[5]. » Tel fut le régime qui succéda à Poitiers aux anciennes institutions municipales, vieilles de cinq siècles et demi.

---

ment, Arch. nat., X¹ª 8655, fol. 62. — La Cour des Aides seule fit des difficultés pour l'enregistrement à cause du privilège de noblesse des maire et échevins. Elle ne se décida à enregistrer, après lettres de jussion et de surannation, que le 1ᵉʳ juin 1669. Voy. Arch. de Poitiers, A 52 et 53.

[1] Paris, 1718, décembre. Orig., Arch. de Poitiers, A 60. Enreg. au Parlement le 25 mai 1719. Arch. nat, X¹ª 8722, fol. 52.

[2] Voy. à ce sujet A. Babeau, *La Ville sous l'ancien régime*, chap. V.

[3] Isambert, t. XXII, p. 405.

[4] Août 1764. *Ibid.*, p. 434.

[5] Art. 3 de l'édit de Marly.

CHAPITRE XIII.

POITIERS. (*Suite.*)

Après avoir raconté l'histoire municipale de Poitiers, il nous reste à examiner, de plus près que nous ne pouvions le faire au cours du récit, le fonctionnement de ses institutions municipales, ainsi que les modifications dont elles ont été l'objet depuis l'époque de l'envoi à Poitiers des Etablissements de Rouen jusqu'à celle de la suppression de l'organisation à laquelle ils avaient donné naissance.

LE CORPS DE VILLE : LES PAIRS OU BOURGEOIS. — A Poitiers, comme dans les autres villes régies par les Etablissements, le corps de ville fut composé de cent personnes, mais, au lieu d'attribuer le nom de *pair* à chacun des cent membres de ce corps, ce titre fut, dès le XIII° siècle, réservé à ceux qui n'étaient ni échevins ni conseillers. Ce nom même de pairs ne se perpétua pas à Poitiers ; on ne le trouve guère employé après le XIII° siècle[1]. Au XIV°, et jusqu'au commencement du XV°, on voit ces magistrats nommés « les LXXV », sans autre désignation[2] ; à partir du milieu du XV° siècle, ils prennent le nom de *bourgeois*[3]. Ce terme depuis cette époque leur fut exclusivement réservé et servit à les désigner tant que dura l'organisation que nous décrivons. Le nom de pairs ne se perdit pas toutefois complètement ; on le retrouve dans les documents

---

[1] Le dernier exemple que je connaisse est de 1307, où je rencontre un règlement municipal fait « per scabinos, pares et consules in scabinagio « congregatos. » (Bibl. nat., Ms. fr. n. acq., 3412, fol. 101.)

[2] Voy. un exemple de 1335, *Pièces justif.*, XL. — C'est ainsi qu'ils sont désignés dans les plus anciens registres de délibération conservés à Poitiers. Le premier est de 1411.

[3] Je trouve cette expression employée en 1446 pour désigner ces magistrats, et toujours à partir de 1450, dans les registres de délibération et dans les ordonnances du corps de ville. — Louis XI dans ses lettres désigne le corps de ville par « les cent conseillers » ; il nomme l'un de ses membres « un des cent ».

et dans les registres de délibération du xvıı° siècle ; mais il y a complètement perdu sa signification primitive, il y est appliqué aux échevins, que l'on disait « pairs et eschevins »[1].

Le nombre des membres du corps de ville qualifiés successivement pairs et bourgeois fut, on l'a vu, de soixante-quinze et non de soixante-seize ; par conséquent le nombre des échevins et conseillers dut être et fut en effet de vingt-cinq et non de vingt-quatre.

D'après les Etablissements, le corps de ville aurait dû se réunir en assemblée plénière chaque quinzaine. A Poitiers, ces réunions n'eurent lieu que tous les mois. Leur périodicité et le nombre des membres qui devaient s'y trouver firent donner à cette assemblée un nom particulier ; on l'appela le *Mois et cent* et quelquefois simplement *le Cent*, ou *le Mois*, parfois le *Cent et mois* ou le *Plain mois*[2].

Le Mois et cent délibérait sur toutes les affaires de la ville, police, finances, voirie, etc. ; il faisait les règlements municipaux et les statuts des corporations ; mais cette assemblée ne fut jamais une cour de justice comme dans certaines villes. Les registres de ses délibérations, conservés en assez grand nombre, nous montrent qu'au xv° siècle les réunions avaient lieu chaque mois, mais que dans la suite elles furent moins régulières. Au cours du xvı° siècle, la plupart de ses attributions passèrent aux échevins. Le corps de ville dans son entier ne se réunit plus que dans des circonstances extraordinaires, dans les cérémonies publiques ou pour procéder à des élections. De toutes ses attributions il finit par n'en conserver qu'une seule : à partir du milieu du xvı° siècle le Mois et cent ne fut plus

---

[1] Dès 1582, une délibération sur l'ordre dans lequel ils doivent voter est prise par les « maire, pairs-échevins et bourgeois. » (Arch. de Poitiers, B, 19.) En 1609, les deux membres du corps de ville qui rendent compte des privilèges au Conseil d'Etat se qualifient « pairs et échevins. » (Arch. nat. E, 21.) — En 1629, les statuts des tireurs d'armes sont faits par « les maire, pairs-eschevins et bourgeois de la ville. » (Arch. de Poitiers, D 67). — En 1682, le Parlement maintient les « maire, pairs et eschevins » en possession de se qualifier conseillers du roi et d'exercer la juridiction. (Arch. de Poitiers, D, 87.) Cf. les registres de délibération de cette époque et notamment celui qui a été analysé par M. Dacier, *Le Mois et cent de la ville de Poitiers*, 1624-1625, Niort. 1868, in-8°.

[2] Le premier registre des délibérations commence ainsi : « C'est le « moys et cent tenu le vendredi v° jour d'aoust, l'an mil iiij° et unze. » — Voy. *passim* l'indication des « besoignes appointcées en plain mois. »

guère que le collège des électeurs et des éligibles aux charges municipales.

Dans certains cas, le corps de ville appelait dans son sein pour délibérer des personnes étrangères, le clergé lorsqu'il s'agissait de mesures le concernant, des députés des habitants lorsqu'il s'agissait de répartir un impôt, etc. Dans quelques cas graves ces assemblées furent plus nombreuses encore. En 1385, pour lever une taille sur tous les habitants on réunit « les prélaz, gens d'église, maire, bourgeois et habitans »[1]. Pendant la Ligue, après la nouvelle de la journée des barricades, le corps de ville tint le 21 mai une assemblée à laquelle il convoqua le clergé, les gentilshommes et tous les notables habitants de la ville, pour délibérer sur le parti à prendre[2].

Une particularité de l'organisation du corps de ville de Poitiers, c'est que ses membres étaient unis entre eux par les liens d'une confrérie. Les statuts de cette association qui nous sont parvenus ont été rédigés en 1266[3]. Il serait bien important de savoir si, malgré les termes de ces statuts qui semblent rédigés au moment de sa fondation, cette association n'est pas antérieure au xiii° siècle, et si elle n'a pas, comme beaucoup d'autres confréries analogues, joué son rôle et eu sa part d'influence dans les origines de la commune. Malheureusement nous n'avons pu en retrouver aucune trace. D'après les statuts tels qu'ils nous sont parvenus, le but de la société était de procurer à ses membres des honneurs funèbres rendus par leurs collègues. Est-il téméraire de penser que, si c'était là le but avoué et public de l'association, ceux qui l'avaient fondée avaient pu concevoir d'autres desseins. Il est possible aussi qu'à l'époque où nous la rencontrons la confrérie n'ait plus été qu'une société d'enterrement mutuel ; ç'a été l'ordinaire de ces associations qui ont joué un grand rôle dans la révolution communale, de se survivre pour ainsi dire à elles-mêmes et de demeurer de simples sociétés pieuses après avoir oublié ou réalisé le but de leur fondation. Quoi qu'il en soit, la confrérie des pairs de Poitiers, après n'avoir admis dans son sein que les membres du corps de ville, y reçut dès la fin du xiii° siècle tout le monde, et même les femmes, ainsi qu'en témoigne l'art. 10, ajouté en 1287 aux statuts de 1266.

---

[1] Arch. de Poitiers, J 3.
[2] Registres des délibérations, n° 47, p. 446.
[3] *Pièces justif.*, XXXVIII.

Cette confrérie placée sous l'invocation de Saint-Hilaire, se réunit d'abord dans la maison dite des frères du Sac (*domus saccorum*) et plus tard dans l'église des Cordeliers [1]. On l'appelait communément la *confrérie du cent*. Ses statuts furent renouvelés en 1421 ; à cette époque le maire en était bâtonnier. Plus tard la nation de Poitou de l'Université fut associée à cette confrérie et elle prit le nom de confrérie ou fête d'Aquitaine qui lui resta [2]. On ne voit pas qu'elle ait eu jamais d'influence sur les affaires de la ville.

Les soixante-quinze pairs ou bourgeois de Poitiers étaient nommés à vie. En principe, le corps de ville devait pourvoir par l'élection aux vacances qui se produisaient dans ce collège, mais en fait il fut admis que les possesseurs de ces charges auraient le droit de les résigner en faveur de leurs fils, de leurs parents ou même d'étrangers, et l'élection à une place de bourgeois devint un fait exceptionnel.

La plus ancienne des résignations dont nous trouvions mention remonte à 1434. Le greffier des assises du Poitou, « l'un des cent, » veut « résigner son lieu dudit nombre des cent » à Mᵉ Jean de Moulins, notaire et secrétaire du roi [3] ; ce qui ne soulève aucune difficulté. C'était alors évidemment une chose depuis longtemps en usage, et naturellement la plupart de ces résignations étaient des ventes à peine déguisées. De la sorte, le corps de ville devenait le patrimoine de quelques familles ; les résignations y introduisaient parfois de très jeunes gens et les rares places vacantes étaient acquises avec son agrément par les gens de justice et de finance qui les recherchaient fort. C'était une petite aristocratie bourgeoise très étroite, très jalouse. Les tentatives qu'on fit pour l'élargir ne réussirent jamais.

Nous avons raconté plus haut ce qui se passa quand, en 1547, Henri II voulut interdire les charges municipales aux gens de robe longue et les rendre accessibles aux gens de négoce. Huit places furent laissées vacantes plutôt que d'être ainsi remplies, et, malgré les décisions des cours souveraines, le corps de ville continua à se recruter comme par le passé [4].

---

[1] Rédet, *Extraits des comptes de dépenses de la ville de Poitiers*, 1ʳᵉ part., 1839, p. 406.
[2] Rédet en cite une mention dès 1438. *Ibid.*, p. 408.
[3] B. Ledain, *Lettres des rois* dans *Arch. hist. du Poitou*, t. I, p. 149.
[4] Voy. plus haut p. 377.

Le Conseil d'Etat, lorsqu'il réforma en 1609 le mode d'élection, prit des mesures contre l'abus des résignations. Il ne les autorisa que de père à fils et encore à condition qu'elles seraient gratuites, que le résignataire aurait au moins vingt-cinq ans et que le résignant vivrait plus de vingt jours après la date de la résignation [1]. Les bourgeois protestèrent et obtinrent dans les premiers mois du règne suivant l'abrogation de ces dispositions et le droit de résigner leurs places gratuitement, en faveur de personnes capables [2].

En 1728, en 1753, on prit encore des mesures, mais vainement, pour ouvrir le corps de ville à d'autres qu'aux gens de justice. « Le corps de ville, disent les considérants d'un arrêt
» du Conseil du 14 juillet 1760, représentant tous les habitants
» en général, tous les ordres de citoyens d'une certaine espèce
» semblent avoir droit d'y entrer. Il arrive cependant que
» quelques classes plus accréditées que les autres ont trouvé
» le secret de s'y multiplier. Il est nécessaire, ajoutent-ils,
» de rétablir un équilibre et une juste proportion entre les
» différentes classes de citoyens dont l'hôtel de ville est com-
» posé. » Dans ce but le Conseil, abolissant les résignations, décida que chaque classe d'habitants ne devrait être représentée dans le conseil que par dix membres au plus [3].

Tandis que, dans certaines villes, le nombre des pairs diminua avec le temps, à Poitiers, au contraire, les fonctions municipales furent toujours si recherchées que le corps de ville créa souvent de nouvelles places, et qu'à diverses reprises on fut obligé de décider qu'on reviendrait au chiffre normal, en supprimant les places créées, au fur et à mesure des extinctions. En 1594 par exemple, le nombre des membres du corps de ville était de 119, dont 85 bourgeois. Henri IV voulut alors le réduire [4]; mais en 1605 il était de nouveau remonté à 120, dont 93 bourgeois, et un arrêt du Conseil décida qu'on le ramènerait à l'ancien nombre [5]. En 1760 encore le nombre des membres du corps de ville s'était multiplié et l'on prit de nouvelles mesures pour le réduire [6].

---

[1] Arrêt du Conseil du 9 avril 1609, art. 8 et 9. Arch. nat., E 21.
[2] Arch. de Poitiers, B 22.
[3] Arch. nat., E 2388.
[4] Voy. plus haut, p. 383.
[5] 1609, 9 avril. Arch. nat., E 21.
[6] Arrêt du Conseil du 14 juillet 1760. Ibid., E 2388.

Les bourgeois en entrant en charge étaient obligés de faire, à titre de droit de réception, une distribution de vin à tous les membres du corps de ville. Cet usage fut aboli en 1760 et remplacé par un droit d'entrée fixé à 300 livres pour les fils de bourgeois succédant à leur père et à 500 livres pour les autres, « non compris les droits de chapelle et autres menus droits [1]. »

LE MAIRE. — Le maire de Poitiers n'était pas nommé par le roi sur une liste de trois candidats formée par les cent pairs. Depuis 1222 au moins on n'observa plus la disposition des Etablissements qui prescrivait ce mode de nomination ; le roi n'intervint plus. D'après l'article 19 de la charte de Philippe Auguste de 1222, le maire aurait dû être élu par tous les citoyens de Poitiers [2] ; mais les plus anciens règlements relatifs aux élections qui nous ont été conservés nous montrent que les seuls électeurs furent les cent membres du corps de ville.

On a vu déjà que la nomination du maire provoqua souvent des conflits, des difficultés, souvent même des troubles graves dans la ville. On essaya vainement de les prévenir en multipliant les règlements sur la matière.

Dès 1335, à l'occasion de l'élection, un différend s'éleva entre les collèges qui composaient le corps de ville. Les douze, c'est-à-dire les conseillers, prétendaient qu'ils devaient seuls faire l'élection et que les soixante-quinze, c'est-à-dire les pairs, n'avaient qu'à l'approuver. Ceux-ci soutenaient qu'ils avaient le droit de repousser le candidat des conseillers. Un règlement de l'échevinage intervint pour déterminer le mode de procéder. Il est assez compliqué et tout à fait particulier à Poitiers. D'après ce règlement les soixante-quinze devaient seuls procéder à l'élection. Deux pairs devaient ensuite aller présenter le candidat nommé aux conseillers. Si ceux-ci l'admettaient, deux conseillers se joignaient aux deux pairs pour aller présenter le candidat aux échevins. Lorsqu'un des deux collèges repoussait le candidat nommé par les soixante-quinze, ceux-ci procédaient à une nouvelle élection et les mêmes formalités recommençaient jusqu'à ce qu'on se fût mis d'accord [3].

---

[1] Arrêt du Conseil du 14 juillet 1760. Arch. nat., E 2388.
[2] *Pièces justif.*, XXXVI.
[3] *Ibid.*, XL.

Nous avons dit plus haut que, des troubles graves étant survenus dans la ville, en 1458, à l'occasion de l'élection du maire, la mairie avait été séquestrée et qu'un nouveau règlement qui ne paraît pas nous être parvenu avait déterminé « la forme de l'élection [1]. » Nous avons dit aussi que, sous Louis XI, le maire avait été presque toujours désigné par le roi [2]. Notons cependant que, malgré ces désignations, on ne cessa jamais d'observer les formes de l'élection, comme pour ne pas laisser prescrire les droits électoraux tout en obéissant aux ordres du roi. Il en fut de même plus tard non seulement pour le maire, mais pour toutes les fonctions électives dont les candidats furent nommés par lettres de cachet.

On sait que l'élection de l'année 1506 donna lieu à des troubles [3]. Les partisans de l'un des candidats furent accusés de pression et de brigue. Le procureur du roi à Poitiers, le lieutenant du sénéchal et le maire sortant avaient entrepris de porter à la mairie un jeune homme de dix-neuf ans, leur parent, afin de s'assurer le gouvernement de la ville. Dans ce but, ils avaient distribué aux électeurs des bulletins de vote disposés de telle façon qu'il leur fût possible de savoir après le vote les noms de ceux qui n'auraient pas voté pour leur candidat. Cette distribution avaient été accompagnée de menaces.

A cette époque le corps de ville tout entier prenait directement part à l'élection. Quatre scrutateurs nommés par lui étaient chargés de recueillir les votes. Le rôle des échevins consistait à dépouiller le scrutin et à vérifier la validité de l'élection, le maire était chargé de la proclamer. Il semble résulter des faits de la cause que, en cas de doute, lorsqu'il y avait par exemple égalité de voix entre deux concurrents, il appartenait aux échevins de trancher la question en faveur d'un candidat. On accusait le maire sortant d'avoir usurpé les attributions des échevins et, en présence d'un résultat douteux, d'avoir proclamé le maire de son choix [4].

Nous ne rappellerons ici que pour mémoire les protestations et les procès qui suivirent la publication de l'édit de 1547 qui

---

[1] Voy. plus haut, p. 370.
[2] Voy. plus haut, p. 372.
[3] Voy. plus haut, p. 375.
[4] Arrêt du Parlement du 4 mars 1506-1507. Arch. nat., X¹ª 143, fol. 375.

excluait de la mairie les gens de robe longue et auquel on dérogea à Poitiers [1].

Sous Henri IV et probablement déjà pendant la Ligue, l'usage s'était établi que les candidats à la mairie, suivis d'un cortège de parents, de leurs amis du corps de ville et de partisans influents, allassent de maison en maison solliciter les suffrages des électeurs. On peut deviner quelle agitation causaient ces promenades et ce qui arrivait lorsque les bandes de deux concurrents se rencontraient. Ces sollicitations à domicile étaient naturellement accompagnées de distributions de bulletins de vote, souvent marqués pour qu'on pût reconnaître ensuite si les électeurs avaient tenu leurs promesses. Parfois un candidat puissant et influent faisait supprimer les formalités de l'élection et se faisait nommer par acclamation.

Tels sont les abus auxquels voulut remédier l'arrêt du Conseil du 9 avril 1609. Il interdit, sous peine de déchéance, d'aller postuler la mairie à domicile ; déclara nulle toute élection faite de vive voix ; établit que tous les électeurs devraient se servir de bulletins exactement semblables, distribués en assemblée générale par le secrétaire de la ville et que, pour éviter les fraudes, chaque électeur devrait voter en laissant tomber son bulletin ostensiblement et de haut dans le chapeau du scrutateur [2].

Le 4 avril 1626, un nouvel arrêt du Conseil confirma encore un règlement relatif à l'élection du maire [3] ; mais, en dépit de toutes les décisions, les brigues continuèrent et parfois même l'élection fut l'objet d'un marché, comme en 1635, où un arrêt du Conseil cassa celle de Pierre Guyon [4].

Les membres du corps de ville, échevins, conseillers ou bourgeois, étaient à Poitiers seuls éligibles à la charge de maire. Si celui-ci n'était pas échevin, la première vacance dans l'échevinage lui était réservée et, dans ce cas, il pouvait disposer en faveur de qui bon lui semblait de sa charge de bourgeois [5]. Les anciennes listes de maires que nous possé-

---

[1] Voy. plus haut, p. 377.
[2] Arch. nat., E 21.
[3] Arch. de Poitiers, B 29, 4 p. in-4. Impr. en 1717.
[4] Arch. nat., E 1684. Cf. arch. de Poitiers, B 34.
[5] Des termes de l'arrêt du Parlement du 4 mars 1506-1507 cité plus haut on pourrait conclure qu'il fallait être échevin pour être nommé maire. Mais les textes établissant qu'il suffisait d'être « l'un des LXXV » sont nombreux.

dons semblent indiquer que, jusque vers le xv⁰ siècle, on avait coutume de réélire plusieurs années de suite le même maire [1]. Mais il ne faut pas oublier que ces listes sont suspectes, que nous ignorons sur quels documents elles ont été dressées au xvii⁰ siècle et qu'il est bien possible que leurs auteurs aient imaginé, pour combler les lacunes, l'ingénieux procédé de répéter le nom du maire de l'année précédente chaque fois que les documents ne fournissaient pas de renseignements. La règle que l'on trouve instituée en 1335 [2] et répétée en 1454 [3], établit que les maires étaient rééligibles, mais qu'on ne pouvait les obliger à rester en charge plus de deux années. Les réélections devinrent pour ainsi dire la règle, après l'arrêt du Conseil du 4 janvier 1685 qui en fit une condition pour acquérir, par la charge de maire de Poitiers, la noblesse héréditaire [4].

D'après le règlement de 1335, l'élection du maire avait eu lieu cette année-là le 8 juillet. Par la suite elle fut toujours fixée au vendredi après la Saint-Jean-Baptiste et ne put par conséquent reculer au delà du 1ᵉʳ juillet ; elle avait ordinairement lieu dans l'église des Cordeliers. Aussitôt l'élection faite on y célébrait une messe et ensuite la ville payait aux échevins un déjeuner composé invariablement de pain, de vin et de cerises [5]. Le maire sortant demeurait en charge jusqu'à la Saint-Cyprien, qui se célébrait, à Poitiers, le 14 juillet. Ce jour-là avait lieu l'installation solennelle du nouveau maire et sa prestation de serment [6].

Parfois le maire sortant de charge rendait compte de sa gestion. Trois comptes de cette nature pour les années 1566-1567, 1581-1582 et 1583-1584, nous sont parvenus [7].

---

[1] Voy. entre autres celle qui a été publiée par Jean Chenu, *Recueil des antiquitez*, p. 486, et celle de l'Armorial des maires. Bibl. nat., ms. fr., 20084.

[2] *Pièces justif.*, XL, art. 2 et 3.

[3] Délibération du mois et cent du 26 juin 1454 citée par Rédet, *Rapport sur les archives de la ville de Poitiers*, p. 244.

[4] Arch. nat., E 1685.

[5] Rédet, *Extraits des comptes* dans *Mém. de la Soc. des antiq. de l'Ouest*, 1839, p. 397.

[6] Ch. de 1222, art. 20. *Pièces justif.*, XXXVI. — Voy. les serments prêtés le 14 juillet 1477 (Thibaudeau, *Hist. de Poitou*, t. III, p. 26), le 14 juillet 1575 et le 14 juillet 1577. (Arch. de Poitiers C 37, et Reg. de délib., 15, fol. 70 v⁰.)

[7] Rédet, *Rapport sur les archives de Poitiers*, p. 242.

Le maire devait chaque année, au cours de sa mairie, donner un grand dîner à tout le corps de ville. Cet usage, aboli une première fois par une délibération du 23 juin 1756, le fut définitivement par l'arrêt du Conseil du 14 juillet 1760. Le dîner fut remplacé par un droit de réception au profit de la ville d'une extraordinaire élévation. Tout maire élu dut, avant de prêter serment, payer pour chacune de ses deux premières élections la somme de 3000 livres, « à peine, contre » ceux que l'on en auroit exemptés, de nullité de leur élection » sans qu'elle puisse être validée par une deuxième. [1] »

Au XIV° siècle le maire recevait une indemnité de 150 livres, à laquelle on pourvoyait par la levée d'un impôt spécial nommé « la taillée du maire [2]. » En 1455 on décida que cette taillée serait désormais levée au profit de la ville et que le maire aurait pour émoluments le revenu des guets [3]. Ces émoluments étaient de 100 livres en 1475 [4] et en 1540 [5], de 200 en 1570 [6].

On sait que depuis 1372 le maire était anobli par sa charge. Plusieurs historiens ont prétendu qu'il avait le titre de « premier baron du Poitou » et ont même fait remonter cette prérogative à une époque antérieure à l'ordonnance de Charles V. Ce n'est qu'au XVI° siècle que nous avons rencontré cette expression et cette prétention. Les échevins voulant faire prévaloir leur droit d'envoyer aux États de Blois un député de la noblesse alléguaient que, dans tous les États provinciaux du Poitou, le maire avait toujours « tenu » rang et séance de premier baron [7] », et, l'année suivante, à l'occasion des obsèques d'un maire mort en charge, le corps de ville, faisant déposer sur le cercueil, à côté du bonnet de docteur, le casque, les gantelets et l'épée, ne manquait pas de remarquer que de toute ancienneté, et en particulier aux

---

[1] Arch. nat., E 2388.
[2] Voy la copie d'un compte de la levée de cet impôt en 1307. Bibl. nat., ms. nouv. acq. fr. 3412, fol. 101. — Cf. Arch. de Poitiers, B 1, un acte de 1331, exemptant un habitant de cette charge, et une délibération de 1333 prescrivant la levée de cette taille (nouv. acq. fr., 3412, fol. 120.)
[3] Délibération du mois et cent citée par Rédet, *Rapport*, p. 245.
[4] Arch. de Poitiers, B 9.
[5] Le maire Pierre Prevost y renonce pour que cette somme soit employée aux travaux de canalisation du Clain. (Rédet, *Rapport*, p. 247.)
[6] Arch. de Poitiers, B 18.
[7] Ouvré, *Essai sur l'histoire de la Ligue à Poitiers*, p. 150.

GIRY, *Établissements de Rouen*.

États de Tours, sous Louis XI, le maire de Poitiers avait toujours été réputé « premier baron banneret de la comté de » Poitou[1]. »

Nous n'avons pas à insister ici sur les attributions du maire. Il était, on le sait, le chef du corps de ville, présidait toutes ses réunions, présidait la cour municipale, commandait les milices, avait la garde des clefs de la ville et du château[2].

ÉCHEVINS ; CONSEILLERS ; JURÉS. — D'après la charte de Philippe Auguste de 1222, il y avait dans le corps de ville de Poitiers douze échevins (*scabini*) et douze jurés (*jurati*) qui comme le maire devaient être élus chaque année par les citoyens[3]. D'autres documents nomment conseillers (*consultores, consules*) les magistrats appelés jurés par l'acte de 1222[4]. Plus tard, à partir du xiv° siècle tout au moins, les échevins et les jurés cessèrent d'être des magistrats annuels et d'être élus par leurs concitoyens. Ils furent, comme les soixante-quinze, élus à vie par le corps de ville, avec cette réserve que les places d'échevins qui venaient à vaquer étaient réservées aux maires, s'ils ne faisaient point encore partie de l'échevinage. De la sorte le collège des échevins en arriva à ne se composer guère que d'anciens maires. Ajoutons encore que la règle s'établit de ne jamais nommer échevins ou conseillers que les membres du corps des soixante-quinze. De l'ancien usage de renouveler annuellement ces vingt-cinq magistrats, il ne subsista qu'une coutume, celle de leur faire prêter chaque année, avec le nouveau maire, le serment prescrit par la charte de 1222[5].

---

[1] *Ibid.*, p. 157. Cf. le règlement pour le rang des maire et échevins dans les assemblées de la noblesse du Poitou du 12 décembre 1588. (*Coll. Fonteneau*, t. XXIII, p. 185.) — Sur le cérémonial usité aux obsèques des maires de Poitiers morts en charge, voy. Auber, *Histoire de la cathédrale de Poitiers*, t. II, p. 129.

[2] Depuis 1485 il partagea cette prérogative avec le sénéchal. (Inv. de 1506. Arch. de Poitiers, M 12.)

[3] *Pièces justif.*, XXXVI, art. 19.

[4] 3 août 1274. Règlement de police pour les bouchers fait « per scabinos consultores ac pares. » (Ms. fr. nouv. acq., 3412, fol. 42.) — 1292. Délibération de l'échevinage *per scabinos et consules*. (Arch. de Poitiers, D 4.)

[5] Art. 20. *Pièces justif.*, XXXVI. — Voy. les serments de 1317 (Arch. de Poitiers, Inv. de 1506), de 1321 (*Ibid.*, C 7), de 1342, 1573, 1574 (Inv.

Le collège des échevins, qui ne comptait que douze personnes en 1222, s'augmenta d'un membre par la suite ; dès 1335, on le voit désigner par l'expression « les XIII », par opposition aux « XII » qui étaient les conseillers[1]. Ce fut de la sorte que le corps de ville compta cent membres.

Il serait difficile de préciser les attributions respectives des échevins et des conseillers. Les échevins étaient plus particulièrement les assesseurs du tribunal du maire ; leur réunion était l'échevinage (*scabinagium*), et lorsqu'ils y avaient appelé les conseillers on l'exprimait dans leurs décisions en stipulant qu'elles avaient été prises : *in scabinagio, consulibus presentibus*[2]. Mais bientôt les deux collèges délibérèrent toujours en commun et finirent même par se confondre et par n'en plus former qu'un seul. Dès 1335, ils se réunissaient toujours ensemble le vendredi de chaque semaine et on les nommait déjà communément « les XXV »[3]. Les premiers registres de délibération (année 1411 et suivantes) nous montrent qu'on distinguait encore les treize échevins des douze conseillers dans les listes des membres du corps de ville, mais cette distinction n'avait plus guère alors d'intérêt pratique que lors des élections où, comme nous l'avons dit, les treize échevins avaient un rôle particulier[4]. Au milieu du XVe siècle le nom d'échevins avait complètement prévalu sur celui de conseillers, qui ne se rencontre plus, bien que, jusqu'au commencement du XVIe, les anciens échevins conservent leurs attributions spéciales lors des opérations électorales ; mais on ne les désignait plus alors que par l'expression « les XIII », le titre d'échevin s'étant généralisé et s'appliquant à chacun « des XXV ». Par contre, le collège s'appelait non plus l'échevinage, mais le *Conseil*. Ce nom s'opposait à celui de *Mois et cent* qui désignait, on l'a vu, les assemblées plénières du corps de ville. Dans les plus anciens registres de délibérations, les séances du Mois et cent sont distinctes de celles du Conseil. Le plus ancien registre des Conseils que nous ayons commence au 18 janvier 1449-1450[5]. Mais par la suite, les échevins ayant

de 1506), de 1575 (C 37), de 1577. (Thibaudeau, *Hist. de Poitou*, t. III, p. 26.)

[1] *Pièces justif.*, XL.
[2] Délibération de 1333. (Ms. fr. nouv. acq., 3412, fol. 102.)
[3] *Pièces justif.*, XL, art. 4.
[4] Voy. plus haut, p. 398.
[5] Arch. de Poitiers, 4e registre des délibérations.

absorbé la plupart des attributions du corps de ville entier, qui ne fut plus guère qu'un corps électoral, les délibérations furent confondues, et, à partir de 1506, les registres furent appelés « *registres des Mois et Conseils* »[1].

Le nombre de vingt-cinq échevins resta le nombre légal pendant toute la durée de la constitution de Poitiers ; cependant il fut parfois dépassé. Pendant les troubles du xvie et du commencement du xviie siècle, on créa de nouvelles places d'échevins comme de nouvelles places de bourgeois. Il y en avait trente-quatre en 1594 et vingt-sept en 1605[2].

En 1335, chacun des XXV recevait à la réunion du vendredi « trois pains de chapitre » ; c'était une sorte de jeton de présence. Ce pain était fait en grande partie avec du froment acheté par la commune aux membres de l'échevinage[3].

A leur réception, les échevins payaient un droit d'entrée. Ce droit, antérieurement à 1760, était déjà de 1500 livres[4], somme considérable, mais qui en fait était compensée par des profits ultérieurs, car les droits d'entrée se partageaient entre tous les membres du collège. L'arrêt du Conseil du 14 juillet 1760 maintint ce droit élevé, mais décida qu'il serait perçu à l'avenir au profit de la ville[5].

Nous avons dit qu'en 1372 Charles V avait accordé aux échevins la noblesse héréditaire et qu'en 1469 Louis XI y avait ajouté l'exemption du ban et arrière-ban[6]. De là l'usage de désigner souvent les échevins de Poitiers par l'expression : « *les XXV nobles* ». Ce privilège de noblesse, souvent compromis, contesté par les cours souveraines presque chaque fois qu'il fut confirmé par les rois, survécut cependant à toutes les mesures prises par la royauté pour supprimer la noblesse municipale et fut encore compris dans la confirmation des privilèges de Poitiers par Louis XV, en décembre 1718[7].

---

[1] Arch. de Poitiers, 9e registre des délibérations et suivants.

[2] Voy. Ouvré, *Essai sur l'histoire de la Ligue à Poitiers*, p. 246, et *Essai sur l'histoire de la ville de Poitiers*, p. 394.

[3] *Pièces justif.*, XL, art. 5.

[4] Ouvré dit que le droit d'entrée des échevins était de cinquante écus d'or, et celui des bourgeois de dix. (*Histoire de la Ligue à Poitiers*, p. 90.) Je n'ai pas retrouvé le document qui lui a fourni ce renseignement.

[5] Arch. nat., E 2388.

[6] Voy. plus haut, pp. 369 et 371.

[7] En 1634, le Conseil d'Etat, nonobstant la déclaration du roi du mois

OFFICIERS DE LA COMMUNE. — Nous n'avons que peu de remarques à faire sur les officiers aux gages de la commune de Poitiers. C'étaient ceux que nous avons rencontrés dans la plupart des autres villes : des procureurs et des sergents, un secrétaire greffier de l'hôtel de ville et un receveur de la commune. En 1292, l'échevinage avait décidé qu'une pension annuelle serait faite à deux avocats pour les consulter sur les procès en cour d'église [1].

Les incessantes démarches que le corps de ville faisait, tant à la cour et auprès des personnages influents, pour obtenir des faveurs, qu'auprès des cours souveraines pour solliciter des procès ou hâter l'enregistrement des privilèges, nécessitaient un personnel nombreux et occasionnaient chaque année des dépenses assez considérables. C'étaient généralement des membres du corps de ville qui s'employaient à ce service et recevaient en conséquence des indemnités [2].

OFFICIERS ROYAUX. — Nous n'avons pas à revenir non plus sur le rôle des agents du pouvoir central ; l'histoire de leurs relations avec la commune a été faite dans le précédent chapitre. On sait qu'ils étaient nombreux à Poitiers. Au bailli et au prévôt qui administraient la ville sous les rois d'Angleterre et sous Philippe-Auguste, s'ajoutèrent ou succédèrent le sénéchal de Poitou et son lieutenant, plus tard les gouverneurs de la province et de la ville, et enfin les intendants, sans compter les nombreux offices de tous genres créés par les rois et parfois rachetés par la ville. Il y faut encore ajouter les officiers de justice, nombreux surtout depuis la création d'un siège royal à Poitiers, en 1436, et les officiers de finance.

---

de janvier, maintient les maire et échevins en possession du privilège de noblesse. (6 mai. Arch. de Poitiers, A 60.) — Autre arrêt dans le même sens du 17 mai 1634. (*Ibid.*, A 48.) — En 1663, la Cour des Aides n'enregistre que sur lettres de jussion la confirmation des privilèges de 1643 et les arrêts de règlement de 1634. (*Ibid.*, A 52 et 53.) — Le 4 janvier 1685, un nouvel arrêt du Conseil déroge en faveur de Poitiers à l'édit de 1667 qui avait révoqué les privilèges de noblesse municipale. (Arch. nat. E 1833.) — En novembre 1706, un édit maintient la noblesse aux maire, échevins, etc., en faveur desquels on a continué jusqu'alors les privilèges de noblesse. (Arch. de Poitiers, A 59.)

[1] Voy. plus loin, p. 420, n. 4.
[2] Voy. Rédet, *Extraits des comptes de dépense de la commune de Poitiers aux XIVe et XVe siècles.*

Il serait sans grand intérêt de raconter ici en détail les nombreux conflits qui, à Poitiers comme partout, résultèrent des relations des agents royaux et du corps de ville. Ce qu'on doit remarquer seulement, c'est que ces conflits, quoique nombreux, ne furent à Poitiers, à partir du xv° siècle, ni aussi fréquents, ni surtout aussi graves que dans nombre d'autres villes. Il en faut chercher la raison dans ce fait que le corps de ville se recrutait précisément parmi les gens de justice et de finance.

Les habitants, citoyens, jurés ou bourgeois. — Les habitants de la ville sont nommés citoyens (*cives*), ou jurés (*jurati*), ou gens de la commune (*homines de communia*) par la plupart des documents du xii° et du xiii° siècle relatifs à Poitiers. Les chartes de Philippe Auguste sont les seuls actes de cette époque où on les nomme bourgeois. Ce terme de bourgeois, employé quelquefois au xiv° et même au xv° siècle pour désigner les habitants, ne leur fut plus jamais donné à partir du xvi° siècle, parce qu'il fut alors réservé aux soixante-quinze bourgeois du corps de ville.

Le nom de jurés donné aux habitants semble indiquer qu'ils prêtaient le serment de commune prescrit par l'article 30 des Etablissements. On peut cependant se demander si la disposition des privilèges qui admettait tout étranger à jouir, tant qu'il séjournerait à Poitiers, des franchises de la commune au même titre que les autres habitants, disposition confirmée en novembre 1204 par Philippe Auguste [1], n'avait pas implicitement abrogé l'article des Etablissements relatif au serment de commune. Cet article, il faut le remarquer, est l'un de ceux qui ne se trouvaient pas dans la rédaction des Etablissements envoyée à Poitiers [2]. On pourrait supposer dès lors que le terme de juré, emprunté aux Etablissements, aurait perdu la valeur qu'il a dans ce texte.

Quoi qu'il en soit, si l'obligation du serment de commune pour acquérir le droit de cité a existé dans les premiers temps de l'existence de la commune, elle n'a point tardé à disparaître. Nous ne voyons pas qu'il y ait jamais eu à Poitiers des droits et des devoirs particuliers attachés au titre de citoyen;

---

[1] Art. 4 de la charte d'Eléonore de 1199. *Pièces justif.*, XXXII. — Art. 4 de la charte de Philippe-Auguste de 1204. *Pièces justif.*, XXXIV.

[2] Voy. plus haut, p. 359.

tous les habitants qui ne faisaient pas partie du corps de ville se trouvaient dans la même condition, aussi cette appellation d'habitants fut celle qui finit par prévaloir au xvie siècle pour les désigner tous [1].

Les plus anciens privilèges remontent probablement, on l'a vu, au commencement du xiie siècle. Ce fut alors que les citoyens de Poitiers s'émancipèrent des derniers liens du servage ; dès lors ils purent se marier librement, disposer de leurs biens par testament et acquirent de sérieuses garanties de sécurité et de liberté [2].

Ce droit de tester dont nous venons de parler n'allait pas cependant sans quelques restrictions dont peut donner une idée un curieux document récemment publié. Un bourgeois de Poitiers, Guillaume Aleman, personnage considérable dans la cité au commencement du xive siècle, — il avait été onze fois porté à la mairie, — avait, par testament en bonne forme, légué sa fortune à un clerc du nom de Guillaume de Taunay. A sa mort, le procureur du roi prétendit que ses biens devaient échoir à la couronne, parce qu'il avait été « engendrez et nez » de assemblée dampnée, c'est assavoir de homme marié en » femme mariée et que telx personnes ainsi nez ne pooient » faire testament ne instituer heretier. » Le légataire allégua que le défunt était « jurez de Poitiers et que les personnes » de ladite commune ont par privilege real que il poent faire » testament, instituer heritier et ordener de leurs biens a » leur volenté. » Néanmoins il dut transiger et n'obtint d'être envoyé en possession des biens légués que moyennant le paiement d'une somme de trois cents livres [3].

Les privilèges dont les citoyens de Poitiers furent redevables à Philippe Auguste, semblables en partie à ceux dont jouissaient les Rouennais depuis longtemps, sont pour la plupart des privilèges commerciaux [4]. Le roi de France songeait visiblement à développer dans ce sens l'activité des Poitevins lorsqu'en 1214 et en 1222 il règlementait leurs foires, leur concédait divers monopoles et leur accordait toute franchise

---

[1] On ne saurait considérer comme serments de commune les serments de fidélité au roi qu'on fit à différentes reprises prêter aux habitants en 1321 et en 1461 notamment. (Arch. de Poitiers, J 1277.)

[2] Voy. plus haut, pp. 352 et 357, et *Pièces justif.*, XXXII à XXXVI.

[3] 1331-1332, février. P. Guérin, *Recueil de documents concernant le Poitou*, p. 388.

[4] Voy. plus haut, p. 361, et *Pièces justif.*, XXXV et XXXVI.

de ventes et de péages dans le royaume. Ses desseins, on le sait, ne se réalisèrent pas ; cependant cette franchise de péage se perpétua au moins jusqu'au xv° siècle. Lorsque les habitants pouvaient être appelés à justifier de leur droit à jouir de ces franchises, ils se faisaient délivrer par le maire des *lettres de commune* attestant qu'ils étaient citoyens de Poitiers et privilégiés à ce titre. Les archives de Poitiers ont conservé deux spécimens de ce genre d'actes, l'un de 1392, l'autre de 1444[1].

L'article premier de la charte de 1214 avait stipulé que les bourgeois restaient assujettis aux tailles[2]. En 1222, Philippe Auguste modifiant cette disposition leur accorda le droit qu'avaient déjà les Rouennais de n'être soumis qu'à celles qu'ils auraient librement consenties[3]. Il est assez difficile de se rendre un compte exact de la valeur de ce droit, car on ne sait dans quelles conditions il fut exercé. Ce fut, en somme, à peu près la même chose que l'exemption de tailles inscrite dans les chartes de beaucoup de communes, et c'est en ce sens que cette disposition fut interprétée dans la plupart des confirmations de privilèges. Les renseignements sur les impôts que durent payer au souverain les habitants de Poitiers sont rares pour le xiii° siècle, mais les documents conservés aux archives de cette ville montrent que, dès le début du xiv° siècle, les demandes d'aides et de subsides se succédèrent fréquemment[4]. Le corps de ville réussit quelquefois à les esquiver, plus souvent il obtint des lettres de non-préjudice, et, à maintes reprises, les habitants durent payer les taxes imposées par la royauté.

En 1329, à l'occasion des subsides demandés pour la guerre de Flandre, le receveur pour le roi dans la sénéchaussée de Poitou prétendit, au mépris de ce privilège, lever cette aide sans l'intervention des magistrats municipaux. Ceux-ci soutinrent et firent admettre que, quand le roi demandait un subside pour la guerre ou autres nécessités publiques, le

---

[1] 1392, 1er juin, Lettres de commune en faveur de Jean Randonneau, marchand de Poitiers, homme juré de la commune. — 1443, 12 février. Lettres de commune délivrées à Jean Cinq Sols, marchand de Poitiers. (Arch. de Poitiers, B 3 et 4.)

[2] *Pièces justif.*, XXXV.

[3] *Ibid.*, XXXVI, art. 9.

[4] Voy. toute la série I des archives de Poitiers contenant soixante et un articles. Le plus ancien document est de 1319.

corps de ville devait le consentir d'abord, non seulement pour la ville, mais même pour les bourgs et les paroisses dont les habitants étaient de la suite du maire, puis le lever dans la commune, tandis que les officiers royaux le levaient sur les habitants des bourgs et paroisses qui ne faisaient pas partie de la commune [1].

Outre les impôts royaux, les habitants de Poitiers étaient assujettis à tous ceux que le corps de ville établissait pour les dépenses communes, et surtout pour la lourde charge qui incombait à la ville d'entretenir ses fortifications ; c'étaient des tailles et des impôts indirects [2].

Parmi leurs privilèges, il faut compter le droit de n'être justiciables, sauf les exceptions dont nous parlerons, que du tribunal de la commune.

Tous les habitants étaient tenus au service militaire ; cette obligation avait été formellement stipulée par les chartes de 1214 et de 1222 [3], et nous verrons que c'était pour eux une lourde obligation. Louis XI, en 1467, les exempta du ban et de l'arrière-ban, à charge de garder la ville [4]. Plus tard, ils furent aussi exemptés du droit de franc fief [5], et ces deux privilèges se maintinrent, non sans avoir été souvent contestés, jusqu'au XVIII° siècle. A diverses reprises, il en coûta fort cher à la ville pour les conserver. En 1674, par exemple, elle dut les payer 50,000 livres [6], et en 1729, en offrir de nouveau 45,000 [7]. Ces espèces de rachats de privilèges cons-

---

[1] Arch. de Poitiers, E 1.

[2] Art. 4 d'une délibération de l'échevinage de 1292 : « Quod talleia » per ebdomadam ordinetur pro expensis communibus faciendis. » (Arch. de Poitiers, D 4.)

[3] Art. 1 de la ch. de 1214, *Pièces justif.*, XXXV. Art. 21 de la ch. de 1222, *Ibid.*, XXXVI.

[4] 1467, 15 novembre. Orig., Arch. de Poitiers, A 37.

[5] Ce droit avait été concédé d'abord aux seuls échevins par l'acte de Charles V qui les avait annoblis en 1372. (Voy. plus haut, p. 369, n. 3.) Il leur fut reconnu par les commissaires sur le fait des francs-fiefs le 12 mars 1490-1491 (Arch. de Poitiers, A 32.) et le 18 octobre 1515. (*Ibid.*, A 36.) Le 10 janvier 1636 on voit ce droit reconnu « aux maires, pairs- » échevins, bourgeois, manants et habitans » en vertu de la confirmation générale des privilèges accordée par Louis XIII. (*Ibid.*, A 49.)

[6] Arrêt du Conseil d'Etat du 31 mars 1674. (Arch. de Poitiers, A 54.)

[7] Délibération du corps de ville du 7 juillet 1729. (*Ibid.*, A 61.) — Un arrêt du Conseil du 15 septembre 1693 avait encore maintenu l'exemption du droit de franc-fief. (*Ibid.*, A 57.) Toutefois, de 1708 à 1713, tous les habitants de Poitiers, roturiers, possesseurs de biens nobles durent

tituaient autant de charges qui pesaient sur tous les habitants et ne profitaient qu'aux plus riches, c'est-à-dire aux membres du corps de ville.

En somme, l'on voit que les plus réels des privilèges des habitants de Poitiers leur avaient été concédés au XIIe et au XIIIe siècle. Depuis lors, leurs droits diminuèrent plutôt qu'ils n'augmentèrent. Au XIIIe siècle, les citoyens nommaient leurs maires, leurs échevins, leurs jurés, et étaient eux-mêmes éligibles aux charges municipales. Au XIVe siècle, ils cessèrent d'être électeurs, et peu à peu, sans qu'aucun règlement leur en interdît l'accès, les honneurs municipaux furent fermés à tous ceux qui ne faisaient pas partie de l'aristocratie bourgeoise qui se constitua et qui retint entre ses mains le gouvernement de la ville.

La commune. — Si les magistrats qui composaient le corps de ville de Poitiers n'étaient pas annuellement élus par leurs concitoyens, si les habitants, pour acquérir le droit de cité, ne prêtaient pas un serment particulier, si les avantages dont ils jouissaient étaient relativement modiques, Poitiers n'en était pas moins une commune. Elle possédait, en effet, sous certaines conditions et avec certaines réserves le privilège de se gouverner elle-même en ce qui concernait l'administration, les finances, la police, la justice et l'organisation militaire. La charte d'Éléonore d'Aquitaine de 1199, dont les termes furent reproduits par celle de Philippe Auguste, lui avait concédé une commune jurée (*communiam juratam*). Ce terme et celui de *communitas* [1] servirent généralement à la désigner au XIIIe et au XIVe siècle. En tant que commune, la ville de Poitiers était une personne civile, ou plutôt, si l'on peut hasarder cette expression, une personne féodale; elle formait en quelque sorte une seigneurie gérée par le corps de ville sous le vasselage immédiat de la couronne. Ses rapports avec le roi étaient de véritables relations féodales;

payer une taxe pour les vingt dernières années de jouissance. (*Ibid.*, M, reg. 8.)

[1] La commune s'intitulait elle-même *communitas* dans la suscription des actes rendus en son nom. Voy. par exemple une charte de 1228, dans la coll. Fontaneau, t. XXVII, p. 145. « Universis, etc., major et » communitas Pictavensis, salutem in vero salutari. » — C'est vainement que plusieurs historiens se sont efforcés de faire une distinction entre la *communia* et la *communitas* avant le XIVe siècle.

le serment que prêtaient les magistrats municipaux revêtait la forme de l'acte de foi et hommage[1]; il était dû chaque année, c'est-à-dire à chaque changement du représentant de la seigneurie, et, de plus à chaque avènement d'un roi de France, et dans ce cas, les magistrats recevaient en retour la confirmation des privilèges, ce qui équivalait à une nouvelle investiture de la seigneurie.

En général, les communes n'étaient pas limitées au mur d'enceinte de la ville, la plupart avaient en outre une banlieue sur le territoire de laquelle s'étendait la juridiction municipale; mais Poitiers semble avoir fait exception à cet égard. Un certain nombre d'anciens documents mentionnent, il est vrai, la banlieue de Poitiers qui conserva longtemps l'ancien nom de *Quinta,* indiquant qu'elle s'étendait jusqu'au cinquième milliaire, soit à onze kilomètres de la ville[2]. Mais le souvenir de cette ancienne circonscription territoriale s'effaça au cours du xi° siècle, et l'on ne voit pas que dans la suite la commune se soit jamais reconstitué une banlieue.

---

[1] Le plus ancien serment de ce genre que nous connaissions est celui qui fut prêté en avril 1317 à l'occasion de l'avènement de Philippe le Long, encore n'en avons-nous pas le texte, mais seulement la mention dans l'inventaire de 1506. (Arch. de Poitiers, M 12.) — Le 25 juillet 1321 le même roi mande au sénéchal de Poitou de rappeler aux habitants l'obligation du serment. (Orig., *Ibid.*, C 7.) — L'inventaire de 1506 contient la mention d'un autre serment prêté par procureur en 1342. (*Ibid.*, M 12.) Le serment prêté le 2 novembre 1344 par le corps de ville à l'évêque de Beauvais, lieutenant du roi, s'est conservé. (*Ibid.*, C 9.) L'ancien inventaire des archives mentionne les serments prêtés chaque année de 1573 à 1577 et les qualifie de serment de fidélité et hommage (*Ibid.*, M 12) ceux du 14 juillet 1575 et du 14 juillet 1577 se sont conservés. (*Ibid.*, C 37, et reg. 15, fol 70.) Ce dernier a été publié par Thibaudeau. (*Hist. de Poitou,* t. III, p. 26.) Le serment se prêtait le jour de l'installation du nouveau maire (14 juillet), chaque échevin payait deux deniers tournois à titre de devoir.

[2] Au x° siècle, toutes les fois qu'il est question d'une localité située dans ce périmètre on spécifie qu'elle se trouve « in pago Pictavo, infra » quintam ipsius civitatis. » Le plus ancien exemple que j'aie rencontré est de 923. (Rédet, *Documents pour l'histoire de Saint-Hilaire,* t. I, p. 18.) Le plus récent se trouve dans une charte sans date du xi° siècle, comprise entre 1058 et 1086. (Rédet, *Cartulaire de Saint-Cyprien,* charte 21.) Une charte fausse de Guillaume duc d'Aquitaine, datée de 1069, mais fabriquée postérieurement, explique ainsi la formule : « infra quintum » miliarium ab urbe Pictavis, in ipso pago et in ipsa vicaria. » (*Ibid.,* charte 64.)

Sauf en ce qui touche le service militaire, le pouvoir des magistrats municipaux de Poitiers paraît n'avoir jamais dépassé l'enceinte des fortifications.

Le plus ancien exemplaire du sceau de la commune de Poitiers que nous connaissions se trouve à l'adhésion donnée par la ville, le 4 septembre 1303, au procès de Boniface VIII[1]. C'est un sceau de 65 millimètres représentant d'un côté une ville fortifiée avec la légende mutilée :

† SIGI . . . . CTAVIS

et de l'autre, le maire à cheval, une masse à la main, tourné à droite, sur un champ où sont figurées trois fleurs de lys et une étoile avec la légende incomplète :

† S. MAIORI . . . . AVIS

Le style indique que ce sceau a été gravé vers le milieu du XIIIe siècle. D'autres débris de la même empreinte se retrouvent à deux actes, l'un du 6 février 1331-1332[2], l'autre du 14 août 1339[3]. Dans le premier de ces documents il est nommé : *Grant seel des maire et commun*, et dans l'autre : *Seel dont les maire et commun usent en ardueux negoces*. Ce sceau était en cire verte pendant sur double queue de parchemin.

Outre ce sceau solennel, on rencontre depuis la fin du XIVe siècle de nombreux exemplaires d'un autre sceau, plus petit, ne mesurant pas plus de 40 millimètres, toujours en cire jaune, et pendant tantôt sur double, tantôt sur simple queue de parchemin. Il représente, d'un côté, un lion rampant entouré d'une bordure chargée de neuf besants sous un chef à trois fleurs de lys. Sa légende, que l'on peut reconstituer à l'aide de fragments, car il n'en reste que des débris, était :

† SIGILLVM COMMVNIE PICTAVENSIS AD CAVSAS.

Le même écu, sans légende, formait le contre-scel. C'était en effet le scel aux causes de la commune que l'on trouve aussi nommé sceau de l'échevinage[4]. En 1390, une délibération

---

[1] Arch. nat., J 480.
[2] Arch. de Poitiers, B 1.
[3] *Ibid.*, F 32.
[4] Le plus ancien exemplaire de ce sceau que nous ayons rencontré est de 1386. (Arch. de Poitiers, J 4.)

décida que l'emploi de ce sceau, à l'avenir, ne lierait plus la commune et ne créerait plus d'obligation pour elle[1]. Cela revenait à dire que l'emploi du scel aux causes serait limité à l'authentification des actes délivrés aux particuliers et que tous les actes émanés de la commune devraient être revêtus désormais du grand sceau de cire verte. En dépit de cette décision, l'usage du scel aux causes continua à se multiplier ; il servit dès le xv° siècle à sceller des actes de toute nature émanés du corps de ville et finit même par remplacer complètement l'ancien sceau.

Lorsqu'on parcourt les documents relatifs à l'histoire de Poitiers, on est frappé d'y rencontrer des plaintes incessantes au sujet de la misère de la ville et de son impuissance à subvenir, non seulement à des dépenses exceptionnelles, mais même aux frais ordinaires de l'entretien et de l'administration de la cité. Tout en faisant la part de l'exagération de ces doléances, dont la plupart avaient pour but d'esquiver des demandes de subsides, on est contraint de reconnaître qu'elles étaient en partie fondées. Les ressources de la commune ont toujours été des plus bornées et sa situation financière n'a jamais été en rapport avec ses besoins.

Ses revenus ordinaires, ceux qu'on appelait le domaine ou les deniers patrimoniaux, étaient plus que modiques. Comme recette en argent, c'étaient des cens et rentes que payaient un certain nombre de maisons de la ville et quelques terres situées dans le voisinage[2] ; le tout montait en 1387 à 116 livres 17 sous[3]. La commune percevait en outre des redevances en nature assez considérables, froment, blé, seigle, volailles, dans plusieurs paroisses des environs[4]. Elle possédait de plus

---

[1] « Ordinatum fuit et concordatum in scabinagio, die jovis ante festum sancti Cipriani (7 *juillet*), anno Domini Mº CCCº XCº, electo majore Aymerico Odoneti, per G. dictum Aymericum, Guillelmum de Novavilla adhuc majorem, Guillelmum Doude (*liste de 18 autres noms*) quod sigillum communie quo ad causas utitur non ligabit communiam de cetero, nec per litteras dicto sigillo sigillatas idem poterit ad communiam in aliquo obligare de cetero, litteris tamen dicto sigillo sigillatis in suo robore manentibus. » (Cop. de D. Fonteneau, coll. Fonteneau, t. XXIII, p. 317.)

[2] Voy. Rédet, *Rapport sur les archives de Poitiers*, p. 239, et Arch. de Poitiers, série F.

[3] Rédet, *Extrait des comptes de dépenses de Poitiers*, 1839, p. 387.

[4] Rédet, *Extraits des comptes*, p. 388.

des droits de ventes : sur le pain amené de la campagne, un denier par charge, sur le vin, quatre deniers par pipe, sur le sel, six pots par charrette [1]. Elle affermait un autre droit de vente sur les bêtes à pied fourchu et l'office de greffier de l'échevinage [2], et enfin percevait les amendes auxquelles les parties étaient condamnées par la justice municipale.

Ces ressources étaient, il est vrai, considérablement augmentées par un droit de *barrage* ou octroi payé à l'entrée par un certain nombre de marchandises et par le droit de *chiquet* ou *appetissement*, impôt du dixième sur le vin vendu en détail dans la ville [3]. Mais les produits de ces deux impôts étaient affectés exclusivement à l'entretien des fortifications ; et c'était là une charge si lourde qu'ils n'y pouvaient même suffire, et que la ville ne cessait de solliciter du roi des subventions pour maintenir en bon état les portes, les tours et les murailles de son enceinte [4]. Ces divers droits avaient été concédés à la ville temporairement, le *barrage* en 1347 [5], le *chiquet* par le duc de Berry en 1396 [6], mais ces concessions furent sans cesse renouvelées.

Pour suppléer à l'insuffisance des revenus, il fallait, chaque fois que les besoins l'exigeaient, lever des impôts sur les habitants ; c'était ce que l'on nommait faire une *taillée* (*talliata*) [7], maigre ressource dans une ville dont tous les notables habitants, les plus riches, étaient privilégiés, exempts de charges. On essayait de les décider à y contribuer en les convoquant aux assemblées dans lesquelles on décidait la levée de ces impôts [8].

---

[1] Voy. Rédet, *Rapport, ibid.*, et *Extraits des comptes, ibid.*

[2] Rédet, *Rapport.* p. 239, et Arch. de Poitiers, F, 45, 63, 93, 94, 103, 107, 121, 127 et 154.

[3] Voy. Rédet, *Rapport*, p. 240, et Arch. de Poitiers, séries G et H.

[4] Rédet, *Rapport, ibid.*

[5] 7 février 1346-1347. Concession du droit de barrage pour trois ans par Jean de Bourbon, lieutenant du roi en Saintonge, Poitou, etc. (Arch. de Poitiers, inv. de 1506.)

[6] Voy. plus haut, p. 369.

[7] Voy. entre autres exemples une délibération de l'échevinage de 1292 citée plus haut, p. 405, n. 1 et les *taillées* levées pour le maire, indiquées plus haut, p. 401.

[8] Voy. par exemple : « Le compte des prouffiz et émolumens d'une
» taillée de VIII^c livres sur les gens de loys et de III^c livres sur les gens
» d'église, octroyée par les prelaz, gens d'église, maire, bourgeois et ha-

LA JUSTICE. — En organisant la commune de Poitiers sur le modèle de celle de Rouen, on lui avait par là même concédé le droit de justice. On se rappelle qu'aux termes des Etablissements, la commune avait juridiction civile et criminelle sur les jurés, avec réserve de la haute justice au profit du suzerain. Telle fut la condition de Poitiers que consacrèrent les chartes de Philippe Auguste de 1214 et de 1222, et qui dura jusqu'au milieu du xiv° siècle. Un jugement rendu par le maire et les échevins en 1243, et qui est, croyons-nous, le plus ancien qui se soit conservé, montre dans quelles conditions s'exerçait cette juridiction [1]. Le tribunal connaissait des matières civiles aussi bien que des délits et des crimes [2].

Le tribunal de la commune était ordinairement nommé la cour du maire ; c'était le maire, en effet, qui le présidait, assisté d'assesseurs pris parmi les échevins. Un rouleau de la fin du xiii° siècle contenant l'enregistrement des sentences rendues dans ce tribunal, tant au civil qu'au criminel [3], nous montre que les audiences se tenaient deux fois par semaine, le mardi et le vendredi, que le maire ne présidait pas toujours et qu'il se faisait parfois remplacer par un échevin. En 1465, il fut décidé par l'échevinage que le maire tiendrait sa cour de justice lui-même, ou la ferait tenir à ses dépens par un homme capable, sans que la ville eût à payer de gages pour cet office [4].

D'après les Etablissements, c'étaient les officiers royaux qui, lorsqu'il y avait lieu, procédaient aux exécutions en vertu des

» bitans de la ville de Poictiers ou mois d'avril l'an mil CCC IIII^{xx}, pour
» ycelle convertir aux reparations et autres choses nécessaires à ladite
» ville. » (Arch. de Poitiers, J 3.)

[1] *Pièces justif.*, XXXVII.

[2] « Registre transcrit de l'assise de Poitiers du dimanche apres les
» Cendres de 1281 par lequel est fait renvoi par le senechal de Poitou
» pardevant le maire d'une cause de retrait lignager qui touchait Guil-
» laume de Neufville qui se dit juré de la commune de Poictiers, en
» ceste qualité privilegié pour plaider devant le maire. » (Arch. de Poitiers, Inv. de 1506, M 13.)

[3] « Arrestationes facte die martis post festum sancti Cipriani electo
» majore domino G. de Novavilla et incoante anno Domini M CC LXXVII. »
Rouleau de parchemin de 2^{m}67 de long. Il commence par l'enregistrement des causes civiles appointées au tribunal du maire ce jour-là et aux audiences suivantes. Au dos sont de brèves indications des condamnations criminelles avec mention de la comparution ou du défaut des accusés. (Arch. de Poitiers, D 2.)

[4] Arch. de Poitiers, M 11, fol. 35.

sentences de la cour municipale. Il en était ainsi à Poitiers, mais le corps de ville était tenu d'assister aux exécutions lorsque les condamnés faisaient partie de la commune. Le sénéchal avait même voulu en 1312 contraindre les magistrats municipaux à assister à toutes les exécutions, il fallut un mandement royal pour les dispenser de venir à celles où les condamnés n'étaient pas des habitants de la ville [1].

Ces exécutions avaient lieu ordinairement hors de la porte de la Tranchée, sur un emplacement entre Poitiers et Croutelle. La chemin pour s'y rendre de l'intérieur de la ville était la grande rue qui traversait le bourg de Saint-Hilaire. Mais le bourg était placé sous la juridiction de l'abbaye ; celle-ci considéra de bonne heure le déploiement dans la principale rue de son domaine de tout l'appareil d'une justice étrangère comme un empiètement dangereux sur ses franchises et exigea qu'on ne fît plus passer de cortège conduisant des criminels au supplice à travers le bourg de Saint-Hilaire [2].

La juridiction municipale souffrait, pendant les trois jours des Rogations, une exception curieuse. En mémoire du *Miracle des clefs* advenu lors d'un prétendu siège de la ville en 1202, pendant lequel la Vierge avait empêché la trahison d'un clerc du maire qui voulait livrer la ville aux Anglais [3], le chapitre de Notre-Dame la Grande exerçait pendant ces trois jours toutes les juridictions de la ville et de plus pouvait délivrer un prisonnier. En 1278, la commune racheta moyennant cinquante livres la juridiction des jurés pendant ces quelques jours [4] ; mais il semble qu'on soit revenu plus tard sur cette convention, car le chapitre continua à exercer la juridiction,

---

[1] 1312-1313, 23 janvier. Mandement de Philippe V au sénéchal de Poitou. (Arch. de Poitiers, A 14.)

[2] 1265, 22 juillet. Le sénéchal décide que pour la conservation des privilèges de Saint-Hilaire on ne fera pas passer les criminels dans ce bourg. (Rédet, *Documents pour l'histoire de Saint-Hilaire*, t. I, p. 320, et Ledain, *Alphonse de Poitiers*, p. 134.) — 1481, 25 septembre. Procès-verbal constatant que le lieutenant du prévôt des maréchaux a conduit un condamné au lieu d'exécution sans traverser le bourg Saint-Hilaire. (Rédet, *Documents*, t. II, p. 168.) — 1500, 30 mai. Les chanoines font barricader la rue de la Tranchée pour empêcher le passage d'un criminel que l'on conduisait au supplice. (*Ibid.*, p. 181.)

[3] Sur cet événement voy. un mémoire de Lecointre-Dupont, *Mémoires de la Société des antiq. de l'Ouest*, t. XII.

[4] Arch. de Poitiers, inv. de 1506.

et cet usage ne fut aboli qu'en 1731, par un arrêt du Parlement de Paris[1].

Une suspension analogue des droits de justice de la ville avait été prétendue, au milieu du XIIIe siècle, par le chapelain de la léproserie pendant la durée des foires qui se tenaient au profit de cet établissement et qu'on nommait *Foires des lépreux*. Une transaction intervint en 1267. On reconnut au maire la *cognitio et jus sanguinis et plage et omnium aliorum casuum*. Il y fut aussi stipulé qu'en cas de meurtre ou de mutilation d'un homme de la commune, le maire ferait arrêter le malfaiteur et saisir ses biens, puis, qu'il en ferait un inventaire d'accord avec les lépreux, auxquels il en laisserait copie, et que, dans le cas où l'accusé avouerait son crime, le maire le livrerait aux lépreux le jeudi des foires. En échange de ces droits, la commune devait constituer au profit de la léproserie une rente foncière de huit livres[2].

Nous avons dit déjà que ce ne fut qu'en 1369 que la commune reçut du prince de Galles la concession de la haute justice, avec la seule réserve des cas de lèse-majesté, de faits touchant les monnaies et de falsification de sceau[3], et que cette concession ne fut comprise pour la première fois dans une confirmation générale de privilèges que sous Charles VII, en 1424[4]. Il est même possible que la charte du prince de Galles ait été introduite subrepticement dans cette confirmation, car quelques années plus tard Charles VII attribuait au sénéchal de Poitou la connaissance des cas royaux[5]. Quoi qu'il en soit, le corps de ville n'était pas disposé à abandonner les droits qu'il avait une fois exercés ; il soutenait, à l'encontre des officiers du roi, que c'était de toute ancienneté qu'il avait possédé la juridiction dans sa plénitude et citait à l'appui de ses prétentions nombre d'exemples plus ou moins contestables de l'exercice de la haute justice par le maire et les échevins[6]. La victoire lui resta.

---

[1] Voy. Expilly, *Dictionnaire géographique*, t. V, p. 792.
[2] *Pièces justif.*, XXXIX.
[3] Voy. plus haut, p. 367.
[4] Voy. plus haut, p. 370.
[5] 1430, 26 juin. Arch. de Poitiers, inv. de 1506.
[6] Voy. aux Arch. de Poitiers (D 14) un mémoire rédigé au milieu du XVe siècle pour revendiquer la haute justice. L'Armorial des maires (B. N., ms. fr., 20084) contient diverses notes tendant à prouver l'ancien-

Nous avons raconté comment fut accueilli par le corps de ville l'édit de 1547 qui excluait des charges municipales les gens de robe longue, et comment on y dérogea en décidant que, dans les cas seulement où le maire serait de robe courte, le corps de ville devrait nommer pour exercer la juridiction municipale un juge et deux assesseurs. Le corps de ville n'ayant pas cessé de se recruter parmi les gens de loi, le maire put continuer à siéger et à rendre la justice en personne[1].

Nous avons dit aussi comment, en récompense de la défense héroïque de la ville pendant le siège de 1569, on dérogea à l'édit de Moulins qui avait enlevé aux municipalités la juridiction en matière civile[2]. Comme la clause de dérogation n'avait pas été précise, on contesta encore fréquemment à la cour du maire le droit de connaître des causes civiles. L'affaire, portée au Parlement de Paris en 1682, fut tranchée en faveur du corps de ville[3]. Cependant, malgré ses prétentions, il semble que la cour municipale ait peu à peu cessé d'exercer la juridiction civile. Du moins n'avons-nous trouvé trace que de causes criminelles dans les papiers de la juridiction municipale au XVII° siècle, conservés aux archives de Poitiers[4].

Les règlements municipaux. — Parmi les attributions des magistrats municipaux, l'une des plus importantes consistait à édicter des règlements sur tout ce qui concernait le gouvernement de la ville. Dans la plupart des communes, la compétence du corps de ville à cet égard était pour ainsi dire illimitée. Le droit privé, l'administration proprement dite, les finances, la police, la voirie, l'industrie, le commerce, étaient la matière ordinaire des règlements municipaux. A

---

neté de l'exercice de la haute justice. En voici une : « En ceste année
» (1319) Aimé Poussineau, bourgeois de cette ville, fut absous dans l'es-
» chevinage pour avoir tué M° André Désiré, curé de Moncontour, qu'il
» avait trouvé couché avec Manselle sa femme demeurant à Monstier-
» neuf. Ce qui fait voir que la maison de ville dès ce temps avait juri-
» diction sur les habitans de vie et de mort aussi bien que de police. »
(Fol. 22.)

[1] Voy. plus haut, p. 377.
[2] Voy. plus haut, p. 380.
[3] Arrêt du 31 août 1682. (Arch. de Poitiers, D 87.)
[4] Série N.

Poitiers, la plupart des règlements qui se sont conservés ne concernent que la police des métiers ; ce sont presque tous des statuts de corporations. Lorsqu'en 1541 un arrêt des Grands-Jours eut décidé que des règlements de police applicables à toute la ville seraient promulgués par le corps de ville, de concert avec le chapitre de Saint-Hilaire [1], le grand règlement en soixante et un articles qui sortit de ces délibérations fut presque en totalité consacré à déterminer les conditions d'exercice des métiers [2].

A voir de quelle sollicitude le commerce a été l'objet de la part des autorités locales, à énumérer les nombreux règlements relatifs aux métiers, on pourrait aisément croire que Poitiers a été pendant tout le cours du moyen âge une ville d'industrie et de commerce, et tout au moins que les préoccupations commerciales ont tenu une grande place dans son existence. On sait qu'il n'en a rien été.

Il est vrai que pendant la première partie du moyen âge le commerce et l'industrie y avaient été assez actifs. On y fabriqua des armes et des tapis renommés ; Richard Cœur de Lion y établit des foires et y éleva des halles où les marchands de draps trouvaient à louer des magasins [3]. Les drapiers fréquentaient encore les foires de Poitiers en 1214, ainsi qu'en témoigne l'une des chartes octroyées à la ville par Philippe-Auguste [4], et nous avons déjà remarqué qu'on peut induire de la nature des privilèges concédés par lui à la ville qu'il espérait la voir devenir un centre commercial. Malheureusement le développement du commerce et de l'industrie y rencontrait bien des obstacles. Le Clain n'était pas un cours d'eau susceptible de devenir jamais une voie commerciale pour le transport des marchandises ou des matières premières, et d'autres villes mieux situées, Niort entre autres, absorbèrent bientôt tout le

---

[1] Voy. plus haut, p. 377.

[2] Rédet, *Documents pour l'histoire de Saint-Hilaire*, t. II, p. 202.

[3] En 1188 il donna ces halles en fief à Geoffroi Berland (Guérin, *Recueil des documents sur le Poitou*, n° CI.) La seigneurie des Halles se perpétua à Poitiers. En 1360, Arbert Berland la tenait du roi d'Angleterre et recevait la concession des foires de Carême. En 1372, il tenait le même fief du duc de Berry. (Arch. de Poitiers, D 10.) En 1478, Olivier Merichon le tenait du roi à foi et hommage et au devoir annuel d'un *chien alant*. (*Ibid.*, D 18.) En 1665, René de Goret, juge au présidial, était seigneur des Halles. (*Ibid.*, D 84.) — Cf. Rédet, *Les Halles et les foires de Poitiers*, 1845.

[4] *Pièces justif.*, XXXV, art. 2.

commerce de la région. Poitiers put bien, à la fin du XIIIᵉ siècle, se faire concéder un port libre sur le Clain[1], mais en fait ce port ne pouvait acquérir d'importance que par l'exécution de travaux considérables, et ces travaux, vingt fois entrepris, furent autant de fois abandonnés[2]. Quelques fabriques sur la rivière, teintureries, tanneries, moulins à blé, à foulons et à papiers, possédées toutes par la riche famille des Claveurier, constituèrent toute l'industrie de la ville, et ce fut vainement que, vers la fin du XVᵉ siècle, on tenta d'y faire renaître l'industrie de la draperie[3].

Les nombreux règlements relatifs aux corporations, élaborés par le corps de ville, ne concernent donc que le commerce de détail et une petite industrie locale dont les produits étaient consommés sur place. La série de ces statuts qui nous est parvenue commence au XIIIᵉ siècle. Les plus anciens, aussi bien ceux qui concernent les métiers que ceux plus rares qui ont trait à d'autres affaires, n'ont pas de forme particulière[4],

---

[1] Vers 1285. Charte de Philippe le Long. Expédition sans date. (Arch. de Poitiers, A, 11.) M. Rédet conjecture dans son Inventaire, non sans vraisemblance, que ce n'est là qu'un projet calqué sur le privilège obtenu par Niort à la même époque et qu'il n'a peut-être pas reçu la sanction royale.

[2] Notamment en 1430 (Arch. de Poitiers, J 936), de 1452 à 1478 (*Ibid.*, D 15-17, J 1166), de 1538 à 1542 (*Ibid.*, D 36-43), en 1604 (*Ibid.*, H 45.)

[3] Voy. plus haut, p. 375. — Cf. Rédet, *De Quelques établissements industriels formés à Poitiers au XVᵉ siècle*, 1842.

[4] Voici l'un des plus anciens, que nous choisissons comme exemple parce qu'il nous est parvenu en original et qu'il ne concerne pas les métiers. Il est écrit au recto et au verso d'un petit morceau de parchemin de soixante-quinze millimètres de haut sur cent de large :

« Die veneris post [exaltationem sancte] crucis (19 *septembre*) concor-
» data fuerunt in scabinagio per scabinos et consules ea que sequuntur,
» anno Domini Mᵒ CCᵒ nonagesimo secundo.
» 1. ¶ Primo, quod duo advocati pro consulendo controversiam in
» foro ecclesiastico accipiantur ad annuam pensionem.
» 2. ¶ Item, quod constituciones vendicionis piscium observentur et
» juramenta renoventur et emande levantur.
» 3. ¶ Item, quod talleia per ebdomadam ordinetur pro expensis
» communibus faciendis.
» 4. ¶ Concordatum est quod Johannes Alemant et Michael Hardoinea
» ibunt Parisius. Actum die veneris post Quasimodo (10 *avril*) Mᵒ CCᵒ
» nonagesimo tercio per majorem et scabinos, pares et consules. » (Arch. de Poitiers, D 4.) Tous ceux de ces règlements qui ne concernent pas les métiers ont comme celui-ci le caractère de délibérations plutôt que de statuts permanents.

tout au plus y est-il fait mention qu'ils ont été délibérés en échevinage ou dans le Mois et cent. Mais plus tard, au xv° siècle, le corps de ville adopta pour les rédiger une forme solennelle qu'il emprunta aux ordonnances royales. Voici le protocole de l'un d'eux : « Les maire, bourgeoys et eschevins de la
» ville de Poictiers a tous ceulx qui ces presentes verront et
» orront, salut... Si donnons en mandement aux maistres
» jurés dudict mestier par nous pour ce ordonné et chacun
» d'eulx, si comme a luy appartiendra que lesdictes ordon-
» nances ainsi pardessus devisées et a eulx bien a plain de-
» clairées ils tiennent et facent tenir, garder et accomplir do-
» resnavant de poinct en poinct, selon sa forme et teneur, sans
» aucunement les enfraindre ne aller a l'encontre d'icelles,
» sur peine de dix sols tournois d'amande a payer par ung
» chacun d'iceulx dudict mestier, par chascune fois qu'ils en-
» fraindront a nos dictes ordonnances ou aucunes d'icelles, a
» appliquer ladicte paine, la moitié a nosdicts maire et suc-
» cesseurs et l'autre moitié aux jurés et maistres dudit mes-
» tier. Et cesdictes presentes ordonnances, du consentement
» desdicts maistres dudict mestier qui les ont promis garder
» et tenir sans enfraindre, nous avons faict publier affin que
» aucun n'en prétende cause d'ignorence et a icelles avons faict
» mectre et apposer nostre seel. Donné et faict en la court or-
» dinaire de l'eschevinaige de Poictiers tenue audit lieu le
» septiesme jour de decembre l'an mil quatre cens cinquante
» et sept[1]. » La signature du maire et le grand sceau de l'echevinage en cire verte sur double queue étaient les signes de validation de ces ordonnances.

LE SERVICE MILITAIRE. — La principale charge qui résultait pour les habitants de Poitiers de la concession de la commune, lorsqu'ils la reçurent en 1199 de la reine Eléonore, était le service militaire[2]. Toutes les chartes de Philippe-Auguste maintinrent cette obligation : celle de 1204 reproduisit textuellement les termes de la concession d'Eléonore[3], celle de

---

[1] Ce protocole est emprunté aux règlements des corroyeurs du 7 décembre 1457 (Ms. 242 de la bibl. de Poitiers, fol. 96 r°), mais, sauf d'insignifiantes variantes, il est le même dans tous les règlements municipaux du xv° siècle.
[2] *Pièces justif.*, XXXIII.
[3] *Ibid.*, XXXIV, art. 5.

1214 fit réserve expresse de l'host et de la chevauchée[1], celle de 1222 enfin spécifia que les habitants de Poitiers seraient tenus au service militaire au sud de la Loire partout où les hommes de fief du Poitou devaient l'host et la chevauchée[2].

D'après les Etablissements, c'était le maire qui, sur l'ordre du roi, convoquait la commune en armes et la conduisait à l'host[3]. A Poitiers, depuis la fin du XIII° siècle du moins, il ne commandait pas seulement les gens de la commune. Les gens des faubourgs dépendant des abbayes et ceux de quarante et une paroisses des environs devaient, en cas de convocation de la milice, se ranger sous la bannière de la commune et se placer sous les ordres du maire. On les nommait *les hommes de la suite du maire et de la commune*. L'exercice de ce commandement militaire, qui comprenait toute l'étendue de la châtellenie, était probablement dû au titre de capitaine du château qu'avait alors le maire de Poitiers. La défense de la ville elle-même, c'est-à-dire la garde des remparts, le guet et même l'entretien des fortifications faisaient partie des obligations imposées aux bourgs de la ville et aux paroisses des environs.

Le plus ancien document qui témoigne de cette organisation est de 1285[4]. Les renseignements sont nombreux pour la première partie du XIV° siècle et montrent que les milices ainsi composées firent alors de fréquentes expéditions. Le 22 août 1314, le maire, se rendant « au service du roy » avec les gens de la commune, fut rejoint à Châtellerault par le prévôt de Montierneuf et ses gens, qui lui firent serment de fidélité[5]. Le 12 septembre 1324, les hommes de Montierneuf et de Saint-Hilaire vinrent prêter serment au maire Jean Guichard allant

---

[1] *Pièces justif.*, XXXV, art. 1.

[2] *Ibid.*, XXXVI, art. 21.

[3] Art. 28.

[4] Il est indiqué dans l'inventaire des Archives de Poitiers rédigé en 1506. (Arch. de Poitiers, M 12, p. 65.) C'est un mandement royal du 14 juin 1285 ordonnant au trésorier de Saint-Hilaire et à l'abbé de Montierneuf de mettre leurs hommes à la disposition du maire et des échevins pour contribuer à la garde de la ville. La plupart des documents relatifs à la milice de Poitiers ne sont malheureusement connus que par cet inventaire.

[5] Arch. de Poitiers, inv. de 1506, M 12, p. 4. — Cf. Rédet, *Rapport sur les archives de Poitiers*, p. 255.

avec la commune secourir Lusignan[1]. Il s'est conservé aux archives de Poitiers un rôle de la même année énumérant les hommes de la suite du maire et de la commune ajournés à Poitiers pour la campagne de l'Agenais[2]. L'année suivante (1325), quarante sergents de la commune, auxquels se joignirent ceux de Saint-Hilaire, Montierneuf, Vonneuil, etc., partirent en expédition sous la bannière de la commune[3]. En 1328, la commune, en vertu de son privilège de ne servir qu'au sud de la Loire, refusa de participer à la guerre de Flandre et consentit un subside de quatre cents livres[4]. En 1334, le sénéchal convoqua à Poitiers pour une chevauchée tous les hommes de la suite de la commune[5]. En 1338, le prévôt ayant sommé le maire de se trouver à Pons, le 21 mai, en armes avec sa suite, celui-ci répondit le 20 mai que le délai avait été trop court et représenta que la ville avait déjà payé finance pour être exemptée de cette expédition[6]. Nous savons en effet, par un rôle de 1336 fourni par le maire au receveur du roi en Poitou, qu'un subside de cinq cents livres avait été levé cette année-là sur les habitants de la commune, des bourgs et des paroisses de la suite[7].

Les convocations de la milice ne se faisaient pas sans difficulté. En 1338, Savary de Vivonne, capitaine souverain de Poitou et Saintonge, se plaignait de n'avoir reçu dans ce contingent que des laboureurs « sans armes et non valables », tandis que les riches bourgeois et les nobles avaient été exemptés[8]. Il se trouvait en effet des gentilshommes parmi les gens de la suite du maire. En 1345, ceux-ci ayant été convoqués directement par l'abbé de Vendôme, commissaire du roi sur le fait de la guerre, le maire représenta que « aucuns » estoient de la suite et commune de Poitiers et par ce a luy

---

[1] Arch. de Poitiers, inv. de 1506, M 12, p. 11. Cf. Rédet, *Rapport*, p. 255.

[2] Arch. de Poitiers, E 1. Rouleau de 3 m. 05 de long sur 0 m. 27 de large.

[3] *Ibid.*, M 12, inv. de 1506, p. 11.

[4] 29 avril 1369. Lettres de Jean de Probolant, receveur pour le roi dans la sénéchaussée de Poitou. *Ibid.*, E 1.

[5] *Ibid.*, Inv. de 1506, M 12, p. 64.

[6] *Ibid.*, E 3.

[7] *Ibid.*, E 3.

[8] *Ibid.*, E 4.

» appartenoit de les contraindre » ; il obtint en conséquence des lettres de non-préjudice [1].

Après la reprise de la ville sur les Anglais l'on ne voit plus la commune prendre part à des expéditions au dehors, et le rôle des bourgs et des paroisses des environs se borna dès lors à prendre part au guet et à la garde [2]. L'exemption du ban et arrière-ban à charge de garder la ville, concédée par Louis XI [3], ne fit donc que consacrer ce qui existait en fait depuis longtemps. Mais si la commune ne sortait plus elle-même en armes, elle fournissait cependant des hommes aux armées royales. Quand Charles VII, en 1448, créa les francs-archers, Poitiers en fournit et en équipa douze pour sa part [4]. Elle fut taxée au même contingent, en 1462, par Louis XI [5] et dut en fournir encore, en 1522, sous François I[or] [6].

On sait quel fut le rôle de la milice bourgeoise pendant les guerres civiles. Réorganisée par le comte du Lude, gouverneur de Poitiers, elle forma six compagnies de gens de pied comptant mille morions et deux cents corselets, sous les ordres de six capitaines et d'autant de lieutenants et d'enseignes institués par le gouverneur. Le commandement de cette milice appartenait au maire et au sergent-major, son délégué, dont les fonctions étaient à peu près celles d'un commandant de place [7].

Telle était l'organisation militaire de Poitiers pendant le fameux siège de 1569 qui donna à ses habitants un grand renom de bravoure dans toute la France.

Le clergé, qui fournissait comme par le passé à la milice un contingent d'hommes placés sous sa juridiction, obtint vers cette époque deux des six places de capitaines. « C'était, dit Ouvré, une singularité assez rare pour étonner, même à cette époque. Les officiers ecclésiastiques ne quittaient pas leur costume et montaient la garde en soutanelle et l'épée au côté. Ce renfort paraît avoir porté la milice urbaine à dix-huit cents

---

[1] Arch. de Poitiers, inv. de 1506, M 12, p. 13.

[2] *Ibid.*, E 17, 18, 19. — Règlement pour les guets et gardes du 1er juillet 1451, Thibaudeau, *Hist. du Poitou*, t. III, p. 97.

[3] Voy. plus haut, p. 371.

[4] Rédet, *Extraits des comptes de dépenses du Poitou*, 1840, p. 437.

[5] *Ibid.*, p. 440.

[6] Arch. de Poitiers, E 29.

[7] Ouvré, *Essai sur l'histoire de la Ligue à Poitiers*, p. 94.

hommes à peu près. Il faut leur ajouter les habitants de la châtellenie, c'est-à-dire des villages voisins de la ville, qui étaient obligés de fournir les chevaux, charrettes, bois et pierres de taille nécessaires aux fortifications, et de venir faire chacun à son tour le guet sur les murailles [1] ».

Nommés d'abord par le gouverneur, les officiers de la milice, y compris le sergent-major, furent ensuite élus à vie, les ecclésiastiques par le clergé, les laïques par le corps de ville. Ils devaient ensuite se pourvoir de la confirmation du gouverneur, puis prêter serment entre les mains du maire.

Un arrêt du Conseil du 9 avril 1609 décida que les deux capitaines ecclésiastiques devraient, à l'avenir, être échevins comme les laïques, que les fonctions de tous les officiers de la milice seraient désormais renouvelées chaque année et que tous seraient élus par le corps de ville [2]. Sur les réclamations des officiers, cette disposition fut rapportée dès le 16 mai suivant par un nouvel arrêt qui attribua au gouverneur de la province la nomination de tous les officiers [3]. Le 18 juillet 1613, un troisième arrêt du Conseil rendit ces charges triennales et les remit à l'élection, en spécifiant toutefois que les officiers en charge étaient pourvus à vie et qu'on ne porterait pas atteinte à leurs droits. En cas de vacances, les capitaines laïques et le sergent-major devaient être élus par le corps de ville parmi les échevins, les lieutenants et enseignes parmi les bourgeois. Les officiers ecclésiastiques devaient être élus par le clergé [4]. En fait, tant que durèrent les troubles, tous les officiers de la milice furent nommés ou tout au moins désignés par lettres de cachet. Nous avons raconté comment la ville ayant recouvré ses privilèges, de nouvelles élections des officiers eurent lieu en 1621 et comment le roi les cassa aussitôt pour faire réintégrer les anciens titulaires dans leur charge [5]. La milice bourgeoise continua à garder la ville jusqu'en 1628, son rôle après cette époque devint tout à fait obscur et son existence n'est plus signalée dans les archives de Poitiers que par la mention de quelques nominations d'officiers faites par le maire [6].

[1] Ouvré, ouvr. cit., p. 95.
[2] Arch. nat., E. 21, art. 11. — Cf. plus haut, p. 386.
[3] Voy. les considérants de l'arrêt de 1613 cité dans la note suivante.
[4] Arch. nat., E. 41.
[5] Voy. plus haut, p. 390.
[6] La dernière que nous connaissions est de 1732. Arch. de Poitiers, E 64.

En résumé, si l'organisation municipale de Poitiers fut réglée au commencement du xiii° siècle par les Etablissements, l'étude que nous venons d'en faire montre qu'elle n'avait pas tardé à différer sensiblement de celles des autres villes organisées sur le même modèle et que les différences ne firent que s'accuser par la suite. Le nombre des membres du corps de ville fut presque la seule chose qui rappelât à la longue l'origine de ces institutions municipales. Ce corps composé exclusivement de légistes, formant une aristocratie de robe presque héréditaire, choisissant directement dans son sein le chef de la commune, gouvernant la ville sans participation ni contrôle des habitants et sauvegardant jalousement à travers les âges, à force d'habileté, les privilèges de la commune qui n'étaient en réalité que les siens propres, donne une physionomie particulière à l'histoire municipale de Poitiers parmi celle des autres villes dont la constitution avait été à l'origine semblable à la sienne.

CHAPITRE XIV.

CONCLUSIONS.

Parvenu au terme de ces études, après avoir suivi dans plus de vingt villes, des bords de la Seine au pied des Pyrénées, la fortune des Etablissements de Rouen, nous devons jeter un regard sur le chemin parcouru.

Nous aurions mauvaise grâce à ne pas reconnaître tout d'abord que, parmi les nombreuses questions soulevées par le document qui a été le point de départ et la base de nos recherches, il en est plusieurs encore auxquelles le long travail d'analyse que nous avons fait n'a point apporté de solutions, d'autres dont les solutions proposées par nous conservent encore un caractère hypothétique.

La manière dont le texte des Etablissements s'est formé a été la première question qui nous ait préoccupé.

Bien que certains manuscrits, et des meilleurs, ne contiennent qu'une rédaction abrégée en vingt-huit articles, alors que d'autres nous présentent un texte développé en cinquante-quatre articles, nous croyons avoir démontré que la rédaction en vingt-huit articles ne résulte que d'un accident et que le texte des Etablissements, tel que nous le publions, est, sinon la première rédaction de cette loi municipale, du moins le plus ancien état auquel on puisse remonter, en un mot, que c'est sous cette forme que Rouen possédait les Etablissements en 1204.

Les questions relatives à l'origine et aux sources de ce document sont plus complexes.

L'étude du texte nous a permis de fixer la rédaction des Etablissements aux dernières années du règne de Henri II, après 1169. Nous savons, de plus, que La Rochelle les avait adoptés avant 1199, que Rouen les avait également possédés vers la même époque, entre 1177 et 1183. Malgré ces indications, nous aurions dû laisser indécise la question de savoir laquelle de ces deux villes les avait possédés la première, laquelle les avait reçus de l'autre, si le nom communément donné au moyen âge à cette charte municipale, le grand nombre des villes normandes qui l'ont adoptée, certaines ressemblances de quelques-unes de ses dispositions avec des règles du droit normand, ne nous avaient conduit à croire que c'est en Normandie qu'elle a été rédigée, que c'est à Rouen qu'elle a été tout d'abord en vigueur, et que c'est légitimement qu'elle a toujours porté le nom d'Etablissements de Rouen.

Voilà les seuls renseignements sur l'origine de ce document que son étude et l'histoire municipale des villes qui l'ont adopté comme constitution ont pu nous fournir. Ils ne font que reculer la question. On voudrait savoir encore comment les Etablissements ont été rédigés, s'ils ont été imposés à la ville par son suzerain, ou si celui-ci n'a fait que confirmer des usages, des règles, une organisation, qui s'étaient formés, fixés et développés peu à peu et qui peuvent eux-mêmes tirer leur origine d'institutions beaucoup plus anciennes.

Qu'on ne doive pas s'arrêter à l'idée que les Etablissements auraient été une constitution municipale imaginée de toutes pièces par un législateur pour l'appliquer aux villes de ses états, c'est ce que personne ne contestera. Il n'en est pas de même de l'hypothèse qui ferait de cette organisation une importation étrangère adaptée tant bien que mal au droit normand. Puisque La Rochelle, Poitiers, Bayonne et tant d'autres villes ont reçu de Rouen leur constitution toute faite, on est fondé à se demander si Rouen ne l'a pas reçue, elle aussi, de la même manière. Disons de suite que nos investigations dans ce sens n'ont pas abouti. D'autre part, les analogies de notre charte avec le droit normand, si elles ne sont pas très caractéristiques, constituent cependant une présomption en faveur de l'origine indigène de ce texte ; enfin les ressemblances de l'organisation réglée par les Etablissements avec le régime municipal de nombreuses villes du continent, ressemblances dont nous dirons un mot tout à l'heure, ne permettent pas de croire que ce soit en Angleterre que Henri II ait trouvé le type d'après lequel tant de villes de ses possessions françaises ont été organisées.

Nous pensons donc que l'organisation communale de Rouen n'a pas été de toutes pièces empruntées à d'autres villes, qu'elle a été le résultat du développement d'anciennes institutions et que la rédaction des Etablissements n'a eu pour but que de préciser et de fixer d'anciennes coutumes. Le souverain n'a dû y intervenir que pour déterminer les droits respectifs de la ville et les siens. C'est ainsi, du reste, qu'ont été rédigées la plupart des chartes de commune.

Il ne suffit point de dire que les Etablissements ont consacré l'existence d'anciennes institutions. Si, voulant pénétrer plus avant, nous essayons de les retrouver, si nous cherchons les sources de notre texte, le problème devient plus compliqué.

Les savants d'il y a trente ans auraient été moins embarrassés ; ils auraient reconnu à première vue dans l'organisation municipale réglée par les Etablissements la marque d'une origine romaine, et n'auraient pas manqué d'ajouter ce texte à ceux qu'on se plaisait alors à accumuler pour prouver la persistance en France du régime municipal romain. Le corps des cent-pairs aurait été assimilé par eux à l'ancienne curie romaine, composée aussi de cent membres, les décurions, nommés parfois *conscripti patres*; ils auraient constaté, à l'appui de cette comparaison, que les cent-pairs avaient eu précisément le même droit que les décurions du IIe et du IIIe siècle, celui de nommer aux magistratures municipales. Poussant encore plus avant, ils auraient pu assimiler les droits d'entrée payés pour entrer dans la pairie à ceux qui étaient dus pour faire partie de la curie, rapprocher le *droit de chaire*, en vertu duquel un maire qui ne faisait pas partie du corps de ville y entrait à la première vacance, des *honores* qui donnaient le droit d'entrée dans la curie, et enfin comparer l'exemption « de toutes commissions de charges publiques, » dont jouissaient les pairs, à l'immunité des fonctions sordides, qui était l'un des privilèges du décurionat.

Pour nous, que les travaux récents ont habitué à tourner plus volontiers les regards du côté des origines germaniques, ce corps des cent-pairs, formant le tribunal de la commune, nous fait presque involontairement songer à un passage où Tacite semble bien dire, en dépit d'interprétations différentes, que chez les Germains cent assesseurs choisis parmi le peuple assistaient les juges élus dans les assemblées[2].

---

[1] Eliguntur in iisdem conciliis et principes, qui jura per pagos vicosque reddant. Centeni singulis ex plebe comites, consilium simul et auctoritas adsunt. (*Germ.*, XII.)

Somme toute, il n'y a jusqu'à présent pas grand'chose à tirer de ces rapprochements. Les uns doivent tout d'abord être écartés par la critique ; ils ont le grave tort de comparer avec le régime romain des institutions et des règles qu'on trouve, non pas dans les Etablissements, ni même dans toutes les villes régies par eux, mais dans des règlements postérieurs résultant de modifications ou d'interprétations locales. A toutes ces comparaisons il manque, pour être fécondes, les faits, les textes, les constatations qui pourraient montrer qu'un lien rattache ces institutions de l'antiquité à celles du moyen âge, et prouver qu'il a pu survivre quelque chose des premières. Tant qu'il manquera des anneaux à la chaîne, on pourra taxer toutes ses analogies de ressemblances fortuites sur lesquelles il serait téméraire d'asseoir un système.

Si nous n'avons pas réussi à rattacher l'organisation même de la commune, telle qu'elle est réglée par les Etablissements, aux anciennes institutions romaines ou germaniques, ce n'est pas à dire que nous ne trouvions au document que nous avons étudié, ni analogies avec d'autres documents, ni racines dans le passé. Bien au contraire, il n'est pour ainsi dire aucune de ses dispositions qu'on ne puisse rapprocher de dispositions analogues. Nous l'avons montré au cours de notre étude ainsi que dans les notes que nous avons ajoutées à chacun des articles de ce texte, et l'on pourrait beaucoup multiplier ces rapprochements. Mais la question de sources se complique ici d'une autre question, celle de l'influence des Etablissements. Lorsqu'on retrouve dans d'autres documents des dispositions analogues à celles de notre texte, il est souvent difficile de déterminer s'il faut attribuer ces ressemblances à l'influence des Etablissements ou bien à un emprunt à des sources communes. Toutefois la chose n'est douteuse que pour les pays qui se trouvent dans la région où les Etablissements se sont propagés. Evidemment la *centaine* qui se perpétua à Pont-à-Mousson jusqu'au XVe siècle[1], les cent hommes ou *apaiseurs* qui formaient à Bruges, en 1303, une sorte de tribunal de voisinage[2], le conseil de cent bourgeois qui administrait Barcelone au XIIIe siècle[3], s'ils ont quelque rapport avec les

---

[1] Voy. H. Lepage, *La centaine de Pont-à-Mousson* dans *Mémoires de la Société d'archéologie Lorraine*, 3e série, t. VIII, 1880, p. 135-180.

[2] Voy. Warnkœnig, *Histoire de la ville de Bruges*, trad. Gheldorf., 315.

[3] Voy. Bofarull, *Documentos ineditos*, t. VIII, *Cartas pueblas*, p. 137.

cent-pairs des Etablissements, ne leur ont pas été empruntés. Ces analogies tendent à montrer que l'administration d'une ville par un corps municipal composé de cent personnes, quelle que soit l'origine de cette institution, n'est pas particulière aux Etablissements. Nous trouverions volontiers à cette institution une ressemblance originelle avec le Conseil général, composé toujours d'un grand nombre de bourgeois, que l'on rencontre dans la plupart des communes anciennes à côté d'un autre conseil moins nombreux. Les noms que portent dans notre document les divers membres du corps de ville, ceux d'échevins, qui rappellent les anciens juges de l'époque carolingienne, ceux de jurés, qui sont peut-être les héritiers des anciens administrateurs de la propriété commune, ceux de pairs et de conseillers, tous donnés au moyen âge aux magistrats de tant de villes différentes, montrent que le régime municipal des Etablissements se rattache, comme celui de toutes les autres communes, aux plus anciennes institutions judiciaires et administratives de notre pays.

D'autres dispositions accusent une origine certainement germanique. Nous ne rappellerons que celles qui sont relatives à l'abattis de maison, peine devenue, au moyen âge, caractéristique du droit municipal du Nord, aux immersions dans l'eau, supplice qu'on retrouve dans la plupart des pays de la France, dans l'Italie lombarde et jusqu'au fond de l'Allemagne, au caractère de témoins légaux attribué aux magistrats, à l'assurment, au duel, aux conjurateurs.

En résumé, les notions certaines que nous avons pu acquérir sur l'origine et les sources des Etablissements se réduisent à ceci : cette loi municipale a été rédigée probablement à Rouen, dans la dernière partie du XIIe siècle. Comme les autres chartes de commune françaises de la même époque, elle est imprégnée de l'influence des anciennes institutions germaniques.

Sur le caractère général de ce règlement et les raisons qui lui ont donné la vogue dont il a joui au moyen âge, nos études ont pu nous fournir des résultats plus précis qu'en ce qui concerne son origine et ses sources.

Cette loi municipale, — c'est la première remarque qu'on fait en la lisant, — est singulièrement incomplète. Cela non plus ne lui est pas particulier : c'est un caractère commun à toutes les chartes communales du moyen âge. Les rédacteurs de ces documents ont fréquemment négligé d'y consigner les règles les plus essentielles et les plus ordinaires, celles qui, étant connues de tout le monde, n'étaient pas l'objet de contestations, celles aussi parfois qui avaient fait l'objet de conventions ou de règlements antérieurs sur lesquels il n'y avait pas de raison pour revenir. Pour ne citer qu'un exemple de ces sortes d'omissions, les Etablissements ne nous disent pas comment était formé le collège des cent-pairs qui était la base de toute l'organisation communale.

On a dit des Etablissements de Rouen qu'ils représentaient « la commune jurée sous sa forme la plus libre et la plus savante[1], » et l'on a attribué leur fortune aux garanties d'autonomie, d'indépendance, de liberté qu'ils donnaient aux villes et aux privilèges étendus dont ils les dotaient. Cette opinion a été acceptée par tous les historiens, non seulement en ce qui concerne les Etablissements, mais pour toutes les chartes communales qui se sont propagées pendant le moyen âge. Nous pensons avoir prouvé que, pour les Etablissements, c'est exactement le contraire qui est vrai.

Les Etablissements ne représentent guère, selon nous, que le minimum des droits que pouvait posséder une ville ayant le titre de commune. Le roi demeure le haut justicier, il participe à la nomination du maire, il conserve le contrôle et presque la direction de l'administration, il ne fait abandon, par cet acte, d'aucun de ses droits financiers et se réserve expressément le droit de requérir le service militaire sans restrictions. Le corps de ville est difficilement accessible, sinon fermé, aux citoyens ; ceux-ci n'ont aucune part à la nomination de leurs magistrats, et si le serment qu'ils doivent tous prêter à la commune leur assure une protection efficace, il implique également leur participation aux charges communes et à la plus lourde de toutes, au service militaire. L'organisation militaire de la commune sous le commandement du maire est peut-être le caractère le plus saillant de cette constitution. Cela tient aux circonstances dans lesquelles les rois d'Angleterre ont créé la plupart des communes du continent. Il ne serait pas difficile de citer nombre de chartes communales de la même époque, attribuant aux villes des privilèges, des franchises, des libertés autrement étendues. En matière

---

[1] Aug. Thierry, *Tableau de l'ancienne France municipale*, p. 323.

d'impôts surtout, la plupart favorisent bien davantage les communes.

Les auteurs qui ont attribué la fortune des Etablissements de Rouen à leur prétendue popularité, ont admis l'hypothèse que c'étaient les villes elles-mêmes qui avaient spontanément emprunté les unes aux autres ce type d'organisation. Nos recherches ont montré que ce sont au contraire les rois qui ont imposé cette constitution à plusieurs villes. Nul doute que les rois d'Angleterre n'aient trouvé là un modèle d'organisation communale plus favorable à l'exercice de leur autorité que la plupart des autres constitutions municipales ; c'est à eux qu'est due la propagation de ce régime.

Philippe-Auguste et les rois de France, lorsqu'ils ont concédé à leur tour les Etablissements, n'ont fait en général que confirmer un état de choses existant. Il est vrai que pour un certain nombre de villes, les communes normandes, Poitiers et Niort, nous ne possédons que des concessions de Philippe-Auguste, mais il est loin d'être prouvé, nous l'avons remarqué, que l'introduction de cette organisation ne remonte pas dans ces villes à l'époque de la domination anglaise, pendant laquelle toutes étaient déjà devenues des communes.

Ce qui a contribué à faciliter la propagation des Etablissements et à perpétuer le régime qu'ils instituaient, c'est qu'ils n'ont pas été incompatibles avec des privilèges plus étendus. Ils ont fourni aux villes auxquelles ils ont été attribués le cadre de leur organisation municipale, et ils ont pu convenir en même temps à des villes n'ayant pour ainsi dire qu'un embryon de vie municipale, comme Cognac, et à d'autres jouissant de la plénitude d'institutions républicaines comme Bayonne, à La Rochelle, type de la ville commerçante, célèbre par toute la France pour ses franchises après 1372, et à Poitiers, ville de légistes, dépourvue de tout commerce, administrée exclusivement par une petite caste de gens de loi et de finance.

Il faut ajouter qu'en se propageant de ville en ville, cette constitution n'a pas manqué de recevoir partout des interprétations différentes et des modifications notables. Ici, elle a rencontré d'anciennes institutions qui se sont perpétuées à côté du nouvel organisme qu'elle instituait, ailleurs, tel des rouages qu'elle comportait n'a jamais été établi. Tantôt, en dépit de la règle, le roi a nommé directement le maire, et tantôt cette nomination a été faite directement par le collège des cent-pairs ; parfois même le corps entier des citoyens a été admis à prendre part aux élections. Dans plusieurs villes, la juridiction municipale n'a jamais comporté que la justice de police et de conciliation ; dans d'autres, malgré les prescriptions, la juridiction entière a été attribuée à la commune. Cette juridiction a été exercée, tantôt par le collège entier des cent-pairs et tantôt par le maire assisté de quelques échevins. Parfois enfin, le service militaire a été exigé de la commune dans les conditions réglées par les Etablissements, mais le plus souvent on a apporté à cette obligation des tempéraments, et quelquefois même on a été jusqu'à l'exemption complète.

Nous avons assez longuement parlé de la propagation des Etablissements pour n'avoir pas besoin d'y insister ici.

En Normandie, nous avons compté six villes qui ont certainement possédé cette constitution, et sept autres pour lesquelles on ne peut être aussi affirmatif. Mais il est bien probable que la diffusion de cette organisation ne s'est pas bornée à ces treize communes. On est fort mal renseigné sur les communes normandes : un grand nombre d'entre-elles, créées par Jean Sans-Terre pour les besoins de la défense, n'ont pas survécu à la conquête. Nous penchons à considérer les Etablissements comme le modèle d'après lequel ont dû être organisées toutes ces communes éphémères.

Si les Etablissements ont été le type de la commune normande, ce n'est pas en Normandie qu'ils ont eu le plus de durée. Rouen les perdit en 1321, et les quelques villes qui les avaient encore à cette époque les abandonnèrent aussi au cours du xɪv° siècle.

Hors de Normandie nous avons compté huit communes qui reçurent les Etablissements des rois d'Angleterre et deux auxquelles nous les voyons concédés par Philippe Auguste, sans être certain que ces deux concessions ne soient pas seulement des confirmations.

Sont-ce là les seules communes auxquelles les Etablissements ont été donnés ? Il est possible que certaines villes organisées sur ce modèle aient échappé à nos recherches ; il est possible aussi que dans d'autres les anciennes institutions aient survécu, puis qu'elles aient absorbé et comme étouffé celles d'importation étrangère qui ont pu disparaître sans laisser de traces. On le pourrait croire, par exemple, de certaines villes de la Guyenne, dans l'organisation desquelles l'influence de Bordeaux a été prépondérante.

On a parfois placé Saint-Emilion au nombre des villes organisées d'après les Etablissements, et, de fait, l'on connait une charte d'Edouard II, du 20 septembre 1312, par laquelle il confirme le droit d'élire leur maire aux jurés, cent-pairs et commune de Saint-Emilion (*juratis, centum paribus et communitati villae de Sancto Emilione*[1]). Cependant les nombreux documents que l'on possède sur cette ville montrent, à n'en pas douter, qu'elle avait modelé son organisation sur celle de Bordeaux. Il y a donc dans cette charte une erreur de suscription qu'il faut mettre au compte de la chancellerie royale, et qui provient de ce que plusieurs des communes de l'Aquitaine possédaient l'organisation à laquelle il est fait allusion, à moins que l'on ne préfère y voir l'indication que cette organisation avait été autrefois imposée à Saint-Emilion et qu'elle ne s'y était pas acclimatée.

Pareille méprise a été commise quelques années plus tard, en ce qui touche Bordeaux. Edouard III, ayant constitué en fief l'office de jaugeur de vins, le notifia à la commune, le 16 juin 1344, par une lettre adressée « *majori, juratis, centum paribus et toti communitati civitatis sue Burdegale*[2]. » Le corps de ville de Bordeaux ne comportait pas alors un collège de cent-pairs, mais on réunissait parfois un grand conseil de trois cents notables, ce qui peut expliquer la confusion.

On peut se demander si, en dehors des villes dont l'organisation s'est modelée sur celle de Rouen, d'autres coutumes municipales n'auraient pas subi comme par infiltration l'influence des Etablissements. C'est là un problème extrêmement délicat, car on comprend qu'à la question de diffusion revient ici se mêler la question d'origine. Si les chartes de Pontoise, de Dreux, de Beauvais, d'Amiens, d'Abbeville et bien d'autres encore offrent certains points de rapprochement avec quelques-unes des dispositions des Etablissements, est-on autorisé à dire qu'elles les ont imités, et ne doit-on pas plutôt croire que tous ces documents ont puisé au fond commun des dispositions en circulation?

Lorsqu'on voit Philippe-Auguste, en juillet 1213, à la suite de rixes entre les habitants de Saint-Quentin et les chanoines, mettre les biens du chapitre sous la garantie du serment du

---

[1] Bibl. nat., *Coll. Moreau*, vol. 643, fol. 238. — Cf. Guadet, *Saint-Emilion, son histoire et ses monuments*, Paris, 1841, in-8.
[2] *Livre des Bouillons*, p. 157.

maire, des jurés, des échevins et de cent bourgeois [1], on est tenté de croire que c'est à l'exemple des villes régies par les Etablissements qu'il a organisé cette représentation de la commune. Mais lorsqu'on retrouve dans « le Establissement de » la quemune de Saint-Quaintin, » document dont certaines parties au moins datent de la fin du xi° siècle, des dispositions analogues à celles des Etablissements [2], on se demande si, en faisant prêter un serment à cent bourgeois représentant la commune, Philippe-Auguste n'avait pas recours à une institution locale préexistante. Si, après cela, on se rappelle que les institutions de Saint-Quentin étaient communes à plus de dix villes de la même région, on en vient à se demander si ce corps municipal de cent membres n'a pas été une institution beaucoup plus générale que la rareté de sa survivance ne le ferait supposer.

Nous serions plus tenté d'attribuer à l'influence des Etablissements le régime de Limoges, qui, sans ressembler à celui de Rouen, comportait cependant l'élection des magistrats par cent électeurs [3], et celui d'Aurillac où le corps de ville se composait de soixante-seize membres, ce qui rappelle le collège de soixante-seize pairs des Etablissements. L'historien de la commune d'Aurillac, M. Rivain, attribue délibérément cette organisation à l'influence anglaise [4]. Mais pour se prononcer en toute connaissance de cause, il faudrait approfondir l'histoire municipale de ces deux villes plus que nous ne l'avons pu faire.

Parmi les dispositions des Etablissements, il en est une qui a eu une fortune particulière ; c'est celle qui détermine le mode de nomination du maire et qui attribue au roi le droit de le choisir sur une liste de trois candidats. Cette règle, qui n'a pas été toujours fidèlement observée dans toutes les villes régies par les Etablissements, s'est néanmoins généralisée peu à peu. Dès 1256, Louis IX l'étendit à toute la Normandie, et peu après, il voulut même l'appliquer à toute la France [5]. Il va sans dire qu'il n'y réussit pas ; cependant ce mode de

---

[1] *Ordonn.*, t. XI, p. 303.
[2] *Le livre rouge de la commune de Saint-Quentin*, p. XV.
[3] Voy. *Registres consulaires de Limoges*, t. I, p. 45. Et Leymarie *Histoire du Limousin*, Limoges, 1845, 2 vol. in-8.
[4] Rivain, *Notice sur le consulat d'Aurillac*, p. 138 et *passim*.
[5] Voy. plus haut, p. 35, n. 3.

nomination se propagea de siècle en siècle[1]. Il était, dit Henri IV, usité de son temps « en la plupart des bonnes villes [2] »; il devint la loi générale du royaume par l'édit de Marly de mai 1765[3]. Les Etablissements sont le texte le plus ancien où l'on trouve cette règle formulée et il ne peut être douteux que ce soit à eux que Louis IX l'ait empruntée.

On serait tenté aussi de faire honneur aux Etablissements d'avoir contribué à établir dans toute une région une certaine unité d'organisation municipale, et il est certain que toutes ces villes, où l'on retrouve les mêmes collèges de magistrats et quelques règles communes, ont toujours, malgré la différence de leurs conditions, conservé un air de famille :

Facies non omnibus una,
Nec diversa tamen, qualis decet esse sororum.

Toutefois cette ressemblance était bien superficielle et il ne faudrait pas en exagérer la portée, car l'absence de tout lien qui les rattachât les unes aux autres, les modifications apportées dans chacune d'elles à la loi primitive et la non-conformité de leurs privilèges leur avaient presque complètement fait perdre le souvenir de leur commune origine.

Si les Etablissements se sont beaucoup modifiés par suite d'interprétations et d'adaptations diverses, en se propageant du Nord au Midi, les changements que le temps leur a fait subir ont été encore plus sensibles. Déjà lorsque Louis XI les emprunta à La Rochelle pour les donner à Tours, ils avaient beaucoup perdu de leurs caractères primitifs. Evidemment le roi avait été frappé des moyens que cette constitution lui donnait de brider les villes, d'intervenir dans les élections municipales, d'exclure la masse des habitants de toute participation aux affaires, d'asservir en le comblant d'honneurs le corps des magistrats. Aussi voulut-il importer ce régime non seulement à Tours, mais aussi à Angers et à Bourges. Dans ces dernières villes, l'organisation qu'il créa ne se rattachait que de fort loin, on l'a vu, à celle de la Rochelle ; il y avait importé du moins ce qu'il en considérait comme l'essentiel et il s'inquiétait peu d'une plus ou moins exacte imitation.

---

[1] Voy. Babeau, *La ville*, p. 71.

[2] *Lettres missives de Henri IV*, t. VIII, p. 767.

[3] Isambert, t. XXII, p. 494. Cf. le préambule et l'art. V.

Les Etablissements disparus des villes de Normandie, au cours du xiv⁰ siècle, ont vécu beaucoup plus longtemps ailleurs : Saint-Jean-d'Angély ne les perdit qu'en 1621, la Rochelle en 1628, Niort en 1681, Cognac en 1700, Tours en 1724, Angoulême en 1765, Poitiers en 1766. Bayonne enfin, malgré un profond remaniement de sa constitution en 1451, a conservé des débris du régime rouennais jusqu'en 1789. Mais, lorsque nous parlons de la persistance des Etablissements, il ne s'agit, bien entendu, que du cadre, de l'organisation, des formes et non de toutes les règles en vigueur pendant les deux premiers siècles.

Partout, le régime des Etablissements s'altéra de la même manière. Le corps de ville devint une aristocratie, ou plutôt une caste bourgeoise, exclusive, jalouse, fermée ; les charges municipales devinrent héréditaires ou vénales, les soi-disant privilèges de la ville ne furent plus que les privilèges des membres du corps de ville. La noblesse prodiguée, pendant le xiv⁰ et le xv⁰ siècle, à la plupart des collèges d'échevins, mit presque partout leurs membres dans l'obligation de vivre noblement ; c'est dire que cette prérogative fit déserter le commerce et l'industrie par les plus riches habitants. Toute participation des citoyens au gouvernement de la ville fut abolie, toutes garanties de sécurité leur furent enlevées.

L'esprit communal se maintint toutefois jusqu'au commencement du xvii⁰ siècle, et l'histoire municipale conserve partout beaucoup d'intérêt jusqu'à cette époque. A Poitiers et à la Rochelle surtout, c'est le moment où elle devient héroïque. Mais ensuite quel profond abaissement ! Les formes qui restèrent longtemps encore en vigueur ne protégèrent plus les villes ni contre la centralisation, ni contre les exactions, ni contre les violences. Ce ne fut plus qu'un cadre vide ; l'organisation subsista, mais tout ce qui avait fait sa valeur autrefois, les garanties de sécurité des habitants, la liberté des citoyens, leur solidarité et leur patriotisme communal, avait péri. L'histoire de cette convention, trois fois ratifiée par le Conseil d'Etat, conclue entre un gouverneur et le sénéchal pour obliger Angoulême à comprendre dans sa liste de candidats à la mairie le personnage désigné par le gouverneur[1], peut, entre vingt autres traits que nous avons rapportés,

---

[1] Voy. plus haut, p. 331.

montrer à quel degré les élections n'étaient plus aux deux derniers siècles qu'un vain simulacre et ce qu'étaient alors devenues les règles qui avaient autrefois protégé les villes contre les empiètements du pouvoir.

Nous avons résumé les résultats auxquels nous sommes parvenu en ce qui touche la rédaction, l'origine, les sources, le caractère, la propagation, l'influence et l'histoire des Etablissements. A côté de ces conclusions, nos recherches nous ont conduit à mettre en lumière un assez grand nombre d'autres faits qui touchent à l'histoire des institutions municipales; nous croyons inutile de revenir sur la plupart d'entre eux, mais il est un ordre d'idées dont nous voudrions dire un mot encore en terminant.

Les communes étudiées dans ce livre ont été pour la plupart établies par les rois d'Angleterre, et nous avons été amené à constater que les Etablissements nous représentent le type de la commune anglo-française. Beaucoup d'historiens ont remarqué combien les monarques anglais, et particulièrement Jean Sans-Terre, ont été prodigues de concessions de communes aux villes du continent, mais ils ne nous semblent pas avoir expliqué suffisamment la raison de leur politique à cet égard. En général, ils n'ont attribué cette prodigalité de chartes communales qu'au désir de s'attacher les villes par la reconnaissance. Les rois d'Angleterre ont voulu autre chose et davantage. Dans l'organisation communale, ils ont surtout envisagé le côté militaire et pour ainsi dire féodal. Ils ont voulu, sans doute, s'attacher les villes, mais au sens féodal du mot, en créant entre elles et eux un lien de vassalité et en leur imposant les devoirs que comportait cet état. C'est pourquoi il leur est arrivé, non seulement d'accorder le droit de commune à toutes les villes qui le demandaient, mais encore d'enjoindre aux habitants de certaines villes de s'organiser en commune [1].

A ces concessions, les rois avaient exactement le même intérêt que les seigneurs lorsqu'ils concédaient des fiefs; ils voulaient se créer une clientèle armée dont ils pussent utiliser les forces pour la défense du territoire. La teneur des chartes en témoigne non moins que les dispositions des Etablissements

---

[1] Voy. plus haut, p. 47, n. 1.

relatives au service militaire dû par les habitants. La *commune jurée* des chartes anglaises est profondément différente de ce que nos historiens ont l'habitude d'entendre par cette expression. Elle n'a point pour origine le pacte communal, le serment insurrectionnel, comme dans plusieurs de nos communes du Nord. Le serment prêté par les habitants est un serment de fidélité au roi, nous dirions presque un serment de vassalité autant qu'un serment communal. La commune, dans son ensemble, a les mêmes charges et les mêmes privilèges qu'un vassal. Avec la fidélité, elle doit l'host et la chevauchée, c'est-à-dire le service militaire féodal complet, elle a comme un seigneur une part plus ou moins étendue de la justice, et enfin la taille est remplacée pour elle par de véritables aides féodales.

Telle est, nous semble-t-il, la signification de ce terme de *jurées* appliquées aux communes françaises dans les chartes des rois d'Angleterre. C'est au roi qu'elles étaient en quelque sorte assermentées ou inféodées. Il y en avait même qui étaient pour ainsi dire sous-inféodées à une commune plus puissante, comme ces communes du pays de Caux qui devaient le serment à la commune de Rouen (*communiis de Caleto Rotomagensi communie juratis*[1]).

Ces communes vassales du roi d'Angleterre étaient diversement privilégiées. Comme pour les seigneurs, l'étendue de leur indépendance et de leurs privilèges dépendait de leur puissance, du prix qu'on mettait à leurs services et de la qualité des services qu'elles étaient susceptibles de rendre.

Ce caractère féodal n'est pas particulier, du reste, aux communes anglo-françaises.

Les historiens ont généralement opposé l'esprit communal à l'esprit féodal et considéré les communes comme les adversaires naturels de la féodalité. Il n'y a dans ce point de vue qu'une part de vérité.

La révolution communale a sans doute émancipé les habitants des villes du joug de leurs suzerains, mais elle a surtout marqué l'avènement des villes dans la société féodale. Les communes ont lutté souvent contre des seigneurs, mais non contre la féodalité. Elles ont au contraire pris rang dans sa hiérarchie, comme de véritables seigneuries gérées par leurs magistrats. Dans la plupart des communes, cette gérance n'a

---

[1] Voy. plus haut, p. 48, n. 1.

pas tardé à être le partage d'une étroite aristocratie bourgeoise, aussi les insurrections des gens du menu peuple, des artisans qui formaient « le commun, » furent-elles fréquentes au moyen âge. C'est dans cette classe inférieure que la royauté trouva son principal allié pour combattre les communes.

Car le grand ennemi des communes fut le même que celui de la féodalité, le pouvoir royal. Parfois les rois surent opposer ces deux forces l'une à l'autre, le plus souvent ils les attaquèrent ensemble. Les mêmes princes qui combattirent la féodalité furent ceux qui réprimèrent le plus rudement toutes les tentatives des communes, à commencer par Louis VI, qui a usurpé si longtemps dans l'histoire le titre de fondateur des communes françaises.

Après Philippe le Bel, qui s'appliqua avec succès à ruiner les villes, Louis XI est un des rois qui portèrent les plus rudes coups à leur indépendance. Ce prince, qu'on a trop souvent représenté comme favorable aux communes, fut au contraire l'adversaire implacable de l'esprit municipal comme de l'esprit féodal. Nos recherches peuvent faire juger de sa politique à l'égard de certaines villes qu'on s'était plu à représenter comme favorisées par lui.

Si les mêmes princes qui ont combattu la féodalité ont également combattu les traditions communales, on ne s'étonnera pas de constater que chaque période de réaction féodale correspond dans notre histoire à un retour offensif de l'esprit communal. Ce fut seulement sous Richelieu et par la main des intendants que succomba l'ancien esprit communal. A cette époque remonte la main-mise du pouvoir central sur toutes les affaires municipales. Dès lors, la centralisation administrative est achevée, les villes sont en tutelle et ne s'émanciperont plus. Ce qui subsiste encore çà et là d'anciennes institutions locales, de vieux privilèges, de formes antiques, n'est plus qu'une vaine apparence. C'est un vieux décor, qui peut rappeler à des yeux exercés l'âge héroïque et brillant des communes, mais qui ne saurait dissimuler l'irrémédiable abaissement auquel, après cinq siècles d'efforts, la politique royale les a condamnées.

FIN.

2/ 247
Librairie
SAINT-LOUIS
21, rue Servandoni
75 - PARIS - 6°

N° 2929
A
P 180F

31e fascicule : Histoire de la ville de St-Omer et de ses institutions jusqu'au XIVe siècle, par A. Giry. 20 fr.
32e fascicule : Essai sur le règne de Trajan, par C. de la Berge. 12 fr.
33e fascicule : Etudes sur l'industrie et la classe industrielle à Paris au XIIIe et au XIVe siècle, par G. Fagniez. 12 fr.
34e fascicule : Matériaux pour servir à l'histoire de la philosophie de l'Inde, par P. Regnaud. 10 fr.
35e fascicule : Mélanges publiés par la section historique et philologique. Avec 10 planches grav. 15 fr.
36e fascicule : La religion védique d'après les hymnes du Rig-Veda, par A. Bergaigne. Tome 1er. 12 fr.
37e fascicule : Histoire critique des règnes de Childérich et de Chlodovech, par M. Junghans, traduit par G. Monod, et augmenté d'une introduction et de notes nouvelles. 6 fr.
38e fascicule : Les Monuments égyptiens de la Bibliothèque nationale (cabinet des médailles et antiques), 1re partie, par E. Ledrain. 12 fr.
39e fascicule : L'Inscription de Bavian, texte, traduction et commentaire philologique avec trois appendices et un glossaire par H. Pognon. 1re partie. 6 fr.
40e fascicule : Patois de la commune de Vionnaz (Bas-Valais), par J. Gilliéron, accompagné d'une carte. 7 fr. 50
41e fascicule : Le Querolus, comédie latine anonyme, par L. Havet. 12 fr.
42e fascicule : L'Inscription de Bavian, texte, traduction et commentaire philologique avec trois appendices et un glossaire par H. Pognon. 2e partie. 6 fr.
43e fascicule : De Saturnio latinorum versu scripsit L. Havet. 15 fr.
44e fascicule : Etudes d'archéologie orientale, par Ch. Clermont-Ganneau, tome premier. 1re livraison. 10 fr.
45e fascicule : Histoire des institutions municipales de Senlis, par J. Flammermont. 8 fr.
46e fascicule : Essai sur les origines du fonds grec de l'Escurial, par Ch. Graux. 15 fr.
47e fasc. : Les monuments de la bibliothèque nationale, par E. Ledrain. 2e et 3e liv. 25 fr.
48e fasc. : Etude sur le texte de la vie latine de Ste Geneviève de Paris, par Ch. Kohler. 6 fr.
49e fasc. : Deux versions hébraïques du Livre de Kalilâh et Dimnâh, par J. Derenbourg. 20 fr.
50e fascicule : Recherches sur les relations politiques de la France avec l'Allemagne, de 1292 à 1378, par Alfred Leroux. 7 fr. 50
51e fascicule : Principaux monuments du Musée égyptien de Florence, par W. B. Berend. 1re partie. Stèles, bas-reliefs et fresques. Avec 10 pl. photogravées. 50 fr.
52e fascicule : Les lapidaires français du moyen âge des XIIe, XIIIe et XIVe siècles, réunis, classés et publiés, accompagnés de préface, de tables et d'un glossaire par L. Pannier, avec une notice préliminaire par G. Paris. 10 fr.
53e et 54e fasc. : La religion védique d'après les hymnes du Rig-Veda. Vol. II et III. 27 fr.

COLLECTION PHILOLOGIQUE. Recueil de travaux originaux ou traduits, relatifs à la philologie et à l'histoire littéraire. Format in-8°.

1er fascicule : La théorie de Darwin ; de l'importance du langage pour l'histoire naturelle de l'homme, par A. Schleicher. 2 fr.
2e fascicule : Dictionnaire des doublets ou doubles formes de la langue française, par A. Brachet. 2 fr. 50
3e fascicule : De l'ordre des mots dans les langues anciennes comparées aux langues modernes, par H. Weil. Nouvelle édition. 4 fr.
4e fascicule : Dictionnaire des doublets ou doubles formes de la langue française, par A. Brachet. Supplément. 50 c.
5e fascicule : Les noms de famille, par E. Ritter. 3 fr. 50
6e fascicule : Etudes philologiques d'onomatologie normande, par H. Moisy. 8 fr.
7e fascicule : Essai sur la langue basque, par F. Ribary, professeur à l'Université de Pesth. Traduit du Hongrois par J. Vinson. 5 fr.
8e fascicule : De conjugatione latini verbi « Dare », à James Darmesteter. 1 fr. 50
9e fascicule : De Floovante vetustiore gallico poemate, par A. Darmesteter. 5 fr.
10e fascicule : Histoire des participes français, par Amédée Mercier. 5 fr.
11e fascicule : Etude sur Denys d'Halicarnasse et le traité de la disposition des mots par Emile Baudat. 3 fr.
12e fascicule : De neutrali genere quid factum sit in gallica lingua scripsit A. Mercier. 2 fr.
13e fascicule : Du génitif latin et de la préposition DE. Etude de syntaxe historique sur la décomposition du latin et la formation du français, par P. Clairin. 7 fr. 50

CHABANEAU (C.). Histoire et théorie de la conjugaison française. In-8°. Nouvelle édition corrigée et augmentée. 5 fr.

CONSTANS. Marie de Compiègne, d'après l'Évangile aux femmes. Texte publié pour la première fois dans son intégrité d'après les quatre manuscrits connus des XIII°, XIV° et XV° siècles. Gr. in-8. 3 fr.

DARMESTETER (A.). De la Création actuelle de mots nouveaux dans la langue française et des lois qui la régissent. Gr. in-8°. 10 fr.

DIEZ (F.). Grammaire des langues romanes, traduite sur la 3° édit. allemande refondue et augmentée. T. I° traduit par A. Brachet et G. Paris. T. II et III traduits par A. Morel-Fatio et G. Paris. Gr. in-8°. 30 fr.

FLAMENCA (le roman de), publié d'après le manuscrit unique de Carcassonne, avec introduction, sommaire, notes et glossaire par P. Meyer. Gr. in-8°. 12 fr.

GODEFROY (F.) Dictionnaire de l'ancienne langue française et de tous ses dialectes, du XI° au XV° siècle, composé d'après le dépouillement de tous les plus importants documents, manuscrits ou imprimés qui se trouvent dans les grandes bibliothèques de la France et de l'Europe, et dans les principales archives départementales, municipales, hospitalières ou privées. Publié sous les auspices du Ministère de l'Instruction publique.

Paraît par livraisons de 10 feuilles gr. in-4° à trois colonnes au prix de 5 fr. la liv. L'ouvrage complet se composera de 100 livraisons.

MÉMOIRES de la Société de linguistique de Paris. Tome 1er complet en 4 fascicules ; T. 2° complet en 5 fascicules ; T. 3° complet en 5 fascicules. 56 fr.

MEYER (P.). Documents manuscrits de l'ancienne littérature de la France, conservés dans les Bibliothèques de la Grande-Bretagne. Première Partie. Londres (Musée britannique), Durham, Edimbourg, Glasgow, Oxford (Bodléienne). 1 vol. in-8°. 6 fr.

— Manière (la) de langage qui enseigne à parler et à écrire le français. Modèles de conversations composés en Angleterre à la fin du XIV° siècle, et publiés d'après le manuscrit du Musée britannique Harl. 3988. Gr. in-8°. 3 fr.

MYSTÈRE (le) de la Passion d'Arnoul Greban, publié d'après les mss. de Paris, avec une introduction et un glossaire par G. Paris et G. Raynaud, 1 fort vol. gr. in-8° à 2 col. 25 fr.

PARIS (G.). Étude sur le rôle de l'accent latin dans la langue française. In-8°. 4 fr.

— Dissertation critique sur le poème latin du Ligurinus attribué à Gunther. In-8°. 8 fr.

— Le petit Poucet et la Grande-Ourse. 1 vol. in-16. 2 fr. 50

— Les contes orientaux dans la littérature française du moyen âge. In-8°. 1 fr.

— Grammaire historique de la langue française. Cours professé à la Sorbonne en 1868. Leçon d'ouverture. 1 fr.

RECUEIL d'anciens textes bas-latins, provençaux et français, accompagnés de deux glossaires et publiés par P. Meyer. 1re partie : bas-latin, provençal. Gr. in-8°. 6 fr.

— 2° partie : vieux français. Gr. in-8°. 6 fr.

ROLLAND (E.). Devinettes ou Énigmes populaires de la France, suivies de la réimpression d'un Recueil de 77 indovinelli publié à Trévise en 1628. Pet. in-8°. 4 fr.

REVUE CELTIQUE publiée avec le concours des principaux savants français et étrangers, par M. Gaidoz. Chaque volume se compose de 4 livraisons d'environ 130 pages chacune. — Prix d'abonnement : Paris, 20 fr.; départements et pays d'Europe faisant partie de l'Union postale, 22 fr.; édition sur papier de Hollande : Paris, 40 fr.; départements et pays faisant partie de l'Union postale, 44 fr.

Le sixième volume est en cours de publication.

ROMANIA, recueil trimestriel consacré à l'étude des langues et des littératures romanes, publié par MM. Paul Meyer et Gaston Paris. Chaque numéro se compose de 160 pages qui forment à la fin de l'année un vol. gr. in-8° de 640 pages. — Prix d'abonnement : Paris, 20 fr.; départements et pays d'Europe faisant partie de l'Union postale, 22 fr.; édition sur papier de Hollande : Paris, 40 fr.; Départements et pays d'Europe faisant partie de l'Union postale, 44 fr.

La douzième année est en cours de publication.

Aucune livraison de ces deux recueils n'est vendue séparément.

www.ingramcontent.com/pod-product-compliance
Lightning Source LLC
Chambersburg PA
CBHW051618230426
43669CB00013B/2100